Gestão do
FATOR HUMANO

Gestão do
FATOR HUMANO

DARCY MITIKO MORI HANASHIRO

MARIA LUISA MENDES TEIXEIRA

Gestão do FATOR HUMANO

UMA VISÃO BASEADA NA ERA DIGITAL

Revisão técnica
Betania Felipe Soares

3ª EDIÇÃO

Avenida Paulista, n. 901, Edifício CYK, 3º andar
Bela Vista – SP – CEP 01310-100

SAC | Dúvidas referentes a conteúdo editorial, material de apoio e reclamações:
sac.sets@somoseducacao.com.br

Direção executiva	Flávia Alves Bravin
Direção editorial	Renata Pascual Müller
Gerência editorial	Rita de Cássia S. Puoço
Aquisições	Rosana Ap. Alves dos Santos
Edição	Neto Bach
Produção editorial	Daniela Nogueira Secondo
Preparação	Elaine Cristina da Silva
Revisão técnica	Betania Felipe Soares
Revisão	Shirley Ayres
Diagramação	Caio Cardoso
Capa	Deborah Mattos
Imagem de capa	©iStock/GettyImagesPlus/Lidiia Moor
Impressão e acabamento	BARTIRA

ERP 351.734.003.001

DADOS INTERNACIONAIS DE CATALOGAÇÃO NA PUBLICAÇÃO (CIP)
ANGÉLICA ILACQUA CRB-8/7057

Hanashiro, Darcy Mitiko Mori
  Gestão do fator humano / Darcy Mitiko Mori Hanashiro, Maria Luisa Mendes Teixeira (orgs.) ; revisão técnica de: Betania Felipe Soares. – 3. ed. – São Paulo: Saraiva Educação, 2021.
  368 p.

  Bibliografia
  ISBN 978-65-87958-45-3 (impresso)

  1. Administração de pessoal. 2. Recursos humanos. I. Título. II. Teixeira, Maria Luisa Mendes. III. Soares, Betania Felipe.

20-0415
CDD 658.3
CDU 658.3.0004698

Índice para catálogo sistemático:
1. Administração pessoal

Copyright © Darcy Mitiko Mori Hanashiro (org.), Maria Luisa Mendes Teixeira (org.)
2021 Saraiva Educação
Todos os direitos reservados.

3ª edição

Nenhuma parte desta publicação poderá ser reproduzida por qualquer meio ou forma sem a prévia autorização da Saraiva Educação. A violação dos direitos autorais é crime estabelecido na Lei n. 9.610, de 1998, e punido pelo art. 184 do Código Penal.

COD. OBRA 14037 CL 651886 CAE 733264

Sobre os autores

Darcy Mitiko Mori Hanashiro (org.)

Graduada em Economia pela Faculdade de Economia, Administração, Contabilidade e Atuária da Universidade de São Paulo (FEA-USP). Mestre em Administração pela Universidade Federal do Rio Grande do Sul (UFRGS). Doutora em Administração pela FEA-USP. Fez pós-doutorado na Alliant International University, Marshall Goldsmith Management School, em San Diego, Estados Unidos. É professora titular do Programa de Pós-Graduação em Administração de Empresas do Mackenzie, líder do Grupo de Pesquisa em Diversidade e Cultura nas Organizações (CNPq). Coordenou a área temática Comportamento Organizacional (divisão Estudos Organizacionais) da Anpad, líder do tema Diversidade e Gênero (divisão Estudos Organizacionais) da Anpad e coordenadora da área de Estudos Organizacionais do SemeAd (USP). É membro da diretoria da Associação Internacional de Estudos Transculturais e Organizacionais (Aietorg). Interesse de pesquisa: diversidade e inclusão nas organizações, envelhecimento, estudos cross-cultural, cultura brasileira e cultura organizacional.

Maria Luisa Mendes Teixeira (org.)

Graduada em Educação pela Pontifícia Universidade Católica de São Paulo (PUC-SP). Mestre em Administração de Empresas pela PUC-Rio. Doutora em Administração pela Universidade de São Paulo (USP). Fez pós-doutorado na Universidad Complutense de Madrid e no Instituto Superior de Ciências Sociais e Políticas da Universidade de Lisboa (ISCSP). É professora titular do Programa de Pós-Graduação em Administração de Empresas da Universidade Presbiteriana Mackenzie e professora convidada do ISCTE-IUL (Portugal). Ocupa a presidência da Associação Internacional de Estudos Transculturais e Organizacionais (Aietorg), com sede em Lisboa, dedicada a estudos que contemplam países de língua portuguesa e espanhola. Dedica-se ao estudo de valores e dignidade organizacional. Lidera e participa de projetos em parcerias com outros pesquisadores nacionais e estrangeiros, da Alemanha, Espanha, Portugal, Hong Kong e Inglaterra.

Alessandra Colla Soletti Tussi

Bacharel em Ciências da Computação, especialista em Gestão de Empresas com ênfase em Marketing pela Escola Superior de Propaganda e Marketing (ESPM), com curso de extensão em Gestão de Empresas do Futuro pela London Business School e em Qualidade de Vida no Trabalho pela Fundação Instituto de Administração (FIA). Mestre em Administração de Empresas, com distinção e louvor, pela Universidade Presbiteriana Mackenzie. Membro do grupo de pesquisa Valores, Dignidade e Gestão (CNPq), com pesquisas relacionadas à cultura e mudança organizacional apresentadas em congressos na Finlândia e no Chile. Pesquisadora do Núcleo de Estudos do Futuro (NEF), com foco nos impactos de novas tecnologias em ambientes de trabalho. Pesquisadora e secretária da Associação Internacional de Estudos Transculturais e Organizacionais (Aietorg), avaliadora de artigos para revistas científicas, consultora em cultura e mudança organizacional.

Andréia de Conto Garbin

Graduação em Psicologia e Direito, mestrado e doutorado pela Faculdade de Saúde Pública da Universidade de São Paulo (USP). Experiência na área de Psicologia Social, com ênfase em saúde do trabalhador, atuando principalmente nos seguintes temas: psicologia do trabalho, saúde mental e trabalho, grupos terapêuticos e saúde pública. Ministra disciplinas na graduação do curso de Psicologia na Universidade Presbiteriana Mackenzie e na Pontifícia Universidade Católica de São Paulo (PUC-SP) e supervisiona estágios na área de Psicologia Social, vinculados às disciplinas de Psicologia do Trabalho, Saúde Pública, Teorias e Técnicas Grupais e Diagnóstico Institucional. Desenvolve atividades institucionais relacionadas à gestão de serviços de saúde pública e às estratégias de educação permanente.

Antonio Moreira de Carvalho Neto

Especialista em Relações de Trabalho pelo Queen Mary College da London School of Economics. Doutor em Administração. Bolsista de Produtividade em Pesquisa do CNPq desde 2012. Professor do Programa de Pós-Graduação em Administração da Pontifícia Universidade Católica de Minas Gerais (PUC Minas). Presidente eleito da International Federation of Scholarly Associations of Management e membro do Steering Committee da European Academy of Management para a pesquisa em imigração e trabalho. Coordenou a Divisão de Gestão de Pessoas e Relações de Trabalho da Associação Nacional de Pós-Graduação e Pesquisa em Administração (Anpad) de 2009 a 2012 e, de 2013 a 2017, foi diretor dessa associação. Escreveu e coorganizou 13 livros. Publicou 79 artigos em revistas científicas, 123 artigos em congressos e 42 capítulos de livros no Brasil, Argentina, Estados Unidos, China, Nova Zelândia, Canadá, Alemanha, França, Dinamarca, Itália e Portugal.

Cleide Nakashima

Executiva de Recursos Humanos com mais de 25 anos de experiência em empresas nacionais e multinacionais de grande porte. Vivência internacional em projetos realizados nos Estados Unidos, na Europa, na África e no Oriente Médio. Graduada em Psicologia e pós-graduada em Gestão de Pessoas pela Universidade São Judas Tadeu. Mestre em Administração de Empresas pela Universidade Presbiteriana Mackenzie. Atualmente cursa especialização em Terapia Cognitiva Comportamental no Instituto Cognitiva Scientia, em São Paulo.

Cleverson Pereira de Almeida

Estatístico com licenciatura em Matemática pela Universidade de Brasília (UnB). Doutor em Psicologia Social, do Trabalho e das Organizações e Mestre em Estatística e Métodos Quantitativos, também pela UnB. Professor colaborador do Programa de Pós-Graduação em Administração de Empresas, linha Gestão Humana e Social nas Organizações, e pró-reitor de Controle Acadêmico da Universidade Presbiteriana Mackenzie. Foi presidente do Fórum de Pró-Reitores de Graduação (ForGRAD), gestão 2016-2017, e presidente do Fórum de Extensão e Ação Comunitária das ICES (ForExt), gestão 2013-2014. Experiência em Psicologia do Trabalho (com referencial teórico-metodológico em ergonomia da atividade) e integrante, desde 2008, do grupo Trabalho e Saúde, da Associação Nacional de Pesquisa e Pós-Graduação em Psicologia (Anpepp).

SOBRE OS AUTORES

Davi Lucas Arruda de Araújo

Doutor e mestre em Administração de Empresas pela Universidade Presbiteriana Mackenzie. Administrador graduado pela Faculdade Estácio de Alagoas (Estácio/FAL). Professor nos cursos de Pós-Graduação *lato sensu* em Gestão Financeira de Negócios na Universidade Presbiteriana Mackenzie e no MBA em Logística e Gestão da Cadeia de Suprimentos nas Faculdades de Campinas (Facamp). Professor-pesquisador vinculado ao mestrado profissional em Administração de Empresas na Universidade Ibirapuera, na linha de pesquisa de Estratégia de Sustentabilidade e Inovação. Paralelamente às atividades de docência, atua como consultor empresarial na DLAA Consulting. Experiência de pesquisa nas temáticas de estratégia empresarial, gestão da inovação, gestão do conhecimento organizacional, capacidades dinâmicas e rotinas organizacionais.

Eduardo Estellita de Oliveira Santos

Mestre em Administração de Empresas pela Universidade Presbiteriana Mackenzie, onde pesquisou programas de gestão da diversidade nas organizações. Graduado em Engenharia de Produção e Matemática Aplicada pela PUC-Rio e em Engenharia pela Ecole Centrale Paris. Foi coordenador de Convênios Internacionais do Ibmec e professor no mestrado em Relações Europeias do Institut Catholique de Paris, no curso pré-vestibular InVest e na Casa do Saber. Possui vivência de mais de 15 anos em empresas multinacionais, atuando, na Europa e no Brasil, como gestor de projetos, gestor da mudança e consultor em desenvolvimento organizacional, com foco em diversidade e inclusão.

Fábio dos Santos Santana

Graduado em Química pela Universidade Federal do Rio de Janeiro (UFRJ), MBA Executivo em Negócio e em Finanças pelo IBMEC e mestre em Administração de Empresas pela Universidade Presbiteriana Mackenzie. Tem 25 anos de experiência cuidando de gente e implementando práticas de gestão. Passou por grandes empresas, como AB InBev, Vale S.A. e Votorantim Cimentos, nas quais liderou movimentos de transformação e implementação de processos. Em 2015, assumiu a diretoria de Gente e Gestão da Dotz e foi desafiado a se reinventar. Defensor convicto de que ter uma cultura sólida é o principal caminho para alcançar a estratégia, estudou práticas do mundo das *startups*, novos modelos de gestão, metodologias inovadoras para construir times de alta *performance*, focou sua energia para ter a área de gente como um motor efetivo de resultados e entendeu que inovação não é algo opcional. Acredita que visão estratégica orientada para resultado, protagonismo, empreendedorismo, liderança engajadora e filosofia de meritocracia são características fundamentais para qualquer organização alcançar seus objetivos estratégicos.

Francilene Araujo de Moraes

Mestre em Psicologia Social pela Universidade Federal da Paraíba (UFPB). Doutora em Administração de Empresas pela Universidade Presbiteriana Mackenzie, na linha Gestão Humana e Social nas Organizações. Ao longo da carreira, adquiriu experiências acadêmicas e administrativas em Educação Superior, destacando as funções de assessora da Pró-reitoria Adjunta de Graduação, diretora do Centro de Humanidades e coordenadora do curso de Psicologia e da Clínica de Psicologia da Universidade Tiradentes. Ministrou diversos componentes curriculares do curso de Psicologia e na área de Psicologia Aplicada a diversas áreas do saber, tais como: educação, saúde, organizações etc. Realiza capacitações docentes, palestras, consultorias e treinamento de colaboradores. Dedica-se ao estudo de dignidade humana e organizacional, atua no Núcleo de Acesso à Qualidade Hospitalar no Hospital do Trauma em Campina Grande (PB).

Lilian Moura Ramos

Mestre em Administração de Empresas pela Universidade Presbiteriana Mackenzie, com graduação em Psicologia pela Universidade de Taubaté e formação em Coaching Executivo pela Associação Brasileira de Consultores Empresariais (Abracem). Atuou mais de dez anos na área de Recursos Humanos em uma multinacional automotiva e, dentre as atividades desenvolvidas, recrutamento e seleção estiveram sempre presentes, seja em processos personalizados para vagas estratégicas, seja em processos de grande porte.

Maycon Lourenço Gimenez Franco

Administrador de empresas. MBA em Gestão Empresarial pela Fundação Getulio Vargas (FGV), pós-graduado em Data Science e Big Data pela Faculdade de Informática e Administração Paulista (Fiap), mestre em Administração de Empresas pela Universidade Presbiteriana Mackenzie e doutorando na mesma área. Membro de um grupo de pesquisa certificado pelo CNPq que trabalha com *digital transformation*, *digital business* e *organizational change* por meio de tecnologias digitais, como: AI &amp, Machine Learning, Robotic Process Automation (RPA), Blockchain, Internet of Things (IoT), Big Data, Data Science e Analytics.

Silvia Marcia Russi De Domenico

Graduada em Engenharia Química pela Universidade de São Paulo (USP). Mestre em Administração de Empresas pela Faculdade de Economia, Administração, Contabilidade e Atuária (FEA-USP) e doutora em Administração de Empresa pela Universidade Presbiteriana Mackenzie. Pesquisadora e vice-líder do grupo de pesquisa do CNPq de Valores, Dignidade e Gestão. Professora adjunta do Programa de Mestrado e Doutorado em Administração de Empresas da Universidade Presbiteriana Mackenzie desde 2008. Tem como principais interesses de pesquisa os temas mudança e *organising*; práticas, valores e realização de valores no âmbito das organizações, e relações entre *stakeholders*. Experiência na área de gestão, com ênfase em comportamento organizacional, planejamento estratégico e desenvolvimento de times.

Vanessa Custódio Zorzerte Pollon

Mestre em Administração de Empresas pela Universidade Presbiteriana Makenzie, em Gestão Humana e Social (GHSO). MBA em Gestão de Pessoas, com ênfase em estratégia, na Fundação Getulio Vargas (FGV). Pós-graduada em Psicologia Organizacional pela Faculdade Brasileira de Recursos Humanos (Faculdades Hoyler). Especialista em mapeamento de perfil comportamental, docente universitária e tutora de EAD. Tem experiência em coordenação e supervisão de gestão de pessoas em empresas de médio e pequeno porte de diversos segmentos. Perfil generalista, realiza implantação dos subsistemas de RH com foco na geração de resultados e monitoramento de indicadores, *coach* pessoal e executivo (Slac). Realiza orientações e foco de carreiras para o desenvolvimento de lideranças profissionais de diversas áreas. Com foco no desenvolvimento humano, realiza consultorias, treinamentos e palestras em todo o Brasil.

Apresentação

As duas edições anteriores do livro *Gestão do fator humano: uma visão baseada em stakeholders* atenderam ao propósito de auxiliar os leitores no processo de ensino e aprendizagem genuinamente baseado na realidade organizacional brasileira e fundamentado em literatura científica.

Além de preservar esses aspectos, a terceira edição, com o subtítulo *Uma visão baseada na Era Digital*, adota a perspectiva da tecnologia como fator de mudança radial e disruptiva: uma mudança na forma de pensar, de fazer negócios, de trabalhar e de se relacionar. A recente pandemia da Covid-19 mostrou como a tecnologia veio para ficar em nossa vida e na vida das organizações, muito além do que se poderia pensar há pouquíssimos anos. É necessário que nos reinventemos a cada dia, assim como a gestão das empresas e do fator humano.

Pensamos em um livro que pudesse, do início ao fim, considerar como a revolução digital, *lato sensu*, está indelevelmente presente na forma de fazer a gestão de pessoas e com pessoas. As questões da Era Digital permeiam todos os capítulos como uma linha condutora que conecta a unidade ao todo. Isso torna a obra coesa e inovadora.

O livro está dividido em duas partes e dez capítulos, que podem ser lidos independentemente. No entanto, para você se situar em uma escala maior dos desafios da Era Digital para a gestão das organizações sugerimos começar pelos capítulos iniciais. Eles compõem o pano de fundo da obra e introduzem o tom inovador adotado nos demais capítulos – apesar de alguns terem um título até convencional, seu conteúdo revela-se inovador. A primeira parte trata do ambiente competitivo na Era Pós-Informacional, destacando o novo consumidor, o novo trabalhador e a cultura organizacional, que contempla abordagens além do *mainstream*. O capítulo sobre mudança organizacional adota uma perspectiva diferenciada, que leva o leitor a compreender as noções de transitoriedade e de fluxos contínuos nas organizações. Já o capítulo referente à diversidade e inclusão dialoga com os desafios da força de trabalho brasileira, que é mais heterogênea, e as implicações deles para as organizações. A primeira parte finaliza com uma discussão sobre outros desafios – os que precisam ser enfrentados pelas organizações para uma atuação digna e socialmente responsável –, contemplando este tema pouco explorado: a dignidade no contexto organizacional.

A segunda parte trata da algumas funções tradicionais do ambiente corporativo, porém com foco em como elas têm sido transformadas na Era Digital, particularmente, as funções de atração, seleção, retenção, recompensa e avaliação de pessoas. Ao mesmo tempo, discute-se o trabalhar no século XXI e o ambiente multigeracional e multicultural que desafiam a gestão do fator humano.

Desejamos uma leitura prazerosa e um rico aprendizado. E que você, leitor, seja um agente de transformação para a construção de organizações digitais multigeracionais, multiculturais, mais justas e socialmente responsáveis.

Darcy Mitiko Mori Hanashiro
Maria Luisa Mendes Teixeira

Sumário

PARTE I
Entendendo o ambiente competitivo e atuando nele, 1

CAPÍTULO 1
A nova ambiência competitiva, 3

OBJETIVO DO CAPÍTULO, 3

A AMBIÊNCIA COMPETITIVA NA ERA PÓS-INFORMACIONAL , 4

A Era Industrial, 4

A Era Pós-Industrial, 4

A Era Informacional, 5

A SOCIEDADE DA PÓS-INFORMAÇÃO E SEU IMPACTO NA AMBIÊNCIA COMPETITIVA, 7

A revolução da comunicação e a competitividade das empresas, 10

CONSTRUINDO A VANTAGEM COMPETITIVA SUSTENTÁVEL (VCS), 12

Fontes de vantagem competitiva: critérios, 14

Ativos e serviços estratégicos, 15

STAKEHOLDERS E A NOVA ORGANIZAÇÃO, 17

A nova ambiência competitiva e o novo consumidor, 17

A nova ambiência competitiva e o novo trabalhador, 18

A PRÁTICA DA PESQUISA, 21

MINICASO, 23

EXERCÍCIOS DE HABILIDADES, 24

CAPÍTULO 2
Entendendo a cultura nas organizações, 25

OBJETIVO DO CAPÍTULO, 25

IMPORTÂNCIA E ORIGEM DA CULTURA ORGANIZACIONAL, 26

SOBRE O ESTUDO DE CULTURA ORGANIZACIONAL, 27

Fundamentos dos estudos de cultura organizacional, 27

Disputas teórico-metodológicas no estudo de cultura organizacional, 28

ABORDAGENS TEÓRICAS E CONCEITOS DE CULTURA ORGANIZACIONAL, 31

Cultura: algo que a organização tem ou algo que a organização é?, 31

Os níveis de análise cultural, 32

Perspectivas teóricas no estudo de cultura organizacional, 37

A lente simbólica dos estudos de cultura organizacional, 43

A lente da estética organizacional , 43

O QUE CARACTERIZA UMA CULTURA NA ERA DIGITAL, 45

Da aversão ao risco para o apetite ao risco, 45

Cultura centrada no cliente, 46

Das mentalidades e comportamentos em silos à destruição dos silos, 46

EXERCÍCIOS DE HABILIDADES, 48

A PRÁTICA DA PESQUISA, 48

MINICASO, 50

EXERCÍCIOS DE HABILIDADES, 54

CAPÍTULO 3
Mudança e organização no âmbito empresarial, 57

OBJETIVO DO CAPÍTULO, 57

AS ORGANIZAÇÕES MUDAM A PARTIR DA REALIDADE OU BUSCAM ESTABILIDADE EM UMA REALIDADE MUTANTE? OLHANDO PARA O MUNDO VIRTUAL E DIGITAL A NOSSA VOLTA, 58

AFINAL, DE QUE MUDANÇAS ESTAMOS FALANDO? E DE QUE ORGANIZAÇÃO?, 61

O PAPEL DOS GESTORES E NÃO GESTORES EM PROCESSOS DE MUDANÇA: DE PLANEJADORES A FACILITADORES E DE RESISTENTES A COCRIADORES, 67

RESPOSTAS A MUDANÇAS E O PAPEL DA COMUNICAÇÃO, 69

É POSSÍVEL "GESTÃO DE MUDANÇAS"?, 73

IMPLICAÇÕES PARA A GESTÃO DOS NEGÓCIOS, O FATOR HUMANO E AS RELAÇÕES DO TRABALHO, 76

A PRÁTICA DA PESQUISA, 80

MINICASO, 82

EXERCÍCIOS DE HABILIDADES, 83

CAPÍTULO 4
Convivendo e desvendando a diversidade e a inclusão nas organizações, 85

OBJETIVO DO CAPÍTULO, 85

POR QUE A DIVERSIDADE É IMPORTANTE PARA OS NEGÓCIOS NA ERA DIGITAL?, 86

O PERFIL DEMOGRÁFICO BRASILEIRO, 87

A DIVERSIDADE NAS ORGANIZAÇÕES BRASILEIRAS, 91

CONCEITOS E DIMENSÕES DA DIVERSIDADE, 94

ABORDAGENS TRADICIONAIS DE TRATAMENTO À DIVERSIDADE, 99

Negação, 99

Ação afirmativa/assimilação, 100

Compreensão das diferenças, 100

GESTÃO DA DIVERSIDADE: ORIGEM E EVOLUÇÃO, 101

Gestão da diversidade: conceito, 103

Modelos de gestão da diversidade, 104

DIVERSIDADE E INCLUSÃO: DUAS FACES DA MESMA MOEDA, 110

Entendendo a diferença, 110

Conceituando inclusão, 110

DIVERSIDADE, INCLUSÃO NO ESPAÇO DAS TRANSFORMAÇÕES DIGITAIS, 112

Qual é a relação entre a diversidade e o mundo digital?, 113

A PRÁTICA DA PESQUISA, 114

MINICASO, 116

EXERCÍCIOS DE HABILIDADES, 116

CAPÍTULO 5
Os desafios da atuação digna e socialmente responsável, 117

OBJETIVO DO CAPÍTULO, 117

ÉTICA E MORAL: ASPECTOS CONVERGENTES E DIVERGENTES, 118

RESPONSABILIDADE SOCIAL CORPORATIVA: AFINAL, DO QUE SE TRATA? SERÁ ÉTICA OU MORAL? OU AMBAS AS COISAS?, 120

A ATUAÇÃO SOCIALMENTE RESPONSÁVEL, 124
Organizações socialmente responsáveis são também organizações dignas?, 126

MAS, AFINAL, O QUE É DIGNIDADE? QUAL A DIFERENÇA ENTRE RESPONSABILIDADE SOCIAL E ÉTICA NO ÂMBITO DAS ORGANIZAÇÕES?, 127

DIGNIDADE NO ÂMBITO ORGANIZACIONAL, 128
Dignidade nas organizações, 129
Dignidade das organizações, 132

DIGNIDADE ORGANIZACIONAL E RESPONSABILIDADE SOCIAL CORPORATIVA (RSC): QUAL A RELAÇÃO ENTRE ELAS?, 133

PRÁTICAS ÉTICAS DE RESPONSABILIDADE SOCIAL CORPORATIVA E DE DIGNIDADE ORGANIZACIONAL, 134
Práticas de balanceamento do tempo "trabalho × vida pessoal e família", 134
Práticas de redução de quadro e demissão, 137

QUAL A RELAÇÃO DA GESTÃO DOS IMPACTOS DO MEIO AMBIENTE COM RSC, DIGNIDADE ORGANIZACIONAL E ÉTICA EMPRESARIAL?, 139
Desafios da ética, responsabilidade social corporativa e dignidade organizacional na era digital, 142
Mas, o que é uma comunicação ética, responsável e digna?, 143

A PRÁTICA DA PESQUISA, 144

MINICASO, 146

EXERCÍCIOS DE HABILIDADES, 147

PARTE II
Construindo a gestão do fator humano, 149

CAPÍTULO 6
Atraindo, selecionando e retendo pessoas, 151

OBJETIVO DO CAPÍTULO, 151

ATRAINDO PESSOAS, 152
Estratégia da organização, 155
Seleção: aspectos importantes envolvidos, 156
Planejamento do processo seletivo, 157
Período de triagem e análise dos currículos, 158
Teste on-line, 159
Avaliações psicológicas e comportamentais, 159
Testes técnicos , 160
Entrevista por competência, 161
Outras formas de avaliação, 163

GESTÃO DO FATOR HUMANO

Busca de referência no mercado, 165

Elaboração de relatórios comparativos e *feedback* ao requisitante , 165

Retorno aos candidatos não aprovados, 165

CONTEXTUALIZANDO O TEMA "RETENÇÃO", 166

O impacto do ambiente cultural e da liderança da organização na retenção, 167

O IMPACTO DA PROPOSIÇÃO DE VALOR PARA O EMPREGADO NA RETENÇÃO, 169

O IMPACTO DAS PESQUISAS DE ENGAJAMENTO NA RETENÇÃO, 171

O IMPACTO DE OFERECER OPORTUNIDADES DE DESENVOLVIMENTO E DE CRESCIMENTO NA RETENÇÃO, 174

O IMPACTO DO RECONHECIMENTO NA RETENÇÃO, 177

O IMPACTO DA COMUNICAÇÃO INTERNA NA RETENÇÃO, 178

A JORNADA DE EXPERIÊNCIA DO COLABORADOR E A PREDIÇÃO COMPORTAMENTAL, 179

A PRÁTICA DA PESQUISA, 182

MINICASO, 184

EXERCÍCIO DE HABILIDADE, 186

CAPÍTULO 7
Recompensando e avaliando pessoas, 187

OBJETIVO DO CAPÍTULO, 187

A RECOMPENSA ENTRE DOIS MUNDOS: O TRADICIONAL E O VIRTUAL, 188

VALORIZANDO O ELO ESSENCIAL: RECOMPENSAS E VANTAGEM COMPETITIVA, 189

SISTEMA ESTRATÉGICO DE RECOMPENSAS, 190

RECOMPENSAS FINANCEIRAS, 191

Modelo tradicional de salários, 191

O sistema de pontuação de cargos e salários pelo método Hay, 193

Remuneração variável baseada em desempenho, 195

Remuneração variável no Brasil, 199

GESTÃO DO DESEMPENHO, 203

Avaliação de desempenho, 203

Avaliação de potencial, 204

A gestão do desempenho na era digital, 205

ALGUMAS TENDÊNCIAS DE REMUNERAÇÃO EM EMPRESAS BRASILEIRAS, 206

Plano de cargos e salários, 206

Participação nos lucros e resultados, 206

Remuneração variável, 206

REMUNERAÇÃO INDIRETA: BENEFÍCIOS, 206

Importância dos benefícios, 207

Flexibilização dos benefícios, 207

Cenários e tendências dos benefícios no Brasil, 208

CONSIDERAÇÕES SOBRE O DESENHO DE PROGRAMAS DE RECOMPENSAS FINANCEIRAS, 210

Quanto à remuneração fixa, 210

Quanto aos benefícios, 210

Quanto à remuneração variável, 211

RECOMPENSAS NÃO FINANCEIRAS, 211

RECOMPENSANDO E GERINDO O DESEMPENHO NA ERA DIGITAL , 213

Recursos humanos em sintonia com a era digital, 213

O modelo de remuneração nas *startups*, 215

Os incentivos na era digital, 216

A PRÁTICA DA PESQUISA, 216

MINICASO, 218

EXERCÍCIOS DE HABILIDADES, 219

CAPÍTULO 8
Contexto contemporâneo do trabalho, 221

OBJETIVO DO CAPÍTULO, 221

CENÁRIO: "COMO SERÁ O AMANHÃ? RESPONDA QUEM PUDER [E OUSAR]!", 222

O crescente uso de tecnologia e potenciais implicações: "nada é orgânico, é tudo programado", 222

TRABALHO: "SEM TRABALHO EU NÃO SOU NADA, NÃO TENHO DIGNIDADE, NÃO SINTO O MEU VALOR, NÃO TENHO IDENTIDADE", 225

Convergências e divergências em busca de uma conceituação, 226

Contexto de produção de bens e serviços ou contexto de trabalho, 231

Resumindo, tentativamente: "não é sobre correr contra o tempo pra ter sempre mais [...]", 233

TRABALHAR NO SÉCULO XXI, 234

Nova(s) morfologia(s) do trabalho: "vocês que fazem parte dessa massa, que passa no projeto do futuro", 237

Desalento, desesperança, desistência: "socorro, eu já não sinto nada", 240

QUALIDADE DE VIDA, NO TRABALHO? "FICO COM A PUREZA DA RESPOSTA DAS CRIANÇAS...", 241

Depois de tantas indagações, tantos questionamentos: "você tem sede de quê? você tem fome de quê?", 243

QVT é possível! "amanhã, está toda esperança, por menor que pareça, que existe é pra vicejar", 245

PERSPECTIVAS E POSSIBILIDADES DE INTERVENÇÃO: "NOVAS ESTAÇÕES, OUTRAS EMOÇÕES, MAS SE A GENTE NÃO FOR DIFERENTE, TUDO VAI SER IGUAL", 248

Outras iniciativas, 248

A prioridade em uma palavra: pessoas, 251

A PRÁTICA DA PESQUISA, 251

EXERCÍCIOS DE HABILIDADES, 254

CAPÍTULO 9
Gestão do fator humano em ambiente multigeracional, 257

OBJETIVO DO CAPÍTULO, 257

RELAÇÕES DE TRABALHO E GERAÇÕES, 258

O QUE SÃO GERAÇÕES?, 259

Três maneiras de entender gerações, 261

IDENTIFICANDO E MEDINDO CARACTERÍSTICAS GERACIONAIS, 264

E no Brasil?, 268

PARA QUE SERVEM AS GERAÇÕES?, 269

Falar em gerações é estereotipar?, 269

Implicações para os negócios, 271

DIFERENÇAS GERACIONAIS NOS VALORES DO TRABALHO, 274

CONFLITOS GERACIONAIS, 276

Estratégias individuais para lidar com conflitos geracionais, 278

Estratégias gerenciais para evitar discriminação geracional, 279

A PRÁTICA DA PESQUISA, 285

EXERCÍCIOS DE HABILIDADES, 286

MINICASO, 287

EXERCÍCIOS DE HABILIDADES, 290

CAPÍTULO 10
Gestão do fator humano em ambiente multicultural, 291

OBJETIVO DO CAPÍTULO, 291

AMBIENTE MULTICULTURAL, INTERCULTURAL E TRANSCULTURAL: SIMILARIDADES E DIFERENÇAS, 292

A GESTÃO DA MULTINACIONALIDADE NAS ORGANIZAÇÕES E SUAS ORIENTAÇÕES, 293

ELEMENTOS CULTURAIS E DIFERENÇAS ENTRE CULTURAS, 295

Valores culturais, 295

Axiomas sociais, 296

Padrões Culturais Avaliativos (PCAs), 297

OS DIFERENTES TIPOS DE EXPATRIADOS E IMPLICAÇÕES PARA A GESTÃO, 300

Expatriados organizacionais, 300

Impatriados, 301

Expatriados voluntários, 302

Imigrantes qualificados, 303

Imigrantes não qualificados e refugiados, 304

Fatores que influenciam a adaptação dos expatriados à cultura do país de destino, 304

Adaptação entre brasileiros e outros povos, 306

Modelos de adaptação de expatriados, 307

Contribuições para a gestão do fator humano em ambiente multicultural, 309

A PRÁTICA DA PESQUISA, 311

MINICASO, 312

EXERCÍCIOS DE HABILIDADES, 313

Índice remissivo, 315

Referências, 319

PARTE I

Entendendo o ambiente competitivo e atuando nele

CAPÍTULO 1

A nova ambiência competitiva

Maria Luisa Mendes Teixeira
Davi Lucas Arruda de Araújo
Alessandra Colla Soletti Tussi
Maycon Franco Lourenço Gimenez

OBJETIVO DO CAPÍTULO

Você já deve ter ouvido falar de organizações do início do século passado e, seguramente, já viu alguns filmes que retratam aquela época. Também já deve ter ouvido que os jovens da década de 1960 revolucionaram os costumes e, mais recentemente, que a tecnologia tem transformado diversos setores da sociedade. Mas, como essas mudanças impactaram a competitividade das empresas? Quais alterações você acredita que possam ter ocorrido no comportamento do consumidor? E no dos profissionais? Quais habilidades você considera necessárias para fazer frente a essas mudanças no mercado de trabalho?

Antes de iniciar este capítulo, dê-se a oportunidade de refletir sobre essas questões e anote o que você pensou. Em seguida, leia o capítulo e compare o conteúdo dele com suas anotações. Que aspectos novos a leitura agregou ao seu conhecimento? Nosso objetivo é que, ao final do estudo deste capítulo, você se sinta mais seguro para discutir suas ideias sobre a competitividade das organizações no mundo atual com outros estudantes e profissionais de Administração.

Este capítulo constitui um pano de fundo sobre o qual se assentam os demais temas apresentados ao longo deste livro. Nele, você encontrará informações sobre a evolução do ambiente competitivo e as demandas dos *stakeholders* em relação às organizações empresariais. Desejamos-lhe uma boa leitura e que ela lhe suscite novas ideias!

GESTÃO DO FATOR HUMANO

A AMBIÊNCIA COMPETITIVA NA ERA PÓS-INFORMACIONAL

> O século XXI apresenta inúmeras transformações que têm afetado os diversos segmentos da sociedade, as organizações e, consequentemente, a gestão de pessoas.

O século XXI apresenta inúmeras transformações que têm afetado os diversos segmentos da sociedade, as organizações e, consequentemente, a gestão de pessoas. Podemos analisar essas modificações do ponto de vista da sociedade, da forma como as organizações competem, da perspectiva do cliente – aquele que usufrui dos bens e serviços gerados pelas empresas – e, ainda, das transformações pelas quais passam os indivíduos que compõem as organizações e nelas atuam.

A Era Industrial

> A partir do século XVIII, a industrialização promove a substituição do modelo artesanal pelo modelo industrial de produção.

A partir do século XVIII, a industrialização promove a substituição do modelo artesanal pelo modelo industrial de produção, alterando o processo produtivo e provocando mudanças sociais e econômicas que se acentuaram no século XX e que caracterizam a sociedade industrial. Entre essas transformações, destacam-se o predomínio de trabalhadores no setor secundário e a contribuição prestada pela indústria à formação da renda nacional, fomentada, inclusive, pela aplicação das descobertas científicas.

A divisão do trabalho caracteriza-se pela sua fragmentação e programação, tendo a produtividade e a eficiência como critérios únicos para a otimização dos recursos e dos fatores de produção. Surge a convicção de que existe *one best way*, isto é, um único processo ótimo a ser planejado e percorrido, destinando-se à fabricação de cada produto industrial um local exato e tempos precisos de produção.

A sincronização do homem não mais ocorre de acordo com os ritmos e os tempos da natureza, mas conforme os incorporados pelas máquinas. Nas fábricas, os empregadores e os empregados constituem dois segmentos sociais distintos, reconhecíveis e contrapostos, sendo que os primeiros detêm o capital e os demais executam o trabalho planejado pelos representantes dos primeiros. Algumas das fontes de vantagem competitiva nessa época são capital financeiro, matérias-primas e tecnologias físicas.[1]

Difunde-se a ideia de que o homem, em conflito com a natureza, deve conhecê-la e dominá-la, em nome de um progresso contínuo e irreversível e de uma fé em um bem-estar crescente.

A Era Pós-Industrial

> A sociedade pós--industrial mantém a característica da industrialização em larga escala, porém diferencia-se pelo maior emprego de trabalhadores no setor de serviços.

Na metade do século XX, os sinais da mudança das características essenciais da sociedade industrial já se fazem presentes. A sociedade pós-industrial mantém a industrialização em larga escala, porém diferencia-se pelo maior número de empregos no setor de serviços. O emprego nesse setor é um dos aspectos mais marcantes na transição para a sociedade pós-industrial. Atribui-se ao ano de 1956 o marco da passagem para a Era Pós-Industrial, pois, nesse ano, os trabalhadores do setor terciário superaram, em termos numéricos, os do setor secundário nos Estados Unidos.[2]

Além da transferência do emprego para o setor de serviços, outras transformações fundamentais aconteceram nas esferas econômica e social. Entre elas, os bens

---

1   KOCHAN, T. A.; LITWIN, A. S. the future of human capital: an employment relations perspective. *In*: BURTON-JONES, A.; SPENDER, J. C. (ed.). *The Oxford Handbook of Human Capital*. New York: Oxford University Press, 2012. p. 647-670.

2   BELL, D. *The coming of post-industrial society*: a venture in social forecasting. New York: Basic Books, 1973.

tangíveis, tais como os meios de produção e as matérias-primas, deixam de ser considerados os recursos principais, dando lugar aos intangíveis, como: informação, conhecimento e criatividade. Os principais atores do ambiente organizacional deixam de ser os colaboradores da fábrica e passam a ser os colaboradores dos escritórios (geralmente chamados "colarinhos brancos").

A estrutura organizacional reflete as transformações ocorridas no período pós-industrial. Na Era Pós-Industrial, o mercado tornou-se heterogêneo. Novos competidores passaram a ter acesso ao mercado local e novos métodos de produção foram implementados, exigindo uma mudança no modelo de produção. Ao contrário da Era Industrial, o mercado é caracterizado pela segmentação em pequenos volumes, e o foco da competitividade passa a ser a inovação, a alta qualidade e o baixo custo. Torna-se necessário satisfazer a nichos de mercado de consumidores que exigem um constante desenvolvimento de novos produtos, buscando, além de preço, qualidade. A força motriz das empresas passa a ser a tecnologia industrial, permitindo maior flexibilidade e eficiência, substituindo a inflexibilidade da produção da Era Industrial.[3]

O novo modelo centra-se na produção flexível, no trabalho intelectual, na utilização de times de trabalho e não mais no trabalho individual, característico da Era Industrial. Reconhece-se que os trabalhadores são capazes de aprender com as lições do passado e aplicá-las a novas situações.[4] O ser humano passa a ser reconhecido como ser social, capaz de trabalhar em grupo.

> A Era Pós-Industrial caracteriza-se pela produção flexível, pelo trabalho intelectual e pelos times.

Segundo Nahm e Vonderembse,[5] as organizações voltam-se para a definição de suas estratégias de forma a minimizar os impactos das incertezas. Essa é a época – os anos de 1960 e 1970, principalmente – em que florescem as teorias de planejamento estratégico, em que se acredita que é possível controlar a incerteza utilizando-se a razão. Foi na Era Pós-Industrial que surgiu também a teoria de motivação de Abraham Maslow e a teoria X/Y de estilos gerenciais formulada por McGregor.[6]

A Era Informacional

De acordo com Castells,[7] uma análise mais criteriosa dos aspectos que caracterizam a Era Pós-Industrial sugere que as drásticas transformações na economia e nas tendências sociais, ocorridas nos anos de 1990, apontam para o surgimento de uma nova configuração histórica que, para esse autor, pode ser denominada de informacional.

Durante os anos de 1990, houve uma profunda transformação nas economias industriais com a ampla difusão dos *networked computers*. As atividades de processamento de informação passaram a ser o coração das economias industriais, associando o novo paradigma informacional aos empreendimentos em rede (*network*), que se consolidaram em sólidas organizações.[8]

> Na Era Informacional as atividades de processamento de informação passaram a ser o coração das economias industriais, surgindo os empreendimentos em rede.

3　NAHM, A. Y.; VONDEREMBSE, M. A. Theory development: an industrial/post-industrial perspective on manufacturing. *International Journal of Production Research*, v. 40, n. 9, p. 2067-2095, 2002.

4　NAHM; VONDEREMBSE, 2002.

5　NAHM; VONDEREMBSE, 2002.

6　KHORASANI, S. T.; ALMASIFARD, M. Evolution of management theory within 20 century: a systemic overview of paradigm shifts in management. *International Review of Management and Marketing*, v. 7, n. 3, p. 134-137, 2017.

7　CASTELLS, M. The rise of the network society. In: CASTELLS, M. *The Information Age*: economy, society and culture. Chichester: Wiley-Blackwell, 2010.

8　AOYAMA, Y.; CASTELLS, M. An empirical assessment of the informational society: employment and occupational structures of G-7 countries, 1920-2000. *International Labour Review*, v. 141, n. 1-2, p. 123-159, 2002.

Castells[9] define essa nova sociedade como informacional e global:

> Informacional porque a produtividade e a competitividade dos agentes nessa economia (sejam empresas, regiões ou nações) dependem basicamente de sua capacidade de gerar, processar e aplicar de forma eficiente a informação baseada no conhecimento. É global porque as principais atividades produtivas, o consumo e a circulação, assim como seus componentes (capital, trabalho, matéria-prima, administração, informação, tecnologia e mercados) estão organizados em escala global, diretamente ou mediante uma rede de conexões entre agentes econômicos. É informacional e global porque, sob novas condições históricas, a produtividade é gerada, e a concorrência é feita em uma rede global de interações.

> **Na Era Informacional, o capital pode ser administrado 24 horas por dia – os recursos humanos tornam-se globais e o processo produtivo engloba partes produzidas em diversos locais do mundo.**

A economia informacional/global do final do século XX trouxe alterações nos principais elementos do sistema econômico. O capital pode ser gerenciado 24 horas por dia em mercados financeiros, integrados globalmente. Os recursos humanos tornam-se globais à medida que as empresas têm mobilidade para se estabelecer em lugares onde haja abundância de trabalhadores, a custos menores e socialmente mais controláveis, assim como podem incorporar trabalhadores de qualquer parte do mundo e estes podem deslocar-se em busca de novos mercados de trabalho. O processo produtivo incorpora partes produzidas em diversas localidades do mundo, por diferentes empresas, e montadas para atender às especificações de cada mercado em uma nova forma de produção: grande volume, flexível e sob encomenda.[10]

Esse modelo produtivo envolve uma rede que conecta não só a empresa global e suas diversas subsidiárias mas também pequenas e médias empresas que participam de um processo integrado de produção. Ele depende da formação de alianças estratégicas e projetos de cooperação específicos, nos quais a empresa alcançará uma vantagem competitiva ao conseguir conectar-se a essa teia para participar da geometria de produção e distribuição flexível. As fontes de produtividade nessa Era estão na geração, no processamento e na transmissão de informações.

A tecnologia de informação torna-se o ingrediente decisivo do processo de trabalho porque dela dependem a capacidade de inovação, a correção de erros e a geração de *feedback* durante a execução, fornecendo a infraestrutura para a flexibilidade e adaptabilidade ao longo do gerenciamento do processo produtivo. A decisão estratégica deve ser flexível e capaz de conseguir integração organizacional.

Nesse contexto, trabalhar envolve abordar os novos problemas (eventos) colocados pelo ambiente e que mobilizam as atividades de inovação. O enfrentamento dos eventos passa a ser parte da vida da organização, que deve permanecer atenta às modificações do ambiente, organizando e conduzindo ações alternativas, sendo capaz de analisá-las para encontrar as melhores soluções e colocá-las em prática. O trabalho humano passa a ser "inventar as respostas a serem dadas a um ambiente social complexo e instável".[11] Na Era Informacional, o trabalho é compreendido, portanto, como a ação competente do indivíduo perante situações profissionais.

---

9   CASTELLS, M. *A sociedade em rede*. São Paulo: Paz e Terra, 1999. p. 87. (A Era da Informação: a economia, sociedade e cultura., v. 1).

10   CASTELLS, 2010.

11   ZARIFIAN, P. *Objetivo competência*. São Paulo: Atlas, 2001. p. 42.

A SOCIEDADE DA PÓS-INFORMAÇÃO E SEU IMPACTO NA AMBIÊNCIA COMPETITIVA

No século XXI, o acesso à informação tem se tornado ainda mais fácil que na Era Informacional, impulsionado pela popularização da internet, novas plataformas digitais, tecnologias de comunicação móveis e sem fio e por uma gama cada vez maior de dispositivos conectados à rede. Enquanto a Era Informacional foi dominada pela tecnologia do computador, a Era Pós-Informacional ou Era da Pós-Informação é caracterizada pelo domínio de dispositivos de informação e tecnologias de comunicação que possibilitam às pessoas não apenas acessar conteúdos mas também produzi-los e se comunicarem umas com as outras por meio de tecnologias *wireless* (sem fio) e móveis.[12]

A velocidade das mudanças e a dinâmica competitiva aumentam nessa era. Muitas organizações, sobretudo as criadas antes do advento da internet, têm grandes desafios a enfrentar, uma vez que a concepção de mercado que orientava os negócios nas eras anteriores não é mais válida no século XXI. Elas passam a usar as novas tecnologias digitais para buscar modelos comerciais e operacionais mais inovadores e ágeis, visando atender às novas demandas do mercado. Nesse cenário, tem-se falado muito em "indústria 4.0", que se caracteriza pela aplicação das mais modernas tecnologias de automação na indústria de manufatura.[13] Entre essas tecnologias, a Internet das Coisas (IdC), a impressão 3-D e a inteligência artificial estão transformando o ambiente de negócios.

A expressão Internet das Coisas (IdC) ou, em inglês, Internet of Things (IoT) foi cunhada para denominar a utilização de tecnologias com poder de interconectar vários objetos ("coisas") diferentes, visando facilitar a vida das pessoas.[14] A variedade de dispositivos que podem ser ligados entre si e/ou à internet é enorme, variando de *notebooks*, celulares, eletrodomésticos, assistentes pessoais digitais e televisores a equipamentos industriais, braços robóticos, rastreadores de veículos e produtos *wearables* (vestíveis), como pulseiras e relógios.[15]

A utilização da IdC possibilita maior controle das linhas de produção nas fábricas, manutenção preditiva de vários equipamentos, compra automática de produtos baseada no monitoramento de estoques, otimização de inventários no varejo,[16] promoções em tempo real com base na localização dos consumidores, entre outras aplicações. Essa tecnologia viabiliza um monitoramento mais acurado de diversas atividades, permitindo tomadas de decisão mais precisas (inclusive de maneira automatizada), gerando aumento de eficiência, diminuição da intervenção humana e redução de custos. Para fomentar essa tecnologia no Brasil foi publicado, em junho de 2019, o Plano Nacional de IdC (Decreto n. 9854 de 2019).[17]

> Na Era Pós-Informacional, o acesso à informação tem se tornado ainda mais fácil devido à popularização da internet, novas plataformas digitais, tecnologias de comunicação móveis e sem fio e uma gama cada vez maior de diferentes dispositivos conectados à rede.

> Internet das Coisas (IdC), impressão 3-D e inteligência artificial são algumas das tecnologias que têm impactado o ambiente competitivo.

---

12 RUZIC, F. Mobinets: post-information society reality with wireless/mobile e-technologies. *Communications of the IBIMA*, v. 3, p. 169-180, 2008.

13 ŚLUSARCZYK, B. Industry 4.0. Are we ready? *Polish Journal of Management Studies*, v. 17, p. 232-248, 2018.

14 GERSHENFELD, N.; KRIKORIAN, R.; COHEN, D. The internet of things. *Scientific American*, p. 76-81, 2004.

15 RUZIC, 2008.

16 NEERUGATTI, V.; REDDY, R. M. An introduction, reference models, applications, open challenges in internet of things. *International Journal of Modern Sciences and Engineering Technology*, v. 4, n. 3, p. 8-15, 2017.

17 VALENTE, J. Governo anuncia plano nacional de "Internet das Coisas". *Agência Brasil*, Brasília, 26 jun. 2019. Disponível em: http://agenciabrasil.ebc.com.br/geral/noticia/2019-06/governo-anuncia-plano-nacional-de-internet-das-coisas. Acesso em: 20 mar. 2020.

No que tange à impressão 3-D, é possível imprimir objetos utilizando plásticos, metais e, inclusive, mantimentos, além de outras matérias-primas. Impressão de pele humana, remédios com dosagens específicas para cada paciente e até mesmo casas e prédios[18] são alguns exemplos do uso dessa tecnologia. Esse tipo de impressão facilita a fabricação sob demanda de produtos personalizados e protótipos, reduzindo custos e tempo com produção, prototipagem e logística. A impressão 3-D também é menos cara que as máquinas convencionais para fabricação em massa. Um equipamento que custa US$ 20 milhões pode ser substituído por uma impressora que custa menos de US$ 1 milhão, permitindo às empresas estabelecer locais menores de produção, em maior quantidade e mais próximos dos clientes.[19] No Brasil, já há organizações que oportunizam aos consumidores a customização de produtos utilizando impressoras 3-D e empresas que alugam essas máquinas para o público em geral.[20]

Outra tecnologia que está transformando o ambiente competitivo é a Inteligência Artificial (IA). Para John McCarthy, criador do termo, ela pode ser conceituada como "a ciência e a engenharia de fazer máquinas inteligentes, especialmente programas de computador inteligentes".[21] Esse tipo de sistema é utilizado, por exemplo, na ferramenta de pesquisa do Google (cujas palavras digitadas no motor de busca são interpretadas por algoritmo de inteligência artificial) e na recomendação de filmes da Netflix.

A IA está presente também em sistemas de vigilância e de análise de crédito, sistemas voltados à contratação de profissionais, em atendimento automatizado (*chatbots*, programas de computador que se comunicam com pessoas por meio de mensagens de texto automatizadas), em sistemas para tomadas de decisão nas empresas, otimização de rotas de entrega, entre outras aplicações. A utilização da IA pode proporcionar estimativas mais assertivas; aumento da satisfação dos clientes (o emprego dos *chatbots* pode resultar em atendimentos mais ágeis e personalizados); diminuição das perdas nas vendas mediante o controle de problemas na distribuição e no preço; aumento de eficiência (por exemplo, possibilitando a otimização de processos e análises de informações que facilitam as tomadas de decisão); detecção precisa de erros (há *softwares* de IA que detectam problemas em máquinas e produtos, alertando os gestores responsáveis) e economia de tempo (capacidade de processar grandes volumes de dados para realizar determinadas tarefas em tempo muito inferior ao necessário para os seres humanos).

Muitos produtos têm se tornado possíveis com a utilização da inteligência artificial, como é o caso dos veículos autônomos. Devido às possibilidades de uso e benefícios, a IA é considerada uma ferramenta com grande poder para gerar vantagem competitiva nas empresas.

A IA pode ser utilizada em conjunto com outras tecnologias, como os robôs autônomos, que são capazes de cumprir objetivos sem intervenção humana. O próprio conceito de recursos humanos tem sido reinventado por conta dos robôs e da IA.

> **Mais eficiência, redução da intervenção humana, diminuição de custos, produção customizada a preços mais baixos e alta qualidade são alguns dos benefícios que podem ser atingidos com tecnologias como inteligência artificial, impressão 3-D e Internet das Coisas.**

---

18 GRIPA, M. Chineses constroem o 1º prédio com impressora 3-D. *In*: OLHAR DIGITAL, 20 jan. 2015. Disponível em: https://olhardigital.com.br/noticia/chineses-constroem-o-1-predio-com-impressora-3d/46345. Acesso em: 20 mar. 2020.

19 D'AVENI, R. A. Manual de impressão 3-D. *Harvard Business Review*, 6 set. 2018. Disponível em: https://hbrbr.uol.com.br/manual-de-impressao-3d. Acesso em: 10 out. 2019.

20 AMARO, M. As impressoras 3-D vão mudar o mundo e esses setores já estão se adaptando. *Você S/A*, 31 jan. 2019. Disponível em: https://exame.abril.com.br/carreira/as-impressoras-3d-vao-mudar-o-mundo-e-esses-setores-ja-estao-se-adaptando. Acesso em: 12 out. 2019.

21 MCCARTHY, J. What is AI? Basic questions. *In*: PROFESSOR JOHN MCCARTY. Disponível em: http://jmc.stanford.edu/artificial-intelligence/what-is-ai. Acesso em: 20 mar. 2020.

Na maior investidora privada da Finlândia, a empresa Ilmarinen Mutual Pension Insurance, o nome do departamento de "Recursos Humanos" foi alterado para "Humanos e Robôs". A Ilmarinen criou um robô para automação de algumas tarefas repetitivas desse departamento e contratou especialistas em robótica para trabalharem nesse setor. Eles devem analisar como os processos da empresa podem ser desenvolvidos de maneira mais inteligente.[22] A IA também tem conquistado assento em conselho administrativo. Em maio de 2014, o fundo de investimentos Deep Knowledge Ventures nomeou como membro do seu conselho administrativo um *software* de IA denominado Vital, responsável por recomendações de investimentos.[23]

Na Era Pós-Informacional, novas tecnologias também têm propiciado o nascimento de novos modelos de negócios e até mesmo revolucionado indústrias inteiras.[24] A Airbnb, por exemplo, criou um modelo de negócios inovador e que desafia a economia tradicional do setor hoteleiro. Em 2016, apenas oito anos após sua fundação, a empresa já estava presente em mais de 190 países e tinha mais quartos disponíveis para aluguel que os hotéis InterContinental ou Hilton. Porém, diferentemente das redes tradicionais de hotéis, a Airbnb não é proprietária de nenhum espaço de hospedagem.[25]

Os modelos de negócios das companhias digitais permitem uma escalada mais rápida e com menor custo. A empresa sueca Ikea, por exemplo, foi fundada em 1943 e demorou mais de 70 anos para atingir uma receita anual de US$ 42 bilhões. Usando a tecnologia digital, a plataforma de comércio eletrônico Alibaba alcançou em apenas 15 anos vendas anuais de US$ 700 bilhões.[26]

Empresas digitais como Alibaba, Facebook, Amazon, Netflix e Google possuem enormes quantidades de dados sobre os consumidores, o que confere a elas uma grande vantagem competitiva.[27] Os dados são uma matéria-prima valiosa na Era Pós-Informacional. Além de obtê-los, as organizações precisam analisá-los para extrair informações úteis aos negócios.

Para se beneficiar das oportunidades trazidas pelas novas tecnologias também é importante que as organizações empreguem pessoal qualificado, introduzam novos processos, incluam essas tecnologias em suas estratégias e preparem seus funcionários para lidar com novas formas de trabalho e com a necessidade de inovar. Nesse sentido, é importante ter uma cultura organizacional com aspectos que facilitem a inovação, tais como: valores de abertura à mudança (não aversão ao risco), colaboração (de lideranças e colegas) e avaliação constante de projetos para gerar fontes de aprendizado.[28]

> Na maior investidora privada da Finlândia, o departamento de "Recursos Humanos" passou a ser denominado "Humanos e Robôs". Um não humano (*software* de IA) já faz parte do conselho administrativo de uma organização em Hong Kong.

> Na Era da Pós--Informacional, os dados são uma matéria-prima preciosa e cobiçada no mundo dos negócios. Além de obtê-los é primordial analisá-los, a fim de extrair informações relevantes para o alcance dos objetivos organizacionais.

---

22   RH agora quer dizer Robôs e Humanos em empresa da Finlândia. *Valor Econômico*, 27 jul. 2018. Disponível em: https://valor.globo.com/carreira/recursos-humanos/noticia/2018/07/27/rh-agora-quer-dizer-robos-e-humanos-em-empresa-da-finlandia.ghtml. Acesso em: 20 mar. 2020.

23   WILE, R. A venture capital firm just named an algorithm to its board of directors – Here's what it actually does. *Business Insider*, 13 maio 2014. Disponível em: https://www.businessinsider.com/vital-named-to-board-2014-5. Acesso em: 20 mar. 2020.

24   NYLÉN, D.; HOLMSTRÖM, J. Digital innovation strategy: a framework for diagnosing and improving digital product and service innovation. *Business Horizons*, v. 58, p. 57-67, 2015.

25   KAVADIAS, S.; LADAS, K.; LOCH, C. The transformative business model. *Harvard Business Review*, p. 90-98 out. 2016.

26   WORLD BANK. *World Development Report 2019:* the changing nature of work. Washington, DC: World Bank, 2019. Disponível em: http://documents.worldbank.org/curated/en/816281518818814423/pdf/2019-WDR-Report.pdf. Acesso em: 20 mar. 2020.

27   ACESSO a dados dá vantagem competitiva a gigantes da tecnologia, diz FTC. *Folha de S.Paulo*, São Paulo, 18 out. 2019. Disponível em: www1.folha.uol.com.br/tec/2019/10/acesso-a-dados-da-vantagem-competitiva-a-gigantes-da-tecnologia-diz-ftc.shtml. Acesso em: 20 mar. 2020.

28   TUSSI, A. C. A.; HANASHIRO, D. M. M. Aspects of the organizational culture that facilitate or hinder innovation: the study of an internet startup in Brazil. *In*: 11TH INTERNATIONAL CONFERENCE ON INNOVATION AND MANAGEMENT, 2014, 11., Vaasa, Finlândia. *Proceedings* [...]. Vaasa: University of Vaasa, 2014.

GESTÃO DO FATOR HUMANO

Além de mudanças tecnológicas, no mercado de trabalho do século XXI estão presentes os *millennials* ou geração Y (nascidos após 1980) e alguns membros da geração Z (nascidos entre 1995 e início dos anos 2010). Essas gerações cresceram em uma época na qual a informação já estava disponível 24 horas por dia, possuem mais conhecimento sobre tecnologia que a geração anterior (geração X) e têm um conjunto de valores diferentes. Eles valorizam mais o propósito de onde vão trabalhar e a qualidade de vida no trabalho[29] que posições elevadas na empresa e não têm a expectativa de trabalhar em apenas uma organização durante toda a vida profissional.[30] As empresas precisam se ater a essas particularidades ao desenvolver programas para a seleção e retenção de talentos pertencentes a essas gerações.

> A Era Pós-Informacional também se caracteriza por mudanças demográficas, tais como: maior número de idosos e gerações Y e Z no mercado de trabalho.

Outra questão para a qual as organizações necessitam estar atentas é que a população vem envelhecendo em ritmo vertiginoso. Por conta também de crises e mudanças econômicas tem acontecido uma procura maior de trabalho pelos idosos. Esse grupo de profissionais possui conhecimentos, maturidade e experiências que podem ser muito úteis para diversas empresas.

As organizações precisam estar preparadas para lidar com as diferentes gerações no ambiente de trabalho. Até porque a diversidade nas empresas (de idade, gênero, raça e orientação sexual, por exemplo) pode gerar vantagem competitiva, principalmente relacionada à criatividade, inovação e resolução de problemas complexos.

> A preocupação da sociedade com questões como sustentabilidade e comportamentos éticos e morais das empresas tem aumentado na Era Pós-Informacional.

Nas últimas décadas tem ocorrido também uma crescente preocupação da sociedade com relação à sustentabilidade e aos comportamentos éticos e morais das empresas. Ética nas práticas organizacionais e na publicidade, respeito às normas de preservação ambiental e aos direitos trabalhistas e dos consumidores são alguns dos aspectos que as empresas precisam observar. Em uma época na qual as informações são rapidamente compartilhadas para o mundo todo por meio das redes sociais, a imagem que uma companhia levou décadas para construir pode ficar comprometida em segundos. Assim, na Era Pós-Informacional, ter uma boa reputação no mercado também faz parte da vantagem competitiva para as organizações.

Diante do exposto neste tópico é nítido que as últimas décadas trouxeram novos avanços que revolucionaram vários campos, como os da informação e da comunicação a distância. Vejamos, a seguir, como se desenvolveu esse processo.

A revolução da comunicação e a competitividade das empresas

> A comunicação instantânea e interativa exige flexibilidade e prontidão para alterar estratégias e gera oportunidade e riscos.

As novas tecnologias de informação e comunicação que surgem no século XXI tornam possível a criação e o compartilhamento de conteúdos, inclusive em áudio e vídeo. Essas tecnologias são acessíveis não apenas para empresas mas a todas as pessoas com conhecimento para usá-las e acesso à internet. Várias redes sociais e plataformas para criação de sites, *podcasts* e vídeos foram lançadas nas últimas décadas. Aliado a isso, o aumento da capacidade de comunicação associado ao número cada vez maior de competidores no ramo faz com que haja uma queda do preço ao consumidor e,

---

29 LEITE, J. G. C. Millennials priorizam qualidade de vida no trabalho, diz estudo. *Consumidor Moderno*, 27 abr. 2019. Disponível em: https://www.consumidormoderno.com.br/2019/04/27/millennials-priorizam-qualidade-trabalho/. Acesso em: 20 mar. 2020.

30 SOROSINI, M.; CARDOSO, L. Millennials: entenda a geração que mudou a forma de consumir. *O Globo*, 17 set. 2018. Disponível em: https://oglobo.globo.com/economia/millennials-entenda-geracao-que-mudou-forma-de-consumir-23073519. Acesso em: 20 mar. 2020.

assim, cada vez mais, as pessoas têm acesso a grandes volumes de informações, que podem ser guardadas e processadas mais rapidamente e com menores custos. De fato, o acesso à informação nunca foi tão fácil, rápido e barato quanto na Era Pós-Informacional. Esse avanço tecnológico influencia também a comunicação, que pode adquirir as propriedades de instantaneidade e interatividade.

Outra consequência da expansão e do barateamento da informação consiste na democratização dos mercados, permitindo o acesso de um número cada vez maior de pessoas, resultando em uma possível redução de negócios especializados na intermediação entre os fornecedores e clientes. Muitas empresas estão menos integradas verticalmente, e, devido também à redução dos custos de comunicação, os gestores estão terceirizando mais tarefas ao mercado.[31]

O próprio trabalho, com a utilização de determinadas tecnologias, já pode ser realizado a distância. Aliás, o número de organizações que implantaram o teletrabalho (ou trabalho remoto) tem aumentado nos últimos anos.[32] Ademais, por meio de aplicativos que conectam profissionais com empresas que estão procurando trabalhadores para a execução de determinadas tarefas, já é possível prestar serviços remotamente para clientes localizados nos mais diferentes países. As novas tecnologias de informação e comunicação têm auxiliado também na criação de novos mercados. Um exemplo é a empresa chinesa JD.com, que possui mais de 170 mil comerciantes em sua plataforma de comércio eletrônico. Alguns deles residem em áreas rurais e vendem seus produtos nessa plataforma.[33]

Mesmo as organizações que não atuam diretamente na internet têm à disposição diversos canais para se comunicar com os mais variados públicos. Ao utilizar esses canais é preciso ter em mente que as informações a serem divulgadas devem estar relacionadas com os interesses dos diferentes públicos que a empresa deseja atingir. A Era da Pós-Informação também é a da customização das mensagens para audiências específicas. Customização, instantaneidade e interatividade são cada vez mais necessárias no relacionamento entre marcas e consumidores. Sobre a interatividade, o diálogo e a produção de conteúdo junto com os usuários ajudam a aumentar o engajamento com a marca e a criar uma comunidade on-line de consumidores dos produtos ou serviços da empresa.[34] A interatividade também faz com que as organizações possam desenhar, com o apoio do cliente e da via eletrônica, o produto da forma que ele deseja. Os consumidores passam a integrar a cadeia produtiva como colaboradores ajudando a desenvolver soluções, via web, valendo-se da instantaneidade e interatividade da comunicação. Com a popularização da impressão 3-D, a customização e a interatividade na fabricação de produtos tendem a aumentar.

No que se refere à instantaneidade da comunicação, ela vem gerando oportunidades e ameaças. Entre os riscos estão o vazamento de informações, fraude e roubo de dados. Tesla e Sony são exemplos de empresas que foram prejudicadas por vazamento de informações. A Sony teve um dos seus CDs exposto na internet três meses antes do

Customização, instantaneidade e interatividade são cada vez mais necessárias para engajar os consumidores e estreitar o relacionamento entre eles e a marca.

---

31   WORLD BANK, 2019.

32   MACIEL, A. G.; CARRARO, N. C.; DE SOUSA, M. A. B.; SANCHES, A. C. Análise do teletrabalho no Brasil. *Revista Gestão Empresarial*, v. 1, p. 20-33, 2017.

33   WORLD BANK, 2019.

34   LEVINSON, J. C. *Marketing de guerrilha*: táticas e armas para obter grandes lucros com pequenas e médias empresas. Rio de Janeiro: Best Seller, 2010.

GESTÃO DO FATOR HUMANO

> **É imprescindível que as organizações elaborem políticas para assegurar a confidencialidade e a segurança dos dados que coletam e armazenam.**

lançamento oficial, exigindo da empresa mudanças na sua tática de ação.[35] Para tanto, é fundamental que as organizações desenvolvam políticas a fim de assegurar a confidencialidade e a segurança dos dados que coletam e armazenam.[36] Os consumidores estão cada vez mais atentos e exigentes quanto ao sigilo e à segurança dos seus dados. O respeito à privacidade é inclusive um dos valores que fundamentam a Lei Geral de Proteção de Dados Pessoais (LGPD), que regula o tratamento dos dados pessoais.[37] Os riscos relativos à não atenção aos cuidados éticos em sistemas de inteligência artificial e perigos de invasão associados aos objetos ligados à IdC também devem ser considerados pelas empresas.

CONSTRUINDO A VANTAGEM COMPETITIVA SUSTENTÁVEL (VCS)

> **A competitividade reflete-se na posição superior de uma empresa perante os concorrentes.**

As profundas transformações nos domínios econômicos e mercadológicos, assim como nos políticos e sociais, que fomentam um mundo de transações sem fronteiras exigem que as empresas, inexoravelmente, aceitem o desafio da competitividade acirrada para sobreviver. A competitividade reflete-se na posição relativa de uma empresa perante seus concorrentes, devendo ter fontes de vantagem competitiva que resultem em atratividade de clientes superior às de seus concorrentes.

Se as mudanças vêm ocorrendo em velocidade e profundidade cada vez mais intensas, a obtenção de uma vantagem competitiva, *per si*, não é, a princípio, suficiente, pois o fator sobre o qual se derivou o ganho competitivo pode ser assimilado tão rápido pelos concorrentes quanto a velocidade com que a informação transita nas redes de comunicação. Os recursos adquiríveis pouco contribuem como fonte eficaz de Vantagem Competitiva Sustentável (VCS), à medida que são mais facilmente transacionáveis no mercado. Isso implica a necessidade de reunir recursos menos comercializáveis e desenvolver recursos intangíveis menos passíveis de imitação, visando criar competências intrínsecas a cada organização.

> **Uma empresa obtém vantagem competitiva de diversas formas e vários estudiosos têm procurado identificar quais os fatores que influenciam sua construção.**

Uma empresa obtém vantagem competitiva de diversas formas e vários estudiosos têm procurado identificar quais os fatores que influenciam sua construção.

> **Porter propõe o modelo das cinco forças.**

Porter[38] propôs o modelo das "cinco forças", entendendo que as empresas constroem sua vantagem competitiva traçando estratégias de custos, diferenciação e enfoque, tendo como se posicionar perante as cinco forças:

1. o poder de barganha dos clientes;
2. o poder de barganha dos fornecedores;
3. a ameaça da entrada de novos concorrentes;
4. a ameaça dos produtos substitutos; e
5. a força dos concorrentes existentes.

Sem dúvida, esse é um modelo com uma lógica intrínseca e válida para que as empresas se orientem e construam vantagem competitiva, porém, não é suficiente.

---

35 NEY, T. Três meses antes do lançamento, disco do Oasis vaza na internet. *Folha de S.Paulo*, 9 abr. 2002. Disponível em: https://www1.folha.uol.com.br/folha/ilustrada/ult90u22871.shtml. Acesso em: 20 mar. 2020.

36 FONTES, E. *Segurança da informação:* o usuário faz a diferença. São Paulo: Saraiva, 2012.

37 BRASIL. Lei n. 13.709, de 14 de agosto 2018. Lei Geral de Proteção de Dados Pessoais (LGPD). Disponível em: http://www.planalto.gov.br/ccivil_03/_ato2015-2018/2018/lei/L13709.htm. Acesso em: 20 mar. 2020.

38 PORTER, M. E. *Competitive strategy.* New York: The Free Press, 1980.

A NOVA AMBIÊNCIA COMPETITIVA

Na busca de encontrar o "ovo de Colombo", vários outros autores procuraram trazer luz ao assunto.

Stalk, no final dos anos de 1980, chama a atenção para o fator "tempo", e afirma:[39]

> Hoje, o tempo é uma vantagem-chave. As formas como as empresas líderes de mercado gerenciam o tempo – na produção, no desenvolvimento e no lançamento de novos produtos, em vendas e em distribuição – representam as mais poderosas novas fontes de vantagem competitiva.

Stalk acredita que o *tempo* é uma vantagem-chave.

Ainda nos anos de 1980, década em que se constatou a aceleração da competitividade acirrada, alguns autores começaram a destacar a importância da tecnologia da informação como um fator-chave para aumentar o poder competitivo de uma empresa. Nos anos de 1990, Prahalad[40] cria o conceito de competências essenciais da organização capazes de gerar produtos essenciais que permitam competir em vários mercados. Mas há outra questão que precisa ser abordada: a da sustentabilidade da vantagem competitiva.

Prahalad cria conceito de competências essenciais.

Preocupado em alertar para a questão da construção da vantagem competitiva sustentável, Ghemawat, nos anos de 1980, dizia que a capacidade de inovação, processos de fabricação e marketing podiam constituir-se em fonte de VCS para uma empresa. O problema é que os concorrentes também sabiam disso! E, a partir do estudo de cem empresas que sobressaíam em diversos setores em relação aos seus concorrentes, esse autor chegou à conclusão de que as vantagens que sustentavam o sucesso de longa duração delas eram o porte, o acesso superior aos recursos e clientes, e restrições enfrentadas pelos concorrentes.

Ghemawat defende o porte da empresa como fonte de vantagem competitiva.

Segundo Ghemawat,[41] competir pelo porte é possível porque o mercado é finito, mas, para isso, é necessário fazer fortes investimentos e antecipar-se aos concorrentes. Nesta fase da economia globalizada, competir por porte tem sido uma opção para várias empresas, que se lançam em novos mercados adquirindo outras ou fazendo fusões. O porte de uma empresa, na Era Pós-Informacional, não está necessariamente ligado ao número de funcionários, uma vez que os novos modelos de negócios têm sido intensivos não em mão de obra, mas em tecnologia. Um dos exemplos é o do WhatsApp, que foi vendido por US$ 19 bilhões ao Facebook e mantinha menos de 100 funcionários. [42]

No século XXI, as marcas mais valiosas do mundo[43] detêm grandes quantidades de dados sobre seus clientes (atuais e potenciais) e tecnologia e capital humano para transformar esses dados em informações relevantes para seus negócios, melhorando-os continuamente. A capacidade de extrair informações a partir de grandes volumes de dados (originados inclusive do engajamento dos usuários/clientes na web), para a

---

39   STALK JR., G. Time: the next source of competitive advantage. *Harvard Business Review*, v. 66, n. 4, jul./ago. 1988.

40   PRAHALAD, C. K.; HAMEL, G. The core competence of the corporation. *Harvard Business Review*, v. 68, n. 3, maio/jun. 1990.

41   GHEMAWAT, P. Sustainable advantage. *Harvard Business Review*, Boston, v. 64, n. 5, set./out. 1986.

42   CARVALHO, L. WhatsApp: história, dicas e tudo que você precisa saber sobre o app. *In*: OLHAR DIGITAL, 20 dez. 2018. Disponível em: https://olhar digital.com.br/noticia/whatsapp-historia-dicas-e-tudo-que-voce-precisa-saber-sobre-o-app/80779. Acesso em: 20 mar. 2020.

43   PEZZOTTI, R. Apple é a marca mais valiosa do mundo pelo 7º ano; Disney desbanca Facebook. *In*: UOL ECONOMIA, 17 out. 2019. Disponível em: https://economia.uol.com.br/noticias/redacao/2019/10/17/apple-google-e-amazon-sao-as-marcas-mais-valiosas-do-planeta-diz-estudo.htm. Acesso em: 20 mar. 2020.

geração de conhecimento voltado às tomadas de decisões nos negócios é uma vantagem competitiva na Era Pós-Informacional.

Fontes de vantagem competitiva: critérios

Ghemawat preocupou-se em estabelecer critérios para julgar e identificar fontes de vantagem competitiva. Porém, os critérios para escolher uma vantagem competitiva foram mais bem traçados pela abordagem estratégica, baseada em recursos, que surgiu nos anos de 1980 e se desenvolveu nos anos de 1990, originalmente denominada Resource Based View (RBV). A RBV entende a empresa como um conjunto de recursos tangíveis e intangíveis.[44] Os teóricos dessa abordagem argumentam que a VCS provém de um conjunto único de recursos que os concorrentes não podem imitar.[45]

As vantagens baseadas em recursos facilmente disponíveis são tipicamente imitáveis e, por isso, não caracterizam fontes de VCS. Esse é o caso dos recursos tangíveis, como matéria-prima, por exemplo.

Os recursos intangíveis são fontes de vantagem competitiva sustentável, mas nem todos, pois necessitam ter certos atributos. Na literatura não há um entendimento único acerca dos atributos desses recursos geradores de VCS. Alguns pontos em comum dos atributos podem ser delineados:

> **Os recursos intangíveis raros, de difícil imitação e imperfeitamente substituíveis são fontes de vantagem competitiva.**

- possibilidade de criação de valor e serem raros;[46]
- difíceis de serem imitáveis;[47]
- difíceis de serem percebidos;[48]
- imperfeitamente substituíveis;[49]
- duráveis.[50]

Um recurso é **valioso** se ele permite à empresa explorar as oportunidades no mercado ou neutralizar as ameaças competitivas. A **raridade** é uma função do número de empresas na arena competitiva que possuem o recurso. Quanto mais empresas na arena competitiva detêm um recurso particular, mais a habilidade do recurso para resultar rendas superiores diminui.

Os recursos valiosos e raros provêm oportunidades para colher as vantagens iniciais. Entretanto, a sustentabilidade dessa vantagem é uma função da impossibilidade de serem imitados com perfeição.

A **imitabilidade imperfeita** pode ser o resultado de três condições:[51]

---

44 COLLIS, D. J. A resource-based analysis of global competition: the case of the bearings industry. *Strategic Management Journal*, v. 12, Summer 1991.

45 HANASHIRO, D. M. M.; TEIXEIRA, M. L. M.; ZEBINATO, N. Os papéis desempenhados pelos profissionais de recursos humanos contribuem para a vantagem competitiva? *In*: ENCONTRO NACIONAL ASSOCIAÇÃO NACIONAL DOS PROGRAMAS DE PÓS-GRADUAÇÃO EM ADMINISTRAÇÃO – ENANPAD, 25, Campinas, set. 2001. *Anais* [...]. Rio de Janeiro: ANPAD, 2001.

46 BARNEY, J. B. Firm resources and sustained competitive advantage. *Journal of Management*. Greenwich, v. 7, n. 1, p. 99-120, 1991.

47 BARNEY,1991; GRANT, R. M. The resource-based theory of competitive advantage: implications for strategy formulation. *California Management Review*, v. 33, n. 3, 1991.

48 GRANT, 1991; HILL, C. W. L.; DEEDS, D. L. The importance of industry structure for the determination of firm profitability: a neo-austrian perspective. *The Journal of Management Studies*, v. 33, n. 4, July 1996.

49 BARNEY, 1991.

50 GRANT, 1991.

51 REED, R.; DEFILLIPPI, R. J. Casual ambiguity, barriers to imitation, and sustainable competitive advantage. *The Academy of Management Review*, v. 15, n. 1, jan. 1990.

- **condições históricas únicas:** envolvem um conhecimento idiossincrático, que pode ser difícil dos concorrentes compreenderem;
- **ambiguidade causal:** os recursos intangíveis são imperfeitamente imitáveis, porque são difíceis de serem observados e compreendidos, e os competidores não percebem diretamente seus resultados imediatos;
- **complexidade social:** abrange o conhecimento tácito de relações interpessoais, com os *stakeholders* e a cultura organizacional. Ou seja, são difíceis de serem replicados, pois estão embutidos em complexos sistemas sociais.[52]

Pode-se dizer que construir fontes de vantagem competitiva não é uma tarefa fácil. O segredo está na imitabilidade e substituição imperfeitas de recursos valiosos, raros e duráveis.

Apesar de bastante consolidada na academia, apenas a RBV não é mais suficiente para definir os critérios para fontes de vantagem competitiva. A busca por diferenciais competitivos depende cada vez mais do desenvolvimento de recursos intangíveis que viabilizem a inovação, gerando novos produtos, serviços e processos.

Empresas inovadoras podem aproveitar de forma mais eficiente seus recursos tecnológicos, em comparação com as menos inovadoras. A capacidade de compreender e adotar tecnologias para atender às necessidades de negócios – e, principalmente, antecipar-se a elas – passou a ser muito importante para poder satisfazer às novas demandas da sociedade.[53]

Ter um modelo de negócio que seja escalável também pode ser uma fonte de vantagem competitiva. Ser escalável significa crescer em receita, mas com os custos aumentando de maneira muito mais lenta, gerando mais riqueza.[54] Outras fontes de vantagem competitiva incluem, por exemplo: foco em um segmento específico do mercado, gestão do conhecimento, inovação, desenvolvimento de ativos humanos, qualidade, liderança de baixo custo e terceirização.[55]

> A capacidade de uma organização de se antecipar às necessidades do mercado, e não apenas de se adaptar às mudanças do ambiente, passou a ser uma valiosa fonte de vantagem competitiva.

Ativos e serviços estratégicos

Os ativos estratégicos podem ser considerados ao não serem passíveis de substituição, ou imitação, o que significa que não possuem equivalentes estratégicos perfeitos.

Essas condições básicas da RBV – substituição e imitação imperfeitas – mostram a necessidade de as empresas desenvolverem uma capacidade única para construírem seus ativos estratégicos, o que de forma nenhuma parece ser um processo simples. Ao contrário, existe uma complexidade social implícita, defendida por Reed e DeFillippi,[56] que requer habilidade de aprendizado, desenvolvida ao longo do tempo.

Na era na qual estamos vivendo há uma gama ainda maior de serviços estratégicos que podem ser utilizados pelas empresas. Em muitos casos, as organizações não precisam mais comprar licenças de *softwares*, servidores ou plataformas de desenvolvimento para

---

52 BARNEY, 1991.

53 DANEELS, E. The dynamics of product innovation and firm competences. *Strategic Management Journal*, v. 23, n. 12, p. 1095-1121, 2002.

54 TUSSI, A. C. A.; HANASHIRO, D. M. M., 2014.

55 KRISHNASWAMY, S. Sources of sustainable competitive advantage: a study & industry outlook. *St. Theresa Journal of Humanities and Social Sciences*, v. 3, n. 1, 2017.

56 REED; DEFILLIPPI, 1990, p. 88-103.

atender a suas demandas. Com o uso da computação em nuvem é possível para as empresas acessar funcionalidades, infraestrutura, *softwares*, *hardwares* e serviços dos quais necessitem e pagar somente o que for utilizado. Assim, torna-se mais fácil e barato para as organizações ter acesso a tecnologias escaláveis de última geração, como IA e IdC.

Mesmo com a possibilidade de acessar e utilizar várias tecnologias, a geração de vantagem competitiva, bem como sua sustentabilidade, depende de vários outros fatores, como a compreensão das especificidades do setor no qual a empresa está inserida. A tecnologia, por si só, dificilmente será fonte de vantagem competitiva. Trata-se apenas de um conjunto de ferramentas que permite o desenvolvimento de processos voltados para a resolução de problemas complexos e para a criação de novos produtos, serviços e modelos de negócios. Além disso, é necessário capital humano especializado para poder aproveitar as potencialidades da tecnologia.

A complexidade social é inerente ao capital social organizacional. Leana e Buren[57] definem capital social organizacional como um recurso que reflete o caráter das relações sociais existentes na organização, decorrente da orientação coletiva para alcançar os resultados e da confiança compartilhada por seus membros, facilitando o aprendizado coletivo. O capital social da organização, associado ao capital humano, compõe o capital organizacional.

O capital humano compreende capacidades, conhecimentos, habilidades, criatividade, inteligência e experiências individuais dos colaboradores da organização, quer exerçam cargos de gestão ou não.

> **O capital social organizacional, o capital humano e o capital organizacional são os ativos estratégicos capazes de promover a vantagem competitiva sustentável.**

O capital organizacional, por sua vez, compreende cultura e sistemas organizacionais, reputação da empresa e de seus produtos, processos de produção, direitos de propriedade intelectual entre outros ativos. Esses elementos dependem das relações sociais e confiança mútua, bases para o aprendizado coletivo, isto é, do capital social organizacional, e este, por sua vez, depende do capital humano (Figura 1.1).

Portanto, pode-se considerar o capital social organizacional como o ativo estratégico por excelência, capaz de promover a vantagem competitiva sustentável juntamente com os capitais humano e organizacional.

Figura 1.1 Relação entre o capital humano, o social organizacional e o organizacional

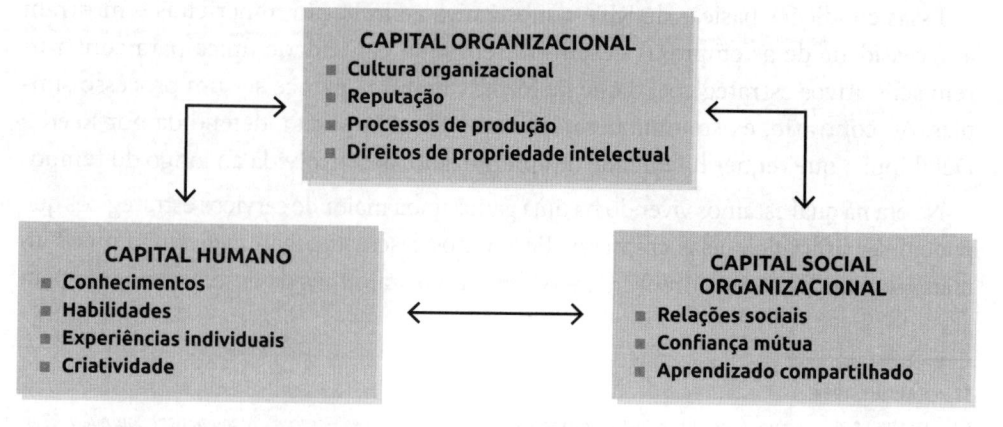

Fonte: ZACCARELLI; TEIXEIRA, 2007, p. 12.

---

57 LEANA, C. R.; BUREN III, Harry J. V. Organizational social capital and employment practices. Academy of Management. *The Academy of Management Review*, Mississippi, v. 24, n. 3, 1999.

STAKEHOLDERS E A NOVA ORGANIZAÇÃO

Dentro do contexto da sociedade pós-informacional, as organizações com fins lucrativos, para permanecerem no mercado, buscam novas formas de gestão que possibilitem orientações essenciais: flexibilidade,[58] produtividade do tempo,[59] participação, direito à privacidade de escolha, consciência e papel diante do risco de extinção da espécie humana em decorrência da exaustão ambiental e das tentativas de novas configurações geopolíticas, por meio das quais novos países surgem, acentuando o direito à diversidade cultural e religiosa.[60]

Diz Freeman:

> Da mesma forma que a separação entre proprietário-gerente-empregado requereu repensar o conceito de controle e da propriedade privada como analisado por Berle e Means (1932), assim, a emergência de numerosos grupos de *stakeholders* e novos assuntos estratégicos requer um repensar do nosso quadro tradicional da firma [...] Nós devemos redesenhar o quadro de uma certa maneira que dê conta das mudanças.[61]

A ambiência competitiva exige das empresas o reconhecimento do papel do consumidor como elemento atuante na concepção dos produtos; do sentido que o trabalho desempenha na vida das pessoas. Cabe às empresas a tomada de consciência na sociedade, preservando a manutenção da espécie e o respeito às realidades sociais, culturais e políticas dos lugares em que atuam, fazendo das restrições oportunidades de negócio.

A nova ambiência competitiva e o novo consumidor

Mudanças de natureza econômica, social, tecnológica e cultural têm feito surgir um novo consumidor, com demandas inéditas, exigindo das organizações mudanças no comportamento estratégico que visam à conquista de vantagens competitivas sustentáveis.

Esse novo consumidor está cada vez mais utilizando a internet, inclusive as redes sociais, para procurar informações sobre produtos, serviços e empresas. Aliás, uma das demandas do consumidor contemporâneo é "ser atendido a qualquer momento e em qualquer lugar pelas empresas".[62] As novas tecnologias móveis para acesso à internet, comunicação e comercialização (inclusive via redes sociais e aplicativos) atuaram "transformando qualquer lugar em ponto de venda".[63] Os novos canais digitais podem ser utilizados pelas organizações não apenas para venda e divulgação de seus produtos mas também para fortalecer a imagem da marca, criar promoções, conseguir novos consumidores e estreitar o relacionamento com eles. Ou seja, para converter consumidores potenciais em clientes, engajá-los e retê-los.

Contudo, em um mundo onde há uma abundância de estímulos e aumento da concorrência, conquistar a atenção dos consumidores torna-se um grande desafio.[64]

---

58   MCKENNA. *Relationship marketing.* Addison-Wesley Publishing Company, 1991.

59   POPCORN, F. *O relatório Popcorn.* Rio de janeiro: Campus, 1993.

60   No **Capítulo 3,** você poderá conhecer um pouco melhor a diversidade no ambiente organizacional.

61   DONALDSON, T.; PRESTON, L. E. The *stakeholder* theory of the corporation: Concepts, evidences. *The Academy of Management Review*, v. 20, n. 1, 1995.

62   NETO, S. A. L. O novo consumidor. *GV Executivo*, v. 7, n. 6, p. 50-53, 2008.

63   NETO, 2008, p. 52.

64   YARROW, K. *Decoding the new consumer mind:* How and why we shop and buy. Hoboken: Jossey-Bass, 2014.

Ainda mais considerando que outra demanda dos novos consumidores é o desejo de maior individualidade e oportunidade de expressão, representados pela "busca e preferência por empresas, produtos e serviços que ofereçam significado e autenticidade ou que possam ser personalizados e customizados".[65]

Aliada ao aspecto de oportunidade de expressão, a terceira demanda diz respeito à interatividade na comunicação consumidor-empresa. Os novos consumidores querem se sentir admirados e servidos pelas marcas. Assim, é importante saber suas opiniões, criar conteúdos gratuitos e que sejam relevantes para eles (não apenas divulgar promoções), oferecer diversas atividades e oportunidades de interação, incentivá-los a divulgar a marca e recompensá-los pelo envolvimento.[66] A customização e a criação de produtos em conjunto com os consumidores também são maneiras de engajá-los. Nesse sentido, muitas organizações têm utilizado plataformas voltadas à experimentação e cocriação de produtos. Nelas é fundamental encorajar os consumidores a expor suas opiniões, para que os gestores possam avaliar lançamentos, ajustar produtos antes do início das vendas e adequar as estratégias de comunicação.[67]

Esses novos consumidores, mais conectados e participativos, também estão mais preocupados com a sustentabilidade e os comportamentos éticos das empresas. Eles têm exigido das organizações mais transparência, produtos livres de crueldade com animais e respeito ao meio ambiente e à diversidade.[68] Em decorrência dessa mudança no comportamento do consumidor, vem se desenvolvendo, por parte das empresas, um movimento de associar às suas atividades a atuação socialmente responsável, quer seja minimizando prejuízos à sociedade, decorrentes de sua operação, quer investindo nas comunidades em que estão inseridas.

A nova relação que vem se construindo entre consumidores e empresas mostra que a gestão equilibrada dos interesses dos *stakeholders* depende da pressão que tenham capacidade de exercer. Entretanto, uma postura reativa das empresas pode resultar em prejuízos e perda de vantagens competitivas.

Considerando a era na qual vivemos, não se pode desprezar a capacidade dos indivíduos e segmentos sociais de obter informações e conhecimentos de forma autônoma, conscientizando-se de seus direitos e papéis na sociedade, assim como da capacidade de defender seus interesses.

Gerir empresas na Era Pós-Informacional visando à conquista e manutenção de vantagens competitivas implica também uma postura proativa na consideração dos interesses de todos os *stakeholders*.

A nova ambiência competitiva e o novo trabalhador

Mudanças ocorridas nas últimas décadas têm levado a uma reconfiguração do mundo do trabalho. O impacto das crises econômicas tem gerado desemprego em massa, fazendo com que muitos trabalhadores, em diversas nações em desenvolvimento,

---

65   NETO, 2008, p. 52.

66   YARROW, 2014.

67   BUENO, R. Como fidelizar clientes na era do Big Data. *Harvard Business Review*, 9 set. 2016. Disponível em: https://hbrbr.uol.com.br/como-fidelizar-clientes-na-era-do-big-data. Acesso em: 20 mar. 2020.

68   SOROSINI, M.; CARDOSO, L., 2018.

atuem em empregos de baixa produtividade, frequentemente no setor informal.[69] Ocorre a flexibilização dos contratos de trabalho, novos modelos de negócios surgem e acontecem mudanças nas legislações trabalhistas de vários países.[70] Em meio a esse contexto, assiste-se à precarização do trabalho, aos empregos temporários, ao subemprego, às terceirizações e ao aumento da jornada de trabalho.

Paradoxalmente, as novas gerações (Y e Z) têm procurado espaços mais criativos, melhor qualidade de vida no trabalho e mais equilíbrio entre vida profissional e pessoal. Há ainda uma busca maior por emprego pela crescente população idosa no país (pessoas acima de 60 anos). E, devido principalmente às questões financeiras, essa população está adiando cada vez mais sua saída do mercado de trabalho.

Nesse cenário de aumento populacional e maior busca por emprego, observa-se também o desemprego causado não apenas por fatores econômicos mas também pela automação.

No que tange a este último item, são alguns exemplos: em 2016, a empresa Foxconn substituiu 60 mil trabalhadores por robôs;[71] a Amazon já possui mais de 100 mil robôs trabalhando em seus galpões;[72] a Uber está testando carros autônomos para buscar passageiros[73] e um caminhão autodirigível estará nas ruas em breve.[74]

Os novos modelos de negócios são geralmente intensivos em tecnologia e não em mão de obra. Essas modernas tecnologias também diminuem os custos de produção. Isso provoca "um processo de *re-territorialização* e também de *des-territorialização*. Novas regiões industriais emergem e muitas desaparecem [...]".[75] E "quando os robôs são mais baratos que os processos de fabricação existentes, as empresas se tornam mais propensas a realocar a produção para mais perto dos mercados consumidores",[76] voltando aos seus países de origem. Foi o que aconteceu com a organização alemã Adidas. Em 2017, as tecnologias de impressão 3-D baratearam a fabricação e possibilitaram que a empresa estabelecesse duas fábricas para a produção de calçados: uma na Alemanha e outra nos Estados Unidos, acabando com mais de 1000 empregos no Vietnã. E a holandesa Philips Electronics mudou sua fábrica da China de volta à Holanda.[77]

Ou seja, ao contrário do que acontecia na Era Informacional – na qual grandes organizações buscavam se estabelecer em locais onde havia concentração de mão de obra barata –, na Era Pós-Informacional, o barateamento dos processos de produção propiciado pelas novas tecnologias torna as empresas mais inclinadas a reposicionar

---

69   WORLD BANK, 2019.

70   CACCIAMALI, M. C. Princípios e direitos fundamentais no trabalho na América Latina. *São Paulo em Perspectiva*, v. 16, n. 2, p. 64-75, 2002.

71   WAKEFIELD, J. Foxconn replaces '60,000 factory workers with robots'. *BBC News*, 25 maio 2016. Disponível em: https://www.bbc.com/news/technology-36376966. Acesso em: 20 mar. 2020.

72   MÜLLER, L. Amazon já tem mais de 100 mil robôs autônomos em seus galpões [vídeo]. *In*: TECMUNDO, 14 jun. 2018. Disponível em: https://www.tecmundo.com.br/mercado/131327-amazon-tem-100-mil-robos-autonomos-galpoes-video.htm. Acesso em: 30 mar. 2020.

73   BREWSTER, S. Uber starts self-driving car pick-ups in Pittsburg. *In*: TECHCRUNCH, 14 set. 2016. Disponível em: https://techcrunch.com/2016/09/14/1386711/. Acesso em: 20 mar. 2020.

74   DAVIES, A. The world's first self-driving semi-truck hits the road. *Wired*, 5 maio 2015. Disponível em: https://www.wired.com/2015/05/worlds-first-self-driving-semi-truck-hits-road. Acesso em: 20 mar. 2020.

75   ANTUNES, A. *Os sentidos do trabalho*. São Paulo: Boitempo, 1999.

76   WORLD BANK, 2019, p. 21.

77   WORLD BANK, 2019, p. 21.

a produção em locais mais próximos dos seus mercados consumidores, retornando muitas vezes aos países desenvolvidos.

Enquanto a automação tem reduzido a demanda por trabalhadores, a inovação tem feito emergir novas tarefas, profissões e setores. Porém, a inovação tem favorecido os mais instruídos e não os menos qualificados (mais propensos ao desemprego causado pela automação). Trabalhadores que realizam tarefas repetitivas ("codificáveis") – que são fáceis de serem automatizadas – são os mais vulneráveis à substituição.[78]

Desse modo, a capacidade de aprendizado constante ao longo da vida e o auto-desenvolvimento são duas das habilidades necessárias ao novo trabalhador.[79] Para aproveitar as funções e até mesmo profissões que a inovação criará, também serão importantes: raciocínio lógico, pensamento crítico, foco, habilidades tecnológicas e de comunicação interpessoal, autoeficácia, colaboração, empatia e criatividade.[80]

Diante de todas essas mudanças, faz-se necessária a redefinição do trabalho. De acordo com Harman e Horman:

> Numa sociedade tecnologicamente avançada, na qual a produção de bens e serviços em quantidades suficientes pode ser controlada com facilidade, o emprego existe antes de mais nada para o autodesenvolvimento [...]. Aqui, o significado de "autodesenvolvimento" implica tudo o que enriquece o indivíduo e inclui não apenas o desenvolvimento pessoal e profissional, mas relacionamentos de qualidade e a prestação de serviços significativos a terceiros [...] as pessoas procuram basicamente atividades e relacionamentos significativos [...] apesar de o pleno emprego não ser mais necessário do ponto de vista da produção, a plena participação é essencial do ponto de vista social.[81]

Na sociedade pós-informacional, o trabalho não é percebido apenas como um modo de obter a sobrevivência ou de acumular riquezas, mas sim como meio de auto-desenvolvimento pessoal e profissional.

Em países em desenvolvimento, contudo, convive-se ao mesmo tempo com características da sociedade industrial, pós-industrial, informacional e pós-informacional. Em algumas situações, os interesses dos empregados e outros colaboradores podem residir principalmente em conseguir meios para sobreviver. Entretanto, as empresas precisam, cada vez mais, estar atentas para atender aos interesses de desenvolvimento individual de seus colaboradores, pois nele reside uma das fontes da vantagem competitiva sustentável, possibilitando a participação e aprendizagem contínua, indispensável no ambiente cada vez mais instável e complexo do século XXI.

---

78 FREY, C. B.; OSBORNE, M. A. The future of employment: how susceptible are jobs to computerization? *Technological Forecasting and Social Change*, v. 14, p. 254-280, jan. 2017.

79 WORLD BANK, 2019, p. 21.

80 GIB, J. (ed.). *Generic skills in vocational education and training:* research readings. Adelaide: National Centre for Vocational Education Research, 2004. p. 188.

81 HARMAN, W.; HORMAN, J. *O trabalho criativo.* São Paulo: Cultrix, 1997. p. 31.

A NOVA AMBIÊNCIA COMPETITIVA

A PRÁTICA DA PESQUISA

Vantagem competitiva sustentável: um estudo exploratório em uma instituição bancária

Em uma pesquisa exploratória realizada em uma instituição bancária, em 2003, procurou-se, mediante entrevistas em profundidade com os gestores das áreas de recursos humanos, comercial e de tecnologia da informação, identificar as vantagens competitivas da empresa e se eram consideradas sustentáveis.

Verificou-se que as vantagens competitivas, segundo os respondentes, estavam associadas à estratégia do banco de obter resultados mediante a construção de um relacionamento duradouro com seus clientes. Constatou-se também que, de acordo com a área administrada pelo gestor entrevistado, este tendia a dar ênfase mais a uma vantagem competitiva que a outra, mas todos concordavam que o banco tinha como vantagens, em relação a seus concorrentes, a marca, a rede de agências, a tecnologia de informação e a capacitação das equipes, e que todas eram sustentáveis.

O gestor de recursos humanos afirmou que a vantagem competitiva consistia na capacitação das equipes, na tecnologia da informação e na marca do banco. Porém, para ele, a única vantagem competitiva sustentável era a qualidade dos recursos humanos. Veja seu depoimento:

> A vantagem competitiva sustentável é a qualidade dos recursos humanos que o banco tem. Eu acho que é sustentável porque todo mundo tem acesso à tecnologia; marca, há outros concorrentes com marcas tão fortes quanto. Agora, as pessoas é que são difíceis de serem imitadas.

Já o gestor da área de tecnologia da informação declarou:

> O grande ganho do banco é tecnologia e uma rede capilar de muitas agências localizadas em vários pontos. É uma vantagem sustentável continuar investindo como vem investindo. Tecnologia custa muito caro. Não é uma vantagem mutável a curto prazo. As outras, os outros bancos podem adquirir a curto prazo: expertise, carteira de clientes, mas uma rede capilar e tecnologia... Tem que investir muito. Tem que comprar bancos. Não basta comprar um banco. Tem que comprar muitos bancos para render a curto prazo. A longo prazo você pode abrir agência em tudo quanto é lugar, mas quanto vai custar isso? É um negócio pesado. Vai fazer as contas de quanto custa um negócio desses!...

Para o gestor comercial, as vantagens competitivas do banco estão associadas, principalmente, à marca, rede de agências, tecnologia e qualidade do pessoal técnico. Em sua entrevista, afirmou que, com relação à qualidade do pessoal técnico, considera que o banco tem bons profissionais, mas não está conseguindo retê-los: "tem um pessoal técnico muito bom, embora muitos tenham ido embora do banco. Vários concorrentes pegaram essas pessoas".

Observa-se, portanto, que, apesar da qualidade de recursos humanos ser considerada uma fonte de vantagem competitiva para o banco, sua sustentabilidade é questionável, uma vez que ele não está conseguindo mantê-los.

Esse fato pode ser relacionado ao novo tipo de trabalhador que vem se desenvolvendo no novo ambiente competitivo. Os talentos são escassos e a principal questão da vantagem competitiva, nos próximos anos, está em saber retê-los. O novo trabalhador deseja estar em organizações que permitam atuar com autonomia, contribuir com a sociedade e desenvolver trabalho que dê sentido à vida.[82] No caso do banco pesquisado, o ambiente não parece ser favorável à manutenção de talentos. Veja alguns depoimentos dos entrevistados:

> Eu acho que pessoas são uma vantagem competitiva, mas eu não sei se o banco, hoje, está oferecendo a quantidade de treinamento para manter essas pessoas, para elas não irem embora para a concorrência. Então, eu não sei se essa vantagem competitiva é sustentável no banco. Mas, na verdade, nós temos pessoas que até fazem a diferença.

---

82   MORIN, E. Os sentidos do trabalho. *RAE-Revista de Administração de Empresas*, v. 41, n. 3, p. 8-19, 2001.

GESTÃO DO FATOR HUMANO

Tem muita gente boa aqui, mas também têm outras tantas que são muito boas e que estão saindo. Elas não permanecem, mais por falta de motivação, de perspectiva, de incentivos para permanecer, do que, por exemplo, um salário baixo. Acho que elas saem do banco mais por encanto do que por um salário mais alto, uma promoção, mais bônus. Eu acho que elas permaneceriam no banco se tivessem mais chances de ascensão, quer dizer menos salário e mais carreira.[83]

O banco não tem uma política de ideias, de implementar novas ideias. Isso ainda está muito restrito a um nível gerencial acima. As ideias que vão surgindo, melhoria de processos, melhorias organizacionais, normalmente vêm de cima para baixo, ou de demandas certas. O funcionário não é colocado como agente participante da mudança. Ele é simplesmente um meio da mudança. Isto na base, óbvio, mas a participação no nível gerencial é mediana, nada muito excepcional. Também não são muito incentivados... Não há um mérito por criação... Por inovação... e então, os funcionários até mesmo de cargos gerenciais não têm participação muito ativa.[84]

No entanto, quando se perguntou aos entrevistados qual era a participação das pessoas na sustentação da vantagem competitiva, eles responderam: a cultura organizacional, representando outro recurso intangível, como se pode observar na fala do gestor de recursos humanos:

O banco é uma empresa de serviços. É fundamental que o serviço seja entregue com a qualidade que o cliente deseja receber. Então, esta preocupação diária de estar sempre atendendo o cliente da melhor maneira, é o que mantém essa vantagem sustentável. O valor de atendimento ao cliente com qualidade é tão forte hoje no banco que as pessoas quando entram reconhecem isso e se contaminam, se motivam com isso para estarem se direcionando também dessa maneira. Então, nós percebemos que, apesar de entrarem e saírem pessoas, elas estão sempre se ajustando rapidamente. Isso já faz parte da cultura do banco, porque é uma cultura muito forte e enraizada: o atendimento ao cliente. E é bem explícito isso. Nas campanhas publicitárias, nos informes diários, nos anúncios que são feitos na imprensa pelo corpo responsável pela estratégia, isso é repetido várias vezes. E eu acho que as pessoas têm entendido também e aceitado esse valor como importante na cultura do banco. Eu acho que a entrega do banco é melhor do que nos outros bancos.

Embora os gestores respondentes tenham apontado diversas fontes de vantagem competitiva, como a tecnologia, a rede de agências, a marca e até mesmo a capacitação técnica, parece ser a cultura organizacional orientada para o atendimento ao cliente a verdadeira fonte de vantagem competitiva, que supera, inclusive, as dificuldades com a entrada e a saída de pessoas da organização.[85] A cultura organizacional consiste em um recurso intangível valioso, que pode ajudar a empresa a ganhar competitividade perante a concorrência. Rara, difícil de ser percebida e imitada pelos concorrentes, a cultura é um recurso específico de cada organização, resistente ao longo do tempo e, portanto, durável.

---

83   Gestor da área comercial.

84   Gestor de recursos humanos.

85   Para conhecer melhor a cultura organizacional e sua influência nas organizações, consulte o **Capítulo 2**.

MINICASO

Entendendo as características das *fintechs* bancárias

Nos últimos anos, sobretudo a partir do final do século XX, as Tecnologias de Informação e Comunicação vêm se desenvolvendo de modo muito rápido, e o crescimento do tráfego de dados via internet tem ocorrido de maneira exponencial. Muitas podem ser as fontes desses dados, entre elas: mídias sociais; dados resultantes do uso de e-mails; dados transacionais (por exemplo, financeiro e de consumo); navegação na web; dados oriundos da comunicação entre dispositivos (IdC); e dados referentes ao reconhecimento de imagem e voz.[86]

Como resultado dessa dinâmica informacional, a agilidade organizacional passou a ser essencial para detectar mudanças ambientais e responder prontamente a elas, ajustando as estratégias quando necessário. A aplicação de práticas, processos e tecnologias de *big data*[87] pode auxiliar as empresas, gerando conhecimento e contribuindo para as tomadas de decisão. Assim, a constante evolução tecnológica pode ser empregada para criar diferenciais competitivos e agregar valor às organizações.

Nesse contexto, surgem novas empresas, que mudam o ambiente competitivo por meio de novos modelos de negócios baseados em tecnologias digitais. Um exemplo é o das *fintechs*. União da palavra *financial* (financeira) com *technology* (tecnologia),[88] as *fintechs* são empresas (geralmente *startups*) de serviços do setor financeiro que utilizam tecnologias digitais para gerar e fornecer produtos e serviços inovadores.[89]

Mesmo sem possuírem nenhuma agência física, as *fintechs* bancárias no Brasil já têm milhões de clientes. A maior utilização da internet em dispositivos móveis no país foi muito importante para o crescimento dessas empresas, já que nelas as transações são realizadas em plataformas on-line, acessadas principalmente via *smartphones*. Em décadas passadas, dispor de uma rede de agências físicas localizadas em vários pontos era uma vantagem competitiva (vide o caso do estudo exploratório em uma instituição bancária, apresentado nas páginas anteriores). Porém, com o maior uso da internet para a realização de transações bancárias, muitos bancos estão fechando várias de suas agências físicas (diminuindo, assim, os custos com a manutenção dessas agências) e aumentando os investimentos em tecnologias digitais a serviço do consumidor.

O foco das *fintechs* bancárias é a oferta de produtos e serviços inovadores que satisfaçam às necessidades dos seus clientes, proporcionando a eles novas e positivas experiências no uso de serviços bancários, preços mais competitivos, menos burocracia e mais praticidade.[90]

Novas tecnologias, como *big data* e ciência de dados, são utilizadas para melhorias no atendimento, ampliação de crédito e detecção de fraudes, entre outros. Nesse sentido, as *fintechs* bancárias contam com equipes de especialistas em inteligência artificial, ciência de dados e estatística. Esses especialistas realizam análises avançadas, buscando extrair conhecimento dos dados coletados para apoiar decisões estratégicas.[91]

---

86   TAURION, C. *Big data*. Rio de Janeiro: Brasport, 2013.

87   O QUE é *big data. In*: CANALTECH. Disponível em: https://canaltech.com.br/big-data/o-que-e-big-data/. Acesso em: 20 mar. 2020.

88   DE AMORIM, N. C.; ARAÚJO, R. C. de S. Desenvolvimento de projetos de empreendedorismo financeiro. Estudo de caso: *fintechs* e suas ações. *Revista Gestão, Inovação e Negócios*, v. 5, n. 1, p. 80-104, 2019.

89   ZHANG, B.; WARDROP, R.; RAU, R.; GRAY, M. Moving mainstream: benchmarking the European alternative finance market. *The Journal of Financial Perspectives*, v. 3, p. 60-73, 2015.

90   PARA 47% do público, *fintechs* superam bancos tradicionais. *In*: MEIO&MENSAGEM. Disponível em: www.meioemensagem.com.br/home/marketing/2019/12/13/para-47-do-publico-fintechs-superam-bancos-tradicionais.html. Acesso em: 30 mar. 2020.

91   SAMBAMURTHY, V.; BHARADWAJ, A.; GROVER, V. Shaping agility through digital options: reconceptualizing the role of information technology in contemporary firms. *MIS Quarterly*, p. 237-263, 2003.

GESTÃO DO FATOR HUMANO

Os cientistas de dados, em específico, realizam as seguintes atividades: [92]

- mapeamento e avaliação de fontes de dados;
- elaboração e testes de modelos preditivos;
- extração e análise de informações a partir dos dados coletados;
- construção de relatórios e gráficos para suportar as tomadas de decisões.

Outros profissionais existentes nas *fintechs* são os engenheiros de dados, que têm como algumas de suas atribuições: [93]

- estruturação de modelos de dados e fluxogramas;
- organização e normalização dos dados;
- preparação e limpeza dos dados;
- processamento e disponibilização de acesso aos dados para os cientistas de dados.

Esse conjunto de especialistas ajuda os gestores das *fintechs* bancárias a visualizar os problemas de modo assertivo por meio da análise correta das informações, fornecendo conhecimento valioso para as decisões estratégicas.

EXERCÍCIOS DE HABILIDADES

1. Com o crescimento do volume de dados gerados na internet, a dinâmica competitiva passou a ser mais volátil, tornando a agilidade organizacional essencial para detectar mudanças ambientais e responder prontamente a elas. Comente como as *fintechs* estão gerando mudanças no setor bancário, que por muito tempo foi considerado consolidado.

2. De que maneira as novas tecnologias, como as utilizadas pelas *fintechs* bancárias, podem ser úteis para a gestão de organizações em outros setores? Quais vantagens elas podem proporcionar?

3. Sugerimos a você que busque informações sobre transformações ocorridas na indústria bancária nos últimos anos. Com base em suas pesquisas e nos conteúdos apresentados neste capítulo, quais são os novos desafios que os gestores precisam enfrentar na indústria bancária? E em outra indústria sobre a qual você tenha pesquisado ou na qual tenha trabalhado?

4. Quais são as habilidades importantes para atuar nas *fintechs* bancárias? E em empresas de outro(s) setor(es) que você conheça, nessa Era Pós-Informacional?

---

92 BORGES, M. Full-stack em ciência de dados? *In*: DTI DIGITAL CRAFTERS, 14 dez. 2018. Disponível em: https://dtidigital.com.br/blog/full-stack-em-ciencia-de-dados. Acesso em: 20 mar. 2020.

93 BORGES, 2018.

CAPÍTULO 2

Entendendo a cultura nas organizações

Darcy Mitiko Mori Hanashiro

OBJETIVO DO CAPÍTULO

Vivemos um momento em que há necessidade de mudanças e adaptações. As soluções digitais evoluem em alta velocidade, transformando a forma de viver, de trabalhar e as relações cotidianas. Nenhum negócio está imune às mudanças da era digital. E isso faz com que a gestão estratégica tenha de ser repensada sob uma nova perspectiva. O sucesso e a longevidade de uma empresa dependerão diretamente das adaptações da sua cultura organizacional aos imperativos dos novos meios digitais. Indiscutivelmente, essa nova era digital está sendo marcada pelas novas formas de se ver o mundo, de pensar sobre ele e, especialmente, de como se relacionar. As deficiências na cultura organizacional são uma das principais barreiras para o sucesso da empresa na era digital.[1] Nesse contexto, o objetivo deste capítulo é examinar as diferentes lentes teóricas sobre cultura organizacional e salientar a relevância e as diferenças das escolhas teóricas para a análise da vida organizacional.

> A cultura organizacional é uma das principais questões na pesquisa e na formação acadêmica, na teoria organizacional, bem como na prática da gestão. Existem boas razões para isso: a dimensão cultural é central em todos os aspectos da vida organizacional.[2]

---

1   Esse é um achado central da McKinsey's em recente inquérito aos executivos globais.

2   ALVESSON, M. *Understanding organizational culture.* Thousand Oaks, CA: Sage Publishing, 2002. p. 1.

IMPORTÂNCIA E ORIGEM DA CULTURA ORGANIZACIONAL

A cultura importa porque as decisões organizacionais tomadas sem o conhecimento da cultura podem levar a resultados imprevistos e indesejáveis.[3] A consciência cultural permite que gestores antecipem as consequências de determinadas decisões e escolham se elas são desejáveis ou não. Portanto, a cultura importa para o sucesso dos negócios porque "os elementos culturais determinam a estratégia, os objetivos e o modo de operação da empresa".[4]

> A consciência cultural permite que gestores antecipem as consequências de determinadas decisões e escolham se elas são desejáveis ou não.

O termo **cultura de empresa** (*culture of the factory*) foi introduzido nos anos 1950 por Elliot Jaques para falar de uma "maneira habitual de fazer as coisas na empresa". Veja sua definição:[5]

> A cultura da empresa é seu modo de pensar e de agir habitual e tradicional, mais ou menos compartilhado por todos os seus membros; que deve ser aprendido e aceito, ao menos em parte, pelos novos membros para que sejam aceitos na empresa [...]. Entre aqueles que fazem parte da empresa, depois de um certo tempo, a cultura constitui uma parte de sua segunda natureza. Os novos são reconhecidos por ignorarem a cultura da empresa; os desadaptados, pelo fato de que são incapazes de utilizá-la.[6]

Vamos entender os principais termos que constam dessa definição, que se mantém viva na literatura contemporânea.

Jacques entende que a cultura é o jeito de ser da empresa que vai se constituindo ao longo de sua existência de uma maneira habitual e tradicional de pensar, e também de agir sobre os fenômenos organizacionais que governam a conduta das pessoas. E essa forma de pensar e agir não pode ser de um pequeno grupo, precisa ser relativamente compartilhada. Afinal, para se tornar uma cultura é importante que ela seja compartilhada em algum grau com os membros da organização e pelos novos membros, até para que estes possam ser aceitos pelos colegas. É interessante observar que, com o tempo, essa forma de pensar e agir torna-se um hábito e incorpora-se à maneira de ser do indivíduo, sua segunda natureza. Pela definição do autor, parece ser fácil ver quem é novo na empresa, pois este tem a tendência de ignorar a cultura, passar por cima do que é uma forma habitual de pensar e agir. Também se identificam os não adaptados, aqueles que não conseguem utilizar e praticar a cultura e tornam-se desajustados ao ambiente de trabalho.

Ao longo do capítulo, você vai reconhecer conceitos que convergem com o de Jacques e outros que são muito diferentes. Ser capaz de entender as diferentes perspectivas de cultura é uma competência relevante para um profissional atuar em um momento de mudanças e vulnerabilidades, como o que vivemos na era digital.

Após a definição de Jacques e até a década de 1970, a questão da cultura desapareceu quase completamente nas análises organizacionais. Pettigrew retoma o debate

---

3 SCHEIN, E. H. *Guia de sobrevivência da cultura organizacional*. Rio de Janeiro: José Olympio, 1999.

4 SCHEIN, 1999.

5 PÉPIN, N. Cultura de empresa. Nascimento, alcance e limites de um conceito. *Mosaico – Revista de Ciências Sociais*, v. 1, n. 1, p. 267-293, 1998.

6 *Apud* PÉPIN, N. Cultura de empresa: nascimento, alcance e limites de um conceito. Mosaico: *Revista de Ciências Sociais*, Vitória, v. 1, n. 1, p. 269, 1998.

sobre cultura em 1979 com a publicação *On studying organizational cultures.*[7] Nos Estados Unidos, a expressão apareceu na década de 1970.[8] Naquela época, as empresas estadunidenses, em declínio econômico, buscavam enfrentar uma concorrência japonesa agressiva e encontrar maneiras de mobilizar os empregados – um caminho seria enfatizar a importância do ser humano.[9] Nessa vertente gerencialista, uma coleção de livros de gestão foi sucessivamente publicada, enaltecendo o valor da cultura organizacional para o sucesso das empresas.[10] Na França, a noção de cultura aparece no início dos anos 1980, em plena crise de desemprego e de reestruturação industrial. E a cultura de empresa aparece como uma estratégia dos dirigentes para ganhar a identificação dos empregados e sua adesão aos objetivos por eles definidos. No período entre 1980-1990, a cultura organizacional passou a ser percebida, como um dos elementos mais importantes para o sucesso organizacional.[11]

Você deve ter observado que a noção de cultura entrou no *management* em diferentes países, em momentos de crise econômica, e figurou como uma forma de solucionar esses problemas, colocando o fator humano no centro da estratégia dos dirigentes. No próximo tópico, vamos entender os diferentes conceitos de cultura e como ela é formada.

SOBRE O ESTUDO DE CULTURA ORGANIZACIONAL

No senso comum, todos são capazes, provavelmente, de dar "sua" definição de cultura organizacional. Seja porque têm uma experiência organizacional ou porque já leram algum conteúdo na literatura *pop-management*.[12] Por outro lado, a literatura cultural é repleta de discussões polêmicas sobre diferentes perspectivas de cultura, o que se traduz em uma guerra de conflito intelectual.[13] Entender a existência dessa disputa pelo domínio do campo é o primeiro passo para ir além do senso comum e da literatura de *pop management* sobre cultura organizacional. Por esta razão, compreender os pressupostos que fundamentam essas disputas é essencial para entender o corpo de literatura que tem emergido nas últimas décadas.

> No senso comum, todos são capazes, provavelmente, de dar "sua" definição de cultura organizacional. Seja porque têm uma experiência organizacional ou porque já leram algum conteúdo na literatura *pop management.*

Fundamentos dos estudos de cultura organizacional

Essas disputas intelectuais nos estudos de cultura organizacional ocorrem pela defesa de posicionamentos dos autores. Martin e Frost discorrem como isso acontece na literatura. Alguns pesquisadores adotam a estratégia do silêncio.[14] Neste caso, o

---

7   PETTIGREW, A. M. On studying organizational cultures. *Administrative Science Quarterly.* v. 24, n. 4, p. 570-581, dez. 1979.

8   CUCHE, D. *A noção de cultura nas ciências sociais.* Bauru: Edusp, 1999. p. 209.

9   CUCHE, 1999.

10 Ver OUCHI, W. G. *Teoria Z.* São Paulo: EFEB, 1982; PETER, T. J.; WATERMAN JR., R. H. *Vencendo a crise.* São Paulo: Harper & Row do Brasil, 1982; DEAL, T.; KENNEDY, A. *Corporate culture.* Massachusetts: Addison-Wesley, 1982; ATHOS, R. T.; PASCALE, A. G. *As artes gerenciais japonesas.* Petrópolis: Record, 1982.

11 ALVESSON, M.; SVENINGSSON, S. *Changing organizational culture.* New York: Routledge, 2008. p. 35.

12 A literatura de *pop-management* compreende livros e revistas de consumo rápido, produzidos pela mídia de negócios. A mídia de negócios faz parte da indústria do *management,* junto com as empresas de consultoria, os gurus empresariais e as escolas de negócios. Ver: WOOD JR., T.; PAULA, A. P. P. *Pop-management: a literatura popular de gestão no Brasil.* São Paulo: Eaesp/FGV/NPP, 2002. Disponível em: https://pesquisa-eaesp.fgv.br/sites/gvpesquisa.fgv.br/files/publicacoes/P00219_1.pdf. Acesso em: 31 mar. 2020.

13 MARTIN, J.; FROST, P. Jogos de guerra da cultura organizacional: a luta pelo domínio intelectual. *In:* CLEGG, S. R.; HARDY, C.; NORD, W. R. *Handbook de estudos organizacionais.* São Paulo: Atlas, 2001. v. 2.

14 MARTIN; FROST, 2001.

GESTÃO DO FATOR HUMANO

estudo ou livro focaliza um só ponto de vista sobre cultura; as demais perspectivas são negligenciadas ou tratadas marginalmente. Essa abordagem comum no terreno da pesquisa cultural permite que uma única perspectiva teórica seja investigada sem a necessidade de explicar ou justificar outras formas de investigação de cultura. Uma variante dessa abordagem cita diferentes perspectivas, no entanto, defende principalmente a escolhida pelo autor, que poderia ser chamada de focalização. O uso dessas abordagens de silêncio/marginalização ou focalização provoca uma forma de cegueira cultural; essas abordagens "mascaram os conflitos intelectuais e obrigam as pessoas a perceber os silêncios intencionais e a ler nas entrelinhas das publicações, para decifrar quais as questões fundamentais que estão causando as divergências".[15]

> A cegueira cultural, que é o reconhecimento de uma única perspectiva sobre cultura, pode gerar implicações para a gestão, pois ela influencia a visão do gestor sobre o significado de cultura, e, consequentemente, sua leitura frente aos desafios ambientais impostos à organização.

A cegueira cultural, que é o reconhecimento de uma única perspectiva sobre cultura, pode gerar implicações para a gestão, pois ela influencia a visão do gestor sobre o significado de cultura e, consequentemente, sua leitura dos desafios ambientais impostos à organização. A fim de ampliar o horizonte dos estudos de cultura organizacional e sua investigação, é importante expor as disputas intelectuais na guerra da cultura. Apesar de essa disputa se referir à maneira de fazer a pesquisa, está no centro das discussões a amplitude do conceito de cultura. O lugar de fala deste capítulo é que *todo* líder deveria ser um *expert* em análise cultural, em razão de seu papel destacado na criação, formação e mudança da cultura. Por isso, entender esse debate é apropriado na formação de líderes que atuam em ambientes de transformação digital.

Disputas teórico-metodológicas no estudo de cultura organizacional

Martin[16] sintetiza os antagonismos anteriormente referidos (Figura 2.1) em objetividade *versus* subjetividade; pesquisar sob o ponto de vista do nativo (interno – *emic*) ou do externo (do pesquisador – *etic*); pesquisas generalizáveis ou de contexto específico; focos e amplitude; e nível de profundidade.

Figura 2.1 Disputas teórico-metodológicas no estudo de cultura organizacional

Fonte: elaborada pela autora com base em MARTIN, 2002.

---

15   MARTIN; FROST, 2001, p. 219.

16   ARTIN, J. *Organizational culture:* mapping the terrain. Thousand Oaks, CA: Sage Publications, 2002.

Objetividade *versus* subjetividade: é uma discussão complexa, que vamos traduzir de forma simplificada para o escopo da pesquisa em cultura organizacional. De acordo com a ênfase em objetividade, as pesquisas são realizadas conforme o método científico, usando dedução e indução para provar ou falsear hipóteses. Baseia-se na lógica de que a realidade existe independentemente da vontade do ser humano. A realidade é um fato. As pesquisas de cultura, sob a lente do objetivismo, focam na mensuração de elementos da cultura organizacional. Por outro lado, na perspectiva no subjetivismo, os autores preferem ver as percepções como constrangidas pelo que está sendo percebido.[17] Para Stablein,[18] esse processo de percepção, memória e interpretação não é um fenômeno individual. A observação ocorre em um contexto coletivo e social em que a construção social da realidade[19] constrange e influencia os julgamentos. Em outras palavras, uma organização é construída socialmente.

A pesquisa *etic* e *emic*: na perspectiva *etic*, assume-se que o pesquisador pode adequadamente e acuradamente decidir quais categorias e questões são apropriadas para investigação. As categorias são deduzidas de teoria prévia. A pesquisa *etic* inclui tanto estudos quantitativos quanto qualitativos, em que as categorias conceituais são impostas pelo pesquisador. A chave para o estudo *etic* é explicar de forma convincente porque os conceitos e forma de operacionalização foram escolhidos, com referência à confiabilidade e validade.[20] Um exemplo de pesquisa sob essa perspectiva é a aplicação de questionários para depreender a cultura de uma ou várias organizações. Em contraste, uma vertente relevante dos estudos organizacionais de cultura segue o caminho de muitos antropólogos socioculturais que argumentam que é essencial que um pesquisador veja as coisas do ponto de vista *emic* ou do interno (*insider*).[21] Essa abordagem é particularmente útil quando um pesquisador está tentando compreender práticas culturais que lhe são pouco familiares e busca o entendimento do funcionário sobre o objeto de investigação.

Conhecimento generalizável ou específico ao contexto: Gertz[22] revela que a tarefa de um antropólogo é produzir uma interpretação da forma como as pessoas vivem. Trazendo para o contexto organizacional, significa que o papel do pesquisador é descrever profundamente uma única cultura. Isso gera um conhecimento específico desse contexto. Martin[23] postula que uma razão para evitar a generalização é o pressuposto de que cada cultura é única. Mesmo a pesquisa quantitativa, por si, não significa que sempre será generalizável; é preciso ter um plano amostral adequado. Os estudos de caso, usuais na área de gestão, são tipicamente uma pesquisa de contexto específico.

Foco e amplitude: pesquisadores em cultura exibem uma variação em seu foco de estudos. Alguns adotam um número reduzido de manifestação cultural,[24] focando, por

---

17   MARTIN, 2002, p. 35.

18   STABLEIN, R. Dados em estudos organizacionais. *In*: CLEGG, S. R.; HARDY, C.; NORD, W. R. *Handbook de Estudos organizacionais*. São Paulo: Atlas, 2011. p. 63-92. v. 2.

19   BERGER, P.; LUCKMANN, T. *A construção social da realidade*. Rio de Janeiro: Vozes, 2002.

20   MARTIN, 2002.

21   MARTIN, 2002.

22   GEERTZ, C. *The interpretation of cultures*. New York: Basic Books, 1973. p. 57.

23   MARTIN, 2002.

24   O termo "manifestação cultural" será definido adiante.

exemplo, a investigação das práticas formais de Recursos Humanos para entender a cultura da organização. Outros estudos culturais enfatizam amplitude, examinando uma variedade de manifestações culturais, não necessariamente coerentes entre si. Por exemplo, um pesquisador pode querer interpretar, além das práticas formais e informais de Recursos Humanos, os arranjos físicos, os rituais, as histórias contadas na organização, entre outras. Essa amplitude da gama de manifestações é característica da pesquisa etnográfica. Usando o termo de Geertz,[25] há nessas pesquisas uma "descrição densa".

Nível de profundidade: pesquisas culturais situam-se entre o antagonismo da superficialidade em relação à profundidade. Um pesquisador considerado um *insider* encontra-se no primeiro passo para uma compreensão *emic*. Significa que, nesse nível de penetração no contexto da vida real da organização, o pesquisador começa a ser capaz de ganhar *insights* que emergem quando as pessoas relaxam as restrições esperadas nas interações com externos,[26] e o pesquisador conquista a aceitação e a confiança dos "nativos". Essa é tipicamente uma pesquisa etnográfica, caracterizada, habitualmente, por observação participante de longo prazo. Esse tipo de investigação oferece uma compreensão mais profunda da realidade em foco do que as abordagens que usam instrumentos quantitativos, mais superficiais.

Diversamente, alguns pesquisadores, como Schein,[27] enfatizam a importância teórica da profundidade de compreensão. Schein distinguiu três níveis de profundidade em culturas,[28] começando com os artefatos (os mais superficiais); os valores declarados; e os pressupostos básicos subjacentes. Estes são os mais profundos, usualmente tácitos e difíceis de determinar, pois são tomados como certos, sem discussão, e estão no nível inconsciente. Schein defende que o melhor método para ganhar essa profundidade é discutir com membros da organização, usando entrevistas e técnicas de um psicólogo clínico para explorar pressupostos inconscientes.[29] Para o autor, se a pesquisa atingir uma compreensão aprofundada da cultura, é possível verificar se a maioria dos membros da organização compartilham os mesmos pressupostos. Esse assunto será abordado posteriormente.

As cinco dimensões da disputa intelectual no campo da cultura mostram a riqueza e os desafios de compreender uma cultura organizacional. O cuidado a ser tomado é não limitar o olhar a apenas um aspecto da cultura (um tipo de manifestação) e generalizar os resultados como evidências da cultura da organização. Essa perspectiva faz lembrar o conto indiano do elefante e dos cegos. Cada um dos seis cegos do conto, ao tocar uma parte do elefante, conclui que é um objeto específico. Nenhum, no entanto, tem a visão do todo. A compreensão dos cinco debates permite ao pesquisador (ou analista cultural ou ainda um estudioso de cultura organizacional) reconhecer: os limites da pesquisa, a amplitude desejada ou necessária na investigação (ou tratada na literatura) e os métodos apropriados de pesquisa.

> O cuidado a ser tomado é não limitar o olhar a apenas um aspecto da cultura (um tipo de manifestação) e generalizar os resultados como evidências da cultura da organização.

Com esses fundamentos em mente, o conceito de cultura organizacional poderá ser mais bem compreendido.

---

25 GEERTZ, 1973.

26 MARTIN, 2002.

27 SCHEIN, E. H. *Organizational culture and leadership.* San Francisco, CA: Jossey-Bass, 1992.

28 Estes níveis serão explicados em outro tópico.

29 MARTIN, 2002.

ENTENDENDO A CULTURA NAS ORGANIZAÇÕES

ABORDAGENS TEÓRICAS E CONCEITOS DE CULTURA ORGANIZACIONAL

Para evitar a abordagem do silêncio/marginalização ou focalização de Martin e Frost já mencionada, a seguir vamos explorar alguns conceitos de cultura organizacional. Percorreremos conceitos consagrados e idealizados na literatura e outros menos adotados por acadêmicos e no mundo corporativo. Essa variedade conceitual mostra-se necessária para evitar uma supersimplificação do entendimento de cultura e dotar o leitor de várias lentes analítico-conceituais para entender a vida organizacional, sem vieses culturais predeterminados.

Cultura: algo que a organização tem ou algo que a organização é?

Linda Smircich,[30] nos anos 1980, desenvolveu um estudo para examinar os diferentes conceitos de cultura para a análise organizacional. Concluiu que a intersecção da teoria de cultura da antropologia com a teoria organizacional é evidente em cinco temas, correntes de pesquisa em organização e administração: administração comparativa (*cross-culture*), cultura corporativa, cognição organizacional, simbolismo organizacional e processos inconscientes e organização.[31] Smircich formulou, com base nessas combinações, duas formas para mostrar como os diferentes estudos entendem a cultura: como uma variável – considera a cultura como algo que a organização tem – ou uma metáfora de raiz – refere-se à cultura como algo que a organização é. Os temas "Administração comparativa" e "Cultura corporativa" são considerados variáveis externa e interna à organização, respectivamente. As outras três, Smircich concebeu-as como uma metáfora de raiz.

> **Cultura como uma variável – considera a cultura como algo que a organização tem – ou uma metáfora de raiz – considera a cultura como algo que a organização é.**

A investigação decorrente da visão de que a cultura é uma variável organizacional interna busca moldar e dar forma a ela, como outras variáveis (tecnologia e estrutura, sistema de produção e sistema administrativo, por exemplo).[32] Smircich, contudo, questiona se a cultura organizacional é realmente administrável. A autora pondera que grande parte da literatura refere-se a uma cultura organizacional que parece desconsiderar a existência de múltiplas subculturas ou mesmo contraculturas, competindo para definir as situações dentro dos limites organizacionais.

Na visão da cultura como algo que a organização é, entende-se a organização como uma forma particular de expressão humana, assumindo que o mundo social é menos concreto. O mundo existe como um modelo de relacionamentos simbólicos e com significados sustentados por meio do processo contínuo de interação humana. As organizações são compreendidas e analisadas não principalmente em termos econômicos ou materiais, mas em termos de sua expressividade, aspectos ideacionais (ênfase na interpretação subjetiva[33]) e simbólicos.

Entender a cultura como uma variável interna ou uma metáfora faz toda a diferença na forma pela qual um gestor compreende a cultura organizacional e procura fazer

---

30   SMIRCICH, L. Concepts of culture and organizational analysis. *Administrative Science Quarterly*, v. 28, n. 3, p. 339-358, 1983.

31   Ver a definição desses conceitos em SMIRCICH, 1983.

32   SMIRCICH, 1983.

33   MARTIN, 2002, p. 56.

GESTÃO DO FATOR HUMANO

32

intervenções. No primeiro caso, talvez contrate um serviço para fazer um diagnóstico e, com base nele, mudar alguns elementos da cultura. Essa estratégia gerencialista é a mais praticada, porém oferece limitações na medida em que o cerne da cultura pode se manter intocável. Por outro lado, o entendimento de que a cultura é uma metáfora da organização está associado a uma visão mais profunda da realidade organizacional, de que somente técnicas etnográficas, ou observação participante, ou ainda entrevistas qualitativas, permitirão atingir esse nível de profundidade. Esse tipo de pesquisa é pouco usual no mundo corporativo, dado que o tempo destinado à investigação nem sempre corresponde à velocidade exigida pelos negócios, além de ter um custo mais elevado. Sobrepõe-se a isso o fato de raramente haver a possibilidade de um recurso caseiro para fazer a pesquisa. Entender a cultura como algo que uma organização é, a saber, uma metáfora, vai além da concepção gerencial e aproxima-se das raízes antropológicas da noção de cultura.

> A visão da cultura como uma variável interna ou uma metáfora faz toda a diferença na forma pela qual um gestor compreende a cultura organizacional e procura fazer intervenções.

Os níveis de análise cultural

A seguir, vamos introduzir a abordagem de Edgar Schein,[34] um dos autores mais reconhecidos na literatura acadêmica de cultura organizacional. Isso não significa, no entanto, que haja unanimidade dos seus pares intelectuais sobre seu arcabouço teórico. Logo, convidamos você, leitor, a realizar uma análise crítica dessa abordagem.

Neste tópico, discutiremos um aspecto que diferencia Schein da maioria dos autores: a cultura definida em três níveis: artefatos, valores declarados e pressupostos básicos, conforme a Figura 2.2. Como podemos perceber, profundidade é um importante componente da definição de cultura de Schein e iniciaremos explicando cada um deles e seus desafios.

Figura 2.2 Níveis de cultura

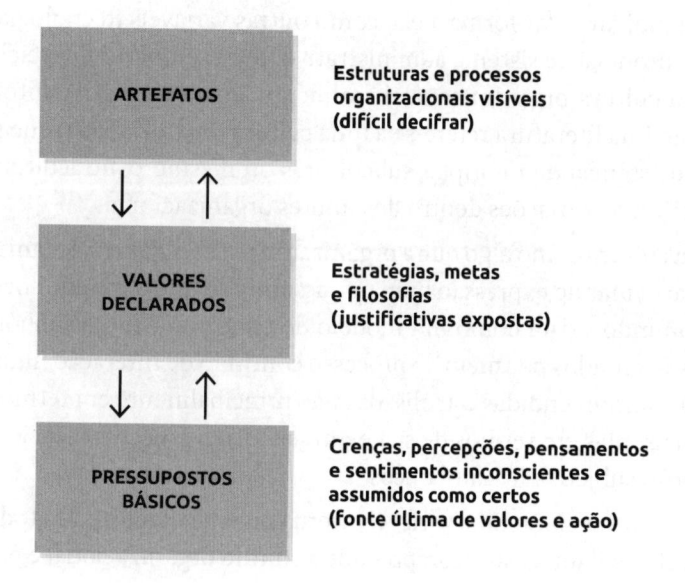

Fonte: adaptada de SCHEIN, 1992.

---

34 SCHEIN, 1992.

Artefatos

Se você buscar o significado do termo **artefato** em dicionários da língua portuguesa, encontrará menção a qualquer objeto feito à mão ou industrializado,[35] todo instrumento ou mecanismo que se constrói para um propósito específico. Em arqueologia, significa um modo particular de cultura material ou resultado causado propositalmente pela utilização de mão de obra humana.[36] Observa-se a intencionalidade, a materialidade e a visibilidade como elementos comuns nessas definições. O conceito utilizado na arqueologia de "cultura material" complementa, mas não abarca totalmente, a ideia de artefato para Schein. O autor adaptou essa ideia ao *management*, e a ação do elemento humano na construção e representação da vida humana.

Os artefatos, para Schein, representam o nível mais superficial da cultura organizacional. Incluem todos os fenômenos que alguém vê, ouve ou sente quando encontra um novo grupo (pode ser uma organização) com uma cultura não familiar. O que você vê na organização, quando a conhece? Materialmente, você vê a arquitetura do seu ambiente físico, sua tecnologia e seus produtos, sua criação artística; você observa a linguagem que os membros do grupo utilizam e a forma de tratamento, o *dress code* habitual dos gestores e não gestores em diferentes áreas da empresa. Também inclui a estrutura e os processos organizacionais. O que você ouve de histórias comoventes de superação ou de líderes exemplares do cotidiano organizacional? E os mitos e tabus que são contados (ou silenciados)? Você também já deve ter observado alguns rituais (de admissão, de desligamento, de premiação de vendas e outros) e cerimônias (festa de final de ano, por exemplo). E aquela lista de valores fixada perto da recepção da empresa, nos corredores, na sala dos diretores, ou postada no site corporativo? Também inclui o que você sente: Você sente um relacionamento agradável no grupo de trabalho? A comunicação é quente ou fria? As pessoas se comunicam formal ou informalmente?

> Os artefatos, para Schein, representam o nível mais superficial da cultura organizacional. Incluem todos os fenômenos que alguém vê, ouve ou sente quando encontra um novo grupo com uma cultura não familiar.

O ponto mais importante desse nível de cultura é que o artefato é fácil de observar, mas muito difícil de decifrar.[37] O observador, testemunha Schein, pode descrever o que ele vê, ouve e sente, mas não pode reconstruir, a partir disso, o que essas coisas significam para determinado grupo. É até perigoso começar a fazer inferências sem uma base mais profunda de análise, pois nossa interpretação pode ser projeção de nossos próprios sentimentos, experiências e reações. Assim, diferentes observadores terão diferentes interpretações. Mas, qual é o entendimento dos membros internos na organização?

Para um membro que vive na organização (ou em um grupo) por tempo suficientemente longo, o significado dos artefatos torna-se gradualmente claro à medida que alguém vivencia a realidade da organização.[38] Entretanto, para alcançar esse nível de compreensão do nativo mais rapidamente, principalmente para um membro externo da organização, é essencial analisar os valores declarados, as normas e as regras que regem os princípios operacionais do cotidiano da organização, por meio dos quais os membros do grupo guiam seu comportamento. Esse tipo de análise conduz ao segundo nível da análise cultural.

---

35   ARTEFATO. *In: Aulete Ddigital*. Disponível em: http://www.aulete.com.br/artefato. Acesso em: 31 mar. 2020.

36   ARTEFATO. *In: Dicionário online de português*. Disponível em: https://www.dicio.com.br/artefato. Acesso em: 31 mar. 2020.

37   SCHEIN, 1992.

38   SCHEIN, 1992.

Valores declarados

> **Os valores declarados são também chamados de "valores esposados" ou "valores casados" e referem-se ao que se diz, mas não necessariamente ao que se faz na prática.**

Os valores declarados são também chamados de "valores esposados" ou "valores casados". Argyris e Schön, citados por Schein, chamaram-nos de valores esposados. Estes valores preveem suficientemente bem o que as pessoas dirão em diferentes situações, mas podem estar fora de sintonia com o que elas realmente farão em situações em que esses valores deveriam, de fato, estar operando. Em outras palavras, valores esposados referem-se ao que se diz, mas não necessariamente ao que se faz na prática. Por exemplo, uma empresa pode dizer que seu maior ativo são as pessoas. No entanto, os índices de rotatividade são elevadíssimos, as promoções internas são quase inexistentes, pois prefere contratar profissionais do mercado, e o investimento no desenvolvimento de pessoas é praticamente nulo.

Vamos, agora, entender como os valores declarados, paulatinamente evoluem para pressupostos subjacentes.

O entendimento de como os valores declarados gradualmente vão se transformando em valores compartilhados e crenças e, posteriormente, em pressupostos subjacentes, diz respeito, na realidade, ao processo de formação da cultura organizacional.

Considere o início de um negócio: alguém – em geral o líder, o fundador, o empreendedor de uma *startup*, por exemplo – propõe a solução de um problema a ser enfrentado. Essa proposta reflete os pressupostos de quem a propôs: o que é certo ou errado, o que funcionará e o que não funcionará. Até esse momento, o grupo em si não possui nenhum conhecimento compartilhado porque não assumiu uma ação comum em resposta ao problema.

Até que o grupo passe a assumir uma ação conjunta e seus membros tenham observado juntos o resultado dessa ação, ainda não há uma base compartilhada para determinar o que é factual ou real. Seja qual for a proposta feita pelo líder, do ponto de vista do grupo, ela é simplesmente a declaração do valor do líder, não importa o quão fortemente este acredite que sua proposta seja verdadeira, convincente e comprovada. Essa proposta inicial, então, é um valor sujeito ao questionamento, ao debate pelos membros do grupo, passível de ser desafiado e testado.

> **Para chegar ao nível mais profundo de compreensão, para decifrar um padrão e predizer comportamentos futuros corretamente, é preciso compreender os pressupostos básicos.**

Se o líder convence o grupo a atuar de acordo com suas convicções e se a solução proposta funciona e o grupo tem uma percepção compartilhada do sucesso, então aquele valor percebido (que veio do líder) passa gradualmente a ser entendido como uma boa solução e inicia-se um processo de mudança cognitiva. Primeiramente, essa mudança cognitiva será transformada em valor compartilhado e crenças e, posteriormente, em pressupostos compartilhados, se o curso proposto continuar bem-sucedido e o grupo compartilhar o entendimento de que é uma boa solução para o problema. Schein alerta que nem todo valor se transforma em pressupostos compartilhados, passando por essa validação social de um grupo. Soluções que envolvem questões morais e estéticas são mais difíceis de serem testadas. Valores nesse nível de consciência vão prever muito do comportamento que pode ser observado no nível artefatual.

Um pesquisador ou um gestor interessado em entender a cultura precisa criteriosamente separar os valores que são congruentes aos pressupostos básicos daqueles que são, de fato, racionalizações ou apenas aspirações para o futuro.[39] Para chegar ao

---

39 SCHEIN, 1992.

nível mais profundo de compreensão, para decifrar um padrão e predizer comportamentos futuros corretamente, é preciso compreender os pressupostos básicos.

Pressupostos básicos

Quando a solução de um problema, proposta por um líder, por exemplo, funciona repetidamente, o grupo passa a aceitá-la como verdadeira. O que era uma hipótese defendida pelo líder, baseada em intuição ou um valor (do líder), gradualmente passa a ser tratada como realidade.[40] Os membros do grupo passam a acreditar que as coisas funcionam desse jeito. Um termo muito conhecido na literatura de cultura para essa aceitação automática é *taken-for-granted*. Pressupostos básicos são tão assumidos como verdadeiros que há pouca variação dentro do grupo. Esses pressupostos tendem a não ser confrontados ou debatidos, razão pela qual são extremamente difíceis de mudar. Schein postula que, uma vez que o grupo desenvolveu um conjunto integrado de tais pressupostos básicos, os membros estarão confortáveis com pessoas que compartilharem esses pressupostos e desconfortáveis em situações com pressupostos diferentes, porque não entenderão o que está acontecendo ou, pior, perceberão ou interpretarão tudo incorretamente.[41] Isso ocorre porque reexaminar os pressupostos básicos pode revelar uma grande ansiedade. A mente humana precisa de estabilidade cognitiva, explica o autor. Como resultado, qualquer questionamento de um pressuposto básico liberará ansiedade e defensividade. Dada a dificuldade de lidar com essa ansiedade, os membros tenderão a querer perceber os eventos do cotidiano como coerentes, mesmo se isso significar negar ou distorcer, para si próprio, o que está acontecendo.

Agora que você aprendeu os níveis de cultura e como os pressupostos são formados está apto a entender o conceito de cultura organizacional de Schein.[42]

Schein[43] define formalmente cultura organizacional como:

> Padrão de pressupostos básicos compartilhados, que o grupo aprendeu à medida que solucionava seus problemas de adaptação externa e de integração interna, que tem funcionado bem o suficiente para ser considerado válido e, portanto, para ser ensinado aos novos membros como a maneira correta de perceber, pensar e sentir-se em relação a esses problemas.

Essa definição apresenta um aspecto diferenciado em relação à maioria das definições: ela norteia a operacionalização do conceito da forma a seguir.

- Desvendar os pressupostos básicos compartilhados, entendendo como os membros aprenderam, por meio de um aprendizado social, o que funciona e dá certo para resolver os dois tipos de problema: o de adaptação externa ou sobrevivência e os de integração interna.

- Entender como uma solução proposta com base no valor promulgado pelo líder torna-se uma forma válida e compartilhada pelo grupo para solucionar os dois tipos de problema.

> Pressupostos básicos são tão assumidos como verdadeiros que há pouca variação dentro do grupo. Esses pressupostos tendem a não ser confrontados ou debatidos, razão pela qual são extremamente difíceis de mudar.

---

40   SCHEIN, 1992.

41   DOUGLAS, 1986, *apud* SCHEIN, 1992, p. 23.

42   SCHEIN, 1992, p. 12.

43   SCHEIN, 1992, p. 12.

- Entender o processo de socialização, por meio do qual os novos membros aprendem a maneira correta de perceber, pensar e sentir-se em relação aos dois tipos de problema.

- Finalmente, depreender o conjunto integrado dos pressupostos básicos que formam um padrão.

Schein ressalta que, se o analista cultural ou gestor não decifrar o padrão de premissas básicas que pode estar operando no cotidiano da organização, ele não saberá interpretar corretamente os artefatos ou os valores declarados.

Em resumo, os pressupostos básicos compõem o coração da cultura. E o poder da cultura reside no fato de que esses pressupostos são compartilhados e, por isso, reforçados mutualmente. Esses pressupostos são difíceis de mudar porque são invisíveis e *taken for granted*. Uma vez compreendidos esses pressupostos, podemos entender os níveis mais superficiais e lidar mais apropriadamente com eles. Você viu que a cultura, na abordagem de Schein, emana das ações e valores dos líderes, gestores, empreendedores ou fundadores. Ao mesmo tempo, a cultura tende a moldar o comportamento desses agentes, via um processo de socialização. Logo, liderança e cultura organizacional são faces da mesma moeda.

> **Os pressupostos básicos compõem o coração da cultura. E o poder da cultura reside no fato de os pressupostos serem compartilhados e, por isso, reforçados mutualmente. Eles são difíceis de mudar porque são invisíveis e *taken for granted*.**

Se a cultura tem a capacidade de influenciar o comportamento de líderes e empregados de forma sutil, ao introjetar os pressupostos, então, a cultura é um mecanismo de controle social e pode ser a base para explicitamente manipular os membros em termos de perceber, pensar e sentir os fenômenos organizacionais. Cuche,[44] em tom crítico, manifesta que "aceitar o emprego é aceitar a cultura da empresa" e que a cultura é "de certa forma, preexistente e se impõe a eles [empregados]. Não aderir à cultura da empresa é, de certo modo, excluir-se da organização".

Você pode estar se perguntando: é possível existir uma única cultura em uma organização? Schein[45] afirma que, especialmente em grandes organizações, a variação entre os subgrupos é substancial, sugerindo que não é apropriado falar da cultura da empresa "X" e de subculturas. A subcultura pode refletir a cultura maior, mas, ao mesmo tempo, elas são diferentes.

Retomando Cuche,[46] o autor comenta que na sociologia, mesmo sem usar o termo **cultura**, as análises sociológicas evidenciam "um universo cultural heterogêneo, relacionado com a heterogeneidade social das diferentes categorias de trabalhadores. Estes não chegam desprovidos de cultura na empresa". Esse entendimento difere do postulado por Schein, quando defende o poder dos pressupostos básicos. Cuche não aceita que preexista uma cultura antes de os empregados chegarem à organização, pois ela [cultura] é "construída nas suas interações". Logo, quem "fabrica" a cultura são todos os atores sociais que pertencem à empresa, por meio de um complexo jogo de interações. Por essa lógica, Cuche expressa que seria mais correto falar de "microcultura" de grupo. Dessa forma, para entender a cultura seria mais aceitável identificar as microculturas dos grupos existentes. Em outras palavras, "a cultura da empresa se situa na intersecção das diferentes microculturas no interior da empresa"[47]. Essas

---

44 CUCHE, 1999, p. 211 e 212.

45 SCHEIN, 1999.

46 CUCHE, 1999.

47 CUCHE, 1999, p. 218.

microculturas não necessariamente convivem harmoniosamente entre si, ou seja, conflito é inerente. Neste sentido, há nesse entendimento pertinência sociológica. Além de uma análise interna, Cuche alerta que não se pode estudar cultura independentemente do ambiente.

Em que aspectos o entendimento de Cuche sobre cultura difere da abordagem de Schein ou se assemelha a ela?

Perspectivas teóricas no estudo de cultura organizacional

Cultura organizacional é um conceito polissêmico. Não há uma definição consensual, como pôde ser visto no início deste capítulo, na guerra pelo domínio cultural e nas dimensões direcionadoras do estudo de cultura. Esse desacordo conceitual faz da escolha de uma perspectiva teórica um "dilema difícil", posiciona Martin.[48] A autora distingue três teorias de cultura que têm dominado a pesquisa de cultura organizacional: as perspectivas de integração, diferenciação e fragmentação. A maioria dos pesquisadores usa uma dessas perspectivas, ou no máximo duas, em um único estudo. Martin, em uma revisão da pesquisa cultural contemporânea, assevera que, historicamente, os defensores dessas três teorias ora são antagônicos, ora ignoram o trabalho um do outro, discordando fortemente entre si.

Ao final deste tópico, você, leitor, deverá ser capaz de dizer qual perspectiva defende e o por quê.

Martin coloca uma questão curiosa: O que os pesquisadores de cultura estudam quando afirmam estar estudando cultura? Os pesquisadores têm analisado muitos tipos de manifestação cultural. A autora descreve quatro deles: formas culturais, práticas formais, práticas informais e temas de conteúdo. O conteúdo dessas manifestações é apresentado na Figura 2.3 e a descrição do seu conteúdo, no Quadro 2.1.

> **Cuche expressa que seria mais correto falar de "microcultura" de grupo. Dessa forma, para entender a cultura seria mais aceitável identificar as microculturas dos grupos existentes.**

Figura 2.3 Manifestações culturais

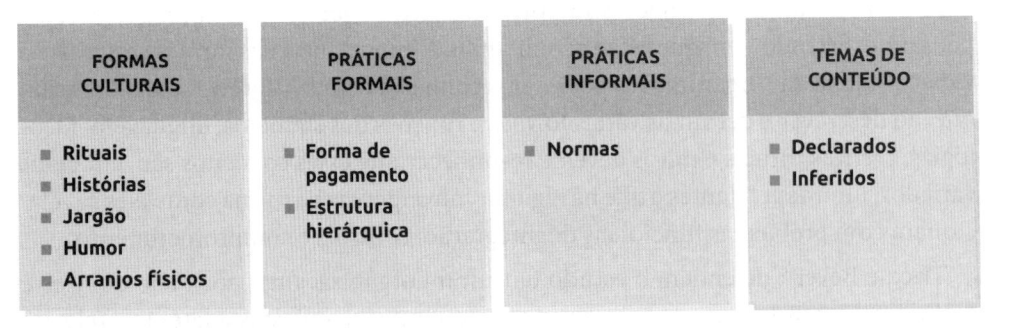

Fonte: adaptada de MARTIN, 2002.

---

48   MARTIN, 2002.

GESTÃO DO FATOR HUMANO

Quadro 2.1 Manifestações culturais

Manifestações culturais	Descrição
Formas culturais	
Rituais	Consistem num conjunto de atividades cuidadosamente planejadas e executadas, realizadas num contexto social (uma audiência), com início e fim bem demarcados (como uma peça de teatro) e papéis bem definidos para os membros organizacionais (como um roteiro). – p. 66
Histórias organizacionais	Constituídas por dois elementos: a narrativa, descrevendo a sequência de eventos, e uma conjunto de significados ou interpretações. Os detalhes da narrativa e as interpretações dos seus significados podem variar, dependendo de quem está contando a história, a audiência e o contexto. – p. 71
Jargão	É uma linguagem especial que somente membros culturais internos parecem compreender. O jargão técnico é orientado à tarefa e parece ser emocionalmente neutro (exemplo: termos jurídicos e médicos). O jargão emocional está mais manifestamente preocupado com os sentimentos. Podem ser apelidos, termos ou expressões criados com conteúdo muito exclusivo para os nativos culturais. – p. 77
Humor organizacional	É uma manifestação cultural que frequentemente não é interessante e não é engraçada e pode ser vulgar para um membro externo. Podem girar em torno de comentários sobre gênero, raça, trabalhador operário, que provocam risadas em algumas pessoas e em outras não. – p. 81
Arranjos físicos	Arquitetura, decoração interior, normas de vestuário são poderosas pistas culturais, em parte porque são fáceis de serem vistas. – p. 83
Práticas formais	São escritas e, portanto, mais facilmente controladas pela gerência. Quatro tipos de práticas formais têm sido de interesse dos pesquisadores culturais: estrutura, tarefa e tecnologia, regras e procedimentos, e controles financeiros. – p. 86
Práticas informais	Evoluem por meio da interação e não são escritas, ou raramente são. Muitas vezes assumem a forma de regras sociais. Às vezes, as práticas informais criam um espaço limitado ou temporário em que os requisitos formais podem ser relaxados. – p. 85
Temas de conteúdo	
Declarados e inferidos	Os temas culturais podem ser cognitivos (crenças ou pressupostos tácitos) ou atitudinais (valores). Algumas vezes, os temas são declarados (lista dos valores centrais da empresa). Outros temas são inferidos dedutivamente por um pesquisador ou um empregado, a partir do comportamento. Os temas declarados são relativamente superficiais e são adotados para causar impressões para um público. – p. 88

Fonte: adaptado de MARTIN, 2002.

As formas culturais fornecem importantes pistas sobre o que empregados estão pensando, fazendo e em que estão acreditando. A importância das formas culturais na vida cotidiana das organizações pode ser reconhecida em Pettigrew,[49] o qual ressalta que, ao descrever e definir as várias formas e funções dos símbolos, linguagem, ideologias, crenças, rituais e mitos deve-se reconhecer que esses conceitos são, em graus variados, interdependentes e que há alguma convergência na forma como eles se relacionam com problemas funcionais de integração, controle e comprometimento.

Trice e Beyer[50] defendem o estudo da cultura organizacional por meio de ritos e cerimônias, como forma de acessar as consequências manifestas e latentes, relacionadas à vida organizacional. Muito da cultura vem à tona nesses momentos, com formas culturais interrelacionadas de maneira significativa, evidenciando a teia de relações que expressam o pertencimento ao grupo. São momentos em que os membros do grupo usam linguagem, comportamentos, artefatos, além de mitos, sagas e histórias, por meio de atividades elaboradas e planejadas, e da interação social; visam ao benefício do público e têm consequências sociais. Em síntese, as formas culturais

---

49   PETTIGREW, 1979, p. 576.

50   TRICE, H. M.; BEYER, J. M. *The culture of work organizations*. Englewood Cliffs, N.J.: Prentice Hall, 1993.

condensam e fazem ideologias[51] tangíveis e concretas.[52] Em outras palavras, as formas culturais são manifestações concretas de cultura. Elas consistem em "entidades observáveis através das quais os membros expressam, afirmam e comunicam substância cultural uns aos outros".[53] Existem quatro principais categorias de formas culturais: símbolos, linguagem, narrativas e práticas, conforme exibido no Quadro 2.2.

Quadro 2.2 Categorias e exemplos de formas culturais

Categorias	Exemplos
Símbolos	■ Objetos, ambientes naturais e industriais ■ *Performers* (artistas), funcionalidades (uniformes, roupas profissionais)
Linguagens	■ Jargão, gíria ■ Gestos, sinais, signos ■ Músicas ■ Humor, brincadeiras, fofocas, rumores ■ Metáforas ■ Provérbios, *slogans*
Narrativas	■ Histórias organizacionais, legendas ■ Sagas ■ Mitos
Práticas	■ Rituais, tabu ■ Ritos, cerimoniais

Fonte: TRICE; BEYER, 1993, p. 78.

Perspectiva da integração

Nos estudos de cultura apoiados na perspectiva da integração, as manifestações culturais são consistentes entre si, criando uma rede de elementos mutuamente reforçadores. Em outras palavras, as diferentes formas culturais, as práticas formais e informais e os temas de conteúdo, declarados e inferidos, têm interpretações mutuamente consistentes. Uma descrição da cultura vê consenso ao nível da coletividade, mas isso não significa unanimidade. Por essa perspectiva, a cultura é aquilo que é claro e em que toda ambiguidade é excluída.[54]

Nos estudos de cultura apoiados na perspectiva da integração, as manifestações culturais são consistentes entre si, criando uma rede de elementos mutuamente reforçadores.

Um dos estudiosos de cultura que representa a perspectiva de integração é Schein. O autor declara que "somente o que é compartilhado é, por definição, cultural. Não faz sentido, então, pensar em culturas de alto ou baixo consenso, ou cultura de ambiguidade ou conflito. Se não existe consenso ou se existe conflito ou existe ambiguidades, então, por definição, esse grupo não tem uma cultura em relação a essas coisas".[55] Pode ter subculturas – pequenos grupos que têm algo compartilhado, um consenso sobre algo –, mas o conceito de compartilhamento ou consenso é fundamental para a definição, e não algo sobre o qual há uma escolha empírica, como reforçado por Schein. Isso quer dizer que o pesquisador precisa partir da busca do que

---

51   Ideologia para Trice e Beyer é a substância de uma cultura e constitui o sistema de crenças compartilhadas e emocionalmente carregadas.

52   TRICE; BEYER, 1993.

53   TRICE; BEYER, 1993, p. 77.

54   MARTIN, 2002.

55   SCHEIN, E. H. What is culture? *In*: PROST, P.; MOORE, L.; LOUIS, M.; LUNDBERG, C.; MARTIN, J. (ed.). *Reframing organizational culture* (247-248). Newbury Park, CA: Sage, 1991.

GESTÃO DO FATOR HUMANO

é compartilhado e consensual e não concluir da pesquisa empírica que há aspectos compartilhados e consenso sobre alguma coisa e não em outras.

A cultura pode ser sintetizada na seguinte metáfora: um monólito sólido, que pode ser visto da mesma forma pela maioria das pessoas, não importa de que ângulo elas o veem. Ou um oásis de harmonia e homogeneidade.

Pontos cegos da perspectiva de integração

Os estudos de cultura focados exclusivamente na perspectiva de integração silenciam todas as discordâncias e ignoram ambiguidades de importância primordial para a vida organizacional. Schein é um dos autores mais citados na literatura e sua abordagem é amplamente consumida pelo público não acadêmico. Todavia, críticas pertinentes lhe são atribuídas. Uma delas é a importância fundamental conferida ao líder na formação, desenvolvimento e mudança cultural. Subentende-se, portanto, que os pressupostos subjacentes gerados pelas ações dos líderes e compartilhados por determinados grupos se sobrepõem aos dos demais grupos constituintes da organização, como condição de sobrevivência, negligenciando suas visões na solução de problemas organizacionais.

Perspectiva da diferenciação

Na visão de integração, alguns aspectos da cultura serão compartilhados pela maioria dos membros, produzindo consistência e clara interpretação das manifestações. Entretanto, na visão de diferenciação, outros aspectos da cultura serão interpretados diferentemente por grupos diversos, criando subculturas que se sobrepõem e se aninham entre si em relação de harmonia, independência e/ou conflito.[56]

A característica definidora da perspectiva de diferenciação são inconsistências entre as manifestações culturais, com consenso e clareza somente dentro das subculturas. Essas subculturas podem existir em harmonia, conflito ou independentemente umas das outras.

A inconsistência é vista como inescapável e desejável. As vozes dissidentes não são silenciadas ou ignoradas, e as diferenças de subcultura são o foco de atenção. Os conflitos, em muitos desses estudos, são explicitamente examinados. Em estudos que examinam múltiplas subculturas, os relacionamentos entre elas podem ser mutuamente reforçados, conflitantes ou independentes.[57] Martin apresenta duas tradições nos estudos de diferenciação:

1. alguns estudos enfatizam relacionamentos relativamente harmoniosos entre subculturas;

2. outros estudos acentuam inconsistências e conflitos entre subculturas.

A ambiguidade é explicitamente reconhecida nos estudos de diferenciação, diferentemente dos estudos de integração, ocorrendo nos interstícios das subculturas e entre "ilhas" subculturais de consistência, consenso e clareza, não no interior delas.

> Os estudos de cultura sob a perspectiva de diferenciação focam as manifestações que têm interpretações inconsistentes.

Para expressar a perspectiva de diferenciação em uma metáfora, subculturas são como "ilhas de claridade em um mar de ambiguidade".[58]

---

56   MARTIN, 2002, p. 120.

57   MARTIN, 2002.

58   MARTIN, 2002, p. 94.

ENTENDENDO A CULTURA NAS ORGANIZAÇÕES

No mundo digital em que vivemos, nem toda organização está inserida inteiramente em uma ampla transformação digital. Alguns setores ou divisões podem estar mais avançados que outros, por necessidade imperativa de concorrência. Nesses casos, a existência de "ilhas de uso intensivo de tecnologia digital" pode ser um fato.

Pontos cegos da perspectiva da diferenciação

A perspectiva da diferenciação é cega para o que a maioria dos membros culturais partilham, focando apenas no consenso subcultural. Além disso, canaliza a ambiguidade para fora da subcultura, enquanto a visão de integração a exclui de suas análises.

Até que ponto subculturas descritas como "ilhas" dentro de uma organização que contém o consenso entre as manifestações culturais dentro dessa microcultura sobreviverão de forma distinta de uma cultura integradora? Em constante conflito? Desafiando-a? Ou elas tenderão a crescer e influenciar eventuais manifestações culturais que existem em harmonia e consenso, aspectos oriundos da visão de integração?

Perspectiva de fragmentação

Na perspectiva de fragmentação, as relações entre as manifestações culturais não são nem claramente consistentes (visão de integração), nem claramente inconsistentes (visão da diferenciação). Para essas duas visões, a ambiguidade é anormal, um vazio problemático que idealmente deve ser preenchido por significado e clareza. Alternativamente, na perspectiva da fragmentação, a ambiguidade é vista como normal. As interpretações das manifestações culturais são ambiguamente relacionadas entre si, colocando a ambiguidade no centro da cultura. Nesse sentido, o consenso é transitório e específico de cada questão.[59] Então, alguém da equipe pode concordar com uma decisão em uma dada situação e, em outra circunstância, estar em completo desacordo, por falta de compreensão clara, confusão, oposição, pensamentos contraditórios, interesses, entre outros fatores.

A perspectiva de fragmentação é a mais difícil de interpretar, pois foca a ambiguidade e ambiguidade é difícil de conceituar claramente. Martin salienta que a fragmentação inclui mais que a ambiguidade que deriva da ignorância ou confusão. Ela também engloba as complicações que as claras oposições do pensamento dicotômico omitem. Inclui, portanto, as discussões ocultadas de pensamentos contraditórios que existem nos grupos. Ela cita que estudos de fragmentação incluem tensões irremediáveis entre opostos, algumas vezes descritas como ironia, paradoxos ou contradições.

A perspectiva da fragmentação pode ser expressa por meio da seguinte metáfora: imagine que aos indivíduos em uma cultura seja distribuída uma lâmpada. Quando uma questão se tornar saliente (por exemplo, uma nova política for introduzida), algumas lâmpadas serão ligadas, sinalizando quem está ativamente envolvido, seja aprovando ou desaprovando a questão em discussão. Ao mesmo tempo, outras lâmpadas permanecerão desligadas, sinalizando que esses indivíduos são indiferentes ou inconscientes em relação a essa questão particular. Outra questão colocada poderia ligar outro conjunto diferente de lâmpadas. Vistos à distância, padrões de lâmpadas poderiam aparecer e desaparecer em um fluxo constante, com nenhum padrão repetido duas vezes.

---

59   MARTIIN, 2002.

Pontos cegos da perspectiva de fragmentação

Estudos conduzidos sob a perspectiva de fragmentação não apresentam nenhuma orientação ao consenso entre as manifestações culturais. Por ter o foco na ambiguidade, exclui a clareza na relação entre as manifestações que não são consistentes nem inconsistentes. Em vez de procurar consensos dentro das fronteiras culturais ou subculturais, a perspectiva da fragmentação encontra apenas afinidades transitórias e específicas de um assunto. Essas características tornam essa abordagem complexa do ponto de vista teórico-metodológico.

Agora que você adquiriu conhecimento sobre as manifestações culturais e as três perspectivas, fica mais fácil entender a definição informal de cultura organizacional de Martin:

> [...] compreensão profunda de padrões de significados que conectam estas manifestações [culturais] juntas, às vezes em harmonia [perspectiva de integração], às vezes em conflitos intensos entre grupos [perspectivas de diferenciação], e às vezes em redes de ambiguidade, paradoxo e contradições [perspectiva de fragmentação].[60]

Por esta definição, fica claro que Martin defende o uso das três perspectivas teóricas, não sequencialmente, mas simultaneamente. Ela argumenta que, se um pesquisador usa em um único estudo de cultura as três perspectivas, elas oferecem um leque mais amplo de percepções do que é possível acessar de um único ponto de vista. Os pontos cegos de cada perspectiva, apontados anteriormente, justificam o uso conjunto das três abordagens de cultura, a fim de procurar superar as limitações de cada uma delas e obter uma análise cultural mais profunda.

A abordagem de Schein representa a perspectiva de integração e, por isso, o pesquisador de cultura ou membro cultural precisa estar atento à limitação dos resultados. Diferentemente de Schein, Martin (e outros autores citados pela autora) defende que as manifestações culturais podem ser interpretadas superficialmente ou suas interpretações podem refletir profundos e inconscientes processos. Essa distinção fundamenta-se na compreensão da amplitude e da profundidade que definem as manifestações, como apresentadas neste capítulo. Assim sendo, um pesquisador deve buscar interpretações profundas associadas a cada tipo de manifestação cultural.

A cultura é algo que proporciona coerência de sentido entre o grupo de indivíduos. Entretanto, é igualmente importante constatar a variedade cultural, por meio da diferenciação e da fragmentação.[61] As organizações são caracterizadas por uma complexa diferenciação de tarefas, divisões, departamentos, níveis hierárquicos, que podem, potencialmente, promover fortes diferenças em termos de significados, valores e símbolos. Além disso, as organizações habitam uma variedade de gerações, gêneros, classes, departamentos e grupos ocupacionais que produzem e sustentam uma variedade cultural e fragmentação, em vez de unidade e coerência da cultura organizacional.[62]

---

60 As palavras entre [ ] não constam do original. Foram acrescentadas pela autora.

61 ALVESSON; SVENINGSSON, 2008, p. 38.

62 ALVESSON; SVENINGSSON, 2008, p. 39.

A lente simbólica dos estudos de cultura organizacional

A origem desta perspectiva encontra-se na antropologia social. Antropólogos como Geertz[63] tratam a cultura como sistemas de símbolos e significados compartilhados e definem cultura como teias de significados que o próprio homem teceu em sua análise.[64] Em antropologia, o que os praticantes fazem é a etnografia: "praticar etnografia é estabelecer relações, selecionar informantes, transcrever textos, levantar genealogias, mapear campos, manter um diário, e assim por diante".[65] Para Geertz, a etnografia é uma "descrição densa".[66]

Alvesson, acadêmico proeminente por defender uma abordagem simbólica de cultura, conhecidamente crítico da abordagem que sustenta consenso compartilhado, consistência e harmonia entre as manifestações culturais, defende que a cultura organizacional é melhor entendida como o conjunto de significados, ideias e simbolismos profundos e parcialmente inconscientes, que podem ser contraditórios e atravessam diferentes segmentos sociais.[67] Logo, falar de cultura significa falar para as pessoas sobre a importância do simbolismo de rituais, mitos, histórias e legendas e sobre a interpretação de eventos, ideias e experiências que são influenciados e moldados pelos grupos dentro dos quais elas vivem.[68]

Em suma, dois termos são centrais à esta definição:

1. significado: que se refere a como um objeto ou enunciado é interpretado;
2. símbolo: definido como um objeto (uma palavra, uma declaração, um tipo de ação ou um fenômeno material) que representa ambiguamente algo diferente e/ou mais que o próprio objeto.[69]

Os pesquisadores de cultura ou os interessados em compreendê-la focam sua atenção na compreensão profunda do significado dos símbolos, muito além de um entendimento aparente para os diferentes membros de um grupo ou organização. É o conjunto desses significados que evidenciam uma cultura, não necessariamente esses significados representam consenso compartilhado.

A lente da estética organizacional

Diferentemente de Alvesson, Gagliardi define símbolos como "concretizações dos sentidos e as coisas constituem seu domicílio mais usual e natural"[70] e defende o estudo da cultura organizacional, explorando o lado estético da vida organizacional, salientando o interesse no estudo dos artefatos, não como elemento secundário do sistema cultura, mas "da compreensão que os estudos dos artefatos e da realidade física permite abordar uma experiência humana básica: a experiência estética"[71].

---

63 GEERTZ, C. *A interpretação das culturas*. Rio de Janeiro: Guanabara Koogan, 1989.

64 GEERTZ, 1989, p. 15.

65 GEERTZ, 1989, p. 15.

66 GEERTZ, 1989, p. 15.

67 ALVESSON, 2002.

68 FROST *et al. apud* ALVESSON, 2002, p. 3.

69 COHEN *apud* ALVESSON, 2002, p. 4.

70 GAGLIARDI, P. Explorando o lado estético da vida organizacional. *In*: CLEGG, S. R.; HARDY, C.; NORD, W. R. *Handbook de estudos organizacionais*. São Paulo: Atlas, 2001. p. 129. v. 2.

71 GAGLIARDI, 2001, p. 128.

A experiência estética inclui três elementos, conforme Figura 2.4

1. Uma forma de conhecimento: **conhecimento sensorial** (diferente do conhecimento intelectual), frequentemente inconsciente, tácito e que não pode ser expresso em palavras.

2. Uma forma de ação: **ação expressiva**, ação desinteressada, desenhada por um impulso (oposto à impressiva, que se destina a fins práticos).

3. Uma forma de **comunicação** (diferente de discurso), uma forma de transmitir e de compartilhar formas particulares de sentir o conhecimento inefável.

Figura 2.4 Elementos da experiência estética

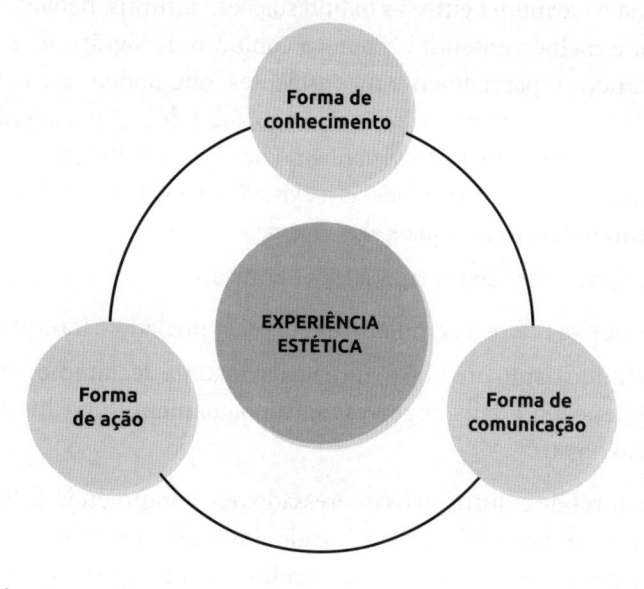

Fonte: elaborada pela autora com base em GAGLIARDI, 2001.

Na abordagem de Schein, já citamos os artefatos como o primeiro nível de cultura organizacional. Em Martin, os arranjos físicos são manifestações culturais importantes para serem explorados. Por que estudar artefatos, para Gagliardi? O autor salienta a relevância dos artefatos para o estudo da cultura organizacional, argumentando que "os artefatos não constituem manifestações secundárias e superficiais de um fenômeno cultural mais profundo", conforme entendimento de Schein.[72] Ao contrário, os artefatos constituem-se em um **fenômeno cultural primário**, que influencia a vida corporativa com base em dois pontos de vista distintos.

1. Artefatos tornam materialmente possível **favorecer, obstruir ou mesmo prescrever a ação organizacional**;

2. De forma mais geral, os artefatos **influenciam a nossa percepção da realidade**, até o ponto de delinear, sutilmente, crenças, normas e valores culturais.

---

72 GAGLIARDI, 2001, p. 132.

Uma síntese da visão de Gagliardi sobre artefatos encontra-se na seguinte citação:[73]

> O espaço físico da organização é o retrato mais fiel de sua identidade cultural, e os artefatos - à medida que representam a visão de mundo (e do eu no mundo), [...] constituem uma força vital para a evolução da organização como cultura.

Gagliardi[74] coloca uma questão relevante para os estudiosos de cultura: O que deve fazer um "analista estético de cultura"? Sua resposta é: "Olhar para a paisagem corporativa como uma materialização de uma visão de mundo, e lutar para interpretar o código estético inscrito na paisagem como um caminho privilegiado à cultura". Escrever o código estético no espaço físico é povoar o lugar com artefatos. Portanto, é procurar entender a visão de mundo que está por trás dos artefatos.

Ao apresentar a abordagem de Gagliardi, não tivemos a intenção de mostrar como fazer uma pesquisa de cultura organizacional sob o ponto de vista da estética organizacional. É um prelúdio para despertar uma sensibilidade para outras interpretações de cultura.

O QUE CARACTERIZA UMA CULTURA NA ERA DIGITAL

Os achados de uma pesquisa com executivos globais, realizada pela McKinsey em 2017, revelaram que as deficiências na cultura organizacional constituem uma das principais barreiras para o sucesso da empresa na era digital.[75] A cultura aparece como o desafio mais significativo para cumprir as prioridades digitais, bem antes da falta de infraestrutura de TI. Em um mundo digital, a aversão ao risco, o fraco foco no cliente e as mentalidades em silos têm preocupado as organizações, e resolver esses problemas, que envolvem questões culturais, não é mais opcional.[76] E, à medida que o aprofundamento digital se amplia, a mudança cultural deverá se mover mais rapidamente. Isso significa que os líderes precisarão de habilidades para entender as mudanças, ter senso de urgência e agir rapidamente para intervir na cultura.

Da aversão ao risco para o apetite ao risco

Os executivos respondentes do relatório da McKinsey[77] reconhecem que a era digital trouxe complexidade adicional às empresas. Experimentar, se adaptar e investir em áreas potencialmente arriscadas tornou-se criticamente importante. Entretanto, assumir riscos no mundo digital tornou-se mais assustador por algumas razões: a transparência é maior, a vantagem competitiva é mais volátil e o custo do fracasso é elevado. Esse contexto pode exigir uma mudança de mentalidade sobre o risco e inspirar os principais executivos e conselhos de administração a pensar mais como os capitalistas de risco. Essa mentalidade sobre risco envolve todos os níveis hierárquicos, inclusive o de assumir riscos na linha de frente. Isso permite uma inovação mais rápida, acelerando as iterações e as tomadas de decisão para apoiar abordagens

---

73   GAGLIARDI, 2001, p. 135.

74   GAGLIARDI, 2001, p. 137.

75   GORAN, J.; SRINIVASAN, R.; LABERGE. L. Culture for a digital age. *McKinsey Quarterly*, jul. 2017.

76   GORAN; SRINIVASAN; LABERGE, 2017.

77   GORAN; SRINIVASAN; LABERGE, 2017, p. 4.

mais ágeis, de teste e de aprendizagem, sem se sujeitar à burocracia. Como resultado, esse apetite ao risco leva os empregados a conduzir ações ousadas e decisivas, que permitem que o negócio gire rapidamente.

A incorporação da mentalidade de risco envolve uma liderança preparada para perceber, sentir e agir na direção de uma cultura ou subcultura que reflita os imperativos da era digital.

Cultura centrada no cliente

Outro aspecto a ser enfrentado pelas empresas na era digital é implementar uma cultura centrada no cliente, muito além de atenção ao cliente. Uma empresa aproximar-se de seus clientes pode ajudar a reduzir o risco de experimentação, pois ao mesmo tempo que auxiliam a criar produtos por meio da inovação aberta, eles também apoiam uma mudança rápida. Os executivos respondentes salientaram que "os clientes esperam cada vez mais que as empresas respondam rapidamente aos pedidos de informação, para personalizar produtos e serviços de forma transparente e fornecer acesso fácil à informação que os clientes precisam e quando precisam dela".[78] De forma geral, uma cultura centrada no cliente ajuda as empresas a reduzirem o risco de desenvolvimento de produtos e a estreitar seu relacionamento com os clientes, o que lhes permite obter dados valiosos sobre o que estes pensam.

Das mentalidades e comportamentos em silos à destruição dos silos

Os silos[79] tornaram-se um problema na era digital, pois é uma exigência crescente a necessidade de interdisciplinaridade, a combinação, por exemplo, de ciência de dados, *design* e ciência humana. As empresas podem contrariar a estrutura siloada institucionalizando mecanismos para ajudar a apoiar a colaboração interfuncional por meio da implementação flexível de equipes. A Spotify criou um modelo muito conhecido de equipes multidisciplinares, ou *squads*. Essas equipes são uma mistura de funcionários de diversas funções, incluindo profissionais de marketing, engenheiros, desenvolvedores de produtos e especialistas comerciais. Todos estão unidos por uma visão compartilhada do cliente e uma definição comum de sucesso. Esses esquadrões reúnem-se em grupos maiores, chamados tribos, de ponta a ponta. Os membros das equipes são mutuamente responsáveis pelo resultado, eliminando a mentalidade de "não é o meu trabalho" a que organizações em silos se encontram presas.[80] Embora esse modelo funcione melhor em funções de TI, ele está sendo implantado em outras áreas do negócio e parte dessa mentalidade é encontrada também no mundo tradicional, para instilar responsabilidades.

---

78   GORAN; SRINIVASAN; LABERGE, 2017, p. 6.

79   Silos são estruturas organizacionais funcionalmente hierarquizadas com partes paralelas do organograma que não se intersectam.

80   GORAN; SRINIVASAN; LABERGE, 2017.

ENTENDENDO A CULTURA NAS ORGANIZAÇÕES

Na era digital, empresas tradicionais em busca de maior agilidade, conectividade e inovação estão se aproximando de *startups*. O Itaú adquiriu, em outubro de 2019, a Zup, uma *startup* mineira especializada em *growth hacking*,[81] no desenvolvimento de iniciativas digitais e em serviços de *big data*. A Zup auxiliará o Itaú no desenvolvimento de projetos de transformação digital e em uma nova oferta de serviços conectados aos clientes do banco.[82]

Em síntese, ao ler este tópico podemos inferir que a sobrevivência das empresas implica a adoção de iniciativas voltadas à transformação digital. E, nesse movimento, a cultura organizacional está no centro das mudanças, como alicerce para lastrear uma maneira diferente de pensar, sentir e agir em relação aos novos, ou ainda desconhecidos, problemas da era digital. Essa mudança cultural pode iniciar por quebras de barreiras hierárquicas, eliminando os silos organizacionais por meio de inovadores arranjos físicos (como será visto no "caso" apresentado a seguir), e avançar para mudanças mais profundas na maneira de conduzir negócios, com a adoção de métodos ágeis em toda a cadeia produtiva. Novas profissões surgem, requerendo um novo *mindset* e novas habilidades, pois transformar-se digitalmente vai muito além da tecnologia, significa primordialmente transformar as pessoas e a cultura da organização.

Uma reflexão final: As organizações estão preparadas para sobreviver na era digital?

Uma pesquisa com líderes brasileiros, realizada pela PwC em 2018, mostra que há um grande desafio a ser enfrentado, pois "a maioria dos CEOs acredita que a inteligência artificial terá maior impacto que a internet, mas poucos têm iniciativas relacionadas à nova tecnologia".[83] Ou seja, há necessidade de um grande investimento em educação e formação corporativa em conhecimento tecnológico.

Esperamos que ao ler este capítulo você esteja mais bem preparado para entender e realizar estudos em cultura organizacional. Como deve ter concluído, nenhuma abordagem sobre cultura é completa o suficiente para interpretar a realidade organizacional. O importante é deixar de lado certa ingenuidade e superficialidade que cercam o tema cultura organizacional e se preparar para se tornar um intérprete da cultura, sendo capaz de:

- reconhecer as diferentes perspectivas de cultura organizacional;
- adotar um método de pesquisa em cultura coerente com a abordagem escolhida;
- desenvolver um senso crítico acerca dos estudos de cultura. Ainda que você não seja um pesquisador, mas um gestor, que o conhecimento adquirido no capítulo permita-lhe ter uma visão crítica diante de propostas de diagnóstico cultural em sua empresa.

---

81 Growth Hacking (GH) é um termo que surgiu no Vale do Silício para definir uma abordagem de marketing orientada a experimentos. GH busca encontrar brechas ou oportunidades para o sucesso (*hacks*) e criar estratégias inovadoras para alcançar o rápido crescimento (*growth*) da empresa.

82 ITAÚ compra startup mineira Zup por R$ 575 milhões. *In*: STARTSE. Disponível em: https://www.startse.com/noticia/startups/70416/itau-adquire-zup. Acesso em: 30 mar. 2020.

83 PWC. *15ª Pesquisa de líderes empresariais brasileiros*, 2018. p. 25. Disponível em: https://www.pwc.com.br/pt/estudos/preocupacoes-ceos/ceo-survey/15-pesquisa-lideres-brasileiros-19.pdf. Acesso em: 31 mar. 2020. Pesquisa realizada pela PwC em 2018 com 1.378 CEOs globais, dos quais 46 são brasileiros.

EXERCÍCIOS DE HABILIDADES

Na abordagem de Schein (perspectiva de integração), é possível que as organizações comecem a mudar os artefatos visíveis, layouts (ambientes de trabalho despojados, mesas compartilhadas, ambientes abertos e sem fronteiras hierárquicas, área descompressão, por exemplo), políticas e seus valores declarados. E, à medida que as soluções do líder proporcionarem resultados compartilhados pelo grupo como bem-sucedidos, podem paulatinamente se transformar em pressupostos subjacentes. Você conhece uma organização tradicional em que há uma área totalmente fora do padrão? Essa área pode ser uma subcultura com manifestações culturais em conflito com outras áreas. Além disso, pode haver ambiguidades, paradoxos entre algumas manifestações culturais, caracterizando a perspectiva de fragmentação.

A PRÁTICA DA PESQUISA

Uma análise cultural sob a perspectiva simbólica[84]

Esta pesquisa foi realizada em uma escola de equitação e tem como objetivo compreender a cultura organizacional pela apreensão da instrumentalidade, estética e simbologia que os respondentes atribuíram a artefatos. Essas dimensões foram relacionadas às perspectivas de integração, diferenciação e fragmentação de cultura organizacional de Martin,[85] abordada neste capítulo.

A relevância dos artefatos para o estudo da cultura organizacional aparece bem documentada na literatura.[86] Nesse artigo, adotamos o entendimento de Gagliardi de que "os artefatos influenciam a nossa percepção da realidade, até o ponto de delinear, sutilmente, crenças, normas e valores culturais".[87] Rafaeli e Vilnai-Yavetz[88] também abordam as noções tangíveis de artefatos, que incluem roupas e acessórios, edifícios, móveis, escritórios, logotipos, emblemas, entre outros. Para esses autores, os artefatos podem ser analisados em três dimensões:

1. instrumentalidade: refere-se a um determinado uso ou função de um artefato, de acordo com o objetivo de um indivíduo, grupo e/ou organização;

2. estética: diz respeito à experiência sensorial que o artefato provoca nas pessoas, como o belo, o feio, o grotesco, o sagrado, o pitoresco, o trágico, o cômico, o ritmo, o sublime e o gracioso;[89]

3. simbolismo: refere-se aos significados e associações que os artefatos provocam. Objetos simples, como cadeiras e mesas, têm significados. Schein,[90] Trice e Beyer[91] entendem artefatos como símbolos que representam os valores das culturas organizacionais.

---

84 Este tópico apresenta uma síntese do artigo: MIZAZAKI, A. H. V.; HANASHIRO, D. M. M.; IPIRANGA, A. S. R. Perspectivas de cultura organizacional e artefatos físicos: um estudo em escola de equitação por meio da foto-elicitação. *REAd – Revista Eletrônica de Administração*, v. 24, n. 3, p. 46-76, 2018.

85 MARTIN, 2002.

86 SCHEIN, 1999; MARTIN, 2002; GAGLIARDI, 2001.

87 GAGLIARDI, 2001, p. 135.

88 RAFAELI, A.; VILNAI-YAVETZ, I. Emotion as a connection of physical artifacts and organizations. *Organization Science*, v. 15, n. 6, p. 671-686, 2004.

89 STRATI, A. *Organização e estética*. Tradução de Pedro Maia Soares. Rio de Janeiro: FGV, 2007.

90 SCHEIN, 1999.

91 TRICE; BEYER, 1993.

ENTENDENDO A CULTURA NAS ORGANIZAÇÕES

Uma pesquisa qualitativa foi realizada em uma escola de equitação. Os sujeitos da pesquisa foram pais de alunos, alunos, professores e treinadores, um total de 12 pessoas, sendo a maioria dos alunos crianças de até 13 anos. Os dados foram coletados por meio de:

1. oito entrevistas com pais, professores, treinadores e alunos não competidores;

2. uma entrevista em grupo com alunos competidores;

3. observações informais das aulas e competições;

4. análise de documentos secundários e virtuais; captura de imagens fotográficas.

Para as entrevistas (individuais e em grupo), empregou-se a fotografia como método de coleta de informações. Utilizou-se o método de fotoelicitação, que consiste na introdução de fotografias durante as entrevistas.[92] As entrevistas foram analisadas pela abordagem *template analysis*[93] e a codificação, apoiada pelo *software* NVivo10. As fotografias não são apresentadas neste tópico para preservar a identidade da escola pesquisada.

Na apresentação dos resultados foram evidenciados os temas mais representativos de cada fotografia enquanto artefato, consideradas as dimensões de instrumentalidade, estética e simbolismo. As interpretações dos artefatos foram confrontadas com as três perspectivas de cultura organizacional (integração, diferenciação ou fragmentação) mais fortemente evidenciada. O Quadro 2.3. é um modelo para cada fotografia. Nessa pesquisa, foram analisadas cinco fotografias, cuidadosamente selecionadas, com significado simbólico representativo do objeto de pesquisa: entrada principal, secretaria e equoterapia, baias dos cavalos, pista de treino, pista principal e restaurante. Para cada fotografia, a análise foi resumida conforme o Quadro 2.3 e descrita com profundidade. Na sequência, os achados foram discutidos à luz da literatura.

Quadro 2.3 Modelo de análise – síntese

	Perspectivas de cultura organizacional	Dimensões de artefatos		
		Instrumentalidade	Estética	Simbolismo
FOTO "x"	Integração			
	Diferenciação			
	Fragmentação			

Fonte: elaborado pela autora.

Os resultados revelaram duas contribuições importantes para a literatura em cultura organizacional:

1. Nem sempre o conceito adotado pelo autor é devidamente operacionalizado, preocupação manifestada por Martin,[94] concernente à operacionalização do conceito de cultura organizacional. Acreditamos que a pesquisa apresentada suplantou essa limitação;

2. A pesquisa revelou uma profusão de artefatos na escola de equitação. Nesse sentido, a abordagem de Rafaeli e Vilnai-Yavetz (2004) mostrou-se relevante para a análise desses artefatos. Ao integrar essa abordagem às três perspectivas de cultura organizacional, a lente de análise foi ampliada e permitiu uma compreensão mais profunda da cultura organizacional.

---

92   HARPER, D. Visual sociology: expanding sociological vision. *American Sociologist*, v. 19, n. 1, p. 54-70, 1988.

93   KING, N. Using templates in the thematic analyses of text. *In*: CASSELL, C.; SYMON, G. (ed.). *Essential guide to qualitative methods in organizational research*. London: Sage, 2004. p. 256-270.

94   MARTIN, 2002.

GESTÃO DO FATOR HUMANO

MINICASO

A transformação cultural de uma gigante de papel e celulose

O início de uma transformação cultural[95]

A Suzano Papel e Celulose iniciou suas atividades em 1924. Após a fusão com a Fibria Celulose S.A., em 2019, passou a se chamar Suzano S.A. Ela é a maior produtora global de celulose de eucalipto e líder no mercado de papel na América Latina.[96] Com uma tradição quase centenária e muitas conquistas, esse caso reporta uma fase mais recente da empresa, a partir da gestão do presidente Walter Schalka, em 2013.

Um movimento gradual de transformação da cultura organizacional vem ocorrendo desde 2015. Destacamos o projeto "Juntos e Misturados", na sede administrativa, que imprimiu uma contemporaneidade no ambiente de trabalho e teve como objetivo a quebra de silos, a integração funcional e o trabalho em equipe. Em suma, uma forma mais colaborativa de trabalho. Subjacente a essa mudança reside a flexibilidade dos postos de trabalho e a liberação do *home office*, que exigiram um ajuste de infraestrutura tecnológica (conexão robusta de *wi-fi*, maior investimento em soluções de escritório e armazenamento em *cloud computing*) para apoiar essa nova cultura de trabalho. Essa proposta revela a desconstrução de uma empresa até então voltada a mercados e produtos tradicionais, com estrutura mais rígida e burocrática, para a adoção de uma nova concepção de organização: mais ágil, flexível, criativa e atrativa, para conquistar uma nova geração de talentos que busca realizar suas necessidades e interesses em um ambiente de trabalho menos ortodoxo. Ou seja, tornar-se uma boa empresa para começar a carreira, inspirando jovens talentos.

As fotos mostram esse novo ambiente de trabalho na sede da empresa, na cidade de São Paulo.

Imagem de arquivo da Suzano

Ambiente de trabalho de 2016 a 2018 sem barreiras cria espaço mais colaborativo e a empresa já vê maior engajamento de funcionários.

Um sonho se torna realidade: nasce uma empresa nova em folha

Essa transformação cultural reflete uma visão estratégica. Ela subsidiou o objetivo de preparar e fortalecer a posição da empresa para se tornar a consolidadora do mercado de papel e celulose. Esse mercado é altamente competitivo e, até então, assistia a movimentos intensos de aquisições e fusões, tanto nacional quanto globalmente.

---

95 O caso foi elaborado com base em dados oficiais publicados em relatórios, sites de revistas, jornais e empresas especializadas e entrevistas com dois profissionais da Suzano, a quem agradecemos a contribuição: Alexandre Cezilla (*head* de Digital) e Marcela de Macedo Porto (*head* de Comunicação e Marca).

96 SUZANO. *Relatório 2018*. Disponível em: https://s1.q4cdn.com/987436133/files/doc_downloads/sustainability_reports/pt/RA_Suzano_2018.pdf. Acesso em: 2 jan. 2020.

ENTENDENDO A CULTURA NAS ORGANIZAÇÕES

O processo de preparação para a combinação dos negócios teve início em março de 2018. Durante aquele ano, as duas empresas continuaram operando separadamente, ao mesmo tempo que se preparavam para a fusão, o que demandou enorme esforço de ambas. Afinal, como afirmou o presidente da companhia, Walter Schalka, "tínhamos pela frente uma das maiores transações de M&A (*Mergers and Aquisitions)* já realizadas no Brasil"[97] e uma das maiores fusões da indústria de base florestal no mundo.

A união das duas grandes empresas, a Suzano Papel e Celulose e a Fibria Celulose, requereu várias autorizações, nacionais e internacionais, para a combinação das operações. Esse processo foi concluído em 14 de janeiro de 2019, quando foi anunciado oficialmente o cumprimento de todas as condições para a conclusão do negócio. Assim nasceu a Suzano S.A., com aproximadamente 35 mil colaboradores diretos e indiretos.

O fechamento do negócio foi comemorado de várias formas para divulgar e apresentar os novos tempos:[98]

> Todas as unidades da nova companhia no país e no exterior foram preparadas e ambientadas sob a inspiração da campanha "Somar é transformar juntos", na qual os colaboradores foram incentivados a tornar a ocasião um dia especial, com a realização de cafés da manhã e almoços de confraternização com antigos e novos colegas. [...] entrega de novos crachás e camisas da empresa, além de outros brindes comemorativos, contribuíram para manter alto o clima desse momento.

A nova identidade visual expressa a junção das duas empresas, simbolizando o melhor delas, antes e após fusão:

Com o anúncio da última autorização para a conclusão do negócio, a Suzano S.A. divulgou a estrutura do time executivo e, logo em seguida, foi iniciado o processo de integração e definição de cultura da empresa. Walter Schalka fez a seguinte declaração sobre a construção de uma nova cultura, com a expectativa de que ela seja capaz de promover transformações na sociedade:[99]

> Com o envolvimento positivo e inspirador do primeiro nível de executivos, somado à participação de profissionais de várias áreas das empresas, nasceram nossos Direcionadores de cultura. [...] Nosso foco em 2019, além da captura das sinergias, é a formação de uma cultura única e harmonizada, com práticas que expressem a verdade da organização no dia a dia.

O presidente do Conselho de Administração da Suzano S.A., David Feffer, enfatiza o espírito de transformação que foi constante por muitas gerações sem perder a essência da empresa:

> Buscamos construir uma cultura de líderes: gente capacitada, curiosa, engajada, alinhada aos nossos valores e com perfis, gêneros e formações diferentes. Um time pronto para pensar fora da caixa e lidar com todos os desafios – os que existem e os que ainda estão por vir.

No ano de 2018, com a fusão em andamento, a companhia Suzano Papel e Celulose deu continuidade ao processo de transformação cultural, por meio de práticas como:[100] o fortalecimento da autonomia, a extensão da tomada de decisão para a base, a troca contínua de experiências entre as áreas e a formação de líderes inspiradores, de forma a ampliar o conceito de inovação e dar sustentação ao crescimento perene da empresa.

---

97 SUZANO, 2018, p. 7.

98 SUZANO, 2018, p. 21.

99 SUZANO, 2018, p. 7.

100 SUZANO, 2018.

GESTÃO DO FATOR HUMANO

Os direcionadores de cultura são um conjunto de orientações sobre "quem somos, o que fazemos e como fazemos – e refletem o que a empresa deseja ser".[101] Esses direcionadores foram construídos pelo primeiro nível da companhia, validados por grupos de foco multidisciplinares formados por colaboradores das duas empresas, que atestaram a aderência aos princípios das organizações e, posteriormente, apresentados a toda a empresa no seu primeiro dia de pós-formação: 14/01/2019. A divulgação dos direcionadores ocorreu amplamente, de acordo com os entrevistados:

> Nesse momento, todos os colaboradores da nova Suzano se reuniram para assistir à transmissão ao vivo do seu presidente, Walter Schalka, que foi replicada do escritório central da companhia, em São Paulo, para todas as 11 unidades industriais, 7 centros de tecnologia, 20 centros de distribuição, 5 escritórios internacionais e 3 portos, todos ambientados com a nova marca e identidade visual atualizada, mostrando a unidade da nova organização.

Na sequência, foram tomadas iniciativas visando à tradução dos direcionadores de cultura para o dia a dia das diversas áreas da empresa, por meio de treinamentos, dinâmicas de integração e planejamento, vídeos e depoimentos, revisão de processos e práticas de gestão de pessoas. Em todos os níveis de atuação da companhia a tomada de decisão deverá acontecer à luz desses norteadores de cultura.

As fotos a seguir mostram a renovação dos interiores da nova Suzano S.A.

Para atender aos objetivos de negócios tornou-se necessária uma cultura integrada. Conforme o *head* de Digital, havia a necessidade de:

> [...] criar uma cultura única, ágil, inovadora e pronta para responder, de forma mais rápida, a necessidade dessa nova empresa [...] e a gente entendeu que a transformação digital (TD) era uma importante ferramenta para ajudar a empresa nesse processo de mudança cultural; a TD seria uma forma de suportar as estratégias de negócio da Suzano.

Recepção Suzano

Espaço de reunião e de trabalho

Espaço de convivência

"Juntos e Misturados"

Imagens de arquivo da Suzano

---

101 SUZANO, 2018, p. 79.

ENTENDENDO A CULTURA NAS ORGANIZAÇÕES

Na era digital: desafios para a cultura organizacional

No início de 2019, no contexto logo após a fusão entre Suzano e Fibria, criou-se a área Digital.

A área nasceu, por um lado, com a responsabilidade de acelerar projetos para resolver desafios, capturar tendências, aproximar a empresa de ecossistemas de *startups* e fortalecer o negócio. Passou a mapear e desenvolver iniciativas que buscavam inovar em processos internos, por meio de tecnologias como Internet das Coisas, soluções em 3-D, *machine learning*, entre outras.

Por outro lado, fez parcerias com as áreas de Gente e Gestão e Comunicação para direcionar a companhia para uma nova cultura digital, com base em novos modelos de trabalho.[102]

Dessa forma, a Transformação Digital (TD) da Suzano é muito mais que digitalizar processos: é um movimento cultural integrado para promover um novo modelo de trabalho, mais baseado em colaboração, experimentação, análise de dados e foco no usuário. A tecnologia aparece, nesse contexto, como uma viabilizadora: ela dá vida às ideias e soluções criadas. Dizemos que tecnologia representa "aproximadamente 30% da transformação, enquanto 70% são gestão de processos e de pessoas nessas novas formas de trabalhar" (*head* de Digital).

Há quatro frentes na área de Digital, as duas primeiras mais voltadas para gerar valor ao negócio e as duas últimas focadas na mudança cultural.

- **Núcleo digital:** reúne um grupo de Cientistas de Dados, Desenvolvedores e Engenheiros, que criam, junto com as áreas de negócio e TI, soluções para desafios complexos da companhia utilizando análise de dados e inteligência artificial.

- **Inovação aberta:** democratiza a inovação na Suzano, tornando a relação e parceria com *startups* de tecnologia um processo desburocratizado, fluido e simples. Também captura novas tendências e aproxima a Suzano de possíveis novos parceiros estratégicos,[103] como a AgTech.[104]

- **Agilidade:** implementa metodologias para transformar a Suzano em uma empresa ágil, isto é, com uma estratégia de negócio conectada entre todos os níveis organizacionais, priorização clara de tarefas e organizada em times multifuncionais e colaborativos.

- **Design estratégico:** estimula uma cultura de experimentação, colaboração e visão do cliente ao disseminar processos e ferramentas do *design* por toda a companhia.

Uma dimensão dessa mudança é expressa pelo *head* de Digital da seguinte forma:

> As áreas estão se reorganizando em ondas. Algumas já trabalham com *squads*. Estamos treinando e conscientizando os colaboradores para que entendam esse movimento. Aos poucos a empresa está tomando consciência de como isso pode agregar valor ao trabalho. Hoje, há embaixadores digitais que estão ajudando a gente a fazer esse movimento na companhia.

---

102 SUZANO, 2018, p. 37.

103 AS MELHORES do dinheiro 2019. De papel passado. *ISTOÉ Dinheiro*. Disponível em: https://www.istoedinheiro.com.br/de-papel-passado. Acesso em: 2 jan. 2020.

104 A Suzano é a única empresa representante do setor de base florestal entre as mais de 40 empresas do parque tecnológico da AgTech Garage (maior *hub* de inovação do Agronegócio na América Latina), conectada a mais de 400 *startups* que desenvolvem soluções tecnológicas e inovadoras para o Agronegócio. Ver: SUZANO firma parceria com a AgTech Garage, maior hub de inovação do Agronegócio na América Latina. *In*: ABERJE. Disponível em: http://www.aberje.com.br/suzano-firma-parceria-com-a-agtech-garage-maior-hub-de-inovacao-do-agronegocio-na-america-latina. Acesso em: 4 jan. 2020.

A criação da área Digital reflete um movimento da empresa no sentido de agilizar seus processos internos. O presidente Walter Schalka[105] declara que pretende aproximar os processos da companhia daqueles praticados em uma estrutura tão ágil quanto a de uma *startup*. Depreende-se que a implementação do Digital deverá causar um impacto na cultura organizacional, devido à amplitude das ações:

> A ideia é descentralizar a organização, reduzir a burocracia e estimular a autonomia dos funcionários. 'Colocar o colaborador no centro desse processo é fundamental porque acreditamos que o avanço de uma cultura digital não está na tecnologia, mas sim nas pessoas'.

A criação da Sala Vision é um exemplo de que a TD está sendo permeada pela companhia. Refere-se a um sistema de monitoramento de uma fábrica em Suzano, município do estado de São Paulo, que se integra à lista de iniciativas digitais. O local foi desenvolvido para agregar soluções de inteligência artificial, *analytics* e *big data*. O sistema permite acompanhar todo o processo industrial, promovendo a identificação, análise e indicação de ações que podem otimizar atividades com agilidade, segurança e economia de recursos.

Um fator de sucesso da TD é que a empresa, como um todo, se engaje nesse movimento; não pode ser compromisso de uma área específica. Por isso, a Suzano criou capacitações para os colaboradores conhecerem melhor as tecnologias que serão usadas no novo modelo de trabalho. Foi preciso também trazer do mercado profissionais com perfis específicos, como cientistas e engenheiros de dados, além de pessoas para atuarem com métodos ágeis e *design thinking*. Para o *head* de Digital:

> [...] são personagens novos em uma companhia. Eles vão ajudar a implementar essas ferramentas na empresa inteira. A ideia é a gente trazer um núcleo digital para fazer isso. Isso vai se difundir na empresa, vai começar a catequizar esse processo, criando embaixadores por engajamento e capacitação em projetos.

Tanto a TD como a TC estão "à serviço da transformação da organização: de um modelo de negócio tradicional, voltado para um mercado antigo, para uma empresa do mundo novo, com novos produtos e novas soluções para a sociedade", conforme salientou a *head* de Comunicação e Marca.

EXERCÍCIOS DE HABILIDADES

Releia as diferentes abordagens sobre cultura organizacional apresentadas no capítulo. Como um analista cultural, destaque algumas palavras ou frases que denotem *insights* sobre as abordagens estudadas e responda às seguintes questões:

1. Quais indícios você pode depreender da abordagem de Schein?

a) Reflita sobre os níveis de cultura.

---

105 ISTOÉ DINHEIRO, 2019.

b) Retome a definição de cultura organizacional de Schein e analise o caso em busca de evidências de como esse conceito foi operacionalizado, ou seja, como a definição da "nova" cultura reflete os principais termos da definição de Schein.

c) Analise a relação entre liderança e cultura.

2. Considere a abordagem de Martin das três perspectivas de cultura.

a) Qual das três abordagens você pode inferir que é predominante na Suzano S.A. (empresa após fusão)? Explique e justifique.

b) Quais foram as principais manifestações culturais trabalhadas no processo de mudança cultural? Destaque trechos do caso em que essas manifestações podem ser evidenciadas ou nos quais existem pistas culturais.

3. Considere a abordagem de Gagliardi.

a) Como você interpreta a arquitetura organizacional, antes e depois da fusão?

b) O que esses artefatos significam para você? Destaque os aspectos dos artefatos em sua explicação.

4. Considere o tópico do capítulo sobre cultura organizacional na era digital, que apresenta uma pesquisa global realizada pela McKinsey com executivos.

a) Identifique no caso os principais desafios na era digital apontados pelo relatório.

b) Qual foi o desafio preponderante no caso? Você concorda com a decisão da empresa de ter enfatizado esse desafio? Por quê?

CAPÍTULO 3

Mudança e organização no âmbito empresarial

Silvia Marcia Russi De Domenico

OBJETIVO DO CAPÍTULO

Este capítulo visa discutir mudança no âmbito das organizações utilizando diferentes lentes – episódica e contínua – e o papel dos envolvidos.

As mudanças acontecem de vez em quando ou sempre? A estabilidade é norma ou exceção nas empresas? O que vem antes: a mudança ou as organizações? Os gestores são agentes ou receptores da mudança? Resistem às transformações ou as favorecem nas organizações? Você está pronto para gerir mudanças na empresa em que atua? Isso será possível?

Convidamos você a responder a essas questões mentalmente antes de continuar a leitura.

O futuro da humanidade é mais frequentemente visto por uma de duas maneiras. Um ponto de vista é que a humanidade está prosperando com respeito à autodeterminação e à dignidade humana etc. O outro é que a humanidade está correndo diretamente na direção da catástrofe. Acredito que ambas atitudes são por demais extremas e devem ser corrigidas. Não vivemos em um sistema determinístico. Não podemos extrapolar de nosso presente o que o futuro nos trará. [...] Portanto, desde que nenhuma previsão determinística é provavelmente válida, visões do futuro – visões utópicas – desempenham um importante papel na conduta presente.[1]

---

1   PRIGOGINE, I. Beyond being and becoming. *New Perspectives Quarterly*, 19 jan. 2014. Disponível em: http://www.digitalnpq.org/archive/2004_fall/01_prigogine.html. Acesso em: 31 mar. 2020. Tradução dos autores.

AS ORGANIZAÇÕES MUDAM A PARTIR DA REALIDADE OU BUSCAM ESTABILIDADE EM UMA REALIDADE MUTANTE? OLHANDO PARA O MUNDO VIRTUAL E DIGITAL A NOSSA VOLTA

Responder a mais esta pergunta irá demandar de você uma reflexão sobre como entendemos a nós mesmos e ao ambiente a nossa volta. Será que paramos para pensar nisso?

Desde muito cedo, somos ensinados a classificar coisas e pessoas sob a forma de conceitos, por exemplo: isto é um paralelogramo, mas aquilo é um círculo. Colocamos tudo em caixinhas, gavetas, balaios, de acordo com características semelhantes: se tem cantos ou não. Se serve para beber, comer ou vestir.

Estamos acostumados a pensar em países, pessoas, objetos e organizações, ou seja, em coisas ou substâncias. Mesmo o ar: é algo constituído de várias moléculas em movimento, mas pensamos nele como uma coisa "concreta" que existe aqui a nosso alcance, para respirarmos.

Por outro lado, conhecemos a velha máxima, vinda dos gregos, mais especificamente de Heráclito, de que não atravessamos duas vezes o mesmo rio,[2] pois a cada instante somos diferentes e o rio também o é, porque as margens estão se modificando, suas águas estão mais limpas ou mais poluídas, em um movimento incessante.

> **Talvez fosse interessante olharmos para o Sol, a Terra, nós mesmos, de uma forma diferente, como um conjunto de processos.**

O que queremos dizer com isso? Que talvez fosse interessante olharmos para o Sol, a Terra, nós mesmos, de uma forma diferente, como um conjunto de processos. Robert Chia é um pesquisador que discute o que é a realidade e, a partir disso, o que é mudança. Lembrando a influência grega que acabamos de comentar, postula que o mundo não é feito de coisas ou substâncias, mas sim de fluxo ou processos.[3] Sob esse olhar, nada está parado, tudo está em movimento, todo o Universo, todas as células em nosso corpo e fora dele, as plantas, as pessoas, as organizações e a sociedade. As substâncias, isto é, cada algo ou alguém que acabamos nomeando, são como uma foto, que registra algo que "é" no momento em que ela foi tirada, mas já deixou de sê-lo assim no instante seguinte.

> **Você está sempre vindo a ser a cada instante, está se tornando a cada momento alguém diferente, nossas células não são as mesmas, surgem outras. Tudo o que fazemos nos torna seres diferentes continuamente.**

Essa discussão sobre o que chamamos de realidade e, portanto, o que somos, é trabalhada na filosofia sob o nome de ontologia.[4] Chia fala da ontologia da substância *versus* a do fluxo,[5] que coloca luz no tornar-se, no vir a ser. Você está sempre vindo a ser a cada instante, está se tornando a cada momento alguém diferente, nossas células não são as mesmas, surgem outras. Tudo o que fazemos nos torna seres diferentes continuamente.

Você está lendo este livro. Na ontologia da substância, o processo da leitura está acontecendo para um ente: você. O foco está no ente, que lê entre tantas outras atividades, as quais não alteram sua substância. Todavia, na ontologia do fluxo[6] o foco está no processo de leitura. Nessa perspectiva, você é constituído por suas experiências,

---

2   VAN DE VEN, A. H; POOLE, M. S. Alternative approaches for studying organizational change. *Organization Studies*, v. 26, n. 9, p. 1377-1404, 2005.

3   CHIA, R. Ontology: organization as 'world-making'. *In*: WESTWOOD, R.; CLEGG, S. D. *Debating organization*: point/counterpoint in organization theory. Oxford: Blackwell, 2003. p. 98-113.

4   ABBAGNANO, N. *Dicionário de filosofia*. São Paulo: Martins Fontes, 2003.

5   CHIA, 2003.

6   Também chamada de ontologia de processos ou processual por outros autores, como Langley e Tsoukas, 2010.

MUDANÇA E ORGANIZAÇÃO NO ÂMBITO EMPRESARIAL

uma delas a leitura, que traz novos pensamentos, *insights* que ocorrem por meio da interação de seus conhecimentos anteriores com os que está obtendo aqui.[7] Portanto, você já se tornou outro ser, fazendo uso da percepção visual, memória e uma série de outros microprocessos acessados durante a leitura. Você não existe separado de suas experiências, dos processos que as possibilitam. Está em transformação todo o tempo e será ainda diferente caso continue a ler outros capítulos.

E como é difícil conter esse fluxo incessante da vida! Percebemos o incrível esforço que diversos centros de pesquisa estão fazendo, principalmente a partir das últimas décadas, para refrear um pouco o processo biológico "de tornar-se" do ser humano! Quanto está sendo investido na genética e na medicina, e em outras áreas, como cosmetologia, na busca de "estabilizar" o ser humano jovem? Ou de, pelo menos, prolongar ao máximo nossa estada neste (ou em outro?) planeta com qualidade de vida. Queremos parar o fluxo, ou desacelerar a mudança, as transformações... Como isso dá trabalho e consome energia!

Talvez você esteja acostumado a ver o mundo já como algo extremamente mutante. Em uma era digital, em que tudo que ocorre no planeta está disponível imediatamente para todos que tenham um *smartphone* ou afim – mesmo sem esses *gadgets* –, somos bombardeados nas grandes cidades por mídias digitais, que ficam mostrando os últimos acontecimentos on linc, como ocorre em várias estações de metrô em São Paulo. Impossível ficarmos imunes ao mundo, ao último celular que foi lançado e já está obsoleto, pois nas empresas existem outros modelos "saindo do forno". Somemse a isso os novos lançamentos via *streaming* ou a abertura de novas organizações, como os bancos digitais, que oferecem serviços "a um clique". Aplicativos, então, são de perder a conta... Não saia de casa sem eles! E o que falar da Inteligência Artificial (IA), que consegue interagir em tempo real conosco nos *smartphones* e venceu, em 2017, o campeão mundial de xadrez,[8] ou da Internet das Coisas (IoT), que permite a você morar em casas e vestir-se com roupas "inteligentes"?[9] Sem falar na promessa dos computadores quânticos.[10]

Com o advento da informação digitalizada, fomos dotados de "mil olhos", o que nos possibilita tomar consciência desse movimento incessante que compõe a realidade. O que você faz diante desse mar de movimentos? Entra na onda ou grita: "Pare o mundo que eu quero descer"?[11]

E as empresas? Será que é diferente com elas?

Em novembro de 2019, a Apple, conhecida como fabricante de computadores e *smartphones*, lançou seu serviço de *streaming* para fazer frente ao Prime Vídeo, da Amazon, e à Netflix.[12] E o que dizer desta última empresa? Nasceu em 1997, na Califórnia,

> **Com o advento da informação digitalizada, fomos dotados de "mil olhos", o que nos possibilita tomar consciência desse movimento incessante que compõe a realidade. O que você faz diante desse mar de movimentos?**

---

7   LANGLEY, A.; TSOUKAS, H. Introducing "perspectives on process organization studies". *In:* HERNES, T.; MAITLIS, S. *Process, sensemaking & organizing.* Oxford: Oxford University Press, 2010. p. 1-26.

8   PRADO, J. IA do Google aprende sozinha a jogar xadrez e vence campeão mundial. *In:* TECNOBLOG, 7 dez. 2017. Disponível em: https://tecnoblog. net/229517/alphazero-xadrez-ia-google/. Acesso em: 29 dez. 2019.

9   INTERNET das coisas. *In:* WIKIPÉDIA: the free encyclopedia. Disponível em: https://pt.wikipedia.org/wiki/Internet_das_coisas. Acesso em: 29 dez. 2019.

10   ROMANI, B.; WOLF, G. Google diz ter chegado a feito histórico com computador quântico. *In:* LINK. *Estadão*, São Paulo, 23 set. 2019. Disponível em: https://link.estadao.com.br/noticias/geral,10-mil-anos-em-3-minutos-google-chegou-a-marca-historica-com-computador-quantico-diz-jornal,7000 3021493. Acesso em: 29 dez. 2019.

11   SEIXAS, R. Pare o mundo que eu quero descer. *In:* LETRAS DE MÚSICAS.FM. Disponível em: http://www.letrasdemusicas.fm/raul-seixas/pare-o-mundo-que-eu-quero-descer. Acesso em: 29 dez. 2019.

12   APPLE lança serviço de streaming por R$ 9,90. *Veja*, São Paulo, 1 nov. 2019. Disponível em: https://veja.abril.com.br/tecnologia/apple-lanca-servico-de-streaming-por-r-990/. Acesso em: 29 dez. 2019.

GESTÃO DO FATOR HUMANO

como uma entregadora de DVD para se tornar, dez anos depois, a companhia de mídia mais valiosa do mundo, ultrapassando a Disney.[13] Já o Google, que iniciou como uma organizadora de informações, está desenvolvendo carros autônomos.[14]

Diferentemente de tempos atrás, quando sabíamos que "Ford faz automóveis" e "Nestlé faz alimentos", as empresas que nasceram às vésperas do século XXI, são mais avessas a classificações, a serem colocadas em "caixinhas". Afinal, Apple é uma empresa de computadores ou mídia? Organizações desse tipo estão se tornando empresas diferentes a cada dia.

> **Tsoukas e Chia trazem o termo *organizational becoming* para definir organizações enquanto fluxo. Mas, bem antes, em 1979, Weick já cunhava o termo *organizing* para indicar que as organizações seriam mais bem compreendidas como processos, ao invés de entes concretos, que "permanecem" em um constante organizar.**

Tsoukas e Chia[15] trazem o termo *organizational becoming* para definir organizações enquanto fluxo. Mas, bem antes, em 1979, Weick já cunhava o termo *organizing* para indicar que as organizações seriam mais bem compreendidas como processos, ao invés de entes concretos, que "permanecem" em um constante organizar[16]. Podemos pensar que, em determinado momento, é possível "fotografar" a estrutura, as estratégias e os procedimentos de uma organização, mas isso não quer dizer que logo em seguida permanecerão assim. Feldman[17] observa que, até mesmo o que chamamos de rotinas organizacionais, não são estáveis, ou seja, quando performamos um procedimento qualquer, em função do contexto que cerca essa execução a cada vez, é possível e provável que o modifiquemos.

Portanto, mesmo o que está estabelecido formalmente em algum documento, físico ou digital, como as rotinas de uma organização, ou o organograma, possui uma "estabilidade provisória" – o que pode parecer um paradoxo.[18]

Mas, se as organizações estão em constante "vir a ser", existe a tal da estabilidade?

Para Chia,[19] a estabilidade é um efeito, isto é, uma consequência produzida na tentativa deliberada que fazemos, assim como as organizações, de organizar o fluxo. No processo de organizar algo, chegamos a uma certa "organização" desse algo.[20] As pessoas tentam "organizar", ou seja, colocar alguma ordem na realidade para chegar a determinados fins e gastam energia para isso. Por exemplo, formar uma banda de *rock* é um processo de organizar, assim como construir siderúrgicas ou *fintechs*. Todas as organizações (formais e informais), nessa perspectiva, são resultado de esforços de organizar. É como se, ao longo de um rio ou do mar, tentássemos construir diques para criar um lago. Mas esses diques, para ali permanecerem, terão de ser continuamente monitorados e não poderão ser rígidos para acompanhar o movimento das águas ao redor.

---

13 SILVA, V. H. *Netflix ultrapassa Disney e se torna empresa de mídia mais valiosa do mundo. In:* TECNOBLOG. Disponível em: https://tecnoblog.net/244796/netflix-disney-valor-mercado/. Acesso em: 29 dez. 2019.

14 CARRO autônomo do Google já pode transportar pessoas. *Exame*, São Paulo, 3 jul. 2019. Disponível em: https://exame.abril.com.br/tecnologia/carro-autonomo-do-google-ja-pode-transportar-pessoas/. Acesso em: 29 dez. 2019.

15 TSOUKAS, H.; CHIA, R. On organizational becoming: rethinking organizational change. *Organizational Science*, v. 13, n. 5, p. 567-582, set./out. 2002.

16 LANGLEY; TSOUKAS, 2010.

17 FELDMAN, M. S. Organizational routines as a source of continuous change. *Organization Science*, v. 11, n. 6, p. 611-629, nov./dez. 2000.

18 Expressões com termos contraditórios são conhecidos como oxímoros (*oxymoron*) e são considerados expressões de paradoxos. Para obter mais informaçõessobre o tema, veja LEWIS, M. W. Exploring paradox: toward a more comprehensive guide. *Academy of Management Review*, v. 25, n. 4, p. 760-776, 2000.

19 CHIA, 2003.

20 TSOUKAS; CHIA, 2002.

MUDANÇA E ORGANIZAÇÃO NO ÂMBITO EMPRESARIAL

Cada organização faz parte de um mercado competitivo em constante alteração. Para continuar participando dele – algumas como líder de mercado, outras como seguidoras –, mobilizam muita energia, neurônios de milhares de trabalhadores diretos ou terceirizados,[21] além de se associarem de forma imbricada com não humanos "poderosos", como as tecnologias.[22]

Portanto, geramos estabilidade quando tentamos organizar. Mas, você deve estar raciocinando: Como fazer isso se existe um fluxo maior do que todo o resto? Ora, para organizar algo é preciso alterar o que existe previamente, porque o fluxo continua "passando". Essa mudança constante, portanto, exige um contínuo organizar que gera um resultado (efeito), uma organização das coisas por certo tempo. Alguns efeitos podem resistir por mais tempo, como a estrutura de uma empresa, outros poderão exigir um "reorganizar" mais intenso, como a forma de atendimento ao cliente em uma plataforma *e-commerce*.

Para organizar e estabilizar, realizamos esforços de mudança. Estabilidade e mudança são, portanto, dois lados de uma mesma moeda.

AFINAL, DE QUE MUDANÇAS ESTAMOS FALANDO? E DE QUE ORGANIZAÇÃO?

A transformação digital, apesar de ser algo muito presente para grande parte dos leitores, é, ao mesmo tempo, relativamente recente, considerando a época em que este livro foi escrito. Além disso, muitas empresas que ainda estão por aí nasceram no século XX (ou até antes). Precisamos, então, dar um passo atrás para entender como as mudanças eram (e ainda são) entendidas e como os gestores costumavam lidar (e ainda lidam) com elas nas organizações. Estamos falando de um mundo em que a perspectiva da maioria das pessoas era a de olhar a realidade pela lente das substâncias. Portanto, vamos começar do princípio.

Mudança é um termo utilizado no cotidiano social e, portanto, faz parte do senso comum. A palavra, no português, vem do latim *mutare*, que significa "mudar, trocar de lugar, alterar", mas sua raiz é indo-europeia (*mei-*).[23] Se buscarmos no dicionário,[24] encontraremos vários sinônimos relacionados à ideia de alteração, e, principalmente, de substituição de uma coisa por outra.

Podemos pensar que essa ideia de substituição é fruto da observação que os seres humanos fizeram da natureza desde tempos imemoriais. Afinal, o dia é "substituído" pela noite, o inverno pelo verão. Porém, se formos olhar bem de perto novamente, o conhecimento científico esclarece que existem os processos de rotação e translação, respectivamente, cujo "produto" nos dá a percepção de "substituição".

> Muitas empresas que ainda estão por aí nasceram no século XX (ou até antes). Precisamos, então, dar um passo atrás para entender como as mudanças eram (e ainda são) entendidas e como os gestores costumavam lidar (e ainda lidam) com elas nas organizações. Estamos falando de um mundo em que a perspectiva da maioria das pessoas era a de olhar a realidade pela lente das substâncias.

---

21 SILVA, C. C. *Google tem mais empregados terceirizados do que efetivos. In:* TECMUNDO, 29 maio 2019. Disponível em: https://www.tecmundo.com.br/mercado/141916-google-tem-empregados-terceirizados-efetivos.htm. Acesso em: 29 dez. 2019.

22 Bruno Latour é um sociólogo francês que, junto com seu conterrâneo Michel Callón e o inglês John Law, desenvolveu a teoria ator-rede (*actor-network theory* – ANT). Eles entendem que todo ser humano é formado por uma rede de atores humanos e não humanos. Estes últimos são divididos em quase-objetos (tecnologia) e objetos. Uma pessoa com um óculos de realidade virtual é um ator-rede formado por si mesmo, um objeto (os óculos em si, ou o *hardware*) e por um não objeto (a tecnologia, o *software* de realidade virtual), que lhe permite desfrutar, por exemplo, de lugares nunca visitados, ou de estar na posição de um piloto de Fórmula-1. A tecnologia atualmente está cada vez mais imbricada com as pessoas, revivendo o termo *cyborg*, para caracterizar uma rede de humano-não humano.

23 PALAVRA MUDAR. *In:* ORIGEM DA PALAVRA. Disponível em: https://origemdapalavra.com.br/palavras/mudar. Acesso em: 29 dez. 2019.

24 MUDANÇA. *In:* DICIONÁRIO online de português. Disponível em: https://www.dicio.com.br/mudanca. Acesso em: 29 dez. 2019.

> **Durante muito tempo (e até hoje), as organizações foram estudadas como entes, como substâncias e as mudanças, nesse caso, são definidas como eventos que acontecem de vez em quando – episodicamente.**

Recordando o que já nos apontou Chia,[25] tudo o que existe são efeitos ou consequências de processos, incluindo nós mesmos. No entanto, durante muito tempo (e até hoje), as organizações foram estudadas como entes, como substâncias, e as mudanças, nesse caso, são definidas como eventos que acontecem de vez em quando – episodicamente. Em um passado não muito distante, antes das tecnologias da informação, a percepção da realidade como um fluxo constante ficava escamoteada, ou então esse movimento parecia bem lento; a organização das organizações "durava", menos esforços eram necessários para mantê-las estáveis, sobressaindo, portanto, o efeito, o ente organização (empresa), com seus valores, estratégias, estrutura, distribuição de poder e controles, ou seja, com o que Tushuman e Romanelli[26] chamam de "orientação estratégica". A percepção era de que a realidade (o mar no qual foram construídos os diques) apresentava poucas correntes e a mudança ocorria ocasionalmente. Era possível manter uma orientação estratégica por um tempo relativamente longo, principalmente porque não havia tanta concorrência ou, pelo menos, havia barreiras que hoje já foram ultrapassadas. Para marcarem presença em determinado país, por exemplo, as empresas tinham de estabelecer plantas físicas nos diferentes locais em que penetravam (ou adquirir as já existentes), muito diferente do que vemos mais recentemente, com as empresas virtuais, que não possuem empregados nem ativos físicos e, mesmo assim, conseguem atuar em inúmeros mercados simultaneamente, como a Uber e várias outras que você deve conhecer, inclusive, como cliente.

Weick e Quinn[27] escolheram o critério de tempo ou duração do processo para classificarem os tipos de transformação que ocorrem no âmbito organizacional, chegando a dois grupos de mudanças: episódicas e contínuas.

As primeiras acontecem esporadicamente e costumam ser planejadas, possuem tempo para começar e terminar. Lembrando da definição do dicionário: são mudanças que vêm para alterar e, principalmente, substituir algo, o que, em geral, é traumático, pois envolvem toda a organização, ou uma divisão inteira, incluindo, não raramente, demissões em massa.

Esse tipo de mudança ocorre porque algo começou a dar errado no mundo organizacional, no sentido de não produzir mais os efeitos esperados, quando o ambiente e a organização estão em *vibes* diferentes. Por exemplo, os concorrentes do Banco A podem ter lançado produtos ou serviços mais avançados ou mais focalizados nas necessidades dos clientes (por exemplo, contas bancárias sem taxa) do que o banco em que um amigo seu trabalha, ocasionando a perda de mais e mais clientes e, portanto, de mais e mais receita. Há, por consequência, um descolamento do que está ocorrendo no ambiente competitivo por razões como a inércia – uma força que provoca acomodação em direção àquilo que vinha funcionando. Essa força pode ser tão intensa que leva os gestores a permanecerem no mesmo caminho, ou por acreditarem estar na trilha certa ou por pura miopia – falta de capacidade de olhar a realidade como ela é.[28]

Em geral, empresas que obtiveram bons resultados por um período mais longo correm o risco de ser como Ícaro, da mitologia grega, que, mesmo com asas de cera,

---

25 CHIA, 2003.

26 TUSHMAN, M. L.; ROMANELLI, E. Organizational evolution: a metamorphosis model of convergence and reorientation. *In:* CUMMINGS, L. L.; STAW, B. M. (ed.). *Research in Organizational Behavior.* Greenwich: JAI Press, 1985. p. 171-222. v. 7.

27 WEICK, K. E; QUINN, R. E. Organizational change and development. *Annual Review of Psychology*, v. 50, p. 361-386, 1999.

28 TUSHMAN; ROMANELLI, 1985.

voou muito próximo ao Sol, ignorando a presença e a energia dessa estrela, sucumbindo no mar Egeu.[29]

Não é saudável ficar imobilizado pelo sucesso, pois, enquanto isso, tudo ao redor está se movimentando, e a empresa acaba caminhando para trás.

Não é somente a ação do mercado que gera problemas para as organizações. Por exemplo, quando o governo lança uma lei ou resolução que reorganiza o sistema tributário das companhias, força-as a implementar *softwares* específicos para se adequarem a essa demanda. Pode ser que algumas organizações não tenham estrutura ágil ou competências suficientes para se adaptarem de forma rápida. Novamente, essa falta de agilidade e flexibilidade pode ser fruto da força inercial que mantém o *status quo*. Portanto, tanto fatores relacionados ao mercado quanto ao ambiente institucional[30] podem ser promotores de descompassos. Quanto maior a inércia, que também está relacionada ao tamanho da organização,[31] maior a dificuldade de notar o que precisa ser realizado, fazendo com que a força contrária para sobrepujá-la tenha de ser muito grande – levando a decisões comumente drásticas por parte de CEOs.[32] O próximo passo é planejar o processo tendo em vista o que se quer alcançar, resultando no plano em que se detalha o que será feito, por quem, quando, como e onde, para que a nova orientação estratégica adotada seja operacionalizada. Em seguida, ocorre a implementação, a fim de tornar a empresa novamente competitiva. Fusões e aquisições são exemplos de mudanças episódicas, que costumam ter muitas consequências, não só para quem é adquirido, mas também para quem compra, em função de eventual choque de culturas.

Quando uma (re)orientação é definida em nível estratégico, todos os demais níveis de coordenação tendem a tomar ações visando alcançar as novas determinações em relação à estratégia (produtos, serviços e tecnologia), distribuição de recursos (Os investimentos vão para P&D ou para marketing?), estrutura organizacional (Por produto ou região geográfica?) e controles (Via automação?). Algumas vezes, a própria razão de existência da empresa é alterada, ou seja, mudam-se os seus princípios de competição, o que Tushman e Romanelli[33] denominam "recriação". Por essa razão é que mudanças episódicas costumam ser chamadas, de forma geral, de mudanças "organizacionais", porque abrangem o ente organização como um todo, que passa do estado A para o B.

Mudanças episódicas podem acontecer de forma rápida, quando são chamadas de revolucionárias, ou de forma mais lenta, quando são intituladas evolucionárias.[34]

> **Não é saudável ficar imobilizado pelo sucesso, pois, enquanto isso, tudo ao redor está se movimentando, e a empresa acaba caminhando para trás.**

> **Mudanças episódicas costumam ser chamadas, de forma geral, de mudanças "organizacionais", porque abrangem o ente organização como um todo, que passa do estado A para o B.**

---

29 TUSHMAN; ROMANELLI, 1985.

30 O ambiente institucional é composto de diversos atores, que estabelecem regras de funcionamento para determinado campo, por exemplo, o do setor automobilístico, podendo incluir as diferentes esferas governamentais, sindicatos, agências reguladoras, associações de classe, associações empresariais (como a Fiesp) e líderes de mercado (que costumam ditar as regras). Todos agem pressionando as empresas inseridas nesse campo institucional a seguir certas regras e formas de agir. Para entender melhor tudo isso, considerando o tema "Mudança nas organizações", consulte GREENWOOD II, R.; HININGS, C. R. Understanding radical organizational change: bringing together the old and the new institutionalism. *Academy of Management Review*, v. 21, n. 4, 1996.

31 TUSHMAN; ROMANELLI, 1985.

32 TUSHMAN; ROMANELLI, 1985.

33 TUSHMAN; ROMANELLI, 1985.

34 GREENWOOD II; HININGS, 1996.

Tushman e Romanelli,[35] ao elaborarem a teoria do equilíbrio pontuado, defendem que as organizações somente conseguem evoluir por meio de longos períodos de equilíbrio, interrompidos por períodos bem mais curtos (um a dois anos) de mudanças drásticas (revolucionárias), que abarcam vários aspectos organizacionais ao mesmo tempo (pelo menos três dos cinco que compõem a orientação estratégica).[36]

As mudanças episódicas, por serem radicais em sua implantação, podem levar à contratação de alguém externo à empresa, como um consultor ou mesmo um CEO, porque quem a ela pertence é como o peixe no aquário, que não nota a água ao redor e pode ter dificuldade para alterar o estado das coisas. A ideia de que mudanças revolucionárias são a única forma de as organizações se manterem competitivas e de que isso se daria mais facilmente por meio da ação de alguém de fora da companhia levou muitas consultorias a se apresentarem como "salvadoras da derrocada organizacional", propagando e comercializando o que ficou cunhado como *change management*, ou programas de gestão da mudança, assunto que retomaremos um pouco mais à frente.

Essa forma de fazer mudanças organizacionais pelas consultorias e empresas tem como fundamento o bastante conhecido modelo de três fases de Kurt Lewin.[37] A primeira etapa corresponde ao "descongelamento" das condições existentes, a segunda refere-se à realização da mudança em si (adoção de um novo padrão) e a terceira, ao "recongelamento", em que novos procedimentos são escritos, novas estruturas são oficializadas e as áreas passam a convergir para a orientação que foi implantada na fase anterior, iniciando-se um novo período de equilíbrio. No caso de mudanças episódicas, o normal nas empresas é a estabilidade, não a mudança.

> No caso de mudanças episódicas, o normal nas empresas é a estabilidade, não a mudança.

A esta altura, você pode estar se perguntando: Como foi (e é ainda) possível pensar as organizações como algo estático, que precisa ser descongelado por um certo tempo, de preferência curto, para ser novamente engessado após a alteração implementada?

De fato, o modelo de três etapas tem sofrido várias críticas no ambiente acadêmico.[38] Todavia, se olharmos os sites de grandes consultorias, encontraremos essa estrutura por trás das várias recomendações que fazem e nos modelos que propõem, mesmo sabendo que essa forma de pensar sobre mudança nas organizações surgiu de uma metáfora organizacional que foi perdendo sentido ao longo do tempo, ou seja, da organização inercial.[39]

À mesma época que Romanelli e Tushman[40] insistiam com a teoria do equilíbrio pontuado e a concepção de organizações estáveis na maior parte do tempo como regra no ambiente empresarial, Orlikowski,[41] em 1996, propunha uma descrição

---

35 TUSHMAN; ROMANELLI, 1985.

36 ROMANELLI, E.; TUSHMAN, M. L. Organizational transformation as punctuated equilibrium: an empirical test. *Academy of Management Journal*, v. 37, n. 5, p. 1141-1166, 1994.

37 Kurt Lewin foi um proeminente psicólogo social que viveu na metade do século XX, conhecido por sua teoria do campo de força, estudos sobre grupos e o desenvolvimento de uma forma de fazer pesquisa, denominada pesquisa-ação. Seu nome foi empregado indevidamente para conceituar o que ficou conhecido por gestão de mudança, conceito praticamente oposto ao de desenvolvimento organizacional, do qual foi um dos precursores. Para mais detalhes sobre isso, veja artigo de CUMMINGS, S.; BRIDGMAN, T.; BROWN, K.G. Unfreezing change as three steps: rethinking Kurt Lewin's legacy for change management. *Human Relations*, v. 69, n. 1, p. 33-60, 2016.

38 CUMMINGS; BRIDGMAN; BROWN, 2016.

39 WEICK; QUINN, 1999.

40 ROMANELLI; TUSHMAN, 1985.

41 ORLIKOWSKI, W. J. Improvising organizational transformation over time: a situated change perspective. *Information Systems Research*, v. 7, n. 1, p. 63-92, mar.1996.

diferente, quase oposta. Para essa autora, as mudanças não ocorrem somente de forma planejada, fruto de uma ação deliberada de alguém que está acima na hierarquia (os gestores), mas são resultado das ações de todos, diante das contingências diárias, ao tentarem exercer suas funções e atingir os objetivos propostos. Àquela época, a autora chamou a atenção para o que estava ocorrendo no ambiente organizacional e só aumentaria dali para frente: "um mundo em que flexibilidade, customização e aprendizagem são as palavras de ordem e visões de manufatura ágil, organizações virtuais e times auto organizados são proeminentes".[42] Quase 25 anos depois, quando escrevemos este capítulo, podemos dizer que essa visão foi confirmada. Porque, nesse ambiente vibrante que experienciamos atualmente, em que não só muitas coisas acontecem ao mesmo tempo como também é possível perceber isso, temos de encontrar respostas a situações que não estão previstas nos procedimentos da empresa, o que leva as pessoas a improvisar, ou seja, a planejar e agir simultaneamente.[43]

Nesse sentido, Weick e Quinn,[44] citando aquela autora, apresentam o segundo grupo de mudanças, que denominam contínuas. Contrariamente às mudanças episódicas, não são planejadas nem deliberadas por alguém que não as próprias pessoas ao tentarem lidar com as contingências diárias. Mudança, portanto, passa a ser a rotina. Nessa perspectiva, as organizações não são vistas mais como entes inerciais, e sim como auto organizáveis, processuais e emergentes.[45] Tais processos são geradores de uma certa estrutura organizacional, ou uma cultura (efeitos), que pode até ser retratada em um dado momento em que uma "foto" é registrada. Contudo, nos momentos seguintes, já estão sofrendo pequenas alterações, que, ao longo do tempo, podem atingir uma escala tão grande quanto às produzidas por mudanças episódicas, ou seja, passam a valer para toda a organização. Note, porém, que mudanças contínuas não são sinônimo de mudanças incrementais. Estas, apesar de cumulativas e contínuas, dependem de deliberação por parte da gestão.[46]

Orlikowski[47] dá como exemplo de mudança emergente a implantação de uma solução tecnológica em uma das 50 maiores fabricantes de *softwares* nos Estados Unidos. A autora mostra as diversas "metamorfoses" que sofreu uma divisão específica, responsável pelo suporte técnico, ao se apropriar de um novo sistema para atendimento a clientes externos e internos. A simples necessidade dos consultores de terem de deixar os antigos papeizinhos em que anotavam as dúvidas que chegavam, até então, por telefone, passando a registrar os problemas diretamente na tela, atualizando as soluções e todas as interações com os clientes on-line foi alterando a forma de os membros das equipes se relacionarem e de resolverem os problemas. As ações sutis, porém, significativas que ocorreram ao longo de dois anos levaram aquela divisão a transformações na textura e distribuição do trabalho, na natureza do conhecimento, nas formas de interação entre os membros da equipe e nos mecanismos de coordenação.

> **Mudanças contínuas, contrariamente às mudanças episódicas, não são planejadas nem deliberadas por alguém que não as próprias pessoas ao tentarem lidar com as contingências diárias. Mudança, portanto, passa a ser a rotina. Nessa perspectiva, as organizações não são vistas mais como entes inerciais, e sim como auto-organizáveis, processuais e emergentes.**

---

42 ORLIKOWSKI,1996, p. 63.

43 ORLIKOWSKI,1996.

44 WEICK; QUINN,1999.

45 WEICK; QUINN,1999.

46 CHIA, R. Reflections: in praise of silent transformation – allowing change through 'letting happen'. *Journal of Change Management*, v. 14, n. 1, p. 8-27, 2014.

47 ORLIKOWSKI,1996.

GESTÃO DO FATOR HUMANO

É importante notar que nenhuma das alterações realizadas foi previamente planejada. As ideias surgiram à medida que os consultores internos lidavam com a tecnologia e interagiam a partir dela. Como sublinha a autora, mudanças emergentes se dão somente na ação e não podem ser antecipadas: "as variações contínuas [...] emergem frequentemente, até de forma imperceptível, nas derrapagens e improvisações da atividade diária".[48]

> **Mudanças emergentes se dão somente na ação e não podem ser antecipadas.**

A organização investigada possuía outras filiais, que, por sua vez, mantinham divisões de atendimento ao cliente. Mas, somente na que foi foco da pesquisa, as metamorfoses se deram a ponto de gerar práticas e procedimentos que se tornaram *benchmarking* para as demais. Para isso, é importante a repetição das iniciativas, seu compartilhamento, amplificação e sustentação ao longo do tempo.[49] Em outras palavras, mudanças contínuas podem ou não se tornar alterações mais amplas. Como bem lembram Tsoukas e Chia,[50] nem sempre mudanças emergentes são mudanças organizacionais.

> **Muitas vezes as organizações iluminam as mudanças episódicas e se esquecem de que há emergência, há borbulhamento, há movimento, há pessoas querendo fazer as coisas diferentemente. Esses tipos de mudança (episódicas e emergentes) são complementares e coexistem.**

Orlikowski[51] observa, no entanto, que considerar as mudanças como emergentes não significa que não haja também mudanças planejadas nas organizações. Aliás, vale a pena pontuar que nem todas as mudanças planejadas são episódicas, já que há mudanças deliberadas que ocorrem em áreas e setores, sem envolver toda a empresa. A questão é que, muitas vezes, as organizações iluminam as mudanças episódicas e se esquecem de que há emergência, há borbulhamento, há movimento, há pessoas querendo fazer as coisas diferentemente. Esses tipos de mudança são complementares e coexistem,[52] pois, no dia a dia das organizações, há questões que são deliberadas, ou seja, são provenientes de decisões de alguém com poder formal. O que é feito a partir dessa deliberação é o diferencial, como trataremos a seguir.

No Quadro 3.1 apresentamos um resumo, com fins didáticos, considerando algumas características das mudanças episódicas e contínuas.

Quadro 3.1 Características de mudanças episódicas e contínuas

Característica	Tipo de mudança	
	Episódica	**Contínua**
Intencionalidade	Planejada/deliberada	Emergente
Escala (abrangência)	Grande (mudança da organização)	Pode vir a ser grande (começa na e pode se tornar da organização)
Passo	Rápido (revolucionária)	Lento
	Lento (evolucionária)	
Percepção dos envolvidos	Traumática	Natural
Agentes de mudança	Estrategistas e seus representantes	Todos os envolvidos
Papel do gestor	Decisor	Apoiador

Fonte: elaborado pela autora.

---

48 ORLIKOWSKI,1996, p. 88-89.

49 ORLIKOWSKI,1996.

50 TSOUKAS; CHIA, 2002.

51 ORLIKOWSKI, 1996.

52 ORLIKOWSKI, 1996.

O PAPEL DOS GESTORES E NÃO GESTORES EM PROCESSOS DE MUDANÇA: DE PLANEJADORES A FACILITADORES E DE RESISTENTES A COCRIADORES

Seja em organizações mais hierárquicas, seja nas empresas com estruturas menos verticalizadas, há o exercício do papel de coordenação, de liderança, de gestão, formal e informalmente. Na abordagem mais tradicional, quando as transformações são significadas como acontecimentos esporádicos, que surgem em função da necessidade de um ajuste, ou mesmo de substituição, são os chamados "agentes de mudança" os responsáveis pela efetivação do processo.

Você deve estar se perguntando como são qualificados os demais empregados quando colocamos essa lente da mudança planejada. Nessa ótica, todos os que não são agentes são receptores da mudança. Portanto, há aqueles que decidem e planejam o processo e os que "sofrem", ou simplesmente, no entendimento de muitos gestores, reagem ou respondem às decisões, operacionalizando-as nos diferentes níveis (tático e operacional) e nas diversas áreas.

Agora, imagine uma organização transnacional. Quantos gestores há entre o CEO e as pessoas que estão na operação e administração? Será que o gerente de uma fábrica que recebe a deliberação de que a planta que administra deve ser fechada porque deixou de dar lucro não é, nesse momento, também um receptor da mudança? Em geral, são os gestores de média e alta gerência que acabam ficando em um sanduíche, entre os decisores ou estrategista[53] e os implementadores, ou aqueles que efetivamente irão "colocar a mão na massa" para que a mudança ocorra. Esses gestores, que "representam" os estrategistas, precisam aparentar a mesma convicção dos demais, mas nem sempre concordam totalmente com tais decisões, assumindo um segundo papel, mesmo que tácito, de receptores da mudança.[54]

Weick e Quinn[55] caracterizam o papel dos agentes de mudança na abordagem episódica como de *prime movers* – aqueles que a criam. Portanto, em mudanças planejadas (de grande ou pequena escala), que se iniciaram por uma deliberação vinda da parte superior do organograma, o papel do gestor, sendo estrategista, é, estabelecer o objetivo da mudança com base na leitura do ambiente, enquanto o papel do implementador é agir de modo que tal objetivo seja alcançado. As mudanças planejadas, portanto, têm ações a serem cumpridas dentro de um cronograma, apresentando começo, meio e fim (os velhos três passos referenciados por Lewin, já apresentados). Os gestores preocupam-se com que o planejado seja cumprido, apesar da possibilidade de eventuais ajustes ao longo do processo, como ocorre com qualquer planejamento. No entanto, existe uma data para iniciar e para ser, pelo menos, oficialmente encerrado.

Já na abordagem contínua de mudança, o papel dos gestores é facilitar o processo de emergência; pois, se não são eles que deliberam sobre as alterações, já que as improvisações e os novos fazeres emanam dos próprios membros organizacionais, sua função é de articuladores. Alguém que presta atenção no que está ocorrendo no

> Na abordagem mais tradicional, quando as transformações são significadas como acontecimentos esporádicos, que surgem em função da necessidade de um ajuste, ou mesmo de substituição, são os chamados "agentes de mudança" os responsáveis pela efetivação do processo.

> Em mudanças planejadas (de grande ou pequena escala), que se iniciaram por uma deliberação vinda da parte superior do organograma, o papel do gestor é, sendo estrategista, estabelecer o objetivo da mudança com base na leitura do ambiente, enquanto o papel do implementador é agir de modo que tal objetivo seja alcançado.

---

53 MACKAY, R. B.; CHIA, R. Choice, chance, and unintended consequences in strategic change: a process understanding of the rise and fall of NorthCo Automotive. *Academy of Management Journal*, v. 56, n. 1, p. 208-230, 2013.

54 MATOS, J. *Construção da resistência à mudança organizacional na relação entre agentes*. 2016. Dissertação (Mestrado em Administração de Empresas) – Centro de Ciências Sociais Aplicadas, Universidade Presbiteriana Mackenzie, São Paulo, 2016.

55 WEICK; QUINN, 1999.

grupo e apara arestas, percebendo os movimentos, proporcionando condições para que as boas ideias floresçam.[56]

A ação dos gestores em mudanças contínuas é essencial para que elas possam ser amplificadas. Para que algo novo se torne regra, é preciso mudar os procedimentos em vigor. Muitas vezes, as boas ideias perdem-se porque não há ninguém que as apresente em instâncias superiores, que lhes dê voz. Isso não quer dizer apossar-se das ideias dos subordinados, pelo contrário, significa promover a equipe e o processo em si, inclusive possibilitando que ele continue e se expanda. No caso estudado por Orlikowski,[57] a área de atendimento ao cliente tinha uma gerência participativa, que foi notando os movimentos, as ações dos consultores que lidavam diretamente com as questões dos clientes, suas reações ao sistema, bem como as opções que foram surgindo à medida que interagiam com a tecnologia e, por meio dela, com os demais colegas, mais e menos experientes, resultando em outra dinâmica de atendimento, baseada na cooperação. Esses movimentos foram notados pelo gestor da divisão, que efetuou alterações no desenho do fluxo das solicitações, de forma a não haver sobrecarga e promover o aprendizado dos entrantes, além de rever a forma de avaliar o desempenho.

> **O gestor que entende que a mudança é a realidade e que as pessoas tentam ser produtoras do processo de organizar nas companhias posiciona-se como um observador privilegiado do conjunto, que acompanha, age, interage e realiza ajustes.**

Portanto, o gestor que entende que a mudança é a realidade e que as pessoas tentam ser produtoras do processo de organizar nas companhias posiciona-se como um observador privilegiado do conjunto, que acompanha, age, interage e realiza ajustes. Para Tsoukas e Chia,[58] os gestores devem refinar sua sensibilidade para serem capazes de perceber diferenças sutis no que acontece nas empresas, na sua área e na sua equipe, e amplificar o que poderá ajudar a organização como um todo a atingir seus objetivos.

Será esse um perfil de gestor frequentemente encontrado nas organizações? Qual a sua experiência em relação a isso? Como você é ou será como gestor quando estiver envolvido em processos de mudança? E mais... serão os gestores os únicos agentes de mudança quando olhamos para as transformações como emergentes e contínuas?

A resposta é não. Se essas mudanças são promovidas por todas as pessoas ao lidarem com as demandas cotidianas, todas são agentes de mudança.[59] A diferença é que os gestores apresentam o que Taylor e Van Every (2000) chamaram de "poderes declarativos".[60] Ou seja, têm o poder de, ao declarar algo, alterar o estado das coisas por estarem formalmente empoderados. Ao se encontrarem em uma posição privilegiada, suas ações favorecem a amplificação de inovações, que, de outro modo, tenderiam a nascer e desaparecer sutilmente no seio da equipe.

> **Quando falamos de um ambiente de mudanças emergentes, se todos são agentes de mudança, não há receptores. Isto é, todos são capazes de mudar o curso das coisas etêm a capacidade e o direito de cocriação.**

Consequentemente, quando falamos de um ambiente de mudanças emergentes, se todos são agentes de mudança, não há receptores. Isto é, todos são capazes de mudar o curso das coisas. Todos têm a capacidade e o direito de cocriação. Já sob a ótica da mudança planejada, os agentes gestores tomam as decisões, enquanto os demais membros, os receptores, a princípio, reagem a elas, sem alterá-las. No entanto, você sabe que não acontece dessa forma. As pessoas somente irão aceitar aquilo que for

---

56   WEICK; QUINN, 1999.

57   ORLIKOWSKI,1996.

58   TSOUKAS; CHIA, 2002.

59   TSOUKAS; CHIA, 2002

60   TSOUKAS; CHIA, p. 579.

ao encontro de seus interesses[61] – o que pode não ocorrer, principalmente no caso de mudanças episódicas, em que o objetivo é atender às demandas da organização ou da área, sem necessariamente uma consulta aos envolvidos, levando os agentes de mudança e a considerarem os receptores como resistentes.

RESPOSTAS A MUDANÇAS E O PAPEL DA COMUNICAÇÃO

Somos capazes de alterar coisas em nós, desde o estilo de cabelo até hábitos. Há quem já tenha se inscrito para viver em Marte![62] Quando é que alguém, então, torna-se resistente a uma transformação?

A resistência é tida como uma das possíveis consequências da mudança, além da expressão de aceitação e indiferença,[63] principalmente quando esse processo é considerado algo planejado e episódico, deliberado pelos gestores. Nessa perspectiva de mudança, segundo Ford, Ford, D'Amelio,[64] os receptores se perguntam "O que vai acontecer comigo?", enquanto os agentes se questionam: "Como vamos conseguir implementá-la?". Na visão tradicional de resistência, a resposta é algo característico dos receptores, como se fosse um aspecto intrínseco, que está escondido e surge em momentos de pressão. É algo esperado, praticamente parte da natureza humana, quando se percebe que a alteração do *status quo* será desfavorável. A partir dessa premissa, os gestores costumam estampar o rótulo de resistentes em diferentes receptores, particularmente quando algo começa a sair fora do planejado.[65]

Nesse raciocínio, a resistência é algo negativo, pois representa uma barreira aos planos dos agentes de mudança, que têm a responsabilidade de implementá-la em uma organização, e, portanto, o comportamento resistente precisa ser superado de alguma forma. Mas, será que é assim? Resistimos porque, como seres humanos, não queremos jamais abrir mão do *status quo* caso nos seja favorável?

Ford, Ford e D'Amelio[66] propõem outro entendimento para a resistência à mudança, como uma resposta construída na interação entre agentes e receptores, quando cada um desses atores tenta dar sentido ao que está acontecendo durante a implantação do processo. As pessoas resistem porque algo foi dito, ou se deixou de dizer, algo foi feito ou se deixou de fazer, ou seja, todos agem tendo a linguagem como meio de interação e, ao fazê-lo, provocam respostas de quem foi diretamente atingido por essa ação ou inação.

Isso foi ilustrado pelo estudo de Matos,[67] quando investigou um processo de mudança definido pela matriz de uma empresa da cadeia de valor do setor automobilístico,

---

61 FORD, J. D.; FORD, L. W.; D'AMELIO, A. Resistance to change: the rest of the story. *Academy of Management Review*, v. 33, n. 2, p. 326-377, abr. 2008.

62 MISSÃO seleciona mais de mil candidatos para morar em Marte. *G1*, Ciência e saúde, 2 jan. 2014. Disponível em: http://g1.globo.com/ciencia-e-saude/noticia/2014/01/missao-seleciona-mais-de-mil-candidatos-para-morar-em-marte.html. Acesso em: 29 dez. 2019.

63 SONENSHEIN, S. We're changing – or are we? Untangling the role of progressive, regressive, and stability narratives during strategic change implementation. *Academy of Management Journal*, v. 53, n. 3, p. 477-512, 2010.

64 FORD; FORD; D'AMELIO, 2008, p. 363.

65 FORD; FORD; D'AMELIO, 2008.

66 FORD; FORD; D'AMELIO, 2008.

67 MATOS, 2016.

que determinava o fechamento de uma das fábricas, com a transferência de maquinário e pessoas para outra, já em funcionamento, mas em cidade distinta. O comitê responsável pela implantação, formado por alguns gestores e pessoas-chave, demorou meses para anunciar a mudança. Quando o fez, utilizou o refeitório para reunir os empregados e anunciar o fechamento da unidade dentro de seis meses, prometendo que todos que quisessem ir para a outra planta poderiam fazê-lo. Porém, muitos que se dedicaram durante anos à empresa sentiram-se traídos, uma vez que somente naquele momento foram informados. Além disso, nada sabiam sobre a outra cidade, teriam não somente de se deslocar, como a toda a família, o que implicava, para alguns, desistir do trabalho da esposa ou esposo, da escola e rede de amigos dos filhos, entre outras decisões. A maioria dos trabalhadores – os operadores de máquinas, com experiência de operação de uma geração mais antiga de equipamentos – acabou preferindo pedir demissão com o pacote negociado pelo sindicato. Em função disso, a produção ficou parada na fábrica de destino, tendo-se de contratar pessoas despreparadas, levando a grande desperdício e retrabalho, culminando com a demissão do gerente de ambas as plantas, por e-mail.

Esse episódio ilustra a forma com que gestores interpretam a resistência sob o prisma tradicional. Desde o início, o gerente da planta que atuou como um representante da matriz onde estavam os estrategistas formou um comitê gestor da mudança, cujos membros tiveram de assinar um termo de confidencialidade sobre o processo. Além disso, resolveram produzir um estoque de peças para três meses, já dando como certa a realização da greve, porque "é isso que sempre ocorre", principalmente no setor automobilístico no Brasil, que possui um dos principais sindicatos de trabalhadores. A produção "a todo vapor" de produtos finais, sem uma explicação dos gestores, a fim de fazer um estoque, caso houvesse uma possível greve quando anunciada a mudança, gerou boatos, que, por sua vez, fizeram os receptores imaginar o que poderia estar acontecendo e colocarem-se de prontidão. Quando houve a comunicação, para muitos foi somente a confirmação de uma quebra de contrato psicológico, além de decepção. Ora, a partir disso, houve, de fato, a confirmação da greve junto ao sindicato, o que, aos gestores, somente mostrou que eles estavam certos.[68]

Ford, Ford e D'Amelio[69] afirmam que os agentes de mudança produzem profecias autorrealizáveis que servem para justificar a crença de que os receptores resistem *per se*, como algo separado de suas próprias mensagens verbais e não verbais e demais ações. No entanto, conseguimos perceber, pelo estudo de Matos,[70] que as (re)ações dos receptores não acontecem em si mesmas, mas como respostas ao que os gestores inicialmente deixaram de dizer e fazer e das ações posteriores diante das respostas dos receptores.

Ou seja, as pessoas resistem não porque querem resistir, mas como resposta ao que ouviram, viram e sentiram, confirmando a tese de Ford, Ford e D'Amelio de que a resistência é fruto das relações humanas, é um fenômeno coletivo, que deve ser trazido à tona, inclusive.[71]

Isso faz sentido para você?

> As pessoas resistem não porque querem resistir, mas como resposta ao que ouviram, viram e sentiram [...] a resistência é fruto das relações humanas, é um fenômeno coletivo, que deve ser trazido à tona.

---

68 MATOS, 2016.

69 FORD; FORD; D'AMELIO, 2008.

70 ATOS, 2016.

71 FORD; FORD; D'AMELIO, 2008.

Soneshein,[72] em estudo em uma das 500 maiores empresas americanas, atuante no setor varejista, que implantava um processo de mudança envolvendo a transformação de lojas menores, localizadas em *shoppings*, em locais com características de *megastores* de rua, mostrou que uma parte dos participantes, atendentes e gerentes de lojas interpretava a mudança como algo significativo, mas negativo. No entanto, isso ocorria porque, na interpretação deles, a empresa estaria perdendo o mais importante que havia sido construído nas lojas menores ao longo dos anos: o atendimento personalizado ao cliente. Ora, se esses empregados fossem ouvidos, o processo de mudança poderia ser revisto a fim de que, ao final, houvesse melhores resultados. Em outras palavras, a resposta negativa pode ser algo significativamente positivo, capaz de definir, inclusive, o sucesso ou o fracasso do processo de mudança.

E aí está outro ponto colocado por Ford, Ford, D'Amelio.[73] Os autores afirmam que os agentes de mudança, na perspectiva tradicional, utilizam os receptores como bode expiatório para o insucesso dos processos de mudança, pois, como seus pares, costumam usar a mesma "lente" para lerem as respostas dos receptores: a resistência torna-se uma explicação plausível para resultados aquém do esperado em reuniões do comitê gestor.

Certamente, tratar a resistência de frente, à medida que é percebida, implicaria maior dedicação por parte dos estrategistas e de seus representantes. Antes de mais nada, porque em primeiro lugar precisariam reconhecer que todos são agentes, isto é, todos são capazes de alterar processos de mudança planejados. O boicote, ou o "braço curto" e a ausência no trabalho, apesar de serem considerados ações de resistência,[74] mostram, por outro lado, que os empregados têm poder.

Para não chegar a esse ponto, porém, é preciso que os gestores empreguem seus poderes declarativos de forma a gerar ciclos virtuosos ao invés de viciosos, revertendo as estatísticas, já que o percentual de fracasso de processos planejados de mudança gira em torno de 70% há anos.[75]

Em busca do resultado contrário, a comunicação exerce papel fundamental. Em uma perspectiva tradicional, a linguagem é tomada meramente como um meio transmissor de informações. No entanto, Ford e Ford,[76] discordando desse entendimento, afirmavam que a comunicação não serve para informar, mas para formar. Ela é o próprio substrato sobre o qual os processos de mudança ocorrem. Se recorrermos aos autores da pragmática da comunicação, como Austin e Searle, para os quais dizer é fazer, a linguagem em interação (comunicação) é o conjunto de tijolos sobre o qual as mudanças são construídas nas organizações, pelos ditos e não ditos entre agentes, já que, ao final, como já discutimos, todos podem exercer esse papel.[77]

> A comunicação exerce papel fundamental. Em uma perspectiva tradicional, a linguagem é tomada meramente como um meio transmissor de informações. No entanto, Ford e Ford,[78] discordando desse entendimento, afirmavam que a comunicação não serve para informar, mas para formar. Ela é o próprio substrato sobre o qual os processos de mudança ocorrem.

---

72 SONENSHEIN, 2010.

73 FORD; FORD; D'AMELIO, 2008.

74 ARMENAKIS, A. A.; BEDEIAN, A. G. Organizational change: a review of theory and research in the 1990s. *Journal of Management*, v. 25, n. 3, p. 293--315, 1999.

75 DEWAR, C.; KELLER, S. The irrational side of change management. *In:* MCKINSEY & COMPANY. Disponível em: https://www.mckinsey.com/business-functions/organization/our-insights/the-irrational-side-of-change-management. Acesso em: 29 dez. 2019.

76 FORD, J. D.; FORD, L. W. The role of conversations in producing intentional change in organizations. *Academy of Management Review*, v. 20, n. 3, p. 541-570, 1995.

77 FORD; FORD,1995.

78 FORD; FORD,1995, p. 541-570.

Os estrategistas e implementadores contribuem para a resistência à mudança dos demais agentes quando falham na legitimação da mudança, quebram acordos e violam a confiança que haviam inspirado, não revelam o que sabem e o que não sabem sobre o processo de mudança, isto é, não são autênticos e sinceros em suas comunicações.[79] Voltando ao exemplo do fechamento da fábrica,[80] os implementadores partiram do princípio de que não se poderia informar os empregados desde o momento em que souberam da decisão dos estrategistas na matriz (cerca de um ano antes da data de encerramento) para não provocar a ira e a ação do sindicato, sem estarem preparados. Não tiveram a iniciativa, por exemplo, de chamar os líderes sindicais que atuavam na planta a ser desativada, reparar eventuais resquícios de processos passados de mudança e explicar a situação crítica em que se encontravam. Quando processos passados não são finalizados adequadamente, ou quando as justificativas apresentadas para os novos não são razoáveis ou convincentes, reforça-se o efeito de inoculação apresentado por McGuire,[81] quando os receptores reforçam sua imunidade à mudança (isto é, fazendo greve).

Ford, Ford e D'Amelio[82] reposicionam a resistência à mudança fazendo três recomendações. A primeira delas é considerar a resistência como algo público, isto é, observável, sem supor emoções negativas por parte dos receptores. De outra forma, de um simples olhar até a sabotagem, tudo pode ser considerado resistência pelos gestores. Os autores recomendam considerar o que ocorre nas interações cotidianas, sem recorrer a "teorias da conspiração", que acabam se traduzindo nas já conhecidas profecias autorrealizáveis.

A segunda recomendação é que os agentes estrategistas e seus representantes mudem o foco: ao invés de questionarem "Por que os receptores resistem?", melhor seria perguntarem: "Por que nomeamos certas ações como resistência e não outras?". Ou: "O que pode estar errado na nossa comunicação e nas demais ações no processo de mudança?"

A terceira sugestão é não tentar superar a resistência, mas vivenciá-la, ou seja, os agentes de mudança devem assumir a responsabilidade pelo seu papel na construção e olhar para ela como um conflito construtivo, positivo, a favor da mudança. E, por que não, como um modo de obter autoconhecimento na liderança de processos de mudança planejadas.

> **Não tentar superar a resistência, mas vivenciá-la, ou seja, os agentes de mudança devem assumir a responsabilidade pelo seu papel na construção e olhar para ela como um conflito construtivo, positivo, a favor da mudança.**

A resistência dos agentes receptores pode se tornar uma fonte de recursos para a mudança bem-sucedida.[83] Contrariamente ao que diz a visão tradicional, a resistência revela engajamento das pessoas, pois é um sinal de que se importam com o que está acontecendo.[84] Afinal, quando resolvemos reclamar de um produto ou serviço que adquirimos, investimos nosso tempo nisso porque, em geral, acreditamos na empresa e confiamos que ela poderá melhorar. Do contrário, apenas a excluímos de nossa lista. Já a aceitação passiva – outra resposta à mudança, diferentemente, deve servir de alerta aos gestores: pode ser um indício de não entendimento da situação, ou revelar

---

79 FORD; FORD; D'AMELIO, 2008.

80 MATOS, 2016.

81 FORD; FORD; D'AMELIO, 2008.

82 FORD; FORD; D'AMELIO, 2008.

83 FORD, J. D.; FORD, L. W. Stop blaming resistance to change and start using it. *Organizational Dynamics*, v. 39, n. 1, p. 24-36, 2010.

84 FORD; FORD; D'AMELIO, 2008.

MUDANÇA E ORGANIZAÇÃO NO ÂMBITO EMPRESARIAL

algo mais grave, como a descrença em função da má condução de processos passados. Daí a necessidade de se investir em conversações em lugar e tempo adequados.[85]

Comunicar extensivamente, convidar as pessoas a participar, prover recursos e desenvolver relações de trabalho fortes e autênticas. Essas são algumas recomendações úteis para que a resistência seja uma resposta à mudança que os gestores possam tratar sem receio.[86] Caso nada disso seja feito e, simplesmente, a resistência perdure ou se intensifique ao longo do processo, é provável que haja consequências indesejáveis. Estudos já mostraram que a qualidade da relação entre agentes de mudança e receptores pode ter um peso maior no início do que no final do processo.[87] Mais recentemente, Jones e Van de Ven[88] corroboraram esse achado ao pesquisarem 40 clínicas de cuidados à saúde que experimentaram processos de mudança com duração de três anos. Essa pesquisa mostrou que, caso a resistência à mudança persista ao longo do tempo, tanto o comprometimento organizacional quanto a percepção dos empregados sobre a efetividade organizacional diminuirão. Portanto, os líderes devem estar atentos a si mesmos e a suas relações com os demais envolvidos desde o início dos processos de mudança deliberadas e não apenas quando notam eventuais respostas adversas.

Revisitar o modo de lidar com a resistência, reconhecendo a contribuição dos agentes de mudança na sua construção, implica uma alteração do *mindset* dos estrategistas e de seus representantes nas organizações. Esse e outros desafios, que serão discutidos na próxima seção, estão colocados aos gestores do século XXI.

> Comunicar extensivamente, convidar as pessoas a participar, prover recursos e desenvolver relações de trabalho fortes e autênticas. Essas são algumas recomendações úteis para que a resistência seja uma resposta à mudança que os gestores possam tratar sem receio.

É POSSÍVEL "GESTÃO DE MUDANÇAS"?

Como vimos no início deste capítulo, no despontar da terceira década do século XXI, as mudanças disruptivas já estão ocorrendo em quantidade em função das tecnologias da Revolução 4.0 (E de quem sabe quantas outras?), conhecida de forma abrangente como transformação digital. A entrada dessas tecnologias tem aflorado a percepção de que nada está parado, pelo contrário, as transformações ocorrem todo dia e toda hora, o que é comprovado a cada clique que você dá em seu celular.

Apesar de nestas primeiras décadas do século XXI conseguirmos perceber a realidade enquanto fluxo, como já comentamos anteriormente, existem muitas organizações que se estruturaram no século (ou séculos) anterior(es), cujos gestores ainda pensam nas mudanças como fenômenos descontínuos, que, para "acontecerem", dependem de planejamento prévio de pessoas em nível estratégico. Esse fato é ratificado pela existência de uma oferta significativa de programas de *change management* pelas grandes consultorias de negócios, que, por mais que se vistam com vocabulário novo, em sua grande maioria, estão fundamentadas no velho modelo de três fases de descongelar, mudar e congelar, em uma perspectiva ainda episódica da mudança.

Mas isso estaria, de fato, fora de compasso? Sim e não. Em outras palavras, não se pode negar que as organizações ainda planejam mudanças, muitas delas radicais,

> Apesar de nestas primeiras décadas do século XXI conseguirmos perceber a realidade enquanto fluxo, como já comentamos anteriormente, existem muitas organizações que se estruturaram no século (ou séculos) anterior(es), cujos gestores ainda pensam nas mudanças como fenômenos descontínuos, que, para "acontecerem", dependem de planejamento prévio de pessoas em nível estratégico.

---

85 FORD; FORD; D'AMELIO, 2008.

86 FORD; FORD; D'AMELIO, 2008.

87 FORD; FORD; D'AMELIO, 2008.

88 JONES, S. L.; VAN DE VEN, A. H. The changing nature of change resistance: an examination of the moderating impact of time. *The Journal of Applied Behavioral Science*, v. 52, n. 4, p. 482-506, jan. 2016.

GESTÃO DO FATOR HUMANO

todavia, não podem agir de forma ingênua em relação a esse processo, sem considerar o fluxo incessante que está ao redor. O ponto é que mais do que nunca o sucesso ou o insucesso resultante das transformações dependerá da forma pela qual o processo é percebido e construído, tendo a linguagem em interação – a comunicação – importante papel. Vamos olhar mais uma vez para o que dizem autores já conhecidos nossos e seus colaboradores sobre cuidados a serem tomados em processos planejados de mudança, caso se façam presentes nas organizações.

De acordo com Ford e Ford,[89] é importante que os gestores depositem esforços em diferentes tipos de conversação com a maioria dos envolvidos, a saber: de iniciação, de desempenho, de entendimento e de encerramento. Isso poderia ser impensável para processos em grandes corporações há pouco tempo. Mas, com a internet, é possível realizar uma reunião on-line, com equipes de diferentes países, e/ou criar *blogs* como forma de suporte ao processo, entre outras possibilidades que facilitem a interação entre agentes, isto é, todos os envolvidos.

O primeiro tipo de conversa, **de iniciação**, visa legitimar a mudança junto daqueles que terão de efetivá-la no dia a dia organizacional, ou seja, os que serão atingidos diretamente por ela. Usando a tecnologia, mais do que nunca existe oportunidade de expressar dúvidas e ideias, a favor do processo e contra ele, antes de ele se iniciar efetivamente, o que poderá contribuir para ajustes importantes.

Já as **conversas de desempenho** são bem-vindas após o estabelecimento de metas. Objetivam esclarecer, efetivamente, aos envolvidos o que terão de fazer e quando. A ausência dessas conversações pode fazer com que o processo não flua como deveria. Ao longo do tempo, **conversas de entendimento** fazem-se necessárias para que os agentes tragam suas impressões, tenham espaço para externar suas respostas à mudança, que são resultado do processo de significação e interpretação dos acontecimentos. Quando essa resposta for a resistência, ao invés de os gestores a jogarem "para baixo do tapete", cabe a eles valorizá-la, trazê-la ainda mais à tona, como comentado na seção anterior.

Por fim, as imprescindíveis, mas comumente esquecidas, **conversas de encerramento** de processos de mudança planejados. A ausência de tais diálogos é uma das principais causas do que Ford, Ford e McNamara[90] chamaram de conversas de fundo, que acabam interferindo em futuros processos de mudança. A falta de uma prestação de contas aberta para discutir o que funcionou ou não, o que deixou de ser feito e porque, o que faltou, o que foi bom, todavia, poderia ter sido melhor. São momentos para externar eventuais sentimentos de injustiça, em função da má distribuição de recursos ou responsabilidades (justiça distributiva), da falta de clareza dos critérios de distribuição (justiça procedural) e da transparência na sua comunicação aos empregados (justiça interacional), principalmente quando as conversas de entendimento foram escassas.[91] Quando restam arestas, questões não discutidas, é grande a possibilidade de haver dificuldades em um próximo processo de mudança, pois muitas dúvidas e desconfiança permanecerão. Como diz o ditado popular: "gato escaldado tem medo

---

É importante que os gestores depositem esforços em diferentes tipos de conversação com a maioria dos envolvidos, a saber: de iniciação, de desempenho, de entendimento e de encerramento.

---

89   FORD; FORD, 1995.

90   FORD, J. D.; FORD, L. W.; MCNAMARA, R. T. Resistance and the background conversations of change. *Journal of Organizational Change Management*, v. 15, n. 2, p. 105-121, 2002.

91   FORD; FORD, 1995.

MUDANÇA E ORGANIZAÇÃO NO ÂMBITO EMPRESARIAL

de água fria", ou seja, inocula-se (lembra-se?) uma percepção negativa de processos de mudanças que venham a ser propostos no futuro.

Você já participou de algum tipo de conversa, entre as apresentadas, durante processos de mudança em sua vida profissional? Quais foram os resultados?

Será que buscar qualidade das interações entre agentes, estabelecendo as conversações propostas será suficiente para o sucesso da mudança? Para fazer um contraponto, vamos trazer uma provocação de MacKay e Chia,[92] ao afirmarem que é ilusória a percepção de que existem processos com dono (*owned processes*).

Para entendermos o que isso quer dizer, temos de retomar as ideias iniciais colocadas neste capítulo sobre a natureza da realidade. Como já dissemos, e é reiterado ao longo deste livro, a transformação digital vem trazendo a possibilidade de percebermos que o "natural" é a mudança e que precisamos realizar esforços significativos para que algo possa ser organizado e se torne estável, mesmo que provisoriamente. Então, por que não colocar energia para surfar no fluxo (*letting happen*[93]), ou seja, acompanhá-lo, ao invés de tentar segurá-lo? Seria a ideia de "organizar em movimento".

Chia, ao defender uma ontologia de fluxo, em que a mudança é anterior a nós e, consequentemente, às organizações, mostra, no estudo com MacKay,[94] que não é possível aos gestores, em uma mudança estratégica (episódica), estarem atentos a todas as consequências não antecipadas que estão imbricadas nos processos de mudança que planejam. A cada decisão tomada, várias outras opções possíveis são deixadas de lado, mas isso não quer dizer que tenham, simplesmente, desaparecido. Da mesma forma, há várias consequências imprevistas causadas por outros processos de organizar adotados por diferentes agentes (governo, concorrentes, agências reguladoras, ONGs ambientais, imprensa, fornecedores etc.), que fazem parte do fluxo e que podem se combinar e precipitar em determinado momento.

Na perspectiva de "processos sem dono" (*unowed processes*), introduzida pelos autores, em oposição à usual concepção de que as ações deliberadas de indivíduos determinam o sucesso ou o fracasso das organizações, várias situações podem surgir da interação não intencional entre as consequências de escolhas passadas efetuadas por diferentes atores, que não necessariamente estão relacionados. Algumas vezes, essas combinações, denominadas como "cisnes negros", por serem eventos "fora da curva", podem impactar fortemente o que havia sido cuidadosamente planejado.[95]

Para mostrar como isso ocorre empiricamente, os autores, seguindo as decisões tomadas pelos estrategistas – CEO e diretores de uma das 500 maiores e melhores empresas americanas – ao longo de cinco anos, mostraram como, de uma posição de inovação e liderança, essa organização acabou decretando falência.

Tendemos a pensar que nós e os estrategistas das organizações somos capazes de controlar as diversas variáveis presentes em nossas vidas ou empresas – o que acaba **não se efetivando**. Se adotarmos a lente que mostra a mudança como a realidade inexorável, por mais esforços que façamos para tentar nos organizar, sempre haverá

> A transformação digital vem trazendo a possibilidade de percebermos que o "natural" é a mudança e que precisamos realizar esforços significativos para que algo possa ser organizado e se torne estável, mesmo que provisoriamente. Então, por que não colocar energia para surfar no fluxo (*letting happen*[93]), ou seja, acompanhá-lo, ao invés de tentar segurá-lo?

> Tendemos a pensar que nós e os estrategistas das organizações somos capazes de controlar as diversas variáveis presentes em nossas vidas ou empresas – o que acaba não se efetivando.

---

92   MACKAY, R. B.; CHIA, R. Choice, chance, and unintended consequences in strategic change: a process understanding of the rise and fall of NorthCo Automotive. *Academy of Management Journal*, v. 56, n. 1, p. 208-230, 2013.

93   CHIA, R. Reflections: in praise of silent transformation – allowing change through 'letting happen'. *Journal of Change Management*, v. 14, n. 1, p. 8-27, 2014.

94   MACKAY; CHIA, 2013.

95   MACKAY; CHIA, 2013.

uma corrente maior, formada por vários processos não lineares e contínuos, buscando modificar essas "ilhas de estabilidade" que são as organizações, em um "mar de mudança"[96] do qual fazem parte.

Mas, se nós e os estrategistas das diferentes organizações não somos "donos" das transformações que planejamos, o que fazer?

Chia resgata de Jullien (1999) o conceito de *propensity of things*, que significa a percepção da "tendência das coisas".[97] Desenvolver sensibilidade para captar pequenos movimentos, pequenas alterações, pequenas iniciativas, ideias na equipe que surgem e que, se não houver um ouvido e olhar atentos, poderão se perder no frenesi cotidiano. O importante aqui é estar alerta para fazer mudanças de rumo antes que algo tome maiores proporções e seja necessária uma ação drástica e, em geral, traumática. Para isso, é preciso, enquanto gestor, amplificar ideias que valem a pena e fazer movimentos constantes de ajustes finos para redefinir rumos.

Em outras palavras, a ação dos gestores, nessa perspectiva, é discreta porque é contínua. Talvez não se adéque ao perfil da maioria dos gerentes e CEOs das organizações do século XX, que ainda preferem contratar grandes consultorias para realizar mudanças episódicas, planejadas e de larga escala sob seu comando, visando deixar uma marca.[98] Marca essa que, pelas estatísticas das próprias consultorias internacionais que já visitamos, pode ser bastante negativa, já que apenas 30% dos processos de mudança episódicas, em média, que costumam ser traumáticas, tiveram sucesso em sua implementação.

A gestão da mudança, na perspectiva contínua, é a gestão do cotidiano, das contingências diárias, da criatividade e improvisação diante do fluxo, é "deixar a mudança acontecer"[99] ao invés de interferir nas situações de modo que se alterem em função da vontade dos estrategistas e gestores, seja de forma incremental, seja episódica. Surfar requer conhecimento do mar em profundidade e respeito por sua força (prevenindo arroubos de Ícaro), bem como pelas pessoas que tentam aprender e tirar o melhor proveito do que o fluxo tem a ensinar. É relaxar as estruturas, regulamentos e rotinas existentes, dando espaço para que respostas diferentes das já conhecidas possam emergir espontaneamente, como uma consequência das interações e circunstâncias locais.[100]

> O conceito de *propensity of things* significa desenvolver sensibilidade para captar pequenos movimentos, pequenas alterações, pequenas iniciativas, ideias na equipe que surgem e que, se não houver um ouvido e olhar atentos, poderão se perder no frenesi cotidiano.

IMPLICAÇÕES PARA A GESTÃO DOS NEGÓCIOS, O FATOR HUMANO E AS RELAÇÕES DO TRABALHO

Quais seriam as consequências quando as pessoas, gestores e não gestores, escolhem a lente episódica da mudança? E quando optam pela perspectiva contínua?

Caso a perspectiva episódica seja predominante, a organização poderá não acompanhar o mundo que está se descortinando a sua frente: o mundo digital. Seria como negar a mudança climática e continuar com a casa na beira da praia até começar a ver

---

96 MACKAY; CHIA, 2013, p. 10.

97 CHIA, 2014, p.10.

98 CHIA, 2014.

99 CHIA, 2014, p. 10.

100 CHIA, 2014.

MUDANÇA E ORGANIZAÇÃO NO ÂMBITO EMPRESARIAL

os peixes passeando pela janela, em função do derretimento das geleiras e elevação do nível do mar.

Em outras palavras, as organizações não têm mais tempo de se "darem ao luxo" de ser inerciais. Isso tem diversas implicações, relativas à orientação estratégica adotada. Será que há lugar para grandes estruturas, com muitos níveis decisórios, por exemplo? Hierarquia e burocracia jogam a favor da manutenção do *status quo*, pois isso dificulta qualquer amplificação de boas ideias, que podem já ter sido implementadas pelo concorrente quando finalmente tiverem sido apresentadas nas instâncias superiores de uma organização hierárquica.

Não é por acaso que encontros entre grandes empresas e *startups* vêm se tornando usuais. O que se busca nesses eventos é a troca de ideias sobre como ser mais ágil para gerar inovação. Empresas ambidestras, isto é, que conseguem tirar proveito do que já fazem e, ao mesmo tempo, inovar, ou seja, criar e implementar produtos/serviços diferenciados tendem a ser as mais bem-sucedidas.[101] O que lhe parece aqui? Quais óculos os gestores dessas empresas estariam usando?

Grandes organizações começam a perceber que ganharão agilidade se as ideias puderem emergir mais facilmente nas diferentes áreas. Para isso, começam a se mexer para reorganizar suas estruturas e processos, a fim de lidar com o que está ocorrendo ao redor, no seu campo de atuação e fora dele (pois as inovações, muitas vezes, vêm de campos completamente diferentes do segmento da empresa, já há muito tempo. Um exemplo foi a substituição do aço pelo plástico de engenharia nos automóveis há décadas; imagine hoje...).

Você se sente preparado para atuar em organizações que, para tentarem manter uma estabilidade provisória no mercado competitivo, tenham de se organizar por meio de mudanças contínuas/radicais/revolucionárias?

Portanto, é preciso olhar para uma realidade em movimento e organizar-se acompanhando o movimento, como caças que se abastecem de combustível em pleno voo.[102] A estabilidade estará na capacidade de continuar se metamorfoseando, ou seja, seguindo a corredeira, como na prática de *rafting*.[103] Isso não quer dizer que mudanças radicais não tenham mais lugar. Pelo contrário! Provavelmente, muitas empresas terão de se reinventar, quebrar suas estruturas organizacionais, alterar estratégias, formas de controle, dividir-se, vender unidades, virtualizar parte das operações, digitalizar-se. Mesmo organizações como Amazon, Google, Facebook (se ainda existirem quando da leitura deste livro) não ficarão blindadas contra mudanças radicais.

Portanto, nenhum tipo de organização está imune e pode se dar ao luxo de ignorar as diversas consequências não antecipadas de inúmeros processos de organização (ou de mudança) que estão ocorrendo em paralelo e simultaneamente. É como se as empresas tivessem de fundir as duas lentes em uma terceira: as mudanças emergentes (contínuas), provocando metamorfoses (radicais) em tempos mais curtos (revolucionárias).

---

101 ANDRIOPOULOS, C.; LEWIS, M. W. Managing innovation paradoxes: ambidexterity lessons from leading product design companies. *Long Range Planning*, v. 43, n. 1, p. 104-122, 2010.

102 FORÇA AÉREA BRASILEIRA. Tudo que você precisa saber sobre reabastecimento em voo, 8 jul. 2016. Disponível em: http://www.forcaaereablog.aer.mil.br/index.php?option=com_content&view=article&id=243:tudo-que-voce-precisa-saber-sobre-reabastecimento-em-voo&catid=23:operacional-e-rotina&Itemid=129. Acesso em: 4 maio 2020.

103 CERRETTO, C.; DOMENICO, S. M. R. de. Mudança e teoria ator-rede: humanos e não humanos em controvérsias na implementação de um centro de serviços compartilhados. *Cadernos EBAPE.BR*, v. 14, n. 1, p. 83-115, jan./mar. 2016.

Como já destacava, em 2017, o International Institute of Management Development (IMD), uma das mais bem-conceituadas escolas de Administração do mundo, com raízes na Suíça, as mudanças não são eventos, mas uma jornada.[104] Com consequências para as pessoas.

Armenakis e Bedeian,[105] em uma revisão de estudos sobre mudança na década de 1990, destacaram uma pesquisa que apontava que mudança demais não é saudável para as organizações, porque não dá tempo para as pessoas absorverem as alterações. Todavia, no século XXI, essa capacidade de "reabastecer em pleno voo" será não só bem-vinda como necessária, o que irá demandar não somente capacidade técnica mas também capacidade física e psicológica para trabalhar sob constante pressão e empregando a criatividade.

Não é à toa que se tem falado mais e mais sobre a importância de *soft skills*, pois, muito provavelmente, a parte técnica será suprida por tecnologias como *big data* e inteligência artificial. O processamento de trilhões de informações provenientes de consumidores usuários da internet permitirá a identificação de tendências e a previsão antecipada de comportamentos, que resultarão em ofertas "acertadas" de produtos e serviços. A impressão 3-D, por sua vez, tornará mais rápida a entrega de produtos customizados, incluindo casas, barcos e até próteses utilizadas em cirurgias.

Talvez um pouco mais difícil seja o pensamento de cenários (*cenários thinking*) – uma das ferramentas recomendadas por MacKay e Chia para lidar com os "cisnes negros" advindos dos múltiplos processos de organização que estão imersos no fluxo. Pois aqui, a capacidade não é a de procurar pelo que é comum nos dados, mas a de buscar os *outliers*, ou seja, um olhar para a "periferia".[106] Essas pequenas nuances requerem mais atenção para serem detectadas, lembrando o efeito borboleta,[107] apesar das consequências que podem acarretar.

Consequentemente, "cultivar a sensibilidade para a periferia", agilidade e *mindfulness* são habilidades desejadas, principalmente para estrategistas e gestores do século XXI, se quiserem lidar com processos sem dono e seus efeitos não previstos em um dinâmico e constante mundo em transformação.[108]

Konusuke Matsushita, um grande empreendedor japonês do século XX,[109] desenvolveu uma filosofia de gestão que corrobora e resume o que foi dito até aqui sobre implicações para os gestores quando do uso da lente contínua para interpretar mudanças no âmbito organizacional. Ele sublinha a importância do que chamou de

---

104 MANZONI, J.-F.; ENDERS, A.; NARASIMHAN, A.; MALNIGHT, T. W.; BÜCHEL, B.; CHALLAGALLA, G.; BUCHE, I. Transformation journeys: the reasons why and the art of how. *In:* IMD RESEARCH AND KNOWLEDGE. Disponível em: https://www.imd.org/research-knowledge/articles/transformation--co-creating-successful-journeys/. Acesso em: 29 dez. 2019.

105 ARMENAKIS; BEDEIAN,1999.

106 MACKAY; CHIA, 2013.

107 O efeito borboleta foi definido por Edward Lorenz, em 1979, um estudioso do clima. Ele observou que pequenas alterações nas condições iniciais de um sistema climático poderiam gerar previsões radicalmente diferentes e utilizou o bater de asas de uma borboleta como ilustração: a pequena diferença na pressão atmosférica provocada por esse movimento poderia levar, eventualmente, à formação de um furacão em algum momento no futuro do outro lado do mundo (BURNES, B. Complexity theories and organizational change. *International Journal of Management Reviews*, v. 7, n. 2, p. 73-90, 2005).

108 MACKAY; CHIA, 2013.

109 CHIA, 2014.

MUDANÇA E ORGANIZAÇÃO NO ÂMBITO EMPRESARIAL

"mente *sunao*" – um termo relacionado a características como modéstia, coração aberto, facilidade de trato e sinceridade genuína. O portador de uma mente *sunao* não cai em armadilhas, pois é capaz de "olhar para as coisas como elas são naquele momento" (o que poderia ser sinônimo de *mindfulness*) e, a partir disso, agir de forma sábia (ou virtuosa, ou phronética[110]), isto é, provendo a resposta mais adequada para as condições presentes.

Você se vê portador de uma mente *sunao*? É interessante notar, por fim, que gestores que utilizam a lente da mudança contínua e emergente têm uma outra relação com o poder. Não são executivos que fazem questão de se destacar, como muitos CEOs que empreendem mudanças na lente episódica e acabam virando notícia na mídia empresarial. São líderes *low profile*, que agem mais como facilitadores do processo de organização, fazendo ajustes precisos, porque acompanham o tempo todo o que está acontecendo, dentro e fora das equipes que lideram.

Consequentemente, as relações de trabalho tendem a ser mais horizontalizadas, o que pode favorecer o espaço para o exercício da agência de todos, à medida que as pessoas passarão a se perceber e agir como agentes, deixando o termo "receptor de mudanças" como vocabulário do passado.

E as organizações? Bem, já vimos que algumas terão de se reorganizar, se reinventar profundamente. Não é à toa que esta década está marcada por um *boom* de pequenos empreendimentos que recebem apoio de aceleradoras e de fundos de investimento, que servem de inspiração para empresas tradicionais. Como já dissemos, eventos que reúnem empresários de ambos os lados são cada vez mais comuns e visam encontrar caminhos mais curtos para a inovação. Inovação – palavra de ordem deste século – é sinônimo de mudança e de sobrevivência (de estabilidade).

Por outro lado, como vimos, há muita, muita pressão para a empresa se organizar e não afundar no oceano da mudança. Portanto, nem tudo necessariamente é maravilhoso, como as mídias nos querem fazer acreditar. Você deve estar preparado para adentrar organizações que, se por um lado são extremamente ágeis e poderão, inclusive, garantir compensação financeira elevada (a partir dos resultados entregues), também demandarão capacidade técnica e autocontrole. "Conhece-te a ti mesmo" é um dos três famosos aforismos inscritos no templo de Delfos, na Grécia, há milhares de anos. A transformação digital no mundo do trabalho desafiará você a se "organizar" para mudar constantemente, sem prejudicar seu equilíbrio interior, seja surfando ou praticando *rafting* nas organizações das quais fizer parte. Boa sorte!

---

110 *Phronesis*, ou sabedoria prática, é uma das virtudes aristotélicas, senão a maior delas, que abrange as características intelectuais e moral. (ARISTÓTELES. *Ética a Nicômaco*. São Paulo: Edipro, 2014). O ser humano dotado de phronesis é capaz de entender a situação contingente (o que está acontecendo no momento), deliberar considerando as diversas alternativas e tomar a decisão que for a melhor para todos os envolvidos, que leve a um fim bom (moral).

A PRÁTICA DA PESQUISA

Ao longo deste capítulo foram mencionadas algumas pesquisas científicas sobre mudança e *organizing*. A maioria foi realizada com base no que chamamos de abordagem qualitativa, utilizando como meios de levantamento de dados procedimentos como as entrevistas individuais ou coletivas e as observações (de reuniões, por exemplo), além de diversos tipos de documento, tanto públicos (por exemplo, site institucional da empresa investigada) quanto internos (por exemplo, e-mails e blogs internos).

Dentre as diversas estratégias de pesquisa sob o guarda-chuva da abordagem qualitativa[111] está o estudo de caso – uma das mais empregadas no estudo de mudança das e nas organizações.[112] Essa estratégia é oportuna para responder a perguntas relativas a "como" e "por que" algum fenômeno ocorre.[113] Ora, se mudar/organizar é um processo, é importante compreender de que forma se dá ("como") e, para isso, é preciso acompanhá-lo ao longo do tempo, isto é, longitudinalmente. Por isso, pesquisas de campo sob uma ótica contínua/emergente de mudança tendem a se estender por um longo período, às vezes, por uma década inteira, utilizando vários procedimentos de levantamento e análise de dados, demandando que o pesquisador vá (e permaneça) ao ambiente em que o processo possa ser acompanhado. Em outras palavras, você, quando se vestir de cientista para estudar processos de mudar e organizar em empresas, deverá conviver com a organização e/ou grupo sob sua atenção por um certo tempo, buscando compreensão do que está acontecendo. Além do estudo de caso – é importante saber –, outras estratégias de pesquisa sob a abordagem qualitativa são possíveis, ou até costumam estar acopladas (por exemplo, narrativas), como no estudo de Soneshein, citado anteriormente,[114] que lançou mão do estudo de caso e de narrativas.[115]

A abordagem quantitativa também é empregada principalmente quando o fenômeno da mudança é visto sob uma ótica episódica, que considera um estado A (prévio à transformação) e um estado B (pós-mudança, que pode ser um programa de reestruturação, por exemplo). Os estudos muitas vezes buscam explicar por que o estado B foi "gerado", o que (quais variáveis) contribuiu para isso.

Portanto, há vários caminhos para se investigar o mudar/organizar nas e das organizações. Diferentes perspectivas de entendimento do fenômeno exigirão diferentes abordagens metodológicas, mesmo porque partem de premissas diferentes. Por isso, você, ao atuar como cientista, deverá entender, primeiramente, os fundamentos teóricos que já existem e dizem respeito ao fenômeno que tem interesse em investigar, a fim de conseguir definir claramente seu foco e, então, desenhar como irá desenvolver o estudo de forma coerente.

Outro ponto que pode ter lhe chamado a atenção no capítulo foi o fato de mencionarmos, principalmente na fundamentação teórica, textos de autores internacionais. De fato, os estudos sobre mudança no âmbito das organizações começaram antes no exterior, mas aqui também se faz pesquisa sobre o tema. Nesse sentido, na última parte deste tópico, aproveitamos para mencionar uma revisão da literatura[116] no campo da mudança no âmbito das organizações, realizada por Neiva e Paz,[117] focalizando estudos de autores brasileiros.

---

111 MERRIAM, S. B. *Qualitative research in practice.* Examples for discussion and analysis. San Francisco: Jossey-Bass, 2002.

112 GODOY, A. S. Estudo de caso qualitativo. *In*: SILVA, A. B. da; GODOI, C. K.; BANDEIRA-DE-MELLO, R. *Pesquisa qualitativa em estudos organizacionais:* paradigmas, estratégias e métodos. São Paulo: Saraiva, 2006. p. 115-146.

113 YIN, R. *Estudo de caso:* procedimentos e métodos. Porto Alegre: Bookman, 2001.

114 SONESHEIN, 2010.

115 Sobre narrativas ver RIESSMAN, C. K. *Narrative analysis.* Newbury Park (CA): Sage, 1993.

116 Revisões de literatura são estudos que sistematizam o conhecimento científico produzido sobre determinado tema ao longo do tempo ou em um período específico. Maiores detalhes podem ser obtidos em VOSGERAU, D. S. R.; ROMANOWSKI, J. P. Estudos de revisão: implicações conceituais e metodológicas. *Revista Diálogos na Educação,* Curitiba, v. 14, n. 41, p. 165-189, jan./abr. 2014.

117 NEIVA, E. R.; PAZ, M. G. T. da. Um panorama das pesquisas e publicações sobre mudança organizacional no Brasil. *Revista Psicologia Organizações e Trabalho,* v. 15, n. 3, p. 271-285, 2015.

MUDANÇA E ORGANIZAÇÃO NO ÂMBITO EMPRESARIAL

Essas autoras abrangeram periódicos científicos das áreas de administração, psicologia, sociologia e ciências da saúde, contendo publicações sobre o tema relativas à primeira década do século XXI,[118] indexadas nas bases Google Acadêmico, SciELO e PePSIC, e com avaliações na Capes[119], nos níveis Qualis A e B.

Os resultados da revisão de Neiva e Paz[120] apontam para:

1. publicação contínua ao longo da década, apesar de algumas oscilações (queda e retomada no número de artigos ao longo do período);

2. predominância do foco em mudanças nas organizações como um todo, e não em áreas específicas;

3. variabilidade das intervenções consideradas nos estudos, entre elas, implantação de inovações tecnológicas, alterações estruturais, programas de qualidade e programas educativos;

4. predominância de intervenções de grande escopo;

5. interesse por estudos que tratem das consequências dos processos de mudança, tais como estresse, adoecimento e bem-estar pessoal, apesar de não serem maioria;

6. concentração das investigações no setor de serviços e em empresas privadas, com poucas pesquisas em organizações públicas, apesar de que estas também passam por constantes intervenções e alterações na gestão, segundo as autoras.

Dos 97 artigos selecionados para a análise na revisão, 73 tratavam-se de estudos empíricos, que relatavam o desenho metodológico empregado na pesquisa de campo.[121] Desses, quase 60% empregaram abordagem qualitativa, com base em relatos de participantes dos processos de mudança estudados, enquanto apenas 11% utilizaram abordagem quantitativa; o restante contemplou ambas as abordagens, ou seja, lançaram mão tanto de dados qualitativos quanto quantitativos. Entrevistas foram as fontes de dados preferidas dos autores das pesquisas analisadas, empregadas isoladamente ou em conjunto com outros meios de levantamento de dados (observações, documentos ou questionários), sendo o estudo de caso a estratégia empregada na maioria dos artigos selecionados, o que foi criticado por Neiva e Paz em função da impossibilidade de generalização dos resultados advindos de esforços de pesquisa.[122]

Outro resultado que chamou a atenção das autoras foi a constatação de que existem estudos publicados (n=15) sem qualquer fundamentação teórica – o que é muito problemático, pois somente a partir de profundo entendimento conceitual é possível o desenvolvimento de qualquer pesquisa científica, como comentamos há pouco. Além disso, as autoras ressaltaram que poucas pesquisas utilizaram diferentes fontes de levantamento de dados, apesar de empregarem, em sua maior parte, a abordagem qualitativa via estratégia de estudo de caso, lembrando que tal escolha requer múltiplas fontes.

Portanto, você, enquanto leitor de um artigo científico, deve estar com seu olhar crítico apurado para distinguir o que os autores dizem ter feito do que efetivamente fizeram. Assim, se os pesquisadores lançaram mão somente de entrevistas (como apontado em diversos estudos da revisão), mesmo que declarem terem seguido a estratégia de estudo de caso, de fato, isso não ocorreu. Essa falta de coerência poderá, de certa forma, prejudicar a citação do artigo ao longo do tempo.

Portanto, é importante que você, ao atuar como cientista, preocupe-se em conhecer, profundamente, tanto a teoria sobre o tema que irá estudar quanto os aspectos metodológicos, para escolher a melhor estratégia de pesquisa, colocá-la em prática com o rigor exigido e alcançar o objetivo pretendido. Lembre-se: somente uma fundamentação, tanto teórica quanto metodológica robusta, garantirá credibilidade à pesquisa, permitindo que os resultados obtidos possam ser considerados por outros pesquisadores em estudos científicos futuros.

A partir disso, convidamos você a "arregaçar as mangas" e mergulhar no estudo do "mudando e organizando" no âmbito das organizações, pois há muito a ser feito, principalmente no Brasil. Mãos à obra!

---

118 Segundo Neiva e Paz (2015, p. 274), "[o] período consultado se justifica em virtude de os artigos publicados sobre o tema a partir de 1999 sugerirem avanços" no campo do tema da mudança.

119 Capes ou Coordenação de Aperfeiçoamento de Pessoal de Nível Superior é uma fundação do Ministério de Educação (MEC) responsável pelo acompanhamento e avaliação dos programas de pós-graduação no Brasil, o que inclui a avaliação dos periódicos científicos. Veja mais informações em FUNDAÇÃO CAPES. *História e missão*, 17 jun. 2008. Disponível em: http://www.capes.gov.br/historia-e-missao. Acesso em: 19 jan. 2020.

120 NEIVA; PAZ, 2015.

121 Os 24 artigos restantes subdividiram-se em 14 relatos de experiência sobre mudança sem método sistematizado, nove ensaios teóricos sobre as mudanças nas organizações, sem qualquer dado empírico, e um artigo, que tratava de revisão de literatura (NEIVA; PAZ, 2015).

122 NEIVA; PAZ, 2015.

GESTÃO DO FATOR HUMANO

MINICASO

O que pensam grandes consultorias a respeito de mudanças

Grandes consultorias internacionais costumam, como parte de sua estratégia de marketing, disponibilizar artigos e vídeos sobre gestão de mudanças. Convidamos você a ler a transcrição traduzida da entrevista concedida, em fevereiro de 2019, por Jon Garcia[123] (JG), fundador e presidente da McKinsey RTS,[124] uma unidade especial da McKinsey que oferece uma abordagem para a implantação da intitulada "mudança transformacional".

Entrevistador: Pesquisas sugerem que, em 70% das vezes, os esforços para mudar fundamentalmente o desempenho de uma organização não funcionam. Os objetivos estabelecidos nunca são alcançados, ou talvez demorem muito, ou a mudança é apenas temporária e os ganhos são desperdiçados após alguns anos. Raramente a equipe de gerenciamento entende o que precisa acontecer. Mais frequentemente, o problema é a execução. Como você implanta uma mudança que sabe que precisa acontecer?

Jon Garcia: Na minha experiência, há algumas coisas que tendem a ser problemas, começando com a simples ideia de que velhos hábitos são difíceis de descontinuar. Em outras palavras, a mudança transformacional realmente exige que indivíduos de toda a organização se comportem de maneira diferente no dia a dia. Geralmente, significa alterar permanentemente processos e procedimentos que estão em vigor. Isso é difícil, porque é um instinto humano natural resistir à mudança. Então, você precisa abordar como as pessoas pensam e agem no dia a dia.

Isso nos leva ao ponto número dois: a ideia de que as mentalidades são importantes. Você precisa conquistar o coração e a mente das pessoas em uma organização para que ela mude. Você precisa garantir que essas pessoas entendam a lógica da mudança em primeiro lugar. Pode ser claro na sala de reuniões ou para time executivo o porquê de

a organização precisar agir de maneira diferente. Mas esse raramente é o caso na linha de frente.

Portanto, líderes de transformação bem-sucedidos fazem com que seus negócios se concentrem em adentrar as mentalidades em suas organizações e entender como as atitudes precisam evoluir para permitir o tipo de mudança fundamental em larga escala, necessária para proporcionar uma melhoria quântica real no desempenho.

Muitas organizações deixam de pensar sobre a transformação de forma holística. As transformações mais bem-sucedidas começam com uma proposição simples: tudo tem de estar sobre a mesa. Isso não significa que todas as alavancas terão peso igual ou todas as áreas receberão prioridade igual. Mas, se nada der errado, o esforço para transformar a empresa será verdadeiramente abrangente.

Liderança é provavelmente a parte mais importante desse desafio. Os líderes levam as pessoas para onde elas não iriam. Os líderes de transformação mais bem-sucedidos criam um argumento convincente para a mudança. Eles modelam os tipos de comportamento que desejam ver em toda a organização. Eles criam recompensas e reconhecimentos, reforçando processos e políticas para garantir que a transformação seja um sucesso. Por fim, inspiram seus colegas, porque todo funcionário faz uma escolha, todos os dias, sobre quanto esforço discricionário deve ser dado. Esse é um reservatório que os grandes líderes usam.

Mudança transformacional é difícil. Não há dúvida sobre isso. Os líderes de sucesso alinham suas equipes por trás deles. Eles buscam os maus e velhos hábitos que representam o passado e abordam as mentalidades da organização que impedem mudanças fundamentais. Dessa forma, eles mudam as probabilidades a seu favor e garantem que a transformação seja bem-sucedida.

---

123 MIND-SETS matter in transformations: a conversation with Jon Garcia. *In*: MCKINSEY & COMPANY. Disponível em: https://www.mckinsey.com/business-functions/rts/our-insights/mind-sets-matter-in-transformations-a-conversation-with-jon-garcia. Acesso em: 29 dez. 2019.

124 RESET. Transform. Sustain. *In*: MCKINSEY & COMPANY. Disponível em: https://www.mckinsey.com/business-functions/rts/how-we-help-clients. Acesso em: 29 dez. 2019.

MUDANÇA E ORGANIZAÇÃO NO ÂMBITO EMPRESARIAL

EXERCÍCIOS DE HABILIDADES

Empregando os conteúdos apresentados neste capítulo, tente responder às questões a seguir.

1. Por qual "lente" Jon Garcia defende as mudanças no âmbito das organizações?

2. Quais elementos apresentados na entrevista qualificam essa lente?

3. Qual a concepção de resistência que prevalece em seu discurso? Quais passagens da entrevista justificam sua resposta?

4. Faça uma avaliação do conteúdo da entrevista. Você nota mensagens ambíguas do executivo? Se sim, a que atribui essas ambiguidades?

5. Você concorda com a posição de Jon Garcia em relação a como as mudanças devem ocorrer nas organizações? Por quê?

6. Em caso de discordância, qual seria sua resposta à pergunta do jornalista? Construa argumentos para defender seu ponto de vista.

LEITURAS RECOMENDADAS

BURNES, B.; COOKE, B. Review article: the past, present and future of organization development: taking the long view. *Human Relations*, v. 65, n. 11, p. 1395-1429, 2012.

BURNES, B.; HUGHES, M.; BY, R. T. Reimagining organizational change leadership. *Leadership*, v. 14, n. 2, p. 141--158, 2018.

CHIA, R. From modern to postmodern organizational analysis. *Organization Studies*, v. 16, n. 4, p. 549-604, 1995.

HERNES, T.; MAITLIS, S. *Process, sensemaking & organizing*. Perspectives on process organization studies. Oxford (UK): Oxford University Press, 2012.

LUSCHER, L. S.; LEWIS, M.; INGRAM, A. The social construction of organizational change paradoxes. *Journal of Organizational Change Management*, v. 19, n. 4, p. 491-502, 2006.

SHAUL, O.; VAKOLA, M.; ARMENAKIS, A. Change recipients' reactions to organizational change: a 60-year review of quantitative studies. *Journal of Applied Behavioral Science*, v. 47, n. 4, p. 461-524, 2011.

CAPÍTULO 4

Convivendo e desvendando a diversidade e a inclusão nas organizações

Darcy Mitiko Mori Hanashiro

OBJETIVO DO CAPÍTULO

É inegável que vivemos em uma era digital. Podemos ter acesso instantâneo on-line a tudo de que precisamos, quando quisermos e onde quer que estejamos. Neste mundo digital, as oportunidades para acessar pessoas e conectá-las para fins de relacionamento pessoal ou profissional são ilimitadas. Trata-se de uma cadeia de clientes, fornecedores, consumidores e empregados diversos.

Que as organizações estão mais diversas já se tornou um discurso comum, para profissionais e acadêmicos. Contudo, entre essa expressão naturalizada e o efetivo entendimento sobre diversidade há um espaço importante a ser explorado. Afinal, quando alguém fala sobre diversidade no Brasil, do que essa pessoa está falando? Discriminação e intolerância em relação a certos grupos sociais? Será que elevar a representatividade de diferentes grupos de identidade social nas organizações é uma necessidade imposta às organizações? E sobre inclusão? Quando uma empresa contrata pessoas com deficiência, mulheres e negros ela está, de fato, incluindo essas pessoas? E a convivência com a

Espero que daqui a dez anos a gente não tenha de explicar por que é importante tratar de diversidade nas empresas. A gente precisa de mais exemplos femininos, de mais exemplos de negros liderando negócios e de pessoas com deficiência bem-sucedidas. Espero que mães eduquem melhor os seus filhos homens para que eles entendam o seu novo papel.[1]

---

1   COSENTINO, T. Espero que a gente não tenha de explicar por que é tarde tratar de diversidade nas empresas. [Entrevista cedida a] Felipe Laurence. *O Estado de S. Paulo*, São Paulo, 24 nov. 2019.

GESTÃO DO FATOR HUMANO

diversidade no ambiente digital? Esses questionamentos vão ser discutidos no capítulo, que tem o objetivo de apresentar um quadro de conhecimento sobre diversidade e inclusão no contexto organizacional, para auxiliar gestores e outros agentes a compreenderem esses fenômenos e poderem atuar na criação de um ambiente de trabalho mais justo e igualitário.

POR QUE A DIVERSIDADE É IMPORTANTE PARA OS NEGÓCIOS NA ERA DIGITAL?

Com o atual aumento global da diversidade da força de trabalho e o crescimento da heterogeneidade dos grupos de trabalho, as organizações enfrentam o desafio de canalizar a diversidade para resultados benéficos.[2-3] Nesse sentido, tanto os gestores como os acadêmicos têm manifestado interesse em compreender o impacto da diversidade da força de trabalho nos resultados organizacionais. Nos anos 1990, Taylor Cox Jr.,[4] um dos primeiros estudiosos do tema, já anunciava cinco benefícios potenciais da diversidade, quando devidamente gerida:

1. atrair e reter o melhor talento humano disponível;
2. maior sucesso em marketing, acessando o mercado formado por minorias;
3. criatividade e inovação mais elevadas;
4. melhor solução de problemas e tomada de decisão;
5. aumento da flexibilidade organizacional.

> **Há benefícios potenciais da diversidade, quando ela é devidamente gerida: atrair e reter o melhor talento humano disponível; maior sucesso em marketing, acessando o mercado formado por minorias; criatividade e inovação mais elevadas; melhor solução de problemas e tomada de decisão; aumento da flexibilidade organizacional.**

Cox Jr. adverte que, embora a diversidade proporcione vantagens potenciais relevantes de desempenho, é também claro que alguns obstáculos potenciais possam advir dela, como redução da coesão e comunicação menos efetiva em grupos de trabalho heterogêneos. Pesquisas mais recentes indicam que uma força de trabalho diversa está associada a resultados positivos e negativos.[5-6-7-8] Uma meta-análise recentemente realizada e uma revisão da literatura sobre diversidade da força de trabalho em organizações de serviços sociais[9] indicam que alguns dos efeitos positivos da diversidade incluem maior criatividade e inovação, melhor compromisso no local de trabalho e maior retenção de talentos. Por outro lado, a diversidade da força de trabalho também pode levar a conflitos intergrupais, aumento da rotatividade e perdas de produtividade e desempenho.

As organizações dedicam recursos a iniciativas de diversidade porque acreditam que a diversidade é um imperativo empresarial e bom para os resultados,[10] como

---

2   MOR BARAK, M. E. Inclusion is the key to diversity management, but what is inclusion? *Human Service Organizations: Management, Leadership and Governance*, v. 39, p. 83-88, 2015.

3   SHORE, L. N.; CLEVELAND, J. N.; SANCHEZ, D. Inclusive workplaces: a review and model. *Human Resource Management Review*, v. 28, 2018.

4   COX JR., T. *Cultural diversity in organizations*. San Francisco: Berrett-Koehler, 1993.

5   GONZALEZ, J. A.; DENISI, A. S. Cross-level effects of demography and diversity climate on organizational attachment and firm effectiveness. *Journal of Organizational Behavior*, v. 30, p. 40, 2009.

6   MOR BARAK, M. E.; LIZANO, E. L.; KIM, A.; DUAN, L.; HSIAO, H. Y.; RHEE, M. K.; BRIMHALL, K. C. The promise of diversity management for climate of inclusion: a state-of-the-art review and meta-analysis. *Human Service Organizations: Management, Leadership and Governance*, v. 4, p. 305-333, 2016.

7   NISHII, L. H. The benefits of climate for inclusion for gender-diverse groups. *Academy of Management Journal*, v. 56, n. 6, p. 1754-1774, 2013.

8   SHORE, L. M.; RANDEL, A. E.; CHUNG, B. G.; DEAN, M. A.; HOLCOMBE EHRHART, K.; SINGH, G. Inclusion and diversity in work groups: a review and model for future research. *Journal of Management*, v. 37, p. 1262-1289, 2011.

9   MOR BARAK *et al.*, 2016.

10   JAYNE, M. E. A.; DIPBOYE, R. L. Leveraging diversity to improve business performance: research findings and recommendations for organizations. *Human Resource Management*, v. 43, n. 4, p. 409-424, 2004.

fonte de vantagem competitiva[11] e não somente por uma questão legal ou justiça social. Esse cenário torna-se ainda mais evidente diante dos novos modelos de negócio na era digital, que buscam obstinadamente se reinventar para ganhar inovação, criatividade e decisões rápidas em cenários incertos. Como se vê, o digital está impulsionando o avanço e o ritmo dessas mudanças. Nesse contexto, juntamente com a diversidade crescente da força de trabalho, novas formas de relacionamento, diálogo e interação com o real e o virtual já são realidade no mundo do trabalho.

No mundo empresarial, a tecnologia possibilitou formas de trabalho virtual que permitem às pessoas trabalhar em qualquer parte, interagindo com parceiros das regiões geográficas mais distintas do mundo. Nos últimos anos, os processos de fusões e aquisições no Brasil mostram-se intensos,[12] em busca de inovação, adoção de novas tecnologias e, consequentemente, ganho de competitividade. Nesses processos, os empregados passam a ter de conviver com pessoas provenientes de empresas com diferentes estilos de gestão, sistemas, tecnologias, normas e padrões de comportamento. Não raro, são empresas de nacionalidades e culturas diferentes, criando ainda mais complexidade para a convivência mútua.

Esses fatores vêm contribuindo para a maior diversidade da força de trabalho e, consequentemente, a necessidade de usar beneficamente o potencial de todos os colaboradores – e não predominantemente do grupo tradicionalmente hegemônico.

> **Mudanças no perfil demográfico vêm contribuindo para uma maior diversidade da força de trabalho e, consequentemente, a necessidade de usar beneficamente o potencial de todos – e não predominantemente do grupo tradicionalmente hegemônico.**

O PERFIL DEMOGRÁFICO BRASILEIRO

A população brasileira é formada por 48,3% de homens e 51,7% de mulheres.[13] A população masculina apresentou, em 2018, padrão mais jovem que a feminina: na faixa etária até 24 anos, os homens totalizavam 18,2%, enquanto as mulheres, 17,5%. Por outro lado, os homens de 60 anos ou mais de idade correspondiam a 6,8%, e as mulheres dessa faixa etária, a 8,6%. Isso significa que o envelhecimento no Brasil é um fenômeno feminino.

A cor majoritária foi a dos que se declararam negros,[14] a soma de pardos e pretos, superando a histórica hegemonia de pessoas brancas, que correspondiam a 45,2% em 2015. A comparação dos resultados censitários de 1991 e 2015 mostra que aumentou a proporção de pessoas que se declararam de cor preta (de 5,0%, em 1991, para 8,9%, em 2015) e de pardos (de 42,6%, em 1991, para 45,1%, em 2015). A diminuição da população que se autodeclara branca e o aumento de negros é um indicativo de mudança nos padrões de identificação e de autoclassificação do brasileiro.

As estatísticas de cor ou raça do IBGE mostram que o Brasil ainda está muito longe de se tornar uma democracia racial. Em média, os brancos têm os maiores salários,

---

11 ROBERSON, Q.; HOLMS, O.; PERRY, J. L. *Transforming research on diversity and firm performance: a dynamic capabilities perspective.* [Electronic version]. Disponível em: http://scholarship.sha.cornell.edu/articles/963. Acesso em: 30 jan. 2020.

12 FUSÕES e aquisições no Brasil – abril 2019. *In*: PWC. Disponível em: https://www.pwc.com.br/pt/estudos/servicos/assessoria-tributaria-societaria/fusoes-aquisicoes/2019/fusoes-e-aquisicoes-no-brasil-abril-2019.html. Acesso em: 3 jan. 2020.

13 INSTITUTO BRASILEIRO DE GEOGRAFIA E ESTATÍSTICA (IBGE). Quantidade de homens e mulheres. *In*: IBGE EDUCA, 2018. Disponível em: https://educa.ibge.gov.br/jovens/conheca-o-brasil/populacao/18320-quantidade-de-homens-e-mulheres.html. Acesso em: 31 jan. 2020.

14 O Estatuto da Igualdade Racial define, em seu artigo IV, que "população negra" é "o conjunto de pessoas que se autodeclaram pretas e pardas, conforme o quesito cor ou raça usado pela Fundação Instituto Brasileiro de Geografia e Estatística (IBGE) [...]". BRASIL. Lei n. 12.288, de 20 de julho de 2010. Institui o Estatuto da Igualdade Racial; altera as Leis n. 7.716, de 5 de janeiro de 1989; n. 9.029, de 13 de abril de 1995; n. 7.347, de 24 de julho de 1985; e n. 10.778, de 24 de novembro de 2003. Brasília, DF: Presidência da República, 2010. Disponível em: http://www.planalto.gov.br/ccivil_03/_Ato2007-2010/2010/Lei/L12288.htm. Acesso em: 1 abr. 2020.

GESTÃO DO FATOR HUMANO

sofrem menos com o desemprego e são maioria entre os que frequentam o ensino superior, em geral.

> As estatísticas de cor ou raça do IBGE mostram que o Brasil ainda está muito longe de se tornar uma democracia racial. Em média, os brancos têm os maiores salários, sofrem menos com o desemprego e são maioria entre os que frequentam o ensino superior, em geral.

Em 2018, os pretos ou pardos representavam 54,9% da força de trabalho no país (57,7 milhões de pessoas) e os brancos, 43,9% (46,1 milhões). Entretanto, a população preta ou parda representava 64,2% dos desocupados e 66,1% dos subutilizados. Além disso, enquanto 34,6% da população ocupada de cor branca estava em trabalhos informais, para os pretos ou pardos esse percentual atingiu 47,3%.[15] O rendimento médio mensal das pessoas brancas ocupadas (R$ 2.796,00) foi 73,9% superior ao da população preta ou parda (R$ 1.608,00). Os brancos com nível superior completo ganhavam por hora 45% a mais que os pretos ou pardos com o mesmo nível de instrução. A desigualdade também estava presente na distribuição de cargos gerenciais, pois somente 29,9% deles eram exercidos por pessoas pretas ou pardas.[16]

Aumentou o percentual de estudantes pretos ou pardos no nível superior, mas a desigualdade de cor ou raça permanece. Entre os jovens pretos ou pardos de 18 a 24 anos que estudavam, a proporção dos que cursam ensino superior aumentou de 2016 (50,5%) para 2018 (55,6%), porém esse patamar ainda ficou abaixo dos 78,8% de estudantes brancos da mesma faixa etária no ensino superior. Além desse indicador positivo no próprio grupo, relevante conquista na educação superior foi obtida em 2018: os estudantes pretos ou pardos passaram a compor a maioria nas instituições de ensino superior da rede pública (50,3%).[17] Infere-se que esse marco histórico deve ser reflexo da implantação da Lei de Cotas (Lei n. 12.711)[18] nas instituições de ensino superior em 2014.

> Relevante conquista na educação superior foi obtida em 2018: os estudantes pretos ou pardos passaram a compor a maioria nas instituições de ensino superior da rede pública (50,3%).

As mulheres atingem maior escolaridade que os homens, sendo os brancos os que têm maior tempo de escola e os negros e pardos, o menor. Os brancos ganham, em média, 80% a mais que os não brancos e apresentam escolaridade, contada em anos, 20% superior à dos não brancos, em média.[19]

Em termos de taxa de desocupação, dados da PNAD de 2019 (1º trimestre) revelam que as mulheres continuam sendo maioria na população (homens = 47,4% e mulheres = 52,6%), enquanto 63,9% dos desocupados no Brasil eram pretos ou pardos (mulheres e homens). Por grupo de idade, a população de 25 a 59 anos representava 57,2% dos desocupados; os jovens de 18 a 24 anos, 31,8%; os menores de idade, 8,3%; e os idosos, 2,6%.[20]

O *Retrato das desigualdades de gênero e raça – 1995 a 2015*, uma publicação do Ipea,[21] mostra que as mulheres trabalham, em média, 7,5 horas a mais que os homens por semana. Em 2015, a jornada total média das mulheres era de 53,6 horas, enquanto a dos homens era de 46,1 horas. Em relação às atividades não remuneradas, mais de

---

15 INSTITUTO BRASILEIRO DE GEOGRAFIA E ESTATÍSTICA (IBGE). Pretos ou pardos estão mais escolarizados, mas desigualdade em relação aos brancos permanece. *Agência IBGE Notícias*. Disponível em: https://agenciadenoticias.ibge.gov.br/agencia-sala-de-imprensa/2013-agencia-de-noticias/releases/25989-pretos-ou-pardos-estao-mais-escolarizados-mas-desigualdade-em-relacao-aos-brancos-permanece. Acesso em: 13 nov. 2019.

16 AGÊNCIA IBGE NOTÍCIAS, 2019.

17 AGÊNCIA IBGE NOTÍCIAS, 2019.

18 BRASIL. *Lei n. 12.711, de 29 de agosto de 2012*. Dispõe sobre o ingresso nas universidades federais e nas instituições federais de ensino técnico de nível médio e dá outras providências. Brasília, DF: Presidência da República, 2012. Disponível em: http://www.planalto.gov.br/ccivil_03/_ato2011-2014/2012/lei/l12711.htm. Acesso em: 6 abr. 2020.

19 LEÃO, N.; CANDIDO, M. R.; CAMPOS, L. A.; FERES JR., J. *Relatório das desigualdades de raça, gênero e classe (GEMAA)*, n. 1, p. 1-21, 2017.

20 INSTITUTO BRASILEIRO DE GEOGRAFIA E ESTATÍSTICA (IBGE). *Pesquisa Nacional por Amostra de Domicílios Contínua* (PNAD). Contínua: mercado de trabalho brasileiro, 1º trimestre de 2019. Disponível em: https://agenciadenoticias.ibge.gov.br/media/com_mediaibge/arquivos/8ff41004968ad36306430c82eece3173.pdf. Acesso em: 30 jan. 2020.

21 INSTITUTO DE PESQUISA ECONÔMICA APLICADA (IPEA). *Retrato das desigualdades de gênero e raça – 1995 a 2015*. Disponível em: http://www.ipea.gov.br/portal/images/stories/PDFs/170306_retrato_das_desigualdades_de_genero_raca.pdf. Acesso em: 24 nov. 2019.

90% das mulheres declararam realizar atividades domésticas e os homens, em torno de 50%. Conclui-se, portanto, que as mulheres em atividade continuam se responsabilizando pelo trabalho doméstico não remunerado, apesar de terem reduzido a quantidade de horas dedicadas a isso.

No entanto, as atividades não remuneradas não seguem o mesmo perfil. O estudo revela que quanto mais alta a renda das mulheres, menor a proporção das que afirmaram realizar afazeres domésticos. Em situação inversa estão os homens. A parcela dos que declararam realizar trabalho doméstico é maior entre os de renda mais alta.[22]

Em relação ao rendimento, os homens brancos têm os melhores rendimentos, seguidos de mulheres brancas, homens negros e mulheres negras. A diferença da taxa de desocupação entre sexos também merece registro: em 2015, a feminina era de 11,6%, enquanto a dos homens atingiu 7,8%. No caso das mulheres negras, ela chegou a 13,3% (e 8,5% para homens negros).[23]

Não obstante as mulheres apresentarem rendimentos inferiores ao dos homens, os lares brasileiros, cada vez mais, estão sendo chefiados por elas. Em 1995, 23% dos domicílios tinham mulheres como pessoas de referência. Vinte anos depois, esse número chegou a 40%. Cabe ressaltar que as famílias chefiadas por mulheres não são exclusivamente aquelas nas quais não há presença masculina: em 34% delas, havia a presença de um cônjuge.[24]

De acordo com o Censo 2010, quase 46 milhões de brasileiros, cerca de 24% da população, declararam ter algum grau de dificuldade em pelo menos uma das habilidades investigadas (enxergar, ouvir, caminhar ou subir degraus), ou possuir deficiência mental/intelectual. Considerando somente os que possuem grande ou total dificuldade para enxergar, ouvir, caminhar ou subir degraus (ou seja, pessoas com deficiência nessas habilidades), além dos que declararam ter deficiência mental ou intelectual, há mais de 12,5 milhões de brasileiros com deficiência, o que corresponde a 6,7% da população.[25]

O crescimento da pluralidade da religião vem sendo constatado quando confrontado com dados de censos anteriores. Apesar da predominância do catolicismo no Brasil, a proporção de pessoas que se declararam católicas caiu de 83,8%, em 1991, para 64,6%%, em 2010 (último censo demográfico). Em contrapartida, os evangélicos, que correspondem ao segundo maior percentual, representavam 9,0 % em 1991 e, em 2010, atingiram 22,2%. Os irreligiosos (ateus, agnósticos ou deístas) formam 8,0% da população. Outras religiões compõem 4,3% da população.[26]

A diversidade de idade é um assunto recente na agenda das organizações. Contudo, esse cenário tende a se modificar rapidamente em razão da mudança demográfica na sociedade. O relatório *Envelhecendo em um país mais velho*, publicado pelo Banco Mundial[27] em 2011, revela que o envelhecimento populacional nunca esteve entre as

As mulheres trabalham, em média, 7,5 horas a mais que os homens por semana. Em 2015, a jornada total média das mulheres era de 53,6 horas, enquanto a dos homens era de 46,1 horas.

De acordo com o Censo 2010, quase 46 milhões de brasileiros, cerca de 24% da população, declararam ter algum grau de dificuldade em pelo menos uma das habilidades investigadas (enxergar, ouvir, caminhar ou subir degraus), ou possuir deficiência mental/intelectual.

---

22   IPEA, 2019.

23   IPEA, 2019.

24   IPEA, 2019.

25   INSTITUTO BRASILEIRO DE GEOGRAFIA E ESTATÍSTICA (IBGE). Conheça o Brasil – população: pessoas com deficiência. *In*: IBGE EDUCA. Disponível em: https://educa.ibge.gov.br/jovens/conheca-o-brasil/populacao/20551-pessoas-com-deficiencia.html#:~:targetText=De%20acordo%20com%20o%20Censo,ou%20possuir%20defici%C3%AAncia%20mental%20%2F%20intelectual. Acesso em: 24 nov. 2019.

26   INSTITUTO BRASILEIRO DE GEOGRAFIA E ESTATÍSTICA (IBGE). *População residente, por situação do domicílio e sexo, segundo os grupos de religião – Brasil, 2010*. Disponível em: https://biblioteca.ibge.gov.br/visualizacao/periodicos/93/cd_2010_caracteristicas_populacao_domicilios.pdf. Acesso em: 1 abr. 2020.

27   GRAGNOLATI, M.; JORGENSEN, O. L.; ROCHA, R., FRUTERO, A. *Envelhecendo em um Brasil mais velho*. Washington: Banco Mundial, 2011. p. 65.

GESTÃO DO FATOR HUMANO

90

> O Brasil passa por uma transição demográfica caracterizada por baixa fecundidade, baixa mortalidade e preponderância de idosos. Enquanto nos países europeus o envelhecimento populacional é observado há mais de um século, no Brasil, tal fenômeno é verificado há poucas décadas.

principais preocupações do Brasil, que é visto em todo o mundo como sinônimo de juventude. Essa situação, contudo, vem mudando de forma drástica nas últimas décadas. O país passa por uma transição demográfica caracterizada por baixa fecundidade, baixa mortalidade e preponderância de idosos. Enquanto nos países europeus, o envelhecimento populacional é observado há mais de um século, no Brasil, tal fenômeno é verificado há poucas décadas. A partir de 2020, o número de idosos crescerá exponencialmente. A estimativa é que em 2050 uma parcela considerável de 29,7% dos brasileiros seja formada por idosos, taxa superior à europeia e próxima à do Japão.

O Gráfico 4.1 apresenta a pirâmide etária de 2010 e uma projeção para 2050. Em aproximadamente 30 anos, a tendência é a ocorrência de uma completa inversão da pirâmide, com uma base estreita e um topo alargado, pois as pessoas estão vivendo mais e tendo menos filhos. A partir da faixa de 45-49 anos, observa-se um crescimento significativo da população de brasileiros e brasileiras, o que revela um envelhecimento acelerado e com viés feminino.

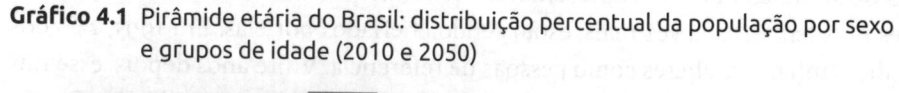

Gráfico 4.1 Pirâmide etária do Brasil: distribuição percentual da população por sexo e grupos de idade (2010 e 2050)

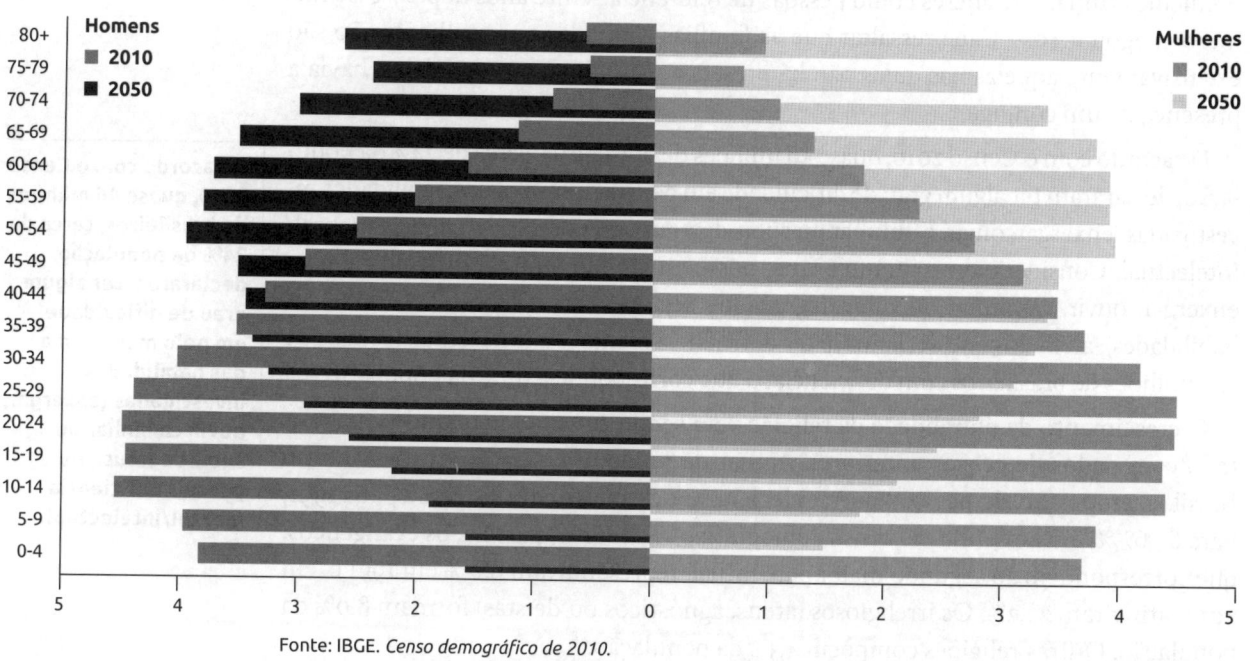

Fonte: IBGE. *Censo demográfico de 2010.*

Ao analisar a distribuição percentual da População Economicamente Ativa (PEA) brasileira em 1982 e em 2014, Camarano chama a atenção para duas grandes mudanças ocorridas no período: o envelhecimento do segmento e a maior participação das mulheres na força de trabalho[28]

Em suma, os dados demográficos da população brasileira evidenciam alguns desafios para a gestão das organizações: uma PEA formada por mais mulheres com nível educacional mais elevado[29] e, cada vez mais, chefiando famílias; mais jovens negros (pardos ou pretos) universitários egressos de instituições públicas federais; trabalhadores

---

28 CAMARANO, A. A. Empregabilidade do trabalhador mais velho e reforma da previdência. *Mercado de Trabalho*, n. 61, out. 2016.

29 Praticamente dois em cada três alunos matriculados que frequentam cursos de pós-graduação Lato Sensu no Brasil são mulheres (62,3%), segundo a pesquisa de 2019 da Semesp (SEMESP. *Curso de especialização* lato sensu *no* Brasi, 2019l. Disponível em: https://www.semesp.org.br/pesquisas/pesquisa-especializacao-de-nivel-superior. Acesso em: 2 jan. 2020.

mais velhos, que necessitarão permanecer mais tempo no mercado de trabalho, se-gundo as novas regras da Reforma da Previdência (2020), que define idade mínima de aposentadoria de 65 anos para homens e 62 anos para mulheres. Mas existirão vagas de trabalho para essa parte da população que ficará mais alguns anos no mercado?[30]

A DIVERSIDADE NAS ORGANIZAÇÕES BRASILEIRAS

O ideal seria supor que o perfil demográfico da população brasileira estivesse refleti-do na força de trabalho e representado nos quadros das empresas brasileiras.

Podemos apostar nessa lógica?

O Instituto Ethos tem realizado, desde 2003, uma pesquisa sobre o perfil social, ra-cial e de gênero nas 500 maiores empresas que operam no Brasil. No último relatório, publicado em 2015,[31] foram enviados questionários para todas essas empresas, obten-do-se 117 respondidos.[32] Assim, é importante considerar as limitações da pesquisa, não a generalizando para o conjunto das empresas brasileiras. A evolução no período de 12 anos é exibida na Tabela 4.1.

Tabela 4.1 Composição nos níveis hierárquicos por sexo, cor, faixa etária e deficiência (em %)

	Executivo		Gerencial		Supervisão		Quadro funcional	
	2003	**2015**	**2003**	**2015**	**2003**	**2015**	**2003**	**2015**
Sexo								
Masculino	91,0	86,4	82,0	68,7	72,0	61,2	65,0	64,5
Feminino	9,0	13,6	18,0	31,3	28,0	38,8	35,0	35,5
Etnia ou cor								
Branco	96,5	94,2	89,0	90,1	84,2	72,2	74,6	62,8
Negro	1,8	4,7	8,8	6,3	13,5	25,9	23,4	35,7
Amarelo	1,7	1,1	2,1	3,5	2,2	1,8	1,8	1,3
Indígena	0,0	0,0	0,1	0,1	0,1	0,1	0,2	0,2
Faixa etária								
16 a 24 anos	0,0	0,0	0,0	0,0	3,0	1,1	19,7	9,8
25 a 35 anos	7,0	20,2	19,0	30,3	27,0	34,9	35,5	40,2
36 a 45 anos	38,5	26,5	44,3	45,2	46,0	34,3	29,2	24,8
46 a 55 anos	41,0	41,0	33,8	20,4	22,5	25,3	14,0	19,1
56 ou acima	13,5	9,2	2,7	4,0	1,5	4,7	1,6	6,1
Pessoas com deficiência	1,0%	0,6%	3,7%	0,4%	1,6%	0,9%	3,5%	2,3%

Fonte: elaborada pela autora com base nos dados obtidos pelo Instituto Ethos, 2016.

As mulheres representam 52,7% da população brasileira, 43,6% da PEA e 42,6% da população ocupada.[33] Apesar da sub-representação das mulheres nas organizações, tendo em conta os dados sobre sua presença na

---

30 MARCHESAN, R. Reforma exige mais tempo para se aposentar, mas terei emprego aos 60 anos? *UOL*, out. 2019. Disponível em: https://economia.uol. com.br/empregos-e-carreiras/noticias/redacao/2019/10/24/emprego-pessoas-mais-velhas-60-anos-reforma-previdencia.htm. Acesso em: 2 jan. 2020.

31 INSTITUTO ETHOS. *Perfil social, racial e de gênero das 500 maiores empresas do Brasil e suas ações afirmativas.* São Paulo: Instituto Ethos; Banco Interamericano de Desenvolvimento, 2016.

32 Perfil das 117 empresas: maioria (64,6%) com mais de 1000 funcionários, 47,0% com faturamento entre R$ 1 bilhão e R$ 3 bilhões, 52,15 do setor industrial e 57,3% situadas na Região Sudeste do Brasil.

33 IBGE, 2013.

GESTÃO DO FATOR HUMANO

> **O fato de as mulheres terem uma escolaridade maior que a dos homens parece não estar contribuindo de forma significativa para sua ascensão a postos mais elevados nas empresas.**

> **Em 12 anos, houve um crescimento de negros nas organizações pesquisadas. Entretanto, eles também têm uma representação cada vez menor à medida que se consideram níveis hierárquicos mais elevados das empresas, evidenciando o afunilamento hierárquico observado para as mulheres.**

> **No período de 12 anos, observamos uma redução na representatividade de profissionais acima de 56 anos no nível executivo, porém um aumento de participação nas demais camadas hierárquicas, relativizando o discurso mais recente de demissão de trabalhadores mais velhos nas organizações.**

sociedade brasileira, verifica-se na Tabela 4.1 que a composição nos diferentes níveis hierárquicos se mostra encorajadora, à primeira vista. Em 12 anos, houve um crescimento relevante até o nível de supervisão, mantendo-se relativamente estável no quadro funcional. Apesar desse aumento da representatividade, é importante observar a existência de um afunilamento hierárquico à medida que aumentam as atribuições de comando. Da supervisão à gerência, por exemplo, elas perdem 7,5 pontos percentuais; da gerência ao quadro executivo, mais 18 pontos. O fato de as mulheres terem uma escolaridade maior que a dos homens parece não estar contribuindo de forma significativa para sua ascensão a postos mais elevados nas empresas. Esses dados podem revelar a presença do fenômeno do teto de vidro nas organizações.

Em 12 anos, houve um crescimento de negros nas organizações pesquisadas. Entretanto, eles também têm uma representação cada vez menor à medida que se consideram níveis hierárquicos mais elevados das empresas, evidenciando o afunilamento hierárquico observado para mulheres, porém mais severo, principalmente nos níveis superiores. Chama a atenção essa reduzida participação, considerando-se uma população autodeclarada de negros de 53,9%. Como eles participam de 52,8% da população economicamente ativa e de 51,9% da população ocupada, esses dados indicam não haver praticamente sub-representação,[34] quando considerados dados consolidados. Contudo, pode-se inferir que negros enfrentam algum tipo de dificuldade para atuar em empresas com o perfil da pesquisa da Ethos, ressaltando que eles são maioria entre desocupados (64,2%) e trabalhadores informais (47,3%) no país.[35] Apesar da disparidade apontada, a pesquisa do Ethos revela que a grande maioria das empresas diz não adotar medidas para ampliar a presença de negros em nenhum nível de seu pessoal.

As dificuldades são enormes, a começar pelo baixo nível de escolaridade, que reduz ainda mais as chances de trabalhar nas empresas que constituíram a amostra, de grande porte e alto faturamento, supostamente com elevado nível de exigência na seleção de seus funcionários.

Mais jovens estão chegando a cargos de comando, principalmente no escalão executivo das empresas. Em 2003, havia apenas 7,0% deles, na faixa de 25 a 35 anos, enquanto em 2015 esse percentual subiu para 20,2%. O relatório de 2015 indica que, nas faixas de 36 a 45 anos e acima de 56 anos, houve uma redução relevante. Essa mudança de perfil mostra uma tendência de as empresas contratarem ou promoverem pessoas bem mais jovens e reduzirem o quadro de profissionais mais maduros. A faixa de 36 a 45 anos teve uma redução nos cargos de comando, exceto no nível gerencial. Já funcionários entre 46 a 55 anos se mantêm no nível executivo e de supervisão, mas há queda para essa faixa nos demais níveis de comando. No período de 12 anos, observamos uma redução na representatividade de profissionais acima de 56 anos no nível executivo, porém um aumento de participação nas demais camadas hierárquicas, relativizando o discurso mais recente de demissão de trabalhadores mais velhos nas organizações.

Afinal, o que é um trabalhador mais velho? Diferentemente de um idoso, que no Brasil é aquele com 60 anos ou mais, a Organização Mundial da Saúde (OMS) define como trabalhador em envelhecimento aquele com 45 anos ou mais. A partir dessa

---

34 IBGE, 2013.

35 INSTITUTO BRASILEIRO DE GEOGRAFIA E ESTATÍSTICA (IBGE). *Desigualdades sociais por cor ou raça no Brasil*, 2019. Disponível em: https://biblioteca.ibge.gov.br/visualizacao/livros/liv101681_informativo.pdf. Acesso em: 2 jan. 2020.

CONVIVENDO E DESVENDANDO A DIVERSIDADE E A INCLUSÃO NAS ORGANIZAÇÕES

idade, as perdas de algumas capacidades funcionais tendem a se acentuar na ausência de medidas preventivas.[36]

Em relação a 2015, o relatório da Ethos aponta uma sutil diminuição da presença de Pessoas com Deficiência (PcD) em todos os níveis hierárquicos. Uma explicação apontada pelos respondentes da pesquisa é que a maioria do grupo de empresas participantes declara não adotar medidas de incentivo à presença de pessoas com deficiência nos postos de comando. Logo, o cumprimento da lei parece ser a principal motivação para a contratação de PcD pelas empresas pesquisadas.

As políticas públicas implementadas pelo governo federal por um ensino superior mais inclusivo impulsionam a pressão por ações de diversidade nas organizações. No ano de 2004, o Programa Universidade para Todos (Prouni)[37] foi instituído, destinado à concessão de bolsas de estudo integrais e parciais para cursos de graduação e sequenciais em instituição privada de Ensino Superior, tendo como critérios fatores econômicos, sociais e raciais. Em agosto de 2012, foi sancionada a Lei de Cotas (Lei n. 12.711)[38] para instituições de Ensino Superior federal. A lei garante a reserva de 50% das matrículas em universidades e institutos federais de educação, ciência e tecnologia a alunos oriundos integralmente do Ensino Médio público. Essas políticas públicas ampliaram a representação de grupos sociais tradicionalmente sub-representados no mercado de trabalho que exige formação superior. Assim, pelo lado da oferta, as organizações contam com um leque mais diversificado de talentos que podem contribuir com suas diferenças, desde que a diversidade seja valorizada por meio de ações concretas.

> As políticas públicas implementadas pelo governo federal por um Ensino Superior mais inclusivo impulsionam a pressão por ações de diversidade nas organizações.

Você deve estar pensando: se o crescimento da diversidade da força de trabalho é uma realidade considerada um valor no mundo dos negócios, a adoção de política de diversidade deve ser uma regra nas empresas.

> Quanto maior a diversidade, maior a complexidade.

Não é bem assim. No Brasil, nota-se um crescimento de empresas com políticas voltadas à diversidade. No entanto, ainda há um longo caminho a ser conquistado nesse campo. Vale lembrar a lógica postulada por Roosevelt Thomas: quanto maior a diversidade, maior a complexidade.[39] Significa que lidar com a diversidade é um desafio para as organizações. De um lado, há vantagens relevantes para os negócios e para as pessoas. Por outro, as dificuldades podem surgir no dia a dia, quando membros de grupos de minoria passam a conviver em um espaço corporativo relativamente homogêneo.

Veja por você: quando o professor solicita um trabalho em grupo, como este é formado? Normalmente, os grupos tendem a ser mais homogêneos que diversificados. Talvez seja natural que isso aconteça, porque as pessoas procuram se aproximar de outras com as quais tenham alguma "afinidade", pois incluir pessoas muito diferentes na maneira de pensar, comportar-se e ser, muitas vezes, representa focos de conflitos que acabam dificultando o trabalho acadêmico. A teoria da atração por similaridade prediz que a semelhança em atributos como atitudes, valores e crenças facilitará a atração e o gosto interpessoais.[40] Em uma empresa, essa situação não é

> As pessoas procuram se aproximar de outras com as quais tenham alguma "afinidade", pois incluir pessoas muito diferentes na maneira de pensar, comportar-se e ser, muitas vezes, representa focos de conflitos que acabam dificultando o trabalho escolar. Logo, há uma atração por similaridade.

---

36 CAMARANO, 2016.

37 BRASIL; MINISTÉRIO DA EDUCAÇÃO. PROUNI: apresentação. *In*: MINISTÉRIO DA EDUCAÇÃO. Disponível em: http://portal.mec.gov.br/ProUni. Acesso em: 31 jan. 2020.

38 BRASIL, 2012.

39 ROOSEVELT THOMAS JR., R. *Redefining diversity*. Nova York: Amacom, 1996.

40 BYRNE, D. *The attraction paradigm*. New York: Academic Press, 1971.

tão diferente assim. Esse aspecto será considerado mais explicitamente em tópico especial neste capítulo.

CONCEITOS E DIMENSÕES DA DIVERSIDADE

Agora que você tem um panorama da população brasileira e da composição dos níveis hierárquicos por sexo, cor/raça, idade e deficiência nas organizações, deve estar se perguntando: O que é diversidade?

> **Diversidade refere-se a características humanas que fazem pessoas diferentes umas das outras.**

Diversidade diz respeito às diferenças entre as pessoas, e as pessoas são diferentes entre si em muitos atributos pessoais.[41] Enquanto alguns pesquisadores, como Pfeffer,[42] relacionaram a diversidade com certos atributos pessoais (idade, sexo, posse etc.), outros definiram diversidade em um sentido mais amplo. Por exemplo, para Williams e O'Reilly,[43] diversidade é "qualquer atributo que as pessoas usam para dizer que a outra pessoa é diferente" ou, ainda, "refere-se a características humanas que fazem as pessoas diferentes umas das outras[44]". Da mesma forma, Jackson *et al.*[45] referiram-se à diversidade, no nível de grupo, como "a distribuição de atributos pessoais entre membros interdependentes de uma unidade de trabalho".

As fontes de diferenças individuais são complexas, mas geralmente podem ser agrupadas em duas dimensões.[46]

A **dimensão primária** diz respeito às características sobre as quais uma pessoa tem pequeno ou nenhum controle, ou seja, são biologicamente determinadas, como raça, gênero, idade, habilidades/qualidades físicas, orientação sexual/afetiva. Em geral, são mais visíveis.

A **dimensão secundária** inclui características que as pessoas podem adotar, abandonar ou modificar durante sua vida por meio de escolhas conscientes e esforços deliberados. São elas: experiência de trabalho, renda, estado civil, experiência militar, crenças políticas, localização geográfica e educação. Em geral, são atributos menos visíveis. A Figura 4.1 mostra as dimensões da diversidade.

Essas dimensões ou categorias de diversidade referem-se às fontes de diversidade, e não à diversidade em si. É importante sempre estar atento para não confundir esses dois conceitos. O que chama a atenção é que, ao confundir a fonte de diversidade com o conceito em si, pode-se inferir conclusões sobre uma pessoa em particular simplesmente baseadas nas características genéricas do seu grupo e formar um *mindset*.[47] Esse determinismo cultural pode criar estereótipos em relação aos grupos de minoria.

---

41 QIN, J.; MUENJOHN, N.; CHLETRI, P. A review of diversity conceptualization: variety, trends, and a framework. *Human Resource Development Review.* v. 13, n. 2, p. 133-157, 2014.

42 PFEFFER, J. Organizational demography. *In*: STAW, B.; CUMMINGS, L. (ed.), *Research in organizational behavior.* Greenwich, CT: JAI Press, 1983. p. 299-357.

43 WILLIAMS, K. Y.; O'REILLY, C. A. Demography and diversity in organizations: a review of 40 years of research. *Research in Organizational Behavior Business,* v. 20, p. 77-140, 1998.

44 GÓMEZ-MEJÍA, L. R.; BALKIN, D. B.; CARDY, R. L. *Managing human resources.* New Jersey: Prentice-Hall, 1998. p. 116.

45 JACKSON, S. E., JOSHI, A.; ERHARDT, N. L. Recent research on team and organizational diversity: swot analysis and implications. *Journal of Management,* v. 29, p. 801-830, 2003.

46 LODEN, M.; ROSENER, J. B. *Workforce America!* Nova York: McGraw-Hill, 1991.

47 *Mindset* é o modo de as pessoas pensarem sobre certas coisas que, em geral, é difícil de mudar. MINDSET. *In*: LONGMAN dictionary of contemporary English. Disponível em: https://www.ldoceonline.com/. Acesso em: 1 abr. 2020.

Figura 4.1 Dimensões da diversidade

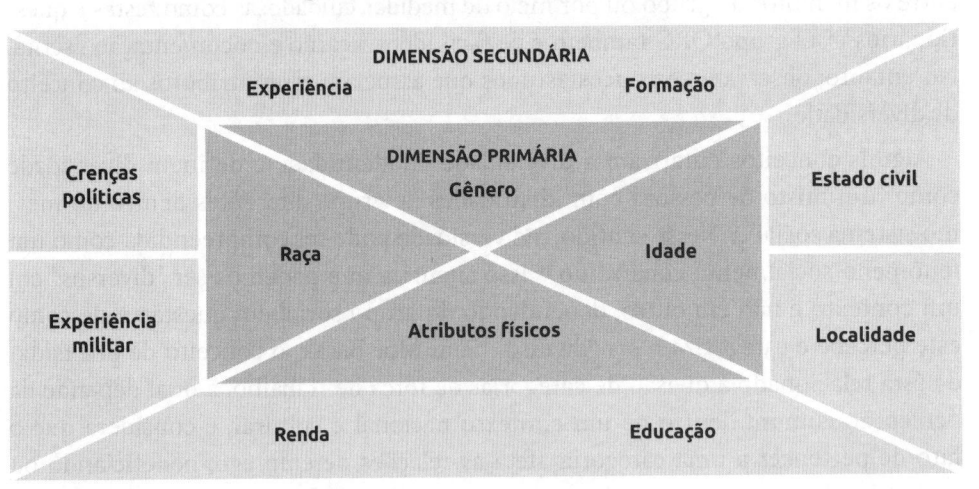

Fonte: elaborada pela autora, com base em LODEN; ROSENER, 1991.

A diversidade na organização é tipicamente vista como composta de variações em gênero, etnia, nacionalidade, orientação sexual, habilidades físicas, classe social, idade e outras categorizações socialmente significativas.[48]

Avançando um pouco mais profundamente no conceito, McGraph, Berdahl e Arrow,[49] ao estudarem o efeito da diversidade nos grupos de trabalho, adotam um escopo mais amplo do conceito. Entendem que a "**diversidade** (e seu oposto, homogeneidade) refere-se às diferenças (ou similaridades) entre os membros de alguma particular coletividade".

A partir da compreensão de que a composição dos membros de um grupo pode ser relativamente homogênea ou diversa em mais de uma característica demográfica, os autores estabeleceram cinco grupos de atributos, com base nos quais é possível definir a diversidade. Os membros de um grupo podem, assim, ser relativamente homogêneos ou diversos em:

1. atributos demográficos (DEM): idade, etnia, gênero, orientação sexual, algumas características físicas, religião e educação;

2. conhecimentos, habilidades e capacidades relativos à tarefa (CHC);

3. valores, crenças e atitudes (VCA);

4. personalidade e estilos cognitivos e comportamentais (PCC);

5. *status* no grupo de trabalho da organização (ORG): nível hierárquico, especialidade ocupacional, departamento funcional e tempo de casa.

Os atributos nos grupos diferem tão facilmente entre si que podem ser observados por outro membro do grupo ou por uma pessoa de fora. O grupo DEM é imediatamente observável apenas conhecendo-se as pessoas; é o grupo mais utilizado nas pesquisas. Os atributos pertencentes aos grupos CHC, VCA e PCC são mais difíceis

---

48 FERDMAN, B. M. Cultural identity and diversity in organizations: bridging the gap between group differences and individual uniqueness. *In*: CHEMERS, M. M.; OSKAMP, S.; COSTANZO, M. A. *Diversity in organizations*. Thousand Oaks: Sage Publications, 1995.

49 MCGRATH, J. E.; BERDAHL, J. L.; ARROW, H. Traits, expectations, culture, and clout: the dynamics of diversity in work groups. *In*: JACKSON, S. E.; RUDERMAN, M. N. *Diversity in work teams*: research paradigms for a changing workplace. Washington: American Psychological Association, 2002. p. 23.

GESTÃO DO FATOR HUMANO

> **Diversidade é um fenômeno socialmente construído.**

> **Podemos ser "diversos" em um contexto e não em outro, dependendo do grupo social em questão e de como este percebe e categoriza o ser "diverso".**

de ser reconhecidos. Eles podem ser "acessados na base de considerável interação entre os membros do grupo ou por meio de medidas cuidadosas como testes e questionários".[50] O grupo ORG também é de fácil identificação e documentação escrita. No entanto, observam-se poucos estudos que associam esses atributos ao conceito de diversidade.

Alguns conceitos enfatizam a diversidade de identidade e definem diversidade como "um misto de pessoas com identidades de grupo diferentes dentro do mesmo sistema social".[51] Nesse sentido, a diversidade pode ser compreendida como um fenômeno socialmente construído.[52] Isso significa que podemos ser "diversos" em um contexto e não em outro, dependendo do grupo social em questão e de como este percebe e categoriza o ser "diverso". Para Mor Barak, o conceito de diversidade está relacionado à divisão de categorias da força de trabalho, a qual depende da percepção comum dentro de um contexto nacional e cultural, e considera que o fato de pertencer a uma categoria afeta as relações de emprego, beneficiando ou prejudicando o empregado, independentemente de suas habilidades e qualificações. Ela defende esse conceito de forma global, ou seja, válida para qualquer contexto nacional ou cultural. Para elucidar a ideia, vamos supor que, em uma sociedade, o fato de um profissional ser negro não implica consequências negativas ou positivas nas relações de emprego; então, negro, nessa sociedade, não seria considerada uma categoria de diversidade.

Mais recentemente, para prover uma terminologia ou tipologia para comparar as diferentes conceituações, Harrison e Klein[53] apresentaram uma tipologia de diversidade, a saber: separação, variedade e disparidade.

A diversidade dentro de uma unidade organizacional pode ser indicativa de **separação**: diferenças de posições e opiniões entre membros da unidade. Tais diferenças refletem discordância ou oposição. É a distância horizontal ao longo de um único *continuum* representando dissemelhança em uma determinada atitude, ou valor, por exemplo. Alternativamente, a diversidade dentro da unidade pode ser indicativa de **variedade**: diferenças em espécie ou categoria, principalmente de informação, conhecimento ou experiência entre membros da unidade. E, finalmente, a diversidade dentro da unidade pode indicar **disparidade**: diferenças na concentração de ativos ou recursos sociais valorizados, como remuneração e *status* entre os membros da unidade. São diferenças verticais que, no extremo, privilegiam poucos. Essa abordagem teórica de Harrison e Klein propicia uma análise que vai além das categorias de diversidade revistas anteriormente. Essa tipologia permite conceitualizar as mesmas diferenças demográficas (ou não demográficas) dentro de unidades como indicativo de separação, variedade e disparidade, transpondo as definições mais estreitas ou amplas, superficiais ou profundas, visíveis e não visíveis.

---

50   MCGRAPH; BERDAHL; ARROW, 1996, p. 23.

51   NKOMO, S. M. Identities and the complexity of diversity. *In*: JACKSON, S. E.; RUDERMAN, M. N. *Diversity in work teams*. Washington: American Psychological Association, 2002. p. 337.

52   TRIANDIS, H. C. A theoretical framework for the study of diversity. *In*: JACKSON, S. E.; RUDERMAN, M. N. *Diversity in workteams*. Washington: American Psychological Association, 2002.

53   HARRISON, D. A.; KLEIN, K. J. What's the difference? Diversity constructs as separation, variety, or disparity in organizations. *Academy of management review*, v. 32, n. 4, p. 1199-1228, 2007.

CONVIVENDO E DESVENDANDO A DIVERSIDADE E A INCLUSÃO NAS ORGANIZAÇÕES

Como visto, as diferenças individuais podem ser visíveis ou invisíveis, superficiais ou profundas, reais ou percebidas. Van Knippenberg, De Dreu e Homan definem a diversidade como "diferenças entre indivíduos sobre quaisquer atributos que possam levar à percepção de que outra pessoa é diferente de si mesmo".[54] Existem evidências empíricas emergentes que sugerem que os efeitos da percepção da diversidade são mais fortes do que os efeitos da diversidade objetiva[55] e que a percepção da diversidade responde por mais variações nos resultados do que outras medidas não subjetivas.[56]

Então, você pode imaginar o que é ser diferente. Como tratar as diferenças?

Um indivíduo possui múltiplas identidades sociais, não uma única,[57] e a natureza multidimensional da diversidade é particularmente importante na compreensão das dinâmicas dos times de trabalho. Considere uma profissional negra, da área de sistemas, com mais de 50 anos e cadeirante. Veja quantas fontes de diversidade a caracterizam.

Agora, tome como exemplo você. Quantas fontes de diversidade você tem? Em que contextos elas são consideradas diversidade? Qual é a dominante? Como são reconhecidas? Você faz questão de que essas fontes sejam valorizadas? Por quê? As pessoas raramente serão diversas em uma única dimensão de identidade, fazendo com que um dos principais desafios na pesquisa de diversidade seja o de lidar efetivamente com a multidimensionalidade do conceito.[58]

Com base nos conceitos referenciados, provenientes da literatura estadunidense, nota-se que é comum as pessoas assumirem que a diversidade no local de trabalho tem a ver com o aumento da representação racial, nacional, gênero ou classe – em outras palavras, selecionar e reter mais pessoas de grupos de identidade tradicionalmente sub-representados.[59] No entanto, Thomas e Ely constatam empiricamente que essa visão é apenas um primeiro passo para gerenciar a força de trabalho para que as organizações obtenham maiores benefícios da diversidade, e propõem que a "diversidade deva ser compreendida como as perspectivas variadas e abordagens de trabalho que os membros de diferentes grupos de identidade trazem"[60] [ao trabalho]. Os autores continuam na defesa do conceito argumentando que (nos Estados Unidos) mulheres, hispânicos, asiáticos americanos, afrodescendentes e outros fora do *mainstream* não trazem consigo apenas suas "informações privilegiadas". Eles trazem também conhecimentos e perspectivas diferentes, importantes e competitivamente relevantes de como fazer o trabalho, de fato. Quando permitidos, os membros desses grupos podem ajudar no crescimento das empresas, desafiando suposições básicas[61] sobre o funcionamento, as estratégias, as operações, as práticas e os procedimentos dessas empresas. Esse conceito vai muito além do aumento da representatividade e introduz

> **Diversidade pode ser entendida como diferenças entre indivíduos sobre quaisquer atributos que possam levar alguém à percepção de que outra pessoa é diferente dele.**

> **Compreender a natureza multidimensional da diversidade é importante na gestão dos times de trabalho.**

---

54 VAN KNIPPENBERG, D.; DE DREU; C. K. W.; HOMAN, A. C. Work group diversity and group performance: an integrative model and research agenda. *Journal of Applied Psychology*, n. 89, p. 1008, 2004.

55 HOBMAN, E. V.; BORDIA, P.; GALLOIS, C. Perceived dissimilarity and work group involvement. The moderating effects of group openness to diversity. *Group & Organization Management*, n. 29, 2004.

56 RIORDAN, C. M.; WAYNE, J. H. A review and examination of demographic similarity measures used to assess relational demography within groups. *Organizational Research Methods*, n. 11, 2008.

57 HALL, S. Ethnicity: identity and differences. *Radical America*, v. 23, n. 4, p. 9-20, 1991.

58 COX JR., 2002.

59 THOMAS, D. A.; ELY, R. J. Making differences matter: a new paradigm for managing diversity. *Harvard Business Review*, set./out. 1996.

60 THOMAS.; ELY., 1996, p. 80.

61 Ver neste capítulo os conteúdos sobre cultura organizacional e a formação das suposições básicas.

> **A diversidade deve ser compreendida como as perspectivas variadas e abordagens de trabalho que os membros de diferentes grupos de identidade trazem ao trabalho.**

> **Conceito amplo de diversidade: qualquer mistura coletiva (pessoas, sistemas, funções, tipos de atividade, e assim por diante) caracterizada por semelhanças e diferenças.**

a ideia de que os membros do grupo de minoria, quando permitidos, contribuem para o crescimento das organizações por trazerem novas formas de pensar, sentir e agir em relação aos fenômenos organizacionais.

Roosevelt Thomas Jr.[62] propõe um conceito amplo: "diversidade refere-se a qualquer mistura de itens caracterizada por semelhanças e diferenças". Os itens podem ser pessoas, sistemas, funções, tipos de atividade, e assim por diante. Essa definição é ampla o suficiente para incluir qualquer atributo individual, organizacional ou outro, como uma dimensão de diversidade, desde que seja considerada a mistura coletiva como um todo e não apenas uma dimensão da fonte de diversidade. O elemento central desse conceito é, portanto, a "mistura".

Você julga que esse é um conceito explicativo? Por quê?

Esse mesmo autor[63] alerta que, à medida que as empresas reagem a um ambiente de implacáveis mudanças, os gerentes terão de dedicar atenção a duas misturas de diversidade bastante intrincadas:

1. misturas de diversidade associadas à turbulência ambiental;
2. misturas associadas à mudança e à transformação organizacional.

O conceito de Roosevelt Thomas parece fazer sentido nesta era digital, em que não somente os atributos individuais no local de trabalho tendem a ser mais heterogêneos, mas também a forma de trabalhar, de se relacionar e de tomar decisões estão passando por uma grande transformação nas organizações empresariais. O autor, na verdade, está se referindo a um amplo espectro de diversidade, analisado à luz de diferentes possibilidades de misturas na organização. No entanto, tratar dessa grande mistura requer uma gestão integrada das ações de diversidade com foco nas diversas fontes e itens de diversidade considerados importantes para a organização. E que seu tratamento seja um recurso competitivo para o negócio e agregue um valor também para os indivíduos.

O conceito de diversidade carece de uma aceitação universal. O Quadro 3.1 apresenta uma síntese da variedade conceitual e sua amplitude. Uma revisão mais aprofundada pode ser apreciada em Qin, Muenjohn e Chhetri[64] e em Harrison e Klein.[65]

Quadro 3.1 Conceito de diversidade

Autores/Ano	Conceito
THOMAS; ELY, 1996, p. 80.	"A diversidade deve ser compreendida como as perspectivas variadas e abordagens de trabalho que os membros de diferentes grupos de identidade trazem" [ao trabalho].
WILLIAMS; O'REILLY, 1998, p. 81.	"qualquer atributo que as pessoas usam para dizerem que a outra pessoa é diferente".
NKOMO; COX, 1999.	Um misto de pessoas com identidades de grupo diferentes dentro do mesmo sistema social.

---

62 THOMAS JR., 1996.

63 THOMAS JR., R. R. A diversidade e as organizações do futuro. *In*: HESSELBLEIN, F.; GOLDSMITH, M.; BECKHARD, R. *A organização do futuro*. São Paulo: Futura, 2000. p. 355.

64 QIN; MUENJOHN; CHHETRI, 2014, p. 133-157.

65 HARRISON, D. A.; KLEIN, K. J. What's the difference? Diversity constructs as separation, variety, or disparity in organizations. *Academy of management review*, v. 32, n. 4, p. 1199-1228, 2007.

Autores/Ano	Conceito
MCGRAPH; BERDAHL; ARROW, 1999.	"Diversidade (e seu oposto, homogeneidade) refere-se às diferenças (ou similaridades) entre membros de alguma particular coletividade".
VAN KNIPPENBERG; DE DREU; HOMAN, 2004, p. 1008.	"diferenças entre indivíduos sobre quaisquer atributos que possam levar à percepção de que outra pessoa é diferente de si mesmo".
ROOSEVELT THOMAS JR., 2006.	"Qualquer mistura de itens caracterizada pelas diferenças e similaridades".
MOR BARAK, 2014.	A diversidade da força de trabalho refere-se à divisão da força de trabalho em categorias distintas que (a) têm uma percepção comum num determinado contexto cultural ou nacional e que (b) têm impacto em resultados de emprego potencialmente prejudiciais ou benéficos, tais como oportunidades de emprego, tratamento no local de trabalho e perspectivas de promoção - independentemente das competências e qualificações relacionadas com o trabalho.

Fonte: elaborado pela autora.

ABORDAGENS TRADICIONAIS DE TRATAMENTO À DIVERSIDADE

Ao longo destas últimas décadas de crescente atenção à diversidade pelas empresas, há uma sequência de tratamento histórico, que pode ser definido por iniciativas voltadas à negação, ação afirmativa/assimilação e compreensão das diferenças, conhecidas como abordagens tradicionais.[66]

> **Abordagens tradicionais de tratamento à diversidade: negação, ação afirmativa/ assimilação e compreensão das diferenças.**

Negação

Historicamente, a negação da diversidade e das diferenças ocupou um lugar de destaque no pensamento administrativo. Os gerentes diziam aos empregados que eles eram diferentes e que as diferenças não afetariam o modo como a organização os tratava.[67] A motivação para a prática da negação tem sido legal (exigida por lei), moral (as regras da moral pessoal ou organizacional assim o exigem) ou de responsabilidade social (a boa cidadania empresarial assim o determina). O maior benefício dessa postura é que grupos de minoria conseguem entrar nas organizações com a esperança de que não serão prejulgados, de que podem esperar ter melhoria da qualidade das relações interpessoais e de que o racismo e outras discriminações abertas serão desestimulados.

> **Historicamente, a negação da diversidade e das diferenças ocupou um lugar de destaque no pensamento administrativo.**

Por outro lado, essa abordagem apresenta uma séria limitação. Ela exige que as pessoas diferentes aceitem ver negadas suas diferenças. Uma limitação adicional é a hipótese de que a principal fonte de discriminação se situe nas relações pessoais, ignorando as capacidades discriminatórias, intencionais e não intencionais, embutidas nos sistemas e culturas organizacionais.[68]

---

66 THOMAS JR., R. R. Gestão da diversidade: utilizando os talentos da nova força de trabalho. *In*: COHEN, A. R., *MBA curso prático*: administração, lições dos especialistas das melhores escolas de negócios – práticas e estratégias para liderar organizações para o sucesso. Rio de Janeiro: Campus, 1999.

67 DASS, P.; PARKER, B. Strategies for managing human resource diversity: from resistance to learning. *The academy of management executive*, v. 13, n. 2, p. 68-80, maio 1999.

68 DASS; PARKER, 1999.

GESTÃO DO FATOR HUMANO

Subjacente ao pensamento de negação situam-se algumas crenças,[69] como: ser diferente é ter algum defeito ou desvantagem; não ver a diferença significa que não se está prejulgando a pessoa, imaginando que ela tenha alguma fraqueza ou limitação; evitar esse prejulgamento é um favor que se faz à pessoa diferente; evitar o prejulgamento não é suficiente para eliminar a discriminação dentro da organização; finalmente, e talvez o que remete à maior preocupação, é manter a cultura da organização intacta, baseada nas exigências do grupo hegemônico, detentor de recursos e poder.

Até que ponto essa postura de negação também não existe nas empresas brasileiras? Esse é um importante foco de estudo em diversidade.

Ação afirmativa/assimilação

> **A ação afirmativa e a assimilação estiveram no centro da abordagem das empresas nos Estados Unidos quanto à diversidade dos empregados.**

Nas últimas décadas, a ação afirmativa e a assimilação estiveram no centro da abordagem das empresas nos Estados Unidos quanto à diversidade dos empregados. Por meio da ação afirmativa, os gerentes conseguiram criar uma força de trabalho diversificada em termos de raça e gênero. Eles procuraram uma mistura racial em que os novos empregados pudessem abandonar suas diferenças e ser moldados de acordo com as normas de comportamento organizacional existentes. Assim, os gerentes podiam dizer que tinham uma força de trabalho diversificada, pois, de fato, havia minorias e mulheres, mas, na verdade, a diversidade era superficial. A assimilação, por meio da mistura racial, era para assegurar a minimização das diferenças e a conformidade de comportamentos. O resultado foi a "diversidade assimilada", que é de fato uma aparência superficial de diversidade.[70]

As atividades que visam à mistura racial incluíam programas de orientação voltados aos homens brancos, os quais eram treinados para ter um comportamento adequado, e seminários destinados a ajudar as minorias e as mulheres a ter sucesso em empresas dominadas por homens brancos. Os esforços de mistura racial destinavam-se, portanto, a minimizar, se não eliminar, as diferenças e a promover um comportamento típico aceitável do grupo majoritário.

Acreditava-se que essa abordagem seria o meio de criar uma força de trabalho diversificada e facilitaria a mobilidade ascendente de minorias e mulheres.

Você já ouviu falar dessas coisas nas empresas brasileiras? O que será a "masculinização" ou o "terninho e gravata" que algumas mulheres executivas adotam no ambiente organizacional? Pense em outros exemplos.

Compreensão das diferenças

O objetivo dessa abordagem é promover a consciência, a aceitação e a compreensão de diferenças entre indivíduos, com a expectativa de que os resultados sejam melhores relações pessoais, maior apreço e respeito pelos outros, maior aceitação das diferenças e minimização de manifestações ostensivas de racismo, sexismo e outros preconceitos. Muitos desses resultados se materializaram e mostraram maior

---

69 THOMAS JR., 1999.

70 GILBERT, J. A.; STEAD, B. A.; IVANCEVICH, J. M. Diversity management: a new organizational paradigm. *Journal of business ethics*, v. 21, n.1, ago. 1999. THOMAS JR., 1999, p. 61-76.

harmonia.[71] No entanto, uma limitação crítica dessa abordagem é que deixa intocados os sistemas e a cultura da organização. Isso significa que o gestor pode até aceitar e entender as diferenças, estar mais compreensivo quanto ao racismo e sexismo e ter excelentes relações interpessoais e, mesmo assim, não saber como administrar a diversidade – não saber como criar um conjunto de sistemas e uma cultura que capacitem naturalmente todos os empregados a lidarem com a diversidade.

Você já ouviu falar dessas coisas nas empresas brasileiras? Considere uma empresa cuja política de diversidade você conhece bem. Observe o quanto essas iniciativas estão, de fato, incorporadas no comportamento das pessoas ou são apenas boas intenções independentes que mantiveram intacta a forma de se relacionar com grupos de minoria.

Como visto, as três abordagens tradicionais apresentam limitações para lidar com uma força de trabalho diversa que atue no mesmo ambiente, e na promoção de emprego e desenvolvimento de carreiras, primariamente negros e, posteriormente, mulheres. O conceito de gestão da diversidade, então, surgiu nos Estados Unidos como uma espécie de substituição e reenquadramento dos programas anteriores de ação afirmativa que, até os anos 1980, visavam principalmente promover o emprego e o desenvolvimento da carreira dos funcionários negros (e, mais tarde, das mulheres) dentro dos Estados Unidos. R. Roosevelt Thomas cunhou o termo *managing diversity* (gestão da diversidade) e, em 1983, fundou o Instituto Americano para a gestão da diversidade.[72]

> **O objetivo dessa abordagem é promover a consciência, a aceitação e a compreensão de diferenças entre indivíduos.**

GESTÃO DA DIVERSIDADE: ORIGEM E EVOLUÇÃO

A gestão da diversidade, como postulada por autores citados por Köllen,[73] pode ser vista como um tipo, ou uma faceta, da gestão de recursos humanos. Consequentemente, sua difusão global guarda um paralelo com a própria disseminação global da gestão de recursos humanos. Tendo surgido nos Estados Unidos, a gestão da diversidade espalhou-se inicialmente pelos países industrializados anglo-saxônicos. Depois, chegou à Europa Continental, por volta da virada do milénio, por meio de subsidiárias de empresas estadunidenses ou britânicas ou de empresas europeias com grandes filiais nos Estados Unidos. Alguns anos mais tarde, as primeiras empresas da América Latina começaram a implementar abordagens de gestão da diversidade de algum tipo, sendo a maioria delas multinacionais.

A gestão da diversidade nasce, como visto, com uma proposta diferente das abordagens anteriores. A colocação de Roosevelt Thomas, a seguir, mostra uma genuína preocupação, voltada a propiciar condições para o uso efetivo do talento das minorias historicamente sub-representadas na força de trabalho (estadunidense). A gestão da diversidade não significa controlar ou conter a diversidade, mas permitir que cada um [independentemente de sua afiliação a um grupo de identidade] desenvolva seu potencial ao máximo.[74]

As empresas enfrentam problemas para sobreviver em um mundo cada vez mais competitivo, com uma força de trabalho que consiste, e continuará a consistir, em

> **A gestão da diversidade não significa controlar ou conter a diversidade, mas permitir que cada um desenvolva seu potencial ao máximo.**

---

71   THOMAS JR., R. R. Gestão da diversidade: utilizando os talentos da nova força de trabalho. *In*: COHEN, A. R. *MBA curso prático:* administração, lições dos especialistas das melhores escolas de negócios – práticas e estratégias para liderar organizações para o sucesso. Rio de Janeiro: Campus, 1999.

72   KELLY, E.; DOBBIN, F. How affirmative actions became diversity management. *American Behavioral Scientist*, v. 41, n. 7, p. 973, 1998.

73   KÖLEN, T. Diversity management: a critical review and agenda for the future. *Journal of Management Inquiry*, 2019.

74   THOMAS JR., 1990, p. 107-117.

uma diversidade não assimilada, como aconteceu nas ações afirmativas. Assim, as empresas são confrontadas com a tarefa de gerir a diversidade não assimilada e obter dela o mesmo compromisso, qualidade e lucro que uma vez obtiveram de uma força de trabalho homogênea. Para atingir esse objetivo, é preciso trabalhar em prol de um local de trabalho abertamente multicultural, que aproveite todo o potencial de cada funcionário sem programas, padrões ou barreiras artificiais. Aprender a gerir a diversidade tornará o negócio mais competitivo.[75] Assim, a gestão da diversidade foi pensada para focar dois aspectos: o melhor aproveitamento de um local de trabalho, cada vez mais heterogêneo, formado por pessoas que não desejam ter suas identidades assimiladas, e a geração de uma vantagem competitiva para as empresas.

No Brasil, a gestão da diversidade surge nos anos 1990 em subsidiárias de empresas estadunidenses, por pressão da matriz, em um primeiro momento e, em seguida, para gerar vantagem competitiva desenvolvendo competências diversas.[76] Fleury realizou uma pesquisa exploratória em sete empresas brasileiras de grande porte e de diferentes setores. De forma geral, as empresas estavam desenvolvendo um programa de diversidade adaptado à realidade brasileira. Nesse sentido, as iniciativas começavam pelas mulheres, buscando ampliar a participação feminina nas empresas, decisão justificada pelo fato de elas estarem presentes em diversas profissões. A autora conclui que o conceito de diversidade adotado pelas empresas pesquisadas é ainda bem restrito, incorporando preponderantemente o gênero e, timidamente, a raça. Esse achado mostra uma face paradoxal da sociedade brasileira: os negros formam 54,9% da força de trabalho no país, conforme apresentado no início deste capítulo; no entanto, é baixa sua representatividade nas empresas, as quais ou não possuem iniciativas ou são incipientes para mudar esse quadro.

Uma pesquisa[77] realizada em 15 empresas brasileiras de grande porte e diferentes setores revelou que essas empresas estão ainda começando a usar programas de gestão da diversidade, embora todas estivessem interessadas em sua prática. A análise das respostas dos CEOs pesquisados mostrou que a diversidade tende a ser irrelevante para o recrutamento de funcionários em geral, pois a contratação acontece fundamentalmente para o cumprimento da lei, referindo-se às pessoas com deficiência. As respostas dos profissionais de Recursos Humanos evidenciaram um esforço crescente para incluir a diversidade nas práticas de gestão. Ainda assim, há uma ênfase acentuada no atendimento da Lei de Cotas para a contratação de PcD. Algumas empresas adotavam práticas voltadas a grupos específicos, como mulheres, enquanto poucas focavam várias dimensões de diversidade. Ou seja, mais de uma década após (2011) o estudo pioneiro de Fleury (2000), inferimos que houve uma evolução rasa da literatura e da prática da gestão da diversidade no Brasil.

Parece haver uma compreensão geral de que uma diversidade bem administrada pode ser um ativo para o desempenho, acontecendo o contrário se mal conduzida.[78]

---

75 THOMAS JR.; 1990.

76 FLEURY, M. T. L. Gerenciando a diversidade cultural: experiências de empresas brasileiras. *RAE – Revista de Administração de Empresas*, v. 40, n. 3, 2000.

77 CHARBEL, J. C. J.; GORDONO, F. S.; OLIVEIRA, J. H. C.; MARTINES, J. C.; BATTISTELLE, R. A. G. Diversity management. *Equality, Diversity and Inclusion: An International Journal*, v. 30, n. 1, p. 58-74, 2011.

78 DADFAR, H.; GUSTAVSSON, P. Competition by effective management of cultural diversity. *International studies of management & organization*, v. 22, p. 81-92, 1992.

CONVIVENDO E DESVENDANDO A DIVERSIDADE E A INCLUSÃO NAS ORGANIZAÇÕES

Portanto, a gestão da diversidade, em algum grau, formal ou informal, torna-se crucial quando uma empresa decide abraçar a causa da diversidade em sua gestão de pessoas.

Gestão da diversidade: conceito

Dado um breve contexto do surgimento da gestão da diversidade, seu foco e sua importância, a seguir, iremos apresentar alguns conceitos, iniciando pelos autores clássicos na literatura de diversidade. Novamente cabe salientar a origem estadunidense do conceito, o que traz uma reflexão para a realidade brasileira.

Cox, autor clássico no campo da diversidade no ambiente organizacional, preconiza que gerenciar a diversidade significa planejar e executar sistemas e práticas organizacionais de gestão de pessoas de modo a maximizar as vantagens potenciais da diversidade e minimizar as suas desvantagens.[79]

O' Mara[80] refere-se a iniciativas voluntárias e proativas empreendidas para valorizar as diferenças das pessoas e usá-las para ganhar vantagem competitiva. Portanto, é importante que a gestão da diversidade não seja vista como uma questão de conformidade, como é a ação afirmativa. Por esse conceito, responda: Pode-se dizer que uma empresa brasileira focada particularmente na admissão de pessoas com deficiência pratica a gestão da diversidade?

No entanto, a gestão da diversidade não deve ser confundida com um conjunto de programas ou práticas vinculados a ações de diversidade. É muito mais que isso. A diversidade, para ser efetiva nas organizações, precisa ser pensada mais holisticamente e deixar de ser simplesmente relacionada com aspectos mais visíveis.[81] Gerenciar a diversidade, nesse sentido, significa aproveitar o melhor de cada pessoa, valorizando-a, e criar, ao mesmo tempo, uma cultura que não somente valorize as diferenças mas também reconheça que a organização pode ser melhorada por estimular as diferenças como um ativo.[82]

A gestão da diversidade, além de ter um caráter voluntário, avança para uma ideia de inclusão, como foi colocado por Mor Barak:[83] "as ações organizacionais voluntárias que são concebidas para criar uma maior inclusão de funcionários de várias origens nas estruturas organizacionais formais e informais através de políticas e programas deliberados".

O Quadro 4.6 exibe algumas ações envolvidas na gestão da diversidade: planejar, respeitar, gerenciar, mudar a cultura e permitir às pessoas o uso de todo seu potencial.

A gestão da diversidade passa a ser uma atividade planejada, atrelada às políticas de recursos humanos e ao plano estratégico das organizações. Alguns modelos foram propostos ao longo da década de 1990 com o intuito de suprir as limitações inerentes às ações afirmativas e promover um ambiente mais favorável à convivência entre grupos diversos.

> Gerenciar a diversidade significa planejar e executar sistemas e práticas organizacionais de gestão de pessoas de modo a maximizar as vantagens potenciais da diversidade e minimizar suas desvantagens.

> Gerenciar a diversidade significa aproveitar o melhor de cada pessoa, valorizando-a, e criar, ao mesmo tempo, uma cultura que não somente valorize as diferenças mas também reconheça que a organização pode ser melhorada por estimular as diferenças como um ativo.

---

79   COX JR., T. A comment on the language of diversity. *Organization*, v. 1, n. 1, 1994.

80   O'MARA, J. Managing diversity. *In*: TRACEY, W. R. *Human resources management & development handbook*. Nova York: Amacon, 1994. p. 105.

81   THOMAS; ELY, 1996.

82   O'MARA, 1994.

83   MOR BARAK, M. E. *Managing diversity towards a globally inclusive workplace*. Thousand Oaks, CA: Sage, 2005.

Quadro 3.6 Gestão da diversidade

Autores/Ano	Conteúdo
THOMAS[84], 1990.	O compromisso por parte das organizações de recrutar, reter, recompensar e promover uma mistura heterogênea de trabalhadores produtivos, motivados e comprometidos, incluindo pessoas de cor, brancos, mulheres e deficientes físicos.
COX, 1994, p. 11.	Significa planejar e executar sistemas e práticas organizacionais de gestão de pessoas de modo a maximizar as vantagens potenciais da diversidade e minimizar as suas desvantagens.
O'MARA, 1994, p. 105.	Refere-se às iniciativas voluntárias e proativas empreendidas para valorizar as diferenças das pessoas e usar essas diferenças para ganhar vantagem competitiva.
IVANCEVICH; GILBERT[85], 2000, p. 75.	Amplamente definido, o termo gestão da diversidade refere-se ao compromisso sistemático e planejado das organizações para recrutar, reter, recompensar e promover uma mistura heterogênea de funcionários.
MOR BARAK, 2005, p. 208.	Ações organizacionais voluntárias que são concebidas para criar uma maior inclusão de funcionários de várias origens nas estruturas organizacionais formais e informais através de políticas e programas deliberados.

Fonte: elaborado pela autora.

Modelos de gestão da diversidade

Perspectivas de diversidade de Thomas e Ely

Thomas e Ely[86] (1996) abordaram os paradigmas para a gestão da diversidade. Posteriormente, Ely e Thomas[87] (2001) nomearam esses paradigmas de perspectiva de diversidade e os definiram como "crenças normativas e expectativas dos membros do grupo sobre a diversidade cultural e seu papel no grupo de trabalho". Essas perspectivas de diversidade apresentam as seguintes características:

a) a lógica que orienta os esforços das pessoas para criar e responder à diversidade cultural em um grupo de trabalho;

b) as crenças normativas sobre o valor da identidade cultural no trabalho;

c) as expectativas sobre o tipo de impacto, se houver, que as diferenças culturais podem e devem ter sobre o grupo e seu trabalho;

d) as crenças sobre o que constitui progresso em direção ao grupo de trabalho multicultural ideal.

> **Perspectiva de diversidade são crenças normativas e expectativas dos membros do grupo sobre a diversidade cultural e seu papel no grupo de trabalho.**

Uma perspectiva de diversidade pode ser tanto explícita, apresentada em declarações ou políticas verbais ou escritas, como implícita, nos pressupostos não declarados subjacentes à forma como uma pessoa gere seus subordinados ou à forma como um grupo estrutura seu trabalho.[88]

A definição sobre perspectivas de diversidade e suas características de Ely e Thomas (2001) descreve com propriedade os aspectos subjacentes a serem desenvolvidos para um grupo ou uma organização implementar a gestão da diversidade. Além disso, infere-se

---

84 THOMAS JR., 1990.

85 IVANCEVICH, J. M.; GILBERT, J. A. Diversity management. *Public Personnel Management*, v. 29, n. 1, p. 75-92, 2000.

86 THOMAS; ELY, 1996.

87 ELY; THOMAS, 2001, p. 234.

88 ELY; THOMAS, 2001.

que a adoção de perspectivas de diversidade afeta a forma de trabalhar e não apenas os relacionamentos pessoais com grupos de identidade social diferentes dos nossos habituais.

Thomas e Ely[89-90], em uma pesquisa empírica, depreenderam três tipos de perspectiva de diversidade: 1) Discriminação e justiça; 2) Acesso e legitimidade; 3) Integração e aprendizagem (Figura 4.2).

Figura 4.2 Perspectivas de diversidade

Fonte: elaborada pela autora.

Perspectiva da discriminação e justiça

A premissa orientadora desta perspectiva é a cegueira para a cor, para o gênero e para as diferenças culturais (*color-blind; gender-blind; blind to cultural differences*). A empresa opera como se todas as pessoas fossem da mesma raça, gênero, nacionalidade, pregando que "todos nós somos iguais", "nós aspiramos ser todos iguais". Portanto, essa perspectiva está construída sobre a premissa da assimilação. Espera-se que as minorias adotem comportamentos do *mainstream*.

> Na perspectiva da discriminação e justiça, a premissa orientadora é a cegueira para a cor, para o gênero e para as diferenças culturais, pregando que "todos nós somos iguais", "nós aspiramos ser todos iguais".

É a forma dominante de compreender a diversidade. Seu foco está em proporcionar oportunidade igual, tratamento justo, recrutamento de minorias e cumprimento de lei. Na medida em que existe uma preocupação focada no atingimento de metas de recrutamento e retenção de minorias, há uma ampliação da diversidade nos grupos de trabalho. A forma de se fazer o trabalho, contudo, não muda, pois essa não é a preocupação dos líderes ao contratar pessoas de grupos sub-representados.

Perspectiva do acesso e legitimidade

Enquanto a perspectiva da discriminação e justiça idealizou a assimilação e o conformismo da cegueira de cor e gênero, a perspectiva do acesso e da legitimidade proclama a aceitação e a celebração das diferenças. Essa perspectiva baseia-se no reconhecimento de que os mercados são culturalmente diversos. Portanto, cabe à organização combinar essa diversidade (do mercado) com sua própria força de trabalho como forma de ganhar acesso e legitimidade junto aos mercados. Os grupos de trabalho

---

89   THOMAS; ELY, 1996.

90   ELY; THOMAS, 2001.

GESTÃO DO FATOR HUMANO

em que prevalece essa perspectiva usam sua diversidade apenas nas margens, para conectar um mercado mais diversificado; não incorporam as competências culturais de sua força de trabalho diversa em suas funções centrais. Essa perspectiva constitui a razão de ser do popularmente aclamado *business case* para a diversidade.[91-92]

> **Na perspectiva do acesso e da legitimidade, a premissa é de que a organização precisa de uma força de trabalho mais diversa para ter acesso aos segmentos mais diferenciados.**

Algumas premissas norteiam essa perspectiva: a organização precisa de uma força de trabalho mais diversa para ter acesso aos segmentos mais diferenciados; a diversidade não é apenas justa, ela faz sentido em termos de negócio. Constata-se que o entendimento sobre o valor da diversidade está alicerçado na defesa de que ela faz sentido para os negócios.

A lógica dessa perspectiva está em sintonia com a tendência de as empresas buscarem segmentação de mercado baseado em gênero, raça e outras diferenças demográficas. Com as mudanças demográficas apresentadas no início deste capítulo, parece incontestável que as empresas operem em ambientes de negócios nos quais existe uma diversidade crescente entre consumidores, clientes e mercado de trabalho. Essas mudanças oferecem uma oportunidade ou ameaça iminente à organização. Logo, as empresas contratam pessoas pertencentes a grupos de minoria para atender a um segmento de mercado, um departamento, a fim de beneficiar-se de certas características ou atributos dessas pessoas.

Apesar de propiciar acesso e legitimidade a mercados-alvo, essa perspectiva apresenta algumas limitações: as empresas tendem a enfatizar o papel das diferenças culturais sem analisar ou aproveitá-las na forma de realizar o trabalho. Por isso, pode deixar a sensação de que alguns empregados estão sendo explorados. Quando essa perspectiva é o foco, os líderes não estão interessados em analisar as práticas, crenças e habilidades baseadas nas diferenças culturais. Com isso, as empresas deixam de incorporar e aprender por meio dessas práticas, crenças e habilidades para capitalizar sobre as diferenças no longo prazo.

Perspectiva de integração e aprendizagem

Nessa perspectiva, conhecimento, competências e experiências que os colaboradores desenvolveram como membros de vários grupos de identidade cultural são recursos potencialmente valiosos que o grupo de trabalho pode utilizar para repensar suas principais tarefas e redefinir seus mercados, produtos, estratégias e práticas empresariais. As diferenças são internalizadas entre os empregados de forma que a empresa possa aprender e crescer com elas. Há um entendimento de que "somos todos do mesmo time, com as nossas diferenças – e não apesar delas".[93]

Essa perspectiva liga a diversidade aos processos de trabalho – a forma como as pessoas fazem e experimentam o trabalho –, de maneira que faz da diversidade um recurso para a aprendizagem e a mudança adaptativa. Para isso, a liderança exerce um papel primordial. Thomas e Ely ressaltam que a liderança deve compreender que uma força de trabalho diversa incorporará diferentes perspectivas e abordagens no trabalho e precisa valorizar a variedade de opiniões e *insights*. Reconhecer tanto as oportunidades de aprendizagem quanto os desafios que a expressão de perspectivas diferentes que pessoas pertencentes a grupos de minoria podem trazer para a organização torna-se um fator crucial para capitalizar o valor das diferenças. Grupos ou

---

91   COX JR., T.; BLAKE, S. Managing cultural diversity: implications for organizational competitiveness. *Academy of Management Executive*, v. 5, n. 3, 1991.

92   QIN; MUENJOHN; CHLETRI, 2014, p. 133 -157.

93   FERDMAN, B. F.; DEANE, B. R. The practice of inclusion in diverse organizations. *In*: FERDMAN, B. F.; DEANE, B. R. *Diversity at work: the practice of inclusion.* San Francisco, CA: Jossey-Bass. 2014. p. 5.

organizações que adotam essa perspectiva não apenas valorizam e aprendem com as diferenças. Essas organizações vão além: incorporam nas práticas rotineiras do trabalho e promovem mudanças com base na experiência dos grupos tradicionalmente sub-representados. Neste sentido, os membros desses grupos, não apenas são "inseridos" na organização, são integrados a ela, aprendem e geram aprendizado.

As perspectivas da discriminação e justiça e do acesso e legitimidade fazem parte de uma estratégia relativamente comum em empresas brasileiras, particularmente a primeira. A contratação de pessoas com deficiência determinada por lei e a inserção de mulheres em diferentes áreas funcionais e níveis hierárquicos da empresa refletem iniciativas com foco nessa perspectiva. No entanto, pelas companhias nacionais pesquisadas e apresentadas neste capítulo, inferimos que as empresas ainda não amadureceram as premissas norteadoras da perspectiva de integração e aprendizagem.

> **Perspectiva de integração e aprendizagem liga a diversidade aos processos de trabalho – a forma como as pessoas fazem e experimentam o trabalho –, de maneira que faz da diversidade um recurso para a aprendizagem e a mudança adaptativa.**

Paradigma da diversidade de Roosevelt Thomas

Roosevelt Thomas, em seu livro *Redefining diversity*,[94] propõe uma nova compreensão de diversidade, expandindo-a além de raça e sexo, não restrita à diversidade humana, mas que contempla um espectro de questões estratégicas que as corporações modernas enfrentam. A diversidade, assim, não se aplica somente às questões concernentes às pessoas na organização. Como visto neste capítulo, para o autor: "diversidade refere se a qualquer mistura de itens caracterizados por diferenças e semelhanças". Simples o suficiente, na superfície. Contudo, devemos entender mais claramente o que significa esse conceito, de vários ângulos.[95]

1. Diversidade não é sinônimo de diferenças, mas engloba similaridades e distinções. Como estamos tão acostumados a pensar diversidade em termos de demografia da força de trabalho, ao equacioná-la com os grupos minoritários dessa força de trabalho, tendemos a pensar que significa as qualidades que são diferentes. No entanto, a definição de Roosevelt Thomas inclui não só diferenças mas também semelhanças.

2. Diversidade refere-se às misturas coletivas (tudo incluído) de diferenças e semelhanças ao longo de uma dada dimensão.

3. Os elementos que compõem as misturas de diversidade podem variar; assim sendo, uma discussão sobre a diversidade deve especificar a dimensão em questão. Os componentes de uma mistura de diversidade podem ser pessoas, conceitos, itens concretos ou abstrações.

Na concepção ampla da diversidade, Roosevelt Thomas sugere um paradigma de diversidade com oito opções de ação. O paradigma, para o autor, é uma forma de pensar que facilita diagnosticar, entender e planejar ações. Lembrando que, ainda na visão dele, os itens ou entidades da mistura da diferença podem ser pessoas, produtos, estruturas organizacionais, estratégias e outros aspectos concretos ou abstratos. Os passos descritos a seguir podem ser visualizados sinteticamente na Figura 4.3.

1. **Incluir/excluir:** significa expandir ou reduzir o número e a variabilidade dos componentes da mistura. É uma opção bem conhecida e que está na base das ações afirmativas, nas quais a meta é, principalmente, aumentar o número de membros do grupo-alvo na organização. No Brasil, podemos citar a contratação de PcD para cumprimento da legislação.

---

94 THOMAS JR., 1996.

95 THOMAS JR., 1996, p. 5-8.

2. **Negar:** nesta opção, as pessoas negam que existam diferenças no ambiente de trabalho. É o caso, por exemplo, de gerentes que dizem ao seu empregado "diferente" que suas particularidades não afetarão como a organização o tratar e que unicamente mérito e desempenho determinarão a carreira dele. Por exemplo, um empregado negro capacitado e subutilizado no time de trabalho, que recebe sinais de que sua carreira está condicionada apenas ao seu desempenho.

3. **Assimilar:** todos os elementos que são diferentes, que fazem parte das chamadas minorias, aprenderão a se tornar o elemento dominante. Por exemplo, mulheres em cargos executivos que aprendem a se comportar como homens para desenvolver sua carreira.

4. **Suprimir:** todas as entidades com diferenças são encorajadas a mantê-las encobertas, a não manifestá-las. A supressão (algumas vezes usada em conjunto com assimilação) difere da negação na medida em que as diferenças são reconhecidas e desencorajadas para o bem da empresa, postula o autor. Isso pode acontecer com empregados jovens insatisfeitos, que anseiam por promoções rápidas, e para os quais os gerentes seniores perguntam: Há quanto tempo você está aqui? Em outras palavras, o gerente passa a seguinte mensagem: Deixe de lado seu anseio até que tenha estado na empresa o suficiente para compreendê-la.

5. **Isolar:** permite incluir pessoas ou outras entidades que são diferentes do sistema dominante sem ter de mudar a cultura da empresa ou os sistemas; simplesmente colocam-se pessoas ou entidades de fora. Uma situação típica seria contratar uma PcD e mantê-la em funções ou áreas separadas dos demais funcionários. Os "silos" organizacionais também são um exemplo dessa ação.

6. **Tolerar:** um gerente permite a inclusão de pessoas ou entidades com diferenças, mas ele não as valoriza e/ou aceita. Essa permissão deriva do fato de essas diferenças serem consideradas benéficas. Recentemente tem-se observado que algumas empresas tradicionais e de grande porte liberaram o *dress code* formal para atrair jovens talentos, principalmente na área de tecnologia da informação. Não raro, dependendo do setor, algumas pessoas se viram livres para trabalhar de bermuda, camisetas etc. Para muitos funcionários do grupo hegemônico, que continua se vestindo formalmente, pode haver uma tolerância em virtude dos resultados que esses jovens agregam ao negócio.

7. **Construir relacionamentos:** nesta opção, esforços deliberados são feitos para promover o relacionamento entre as várias entidades. A suposição dominante é de que um bom relacionamento pode superar as diferenças. A ideia central é que se as pessoas diferentes se aproximarem e conversarem, à despeito de suas diferenças, elas encontrarão similaridades que podem ser a base para um relacionamento mutuamente benéfico, pautado na aceitação e na compreensão das diferenças. As inovações tecnológicas que demandam formas de trabalho baseadas em times multifuncionais e multidisciplinares, a exemplo dos *squads*[96] e métodos ágeis de gestão, preconizam maior diversidade e, consequentemente, maior complexidade.

---

96 *Squads* "é o nome dado para um modelo organizacional que separa os funcionários em pequenos grupos multidisciplinares com objetivos específicos. Isso significa, por exemplo, que um profissional de marketing atua no mesmo grupo que um programador, um profissional da área de vendas e outro da parte financeira. Juntos, eles têm uma tarefa a cumprir, e autonomia o suficiente para tomar decisões". Essas equipes têm ganhado espaço principalmente nas *startups*. SQUADS: o modelo de organização que vem tomando conta das startups. *In*: DIGITALHOUSE. Disponível em: https://br.digitalhouse.com/noticias/o-que-e-squads-como-funciona. Acesso em: 30 jul. 2019.

O racional subjacente postulado no início deste século por Roosevelt Thomas é que a "complexidade [organizacional trazida pelo mundo futuro] tanto resultará da diversidade como contribui para ela. Os dois fenômenos caminham juntos".[97] Logo, aceitar e compreender uma mistura para estabelecer relações tornam-se requisitos imprescindíveis para sobreviver em uma era digital de grandes transformações.

8. **Promover a adaptação mútua:** sob esta alternativa, as partes envolvidas (não apenas o "diverso") aceitam e compreendem as diferenças e a diversidade, reconhecendo que fazê-lo pode exigir adaptação por parte de todos os envolvidos. Significa que devemos pensar não apenas no "diverso", mas na composição da mistura, como mulheres e homens; pessoas das diferentes raças; pessoas com deficiência e aquelas que não apresentam deficiência e promover a adaptação mútua de todos os componentes.

Figura 4.3 Opções de ação sob o paradigma da diversidade

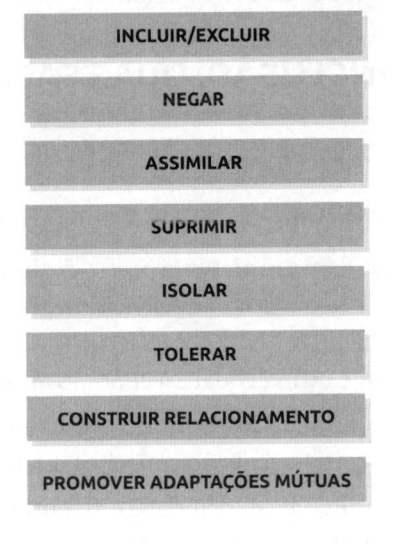

Fonte: elaborada pela autora.

A terceira perspectiva de diversidade definida por Thomas e Ely, a integração e aprendizagem, implica reconhecer os valores que membros de grupo sub-representados, como negros, mulheres, pessoas com deficiência, entre outros, trazem para os grupos de trabalho e que efetivamente expressam ao pôr em prática suas habilidades, sua visão e seus comportamentos na forma de realizar o trabalho. Isso vai muito além de contratar essas pessoas por razão legal ou para facilitar o acesso a determinados segmentos de mercado. É uma abordagem que busca incluir as pessoas.

Da mesma forma, o último paradigma da diversidade proposto por Roosevelt Thomas visa promover um *mindset* de adaptação mútua, voltado para todos – e não apenas à pessoa considerada "diversa" – em favor do bom relacionamento do grupo de trabalho e atendimento das necessidades de todos.

As duas formas mais avançadas de lidar com a diversidade engajam-se em um esforço comum: incluir as pessoas.

Usamos a palavra **esforço**, pois o paradigma da atração por similaridade e o princípio da homofilia explicam sobretudo o comportamento discriminatório, postulando que os indivíduos tendem a interagir mais frequentemente e a gostar de outros que

---

97   THOMAS JR., 2000, p. 353-364.

GESTÃO DO FATOR HUMANO

lhes são semelhantes.[98-99] Essa tendência justifica a lógica de que ampliar a diversidade nos grupos de trabalho não é suficiente, podendo até mesmo gerar conflito. Apropriando-se da abordagem de diversidade de Harrison e Klein (já comentada), os conflitos poderiam ser entendidos em razão das diferenças de valores, atitudes e posições, variedade de conhecimentos, habilidades e disparidades de distribuição de recursos e poder nos grupos de trabalho.

No próximo item, apresentaremos o conceito de inclusão e sua importância para as organizações, especialmente na era digital, em que grupos de trabalho multifuncionais e multidisciplinares são requeridos para a apropriação de novos e diferentes talentos. No início deste capítulo, apresentamos a diversidade como fator crucial aos novos modelos de negócio da era digital. No entanto, diversidade, em si, não garante o uso pleno do potencial de todos, se as pessoas envolvidas não puderem participar, ter voz e ser autênticas em seu local de trabalho.

> **Diversidade refere-se a diferenças demográficas entre membros de um grupo de trabalho, incluindo atributos observáveis e não observáveis.**

> **Inclusão refere-se à percepção dos funcionários de que sua contribuição única para a organização é apreciada e sua plena participação é incentivada.**

> **A inclusão permite alavancar os potenciais benefícios da diversidade.**

DIVERSIDADE E INCLUSÃO: DUAS FACES DA MESMA MOEDA

Entendendo a diferença

Você acha que uma empresa com um amplo espectro de diversidade em seus quadros, por exemplo, que contrata pessoas com deficiência, negros, presidiários, refugiados, pessoas LGBTI+ pratica a inclusão? Não necessariamente. O que podemos afirmar é que ela ampliou a diversidade. Afinal, qual é a conexão entre diversidade e inclusão?

Embora a diversidade e a inclusão sejam por vezes utilizadas indistintamente, principalmente no mundo corporativo, são conceitos diferentes.

Diversidade refere-se a diferenças demográficas entre membros de um grupo de trabalho, incluindo atributos observáveis (por exemplo, sexo, raça, idade) e não observáveis (por exemplo, cultura, cognição, educação). É considerada uma característica de um grupo de trabalho ou organização.[100-101] Inclusão, em contraste, refere-se à percepção dos funcionários de que sua contribuição única para a organização é apreciada e sua plena participação é incentivada.[102] A inclusão permite alavancar os potenciais benefícios da diversidade.[103]

Conceituando inclusão

Mor Barak et al.[104] definem inclusão como "grau em que os indivíduos se sentem uma parte dos processos organizativos críticos, tais como o acesso à informação e

---

98   BYRNE, D. *The attraction paradigm*. New York: Academic Press, 1971.

99   MCPHERSON, M.; SMITH-LOVIIN, L.; COOK, J. M. Birds of a feather: homophily in social networks. *Annual Review of Sociology*, n. 27, p. 415-444, 2001.

100 ROBERSON, Q. M. Disentangling the meaning of diversity and inclusion in organization. *Groups & organizations management*, v. 31, n. 2, 2006.

101 NISHII, L. H. The benefits of climate for inclusion for gender-diverse groups. *Academy of Management Journal*, v. 56, n. 6, p. 1754-1774, 2013.

102 MOR BARAK, M. E. Inclusion is the key to diversity management, but what is inclusion? *Human Service Organizations: Management, Leadership and Governance*, v. 39, p. 83-88, 2015.

103 HOLVINO, E. H.; FERDMAN, B. M.; MERRIL-SANDS, D. Creating and sustaining diversity and inclusion in organizations: Strategies and approaches. *In*: STOCKDALE, M. S.; CROSBY, F. J. (ed.). *The psychology and management of workplace diversity*. Nova Jersey: Blackwell Publishing Limited, 2004.

104 MOR BARAK, M. E.; CHERIN, D. A. A tool to expand organizational understanding of workforce diversity. *Administration in Social Work*, v. 22, n. 1, 1998, p. 47-64.

recursos, envolvimento em grupos de trabalho e habilidade de influenciar o processo de tomada de decisão", trazendo ideias como permissibilidade, envolvimento e habilidade. Na mesma linha desse conceito, Pelled *et al.*[105] definem inclusão como "o grau em que um empregado é aceito e tratado como um *insider* pelos outros no sistema de trabalho", propondo as seguintes categorias:

a) influência na tomada de decisão;

b) acesso à informação;

c) segurança no trabalho.

Além disso, a inclusão no ambiente de trabalho refere-se ao sentimento do indivíduo de fazer parte da organização tanto em processos formais, como as tomadas de decisão e o acesso à informação, quanto em processos informais, como reuniões de almoço e encontros sociais, durante os quais ocorrem decisões e troca de informações.[106] Assim, a inclusão é a percepção de como o indivíduo se encaixa na organização em relação ao *mainstream*.

Shore *et al.*[107] definiram a inclusão como "o grau em que os indivíduos experimentam um tratamento do grupo que satisfaz a sua necessidade de pertencimento e de singularidade". Este conceito revela três aspectos importantes a serem observados:

> **Inclusão é o grau em que os indivíduos se sentem parte dos processos organizativos críticos, tais como o acesso à informação e aos recursos, envolvimento em grupos de trabalho e habilidade de influenciar o processo de tomada de decisão.**

a) a inclusão é vista como a satisfação das necessidades individuais dentro de um grupo;

b) a inclusão consiste em dois componentes: pertencimento e singularidade;

c) é o grupo que inclui o indivíduo, e não o indivíduo que se liga ao grupo.

Miller também pontuou a importância do grupo como elemento que outorga a participação plena, afirmando que a inclusão se refere ao grau em que diversos indivíduos "estão autorizados a participar e podem contribuir plenamente".[108] Isso significa que as pessoas são incluídas em um grupo se tiverem um sentimento de pertencimento e, ao mesmo tempo, se forem valorizadas pelas suas características particulares e únicas, não precisando abrir mão de alguma faceta de sua identidade social. O fenômeno da inclusão, portanto, é complexo, tanto conceitualmente quanto como prática de gestão.

Agora, dá para entender a diferença entre inserir e incluir alguém?

O primeiro caso, está relacionado a uma situação em que a empresa contrata uma pessoa de um grupo conhecido como "minoria", mas não tem nenhuma preocupação em entender as necessidades ou características específicas dela e, não raro, espera que ela se comporte dentro das normas do grupo hegemônico. Isso, definitivamente, não é inclusão. Vale lembrar que a inclusão pode ser entendida como "a remoção de obstáculos à plena participação e contribuição dos empregados nas organizações".[109]

---

105 PELLED, L. H.; LEDFORD Jr, G.; MOHRMAN, S. A. Demographic dissimilarity and workplace inclusion. *Journal of Management Studies*, v. 36, n. 7, 1999, p. 1014.

106 MOR BARAK, M. E. *Managing diversity towards a globally inclusive workplace.* Thousand Oaks, CA: Sage, 2005.

107 SHORE, L. M.; RANDEL, A. E.; CHUNG, B. G.; DEAN, M. A.; HOLCOMBE EHRHART, K.; SINGH, G. Inclusion and diversity in work groups: a review and model for future research. *Journal of Management*, v. 37, p. 1262-1289, 2011.

108 MILLER, F. A. Strategic culture change: the door to achieving high performance and inclusion. *Public personnel management*, v. 27, n. 2, p. 151, 1998.

109 ROBERSON, Q., 2006, p. 217.

GESTÃO DO FATOR HUMANO

Alguns pesquisadores sugerem que os funcionários que percebem um clima positivo para a diversidade (manutenção de práticas de trabalho justas, respeito às características e oferecimento de oportunidades de desenvolvimento e promoção) têm maior comprometimento organizacional e menor intenção de sair da empresa.[110] A gestão da diversidade por meio de políticas, procedimentos e práticas justas pode levar a percepções positivas do clima de diversidade, que, por sua vez, pode melhorar as percepções de inclusão e resultados organizacionais.[111] Essa lógica mostra a importância de as organizações desenvolverem uma gestão da diversidade que proporcione um clima de diversidade positivo para gerar sentimento de inclusão.

> **Inserir e incluir não são sinônimos.**

> **O cerne da inclusão é como as pessoas a vivenciam – a experiência psicológica da inclusão.**

Para Ferdman, a inclusão é uma forma de trabalhar a diversidade: é o processo e a prática por meio dos quais grupos e organizações podem colher os benefícios de sua diversidade.[112] O autor adiciona um aspecto pouco lembrado na literatura: "o cerne da inclusão é como as pessoas a vivenciam – a experiência psicológica da inclusão".[113]

A citação a seguir é inspiradora para pensar o valor da diversidade e da inclusão em um mundo de transformação digital implacável, em que as organizações precisam se reinventar para sobreviver. Os autores Holvino *et al.*[114] nos fazem refletir que sem a prática da inclusão a diversidade, em si, não tem valor para os negócios.

> A organização multicultural e inclusiva é aquela em que a diversidade de conhecimentos e perspectivas que os membros de diferentes grupos trazem para a organização molda sua estratégia, seu trabalho, seus sistemas operacionais e de gestão, e seus valores e normas fundamentais para o sucesso.

DIVERSIDADE, INCLUSÃO NO ESPAÇO DAS TRANSFORMAÇÕES DIGITAIS

> **Quanto mais os funcionários percebem o incentivo à diversidade, maior a abertura e a liberdade para inovar e propor ideias. Esta é a razão pela qual a diversidade é relevante para os negócios.**

No Brasil, poucas empresas inserem a diversidade na pauta de sua agenda estratégica. Um estudo com 170 empresas, realizado pelo Hay Group do Brasil, identificou que apenas 5% procuram saber como seus funcionários percebem o ambiente de diversidade no dia a dia de trabalho. Quando olhamos para países com economias mais maduras, como os Estados Unidos e muitos da Europa, esse número sobe para 20%.[115] Essa mesma pesquisa aponta que, quanto mais os funcionários percebem o incentivo à diversidade, maior a abertura e a liberdade para inovar e propor ideias. Esta é a razão pela qual a diversidade é relevante para os negócios. Ainda, o mundo digital não pode ser sustentável sem a diversidade de funcionários e clientes.[116]

---

110 BRIMHALL, K. C.; LIZANO, E. L.; MOR BARAK, M. E. The mediating role of inclusion: a longitudinal study of the effects of leader–member exchange and diversity climate on job satisfaction and intention to leave among child welfare workers. *Children and Youth Services Review*, v. 40, p. 79-88, 2014.

111 BRIMHALL *et al.*, 2014.

112 FERDMAN, B. F.; DEANE, B. R. The practice of inclusion in diverse organizations. *In*: FERDMAN, B. F.; DEANE, B. R. *Diversity at work: the practice of inclusion.* San Francisco, CA: Jossey-Bass. 2014. p. 5.

113 FERDMAN, 2014, p. 4.

114 HOLVINO *et al.*, 2004, p. 249.

115 BORIN, F.; FIENO, P.; SAMPAIO, B. Diversidade: inclusão ou estratégia? *Harvard Business Review Brasil,* 10 out. 2015. Disponível em: https://hbrbr.uol.com.br/diversidade-inclusao-ou-estrategia/. Acesso em: 13 jan. 2020.

116 MANAGER diversity in the digital área. *In*: IMS. Disponível em: https://imslux.lu/eng/news/178_managing-diversity-in-the-digital-era. Acesso em: 10 jan. 2020.

Qual é a relação entre a diversidade e o mundo digital?

Se a diversidade e a inclusão estão relacionadas à criatividade e inovação, presume-se que são ativos fundamentais para o mundo do trabalho na era digital. Vejamos como.

O *World Economic Forum* (WEF)[117] menciona que mais da metade dos líderes empresariais dizem que a falta de competências está dificultando a transformação digital e que as empresas devem ampliar a busca de talentos para uma demografia inexplorada. Isso significa atrair e reter pessoas fora do grupo tradicionalmente hegemônico que povoa as organizações. Nesse sentido, o relatório destaca: "A diversidade é a ponte sobre a qual podemos atravessar o fosso de competências".

Por outro lado, há um *gap* (lacuna) de talentos digitais,[118] reconhecido tanto pelas empresas como pelos empregados. A falta de competências tecnológicas é um problema que atinge globalmente as organizações à medida que elas precisam se transformar digitalmente para se prepararem para um futuro orientado pelos dados.[119] Mais da metade dos líderes empresariais pesquisados concordam que esse *gap* dificulta sua agenda de transformação digital e que suas organizações têm perdido vantagem competitiva devido à escassez de talento digital. Atender aos objetivos de negócio, necessidades e interesses dos talentos digitais revelou-se uma estratégia para reduzir essa lacuna.[120] Essa estratégia exige uma nova forma de pensar das organizações a fim de buscar, atrair e reter esses talentos digitais.

O relatório do *Word Economic Forum* ressalta:

> Os líderes empresariais precisam identificar rapidamente novas fontes de talento. A maioria das empresas, especialmente as da indústria tecnológica, tem pescado do mesmo pequeno lago para talentos. É hora de mergulhar no mar de talentos tradicionalmente sub-representados na tecnologia, tais como mulheres, minorias e outros grupos que têm sido em grande parte excluídos da indústria até hoje.

Esse alerta mostra claramente a necessidade de as empresas expandirem suas bases de talentos além do perfil *mainstream* corporativo, garimpando grupos de talentos inexplorados para fazer face à escassez de competências digitais. Essa necessidade torna a gestão "inclusiva" da diversidade um fator imprescindível para a agenda de transformação digital requerida para a sobrevivência das empresas. Nessa linha de pensamento, o WEF declara, de forma contundente: "Não basta colocar diversos trabalhadores na porta. Uma vez lá, as empresas precisam fazê-los se sentir como se fossem parte da companhia e livres para serem autênticos, dando o melhor de si para o trabalho".

Estamos falando da necessidade de ir além das práticas cotidianas que envolvem a gestão da diversidade. Uma reflexão relevante para os gestores é que a gestão da diversidade também precisa abraçar uma transformação focada na criação de uma cultura inclusiva. Isso vai além de contratar empregados com amplo matiz de diversidade.

A diversidade é a ponte sobre a qual podemos atravessar o fosso de competências [tecnológicas].

Há necessidade de as empresas expandirem suas bases de talentos além do perfil *mainstream* corporativo garimpando grupos de talentos inexplorados para fazer face à escassez de competências digitais.

---

117 DIVERSITY is the bridge on which we can cross the skills gap. *In:* WORLD ECONOMIC FORUM. Disponível em: https://www.weforum.org/agenda/2020/01/diversity-tech-skills-gap-4ir-digital-revolution/. Acesso em: 17 jan. 2020.

118 CAPGEMINI. *The digital talent gap: are companies doing enought?*, 2017. Disponível em: https://www.capgemini.com/wp-content/uploads/2017/10/report_the-digital-talent-gap_final.pdf. Acesso em: 17 jan. 2020.

119 WORLD ECONOMIC FORUM, 2019.

120 CAPGEMINI, 2017.

Uma vez contratados, esses funcionários precisam trazer sua identidade de "diverso" para o grupo de trabalho e usar o melhor do seu potencial, sem barreiras impostas para a assimilação da identidade do grupo dominante.

Essa cultura precisa transcender as fronteiras organizacionais e atingir um nível que envolva sua responsabilidade social perante seus *stakeholders* externos (clientes, fornecedores, ONGs, instituições de ensino, entre outros).

Nesta linha de raciocínio, recomendamos o texto "A retomada do espaço da mulher na computação.[121] Essa leitura permitirá compreender o *déficit* de profissionais mulheres na área de tecnologia da informação. Há várias iniciativas mencionadas para ampliar o número de meninas e jovens da área de Stem.[122]

Para finalizar o capítulo, damos destaque à declaração de uma empresa altamente inovadora, que entende a diversidade e a inclusão como *drive* da transformação digital:

> Novos modelos de negócios dominados por inovação, criatividade, produtividade e performance já despontam como cenário futuro. O digital já está guiando a ascensão e o ritmo dessas mudanças. Nesse contexto, novos formatos de relacionamento, interação e diálogo serão realidade no mundo do trabalho; permeando este movimento estão a diversidade e inclusão, forças motrizes de progresso e disrupção para todos os setores.

A PRÁTICA DA PESQUISA

Percepção masculina sobre as barreiras das mulheres executivas[123]

O ambiente de tecnologia é reconhecido como predominantemente masculino. Um dos fatores subjacentes a esse cenário é a baixa proporção de mulheres nos cursos de graduação, nas áreas de Exatas e Tecnologia. Diante desse cenário, é esperado que as mulheres encontrem mais barreiras para ascender em funções executivas de tecnologia. Como consequência, infere-se que gestores homens sejam maioria nos processos de tomada de decisão, inclusive nas deliberações sobre contratação e carreira de mulheres. As pesquisas sobre barreiras enfrentadas por profissionais mulheres levam em consideração a perspectiva delas. Assim, esse estudo tem o objetivo de identificar a existência de barreiras para a mulher atingir uma função executiva na área técnica, na perspectiva de executivos (diretores e gerentes) de uma empresa de tecnologia.

A pesquisa realizada foi qualitativa, exploratória e descritiva. Foram feitas oito entrevistas semiestruturadas com homens em cargos executivos (dois gerentes e seis diretores) da área técnica que tivessem experiência, passada ou atual, em trabalhar com mulheres executivas na área técnica. A empresa analisada é uma multinacional do ramo de tecnologia, possui um programa de diversidade e inclusão focado em diversidade de nacionalidade, pessoas com deficiência, orientação sexual e gênero. A análise dos dados seguiu a lógica indutiva de pesquisa qualitativa, adotando-se os procedimentos definidos por Creswell.[124]

Os entrevistados relataram desconhecer ou não perceber que as mulheres enfrentam barreiras na empresa para ascenderem à carreira executiva, por uma questão exclusiva de gênero. No entanto, um deles reflete sobre a situação:

---

121 REVISTA PESQUISA FAPESP. São Paulo: Fapesp, ed. 279, p. 94-97, 2019.

122 A sigla Stem refere-se a um campo de conhecimento das Ciências Exatas que agrupa: Science (Ciência), Technology (Tecnologia), Engineering (Engenharia) e Mathematics (Matemática).

123 CARDOSO, A.; HANASHIRO, D. M. M. Percepção masculina sobre as barreiras das mulheres executivas. *Pretexto*, v. 19, n. 1, p. 73-89, 2018.

124 CRESWELL, J. W. *Projeto de pesquisa*: métodos qualitativo, quantitativo e misto. 3. ed. Porto Alegre: Artmed, 2010.

> Eu reflito sobre isso às vezes porque esse é um grande tema que vejo o tempo todo, e sempre falo que eu não vejo isso tão claro, não sei se eu que sou desatento, ou se pelo número, que são poucas mulheres, então conheço poucos casos.

Os homens entrevistados relatam nunca ter presenciado ou ouvido relatos de discriminação contra as mulheres. Existe, então, a possibilidade de haver uma discriminação velada, em que os gestores discriminam, mas não revelam, uma vez que tal comportamento não é aceito nas organizações, principalmente em uma empresa que tem política de diversidade? O depoimento a seguir, confirma essa possibilidade: "Eu particularmente não vi nenhum ato nesse sentido, mas não duvido, infelizmente, que elas tenham sofrido mais do que outros para chegar nesse tipo de posição".

Um fator considerado como barreira para o crescimento profissional feminino, na ótica dos executivos que tiveram mulheres também executivas entre seus pares, reside na condição feminina em que a mulher se vê na posição de ter de fazer uma escolha entre trabalho e vida pessoal; soma-se a isso a falta de ambição de algumas mulheres: "[...] a mulher, ela vai ter sempre um determinado momento que optar entre carreira e maternidade". Esta fala exibe uma ideia preconcebida de que a mulher deve "sempre" optar entre carreira e maternidade, ou seja, a carreira será prejudicada caso a mulher opte pela maternidade. Essa parece ser uma visão herdada da sociedade patriarcal descrita por Freyre[125] e refletida também na abordagem de Kergoat.[126]

Outra colocação que remete a uma barreira criada pela própria mulher é a percepção de que as vagas para determinadas posições executivas são direcionadas para homens.

> Mas já ouvi algumas mulheres falarem "senti que a vaga estava direcionada para homens", é uma percepção "do jeito que está escrito aqui, a posição, isso é para homem, não é para mulher", é uma percepção, porque as vagas são abertas a todos.

É possível inferir que a descrição do cargo executivo vago referido e sua divulgação contenham uma mensagem subliminar que faz com que uma mulher entenda como uma função a ser desempenhada por um homem, fato suficiente para não se candidatar à vaga ou batalhar para ocupá-la, por achar que não é para ela.

É interessante que os executivos parecem desconhecer ou não perceber as barreiras sofridas pelas executivas no desenvolvimento de suas carreiras e, muito sutilmente, mostram que pode existir a possibilidade de uma discriminação velada. No entanto, reconhecem que as mulheres são ou deveriam ser mais valorizadas. E, se existe ainda alguma discriminação para a ascensão delas que impeça essa valorização, ela não deveria existir. Eles expressam algumas características positivas e vantagens, com expressões de "ressalvas" expressas nos termos "mas" e "de certa forma".

> Mas eu já vi mulheres gestoras e acho que, de uma forma geral, elas são exigentes, são dedicadas, são precisas. Eu não vejo diferença assim. Na verdade, eu vejo uma diferença positiva. Acho que a mulher é muito mais organizada que o homem quando ela chega numa posição como essa.

> Sinceramente, acho que é interessante, porque você trabalhar com mulher, de certa forma elas agregam, têm uma perspectiva, uma experiência diferente. Então eu acho que isso traz uma outra visão que às vezes a gente não tem no dia a dia.

Na opinião dos entrevistados, quando as mulheres têm a ambição e a competência para assumirem posições executivas, elas são mais focadas e se esforçam muito mais que os homens. Maior esforço pode ser observado como uma estratégia que as mulheres encontraram para superar as barreiras: "Quando vai para uma posição que tem um par homem, ela sempre acha que vai ter de correr mais do que o homem para ter o mesmo resultado".

Em suma, é difícil para os homens perceberem e relatarem se existem barreiras impostas ou oriundas de discriminação. Mas eles reconhecem que existem barreiras intrínsecas construídas e colocadas pelas próprias mulheres. Para esses respondentes que tomam decisões importantes sobre a carreira das mulheres, eles não se reconhecem criando algum tipo de barreira para o desenvolvimento profissional feminino na área de tecnologia e informação. Mas, estas sim, criam suas próprias barreiras, que podem interferir em suas carreiras. Talvez o maior esforço no trabalho das mulheres em relação aos seus pares homens seja uma forma de compensar essas barreiras autoimpostas.

---

125 FREYRE, G. *Casa-grande e senzala*. 23. ed. Rio de Janeiro: J. Olímpio, 1984.

126 KERGOAT, D. Divisão sexual do trabalho e relações sociais de sexo. *In*: HIRATA, H.; LABORIE, F.; LE DOARÉ, F.; SENOTIER, D. (org.) *Dicionário crítico do feminismo*. São Paulo: Unesp, 2009.

GESTÃO DO FATOR HUMANO

MINICASO

Negros na área de tecnologia da informação

Marcelo cursou Ciências da Computação em uma universidade pública federal renomada, com ingresso via sistema de cotas. Durante a faculdade, fez estágios em duas empresas de *software*, nas quais adquiriu experiência relevante em soluções tecnológicas que facilitavam o desenvolvimento de processos organizacionais. Até pensou que seria efetivado, mas outro colega ficou com a vaga. Graduado, com excelente desempenho, após várias tentativas em processos de seleção, conseguiu se colocar em uma empresa de *software* na função de desenvolvedor. No início, estava animado; tudo parecia um sonho, que acalentava desde menino quando via nos filmes as pessoas trabalhando com computadores e realizando coisas incríveis. A empresa contratante era líder no ramo e estava em franco crescimento.

Nas empresas em que Marcelo trabalhou sempre foi o único funcionário negro. Depois de dois anos contratado, aos poucos, Marcelo foi entendendo que desde a época do estágio pairava uma certa desconfiança em relação à qualidade do seu trabalho, tanto por parte dos colegas como das chefias, embora sempre o fizesse da melhor forma possível. No início, achou que era uma mera cisma. Mas foi observando que várias vezes era questionado sobre a forma como realizava o trabalho e recebia críticas e *feedback* pouco fundamentados. O mesmo não acontecia com os colegas.

Embora apresentasse todas as qualificações para atuar na concepção de novos *softwares*, a etapa mais criativa da função de um desenvolvedor, sempre acabava designado para fazer a manutenção de projetos em andamento. Além disso, seu salário era menor que o dos colegas que desempenhavam a mesma atividade e tinham formação e experiência similares. Quando abordava esse assunto com a chefia, a resposta obtida é que todos são tratados igualmente e que a empresa valoriza a competência e o desempenho do funcionário.

O ambiente de trabalho desconfortável e a falta de perspectivas de crescimento estavam deixando Marcelo inseguro e desanimado com a carreira. Pensou várias vezes em mudar de empresa, mas raciocinou: Quem me garante que em outra empresa será diferente ou melhor? Também pensou em sair da área de tecnologia da informação. No entanto, como trabalhar em TI é um sonho desde garoto, resolveu enfrentar a situação e tomar uma iniciativa.

EXERCÍCIOS DE HABILIDADES[127]

1. À luz dos conceitos abordados no capítulo, qual é sua análise deste caso? O que aconteceu na carreira de Marcelo?
2. Se você fosse Marcelo, o que faria?
3. O que a chefia de Marcelo e a empresa deveriam fazer para atrair e manter talentos como Marcelo?

A título de reflexão, para você, leitor: na era digital, conforme visto no capítulo, em que a diversidade e a inclusão são motores para a inovação e a criação de uma organização competitiva, observa-se, pelos achados da pesquisa, o quão é complexo fazer a gestão inclusiva da diversidade.

---

127 Antes de você responder às questões a seguir, analise as informações sobre o mercado tecnológico de acordo com os dados do Ministério do Trabalho e Emprego (MTEM): na área de engenharia de equipamento em computação, 92% dos trabalhadores são brancos; na de engenheiros mecânicos automotivos, 90%, e na de engenheiros aeronáuticos, 88,4%. AUSÊNCIA de negros na tecnologia. *In*: BEM TV. Disponível em: https://www.bemtv.org.br/negros-na-tecnologia-ausencia-de. Acesso em: 5 jan. 2020.

CAPÍTULO 5

Os desafios da atuação digna e socialmente responsável

Maria Luisa Mendes Teixeira

Vanessa Custódio Zorzetti Pollon

Francilene Araújo de Moraes

OBJETIVO DO CAPÍTULO

Você já ouviu falar ou leu notícias sobre ética, responsabilidade social e dignidade organizacional? Será que uma organização ética e socialmente responsável é também digna? E o que é uma organização digna? E como ficam essas questões na era digital? Até que ponto o mundo digital contribui na construção de organizações éticas, socialmente responsáveis e dignas? Neste capítulo, apresentaremos informações que lhe permitirão refletir sobre essas questões e conhecer uma perspectiva inovadora sobre a relação entre dignidade organizacional, responsabilidade social e ética nas organizações.

Veja a seguir o que dizem alguns líderes sobre esses temas.

O maior desafio ético é preservar o maior valor ético que é a vida, não só do ser humano, mas do próprio meio ambiente... quatro bilhões de pessoas vivem abaixo da linha da pobreza, um bilhão e duzentos milhões vivem abaixo da linha da miséria e 842 milhões têm subnutrição crônica.[1]

Tanta desesperança e pobreza, cercada por tanta riqueza, me fazem lembrar que o "problema econômico", tal como foi entendido por John Maynard Keynes, ainda não foi resolvido... E a pobreza leva a outras crises. Ela leva pessoas desesperadas a explorar ao máximo os seus recursos, ou permitir que sejam exploradas além dos limites. Ela leva pessoas ao tráfico de drogas e ao terrorismo. E, mais ainda, as transforma em instrumentos usados pelos países ricos como comparsas militares, econômicos e políticos, ajudando a perpetuar a pobreza. Na verdade, estamos institucionalizando a miséria.[2]

---

1 FREI BETO. Desafios para a construção de uma nova ética na sustentabilidade dos negócios. *In*: CONFERÊNCIA NACIONAL 2004 – EMPRESAS E RESPONSABILIDADE SOCIAL. 2004. São Paulo: Instituto Ethos, 2004. Disponível em: http://www.ethos.org.br. Acesso em: 1 abr. 2020.

2 RODDICK, A. *Meu jeito de fazer negócios*. Rio de Janeiro: Campus, 2002. p. 5.

GESTÃO DO FATOR HUMANO

O comportamento socialmente responsável das empresas é, sem dúvida alguma, uma base para termos uma sociedade sustentável. Se tivermos as empresas com seus negócios, buscando criar valor, não apenas para si, mas para os públicos com os quais ela se relaciona, isso cria esta base de sustentabilidade.[3]

Uma empresa é um sistema complexo demais para que todas as ações irradiadas por ela possam ser isoladamente consideradas dignas ou mesmo éticas. Uma empresa digna é aquela que trata seus públicos internos e externos com integridade e respeito, que busca cumprir seu propósito gerando valor para o acionista, para as pessoas que nela trabalham, para clientes e públicos externos, fornecedores e para a sociedade como um todo. A empresa digna reconhece que o PIB não é mais suficiente para determinar valor, e que precisa de novas medidas que levem em consideração suas externalidades, seus efeitos e atuem em promover relações amplamente sustentáveis.[4]

ÉTICA E MORAL: ASPECTOS CONVERGENTES E DIVERGENTES

> A noção de moral requer a concepção do homem em convivência com seus semelhantes e a necessidade de regras mínimas para a preservação desse convívio.

Alguns autores entendem que ética e moral são a mesma coisa. Outros diferem-nas. Nós defendemos a ideia de que ética e moral são diferentes. A moral consiste em um conjunto de princípios que orientam o comportamento, são compartilhados por uma sociedade ou grupo social e se traduzem em costumes. Ao se falar em moral, está implícito o comportamento correto sob a perspectiva de uma sociedade.

Segundo Moraes,[5] a noção de moral requer a concepção do homem em convivência com seus semelhantes, a consciência dessa existência social e da necessidade de regras mínimas para a preservação desse convívio, regras estas nascidas com o hábito e destinadas a permitir a convivência por meio da regulamentação das relações entre os indivíduos.

O que é moral para uma sociedade pode não ser para outra. Por exemplo, na China, o adultério pode levar à pena de morte, o que não ocorre em outros países. A moral também pode variar de acordo com a época. Moraes[6] destaca que o aparecimento da propriedade privada e das classes sociais provocou alterações na concepção de moral, que passou a apresentar facetas adequadas à realidade dividida em classes para justificar a superioridade de alguns indivíduos em relação aos outros.

> A ética diz respeito à conduta humana e consiste em um ramo da Filosofia.

Atualmente, nota-se o crescimento de uma visão mais individualista da moral, consequência do alargamento da consciência individual e da existência de cada um com interesses não necessariamente coincidentes com os da coletividade como um todo, mas preponderantemente individuais.[7]

A ética diz respeito à conduta humana e consiste em um ramo da Filosofia. É comum as pessoas pensarem que o comportamento ético é aquele orientado por princípios. A ética refere-se às intenções que orientam as ações.

---

3   ITACARAMBI, P. *Sustentabilidade como estratégia global para empresas. In:* CONFERÊNCIA NACIONAL 2004 – EMPRESAS E RESPONSABILIDADE SOCIAL, 2004, São Paulo. *Anais [...].* São Paulo: Instituto Ethos, 2004. Disponível em: https://ethos.org.br/ci_2005/cobertura/videos.asp. Acesso em: 1 abr. 2020.

4   PRATA JR., R. CEO da Stato Consulting. Comunicação verbal em 6 fev. 2020.

5   MORAES, G. B. *Dano moral nas relações de trabalho.* São Paulo: LTR, 2003.

6   MORAES, 2003.

7   MORAES, 2003, p. 20.

OS DESAFIOS DA ATUAÇÃO DIGNA E SOCIALMENTE RESPONSÁVEL

A questão da conduta humana tem sido contemplada pela Filosofia desde os gregos, na Antiguidade, assumindo, de acordo com o projeto de cada filósofo, configurações diversas. Murphy e Laczniak[8] entendem que quase todas as teorias referentes à ética podem ser alocadas em duas classes: deontológica e teleológica. A primeira, deontológica, baseia-se em princípios universais, por exemplo, honestidade, respeito ao direito alheio etc. Para esse tipo de ética, os fins não justificam os meios. A segunda, teleológica baseia-se nas consequências do comportamento.

A ética teleológica pode ser classificada em egoística e altruísta. O argumento básico dessa concepção ética é que o ser humano, pela sua própria natureza, é motivado apenas pelos seus próprios interesses e estes podem ser percebidos como egoístas ou altruístas. A ética teleológica egoística considera que o que atende aos interesses próprios é ético e que é válido agir nesse sentido, ainda que isso implique ultrapassar os direitos alheios. Por sua vez, a ética teleológica altruística, apesar de orientada por interesses próprios, como desejo de recompensa, evitar a culpa, ter felicidade e outros, visa ao bem-estar comum e considera os direitos alheios (Figura 5.1).

Figura 5.1 Ética deontológica e ética teleológica

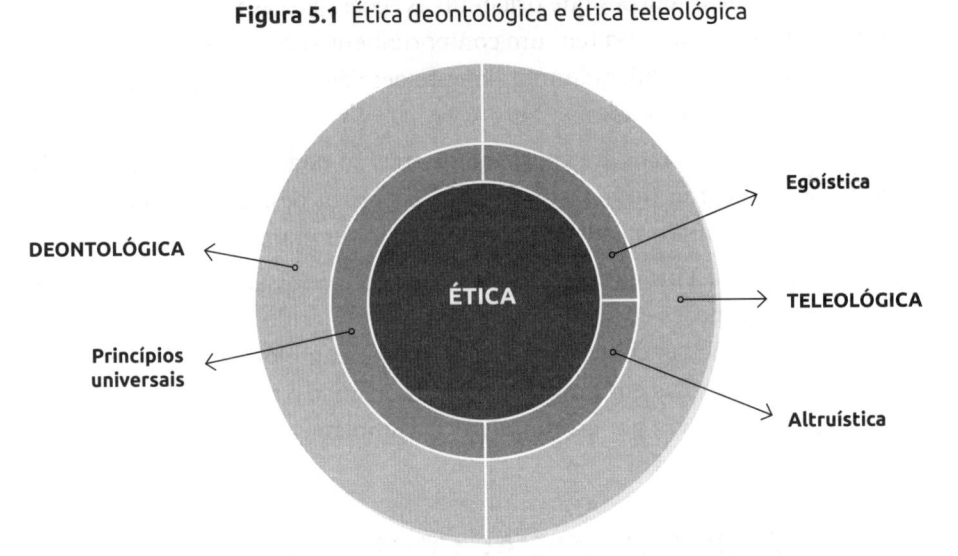

Fonte: TEIXEIRA; ZACARELLI, 2007, p. 79.

Você deve estar se perguntando: Mas, então, quando é adequado dizer que um comportamento é ético e quando deve ser denominado "moral"? Um comportamento sempre será ético, embora nem sempre seja moral. Calma, já vamos explicar melhor!

Pense no caso de uma empresa que tem seus produtos maquiados, diminuindo o peso, sem avisar o cliente, e mantendo o preço. Você diria que esse comportamento é ético? Talvez responda: "Não!". A empresa está agindo visando apenas ao benefício próprio, isto é, orienta-se pela consequência das suas ações. Nesse caso, age por uma ética teleológica egoística. Se você não considera esse comportamento ético é porque, no seu grupo social, ou na sociedade em você vive, essa forma de agir não é considerada moralmente correta.

---

8   MURPHY, P. E.; LACZNIAK, G. R. Marketing ethics: a review with implications for managers, educators and researchers. *In*: EBIS, B. M.; Roering, K. J. (ed.). *Review of marketing*. Chicago: American Marketing Association,1981. p. 251-266.

Você diria que uma empresa que não tem seus produtos maquiados, que se orienta pelo princípio da verdade e da honestidade é ética? Se respondeu "Sim", então é porque esse comportamento é, para você e os grupos sociais dos quais faz parte, moralmente correto. Uma empresa que age dessa forma, possivelmente, guia-se pela ética deontológica.

Logo, quando habitualmente alguém diz que esse comportamento não é ético, está querendo dizer que não é moralmente aceito. E, quando alguém diz que determinado comportamento é antiético, pode ser que esteja querendo dizer que é moralmente inadequado para a sociedade em que vive.

Então, o termo **antiético** é sempre utilizado de forma inadequada? Não, se o mencionarmos explicitando a qual abordagem ética estamos nos referindo. A empresa que maquia seus produtos é ética do ponto de vista da ética teleológica egoística, mas não da ética deontológica, logo seu comportamento é antiético por essa abordagem.

> Dizer que uma empresa tem comportamento ético significa que esse comportamento é considerado moralmente desejável pela sociedade.

Com isso, estamos querendo esclarecer que, independentemente de um comportamento ser moral ou não, será sempre ético, pois refletirá uma abordagem da ética, isto é, um conjunto de intenções que orientam as ações. No caso da "ética nos negócios", ao dizer que uma empresa tem um comportamento ético, queremos dizer que esse comportamento é considerado moralmente desejável pela sociedade, ou grupo social, com o qual nos alinhamos.

Parece, pelo que expusemos até agora, que a ética só pode ser classificada em teleológica ou deontológica, mas existem outras classificações. Uma delas reflete as cosmovisões, representando a época histórica em que surgiram.

Compreender a ética à luz das cosmovisões é muito interessante, pois permite entender como as concepções éticas foram surgindo ao longo do tempo e por quê. No entanto, não é tarefa fácil. A classificação da ética em deontológica e teleológica permite reflexões e análises das empresas e, embora correndo o risco de reducionismo, tem-se revelado útil e, talvez por esse motivo, seja amplamente empregada nos estudos de ética na Administração.

RESPONSABILIDADE SOCIAL CORPORATIVA: AFINAL, DO QUE SE TRATA? SERÁ ÉTICA OU MORAL? OU AMBAS AS COISAS?

O conceito de Responsabilidade Social Corporativa (RSC) tem uma longa história. É possível traçar evidências do interesse da comunidade de negócios pela sociedade ao longo de séculos. No entanto, uma literatura formal sobre o assunto é um produto do século XX, especialmente dos últimos 60 anos, nos Estados Unidos, onde se tem escrito bastante sobre o tema, apesar de se encontrarem referências ao conceito já nos anos de 1930 e 1940. No início, falava-se em responsabilidade social e não em responsabilidade social corporativa, possivelmente porque nessa época ainda não haviam se desenvolvido as corporações modernas. A partir de 1950, o poder dos negócios aumentou e, em consequência, cresceram também as ideias sobre responsabilidade social.[9]

Bowen foi um importante estudioso do tema "Responsabilidade social" e seu livro *Social responsibilities of the businessman*, publicado em 1953 e traduzido no Brasil

---

9 CARROLL, A. B. Corporate social responsibility. *Organizational Dynamics*, v. 44, n. 2, p. 87-96, 2015.

OS DESAFIOS DA ATUAÇÃO DIGNA E SOCIALMENTE RESPONSÁVEL

em 1957,[10] pode ser considerado um marco. O autor formulou um primeiro conceito de responsabilidade social do homem de negócios,[11] estabelecendo que são obrigações do homem de negócios perseguir políticas, tomar decisões e seguir cursos de ação compatíveis com os objetivos e valores da sociedade. Segundo Carrol,[12] o livro de Bowen exerceu influência nos estudos seguintes e ele pode ser considerado o pai da responsabilidade social corporativa. No sentido que propõe Bowen,[13] a responsabilidade social assume um caráter moral ao entender que as ações que a corporificam devem ser desejáveis para a sociedade.

> A responsabilidade social assume um caráter moral ao entender que as ações que a corporificam devem ser desejáveis para a sociedade.

A década de 1960 teve seu início marcado pelo lirismo oriundo dos anos de 1950 com o início da explosão do consumo e de um espírito de luta do povo, em que o "sonho americano" começava a não empolgar os jovens. Nessa época, as empresas dedicavam-se a questões relacionadas à filantropia, o que ficou conhecido como "clube dos cinco por cento", pois doavam esse percentual de seus lucros, sem impostos, para a caridade.[14] A mobilização social, os direitos civis, os direitos das mulheres e do consumidor foram os precursores dos movimentos relacionados à RSC. A partir daí, as décadas subsequentes consolidaram as manifestações das expectativas da sociedade em todo o mundo.

A década de 1960 pode ser considerada o início do moderno movimento de RSC, caracterizado pela expansão da literatura e preocupação de estabelecer o significado do termo "responsabilidade social corporativa". Nesse período, destacam-se os esforços de Keith Davis, que entende o significado da expressão como "decisões e ações dos homens de negócios tomadas por razões, que estão no mínimo além dos interesses econômicos e técnicos das empresas".[15] Para Davis,[16] a responsabilidade social era uma ideia nebulosa, mas devia ser considerada no contexto gerencial e, ainda de seu ponto de vista, há uma relação direta entre poder social e responsabilidade social.

A década de 1970, permeada por combates e guerras em que eclodiram a violência política e a luta armada, também assistiu ao aumento das revoluções comportamentais, com legislação e regulamentos sociais para normatizar questões relacionadas aos movimentos sociais. Até essa década, responsabilidade social era entendida como uma postura das empresas de reconhecimento de obrigações para com a sociedade que extrapolam a função econômica. As dimensões econômicas, legais, éticas e discricionárias do desempenho do negócio passam a ser incorporadas ao conceito de RSC[17] paralelamente ao entendimento de que a responsabilidade deveria se converter em oportunidades de negócio.[18] Portanto, duas perspectivas que divergem entre si.

A década de 1980 foi marcada por acontecimentos políticos e sociais, além da migração da Era industrial para o início da Era da Informação. Em 1980, o presidente

---

10   BOWEN, H. R. *Reponsabilidades sociais dos homens de negócios*. Rio de Janeiro: Civilização Brasileira, 1957.

11   BOWEN, 1957.

12   CARROL, A. B. Corporate social responsability. *Business and society*, v. 38, n. 3, 1999.

13   BOWEN, 1957.

14   CARROLL, 2015.

15   DAVIS, K. Can business afford ignore its social responsibilities? *California Management Review*, v. 2, n. 3, p. 70, 1960.

16   DAVIS, 1960.

17   CARROLL, A. B. A three-dimensional conceptual model of corporate performance. *Academy of Management Review*, v. 4, n. 4, p. 497-505, 1979.

18   DRUCKER, P. F. Converting social problems into business opportunities: the new meaning of corporate social responsibility. *California Management Review*, v. 26, 1984.

americano Ronald Reagan pediu que as empresas enfrentassem com efetividade os problemas sociais, e, a partir de 1990, a globalização enfatizou a competitividade das companhias, acentuando os méritos e deméritos relacionados à reputação, devido à visibilidade mundial. Além disso, a preocupação das empresas com sua imagem internacional foi um grande incentivo para que planejassem com maior cuidado suas responsabilidades para com as comunidades em que atuavam.

Ainda nos anos 1980, há uma evolução no conceito de RSC.[19] Avança o entendimento proposto por Carroll,[20] de que a RSC envolve, além de princípios, processos e políticas. Princípios correspondendo à dimensão ética, enquanto a resposta social consistiria em processos e a dimensão política seria traduzida pelos problemas sociais. Outra importante contribuição para os estudos de RSC foi a de Wood,[21] que revisou e ampliou o modelo de Wartick e Cochran[22] abordando: a) princípios motivadores, b) processos comportamentais e c) resultados observáveis de ações corporativas, relacionando-os com o Desempenho Social Corporativo (DSC), de modo que seja possível analisar princípios, processos e resultados. As contribuições desses autores tornaram o conceito mais concreto.

Apesar dos avanços para definir RSC nos anos 1980, os investidores questionavam o fato de as empresas estarem preocupadas com as minorias, ao invés de atenderem às suas expectativas, pois também eram partes interessadas no negócio.[23]

Nos anos de 1990, o conceito de responsabilidade social evoluiu com as teorias que propõem, efetivamente na realização do negócio, obrigações para com outros segmentos, além dos acionistas e clientes, como a teoria dos *stakeholders*, em uma perspectiva deontológica.

William C. Frederick[24] foi um dos contribuintes influentes para as definições de responsabilidade social. Segundo ele, responsabilidade social significa que o homem de negócios deve ver além do sistema de operações econômicas que preenche as expectativas do público. Estabelece que o sentido da produção econômica deve ser empregado de forma que a produção e a distribuição contribuam para o bem-estar social e econômico. Quer dizer, ainda, em última análise, que implica disponibilidade e postura pública orientadas para os recursos econômicos, os humanos e para a sociedade.

> Nos anos de 1990, o conceito de responsabilidade social evoluiu com as teorias que propõem, efetivamente na realização do negócio, obrigações para com outros segmentos, além dos acionistas e clientes.

O século XXI iniciou com uma década marcada por escândalos éticos. A economia mundial sofreu uma intensa crise em 2008, que trouxe à tona acusações de acordos éticos questionáveis. Esses acordos expõem a controvérsia da teoria e prática da RSC. Do ponto de vista teórico, a evolução e as modificações têm impactado o conceito substantivo da RSC. De um lado, autores como Öberseder *et al.*,[25] que definem que a responsabilidade social corporativa integra tópicos sociais e ambientais nas atividades do negócio, e age responsavelmente para com os empregados, seus clientes, o ambiente, seus fornecedores, a comunidade local, seus acionistas e a sociedade como

---

19   WARTICK, S. L.; COCHRAN, P. L. The evolution of the corporate social performance model. *Academy of Management Review*, v. 10, n. 4, p. 758-769, 1985.

20   CARROLL, 1979

21   WOOD, D. J. Corporate social performance revisited. *Academy of Management Review*, v. 16, n. 4, p. 691-718, 1991.

22   WARTICK; COCHRAN, 1985.

23   CARROLL, 2015.

24   FREDRICK, W. C. From CSR1 to CSR2. *Business and Society*, Chicago, v. 33, n. 2, 1994.

25   ÖBERSEDER, M.; SCHLEGELMILCH, B. B.; MURPHY, P. E.; GRUBER, V. Consumers' perceptions of corporate social responsibility: scale development and validation. *Journal of Business Ethics*, v. 124, n. 1, p. 101-115, 2014.

OS DESAFIOS DA ATUAÇÃO DIGNA E SOCIALMENTE RESPONSÁVEL

um todo. Por outro, posicionamentos como o de Friedman[26] defendem que a responsabilidade social da empresa é a busca pelo lucro, e que RSC, entendida como ajuda às atividades de caridade, somente poderia ser aceita caso os impostos fossem abolidos da sociedade, uma vez que a responsabilidade social das empresas já é praticada quando elas pagam seus impostos. A posição de Friedman alinha-se com a posição reivindicada pelos investidores nos anos 1980 e de Drucker nos anos 1970. Nota-se, portanto, que a divergência entre as perspectivas que adentram o presente século permanece: a RSC que integra os interesses da sociedade ao negócio, sem constituir-se em caridade, e a que entende que se esgota no fazer do próprio negócio.

A Figura 5.2 sumariza os principais marcos históricos da RSC, mostrando um percurso que iniciou com atividades relacionadas à filantropia, em que a sociedade demandava das organizações que seus interesses estivessem na pauta dos interesses organizacionais, passando estas a percorrer o caminho de atendimento de padrões e legislações sociais e deslocando-se, na atualidade, para crises econômicas e éticas, apesar de a sociedade continuar demandando das organizações que preocupações com as questões sociais permaneçam em suas pautas.

Figura 5.2 Principais marcos históricos da RS

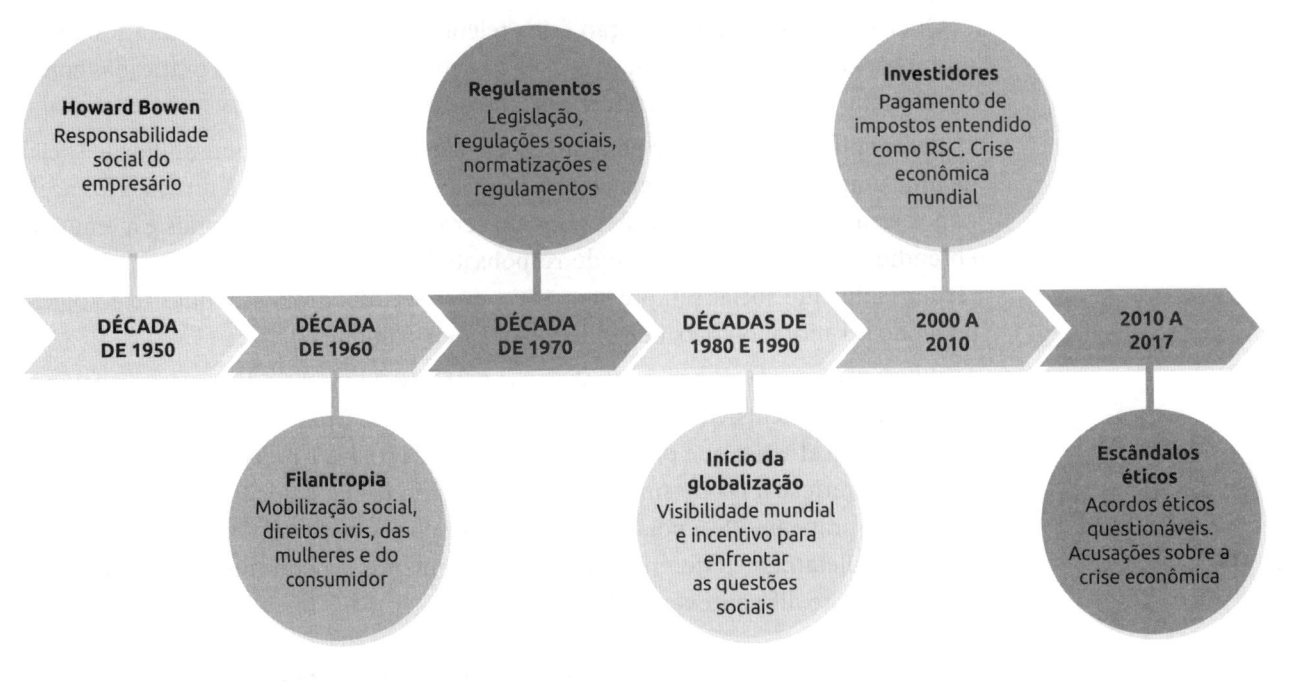

Fonte: POLLON, 2018.

O conceito de responsabilidade social mais utilizado[27] nos estudos acadêmicos nas duas primeiras décadas deste século é o de UK Government,[28] que define que a responsabilidade social corporativa reconhece os interesses comerciais mais amplos do setor

---

26 FRIEDMAN, M. *Capitalism and freedom*. Chicago: University of Chicago Press, 2009.

27 POLLON, V. C. Z. *et al.* Responsabilidade social corporativa: uma revisão. *In*: ENANPAD, XLIII, 2019, São Paulo. *Anais [...]*. São Paulo: Anpad, 2019. Disponível em: https://app.publicacoes.even3.com.br/preprint/responsabilidade-social-corporativa-uma-revisao-106927. Acesso em: 4 fev. 2020.

28 UK GOVERNMENT. UK Government response to European Commission Green Paper on corporate social responsibility, 2011. Disponível em: https://assets.publishing.service.gov.uk/government/uploads/system/uploads/attachment_data/file/32274/11-1097-uk-government-response-eu-corporate-governance-framework.pdf. Acesso em: 4 fev. 2020.

GESTÃO DO FATOR HUMANO

privado e exige que ela gerencie seu impacto na sociedade e no meio ambiente no sentido mais amplo, e também que isso demanda estabelecer um diálogo apropriado ou uma parceria com as partes interessadas relevantes. Salienta, ainda, que a RSC vai além das obrigações legais, abrange o envolvimento voluntário liderado pelo setor privado, que reflete as prioridades e características de cada negócio, bem como fatores setoriais e locais.

> **A teoria dos *stakeholders* possui caráter deontológico ao defender o atendimento equilibrado dos interesses de todos os segmentos que exercem influência sobre a empresa, ou são por ela influenciados.**

A responsabilidade social poderá seguir tanto a ética teleológica egoísta ou altruística quanto a deontológica. Posições como a de Friedman[29] orientam-se pela perspectiva ética teleológica egoísta, pois, para esse autor, fazer com que a empresa obtenha lucro já consiste em RSC. Já o conceito de UK Government[30] orienta-se pela ética teleológica altruísta, pois reflete um conjunto de intenções e ações que, diferentemente da ética teleológica egoísta, extrapolam os próprios interesses. A teoria dos *stakeholders* é de caráter eminentemente deontológico ao defender que os interesses de todos os grupos que exercem influência sobre a empresa, ou são por ela influenciados, devem ser equilibrados ao se fazer a gestão organizacional.[31] Para um grupo social ou sociedade que defenda essa perspectiva de gestão, se uma empresa apenas procura considerar os interesses dos *stakeholders* sem, no entanto, equilibrá-los, não será considerada moralmente correta e, portanto, também não será considerada como socialmente responsável.

Quer seguindo uma orientação ética teleológica, quer deontológica, a RSC será moral para a sociedade ou grupos sociais que considerarem as ações praticadas como aquelas que são desejadas e aceitas, portanto, morais.

Isso significa dizer que, se para uma sociedade as ações de responsabilidade social de uma empresa seguirem uma orientação teleológica altruística e esta não for aceita por essa sociedade, essas ações poderão ser consideradas não morais e a empresa entendida como não praticante de responsabilidade social. Em suma, a prática da responsabilidade social sempre será ética, quer seja deontológica, quer teleológica, podendo ser moral ou não, dependendo de quem a julgue.

Talvez você esteja surpreso ao saber que a RSC pode assumir diferentes posicionamentos éticos, inclusive da ética teleológica egoísta. Isto quer dizer que não basta uma empresa afirmar que pratica responsabilidade social, é preciso analisar que tipo de RSC é praticada. Da mesma forma, é necessário tomar cuidado ao comparar empresas que praticam RSC, pois pode ocorrer de sob a mesma sigla – RSC – praticarem éticas completamente diferentes e, consequentemente, ações de responsabilidade social totalmente diferentes e até divergentes.

A ATUAÇÃO SOCIALMENTE RESPONSÁVEL

Segundo o Instituto Ethos, a empresa deve focar a responsabilidade social em sua cadeia de negócios, englobando preocupações com os diversos *stakeholders* – acionistas, funcionários, prestadores de serviço, fornecedores, consumidores, comunidade, governo e meio ambiente – e buscando entender e incorporar suas demandas aos negócios. [32]

---

29 FRIEDMAN, M. *Capitalism and freedom*. Chicago: University of Chicago Press, 2009.

30 UK GOVERNMENT, 2011.

31 ARAGANDONA, A. The *stakeholder* theory of the common good. *Journal of Business Ethics*, v. 17, n. 9, 1998.

32 FEDATO, C. Sustentabilidade na cadeia de valor. *In*: Instituto Ethos. Disponível em: https://www.ethos.org.br/cedoc/sustentabilidade-na-cadeia-de-valor. Acesso em: 30 jan. 2020.

Roddick[33] vai além ao entender que a mudança social consiste no foco central da responsabilidade social das empresas:

> Independentemente de um rótulo "socialmente responsável", "socialmente consciente", ou "socialmente reflexivo", o que nos importa é mostrar que as empresas devem se transformar em força voltada para uma mudança social positiva.[34]

As organizações são responsáveis por seus atos diante da sociedade, pois fazem parte dela, influenciando e promovendo mudanças sociais, ou seja, na forma como as pessoas convivem entre si e na sua maneira de sentir, pensar e agir.

A mudança social é um fenômeno coletivo que consiste em uma transformação estrutural ou cultural e afeta as condições de vida de seus componentes. Pode ser intencional ou não intencional. A intencional difere da não intencional à medida que diz respeito a uma intervenção ativa provocada por um agente social com o objetivo consciente de promover uma alteração na magnitude e direção de determinado comportamento social.[35]

As empresas promovem mudanças sociais podendo fazê-lo de forma responsável ou não. Assim, uma empresa que pratique o desmatamento ou não trate os seus resíduos, jogando-os *in natura* no ambiente, provocará alterações ambientais e sociais de forma não responsável.

Outro exemplo de empresa que pode promover mudanças sociais não responsáveis é o que Csikszentmihalyi[36] denomina "mau negócio": aquele que estimula as pessoas a investirem em promessas que não se sustentam, e as empresas que os fazem têm pouca duração. Sobre esses negócios, diz Christine Comaford Lynch, da Artemis Ventures:

> Lucros fartos a qualquer preço é um esquema de que não quero fazer parte, seja qual for seu formato, esquema ou encaminhamento. O que me interessa é construir empresas. Não pretendo simplesmente divulgar um conceito. Nunca pensei em fazer isso. Não pretendo me tornar uma oportunista a esse nível e simplesmente cair fora do negócio, deixando viúvas e crianças cujo dinheiro foi tomado ao desamparo enquanto as ações assim compradas vão afundando. É o que vejo acontecendo inúmeras vezes, e não me serve, não quero fazer nada parecido com isso. É como enriquecer à custa do resto do mundo. Definitivamente, isso não é correto.[37]

A responsabilidade social empresarial diz respeito a mudanças intencionais responsáveis promovidas no ambiente físico e social.

As organizações são responsáveis por seus atos diante da sociedade, pois fazem parte dela, influenciando e promovendo mudanças sociais.

A responsabilidade social empresarial diz respeito a mudanças intencionais responsáveis promovidas no ambiente físico e social.

---

33   RODDICK, 2002.

34   RODDICK, 2002, p. 62.

35   TEIXEIRA, M. L. M. *Orientação para marketing social: um estudo de valores e atitudes dos executivos.* 1995. Tese (Tese de Doutorado em Marketing) – FEA/USP, São Paulo, 1995.

36   CSIKSZENTMIHALYI, M. *Gestão qualificada:* a conexão entre felicidade e negócio. Porto Alegre: Bookman, 2004.

37   LYNCH *apud* CSIKSZENTMIHALYI, 2004, p. 27.

Organizações socialmente responsáveis são também organizações dignas?

Para podermos responder a essa questão é necessário primeiro entender o que é dignidade da pessoa humana e o que é dignidade no âmbito das organizações, isto é, dignidade organizacional.

Uma das formas de compreender a dignidade da pessoa humana consiste em abordá-la sob as seguintes perspectivas: inata, adquirida e mista. A concepção de dignidade como valor intrínseco ao ser humano tem uma perspectiva eminentemente inata. A dignidade adquirida pode ser concebida como sendo de natureza sociopolítica ou de mérito e estar associada ao *status* moral. Ambas são adquiridas no contexto social. Já a de dignidade como integridade abrange tanto os aspectos inatos quanto os adquiridos.[38] A seguir, comentamos cada um dos tipos de dignidade da pessoa humana.

A dignidade enquanto valor intrínseco do ser humano não é adquirida socialmente. Em vez disso, é herdada por todos os indivíduos ao nascerem, independentemente de suas características sociais, mentais ou físicas, fazendo parte de sua natureza humana. Deriva da ideia judaico-cristã de que fomos criados à imagem e semelhança de Deus, ou por sermos seres racionais. O ser humano é capaz de fazer escolhas morais, como é defendido, por exemplo, pela filosofia estoica e kantiana. A dignidade, nesse sentido, constitui-se em um valor inalienável do ser humano, que ninguém pode comprar, tirar, nem destruir ou contestar.[39]

Apesar de a dignidade sociopolítica e a dignidade como *status* moral serem adquiridas no contexto social, essas duas concepções diferenciam-se na maneira como o indivíduo as adquire. A dignidade do mérito, ou sociopolítica, é adquirida mediante o papel social, *status* pessoal ou posição política e social que a pessoa ocupa na sociedade. Ou seja, quanto mais elevada a titularidade das funções públicas, o cargo ocupado (presidente, bispo, pastor, prefeito, entre outros) e o reconhecimento da sociedade acerca desse *status* pessoal, maior será o grau de dignidade que lhe será atribuído. Por sua vez, a dignidade como *status* moral é adquirida mediante as escolhas morais feitas pelos indivíduos e/ou grupos nas relações interpessoais e sociais.[40]

A concepção de dignidade da pessoa humana como integridade ou identidade defende a dignidade construída na relação com o outro e abrange dois tipos: a do *self* e a relacional. A dignidade do *self* corresponde ao autovalor e autorrespeito. O autovalor é inato no ser humano, mas o autorrespeito é construído na relação com as outras pessoas. A dignidade relacional é criada nas interações entre indivíduos, grupos e sociedade e refere-se à presença de respeito e de valorização em direção ao outro, podendo ser expressa mediante comportamentos individuais e coletivos. Ambos os tipos de dignidade são suscetíveis de violação e/ou promoção. A violação da dignidade é passível de ocorrer em relações assimétricas, ou seja, quando a autoridade (ou

---

38 TADD, W.; VANLAERE, L.; GASTMANS, C. Clarifying the Concept of human dignity in the care of the elderly: a dialogue between empirical and philosophical approaches. *Ethical Perspectives*, v. 17, n. 1, p. 253-281, 2010. NORDENFELT, L. Dignity and the care of the elderly. *Medicine, Health Care and Philosophy*, v. 6, p. 103-110, 2003. NORDENFELT, L. The varieties of dignity. *Health Care Analysis*, v. 12, p. 69-81, 2004.

39 TADD; VANLAERE; GASTMANS, 2010. KOEHN, D.; LEUNG, A. Dignity in western versus in chinese cultures: theoretical overview and practical illustrations. *Business & Society Review*, v. 113, n. 4, p. 477-504, 2008.

40 TADD; VANLAERE; GASTMANS, 2010. NORDENFELT, 2003. NORDENFELT, 2004.

OS DESAFIOS DA ATUAÇÃO DIGNA E SOCIALMENTE RESPONSÁVEL

poder) de uma das pessoas é maior que a da outra.[41] Já a promoção da dignidade ocorre quando um dos indivíduos se encontra autoconfiante e em posição de confiança em relação ao outro.[42]

Para melhor visualização das diferentes concepções de dignidade humana, veja o Quadro 5.1. Nele, evidencia-se que as diversas concepções de dignidade humana, considerando seus aspectos principais, podem ser incluídas em três grupos: dignidade adquirida, dignidade inata e dignidade adquirida e inata (mista). O primeiro grupo abrange a dignidade sociopolítica ou do mérito e a de *status* moral. O segundo grupo corresponde à dignidade do valor intrínseco e, por fim, o terceiro grupo refere-se à dignidade da integridade ou da identidade.

Quadro 5.1 Diferentes concepções de dignidade humana

Inata	Adquirida	Adquirida e inata (mista)
Valor intrínseco e inalienável, que diz respeito à natureza humana. Deriva da ideia judaico-cristã de que fomos criados à imagem e semelhança de Deus ou por sermos seres racionais.	Sociopolítica ou de mérito (papel social, *status* pessoal) e dignidade associada ao *status* moral (escolha moral).	Dignidade como integridade ou identidade da pessoa corresponde ao sentido de dignidade social que, entre outros aspectos, abrange dois tipos: a do *self* (autorrespeito e autovalor) e a relacional. São suscetíveis de serem violadas e/ou promovidas.

Fonte: elaborado pelas autoras.

MAS, AFINAL, O QUE É DIGNIDADE? QUAL A DIFERENÇA ENTRE RESPONSABILIDADE SOCIAL E ÉTICA NO ÂMBITO DAS ORGANIZAÇÕES?

A concepção kantiana de dignidade, que a considera uma característica inerente ao ser humano que não pode ser violada, tem influenciado a defesa dos direitos humanos, assim como a Declaração Universal dos Direitos Humanos e as constituições de países como Estados Unidos e Brasil, entre outros.[43] Apesar disso, alguns conceitos têm surgido de críticas à concepção kantiana. Essas críticas baseiam-se no entendimento de que as pessoas vivem em contextos sociais, culturais, econômicos e políticos e que neles elas vivenciam a dignidade – sofrendo a influência de forças sociais – e que ela pode tanto ser promovida quanto violada. As pessoas precisam ter consciência das forças sociais em que estão envolvidas e que podem afetar a construção de uma vida significativa. Por sua vez, construir uma vida com significado implica autonomia. Autonomia para a autorrealização produtiva. Dignidade consiste na autorrealização de valores fundamentais para tornar a vida de uma pessoa significativa, o que implica autonomia para fazer escolhas.[44] A dignidade é construída na interação entre as pessoas ou atores sociais e tais encontros estão permeados pela ordem social e têm potencial para promover ou violar a dignidade segundo um conjunto

---

41   JACOBSON, N. Dignity and health: a review. *Social Science & Medicine*, v. 64, p. 292-302, 2007; JACOBSON, N. A taxonomy of dignity: a grounded theory study. *BMC International Health and Human Rights*, v. 9, n. 3, p. 1-14, 2009.

42   JACOBSON, 2007; JACOBSON, 2009.

43   SARLET, I. W. *A eficácia dos direitos fundamentais na Constituição de 1988*. Uma teoria geral dos direitos fundamentais na perspectiva constitucional. Porto Alegre: Livraria do Advogado, 2012.

44   HODGKISS, P. A moral vision: human dignity in the eyes of the founders of sociology. *The Sociological Review*, v. 61, n. 3, p. 417-439, 2013.

> **Dignidade significa autonomia para a autorrealização e construção de uma vida com sentido e propósito.**

de condições. Desigualdade sustentada por relações assimétricas entre os indivíduos pode colocar as pessoas em situação de vulnerabilidade e perda de autonomia para construir uma vida significativa.[45] Dignidade significa, portanto, autonomia para a realização e construção de uma vida com sentido e propósito. Esse conceito compreende tanto a dignidade inata de autovalor quanto de autorrespeito adquirido na relação com o outro, dignidade sociopolítica ou de mérito, assim como dignidade de integridade – e constitui-se em um direito.

O conceito de dignidade integra as diferentes abordagens de Dignidade Organizacional (DO) e permite a diferenciação entre RSC e DO.

DIGNIDADE NO ÂMBITO ORGANIZACIONAL

O estudo da dignidade no âmbito organizacional é abordado considerando-se dois aspectos: o primeiro corresponde às especificidades do ambiente interno das organizações, abrangendo a dignidade do trabalhador e a dignidade no/do trabalho, denominada "dignidade nas organizações". O segundo aspecto refere-se à avaliação interna e externa da organização, mediante suas relações com os *stakeholders*, aqui denominada "dignidade das organizações".

A dignidade nas organizações engloba aspectos relacionados à dignidade do trabalhador,[46] dignidade no/do trabalho,[47] dignidade no local de trabalho,[48] levando em consideração os sentimentos e percepções do trabalhador em relação ao seu trabalho, as relações estabelecidas entre trabalhadores e entre estes e seus superiores hierárquicos, assim como práticas organizacionais a eles dirigidas no contexto interno de determinada organização.[49]

> **O conceito de dignidade organizacional é multidimensional e multifacetado e engloba tanto a dignidade nas organizações quanto a dignidade das organizações.**

Estudos brasileiros sobre a dignidade organizacional avançam no conceito entendendo a organização como um ator social, capaz de responsabilizar-se por suas ações; portanto, não se trata aqui apenas da dignidade do trabalhador, mas sim da relação da empresa com seus *stakeholders*. A concepção da organização enquanto ator social baseia-se, entre outros aspectos, na ideia de que as organizações, além de se constituírem como uma agência econômica, circunscrita em um determinado momento histórico, político e social, constituem-se também como uma agência no sentido corporativo, a qual diz respeito à atuação na comunidade e sociedade em que está inserida.[50]

O conceito de dignidade organizacional é multidimensional e multifacetado e engloba tanto a dignidade nas organizações quanto a dignidade das organizações.

---

45 JACOBSON, 2009.

46 ROSS, G. A. *Relaciones tóxicas*: acoso, malos tratos y mobbing. Pamplona: Ediciones Enate, 2013.

47 BERG, P.; FROST, A. Dignity at work for low wage, low skill service workers. *Relations Industrielles/Industrial Relations*, v. 60, n. 4, p. 657-682, 2005.

48 BRODIE, D. Protecting dignity in the workplace: the vitality of mutual trust and confidence. *Industrial Law Journal*, v. 33, n. 4, p. 349-354, 2004. THOMAS, B.; LUCAS, K. Development and validation of the workplace dignity scale. *Group & Organization Management*, v. 44, n. 1, p. 72-111, 2019.

49 HEPPLE, B. Igualdade e capacitação para o trabalho decente. *Int'l Lab. Rev.*, 140, 5, 2001. HODSON, R.; ROSCIGNO, V. J. Organizational success and worker dignity: complementary or contradictory? *The American Journal of Sociology*, v. 110, n. 3, p. 672-708, 2004. MATTSON, D. J.; CLARK, S. G. Human dignity in concept and practice. *Policy Sciences*, v. 44, n. 4, p. 303-319, 2011.

50 KING, B. G., FELIN, T.; WHETTEN, D. A. Perspective: finding the organization in organizational theory: a meta-theory of the organization as a social actor. *Organization Science*, v. 21, n. 1, p. 290-305, 2010. ASHMED, P. K.; MACHOLD, S. The quality and ethicsconnection: toward virtuous organizacions. *Total Quality Management*, v. 15, n. 4, p. 527-545, 2004.

Dignidade nas organizações

Tendo em vista que o núcleo do conceito dignidade é o direito à autonomia da pessoa para ter uma vida com propósito que faça sentido, a dignidade nas organizações, representada pela dignidade no e do trabalho e no local de trabalho, é obtida por meio de práticas que promovam a autonomia do trabalhador na busca da realização de seu sentido de vida, em suma, que promovam a dignidade dele.

Mas qual é a diferença entre dignidade do trabalho, no trabalho e no local do trabalho?

A dignidade do trabalho diz respeito à capacidade do trabalho de promover a autonomia do trabalhador para ter uma vida com sentido. Nesse âmbito estão as discussões sobre trabalho decente. De acordo com a International Labor Organization:

> O trabalho decente resume as aspirações das pessoas em suas vidas profissionais. Envolve oportunidades de trabalho produtivo e que gera renda justa, segurança no local de trabalho e proteção social para as famílias, melhores perspectivas de desenvolvimento pessoal e integração social, liberdade para as pessoas expressarem suas preocupações, organizarem e participarem das decisões que afetam seus interesses, vidas e igualdade de oportunidades e tratamento para todas as mulheres e homens.[51]

De acordo com a Organização Internacional do Trabalho (OIT), o trabalho decente envolve oportunidades para que homens e mulheres realizem um ofício produtivo, adequadamente remunerado, exercido em condições de liberdade, equidade, segurança que garanta uma vida digna.[52]

Trabalho decente não envolve apenas a vida dentro do contexto organizacional mas também aspectos que compõem o contexto do trabalho e que garantem ao trabalhador conquistar condições dignas de vida. Entre essas condições, estão o direito a participar de sindicatos, liberdade de expressão, tomada de decisão nos aspectos que envolvem sua vida, realização de trabalho produtivo, remuneração justa.

A OIT estabeleceu algumas políticas a serem seguidas pelos países da América Latina no período 2006-2015, visando à promoção do trabalho decente, entre elas: o crescimento econômico de 5% ao ano, uma vez que, sem desenvolvimento econômico, torna-se difícil a garantia de emprego decente. Respeito aos princípios fundamentais do trabalho a serem incorporados em legislações nacionais, eliminação progressiva do trabalho infantil e do trabalho forçado, liberdade sindical, eliminação progressiva de discriminação no trabalho, proteção social para o trabalhador e sua família, e diálogo social efetivo institucionalizado constituem outras políticas estabelecidas pela OIT a serem implementadas pelos governos e empregadores. O trabalho decente é considerado fundamental para a diminuição da pobreza no mundo. Pode-se dizer que ele consiste em uma condição essencial para que as pessoas tenham dignidade na realização do seu trabalho. Significa trabalho digno e trabalhador dignificado.

---

51 INTERNATIONAL LABOUR ORGANIZATION (ILO). Decent work. *ILO*, 2020. Disponível em https://www.ilo.org/global/topics/decent-work. Acesso em: 1 abr. 2020.

52 ORGANIZAÇÃO INTERNACIONAL DO TRABALHO (OIT). Disponível em https://nacoesunidas.org/agencia/oit. Acesso em: 1 abr. 2020.

GESTÃO DO FATOR HUMANO

A dignidade no trabalho confunde-se, de certa forma, com dignidade no ambiente de trabalho e inclui alguns aspectos da dignidade do trabalho, como passamos a ver em seguida. Sentir-se respeitado no ambiente de trabalho, ser tratado como igual mesmo quando há diferença de *status*, valorizado como pessoa, com possibilidade de desenvolver suas competências e sentir que seu trabalho é uma fonte de dignidade são fatores que compõem o ambiente de trabalho digno.[53] Ser tratado como igual implica não sofrer discriminação. Este aspecto, assim como ser valorizado como pessoa, é um fator de dignidade "no ambiente do trabalho" e "do trabalho", testemunhando a interconexão entre ambos os tipos de dignidade no âmbito do aspecto da dignidade nas organizações.

A dignidade nas organizações é traduzida, em grande parte, pelo relacionamento entre os gestores e trabalhadores, por ser uma relação assimétrica, gerando vulnerabilidade e possibilitando a violação da dignidade[54] por meio do assédio moral.

Evitando o assédio moral[55]

Dentro ou fora do ambiente de trabalho, o fenômeno denominado assédio moral não é novo e, segundo Hirigoyen,[56] existe em toda parte, com diferentes enfoques de acordo com o contexto e a cultura nos quais está inserido. Hirigoyen[57] descreve o assédio moral em sua primeira obra como a violência perversa no cotidiano. Segundo essa autora, um processo perverso pode, ocasionalmente, ser utilizado por todas as pessoas, tornando-se destrutivo apenas quando empregado com muita frequência.

> Pequenos atos perversos são tão corriqueiros que parecem normais. Começam com uma simples falta de respeito, uma mentira ou uma manipulação [...] Se o grupo social em que tais condutas aparecem não se manifesta, elas se transformam progressivamente em condutas perversas ostensivas, que têm consequências graves sobre a saúde psicológica das vítimas.[58]

Soboll[59] define assédio moral como "um processo grave e extremo de violência psicológica, que acontece de maneira continuada e repetitiva no contexto de trabalho e que produz efeito de humilhação, ofensa e constrangimento".

Glina e Soboll[60] realizaram uma revisão de literatura sobre aspectos definidores do assédio moral. Com base nos elementos definidores apontados por esses autores é possível entender assédio moral como comportamento intencional hostil que se caracteriza por conduta abusiva, ato negativo que ocorre de forma persistente, recorrente, ou, de vez em quando, caracterizado como evento único, a depender das circunstâncias, frente ao qual o assediado se percebe sem condições de se defender. Essas características permitem identificar o assédio moral como um tema da dignidade no trabalho, uma vez que afeta a autonomia do trabalhador.

---

53   THOMAS; LUCAS, 2019.

54   JACOBSON, 2009.

55   O texto sobre assédio moral foi baseado em RODRIGUES, M. *Assédio moral e a estabilidade dos valores do trabalho*. São Paulo: Universidade Presbiteriana Mackenzie, 2005.

56   HIRIGOYEN, M.-F. *Assédio moral*: a violência perversa no cotidiano. Rio de Janeiro: Bertrand Brasil, 2002a.

57   HIRIGOYEN, 2002a.

58   HIRIGOYEN, 2002a, p. 19.

59   SOBOLL, L. A. Assédio moral. *In:* CATTANI, A. D.; HOLZMANN, L. (org.). *Dicionário de trabalho e tecnologia*. Porto Alegre: Zouk, 2011. p. 40.

60   GLINA, D. M. R.; SOBOLL, L. A. Intervenções em assédio moral no trabalho: uma revisão da literatura. *Revista Brasileira de Saúde Ocupacional*, v. 37, n. 126, p. 269-283, 2012.

OS DESAFIOS DA ATUAÇÃO DIGNA E SOCIALMENTE RESPONSÁVEL

Freitas[61] sinaliza que o assédio moral começa, na maioria das vezes, pelo abuso de poder, segue por um abuso narcísico, no qual o outro perde a autoestima, podendo chegar, em algumas circunstâncias, ao abuso sexual. Uma leve mentira ou falta de respeito flagrante podem ser o início de um processo de manipulação por parte de um indivíduo perverso, que tende a reproduzir esse comportamento destruidor em todas as circunstâncias de sua vida, por exemplo: local de trabalho e vida familiar.

Poder-se-ia pensar que, com a evolução das metodologias de gestão e a cobrança da sociedade exigindo das empresas responsabilidade, a presença do assédio moral nas organizações estivesse em declínio, porém não parece que isso vem ocorrendo, conforme demostramos a seguir.

> **O assédio moral começa pelo abuso de poder, segue por um abuso narcísico no qual o outro perde a autoestima.**

Para Aguiar,[62] apesar de maus-tratos e humilhações serem praticados desde o início das relações trabalhistas, no começo do século XX, eles estão sendo intensificados pela vulnerabilização a que são submetidos os trabalhadores no contexto da globalização. Em pesquisa realizada pela Fiesp, em 2003, com 543 empresas do estado de São Paulo, verificou-se que 22,3% adotavam normas contra a discriminação e 21,4%, normas para evitar o assédio sexual. Essas práticas são mais comuns em companhias de grande porte, nas quais as normas contra a discriminação apareceram em 39,7% e contra o assédio sexual, em 33,9%. Segundo a pesquisa, "é razoável admitir uma maior dificuldade entre as pequenas empresas para formalizar regras de conduta".[63] Rodrigues,[64] em pesquisa publicada em 2005, realizada com centenas de profissionais de diversos segmentos da economia, identificou, entre as consequências do assédio moral sintomas de estresse, perda do emprego, perda de autoestima e reflexos na vida familiar. Rafael Barifouse,[65] em artigo publicado pela BBC News em 2019, apresenta os resultados de uma pesquisa mostrando que mais da metade dos brasileiros já passou por assédio moral e que mais de 30% dos entrevistados que ainda não tinham passado por essa dura experiência já tinham, no entanto, presenciado algum evento de assédio moral.[66]

O assédio moral nas organizações existe, conforme exemplificado pelas pesquisas apresentadas, apesar de todo o discurso de humanização e democratização presente no mundo do trabalho. Classificado também de "psicoterror"[67] o assédio moral no ambiente de trabalho tem mobilizado sindicatos, médicos do trabalho, pesquisadores, profissionais da área de direito, os próprios trabalhadores e as empresas a se interessarem pela compreensão desse fenômeno e pela análise de suas causas e consequências.

---

61 FREITAS, M. E. Assédio moral e assédio sexual: faces do poder perverso nas organizações. *RAE – Revista de Administração de Empresas*, São Paulo, v. 41, n. 2, p. 8-19, abr./jun. 2001.

62 AGUIAR, A. L. S. Assédio moral nas organizações: estudo de caso dos empregados demitidos e em litígio judicial trabalhista no Estado da Bahia. 2003. Dissertação (Mestrado em Administração Estratégica) – Unifacs, Salvador, 2003.

63 FIESP-CIESP, 2003.

64 RODRIGUES, 2005.

65 BARIFOUSE, R. Metade dos brasileiros já sofreu assédio no trabalho, aponta pesquisa. *BBC News Brasil*, 15 jun. 2015. Disponível em: https://www.bbc.com/portuguese/noticias/2015/06/150610_assedio_trabalho_pesquisa_rb. Acesso em: 31 mar. 2020.

66 BARIFOUSE, 2015.

67 HIRIGOYEN, M-F. *Mal-estar no trabalho*: redefinindo o assédio moral. Rio de Janeiro: Bertrand Brasil, 2002b.

Dignidade das organizações

Nas últimas décadas, além da dignidade humana, outros tipos de dignidade têm sido discutidos, por exemplo, a dos animais.[68] Teixeira[69] questiona se é possível atribuir dignidade a uma organização. A essa questão autores respondem afirmativamente ao considerarem a organização social como um ator social capaz de intenção, propósito e ação, seguindo as pegadas de King e Whtetten.[70] Conceber as organizações como atores sociais implica concebê-las como passíveis de serem percebidas por seus *stakeholders* como capazes de assumir a responsabilidade por suas decisões e por suas práticas. As organizações, portanto, podem ser caracterizadas como entidades sociais que são avaliadas por seus *stakeholders* e são responsáveis pelo impacto de suas ações.

Analisar a dignidade organizacional implica estudar o quanto a organização contribui ou restringe o direito à autonomia dos trabalhadores (dignidade nas organizações) na construção de uma vida com propósito significativo e/ou estudar as avaliações que os *stakeholders* fazem da dignidade embebida nas práticas organizacionais que também afetam seu direito à autonomia de ação na construção de um sentido de vida. Teixeira[71] mostra que a avaliação que um *stakeholder* faz da dignidade de uma organização vai além da dignidade percebida nas práticas a ele direcionadas, às quais tenha experienciado ou das quais tenha tomado conhecimento, pois engloba também práticas direcionadas a outros *stakeholders* e por eles percebidas. Essa perspectiva indica que os trabalhadores não avaliam apenas a dignidade embutida nas práticas que os afetam positiva ou negativamente, mas também as práticas direcionadas aos clientes, fornecedores e sociedade dos quais tenham conhecimento.

Lembrando que a autonomia na construção de vida com sentido é o núcleo do conceito de dignidade. O nível de dignidade de uma organização está diretamente ligado ao quanto suas práticas respeitam e/ou promovem, ou restrinjam, a autonomia de seus *stakeholders* relacionada à vivência do sentido de suas vidas. Uma empresa que restrinja o direito à reclamação dos clientes por mau atendimento ou qualidade dos produtos ou serviços está afetando o direito à autonomia de vivenciar a vida com o sentido que esses consumidores lhe atribuem. Um fornecedor que entrega um produto fora do prazo combinado, sem a qualidade combinada em uma relação *business-to--business* afeta esse sentido de autonomia da mesma forma.

Teixeira[72] mostra que a dignidade organizacional implica uma orientação ética deontológica, isto é, guiada por princípios fundamentais de respeito ao ser humano como ser inerentemente digno, ou seja, de dignidade inata. A relação entre dignidade organizacional e ética foi atestada em estudo desenvolvido por Teixeira.[73]

---

68 VASCONCELOS FILHO, F. E. Dignidade não humana: os animais como sujeitos de direito no Brasil. *In:* JUS, 2019. Disponível em: https://jus.com.br/artigos/74127/dignidade-nao-humana-os-animais-como-sujeitos-de-direito-no-brasil. Acesso em: 24 jan. 2020.

69 TEIXEIRA, M. L. M. Organizational dignity theory: a proposal. *In:* SEMINÁRIOS EM ADMINISTRAÇÃO (SemeAd), 2016, São Paulo. *Anais [...].* São Paulo: FEA/USP, 2016.

70 KING, B. G., FELIN, T.; WHETTEN, D. A. Perspective: finding the organization in organizational theory: a meta-theory of the organization as a social actor. *Organization Science*, v. 21, n. 1, p. 290-305, 2010.

71 TEIXEIRA, 2016.

72 TEIXEIRA, 2016.

73 TEIXEIRA, M. L. A relação entre dignidade organizacional, ética, responsabilidade social. *Relatório Bolsa Produtividade*. São Paulo: Capes, 2019.

Finalmente, chegamos ao ponto em que é possível responder à questão proposta para este item do capítulo: *Organizações socialmente responsáveis são também organizações dignas? Qual a sua opinião?*

DIGNIDADE ORGANIZACIONAL E RESPONSABILIDADE SOCIAL CORPORATIVA (RSC): QUAL A RELAÇÃO ENTRE ELAS?

A RSC implica o agir responsável das organizações perante os *stakeholders*,[74] responsabilizando-se pelo impacto neles produzido, enquanto a dignidade organizacional implica respeito à autonomia de ação. Os dois conceitos são fortemente interligados e podem apresentar uma relação complementar – mas não se confundem. Por exemplo, uma empresa pode exercer a RSC com relação ao meio ambiente, mas isso não significa respeitar ou promover a autonomia do meio ambiente, uma vez que este não é dotado de vontade humana de ação. Mas impor ao trabalhador e exigir dele uma carga horária de trabalho que limite as horas que tem para dedicar-se à sua vida pessoal, isso pode gerar impactos (RSC) negativos sobre sua saúde e sua vida pessoal, afetando sua autonomia de ação (dignidade organizacional). Pode-se dizer que uma ação é considerada como socialmente responsável sem necessariamente ser digna ou indigna. Porém, ao gerarem impactos positivos sobre os *stakeholders*, as ações dignas com relação a eles são também ações socialmente responsáveis.

A relação entre dignidade organizacional e RSC foi testada e confirmada em estudos realizados por Pollon[75] e Teixeira.[76] Pollon[77] identificou, em sua pesquisa com mais de 200 trabalhadores, que a percepção das empresas como praticantes de RSC explicava em torno de 30% a percepção de que também executavam práticas de dignidade organizacional. Teixeira,[78] em estudo com 140 trabalhadores, identificou que a percepção de RSC corporativa explicava em mais de 50% a percepção de dignidade das empresas avaliadas. Esses resultados sugerem que, se a empresa adotar uma cultura de responsabilidade social, aumentam as possibilidades de que tenha práticas de dignidade organizacional e seja considerada, assim, uma empresa digna. Na prática, uma organização reconhecida como socialmente responsável terá chance de ser vista também como adotante de práticas dignas. Mas note que a RSC explicou apenas parcialmente a percepção de dignidade organizacional, isto é, os resultados dos dois estudos sugerem que 50% ou mais de práticas consideradas dignas não foram explicadas pelas práticas de RSC. Portanto, não se pode afirmar que uma empresa que pratica RSC realize 100% de práticas totalmente dignas. Carrijo[79] fez uma pesquisa sobre dignidade em audiências de conciliação entre companhias de telefonia e clientes. São empresas

---

74 ÖBERSEDER, 2014.

75 POLLON, V. C. Z. Relação entre dignidade organizacional e responsabilidade social corporativa na percepção de empregados. 2018. Tese (Dissertação de Mestrado em Administração). Universidade Presbiteriana Mackenzie, São Paulo, 2018. Disponível em: http://tede.mackenzie.br/jspui/handle/tede/3821. Acesso em: 6 fev. 2020.

76 TEIXEIRA, 2019.

77 POLLON, 2018.

78 TEIXEIRA, 2019.

79 CARRIJO, F. A. *A dignidade em audiência de conciliação: um estudo com consumidores, conciliadores e representantes de empresas de telefonia.* 2017. Tese (Dissertação de Mestrado em Administração) – Programa de Pós-Graduação em Administração de Empresas, Universidade Presbiteriana Mackenzie, São Paulo, 2017.

que realizam práticas de responsabilidade social, mas nas audiências de conciliação mostram-se não praticantes de dignidade organizacional na relação com os clientes. Os prepostos delas revelaram que têm limites bastante restritos para fazer os acordos, que não lhes oferecem flexibilidade para negociar, sendo comum terminarem a audiência sem sucesso, deixando os clientes ainda mais insatisfeitos e até revoltados com a violação da sua dignidade.

Você já se questionou se as empresas por onde você passou tinham práticas dignas? Imaginou que a ética e a responsabilidade social estariam envolvidas nesse contexto? Na sequência, vamos apresentar algumas práticas que envolvem tanto a RSC quanto a dignidade organizacional.

PRÁTICAS ÉTICAS DE RESPONSABILIDADE SOCIAL CORPORATIVA E DE DIGNIDADE ORGANIZACIONAL

Como já vimos no item sobre ética deste capítulo, todas as ações são orientadas por uma ética que pode ser deontológica (guiada por princípios universais, em que os meios não podem ser justificados pelos fins) ou teleológica, na qual as ações são justificadas pelas suas consequências, isto é, ao contrário da lógica da ética deontológica, os fins justificam os meios. A ética teleológica pode ser altruísta, quando as consequências das ações privilegiam as consequências para as pessoas, ou egoística, quando, ao contrário, as ações privilegiam os interesses de quem age. Neste item, consideramos práticas éticas apenas aquelas orientadas pela ética deontológica ou teleológica altruísta.

No item sobre RSC foram apresentados vários conceitos, inclusive o de Friedman,[80] que defende que a RSC de uma empresa se restringe a obter lucro. Para selecionarmos práticas de responsabilidade social a serem apresentadas neste item, consideramos os conceitos que têm como núcleo a responsabilidade pelo impacto social das ações empresariais, conforme propõe o conceito de RSC do UK Government.[81] Considerando que o respeito pela autonomia na construção e vivência do propósito de vida é nuclear nas práticas de dignidade organizacional, neste item apresentamos algumas práticas organizacionais orientadas pela ética deontológica ou teleológica altruística e pela responsabilidade pelo impacto gerado sobre os *stakeholders*. Práticas que respeitam a autonomia dos indivíduos na construção do seu propósito de vida.

Práticas de balanceamento do tempo "trabalho × vida pessoal e família"

O relacionamento entre empresa e família tem apresentado, ao longo dos anos, pontos e contrapontos.

Segundo Laabs,[82] há 50 anos, falar em balanceamento entre vida e trabalho pareceria, simplesmente, loucura. Desde o momento em que uma pessoa estivesse trabalhando, jamais deveria permitir que sua vida particular influísse seu desempenho. Atualmente, porém, de acordo com uma pesquisa realizada pela Aon Consulting

---

80   FRIEDMAN, M. *Capitalism and freedom*. Chicago: University of Chicago Press, 2009.

81   UK GOVERNMENT, 2001.

82   LAABS, J. They want more support-inside and outside of work. *Workforce*, Costa Mesa, v. 77, n. 11, p. 54-56, nov. 1998.

OS DESAFIOS DA ATUAÇÃO DIGNA E SOCIALMENTE RESPONSÁVEL

Worldwide Inc.,[83] o comprometimento dos empregados está fortemente associado com o reconhecimento pela gerência da importância da vida pessoal e familiar.

Os programas que visam equilibrar trabalho e família congregam: horário flexível, possibilitando, inclusive, semanas com menos de cinco dias, desde que mantida a carga horária; teletrabalho, que consiste em trabalho fora do local habitual, podendo ser em casa ou em outro lugar; bem-estar, que inclui exercícios físicos e saúde; assistência por meio de programas que visam a cuidados com crianças e idosos.[84]

A despeito dos benefícios potenciais para a família e a empresa da adoção de programas de balanceamento entre trabalho e família, existem barreiras significativas, como as crenças sobre o que seja um bom trabalhador, como a produtividade é alcançada,[85] o que é ser um bom executivo, um bom pai, uma boa mãe, uma boa carreira, as atitudes do homem para com a mulher.[86]

Para que um programa de balanceamento entre trabalho e família seja efetivamente praticado, é necessário que os valores que o suportam estejam incorporados na cultura da organização.[87]

Segundo Kanter,[88] a quantidade de trabalho diário necessária na atual realidade empresarial, que tem estruturas enxutas, inovadoras, é maior que nas empresas tradicionais; além do que, não é apenas uma questão de dedicação de tempo, mas de energia, pensamentos e comprometimento. A manutenção de balanceamento entre vida familiar e trabalho consiste em uma forma de reduzir o estresse dos empregados e aumentar o comprometimento com a empresa.[89]

> **Para que um programa de balanceamento entre trabalho e família seja efetivamente praticado, é necessário que os valores que o suportam estejam incorporados na cultura da organização.**

Nos Estados Unidos, tem-se destacado a atenção para políticas e práticas que permitam ao empregado dedicar-se ao trabalho e à família – *family-friendly programs*.[90] Estudos indicam que, desde a década de 1990, há um número crescente de iniciativas empresariais no sentido de oferecer aos empregados benefícios que proporcionem maior balanceamento entre vida familiar e trabalho, conforme se verificou em 1996, em pesquisas realizadas pelas consultorias William M. Mercer e Hewitt Associates. No primeiro caso, a pesquisa realizada na cidade de Nova York identificou que, das 800 empresas entrevistadas, 94% ofereciam algum tipo de flexibilidade em suas políticas de RH, 79% proporcionavam um sistema de tempo parcial, 38% dedicavam um sistema de horário flexível, 34% haviam diminuído o horário semanal, enquanto 26% apresentavam um sistema de trabalho compartilhado. No segundo caso, a pesquisa foi realizada em Illinois, envolvendo 1050 empresas, e descobriu que 68% ofereciam esquema de horário flexível, 86% dispunham de serviços para cuidar de crianças e 30% para cuidar de idosos.[91]

---

83   UNHEALTHY work-life balance harms family life and productivity levels. *In*: AON. Disponível em: https://www.aon.com/unitedkingdom/employee-benefits/news/articles/unhealthy-work-balance-harms-family-life.jsp. Acesso em: 30 mar. 2020.

84   MECHELEN, R. V. Work/life programs as management programs. *The Public Manager: the new bureaucrat*, v. 27, n. 1, 1998.

85   VINCOLA, A. Cultural change is the work/life solution. *Workforce*, Costa Mesa, v. 77, n. 10, p. 70-73, out. 1998.

86   HALL, D. T. Promoting work/family balance: an organization-change approach. *Organizational Dynamics*, v. 18, n. 3, 1990.

87   VINCOLA, 1998.

88   KANTER, R. *When the giants learn to dance*. New York: Prentice-Hall, 1987.

89   GRAY, C. L. Being there. *Financial Executive*, v. 15, n. 4, 1999.

90   Neste trabalho, o termo *family-friendly programs* foi traduzido como "programas de equilíbrio entre trabalho e família".

91   VINCOLA, 1998.

GESTÃO DO FATOR HUMANO

No Brasil, em que pese existirem políticas de recursos humanos relativas às modalidades de trabalho que contemplam a flexibilidade, quer seja de horário, quer de número dias semanais trabalhados, jornadas parciais e locais de trabalho que permitem aos colaboradores maior disponibilidade de tempo para dedicarem-se a suas famílias, ainda há um longo caminho a percorrer.

> **Fatores de ordem econômica e preconceito podem contribuir para a adoção de trabalho flexível.**

Em 2014, a consultoria Pricewaterhouse Coopers, em conjunto com a Eaesp,[92] realizou uma pesquisa com 113 empresas de diferentes segmentos que operam em território brasileiro, sendo 54% de grande porte, 18% de médio porte e 28% de pequeno porte, e verificou que 98% dos respondentes valorizam o equilíbrio entre tempo dedicado ao trabalho e tempo dedicado à vida pessoal. A pesquisa também revelou que 95% dos participantes preferem contrato, jornada flexível de trabalho, formas alternativas de realizá-lo, como trabalho em domicílio, teletrabalho, horário flexível. No entanto, apenas 19% das empresas já tinham implantado políticas de flexibilização do trabalho e 12% estavam com políticas em andamento. Do total, 40% reconheciam a necessidade de flexibilizar, mas ainda não tinham se proposto a implantar mudanças. Entre os fatores que dificultam a implantação da flexibilização do trabalho, estão: investimento em tecnologia; ausência de ferramentas para administrar o trabalho a distância; dificuldade de praticar uma distribuição justa de benefícios entre os funcionários; preconceito dos próprios empregados em relação ao trabalho flexível; e custos com a contratação de horas extras.

Fatores de ordem econômica e preconceito podem contribuir para a não adoção de trabalho flexível. Em pesquisa do Datafolha com 161 executivos, publicada no jornal *Folha de S.Paulo* em 15 de junho de 2003, descobriu-se que, embora 72% declarassem que gostariam de ter um horário flexível, 85% afirmaram que preferem continuar com o expediente na empresa, em vez de atuarem em casa, apesar de 55% enfrentarem cobranças do cônjuge e dos filhos por não dedicarem tempo suficiente ao convívio familiar. Devido a fatores econômicos que levaram as empresas a enxugar as estruturas, dentre os pesquisados, 62% afirmaram trabalhar dez horas ou mais por dia e 76% mais de oito horas diárias. Entre os motivos para esse comportamento, o estudo aponta o receio de perda do emprego. E não sem fundamento. O mundo assiste, desde os anos 1980, a um processo de enxugamento das estruturas empresariais.

Os programas de balanceamento entre a vida no trabalho e a vida pessoal/familiar devem ser capazes de neutralizar os fatores que propiciam a sobrecarga, as horas dedicadas ao trabalho e o receio de demissão, para que sejam efetivos e eficazes (Figura 5.3).

Após a leitura até aqui, você talvez esteja se perguntando: Por que práticas de balanceamento do tempo "trabalho × vida pessoal e família" são orientadas pela ética, RSC e dignidade organizacional?

---

92 PRICEWATERHOUSE COOPERS; EAESP-FGV. O futuro no trabalho: impactos e desafios para as organizações no Brasil, 2014. Disponível em: https://www.pwc.com.br/pt/publicacoes/servicos/assets/consultoria-negocios/futuro-trabalho-14e.pdf. Acesso em: 10 fev. 2020.

Figura 5.3 Fatores que influenciam o equilíbrio entre trabalho e vida pessoal

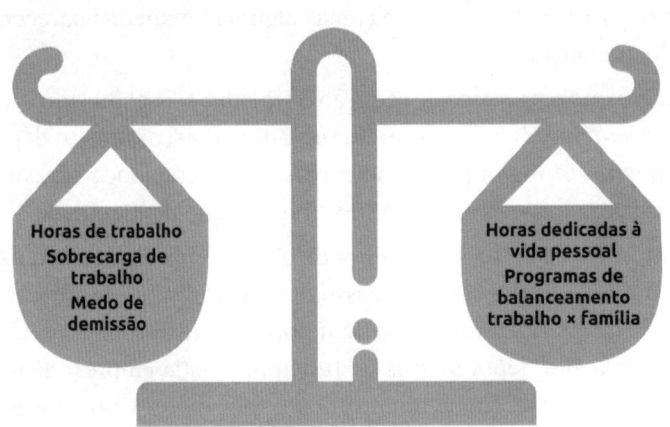

Fonte: TEIXEIRA; ZACARELLI, 2007, p. 95.

As práticas de responsabilidade social, ao privilegiarem os empregados, inserem-se na ética teleológica altruísta e geram impacto social, uma vez que a empresa contribuirá para uma melhor qualidade de vida em sociedade ao possibilitar que os trabalhadores tenham mais tempo para dedicar a suas famílias. Quanto à dignidade organizacional, depende se a prática do balanceamento foi imposta, ou não, aos trabalhadores. Caso seja imposta e essa imposição afete a autonomia de vivenciar o propósito de vida, haverá violação da dignidade. Se, por outro lado, contribuir para vivenciar o propósito de vida do trabalhador, estará respeitando ou até promovendo a dignidade.

Práticas de redução de quadro e demissão

As práticas de redução de quadro geram impacto social ao afetarem a sobrevivência dos indivíduos e de suas famílias; paralelamente, geram impactos organizacionais ao provocarem estresse nos empregados remanescentes e alteração de seu comportamento; e impactos nos indivíduos ao afetarem o suprimento de suas necessidades emocionais e físicas.

No entanto, às vezes as empresas se veem pressionadas a recorrer a demissões, visando à redução de custos ou até mesmo à modificação de processos de trabalho necessários ao incremento da qualidade dos produtos e da competitividade. De acordo com Caldas:[93] "as organizações 'adaptam' seus 'recursos humanos ou materiais' na tentativa de melhorar tanto o alinhamento da organização, com as contingências do seu ambiente, como o alinhamento interno de seus recursos".

As demissões em massa são provocadas pelo declínio organizacional e *downsizing* decorrentes do incremento da competitividade, alterações nas relações trabalho e emprego, custos excessivos com consequente queda de produtividade.

Um julgamento maniqueísta pode considerar que as empresas são sempre as vilãs das demissões, porém, elas mesmas podem ser vítimas, como tem ocorrido em consequência da globalização e do avanço da tecnologia nesta era digital. Demitir deve exigir sempre uma ampla reflexão por parte das empresas, mas: "se é inevitável,

> As demissões geram impactos sociais, organizacionais e individuais, portanto, devem ser planejadas e executadas cuidadosamente, incluindo ações antes, durante e depois.

---

93   CALDAS, M. P. *Demissão*: causas, efeitos e alternativas para a empresa e indivíduo. São Paulo: Atlas, 2000.

qual a melhor forma de lidar com desligamento de pessoal? A resposta a essa questão parece óbvia: não existe 'melhor forma', mas algumas maneiras parecem ser menos traumáticas do que outras".[94]

Caldas[95] sugere que o processo de redução de quadro seja planejado e administrado cuidadosamente, incluindo ações a serem tomadas antes, durante e depois. Embora, a redução de quadro tenha impactos negativos, o processo pode ser conduzido com respeito aos empregados, evitando minimizar a violação da dignidade.

De acordo com Caldas,[96] há uma crença de que os empregados não devem ser envolvidos quando o assunto é corte de pessoal, e ele apresenta tanto autores que defendem essa crença quanto aqueles que têm ponto de vista contrário. Corroborando este ponto de vista, cita depoimentos de funcionários da empresa Estrela, os quais afirmam que, se houvesse envolvimento dos colaboradores no processo, talvez as mudanças não tivessem sido tão traumáticas.

A comunicação é apontada por Caldas como um dos processos mais críticos antes das demissões e durante o processo. De acordo com o autor, é fundamental que as pessoas entendam a razão dos cortes e sua extensão, porque "primeiro, a empresa espera que representantes sindicais e empregados absorvam os cortes. Segundo, porque esse entendimento pode aliviar a pressão e a culpa dos remanescentes, inclusive dos decisores e executantes dos cortes".[97] A comunicação da intenção do desligamento de pessoal deve ocorrer antes mesmo de qualquer ação concreta, visando evitar boatos e um clima de pessimismo exagerado.[98] A comunicação deve ser clara e honesta, transmitindo um tratamento digno.

A realização de processos de demissão exige cuidados para que a dignidade do trabalhador que vai ser desligado seja minimamente afetada. Infelizmente, verifica-se, na prática, que nem sempre esses cuidados são considerados. Não é incomum que empregados sejam demitidos por e-mail, por telefone ou que simplesmente sejam convocados a comparecer no RH. É fundamental que haja respeito. De acordo com Rubens Prata,[99] em pesquisa realizada com 446 executivos, 75% tiveram sua dignidade violada no ato de demissão e apontaram dez palavras que traduziam como perceberam o tratamento recebido durante o processo, entre elas: indiferença, rejeição, desprezo, discriminação, rotulagem, difamação e exclusão.

Alguns procedimentos podem ajudar os empregados, minimizando os efeitos da demissão em suas vidas. Entre eles: indenizações acima do que determina a legislação trabalhista; extensão da cobertura de benefícios, principalmente assistência médica, durante algum tempo após o desligamento; treinamento que vise à recolocação no mercado de trabalho; contratação de serviços de recolocação – estes três últimos já eram os mais aplicados na primeira década deste século pelas empresas, segundo pesquisa da Fiesp/Ciesp,[100] embora representem apenas 15,5% das companhias pesquisadas.

> **Devem ser adotados procedimentos que minimizem os efeitos da demissão na vida dos empregados.**

---

94 CALDAS, 2000.

95 CALDAS, 2000.

96 CALDAS, 2000.

97 CALDAS, 2000.

98 CALDAS, 2000.

99 AS 10 principais reações de executivos demitidos. *In*: *Blog Stato*. São, Paulo, 5 jul. 2019. Disponível em: https://blog.statobr.com/2019/07/05/as-10-principais-reacoes-de-executivos-demitidos. Acesso em: 1 abr. 2020.

100 FIESP-CIESP, 2003.

Oferecer um pacote de benefícios a quem vai ser demitido é uma forma de praticar responsabilidade social em desligamentos. Um exemplo que pode ser citado é o da indústria de alimentos Adria, que, ao confirmar a demissão de 106 funcionários em meados de 2019, por necessidade de reestruturação, assinalou que, por razões de responsabilidade social, havia preparado um pacote de benefícios.[101] Nem todas as empresas têm a consciência da responsabilidade social ao praticarem redução de quadro e, nesse momento, o papel dos sindicatos nas negociações pode ser fundamental.

QUAL A RELAÇÃO DA GESTÃO DOS IMPACTOS DO MEIO AMBIENTE COM RSC, DIGNIDADE ORGANIZACIONAL E ÉTICA EMPRESARIAL?

A gestão das atividades empresariais com responsabilidade ambiental evolui com a conscientização da sociedade de que os recursos naturais não são infinitos e de que sua exploração indevida acarreta consequências para a sobrevivência das gerações futuras.

Até o final dos anos 1960, observa-se descaso das empresas em relação ao meio ambiente. Nos anos 1970 e 1980, elas preocupavam-se apenas em cumprir a legislação, pois acreditavam que investir em gestão com responsabilidade ambiental afetaria negativamente o lucro. Porém, face à contínua pressão do movimento ambientalista e de acidentes que afetaram a natureza, com repercussões mundiais, como o vazamento de gás metila que matou mais de 2500 pessoas na Índia e o acidente com o navio Exxon Valdez, que, ao encalhar no Alasca, provocou um vazamento que destruiu parte da fauna da região, as empresas viram-se pressionadas pela sociedade, pela mídia e pelos governos a mudar sua postura ante o meio ambiente e passaram a atuar no controle da poluição.[102]

Nos anos de 1990, com o incremento dos códigos internacionais de conduta, eventos como a Eco-92, a promulgação da Agenda 21, a contínua pressão dos ambientalistas e da mídia e maior consciência da sociedade quanto à necessidade de preservar o meio ambiente, as empresas foram adquirindo uma consciência de seu papel, além de perceberem que proteger o meio ambiente reduz custos de operação, ao evitar prejuízos e promover seus produtos.

> A responsabilidade ambiental passa, gradativamente, a ser encarada como uma necessidade de sobrevivência, constituindo um mercado promissor – um novo produto/serviço a ser vendido – diferenciando a política de marketing e de competitividade. [103]

Segundo Maimon,[104] as empresas reagem às pressões para interagir com o meio ambiente de forma responsável:

- adaptando-se às exigências legais de mercado, sem modificar a estrutura produtiva ou os produtos;

---

101 ALESSI, J. Adria confirma 106 demissões, mas anuncia "pacote de benefícios". *ABC Repórter*, São Caetano do Sul, 11 jun. 2019. Disponível em: https://abcreporter.com.br/2019/06/11/adria-confirma-106-demissoes-mas-anuncia-pacote-de-beneficios. Acesso em: 9 fev. 2020.

102 MAIMON, D. Eco-estratégia nas empresas brasileiras. Realidade ou discurso? *Revista de Administração de Empresas*, São Paulo, v. 34, n. 4, p. 121, 1994.

103 MAIMON, 1994, p. 121.

104 MAIMON, 1994.

GESTÃO DO FATOR HUMANO

- adaptando-se às exigências legais e de mercado modificando a estrutura produtiva e/ou produtos;
- adotando comportamentos proativos, antecipando-se a possíveis problemas ambientais futuros.

Sanches[105] entende que a postura proativa quanto à gestão ambiental provém da autorregulação que:

> [...] representa iniciativas tomadas pelas empresas ou por setores da indústria para empreender e disseminar práticas ambientais que promovam uma maior responsabilidade das empresas quanto às questões ambientais, mediante a adoção de padrões, monitorações, metas de redução da poluição e assim por diante.

> **A postura proativa perante o meio ambiente assume valor estratégico para a condução dos negócios.**

A autorregulação pode se dar mediante acordos voluntários entre órgãos públicos e empresas, códigos de conduta internacionais e, por último, pela autorregulação de empresas (agindo por conta própria) visando ao desempenho de seus negócios. A autorregulação assumida pelas empresas é entendida por Sanches como uma postura proativa perante o meio ambiente, assumindo valor estratégico para a condução dos negócios.

Ao assumir o meio ambiente como valor estratégico, as empresas estabelecem:

> [...] uma responsabilidade ambiental por processos e produtos que envolve um relacionamento diferente, compartilhado com fornecedores e consumidores, no que se refere à prevenção de poluição, à minimização dos resíduos e à proteção dos recursos naturais. A essa responsabilidade, adicionam-se outras, por questões ambientais mais difusas, como o bem-estar dos trabalhadores, da comunidade e de gerações futuras. Isso obriga as empresas industriais a usarem horizontes de longo prazo e visões mais amplas de seus processos de desenvolvimento de produto e análise de desempenho. Com isso, requer-se um novo conjunto de valores, incluindo políticas e metas que incorporem a dimensão ambiental na organização.[106]

> **Segundo relatório da Organização para a Cooperação e o Desenvolvimento Econômico (OCDE), desde 2002, a produção de resíduos industriais vem crescendo década a década.**

Uma vez que os anos de 1990 despertaram maior conscientização das empresas quanto à sua responsabilidade ambiental, poder-se-ia pensar que, na primeira década do novo milênio, um novo comportamento já estivesse incorporado às estratégias empresariais e à sua atuação, mas, na realidade, a atuação estratégica proativa ainda consiste em um grande desafio a ser superado tanto por países desenvolvidos como em desenvolvimento.

Segundo relatório da Organização para a Cooperação e o Desenvolvimento Econômico (OCDE),[107] desde 2002, a produção de resíduos industriais vem crescendo década a década. Os Estados Unidos são o país campeão em emissão de resíduos perigosos, e, na Europa, a França destaca-se na emissão de resíduos industriais.

---

105 SANCHES, C. S. Gestão ambiental proativa. *Revista de Administração de Empresas*. São Paulo, v. 40, n. 1, p. 77, jan./mar. 2000.

106 SANCHES, 2000, p. 79.

107 ORGANIZAÇÃO PARA A COOPERAÇÃO E DESENVOLVIMENTO ECONÔMICO (OCDE). *Rumo a um desenvolvimento sustentável*: indicadores ambientais. Tradução de Ana Maria S. F. Teles. Salvador OCDE, 2002. (Série Cadernos de Referência Ambiental v. 9).

OS DESAFIOS DA ATUAÇÃO DIGNA E SOCIALMENTE RESPONSÁVEL

No Brasil, uma pesquisa pioneira de Maimon,[108] feita com 86 empresas nos anos 1990, revelou que 6% das empresas se preocupavam com o meio ambiente, 60% delas tinham feito algum tipo de mudança no sistema de proteção ambiental e 3% não consideravam a questão como prioritária.

Em estudo realizado com 337 indústrias do estado do Rio de Janeiro, Medeiros[109] indica que o principal motivo para a implementação de ações ambientais em grandes empresas ainda era, no início dos anos 2000, o atendimento à legislação ambiental e à fiscalização do governo, seguidas da construção da imagem junto a consumidores e sociedade. Segundo o autor:

> [...] o Estado é um elemento fundamental no processo de legislação ambiental... Porém, há um número significativo de casos de empresas que realiza ações ambientais visando a construir uma imagem no mercado... ações ambientais visando a redução de custos, ainda é uma minoria.[110]

Entre as ações ambientais, 37% das empresas de grande porte mencionaram desenvolver programas de reciclagem e educação ambiental, 16% disseram atuar na manutenção de áreas ambientais e 4%, em limpeza urbana, 13% alegaram fazer ações diversas e 38% revelaram que não desenvolviam qualquer programa ambiental.[111]

A situação quanto à gestão ambiental torna-se mais crítica quando as empresas são de pequeno porte. Medeiros[112] identificou que 66% das empresas pequenas, contempladas em sua pesquisa, não realizavam qualquer atuação ambiental e Teixeira e Morato,[113] em estudo feito com 64 empresas agroindustriais do estado de Sergipe, verificaram que apenas 18,8% tinham realizado investimentos em saneamento ambiental.

Diante dessa situação, uma questão permanece: Por que as empresas têm dificuldades para se engajar em estratégias proativas de gestão ambiental? Oliveira,[114] em seu estudo com empresas do Rio de Janeiro, identificou como principais dificuldades das empresas para investirem em programas ambientais: a falta de informação, o custo elevado dos equipamentos, a falta de fontes de financiamento, a constante mudança da regulamentação ambiental, o custo elevado de mão de obra, entre outras.

As forças externas, contingenciais e contextuais são os principais determinantes da adoção de estratégias ambientais, conforme indicam Souza e Nascimento.[115] Esses fatos, no entanto, não tiram o valor dos esforços que as empresas brasileiras vêm desenvolvendo no sentido de praticar uma gestão ambiental socialmente responsável. De acordo com o relatório 2020 Global 100 Ranking, da Corporate Knights, três empresas brasileiras estão entre as que mais se destacaram em 2019 com relação

As principais dificuldades das empresas para investir em programas ambientais são: a falta de informação, o custo elevado dos equipamentos, a falta de fontes de financiamento, a constante mudança da regulamentação ambiental, o custo elevado de mão de obra, entre outras.

---

108 MAIMON, 1994.

109 MEDEIROS, 2003.

110 MEDEIROS, 2004, p. 8-9.

111 MEDEIROS, 2004.

112 MEDEIROS, 2004.

113 TEIXEIRA, R. M.; MORATO, L. A. N. Agroindústrias e o desenvolvimento sustentável: o foco na gestão ambiental. *In*: ENANPAD, 2004, Curitiba. *Anais [...]*. Curitiba: Anpad, 2004.

114 OLIVEIRA, J. A. P. Análise da situação da gestão ambiental nas indústrias do estado do Rio de Janeiro. *In*: ENANPAD, 2003, Rio de Janeiro. *Anais [...]*. Rio de Janeiro: Anpad, 2003.

115 SOUZA, R. S.; NASCIMENTO, L. F. M. Fatores condicionantes das estratégias ambientais nas empresas: estudo de quatro casos. *In*: ENANPAD, 2004, Curitiba. *Anais [...]*. Curitiba: Anpad, 2004.

à sustentabilidade ambiental: Banco do Brasil (9º); CEMIG (19º) e Natura (30º)[116]. Participam das 100 primeiras posições no *ranking* 25 países, e o Brasil é único da América Latina que está presente, representado pelas três empresas mencionadas. Os Estados Unidos lideram o *ranking* com 17 empresas, seguido do Canadá. O Brasil está entre os 14 países com maior número de empresas. Esses resultados atestam a evolução das companhias brasileiras na prática da responsabilidade social perante o meio ambiente.

Desafios da ética, responsabilidade social corporativa e dignidade organizacional na era digital

O avanço da tecnologia é inquestionável no mundo de hoje e suas consequências inevitáveis para as questões éticas de RSC e de dignidade organizacional. Para além das questões que envolvem a agilidade das informações, vale considerar quais aspectos da tecnologia têm impacto nas questões que envolvem a sociedade e as organizações. Sabe-se que uma das principais preocupações das pessoas está relacionada a questões que envolvem a empregabilidade e as transformações que acontecerão com os empregos e as profissões do futuro.

É fácil lembrar que, no momento da chegada dos computadores às empresas, havia uma sensação semelhante, com o temor de que eles "roubassem os empregos" das pessoas. E, de fato, roubaram, pois muitas funções deixaram de existir, cursos foram aperfeiçoados etc. Quem não se lembra dos cursos de datilografia? Com certeza, os professores e escolas desses cursos foram obrigados a se reinventarem. Mas, ao contrário de "roubar empregos", os computadores criaram muitas vagas (principalmente na área de tecnologia da informação) e mudaram totalmente a vida das pessoas e de todas as organizações.

E agora? Nos dias atuais? Temos novamente essa sensação de que "os empregos serão roubados"? Estudos apontam que cerca de 65% das crianças que estão entrando no ensino fundamental trabalharão em empregos que ainda não existem. Portanto, uma grande e nova revolução vem por aí. É a indústria 4.0 anunciando uma nova revolução industrial, que obrigará novamente uma reinvenção em todas as áreas das empresas, nos negócios e, com certeza, na empregabilidade das pessoas. E a provável criação e geração de novas vagas e empregos se repetirá na história. Qual a responsabilidade das empresas nesse cenário? Sob qual abordagem ética orientar suas ações?

Pode-se dizer que é uma situação complexa para as empresas e para o governo. Por um lado, a automação influencia a competividade, e companhias vivem em um cenário global de competição, logo tendo de desenvolver processos que inovem tanto em qualidade quanto no processo produtivo – o que pode resultar em processos de enxugamento de quadro, lançando ao mercado profissionais que poderão ter dificuldade de recolocação. Por outro, precisam gerenciar o impacto social de suas decisões. Vejamos, por exemplo, a chegada dos carros autônomos. O que acontecerá com os milhares de motoristas que serão lançados ao mercado? Nos negócios agrícolas, a tecnologia está cada vez mais avançada, com máquinas que substituem mão de obra, tornando o custo dos produtos agrícolas mais competitivos no comércio exterior.

---

116   WHICH companies earned a spot on Corporate Knights' index of the world's most sustainable corporations? *In: 2020 Global 100 ranking.* Disponível em: https://www.corporateknights.com/reports/2020-global-100/2020-global-100-ranking-15795648. Acesso em: 9 fev. 2020.

OS DESAFIOS DA ATUAÇÃO DIGNA E SOCIALMENTE RESPONSÁVEL

Esses avanços estão transformando as áreas rurais e demandam mão de obra especializada, que ainda está se formando.

Em consequência das mudanças tecnológicas, as relações de trabalho viverão uma alteração de paradigma que já é possível observar hoje, pois os profissionais estão cada vez mais exigentes com as empresas, buscando um ambiente de trabalho mais digno e capaz de gerar novas experiências, que seja capaz de respeitar a autonomia dos colaboradores na busca da realização do seu propósito de vida.

A busca por dignidade abre a questão, por exemplo, em relação às próprias leis trabalhistas, que, com o objetivo de assegurar os direitos dos colaboradores, em contrapartida os coloca em situação de pleno cumprimento de um regime que possivelmente será discutido pela geração de maior autonomia: é a chamada disrupção dos empregos.

Sabe-se que o meio digital é amplo e diversificado. Vai desde a criação de blogs, homepages, sites e e-mails a redes como WhatsApp, Facebook, Instagram, LinkedIn, entre outros. Além disso, trata-se de mecanismos de divulgação imediata de informações e/ou notícias, em uma perspectiva global, que transcendem questões temporais, já que os conteúdos podem ser transmitidos em tempo real, no "aqui e agora".

Nessa perspectiva, as redes sociais possibilitam a disseminação de informações em milésimos de segundos, podendo atingir pessoas e organizações de diversas nacionalidades e culturas de maneira simultânea, ultrapassando fronteiras e fazendo com que as notícias sejam conhecidas globalmente. No entanto, o conteúdo da notícia, o público a que se dirige e sua finalidade são aspectos que precisam ser observados à luz da ética, da responsabilidade social e da dignidade organizacional.

Mas, o que é uma comunicação ética, responsável e digna?

Entre outros aspectos, para transmitir informações de maneira ética, responsável e digna, no mínimo, faz-se necessário respeitar a veracidade, a legitimidade e a qualidade do conteúdo, além de considerar a "forma", a "maneira", o "estilo de linguagem" que é usado, bem como as respectivas fontes de conhecimento. Desse modo, o ambiente digital, assim como os demais contextos presenciais (sejam de ordem organizacional e/ou pessoal), precisa ser utilizado com respeito e seriedade. A depender do conteúdo e da respectiva rede social usada, pode-se criar uma situação de violência ou de promoção da dignidade da pessoa humana no ambiente virtual.

A violação da dignidade pode surgir em situações de assimetria de poder e de informação, tais como: contextos de humilhação, de mentiras, vergonha, entre outras. Nesse sentido, as *fake news* ou conteúdos confusos e inverídicos, que não possibilitem à pessoa e/ou organização atingida esclarecer o que de fato ocorreu ao público local, nacional e internacional, possivelmente levarão o indivíduo ou a organização a vivenciar aspectos da violação da sua dignidade.

Em contrapartida, um ambiente virtual "saudável", que possibilite transmitir ao mundo informações verídicas, de maneira respeitosa à pessoa e/ou organização, com seriedade e honestidade, faz com que indivíduos, grupos, organizacionais e/ou instituições venham a usufruir de um ambiente digno, podendo ter sua dignidade promovida e/ou preservada. O que pode ser visualizado, mediante a reputação e a imagem positiva acerca da pessoa e/ou da organização. Agir com ética deontológica ou teleológica altruísta e agir com responsabilidade no contexto virtual são aspectos relevantes na construção de um ambiente digno, que possibilite a preservação e/ou promoção da dignidade da pessoa humana, seja no ambiente interno e/ou externo da organização.

Gerenciar negócios na era digital consiste em um desafio para manter uma atuação pautada pela ética, pela responsabilidade social e pela dignidade organizacional. A atuação empresarial pautada pela ética traz o desafio de optar por uma ética deontológica ou pelo menos teleológica altruísta, frente à tentadora ética teleológica egoística, que considera apenas os interesses próprios. A decisão de reestruturar uma empresa para competir na era digital, com processos enxutos e automatizados, orientada por uma ética deontológica, exige que seja guiada por princípios universais, em que os fins não justificam os meios. Aqui, o desafio está em como fazer essa mudança sem violar a dignidade das pessoas que estão na organização e, por outro lado, traçar e executar planos de responsabilidade social com referência aos impactos que essas mudanças geram na sociedade, quer no emprego, quer em outras frentes que afetam a vida em sociedade. Não quer dizer que apenas as empresas sejam responsáveis frente às consequências da era digital, o governo deve ser um ator social presente e ativo nesse processo de transformação; portanto, empresas, associações de classe e governo precisam atuar em parceria, exercendo responsabilidade social compartilhada.

A PRÁTICA DA PESQUISA

Rubens Prata[117] realizou, em 2018, uma pesquisa para sua dissertação de mestrado que teve como um dos objetivos identificar a ocorrência de práticas de violação de dignidade em processos de demissão de executivos. São os resultados do alcance desse objetivo que vamos relatar a seguir.

A pesquisa foi realizada por meio de sete entrevistas e análise de depoimentos de 1450 executivos, os quais, após serem demitidos, receberam o benefício de uma consultoria de transição de carreira e tiveram como atividade inicial narrar, por meio de uma redação pessoal, sua demissão, seus sentimentos e suas preocupações, estado de espírito e motivações, incluindo o momento em que a demissão ocorreu e as palavras utilizadas pela chefia.

As entrevistas passaram por análise de conteúdo que permitiu identificar palavras e expressões que representavam violação de dignidade, de acordo com o proposto por Jacobson,[118] as quais foram organizadas em algoritmos e aplicadas à base geral dos depoimentos dos executivos, utilizando-se o SPSS, da IBM, tendo sido identificados, ao final do processo, 1086 casos de violação de dignidade no ato da demissão.

A frequência de ocorrência das palavras está apresentada nas figuras 5.4 e 5.5.

De acordo com os resultados, os atos de violação mais comuns entre os executivos que participaram da pesquisa foram os que fizeram com que se sentissem rejeitados, excluídos, desprezados, diminuídos e tratados com indiferença. Listamos, a seguir, alguns relatos dos participantes coletados durante as entrevistas.

---

117 PRATA JR., R. *Alteração da hierarquia dos valores humanos*: um estudo com executivos em situação de desemprego que sofreram violação da dignidade no ato da demissão. 2018. Tese (Dissertação de Mestrado em Administração) – Universidade Presbiteriana Mackenzie, 2018.

118 JACOBSON, 2009.

OS DESAFIOS DA ATUAÇÃO DIGNA E SOCIALMENTE RESPONSÁVEL

Figura 5.4 Elementos de violação da dignidade

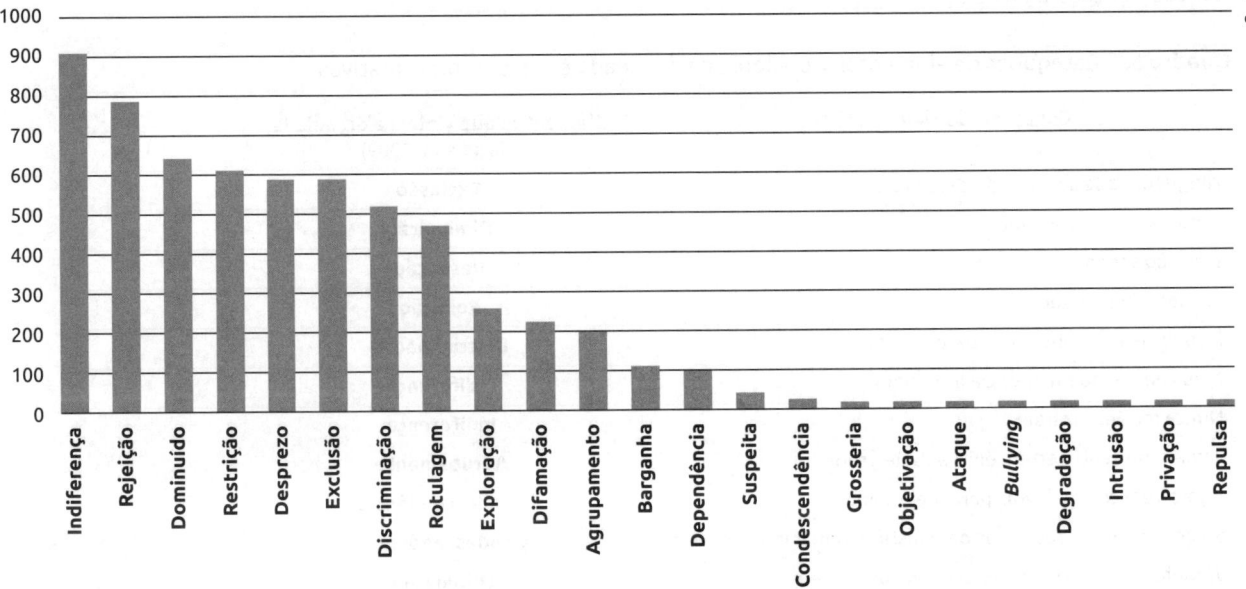

Fonte: PRATA JR., 2018.

Figura 5.5 Nuvem de palavras que expressaram violação da dignidade no processo de demissão

Fonte: PRATA JR., 2018.

É interessante notar que Rubens (pesquisador), ao realizar as entrevistas, observou que os participantes evitavam utilizar o termo **demissão** para explicar a saída da empresa, preferindo frases como "Eu completei meu ciclo", "Os desafios já não me motivavam mais", "Busquei uma forma justa de saída". Para entender por que os participantes evitavam o termo, o pesquisador acrescentou à pesquisa outras perguntas e aí obteve respostas como: "Foi um absurdo a forma como foi feita", "Me senti humilhado", "Faltou honra". Ao serem perguntados sobre quais os principais sentimentos e percepções que conseguiam lembrar de ter sentido no momento da demissão, expressaram sentimentos e percepções como: "Nunca me valorizaram" , "Ao final, somos todos descartáveis, não importa o que façamos", "Me sentia cada dia mais diminuído", "Todos já sabiam antes de mim", "Falavam comigo como se eu fosse uma criança", "Foram tirando minhas tarefas de forma visível", "Cortaram meus acessos, antes mesmo de falarem comigo", "Esqueciam de me chamar para as reuniões".

GESTÃO DO FATOR HUMANO

Para entender melhor o conteúdo de cada categoria, apresentamos, no Quadro 5.2, a frase que foi escolhida para representar cada uma delas.

Quadro 5.2 Categorias de elementos violadores da dignidade e frases representativas

Conteúdo dos participantes	Elementos que violam a dignidade (Jacobson, 2009)
Ninguém pode ser tratado dessa forma	**Exclusão**
O momento foi péssimo	**Diminuição**
Eles não sabem o que fazem	**Restrição**
Me senti humilhado	**Rejeição**
Depois de tudo que eu fiz para a empresa	**Discriminação**
Meu chefe é quem merecia ir embora	**Indiferença**
Nunca me valorizaram	**Indiferença**
Jamais me senti pertencente aquele grupo	**Agrupamento**
Agora vem com palavras para me acalmar	**Condescendência**
Só usaram essas desculpas para justificarem minha demissão	**Condescendência**
Já vinham criando motivos para me demitirem	**Difamação**
Perderam o rumo e eu paguei o pato	**Desprezo**
Ridículo	**Indiferença**
Faltou honra	**Indiferença**
Eu vinha percebendo as armadilhas	**Indiferença**
Nunca mais vou me entregar desta forma	**Indiferença**

Fonte: PRATA JR., 2018.

O número de executivos que participaram da pesquisa e os resultados obtidos apontam para o despreparo dos gestores para realizar processos de demissão que respeitem a dignidade dos empregados e sugerem que falta ainda um longo caminho de aprendizado a ser seguido para realizar processos de desligamento dignos.

MINICASO

A Gerente de RH (Maria) era recém-chegada à empresa e deparou-se com um evento anual a ser realizado com a presença de todos os diretores, gerentes e supervisores (aproximadamente 1000 pessoas). Era o evento anual mais importante da empresa e orgulho do presidente. Assim que foi admitida, Maria tomou conhecimento desse evento, que aconteceria em 40 dias. Chamou a coordenadora de logística de eventos e cursos (Selma) e perguntou-lhe a respeito. Foi quando ficou sabendo que nada havia sido preparado e era necessário, inclusive, convidar palestrantes para apresentações. Ao ser questionada, Selma argumentou que estava aguardando a contratação da nova Gerente de RH para poder tomar as providências. Maria solicitou a Selma que lhe apresentasse o fluxo e o cronograma de todas as atividades para a realização do evento. Selma informou que não havia nada escrito, porque ela já estava na função há dez anos e era experiente na realização desse evento. Esta não era a primeira vez que Selma se recusava a informar a Maria os processos na área de eventos. Maria já havia percebido que vários deles eram desenvolvidos manualmente, processos esses que poderiam ser automatizados, mas, para tanto, Selma precisava descrevê-los. A área de eventos apresentava um custo de horas extras que poderiam ser eliminadas, se os

OS DESAFIOS DA ATUAÇÃO DIGNA E SOCIALMENTE RESPONSÁVEL

processos fossem automatizados. Certa vez em que Selma foi questionada sobre o elevado custo de horas extras em sua área, ela argumentou que era muito trabalho, que os funcionários eram muito dedicados e que, além disso, já estavam acostumados com esse rendimento extra ao final do mês, que compensava, de alguma forma, os baixos salários. Ou seja, o valor contribuía para que tivessem uma vida mais digna. Depois de várias tentativas de adequação de procedimentos de Maria e escusas de Selma, Maria decidiu pela transferência de Selma para outra área e, assim que surgiu uma oportunidade, ela a transferiu. Para comunicar a Selma sua transferência, Maria convidou-a para tomar um café e comunicou a ela que seria transferida para outra área, porque não tinha conseguido se adaptar a sua forma de trabalhar. Selma ficou revoltada, pois, segundo ela, coordenar eventos era o que gostava de fazer e a razão que a motivava a sair todos os dias para trabalhar. Maria explicou, mais uma vez, que tinha lhe dado várias oportunidades, mas que ela não tinha aberto mão da forma de trabalhar nem atendido às suas solicitações. Explicou, ainda, que seu propósito profissional consistia em contribuir para a competitividade das empresas em que trabalhava e, dessa forma, contribuir para o desenvolvimento do país.

EXERCÍCIOS DE HABILIDADES

1. Analise a situação apresentada no minicaso e comente as ações das pessoas envolvidas considerando ética, reponsabilidade social e dignidade organizacional. Procure fazer a análise de forma detalhada.

2. Maria e Selma têm propósitos profissionais diferentes. Como você vê a contribuição de cada um dos propósitos para o desenvolvimento do país e o bem-estar da sociedade?

PARTE II

Construindo a gestão do fator humano

CAPÍTULO 6

Atraindo, selecionando e retendo pessoas

Fábio Sant'Anna
Lilian Moura Ramos de Victo

OBJETIVO DO CAPÍTULO

Você já deve ter se perguntado qual a melhor forma de atrair bons candidatos, garantir uma seleção de sucesso e reter seus colaboradores. Talvez já tenha se perguntado, também, se existe uma forma de fazer uma seleção totalmente ágil e digital ou, ainda, qual o melhor método para realizar com êxito uma entrevista e se a nova era digital tem impactado os modelos mais tradicionais de entrevistas presenciais. Será que realmente há receitas que possam elucidar suas dúvidas? Esse é o tema deste capítulo, no qual iremos abordar como as empresas podem proceder para atrair, selecionar e reter pessoas, considerando que estas são fundamentais para a consecução das estratégias, e como a oferta de novas tecnologias afeta esses processos.

ATRAINDO PESSOAS

Há algum tempo, não muitos anos atrás, um estudante no último ano da faculdade que recebesse uma ligação para participar de um processo seletivo de estágio de uma empresa multinacional ficaria muito empolgado e lisonjeado. Provavelmente, de imediato, ele teria informações coletadas por meio sua própria observação, prática e/ou contato: os produtos fabricados por essa empresa; um tio ou vizinho que fosse funcionário e que poderia oferecer referências positivas sobre o local; a possibilidade de fazer uma carreira e ficar por muitos anos lá (quem sabe, até se aposentar). Antigamente, em alguns casos como esse descrito, a empresa tinha acesso ao currículo porque um contato do candidato, ou ele próprio, havia entregado o material ao Recursos Humanos da empresa. Nesse mesmo cenário, ao participar da seleção e ser aprovado, o candidato aceitava as condições oferecidas pela companhia sem questioná-las. Afinal, essa era uma oportunidade única de terminar a faculdade com um estágio que oferecesse possibilidade de contratação.

Contudo, essa situação mudou e a realidade atual apresenta dados diferentes daqueles do passado: aquele candidato que tinha poucas informações e aceitava, sem questionamentos, o que era oferecido, "cresceu". Dessa forma, as informações sobre o local de trabalho, que eram cedidas pelo parente que trabalhava na empresa, de acordo com a visão e experiência dele, hoje, são acessadas pelo próprio candidato por meio das diversas fontes informatizadas; o salário e os benefícios oferecidos são comparados com os das outras empresas do mesmo porte por intermédio das informações divulgadas por sites especializados. Para esse candidato, a estabilidade cedeu lugar à possibilidade de carreira. A vaga de estágio, que era considerada como única oportunidade de realizar um estágio em uma empresa de grande porte, entra no *ranking* de empresas nas quais o candidato se cadastrou e ele está à espera de ser chamado para participar das diferentes etapas de cada processo, seja a fase on-line, a fase presencial ou, até mesmo, a abertura oficial do processo seletivo de determinada empresa em que ele tanto almeja estagiar. A empresa de antigamente, que era avaliada pelo produto e pelas referências dos próprios trabalhadores, hoje é analisada por outros aspectos, como a responsabilidade social, os benefícios oferecidos, a maneira de gerir pessoas, a possibilidade de crescimento profissional, a seriedade na condução dos processos seletivos, entre outros.

Nessa nova configuração, o perfil esperado do candidato a participar do processo também foi alterado. Se antes era um diferencial procurar informações sobre a companhia e ir "soltando" esses conhecimentos sobre a empresa durante a entrevista, hoje já é uma condição mais do que esperada pelo recrutador que o candidato já saiba informações sobre o negócio. O candidato tem fácil acesso a essas informações no próprio site da empresa e em sites especializados. Muitas vezes, o recrutador, quando conhece pessoalmente o candidato, já tem informações significativas sobre ele, afinal, para chegar à etapa presencial, o candidato participou de diferentes etapas on-line. Em alguns casos, o selecionador já até possui o direcionamento de que alguns valores que o candidato apresenta são os mesmos que a empresa busca.

Esse é o resumo comparativo para uma vaga de estágio, de como costumava ser e como tem sido. Centralizando precisamente alguns cursos mais requisitados (seja pelo estudante, seja pela empresa), como engenharia e administração, antigamente, os estagiários eram escolhidos, hoje em dia, eles têm a possibilidade de escolher.

O cenário mudou. Igualmente, essas e outras diferenças podem ser observadas nos diversos tipos de vaga, como as de *trainee*, analista e executivo. Esse panorama nos mostra que, para atrair talentos, sejam os que estão no início de carreira, seja aqueles que possuem bagagem em cargos e experiências, é preciso que as empresas estejam alinhadas interna, com suas políticas e práticas, e externamente, com a velocidade e a exigência do mercado.

Cinco possíveis fontes de recrutamento eram facilmente utilizadas: anúncios, referências pessoais, agências de emprego, recrutamento em escolas e candidatos independentes. Com o passar do tempo, esse cenário mudou e, atualmente, esses cinco recursos cederam espaço para novos métodos tecnológicos, capazes de recrutar candidatos com perfis específicos em um curto período e que estejam geograficamente distantes, por exemplo. Ao passo que, antigamente, os anúncios, eram expostos em jornais e os selecionadores ficavam à mercê dos profissionais que tinham acesso ao conteúdo, hoje é uma relação de via dupla, pois o profissional pode pesquisar e encontrar vagas do seu interesse e as empresas podem acessar recursos que atraiam os melhores candidatos para assumirem as vagas em aberto. As agências de emprego, que podiam ser procuradas "fisicamente" pelos candidatos, hoje são acessadas por meio de sites, cada vez mais atrativos e práticos na procura quanto ao que o candidato deseja. O recrutamento em escolas, mesmo ainda sendo utilizado, principalmente para a captação de estudantes para grandes processos seletivos de estagiários e *trainees*, está cada vez mais informatizado e atrativo, sendo as empresas representadas por estandes que fascinam aqueles que os visitam.

Nos dias atuais, quando o assunto é atrair talentos, ou seja, os melhores profissionais para determinadas posições, os recursos digitais estão disponíveis para facilitar o trabalho das companhias e o acesso aos candidatos. Cada vez mais, *startups* surgem com serviços especializados e direcionados para otimizar o serviço de Recursos Humanos. Ao navegar nos sites de recrutamento dessas empresas, observa-se que a praticidade reina para qualquer um dos principais públicos: candidato ou empresa. Muitas vezes, os anúncios são apresentados com linguajar informal e informações abertas. Informações que, anteriormente, não eram de acesso aos candidatos, como a quantidade de inscritos para as vagas, os serviços oferecidos e as oportunidades para o futuro contratado, são descritas objetivamente a fim de triar com maior precisão os navegadores que estão à procura de um emprego.

Independentemente da função, recrutar candidatos ou candidatar-se às vagas, por meio dos sites, tornou-se um trabalho agradável e/ou atrativo ou, pelo menos, mais prático para os selecionadores e candidatos. Em vez de ferramentas burocráticas, com poucas opções de conteúdo, e do preenchimento de formulários longos e cansativos, o recrutamento on-line oferece uma rede capaz de conectar informações e otimizar o tempo de quem as acessa. Por exemplo, se o candidato já tem sua experiência descrita em uma rede social de negócios, não é necessário preencher um currículo a cada candidatura de vaga, basta conectar-se à vaga via essa rede. Atualmente, as facilidades ao interessado em encontrar um emprego ocorrem antes mesmo dessas conexões. A título de exemplo, para criar o próprio currículo, há plataformas de empregos que oferecem a possibilidade de gerá-lo automaticamente. A partir do cadastro, o candidato preenche com seus dados os campos sinalizados e, ao final, um currículo é gerado automaticamente com as especificações necessárias e a formatação esperada.

Existe um limite para esses formatos atrativos de *startups* que visam atrair talentos? Possivelmente, não. Ao navegar entre algumas das principais, é possível observar conexões que tradicionalmente eram improváveis: oferta de serviço de qualidade e com abrangência relevante gratuita aos candidatos. No entanto, elas ainda contêm nos portfólios trabalhos mais customizados, que geram cobrança para os usuários e, consequentemente, receita para a empresa. Similarmente, as ferramentas disponíveis aos usuários são constituídas por inteligência artificial e algoritmo. Este último, capaz de selecionar aqueles com maior potencial de acordo com as competências que a vaga exige,[1] não obstante ferramentas que estimulam a expressão de aspectos comportamentais e emocionais do candidato. A começar pela própria descrição dos requisitos da vaga, com termos relacionados à emoção e intuição, e, posteriormente, a utilização de entrevistas de triagem conduzidas virtualmente por um assistente capaz de portar-se atenciosamente como um ser humano. Também existem sites generalistas, que possibilitam o cadastro e a procura de empregos para qualquer cargo, nível e experiência. E outros com especialidade em determinados nichos do mercado (como vagas operacionais, para *freelancers*, grupos sociais discriminados, cientistas e profissões específicas e que exigem determinadas especializações, como os que oferecem consultoria em tecnologia). Existem, ainda, sites que unem as oportunidades de diversas fontes e oferecem uma base de dados ampla e internacionalmente navegável. O desenvolvimento das organizações e dos negócios trouxeram novos desafios para seleção de candidatos,[2] tornando-se um nicho de criação e desenvolvimento de novos recursos e maneiras de atrair e selecionar pessoas.

Dentre outros atrativos, as empresas especializadas em recrutar e selecionar candidatos oferecem recursos capazes de atrair os melhores talentos aos empregadores, a fim de que esses otimizem seu tempo na organização para realizar trabalhos mais estratégicos. Designar o recrutamento e seleção para uma empresa especializada não significa desconsiderar a importância dessas atividades no cotidiano organizacional. Pelo contrário, é constatado que um talento contratado certeiramente contribuirá com os ganhos da companhia, ao passo que uma pessoa contratada erroneamente poderá acarretar despesas para a empresa, como custos com demissão. Ao abordar as potencialidades da tecnologia da informação na gestão de pessoas,[3] Mascarenhas *et al.* observam que o esforço e a qualificação do ser humano podem ser substituídos por um modelo de tecnologia que execute os mesmos processos com um custo menor, com mais controle e continuidade. Deste modo, a tarefa de analisar currículos (que podem ser inúmeros, a depender da vaga) para verificar as experiências dos candidatos cadastrados é substituída por sistemas que buscam o material desejado com apenas algumas palavras-chave, por exemplo.

---

1 ALVES, R. M. F.; SILVA, F. N. R.; MOTA, D. P.; MYSMAR, D.; ALVES, S. M. F. Seleção de pessoas por meio de algoritmos genéticos. *Rev. Adm. UFSM*, Santa Maria, v. 10, n. 2, p. 307-317, abr./jun. 2017.

2 AKYOL, E. M.; GÜLER, M. E. Role of competencies in employee selection function: a fuzzy analytical hierarchy process approach. *Ege Academic Review*, v. 17, n. 2, p. 201-214, 2017.

3 MASCARENHAS, A. O.; VASCONCELOS, F. C.; VASCONCELOS, I. F. G. Impactos da tecnologia na gestão de pessoas – um estudo de caso. *RAC*, v. 9, n. 1, p. 125-147, jan./mar. 2005.

Estratégia da organização

As fontes de recrutamento devem variar e se adaptar às constantes mudanças que o mercado de trabalho sofre.[4] Ao ter oportunidade de contratação, é pertinente que a empresa lide com essa questão estrategicamente, uma vez que o ambiente organizacional é competitivo e contratar a pessoa certa fará a diferença nesse cenário. Agir estrategicamente é unir diversas ações planejadas em prol de um resultado com comum acordo entre as áreas envolvidas. Na condição de uma vaga em aberto para determinada área, por exemplo, é o profissional de RH quem assessora o gestor da vaga e este precisa ter a certeza de suas ações, podendo contar com uma atuação certeira. Paulino[5] realizou um estudo sobre a dimensão estratégica do recrutamento e seleção, e, dentre os 13 aspectos políticos e práticos que embasaram sua pesquisa, a parceria com as áreas requisitantes para o planejamento e a condução do processo foi considerada. Esse aspecto demonstra o quanto um relacionamento alinhado e parceiro entre as áreas é um fator estratégico para a condução satisfatória do processo.

Atualmente, o termo **diversidade** é abordado em diversos aspectos dentro da organização. Cada vez mais, de modo geral, as pessoas esperam ações que envolvam essa temática e, para as empresas, isso pode se tornar um diferencial competitivo. No próprio recrutamento, ao desenhar as características do cargo, a diversidade pode ser incluída e reconhecida. Uma vez que é um tema amplo, diversos aspectos podem ser considerados, como gênero, idade, grau de instrução, grupo ético e religioso, origem, raça e língua (Sant'Anna).[6] Segundo esse autor, os integrantes dos grupos de minoria podem contribuir para o crescimento e a melhora por desafiarem suposições básicas sobre as funções da organização, como a estratégia e as operações. Hoje é comum encontrar empresas que valorizam a diversidade no próprio anúncio da vaga. É uma maneira de atrair potenciais talentos de um grupo de minoria. Selecionar candidatos da terceira idade para um programa específico de contratação foi a ação realizada por uma empresa líder brasileira do programa de fidelidade de coalizão em varejo. A empresa apostou que pessoas mais experientes poderiam contribuir com seus conhecimentos e com uma visão mais madura na solução de problemas do cotidiano, uma vez que a grande maioria (cerca de 80%) dos colaboradores da empresa tinham menos de 35 anos de idade. Outras ações voltadas para a diversidade podem ser observadas no momento do anúncio da vaga, no próprio site da empresa ou em sites de divulgação de vagas. É comum as empresas ressaltarem que valorizam a diversidade e a inclusão.

O papel do RH e da área contratante é fundamental para delinear o perfil da posição em aberto e o que se espera do futuro empregado, tanto nos aspectos técnicos como nos comportamentais. Traçado esse perfil, é o momento do representante de RH analisar se a divulgação será interna ou externa.

---

4   CIUHUREANU, A.; FUCIU, M.; GORSKI, H. Identification of the labour market trends from the perspective of the competences and the skills requested as well as the recruitment sources used by the employers from the "centre" development region. *Annais of the University of Petrosani Economics*, v. 14, n. 1, p. 19-30, 2014.

5   PAULINO, M. L. S. Dimensão estratégica do recrutamento e seleção de pessoal. *Revista Unicuritiba*, Curitiba, 2010.

6   SANT'ANNA, F. S. *Trajetórias de carreira de negros: um estudo sobre os aspectos favoráveis e desfavoráveis percebidos por executivos negros*. 2013. Tese (Mestrado em Administração de Empresas) – Universidade Presbiteriana Mackenzie, São Paulo, 2013.

GESTÃO DO FATOR HUMANO

Costa[7] refere-se a três tipos de recrutamento: interno, por meio do remanejamento do colaborador, sendo o processo mais econômico; externo, realizado quando não há candidatos internos para a posição; e misto, que ocorre quando o candidato interno assume a vaga, mas sua posição anterior fica em aberto, precisando a empresa recorrer ao recrutamento externo. É de conhecimento dos profissionais que as práticas do recrutamento interno precisam ser embasadas em procedimentos e métodos transparentes. Além de considerar um incentivo motivacional e um processo de baixo custo, Marras[8] elenca alguns benefícios de recorrer ao trabalho interno, por exemplo, a otimização do processo, a velocidade do trâmite admissional, afinal, o empregado não precisa fazer a integração inicial na companhia, os custos são reduzidos, há indução da motivação do empregado e a prática de recrutar um profissional internamente abre a perspectiva para contratar outros da mesma companhia. Todavia, há situações nas quais contratar um candidato internamente remete a outras questões. Assim, a empresa opta pelo recrutamento externo para ter um processo mais neutro. Por exemplo, dependendo da política de cargos e salários adotada pela companhia, outros problemas podem surgir com a transferência do candidato interno de um setor para outro. Outra situação que também ilustra a escolha da contratação externa é a confidencialidade que a vaga exige. A depender do motivo, muitas vezes a vaga só é formalizada quando a contratação do profissional já ocorreu. Independentemente do tipo escolhido, é o processo de recrutamento realizado com planejamento adequado que favorecerá a captação de melhores candidatos ao perfil da vaga.

Seleção: aspectos importantes envolvidos

Ao RH cabe realizar um alinhamento entre as áreas envolvidas, procurar entender a demanda e se existe a necessidade de haver concessões – ações que fazem a diferença para que o processo seja bem-sucedido.

O processo de seleção envolve aspectos importantes e diferentes entre si dentro de uma organização. Costumeiramente, estão envolvidos nele a área requisitante, o RH e os interessados na vaga, que, dependendo da demanda, podem ser empregados ou profissionais externos. Ainda, quando solicitado pela companhia, há participação de consultorias externas. Nesse contexto, as visões e/ou interesses diferentes dos envolvidos são inevitáveis. Ao RH cabe realizar um alinhamento entre as áreas envolvidas, procurar entender a demanda e se existe a necessidade de concessões – ações que fazem a diferença para que o processo seja bem-sucedido.

Um episódio ocorrido em determinada empresa, de perfil conservador, pode ilustrar a relevância do alinhamento: uma área da diretoria de Vendas e Marketing tinha uma vaga de analista de marketing, com pré-requisito de formação acadêmica em Publicidade e Propaganda ou Administração de Empresas. Determinadas experiências, inerentes à vaga, relacionadas ao segmento da empresa, também eram solicitadas. Entre os currículos selecionados pelo RH, havia o de um candidato com formação em Antropologia. O selecionador, acreditando que a formação e as experiências do candidato poderiam contribuir com a área, negociou com o requisitante a possibilidade de flexibilizar a formação acadêmica, quando outros fatores positivos fossem apresentados, como experiências profissionais e características comportamentais. Ao final do processo, esse candidato, com formação distinta, foi contratado. Ele agregou conhecimento à área por apresentar uma análise complementar às atividades e

---

7   COSTA, C. C. S. Recrutamento e seleção por competências: dificuldades e benefícios. *In*: XI CONGRESSO NACIONAL DE EXCELENCIA EM GESTÃO, 11, 2015. *Anais [...]*. Rio de Janeiro: Firjan, 2015.

8   MARRAS, J. P. *Administração de recursos humanos:* do operacional ao estratégico. 15. ed. São Paulo: Saraiva, 2016.

ATRAINDO, SELECIONANDO E RETENDO PESSOAS

conquistou, ao longo do tempo, outras oportunidades na empresa. A área, por sua vez, percebeu o quanto foi importante esse perfil e estimulou outras áreas, dentro da mesma diretoria, a flexibilizar alguns requisitos tidos como essenciais e inquestionáveis.

Combinar com o requisitante a possibilidade de haver concessões é uma ação que pode ser tratada no início do processo seletivo, quando o RH recebe a demanda da vaga. O alinhamento do perfil da vaga com o gestor é uma tarefa relevante à área de RH. Considerando que a seleção tem como objetivo geral maximizar os acertos e evitar os erros, haja vista que a contratação errada de um colaborador remete a um custo direto ou indireto para a companhia,[9] essa ação minimiza as chances de uma escolha equivocada. O alinhamento de perfil remete a um item importante dentro de todo o processo para que ele seja bem-sucedido, que é o planejamento da seleção.

Planejamento do processo seletivo

Pela demanda intensiva e corrida, inerente ao ambiente organizacional, o planejamento completo e específico de um processo seletivo pode ser preterido diante de tarefas centrais das áreas envolvidas. Todavia, é importante que essa ação seja priorizada e realizada, já que uma seleção errada provoca prejuízos à companhia, como a falta de engajamento ou, até mesmo, o desligamento do recém-contratado. Christopher e Derek[10] argumentam sobre o uso eficiente dos métodos de seleção para predizer comportamentos sem utilizar somente uma abordagem focada na tarefa, por exemplo.

Planejamento implica estimar o tempo previsto para todas as fases da seleção, ou seja, com todas as etapas, que vão desde o período da triagem, análise dos currículos recebidos e logística do processo, até o primeiro contato com os candidatos, escolha dos recursos para avaliá-los e a contratação. Com o planejamento das etapas obtém-se um cronograma, sendo possível visualizar com antecedência a disponibilidade do executivo para participar das fases nas quais a presença dele é fundamental. Pode parecer óbvio e, talvez, até desnecessário, mas um cronograma que contemple as datas e o local estimados minimiza as chances de se programar a realização do processo em um período inadequado, como na emenda de um feriado, ou haver indisponibilidade de local apropriado (contar com uma sala livre, mas ela já estar reservada para uma outra pessoa/evento).

Imprevistos dessa natureza podem acontecer durante o processo seletivo. O planejamento diminui as chances de situações constrangedoras ocorrerem para o candidato, para o gestor da vaga e para o próprio RH. Para ilustrar essa situação, na seleção para uma vaga de secretária executiva trilíngue da presidência, o selecionador agendou uma hora e meia de entrevista para cada uma das duas candidatas pré-selecionadas. O embaraço ocorreu porque a primeira entrevista se prorrogou e a sala, que era também para videoconferência, já estava reservada para a transmissão de uma reunião com executivos da sede da empresa fora do Brasil. A fim de solucionar o ocorrido, o entrevistador solicitou que a segunda candidata, que estava aguardando em outra sala de reuniões, esperasse na mesa dele, no RH, que a entrevista terminasse. Nesse cenário, além do constrangimento e do não cumprimento do horário, houve a

> **Pela demanda intensiva e corrida, inerente ao ambiente organizacional, o planejamento completo e específico de um processo seletivo pode ser preterido diante outras tarefas centrais das áreas envolvidas.**

---

9   SOUZA, D. A; PAIXÃO, C. R; SOUZA, E. A. Benefícios e dificuldades encontradas no processo de seleção de pessoas: uma análise do modelo de seleção por competências, sob a ótica de profissionais da área de gestão de pessoas. *Gestão & Regionalidade*, v. 27, n. 80, maio/ago. 2011.

10   CHRISTOPHER, R.; DEREK, E. Changing jobs, changing people: developing employee selection processes. *Radical Change Settings EBS Review*, n. 22, p. 59-70, 2007.

exposição dos envolvidos e, principalmente, das candidatas, que se conheciam, por se tratar de uma vaga com exigências específicas. Era uma oportunidade que envolvia sigilo. Um *checklist* dos itens que devem ser considerados na seleção evitam a ocorrência de casos dessa natureza.

Ainda no planejamento, analisar quem serão as áreas e os profissionais envolvidos é importante para que a contratação do futuro empregado ocorra conforme a solicitação da área requisitante. Por exemplo, se a vaga tem de ser fechada até determinado dia, o cronograma do processo seletivo deve incluir a área do Departamento Pessoal, que tem os dias certos no mês para gerar a inclusão de novos colaboradores. Para que isso ocorra dentro do prazo, os candidatos finalistas precisam ser entrevistados pelo gestor até determinado período. Dessa forma, para elaborar o cronograma, uma alternativa para cumprir os prazos corretamente é considerar as datas das etapas da seleção do final para o início, por exemplo.

Um planejamento mais completo implica analisar até os testes a serem utilizados durante a seleção e organizá-los com antecedência, já que, para algumas empresas, a compra de materiais envolve outras áreas, como a de Compras. O planejamento das atividades contribui para a realização de um processo padronizado e justo para os candidatos, assim como coerente para os profissionais que têm a função de analisar os candidatos à vaga, contribuindo para uma escolha mais assertiva. Além do mais, é importante desenhar um processo coeso, que inclua os métodos e instrumentos mais adequados para a escolha do candidato, e que minimize ao máximo as escolhas subjetivas na tomada de decisão de quem deve conquistar a vaga. Brandão[11] ressalta quatro itens importantes para não cometer equívocos e injustiças durante o processo. São eles: rigor na obtenção das informações; cautela para avaliar; respeito absoluto pelos candidatos e bom senso. Ao planejar a seleção, incluir como os candidatos serão abordados, como o *rapport* será feito durante os contatos e o formato da devolutiva são alguns pontos relevantes que auxiliam na demonstração de cuidado e de respeito.

Período de triagem e análise dos currículos

Se os recursos utilizados não forem constituídos de muita tecnologia, a triagem dos currículos, feita pelo próprio RH ou pela consultoria contratada, pode requerer tempo. Além do mais, dependendo da especificação técnica da vaga é importante solicitar que um analista ou gestor da área requisitante verifique a experiência mencionada nos materiais. É na análise do currículo que o selecionador avalia quais são os candidatos mais próximos e os mais distantes da vaga. É o que ressaltam Chaim, Martinelli e Azevedo,[12] ao afirmarem que, nessa fase, certifica-se a validade das informações colocadas pelo candidato.

Para as organizações que utilizam empresas especializadas e com mais tecnologia no recrutamento e seleção de candidatos, as ferramentas favorecem a otimização de tempo e recursos, além de permitirem a organização e a personalização do processo. Por exemplo, há sistemas que possibilitam que o próprio selecionador inclua ou

---

11 BRANDÃO, J. B. *Gestão estratégica de recursos humanos*. São Paulo: FGV, 2013. p. 83. (Coleção Gestão de Pessoas)

12 CHAIM, D. F.; MARTINELLI, C. R. Redes sociais on-line e seleção de pessoas: LinkedIn e SERVQUAL. *Revista de Tecnologia Aplicada*, São Paulo: Faculdade Campo Limpo Paulista, v. 1, n. 3, p.30-42, set./dez. 2012.

ATRAINDO, SELECIONANDO E RETENDO PESSOAS

exclua etapas de acordo com cada processo e construa um *workflow* (fluxo de trabalho, em tradução livre) personalizado, que inclua as fases nas quais haverá participação dos candidatos.

Ao analisar o currículo, o selecionador pode ter dúvidas e interesses sobre as experiências do candidato. Uma maneira de registrar essa primeira impressão é anotar essas informações e abordá-las durante a entrevista, por telefone ou internet, ou na etapa final.

Com os currículos dos inscritos selecionados, é hora de realizar o processo seletivo. Um processo seletivo eficiente e justo precisa contemplar ferramentas que avaliem os candidatos não só quanto ao conhecimento técnico exigido na oportunidade mas também com relação ao lado comportamental e de valores daquele profissional. Avaliações mal construídas, que não favorecem a distinção entre os participantes e em que todos têm um desempenho igualmente bom, dificultam a diferenciação entre os candidatos.[13]

A depender do tipo de vaga e do número de candidatos selecionados, as técnicas de avaliação também serão influenciadas. Abaixo, algumas opções de avaliação.

> As ferramentas favorecem a otimização de tempo e recursos, além de permitir a organização e personalização do processo.

Teste on-line

Se há muitos candidatos selecionados, ter como primeira avaliação um teste on-line pode ser uma opção útil e que otimize tempo, além de ser uma forma prática de coletar informações sobre o candidato. É comum as empresas disponibilizarem, no ato da inscrição on-line, perguntas que testam o conhecimento dos inscritos sobre a vaga e/ou o conhecimento geral. Também procuram identificar, mesmo que superficialmente neste primeiro momento, alguns valores e a visão do candidato.

A tecnologia contribui para avaliar habilidades técnicas exigidas pela vaga, o que antes era possível somente presencialmente, como uma avaliação em inglês. Por exemplo, o candidato recebe via e-mail a solicitação para gravar um vídeo sobre um tema e precisa falar por determinado tempo. Esse processo proporciona praticidade para todos os envolvidos e fornece mais material de análise para os avaliadores.

> A tecnologia contribui para avaliar habilidades técnicas exigidas pela vaga, o que antes era possível somente presencialmente.

Avaliações psicológicas e comportamentais

Os instrumentos de avaliação comportamental e psicológica favorecem o conhecimento do perfil dos candidatos, além de ser mais uma ferramenta para padronizar a avaliação do processo seletivo, ou seja, quanto mais padronizado for e conseguir buscar informações sobre os candidatos, mais assertiva será a escolha do profissional para a vaga em aberto. Os instrumentos psicológicos devem ser aplicados pelo psicólogo, pois tem a aprovação pelo Conselho Federal de Psicologia. São testes que têm avaliação e embasamento técnico-científico. Segundo a Resolução do CFP-n. 09/2018:[14]

---

13 ODOM, C. L. New-Hire retention woes drive change in health insurer's employee-selection process. *Global Business & Organizational Excellence*, v. 32, n. 6, p. 27-35, set./out. 2013.

14 CONSELHO FEDERAL DE PSICOLOGIA. *Resolução n. 9*, de 25 de abril de 2018. Estabelece diretrizes para a realização de Avaliação Psicológica no exercício profissional da psicóloga e do psicólogo, regulamenta o Sistema de Avaliação de Testes Psicológicos. Brasília: CFP, 2018. Disponível em: http://satepsi.cfp.org.br/docs/Resolu%C3%A7%C3%A3o-CFP-n%C2%BA-09-2018-com-anexo.pdf. Acesso em: 3 fev. 2020.

[a] Avaliação Psicológica é definida como um processo estruturado de investigação de fenômenos psicológicos, composto de métodos, técnicas e instrumentos, com o objetivo de prover informações à tomada de decisão, no âmbito individual, grupal ou institucional, com base em demandas, condições e finalidades específicas.

De acordo com essa mesma resolução, escalas, inventários e questionários estão entre os instrumentos. Como os instrumentos podem favorecer as decisões sobre os candidatos em um processo seletivo, a escolha do mais adequado precisa ser contextualizada no propósito do trabalho, a fim de que o construto que contribuirá para o alcance desse propósito seja definido, como os recursos que avaliam os interesses, a motivação e a personalidade dos candidatos.

Na seleção, outros tipos de avaliação são utilizados e, nesse caso, profissionais com outra formação acadêmica podem aplicá-los, como as avaliações de perfil comportamental. Elas focam o comportamento da pessoa que está sendo avaliada e não se aprofundam nos aspectos mais intrínsecos relacionados a ele. Dentre essas ferramentas, pode-se citar a metodologia Dominância, Influência, Estabilidade e Conformidade (Disc, sigla do nome em inglês), que mostra o perfil psicológico dominante e estilo de liderança, e os Indicadores de Preferências Pessoais (MBTI, sigla do nome em inglês).

Testes técnicos

Os testes técnicos possibilitam avaliar o conhecimento e/ou a destreza do candidato nas atividades específicas da função. Geralmente, são aplicados para as vagas operacionais e de nível técnico; todavia, na categoria de analista, quando existe a necessidade de um conhecimento específico, eles também são um recurso interessante e, muitas vezes, necessários na avaliação. Nesse tipo de teste, de acordo com o que precisa ser avaliado, um especialista da área da vaga em aberto deve participar, seja na elaboração da prova técnica, seja na aplicação do teste ou, ao menos, na correção dele.

Se necessária a presença do especialista no dia da avaliação, é interessante o selecionador de RH orientá-lo sobre a conduta que se espera dele como representante da empresa. A seguinte situação real ilustra o que pode ocorrer quando pequenos ajustes não são feitos: em um processo operacional para pintor, após realizar o teste prático – última etapa das provas –, o especialista dizia a cada candidato que o teste tinha ocorrido bem e que estava "Ok". Porém, a empresa tinha questões administrativas internas que influenciavam na escolha do candidato, como a correção do teste e um *ranking* entre os melhores colocados. Mediante a reprovação, os candidatos começaram a questionar o motivo, já que achavam que foram bem, segundo a "devolutiva" do especialista. Depois de alguns dias de reclamação, a área de RH descobriu a origem do mal-entendido e foi necessário observar detalhadamente como estava sendo conduzido o teste prático para esclarecer o malfeito.

Para realizar o teste prático, questões logísticas precisam ser incluídas na etapa do planejamento, como o local no qual ele será realizado; se necessita de algum instrumento e, se sim, quantidade disponível; a agenda do especialista responsável pela elaboração da prova; critério de avaliação e aplicação dela etc.

Entrevista por competência

Considerado um dos instrumentos mais utilizados, a entrevista favorece a coleta de informações sobre os candidatos, além de não exigir uma estrutura difícil em termos logísticos, pois pode ser realizada em uma sala de reuniões, por exemplo, e somente com o candidato e o entrevistador (o representante de RH ou o responsável pela vaga). Considerando a entrevista presencial ou a realizada por telefone ou internet, é necessário pelo menos que duas pessoas estejam envolvidas. O selecionador tem o interesse em coletar informações sobre o candidato para constatar o quanto ele está próximo da vaga. Cabe a ele também apresentar a proposta e a empresa, o que é esperado do futuro contratado, os benefícios da vaga, entre outros aspectos. Para o candidato, é a oportunidade de falar a respeito de si e de suas experiências, como também de esclarecer eventuais dúvidas.

Existem diferentes tipos de entrevista: aberta ou não estruturada, semiestruturada e estruturada. Conforme Hutz, Bandeira e Trentini,[15] a não estruturada tem um roteiro, mas as questões são elaboradas em função do conteúdo. Já a semiestruturada tem um roteiro e questões, mas o entrevistador pode explorar com mais profundidade as informações. A estruturada segue um roteiro preciso com o objetivo de coletar dados que permitam estabelecer comparações entre todas as pessoas entrevistadas e, no geral, prevê respostas curtas. Para uma entrevista de emprego, é interessante que as questões, pelo menos as principais, apresentem o mesmo padrão para que, ao final de todos os encontros, o responsável possa fazer a comparação e escolher o melhor candidato.

Um modelo também utilizado é a entrevista baseada em competências. Ao elaborar uma entrevista para determinada vaga, é importante verificar quais são as competências inerentes àquele cargo, sejam elas comportamentais, sejam técnicas. De forma mais ampla, as comportamentais vão além do cargo em si e se estendem para as competências relacionadas à cultura da empresa. Segundo Ribas e Salim,[16] para muitos empregadores, examinar o desempenho do candidato é uma maneira de prever sua performance futura e, por isso, a entrevista comportamental é utilizada na seleção de competências. Esse tipo de entrevista objetiva conseguir o CAR nas respostas dos candidatos com base nas experiências desses – sigla que significa: Contexto (qual a situação) + Ação (qual foi a ação adotada) = Resultado (o que conquistou).

Knight menciona que Gino,[17] ao considerar sete formas de reduzir o viés no processo de contratação, elege a entrevista estruturada padronizada como uma delas, por padronizar o processo e minimizar o desvio, possibilitando que o entrevistador se concentre nos fatores que impactam diretamente o desempenho do candidato.

A entrevista estruturada é composta de perguntas fechadas. Em certa situação, em uma empresa multinacional, os candidatos eram entrevistados com um modelo vindo da matriz, de origem europeia e as perguntas não foram devidamente adaptadas ao cenário brasileiro. Alguns candidatos respondiam às perguntas com o famoso "jeitinho brasileiro", pois estas já induziam uma resposta positiva sobre o comportamento

---

15   HUTZ, C. S.; BANDEIRA, D. R.; TRENTINI, C. M; KRUG, J. S. (org.). *Psicodiagnóstico:* avaliação psicológica. Porto Alegre: Artmed, 2016.

16   RIBAS, A. L.; SALIM, C. R. *Gestão de pessoas para concurso.* São Paulo: Alumnus/Leya, 2013.

17   GINO, F. *apud* KNIGHT, R. 7 practical ways to reduce bias in your hiring process. *Harvard Business Review,* 12 jun. 2017. Disponível em: https://hbr.org/2017/06/7-practical-ways-to-reduce-bias-in-your-hiring-process. Acesso em: 5 fev. 2020.

do indivíduo. Nesse mesmo modelo de entrevista, o entrevistador tinha uma "régua" para dar notas à resposta do candidato entre 1 e 5. Além disso, o padrão de respostas também não correspondia ao estilo dos brasileiros, o que tornava a pontuação não fidedigna. Por fim, havia ainda perguntas que eram feitas a todos os candidatos, independentemente do nível, e algumas direcionadas ao cargo, com divisões básicas, como executivos, analistas, técnicos e profissionais.

Instrumentos dessa natureza são válidos desde que adaptados corretamente ao contexto, porque as informações coletadas precisam ter sentido e traduzir corretamente o comportamento e a experiência do participante. No exemplo, dependendo da vaga, os solicitantes recebiam treinamento para realizar a entrevista com o apoio do RH. Novamente essa é mais uma situação que merece atenção. Muitas vezes, o requisitante nunca teve experiência em selecionar pessoas e, muito menos, em utilizar um instrumento para isso. Com o anseio de conseguir utilizar corretamente a ferramenta de seleção e de dar nota às respostas dos candidatos, o requisitante pode não observar informações importantes para a própria vaga. Em outras palavras, o requisitante precisa estar bem treinado e familiarizado com o instrumento, caso contrário, a naturalidade da entrevista e a coleta de informações são afetadas.

Tarki e Weiss[18] ressaltam a importância de fazer perguntas diretas e francas para conquistar respostas com o mesmo teor. Segundo esses autores, os profissionais procuram interpretar as entrelinhas das respostas dos candidatos e tiram as próprias conclusões, o que pode acarretar em erro e mau entendimento. Novamente, nessa afirmação, observa-se a relevância do treinamento e da prática para minimizar interpretações precipitadas.

Mesmo optando pela entrevista estruturada, é possível que em cada entrevista apareçam perguntas específicas, que se originarão das respostas e experiências de cada candidato. Essas situações oferecem a oportunidade de observar o quão perto da cultura e dos valores da empresa e da vaga o candidato está. Uma vez que, de acordo com Tamayo,[19] uma das funções dos valores é orientar a vida da empresa e o comportamento de seus membros, é importante observar, já durante a entrevista, se os valores dos candidatos, ao menos os finalistas, vão ao encontro dos da organização.

Cada modelo de entrevista tem seu valor, o que influencia no resultado são os objetivos do entrevistador. Um entrevistador experiente pode conseguir coletar informações importantes sobre o candidato com uma simples e clássica pergunta: "Me fale sobre você. Quais são as suas experiências?". E manter essa pergunta principal para todos. Entretanto, é importante que ele perceba se o participante está conseguindo pensar logicamente em toda sua experiência, já que a situação envolve nervosismo e tensão por parte do candidato. Nesses casos, às vezes, o recrutador pode perder um bom profissional por não ter estabelecido um cenário acolhedor.

Em tempos nos quais as informações são compartilhadas com facilidade e velocidade por meio dos recursos digitais, participar de uma entrevista de emprego, já não significa, para o candidato, ter acesso às informações sobre a empresa somente durante a entrevista. Como já mencionado, sites especializados oferecem aos usuários avaliações, comentários e classificações das empresas pesquisadas, além de

---

18 TARKI, A.; WEISS, J. Pare de mentir sobre o cargo para os candidatos. *Harvard Business Review*, 16 jul. 2019. Disponível em: https://hbrbr.uol.com.br/pare-de-mentir-sobre-a-funcao-para-os-candidatos. Acesso em: 1 abr. 2020.

19 TAMAYO, A.; GONDIM, M. G. C. Escala de valores organizacionais. *Revista de Administração*, 31(2), p. 62-72,1996.

ATRAINDO, SELECIONANDO E RETENDO PESSOAS

informações que mostram a cultura, o ambiente, oportunidades de crescimento, instalações, salários. Além de ter acesso a esses dados, os candidatos podem se preparar para a entrevista com base em dicas e conselhos de pessoas que já participaram de seleções anteriores. Há também sites especializados que oferecem informações sobre como se comportar em entrevistas, tipo de roupa adequado etc.

A tecnologia é uma aliada nessa fase e facilita o processo. Nos dias atuais, as entrevistas podem ser realizadas a distância, pelas ferramentas que a internet disponibiliza. Esse processo otimiza a agenda do entrevistador e do entrevistado. Novamente, nessas circunstâncias, é importante que um ambiente propício seja estimulado para que o candidato fale sobre si com a maior naturalidade possível. A entrevista por vídeo aproxima requisitante e candidato de locais distantes, sem precisar haver deslocamento por parte de um dos interessados. Combinar claramente o horário e como será a entrevista é uma maneira de evitar desentendimento. Suponhamos o caso de uma candidata que teve perfil aprovado na primeira entrevista com o RH. A segunda e última etapa do processo seria com a gestora da vaga, que fica nos Estados Unidos. Sem saber que foi aprovada para a última etapa e o dia em que poderia ser a entrevista, a candidata recebe um e-mail da gestora pedindo que ligue para um determinado número no mesmo dia, em 30 minutos. No trabalho, a candidata não leu o e-mail a tempo e respondeu somente no outro dia. A gestora, por sua vez, solicita uma conversa pela internet no mesmo momento. A candidata não consegue contato pelo celular e, sem ter o recurso ideal, que seria o computador da sua residência, não consegue mais contato com a gestora. Prevalece, assim, a dúvida: Será que a candidata foi mal interpretada? Se houve mal-entendido, até que ponto a causa foi a diferença cultural ou o perfil específico da gestora, que marcou as entrevistas momentos antes do horário para que elas ocorressem? Se foi diferença cultural, alguma das partes precisava se adaptar? Situações de desencontro podem ocorrer e tanto o entrevistador como o entrevistado precisam tomar alguns cuidados para que não haja um eventual prejuízo: da parte da empresa, para não perder um bom candidato, e da parte do candidato, para não perder a chance de trabalhar em uma boa empresa.

Outras formas de avaliação

Durante a seleção, outras ferramentas podem ser utilizadas conforme demanda a vaga e a disponibilidade de recursos humanos para colocá-las em prática.

A dinâmica de grupo é uma ferramenta que possibilita verificar como o candidato se comporta na interação com outras pessoas. De preferência, as situações devem ser propositalmente escolhidas, variando conforme o cotidiano que o contratado irá vivenciar: por exemplo, contato com clientes, trabalho sob pressão, ambientes instáveis. E, nessas situações, os candidatos precisam resolver as demandas colocadas na interação com outros participantes. Nesse ambiente, os comportamentos são observados: o candidato com perfil de liderança, aquele comunicativo, o que observa, o

Figura 6.1 Processo de seleção

© iStock /Getty Images Plus/ Mykyta Dolmatov

que não executa e não reage ao pedido de ajuda do outro, aquele com comportamento forçado, não espontâneo.

O processo seletivo pode ter uma ou até mais de uma dinâmica em suas etapas, com o objetivo de verificar competências diferentes ou até mesmo comprovar outras, sendo complementares. Geralmente, a dinâmica é uma opção válida nas vagas para estagiários e *trainees*, pois são processos que envolvem muitos candidatos, podendo reduzir o número de participantes para as próximas etapas de uma forma justa e eficiente.

Se conduzido com um *rapport* adequado, a ansiedade dos candidatos pode ser minimizada, contribuindo para que apresentem comportamentos mais naturais. Nos dias atuais, os candidatos têm diversas informações sobre processo seletivo; em grandes programas de estágios, por exemplo, eles conseguem até saber como é o estilo de seleção da empresa e como foram os últimos processos. Entretanto, é possível encontrar pessoas com comportamentos aversivos a dinâmicas, que paralisam nessa situação. Em um processo seletivo para uma vaga de analista, que requeria profissionais formados com experiência, um candidato esperou o selecionador apresentar a vaga e mostrar as etapas que ocorreriam no dia. Quando o selecionador saiu da sala para organizar a distribuição das tarefas, esse candidato se desesperou e disse ao selecionador que não acreditava em dinâmicas e que ia embora. O selecionador tentou explicar o processo e acalmar o candidato, mas de nada adiantou. Nesse contexto, é importante que o selecionador tenha empatia pelo candidato e contorne a situação, a fim de minimizar o desconforto dele. A presença dos que não acreditam em dinâmicas e/ou não gostam de participar delas pode ser evitada se o selecionador, por meio do contato para convocação, seja por telefone ou e-mail, deixar claro o que será realizado no dia do encontro. Essa explicação pode ser objetiva, mas precisa ser padronizada e organizada. O candidato citado como exemplo tem uma percepção sobre dinâmicas de grupo que foi construída pelas suas experiências ou até mesmo definida por sua personalidade e histórico de vida. Essa é uma situação peculiar a esse candidato. Entretanto, uma percepção, quase coletiva, povoa o imaginário de muitos candidatos ao participarem de uma dinâmica. É comum encontrar aquele que fala a todo momento, a fim de mostrar seu "lado comunicativo", já que muitos acreditam que têm de se comunicar para se sobressair na dinâmica. Outros acreditam que é preciso liderar e adotam ações durante o trabalho em grupo que denotam uma liderança aleatória, sem embasamento, com um comportamento não natural. Um selecionador um pouco experiente e perspicaz percebe esse comportamento. O que não fica muito claro a candidatos como esses é que cada empresa, cada vaga, tem um perfil e o selecionador procura o candidato mais próximo a ele. Dessa maneira, falar compulsivamente, tentar liderar, sem dar espaço aos outros, entre outros comportamentos, podem prejudicar o candidato que não está agindo naturalmente. Há vagas para as quais a empresa precisa de uma pessoa mais observadora, que fale pouco, porque a atividade será mais isolada e uma pessoa comunicativa não estaria em um ambiente a seu favor nessas condições. Talvez, esclarecer que cada vaga procura competências específicas e que o melhor é agir com naturalidade e dando vazão ao conhecimento que cada um tem seja uma orientação interessante a ser dada na recepção aos candidatos.

Atualmente, outras formas de avaliar são utilizadas durante o processo seletivo. O *gamification* é uma delas: com uma abordagem com foco na solução de problemas por meio dos jogos, os candidatos são responsáveis por solucionar questões que têm

ATRAINDO, SELECIONANDO E RETENDO PESSOAS

relação com a vaga. Segundo Mirshawka,[20] as empresas estão percebendo que a avaliação "gamificada" é mais positiva do que as tradicionais e, dessa forma, tem-se jogos para todas as etapas do processo seletivo. De acordo com esse mesmo autor, há testes desse tipo que envolvem tomadas de decisão que relacionam os valores pessoais com os da organização até a fase final de disputa pelo cargo.

O *role playing* ou simulação é outra abordagem que pode ser usada na seleção. As técnicas de simulação contribuem para a avaliação dos candidatos ao proporcionarem vivências próximas à realidade do cargo. Nessa técnica, o selecionador pode assumir um papel na interação com o candidato, que possui algumas tarefas a serem feitas. Se o processo seletivo contemplar mais de um candidato, ao assumir uma interação padronizada com eles, o profissional pode identificar aquele que apresentou as respostas e/ou soluções mais próximas às adequadas à realidade do cargo.

Busca de referência no mercado

Com a escolha de um ou mais candidatos finalistas, a busca de referência pode ajudar o responsável pela vaga a decidir. Atualmente, com as redes sociais, acessar informações sobre uma pessoa pode ser mais fácil do que anos atrás. Todavia, é preciso dosar o peso que uma informação coletada digitalmente terá sobre um participante que teve destaque em todas as etapas do processo seletivo, por exemplo. Além disso, utilizar esses dados sem o conhecimento do candidato pode trazer um questionamento sobre o comportamento ético do profissional da empresa que está selecionando.

Elaboração de relatórios comparativos e *feedback* ao requisitante

A forma de apresentação dos dados dos candidatos escolhidos para a etapa final do processo varia conforme a atuação da empresa: se há um padrão de apresentação de resultados para todos processos; o que foi combinado entre Recursos Humanos e a área solicitante; posicionamento formal sobre o candidato, entre outros. Independentemente do motivo, é interesse existir um material sobre os finalistas, ao menos para registro e otimização de futuros processos, caso o candidato possa ter seu perfil reavaliado em outras oportunidades.

Para o responsável por elaborar o laudo, é importante o cuidado ao reunir as informações sobre o candidato, a fim de não julgar ou trazer informações dúbias, que possam induzir uma interpretação errada. Quanto mais neutra e clara for a escrita, melhor para deixar registrado o parecer sobre o candidato, sem prejudicar a avaliação realizada com interpretações erradas. De acordo com Preto,[21] o laudo psicológico, por se tratar de uma técnica devolutiva, deve conter informações restritas aos objetivos do documento, pois influenciarão as tomadas de decisão relacionadas ao usuário ou beneficiário.

Retorno aos candidatos não aprovados

Ao participar de um processo seletivo, os candidatos esperam aprovação; na falta dela, o desejo é saber o motivo pelo qual houve a reprovação. Entre as reclamações de

---

20   MIRSHAWKA, V. *Economia criativa:* fontes de novos empregos. São Paulo: DVS, 2016.

21   PRETO, C. R. S. *Laudo psicológico.* Curitiba: Juruá, 2016.

quem participa de processo seletivo, a falta de devolutiva das empresas está entre as principais insatisfações. Se um retorno simples, muitas vezes, não ocorre, dificilmente uma devolutiva detalhada ou, pelo menos, mais personalizada acontecerá. Do lado do participante, pode ocorrer frustração, desapontamento e/ou indignação, principalmente nos casos em que a autoavaliação do candidato foi positiva. Do ponto de vista da empresa, é delicado e, na maioria das vezes, inviável oferecer uma devolutiva individual. Delicado porque, se forem expostos os verdadeiros motivos, o selecionador não tem como controlar como será sua recepção pelo candidato, pois, muitas vezes, o contato entre eles termina após a devolutiva. Quanto a ser inviável, isso decorre do fato de haver mais pessoas reprovadas (às vezes, muitas) e de o selecionador ter, na maioria das vezes, outros processos seletivos e atividades em andamento ao mesmo tempo. Uma alternativa é iniciar o processo com comunicação clara e coesa, ou seja, no primeiro encontro com o candidato, seja na dinâmica ou na entrevista, dizer como será a avaliação, as etapas, se há um sistema de *ranking* e esclarecer que se busca um candidato com determinado perfil, por exemplo. Já o envio de respostas automáticas aos candidatos é uma alternativa que pode auxiliar nas devolutivas dos processos seletivos. Outra opção é oferecer explicações mais didáticas, por meio de respostas personalizadas a distância ou presencialmente, que podem parecer óbvias e até cansativas para o profissional responsável pela seleção, mas podem ajudar o candidato a compreender melhor o motivo da reprovação neste momento em que ele está nervoso e ansioso. Assim, a imagem da empresa não é prejudicada.

CONTEXTUALIZANDO O TEMA "RETENÇÃO"

Cada vez mais, organizações de diferentes portes e setores da economia têm presenciado um relevante desafio: ter o talento certo, engajado e atuando de modo que viabilize sua competitividade frente a seus concorrentes e acelere a busca por tornar sua intenção estratégica uma realidade estratégica. Esse desafio se traduz, na maior parte das vezes, em um dos principais papéis do RH estratégico, hoje em dia e futuramente. Essa realidade é comum para várias organizações no mundo e, em especial, no contexto do mercado brasileiro, que aparentemente sente os efeitos da baixa oferta de talentos motivada por um passivo conhecido de déficit no sistema educacional. Além disso, a própria volatilidade do mundo atual, causada pelo surgimento de novos modelos de negócio, alta oferta de soluções tecnológicas e crescente competitividade nos setores da economia, provoca uma busca constante e implacável pelos talentos certos. Com isso, o tema da retenção de pessoas tem sido debatido arduamente no âmbito prático, nas organizações, visto que não basta atrair e selecionar o talento certo, é preciso retê-lo durante sua jornada estratégica. No âmbito acadêmico, Browell[22] define retenção de funcionários como o processo de "manter aqueles membros da equipe que se deseja manter e não os perder da organização por qualquer motivo, especialmente para os concorrentes".

Buscando contribuir com esse debate, este capítulo se propõe, tanto do ponto de vista prático quando do teórico, a trazer elementos que apresentam o tema retenção de forma ampla, tratando-o como um fio condutor que reúne alguns dos diversos elementos já presentes neste livro e que constituem o ecossistema de Recursos

---

22 BROWELL, S. *Staff retention in a week.* Great Britain: Hodder & Stoughton, 2003, p. 5.

Humanos. Entendemos que a retenção pode ser impactada por aspectos objetivos, como o mero fato de uma mudança de endereço, tornando, por questões práticas, inviável determinada pessoa continuar em uma dada empresa, e outros amplamente subjetivos, como a não autoidentificação de um colaborador com o propósito da empresa. Esses e tantos outros aspectos ampliam o espectro do tema e conferem a ele maior complexidade e necessidade de abstração para que se possa compreendê-lo. Como consequência dessa abordagem, as organizações entenderam que aspectos como comunicação interna, engajamento, proposta de valor estruturada para seus colaboradores e tantos outros elementos que compõem um processo de gestão de pessoas maduro, se implementados de forma organizada, contribuem para que alcancem a tão almejada retenção de seus colaboradores.

Ao contrário do que alguns pensam, conclui-se, portanto, que as empresas investem na temática da retenção não por mera opção de adaptar-se às práticas existentes no mercado, visando colocar-se em igualdade competitiva com concorrentes na busca por talentos, mas por compreendem que ter o talento certo é um de seus principais ativos e, sem ele, inevitavelmente não alcançará seu objetivo. Na verdade, as empresas preocupadas em investir nessa temática querem, com isso, resolver um grande e perigoso incômodo: não ter o talento certo e no tempo adequado às suas estratégias. E, quando pressionadas por questões de mercado, muitas vezes causadas por instabilidade macroeconômica e sociopolítica, mesmo que adotem práticas consistentes de retenção, algumas organizações, por exemplo, têm buscado resolver esse incômodo com alternativas criativas, que vêm sendo facilitadas na nova era digital, como contratar serviços ou comprar empresas em países cuja oferta de profissionais é maior e mais barata, criar *startups*, contratar profissionais de polos digitais, adotar plataformas de teletrabalho etc.

Como consequência desse cenário, é exigido dos profissionais que cuidam de pessoas nas organizações que atuem de forma também criativa, adotando métodos inovadores para viabilizar a execução do plano estratégico de suas empresas e, inevitavelmente, concorrem entre si para atrair e reter os melhores talentos. Porém, quando falamos em "ter o talento certo", algumas empresas pecam na amplitude do que isso significa e acabam por concentrar-se nos *skills* técnicos, deixando de incluir a perspectiva do impacto do ambiente cultural da organização na retenção de seus colaboradores.

O impacto do ambiente cultural e da liderança da organização na retenção

Toda empresa tem seu ambiente cultural, mas nem todas têm a consciência do impacto dele na retenção de seus talentos. "A cultura organizacional come a estratégia no café da manhã", em tradução livre de "Culture eats strategy for breakfast", uma famosa citação do consultor de gestão e escritor Peter Drucker. Então, a despeito de se considerar as qualificações técnicas de um profissional, é fundamental identificar o grau de adaptação de seus valores pessoais aos aspectos culturais da organização, do contrário, não se chega a lugar algum. Lund[23] define cultura organizacional como "o padrão de valores e crenças compartilhados que ajudam os indivíduos entenderem

---

23   LUND, D. B. Organizational culture and job satisfaction. *Journal of Business & Industrial Marketing*, v. 18, n. 3, p. 220, 2003.

GESTÃO DO FATOR HUMANO

o funcionamento organizacional e, assim, fornecer-lhes normas de comportamento na organização". Há empresas com uma trajetória mais longeva e que investem em projetos de fortalecimento de sua cultura organizacional. Elas normalmente têm maior consciência dos aspectos que favorecem a retenção. Outras empresas, mais jovens e, portanto, com uma trajetória mais curta, trazem muito dos valores de seus fundadores e apresentam normalmente menor consciência sobre que aspectos de seu ambiente cultural viabilizam a retenção.

A verdade é que não importa se a empresa tem uma trajetória longeva ou não; independentemente disso, todas têm uma cultura e esta é expressa por meio de arranjos simbólicos presentes nas relações de trabalho e entre pessoas, marca a forma com que a companhias e seus funcionários solucionam seus problemas, mostra as "regras do jogo" e está fortemente presente em suas políticas e processos empresariais, como processos de contratação, promoção e desligamento. Paralelamente, qualquer ambiente cultural também é percebido pelas pessoas, sejam elas colaboradores ou candidatas. Se a empresa ainda não possui um modelo cultural estruturado, mais difícil será para ela indicar o que é "certo" ou "errado", gerando falta de clareza do que é esperado de seus colaboradores em termos de comportamento. Se já o possui, porém demonstra incoerência entre ele e suas práticas, também deixará seus colaboradores confusos. Esses cenários impactam a atração de candidatos e, principalmente, a retenção de colaboradores, além de prejudicar, por consequência, o alcance de sua estratégia. E, para se obter coerência entre o que se prega e o que se pratica, inevitavelmente a organização deve investir na preparação da liderança que a representa, afinal, um líder que age em dissonância com a cultura não é exemplo e exemplo é uma de suas principais funções no exercício de liderar.

Figura 6.2 Exercício da liderança

© iStock/ Getty Images Plus/ z_wei

Para Burns,[24] uma liderança transformacional "ocorre quando uma ou mais pessoas se envolvem com outras pessoas de tal maneira que líderes e seguidores se elevam a níveis mais altos de motivação e moralidade". A liderança precisa ter consciência desse papel, não importa o nível em que esteja na organização. Ela precisa lidar, quando a relação é com a empresa, com pragmatismo e simplicidade. E, quando o assunto é gente, precisa agir de forma explicitamente humana, sendo capaz de compreender os valores pessoais de cada membro de seu time, avaliar o quão tem convergência com o ambiente cultural, estabelecer canais de proximidade, conquistar a confiança e ser um exímio comunicador da estratégia da empresa, contribuindo com o desenvolvimento de seu time para cumprir o principal objetivo que é alcançar as metas. Não há como reter um colaborador por longo prazo sem ser por meio da atuação efetiva da liderança.

---

24 BURNS, J. M. Leadership. *Harper & Row*, New York, p. 20, 1978.

O IMPACTO DA PROPOSIÇÃO DE VALOR PARA O EMPREGADO NA RETENÇÃO

Um elemento de grande valor na busca pela retenção de talentos é a adoção de um plano estruturado de Employee Value Proposition (EVP), programa de proposição de valor para o empregado. Assim como as organizações buscam definir, já em seu nascimento, uma proposta de valor muito clara para seus clientes e acionistas, essa proposta de valor também pode ser construída para atender às necessidades de diversos *stakeholders*, em especial, do colaborador da própria empresa. Nem sempre um candidato a emprego ou um atual colaborador busca somente salários, bônus e benefícios. Implicitamente a esses elementos de remuneração, as pessoas buscam cada vez mais trabalhar em um lugar onde possam viver seus propósitos e contribuir para os propósitos da empresa. Não há nada de errado em a empresa, algumas vezes, não conseguir atender a toda e qualquer necessidade. O errado é ela ser incapaz de dizer qual é sua proposição de valor para o colaborador ou, ainda, declarar que sua proposição de valor atende a toda e qualquer expectativa.

O EVP tem a finalidade de estruturar a proposição de valor para o colaborador, implementar ou adaptar processos que consolidam essas entregas, incentivá-lo na busca tanto de seus propósitos pessoais quanto dos propósitos da empresa e, também, fortalecer aspectos culturais. De certa forma – fazendo um paralelo com as práticas de marketing de serviços, que se inovam ao criar produtos que geram conversão de seus consumidores por meio de campanhas e incentivos –, as empresas, ao adotarem um programa EVP, seguem uma jornada semelhante, no sentido de criar produtos inovadores que mobilizam o comportamento de seus colaboradores até gerar seu engajamento, o que não deixa de ser um exemplo de conversão. A pesquisa "Perspectivas do Employer Branding para 2019",[25] realizada pelas agências Employer Branding e Saber5 Publicidade, em novembro de 2018, revelou que 60% das empresas pesquisadas não possuíam um programa de EVP e 18% não sabiam responder que área tinha a responsabilidade de construí-lo. Além disso, a mesma pesquisa apontou três prioridades como principais iniciativas para 2019 em *employer branding* (marca empregadora):

a) construção ou revisão da EVP;

b) gestão da jornada do colaborador (*employee journey*);

c) ações de inclusão e diversidade.

Figura 6.3 Proposta de valor para o empregado

© iStock/ Getty Images Plus/ z_wei

---

25 TESTA, L. Perspectivas para o Employer Branding em 2019. *Employer Branding*, 25 nov. 2018. Disponível em: https://employerbranding.com.br/perspectivas-para-o-employer-branding-em-2019/. Acesso em: 4 maio 2020.

A marca empregadora abrange os valores, sistemas, potencialidades e comportamentos de uma organização com o objetivo de atrair, facilitar e reter funcionários atuais e potenciais, como citado em Botha, Bussin e Swardt.[26]

A nova era digital vem trazendo provocações às empresas não somente do ponto de vista dos temas intrinsecamente de negócio, mas, sobretudo, no tocante às relações de trabalho. Cada vez mais, observamos a busca pela implementação de práticas inovadoras de trabalho, como as campanhas internas e programas de incentivos, que têm a finalidade de incentivar o colaborador a contribuir mais com o desempenho da empresa, a realizar seu propósito e a aderir ao modelo cultural. Alguns desses programas destinam-se a construir instrumentos meritocráticos que remuneram variavelmente o colaborador na forma de prêmio em dinheiro, pontos ou moeda eletrônica, normalmente associado a algum programa de fidelidade, que oferece uma proposta de valor, como aumentar seu poder de compra no mercado (passagens aéreas, compras em supermercados, farmácias e diversas lojas, abastecimento em posto de gasolina), atribuindo-lhe maior autonomia e o empoderando frente ao que é seu próprio desejo.

Para tornar mais clara a compreensão dos leitores acerca desse assunto, apresentamos alguns exemplos de incentivo encontrados no mercado, do ponto de vista prático, utilizados para fortalecer o modelo de EVP.

Quadro 6.1 EVP – Incentivos

Empresas	Alavancas de valor	Práticas e incentivos
A	Filosofia de meritocracia	Quem alcançar 90% das metas individuais mensais, ganha 5000 pontos por mês.
A	Oportunidades de desenvolvimento	Quem aplicar um treinamento para outros 10 colaboradores ganha 15.000 pontos e mais 10000 pontos se a avaliação do treinamento superar 80% de satisfação.
B	Colaboração	*Meet-ups* – reuniões com participantes de fora da empresa para incentivar relacionamento e aprendizado.
B	Empreendedorismo	Prêmio para a melhor solução de um problema fomentando a criação de *startup* dentro da empresa.
C	Flexibilidade e confiança	Trabalho remoto e jornada flexível.
C	Diversidade para promoção da inovação	Licença paternidade e maternidade igualmente concedidas para públicos heterossexuais e LGBTQ+.

Fonte: elaborado pelos autores.

Outra abordagem comum refere-se à criação de ambientes mais participativos e inovadores; à adoção do teletrabalho (praticado na forma de *home office*, por exemplo); à jornada flexível; ao trabalho em ambiente aberto (conhecido como *open space*), sem salas fechadas ou divisórias que distanciam os colaboradores; ao *shared desk* (compartilhamento de mesa), que se baseia na prática de não identificar lugares no local de trabalho, dando autonomia a todo e qualquer colaborador para sentar-se no lugar que queira; à celebração de datas especiais; a *meet-ups* (reuniões abertas com participantes

---

26 BOTHA, A.; BUSSIN, M.; SWARDT, L. de. Na employer brand predictive model for talent attraction and retention. *SA Journal of Human Resource Management/SA Tydskrif vir Menslikehulpbronbestuur*, 9(1), p. 4, 2011. Disponível em: http://dx.doi.org/10.4102/sajhrm.v9il.388. Acesso em: 2 fev. 2020.

de fora da empresa e especialistas sobre determinado tema com o objetivo de gerar relacionamento e aprendizado); à introdução de *demo days*, que são fóruns para apresentação de projetos, ideias e solução de problemas por meio de um "*pitch*" (discurso de defesa de uma ideia ou proposta de solução de problema ou aprovação de investimento em um novo negócio). Essas e tantas outras iniciativas propiciam um ambiente participativo na organização, no qual a colaboração é valorizada e os colaboradores se sentem à vontade para dialogar com seus colegas de trabalho, com a liderança, trocar *feedbacks* construtivos, sugerir melhorias e questionar o *status quo* da organização. Essa abertura incentiva a autonomia e o protagonismo do colaborador, tornando mais fácil a execução da estratégia.

O IMPACTO DAS PESQUISAS DE ENGAJAMENTO NA RETENÇÃO

A temática da retenção tomou espaço na agenda de gestão de pessoas; as pesquisas de clima organizacional, então, passaram a ser usadas como instrumentos que buscavam, de certa forma, medir o grau de satisfação dos colaboradores. Para Reichers e Schneider,[27] clima organizacional define-se como "percepções compartilhadas de como as coisas acontecem por aqui". Entretanto, com o passar dos anos, observa-se a adoção desse tipo de pesquisa de forma cada vez menos frequente, dando espaço a outro modelo relativamente similar, conhecido como pesquisa de engajamento. Esta, ao contrário da primeira, traz um olhar menos voltado para a satisfação dos colaboradores em si e mais voltado para o grau de alinhamento entre colaboradores, líderes e empresa. A pesquisa de engajamento reflete o comprometimento do colaborador com a empresa, no âmbito institucional (propósito, visão e cultura) e no âmbito da liderança (confiança na liderança, trabalho em equipe etc.). Assim como a pesquisa de clima, essa inclui processos específicos de gestão de pessoas, como remuneração, treinamento, benefícios etc., porém, esses elementos são dispostos em uma relação causa-efeito com o engajamento em si.

Tão importante quanto aplicar pesquisas que viabilizem a compreensão da empresa com relação às percepções de seus colaboradores e o que os faria engajar-se em seus propósitos é interpretar seriamente tais percepções e tratá-las de forma consistente, por exemplo, discutindo-as em um diálogo aberto com os próprios colaboradores. Essa abordagem permite que o colaborador seja ouvido e colabora para que continue validando o instrumento. A estratégia de implementar processos como esse constrói uma perspectiva que supre sistematicamente algumas das necessidades dos colaboradores, ajuda a empresa a compreender se seus líderes estão desempenhando suas funções e, com isso, contribui para a retenção dos colaboradores.

Um profissional engajado tem um valor inestimável para a organização, pois sua energia e capacidade produtiva representam as principais alavancas de mobilização da organização para sua estratégia, pois esse profissional comprometido costuma assumir as responsabilidades de suas tarefas, pois se sente em consonância com suas funções e consciente do papel que desempenha, demonstrando proatividade para

---

27   REICHERS, A. E.; SCHNEIDER, B. Climate and culture: an evolution of constructs. *In*: SCHNEIDER, B. (ed.). *Organizational climate and culture*. San Francisco: JosseyBass Publishers.ho., 1990. p. 1-39.

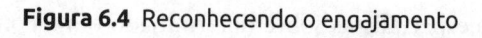

Figura 6.4 Reconhecendo o engajamento

© iStock/ Getty Images Plus/ aurielaki

agir além de suas próprias responsabilidades. Para Meyer e Herscovitch,[28] define-se como comprometimento organizacional "uma força que liga um indivíduo a um curso de ação relevante para um ou mais alvos". Muitas vezes, esse nível de engajamento ajuda a superar crises e liderar mudanças de forma inovadora.

Fica evidente, portanto, que o engajamento dos colaboradores deve ser uma das prioridades dos líderes em qualquer setor da economia. Entretanto, ainda há aqueles desengajados e desconectados em suas funções. A pesquisa Gallup[29] revelou que somente 13% dos colaboradores no mundo são engajados no que fazem. De acordo com a pesquisa, os fatores que levam ao engajamento são:

1. Eu sei o que é esperado de mim no meu trabalho.

2. Eu tenho os materiais e equipamentos de que preciso para fazer meu trabalho corretamente.

3. No trabalho, eu tenho a oportunidade de fazer o que faço de melhor todos os dias.

4. Nos últimos sete dias, recebi reconhecimento ou elogio por fazer um bom trabalho.

5. Meu gestor ou alguém no trabalho parece se preocupar comigo como pessoa.

6. Há alguém no meu trabalho que incentiva meu desenvolvimento.

7. No meu trabalho, minhas opiniões parecem contar.

8. A missão ou propósito da minha empresa faz eu me sentir importante em meu trabalho.

9. Meus colegas são comprometidos em fazer um trabalho de qualidade.

---

28 MEYER, J. P.; HERSCOVITCH, L. Commitment in the workplace: towards a general model. *Human Resource Management Review*, v. 11, p. 301, 2001.

29 GALLUP. *State of the global workplace*. Disponível em: https://www.gallup.com/workplace/238079/state-global-workplace-2017.aspx. Acesso em: 5 jan. 2020.

ATRAINDO, SELECIONANDO E RETENDO PESSOAS

10. Eu tenho um melhor amigo no trabalho.

11. Nos últimos seis meses, alguém no trabalho tem conversado comigo sobre meu progresso.

12. No último ano, eu tenho tido oportunidades no trabalho para aprender e crescer.

Segundo a classificação da Gallup, alguns colaboradores tornam-se ativamente desengajados, isto é, assumem uma atitude negativa em relação às suas próprias ações e à empresa, e influenciam os colegas, propiciando um ambiente de trabalho nocivo à estratégia da organização. A pesquisa sugere que as organizações devem buscar melhorar continuamente o comprometimento de seus colaboradores por meio de:

a) engajamento na linguagem cotidiana da empresa;

b) uso de uma pesquisa de engajamento de colaboradores adequada;

c) concentração no engajamento no nível empresarial e individual;

d) seleção dos gestores certos;

e) treinamento dos líderes de modo a mantê-los *accountable* (na posição de se sentirem com o dever de responsabilizar-se, em tradução livre) no engajamento de seus colaboradores diretos;

f) metas de engajamento em termos cotidianos realistas; e

g) busca de maneiras de encontrar os colaboradores certos onde, de fato, eles estão.

Um dos erros da gestão de pessoas é acreditar que o engajamento vem de práticas exclusivamente externas ou unicamente pautadas em crenças de que todos farão algo por dinheiro. Qualquer empresa precisa dar resultado. E cabe aos executivos entregá-lo. Essa deveria ser uma relação pragmática e simples. Entretanto, esse pragmatismo algumas vezes atravessa fronteiras e faz com que a gestão de pessoas se esqueça de que estamos lidando com gente. Para obter o engajamento de gente, nem sempre o pragmatismo e a simplicidade são os principais ingredientes para navegar nesse terreno abstrato, complexo e único, que é o terreno das pessoas. Por essa razão, a liderança é quem deve ter o papel principal nessa jornada. Habitualmente, ve mos que organizações de diversos setores da economia adotam a pesquisa de engajamento para obter dados que reflitam a percepção de seus colaboradores. Nesta nova era digital, muitas organizações seguem adotando essa abordagem, porém de uma forma brutalmente mais eficiente. A abordagem deixa de ter frequência anual, lenta e inviável, para se tornar uma tomada de ação corretiva imediata.

Observa-se, atualmente, que o avanço da tecnologia não implica necessariamente o conteúdo dessas pesquisas, mas, sim, a agilidade com que a empresa toma conhecimento de suas lacunas de engajamento, compreende os fatores críticos e as alavancas de aprimoramento, bem como, fundamentalmente, toma ação corretiva notavelmente ágil, afinal, a maior parte das pesquisas atuais utiliza-se do canal *mobile* (aplicativos ou web responsivo no aparelho celular) para enviar *push* (lembretes para acesso) com a finalidade de lembrar ao colaborador que existem perguntas pendentes de resposta. O colaborador as acessa com poucos cliques, indica sua resposta em escalas de mensuração e, automaticamente, a empresa tem acesso ao nível de engajamento categorizado por liderança, por departamento, perfil demográfico (idade, raça etc.), preservando a confidencialidade do processo e permitindo que a tomada de decisão seja ágil, confiável e consistente, com frequência semanal ou até mesmo diária em muitos casos.

A abordagem de pulsos semanais com consequente tratativa junto aos seus colaboradores reforça, como vimos na página anterior, algumas das formas que as empresas devem adotar para aprimorar o engajamento de seus profissionais.

Ainda assim, elas falham na jornada de reter seus colaboradores pelos seguintes motivos: inconsistência na forma com que adotam suas práticas de engajamento; falta de apoio da alta liderança ou busca de implementação de práticas modernas sem intuito estratégico claro e apoio dos acionistas; ausência de diagnóstico das causas reais da falta de engajamento; circunstâncias mercadológicas que acabam por gerar uma competitividade acirrada por talentos, levando certos colaboradores a deixarem essas empresas em busca do sonho de acelerar sua carreira por meio de alguma competência específica que eles têm. Para esses casos, as empresas também adotam outro modelo de pesquisa, conhecido como entrevista de desligamento. Essa entrevista normalmente ocorre por meio de respostas a um questionário enviado por um profissional da área de gestão de pessoas. Essa etapa busca identificar, de forma pragmática, as razões reais que motivaram a decisão daquele colaborador, no caso de desligamento voluntário, ou sua percepção sobre as razões que o fizeram ser demitido. A nova era digital traz contribuições a esse processo, pois muitos que não desejam participar de entrevista presencial optam pela participação na pesquisa, que tem se aprimorado ultimamente para um formato digital, capaz de consolidar as respostas, fazer inferências e gerar gráficos e causas principais de forma notavelmente mais ágil.

Esse instrumento, associado com as informações de folha de pagamento e as provenientes de coleta de dados ao longo de todas as plataformas existentes, permite que a empresa tenha uma visão mais consistente do que levou, de fato, àquele *turnover*. Paralelamente, a empresa produz o indicador de *turnover* (índice que mede o desligamento voluntário ou involuntário de colaboradores), que dá a ela a possibilidade de monitorá-lo, fazendo sua gestão ao longo do tempo. Os principais *experts* em sistema de gestão do mundo sugerem que onde não se mede, não se pode gerenciar. Por isso, as empresas investem nessa prática de gestão de *turnover* para que possam agir corretivamente de forma mais consistente para melhorar os resultados demonstrados por esse indicador. E como algumas organizações utilizam sistemas de informações, a consolidação dos resultados é automática e elimina os eventuais erros que uma consolidação manual pode permitir.

O IMPACTO DE OFERECER OPORTUNIDADES DE DESENVOLVIMENTO E DE CRESCIMENTO NA RETENÇÃO

Vimos, anteriormente, que alguns dos fatores que mais contribuem para a falta de engajamento e, por consequência, a retenção dos colaboradores são a falta de incentivo ao desenvolvimento, a falta de conversas sobre o próprio progresso e a falta de oportunidades no trabalho para aprender e crescer. Essas causas de desengajamento devem ser revertidas por um processo estruturado de desenvolvimento humano e organizacional. Como a maioria das empresas busca eficiência na implementação de quaisquer processos, afinal, isso a ajuda a continuar sendo competitiva no mercado, temos notado, há algumas décadas, a implementação de um modelo estruturado de universidade corporativa, que garante a otimização de recursos de forma eficiente

ATRAINDO, SELECIONANDO E RETENDO PESSOAS

para acelerar o processo de desenvolvimento humano e organizacional. Para Nadler,[30] entende-se esse desenvolvimento como "preocupar-se em preparar os funcionários para que eles possam se mover com a organização à medida que ela se desenvolve, muda e cresce".

A nova era digital tem trazido notável contribuição para o processo de capacitação nas empresas, pois permite à organização buscar alternativas muitas vezes disponíveis em prateleiras (quando envolve áreas do conhecimento amplamente difundidas no mercado), possibilita a escalabilidade do processo de capacitação (muitas vezes, demorado quando se trata de empresas com grande número de colaboradores e baseadas em diferentes regiões geográficas), além de baixo custo, afinal a abordagem mais tradicional de capacitação implicava colocar pessoas em uma sala de aula, no mesmo momento, com a presença de um instrutor, o que gerava custos com mobilidade, alimentação, recursos audiovisuais etc. Hoje em dia, observamos uma enorme disponibilidade de plataformas de capacitação no Brasil e no mundo, muitas das vezes com opções diversas de idiomas, com ou sem legendas, e com profunda e diversificada oferta de conteúdo por um preço acessível.

Essas plataformas permitem que as empresas ofereçam conteúdo abrangente e atualizado, respeitando a disponibilidade de agenda de cada colaborador e seu perfil de aprendizagem (se ele considera que seu desempenho nos estudos é melhor em horário noturno, pode articular sua agenda para estudar à noite, por exemplo). Algumas dessas plataformas também oferecem formas de avaliação, mas a grande maioria emprega uma programação mental de empoderamento do colaborador, afinal, acredita-se que ele deveria ser o principal interessado em seu desenvolvimento, cabendo à empresa oferecer condições para ele se aprimorar, além de suporte e recursos necessários para avaliar sua *performance*. Como o modelo de negócio de muitas dessas plataformas envolve um posicionamento que garante a atualização constante de temas, algumas delas optam por se posicionar não exclusivamente como acadêmicas, oferecendo também um canal de monetização dos profissionais *experts* de mercado, que podem construir seu próprio curso respeitando regras e um processo de curadoria. Assim, elas possibilitam, de forma escalável, que todos tenham acesso a um conhecimento muitas vezes específico, difícil de ser encontrado no ambiente acadêmico.

Figura 6.5 O uso de plataformas digitais nas empresas

Com essa abordagem, as empresas fornecedoras dessas plataformas remuneram o *expert* e o incentivam a aprimorar seu conteúdo, contribuindo, também, como uma forma de gerar renda e impulsionar esse setor da economia compartilhada. Intrinsecamente a esse processo de desenvolvimento humano e organizacional, as empresas expandem sua consciência

---

30 NADLER, D. A. The effects of feedback on task group behavior: a review of the experimental research. *Organizational Behavior and Human Performance*, v. 23, p. 309-338, 1979.

sobre o que, de fato, tem valor frente à sua estratégia e, como consequência, desenvolvem instrumentos de avaliação de desempenho, ferramentas de *feedback* e plano de desenvolvimento individual e coletivo, visando dar suporte ao colaborador para trilhar uma carreira destacada por aprendizados e mais desafios. Uma abordagem de desenvolvimento que elas comumente adotam e que acelera o processo de transição de carreira de seus colaboradores é o *mentoring*, que, segundo Megginson e Clutterbuck,[31] define-se como "ajuda de uma pessoa para outra na realização de transições significativas em conhecimento, trabalho ou pensamento". À medida que o colaborador faz uso dessas ferramentas e, paralelamente, busca desenvolver-se por conta própria, é inevitável que as oportunidades de crescimento surgirão e ele passará, mais cedo ou mais tarde, a assumir novos desafios em sua carreira.

Para otimizar essa jornada, as empresas às vezes adotam, como será mencionado no **Capítulo 7 – Recompensando e avaliando pessoas**, modelos de avaliação de desempenho, incorporando a perspectiva de resultados pragmáticos e competências, normalmente mais abstratas por estarem associadas à cultura da empresa. Paralelamente, cruzam o eixo de desempenho com outro eixo, também importante, de avaliação de potencial, que sugere o grau de agilidade de aprendizagem, conforme modelo amplamente difundido no mercado pela consultoria KornFerry,[32] que consiste em cinco dimensões (agilidade com pessoas, agilidade com mudanças, agilidade para resultados, agilidade mental e autoconhecimento) conferidas ao potencial de um indivíduo aprender diante de situações inéditas e altamente complexas. Normalmente, esses resultados dos dois eixos são expostos em uma matriz com alguns quadrantes e viabilizam a priorização de investimento em desenvolvimento de seus colaboradores.

Algumas empresas adotam esse processo complexo de avaliação somente na visão do líder-liderado, o que chamamos comumente de avaliação 180°, ou incluem a visão de pares, habitualmente chamada de avaliação 360°. Esse processo de avaliação assegura justiça de *feedback* e baliza as oportunidades de crescimento para todos. *Feedbacks* justos, segundo Nadler,[33] são "informações sobre o desempenho ou ações reais de um sistema usado para controlar as ações futuras de um sistema". A nova era digital traz relevantes oportunidades de agilidade para esse processo, uma vez que as avaliações podem ser realizadas pelo canal *mobile*, demandando pouco tempo dos avaliadores e para a geração de resultados. Além disso, o próprio uso incentivado de uma ou mais plataformas digitais oferecidas para guiar a jornada do colaborador desde a sua admissão até o seu desligamento propicia a identificação de preferências, o reconhecimento desses colaboradores e, se bem analisado, permite à empresa ser ainda mais assertiva e efetiva em seu processo de oferecer oportunidades de crescimento aos colaboradores.

Dessa forma, ela propicia um ambiente de desenvolvimento de carreira para seus funcionários. Para Garmon, como citado em Nadezda,[34] desenvolvimento de carreira é definido como o "processo contínuo de aprendizado de novas habilidades, obtenção de conhecimentos, interesses, valores, crenças e talentos que apoiam o processo

---

31 MEGGINSON, D.; CLUTTERBUCK, D. *Mentoring in action:* a practical guide for managers. UK: Pearson, 1995. p. 13.

32 KORNFERRY. *The organisational x-factor: learning agility*. Disponível em: https://focus.kornferry.com/leadership-and-talent/the-organisational-x-factor-learning-agility/. Acesso em: 6 maio 2020.

33 NADLER, 1979.

34 NADEZDA, P. *The aspect of mobility in the career paths of hotel managers of one hotel chain in Helsinki*. Helsinque: Haaga-Helia University of Applied Sciences, 2011. p. 4. Disponível em: https://www.theseus.fi/bitstream/handle/10024/32712/Pinigina_Nadezda.pdf?sequence=1&isAllowed=y. Acesso em: 1 abr. 2020.

contínuo de obtenção e manutenção de empregos ao longo de uma carreira". Como vimos neste capítulo, dois dos fatores críticos de sucesso para uma organização obter engajamento são gerar oportunidades de crescimento para o colaborador e criar mecanismos estruturados de reconhecimento. A estratégia de remuneração é também uma forma de contribuir para que o colaborador sinta-se reconhecido e concretize sua visão acerca do próprio crescimento profissional, visto que pragmaticamente ele pode ser promovido e ganhar longevidade na organização. Portanto, apesar de ser um tema muito discutido no âmbito do engajamento, há organizações que adotam instrumentos de remuneração por acreditarem que contribuem para o engajamento.

O IMPACTO DO RECONHECIMENTO NA RETENÇÃO

Outra causa importante de desengajamento, que contribui para o *turnover*, como destacado pela Gallup, é a falta de reconhecimento ou elogio por fazer um bom trabalho. Para mitigar esse impacto, as empresas têm adotado programas estruturados de reconhecimento de colaboradores. Como veremos no **Capítulo 7**, há diversas formas de classificar as pessoas, uma por meio de valores monetários, os quais optamos por chamar de "recompensa", e outra por meio de ações psicologicamente simbólicas, que optamos por chamar de "reconhecimento". De acordo com Kerr and Sclocum,[35] recompensas são definidas como "qualquer presente tangível que os funcionários recebam da organização", enquanto reconhecimento "como um reconhecimento público sobre a contribuição de um funcionário para a organização". Neste capítulo, abordaremos somente as práticas de reconhecimento. Apesar de se poder encontrar, de forma muito variada, a abordagem do reconhecimento nas organizações, ela busca resolver um único problema: gerar maior engajamento do colaborador por meio de um retorno positivo ao seu comportamento ou *performance*.

As melhores abordagens desse instrumento envolvem os próprios colaboradores, de forma complementar, na construção do que a empresa deve conceituar como significado de reconhecimento. Nota-se, também, que grande parte das empresas opta por responsabilizar a liderança como quem deve reconhecer as pessoas de sua equipe. Outras preferem por um modelo mais descentralizado, em que os próprios colaboradores reconhecem uns aos outros, mediante critérios preestabelecidos comumente relacionados com o ambiente cultural, uma vez que esse modelo acelera o processo de entendimento e fortalecimento da cultura pela prática de reconhecer colegas de trabalho por comportamentos aderentes ao esperado. E, ainda, é possível observar organizações que optam por uma abordagem híbrida, reunindo as duas perspectivas de reconhecimento em uma única abordagem, a qual responsabiliza a liderança e quaisquer colaboradores pela prática de reconhecimento.

Figura 6.6 Programas de reconhecimento

© iStock/Getty Images Plus/ riedjal

35 KERR, J.; SLOCUM, J. Managing corporate culture through reward systems. *Academy of Management Executive*, v. 19, n. 4, p. 1-16, 2005.

São muitos os critérios de reconhecimento vistos no mercado, afinal, dependem do estilo de cada empresa e dos seus modelos culturais. Entretanto, um aspecto bastante comum envolve a celebração. Essa abordagem visa reconhecer um comportamento ou resultado esperado e funciona como um incentivo psicológico gerado quando um líder tem uma conversa inesperada ou programada com um colaborador e lhe confere um reconhecimento, ainda que seja de pequeno valor financeiro. Esse simples ato de estabelecer uma conversa positiva com o colaborador para que ele tenha um retorno sobre seu desempenho ou comportamentos esperados impacta positivamente o sentimento de reconhecimento por parte do funcionário e o estimula a continuar buscando adotar os comportamentos ou resultados que dele são esperados.

Subsidiar ações de desenvolvimento também é uma iniciativa considerada como reconhecimento, quando, por exemplo, empresas oferecem cursos específicos, formação educacional complementar, viagens internacionais para participação em feiras e congressos, seminários etc., pois isso não somente soa como um elogio momentâneo como também tem efeito continuado durante o tempo em que o colaborador faz o curso e melhora suas reais chances de crescimento na carreira. Analogamente, o mesmo ocorre quando um colaborador recebe mais desafios, o que engloba a alocação dele em projetos desafiadores, a definição de *short-assignment* (missão de curto prazo), ou até mesmo é promovido para uma posição de maior complexidade que a sua, sem fazer, aqui, menção relevante aos aspectos financeiros. À medida que lhe são atribuídos mais desafios, é demonstrada maior confiança em seu potencial e lhe é dada a oportunidade de fazer melhor todos os dias.

Finalmente, seja qual for a forma de reconhecimento quando se adota a celebração daqueles que melhor entregam as expectativas da empresa, é oferecida aos colaboradores uma impactante experiência de reconhecimento, pois normalmente é explícita perante toda a organização. Comumente, ocorre em fóruns abertos ou mediante os canais de comunicação (escrito, falado e visuais) e conferido um elogio associado a alguma premiação para difundir exemplos de comportamentos que a empresa queira destacar efetivamente para os demais colaboradores. A nova era digital traz a oportunidade de as organizações fazerem uso de plataformas digitais, que permitem ao colaborador distribuir *likes*, pontos ou comentários positivos, os quais concretizam o reconhecimento de um colega. Essa abordagem provoca o empoderamento/protagonismo do colaborador e retira o foco no papel institucional da empresa, tornando um ambiente mais participativo.

O IMPACTO DA COMUNICAÇÃO INTERNA NA RETENÇÃO

Para dar visibilidade e maior relevância à agenda diária de cada colaborador, as empresas contam com ferramentas de comunicação interna, que ajudam na mobilização dos colaboradores e, consequentemente, na retenção deles. E, para isso ocorrer efetivamente, é importante que a empresa tenha um processo estruturado de comunicação interna. Argenti[36] afirma que atualmente a comunicação interna envolve, além de memorandos, publicações e outros veículos, e suas respectivas mensagens, e está ligada ao desenvolvimento, a cultura corporativa e a motivação para mudanças organizacionais.

---

36   ARGENTI, P. A. *Comunicação empresarial:* a construção da identidade, imagem e reputação. Rio de Janeiro: Elsevier, 2006.

Goldhaber[37] define comunicação no meio organizacional como "o processo de criar e trocar mensagens em uma rede de relacionamentos interdependentes para lidar com a incerteza que existe no ambiente". As estratégias de comunicação interna ajudam a organização e suas lideranças a promoverem um processo de transmissão de informações e estimularem os colaboradores a aderir a campanhas internas de engajamento e a compreender a estratégia de forma mais ágil e didática.

A nova era digital tem contribuído muito para o acesso a informações, além de demonstrar que um processo de comunicação, ao contrário do que se dizia tradicionalmente, não ocorre mais por um canal linear, em que se tinha um "emissor", a "mensagem" e um "receptor", pois atualmente a tecnologia proporciona uma brutal propagação de notícias nas redes sociais, mesmo que algumas vezes sem fontes fidedignas (as chamadas *fake news*), o que pode acarretar maior dificuldade de a empresa preservar intacta sua reputação diante de seus colaboradores e clientes. Por essas razões, o processo de comunicação torna-se ainda mais fundamental, pois a empresa precisa ser ágil, consistente e transparente. Um exemplo de ferramenta para prover digitalmente a comunicação interna é a mídia social interna, uma espécie de intranet (internet de acesso exclusivo dos colaboradores de uma dada empresa), que permite não somente à organização publicar pautas estratégicas e de seu dia a dia como aos colaboradores fazer publicações pessoais e/ou relacionadas ao trabalho.

Algumas empresas, por exemplo, valem-se da gratuidade de plataformas conhecidas, como o Facebook, para criar grupos para seus colaboradores e transmitir mensagens, conduzir reuniões on-line (ao vivo na plataforma), arquivar vídeos de reuniões anteriores, viabilizando, de uma forma barata, ágil e eficiente, a transmissão de informações no âmbito interno. Outro canal de comunicação muito frequente, que notoriamente temos observado no cotidiano, são os aplicativos, como o WhatsApp, que têm propiciado uma enorme troca de informações na vida das pessoas. As empresas também têm feito uso recorrente desse canal para criar grupos exclusivos com os colaboradores e transmitir informações com extrema agilidade.

Da mesma forma, líderes têm adotado internamente esse canal para se comunicar com sua equipe. Um alerta sobre esse tipo de abordagem está no uso indevido das ferramentas, seja publicando conteúdos impróprios, seja na frieza que um contato não pessoal e presencial gera em atividades como a de *feedback* ou conversas de desenvolvimento. A tecnologia vem para trazer melhorias incrementais ou disruptivas nos processos existentes hoje, mas é preciso usá-la com responsabilidade e evitar que ela transforme o ser humano em máquina, pois seria um erro gravíssimo.

A JORNADA DE EXPERIÊNCIA DO COLABORADOR E A PREDIÇÃO COMPORTAMENTAL

Atualmente, observa-se uma forte tendência, ainda não plenamente difundida de forma homogênea e relevante no mercado, que é a chamada "jornada da experiência do colaborador". Ela tem o objetivo de fragmentar em etapas, e microetapas, os principais processos que marcam a jornada de um profissional em uma empresa: a etapa que ele ainda é candidato, a de admissão, a de *onboard* (programa de integração na empresa e na sua função), todo seu trajeto de desenvolvimento (definição de objetivos

---

37 GOLDHABER, G. M. *Organizational communication*. 5. ed. Iowa: Dubuque, 1990, p. 16.

GESTÃO DO FATOR HUMANO

e expectativas, capacitação, avaliação de desempenho, reconhecimento etc.) até seu desligamento – marco que simboliza o fim da relação com a empresa.

A PwC, uma das quatro maiores empresas de consultoria no mundo, publicou, em 2019, um estudo intitulado *Global consumer insights survey 2019*[38] (Pesquisa global de percepções do consumidor). Essa publicação está em sua sétima edição e traz descobertas surpreendentes sobre o quanto uma cultura organizacional vencedora combina CX (experiência do consumidor) e EX (experiência do colaborador). "Os consumidores interagem com as marcas por meio dos empregados que estão na linha de frente nesse relacionamento. A cultura passa a ser moldada pela forma como ambos incorporam e experimentam a marca".[39] O estudo ainda reforça que as organizações que são capazes de mobilizar os colaboradores em torno do negócio nutrem o bem-estar deles, estimulam sua participação e, primordialmente, o desejo de satisfazer aos consumidores. Permitir que deem mais sugestões, tenham maior autonomia com relação a horários e lhes oferecer mais benefícios, por exemplo, são iniciativas que trazem muito retorno do investimento em experiência, um novo termo empregado por essa consultoria: *return of experience* (ROX), que faz alusão ao *return of investiment*, amplamente difundido e desejado por executivos, acionistas e investidores das empresas.

A pesquisa constata que os consumidores, assim como os colaboradores, estão interessados em produtos e serviços sustentáveis. Outra publicação da mesma consultoria, o *Workforce of the future: the competing forces shaping 2030*, de 2018,[40] revelou que os colaboradores querem realizar "um trabalho que faça diferença significativa". Portanto, tendem a buscar emprego em empresas que demonstram preocupação com temas como sustentabilidade e ética, e adotam tecnologias e *analytics* para desenvolver seus colaboradores e obter sua contribuição na criação de experiências incríveis para os consumidores. Acredita-se, portanto, que o perfil da força de trabalho no futuro exigirá habilidades consolidadas do ponto de vista de repertório digital, dando espaço àqueles que notavelmente estarão habituados a consumir produtos digitais em sua vida pessoal. Com isso, as empresas que já embarcaram na jornada da transformação digital, não somente do ponto de vista dos produtos oferecidos a seus consumidores, mas, sobretudo, dos produtos e ferramentas digitais implementados na empresa, estarão um passo à frente de seus competidores e ampliarão sua capacidade de atração e retenção.

Segundo a publicação de 2019 da PwC, "é importante descobrir com o que empregados e consumidores se importam e comunicar seus valores comuns"[41] (p. 24). Para isso, as redes sociais e os dispositivos móveis digitais podem ser uma excelente estratégia de engajar fortemente os públicos internos e externos. Tenha como verdade que a nova era digital faz com que as pessoas consumam muitos dispositivos móveis e utilizem massivamente redes sociais frente à enorme oferta que se tem de produtos digitais.

---

38   PWC. *Global consumer insights survey 2019*, p. 22. Disponível em: https://www.pwc.com.br/pt/estudos/setores-atividades/varejo/2019/con-insight-19-mobile.pdf. Acesso em: 5 fev. 2020.

39   PWC, 2019, p. 22. Disponível em: https://www.pwc.com.br/pt/estudos/setores-atividades/varejo/2019/con-insight-19-mobile.pdf. Acesso em: 5 fev. 2020.

40   PWC. *Workforce of the future: the competing forces shaping 2030*, 2018. Disponível em: https://www.pwc.com/gx/en/services/people-organisation/publications/workforce-of-the-future.html. Acesso em: 5 fev. 2020.

41   PWC, 2019, p. 24.

Com isso, a fidelidade do consumidor é volátil, sujeita a mudanças em poucos cliques. E, de forma análoga, a retenção do colaborador reflete similar volatilidade nesse contexto de oferta de melhores experiências. Então, tem-se notado um movimento de as empresas buscarem criar "momentos mágicos", que sejam capazes de fidelizar os consumidores e reter seus colaboradores. O público interno é extremamente assediado por propostas externas, que englobam propósito, mais benefícios, maiores oportunidades de crescimento, ambiente leve e participativo, fazendo com que o colaborador queira experimentar um novo ambiente de trabalho, uma nova gestão, novos colegas etc.

Por isso, falamos em oferecer "momentos mágicos" aos funcionários. Essa abordagem estimula as empresas a buscarem, cada vez mais, o uso de plataformas que tornem essa jornada de experiência mais ágil, mais interativa, uma vez que utiliza-se de produtos digitais. Pode-se dizer, então, que, assim como a área de conhecimento do Marketing vem sofrendo relevantes adaptações e aprimoramentos em busca de um marketing digital, a área de Gestão de Pessoas também vem demonstrando caminhar nesse sentido, fazendo uso de ferramentas já difundidas no universo do marketing digital, tais como "funil de conversão" e o Customer Relationship Management (CRM) – a gestão de relacionamento com o cliente –, que visam facilitar a compreensão das etapas da jornada de experiência de um consumidor e incentivá-lo ao consumo como forma de gerar a conversão, ou seja, a compra de produtos ou serviços, em si. Assim, notamos que a gestão de pessoas tem buscado se aprimorar, por exemplo, construindo seu "funil de conversão para o engajamento" e a retenção.

Essa abordagem tem levado a empresa também a construir, em etapas, a jornada da experiência de suas equipes com o uso de uma ferramenta de Employee Relationship Management (ERM), que visa segmentar a base de colaboradores em *personas* (pessoas com traços e identidade particular), categorizando suas características e preferências em grupos e as incentivando com campanhas específicas e adaptadas às suas necessidades, de modo a gerar mais "conversão", que neste caso, chama-se de "engajamento". A área de conhecimento de dados (*analytics* e *data science*, análise de dados e ciência dos dados) tem representado grande valor para a empresa nessa jornada transformacional, uma vez que ela é capaz de contribuir com a coleta estruturada de dados e posterior análise deles fazendo uso de instrumentos analíticos e de modelagem matemática, permitindo à empresa a oportunidade única de ação rápida e consistente focada nas necessidades de seus colaboradores. A ciência de dados permite, ainda, que se possa predizer comportamentos futuros e as preferências dos colaboradores valendo-se de modelos matemáticos que recomendam, com certa precisão estatística, a propensão de *turnover* ou de desempenho de seus colaboradores.

Sobre essas propensões, em se tratando de uma jornada completa de experiência do colaborador, as partes são notoriamente integradas. Isso possibilita que a empresa compreenda, com maior lucidez, os perfis de candidatos no início da jornada que terão maior propensão de continuar por longo prazo na empresa ou eventual intenção de *turnover*. Por exemplo, avalia-se uma trajetória de maior desempenho ao longo da carreira na empresa partindo-se de um processo consistente de análise de perfil e coleta de dados estruturados. Para Mowday, Porter e Steers,[42] define-se como intenção

---

42 MOWDAY, R.; PORTER, L.; STEERS, R. Employee organization linkages: the psychology of commitment, absenteeism and turnover. *Academic Press*, New York, p. 264, 1982.

de *turnover* "a aproximação subjetiva em relação à probabilidade de um indivíduo deixar uma organização em um futuro próximo". O mercado vem demonstrando uma crescente ambição com relação a essa abordagem, denominada *people analytics* (processo estruturado que mensura, por meio de dados, o comportamento de pessoas a fim de aprimorar o engajamento, a produtividade e o bem-estar no trabalho).

A PRÁTICA DA PESQUISA

Para conhecer os desafios que os profissionais de RH vêm enfrentando nos processos de atração, seleção e retenção, e qual o impacto da tecnologia nesses processos, realizamos uma pesquisa qualitativa com 18 gestores. Para a coleta dos dados foi aplicado um questionário eletrônico com seis perguntas, cujas respostas foram tratadas com análise de conteúdo categorial. A seguir, apresentamos os resultados.

1. Quais são os principais desafios que você experienciou na sua carreira para atrair e selecionar os melhores candidatos?

As respostas foram alocadas em duas categorias de desafios: encontrar profissionais capacitados na área desejada e limitações internas da organização. Quanto à capacitação, os maiores desafios citados foram encontrar profissionais competentes tanto no quesito das competências técnicas quanto das comportamentais.

No que se refere às competências técnicas, os profissionais apontaram que as dificuldades estão em encontrar profissionais atualizados com o mundo digital, tecnologia da informação e *business inteligence*, com perfis de que a empresa necessita, mas que ainda não existem e que, além de experiência em posição de liderança, tenham elevada competência técnica.

Os desafios relacionados às limitações internas da empresa concentram-se em orçamento para contratação de pessoal, uma vez que o mercado está muito aquecido na busca por competências técnicas ligadas à tecnologia, e na falta de meios para fazer uma seleção com probabilidade de elevado nível de acerto.

2. Quais as implicações da aplicação de tecnologias da nova era digital no processo de atração e seleção de candidatos?

Os líderes de RH consultados apontaram implicações positivas e negativas. As implicações positivas estão associadas à agilidade nos processos de triagem e as negativas, à fragilidade na seleção de habilidades comportamentais. Os respondentes entendem que a tecnologia não consegue substituir a interação entre as pessoas e a habilidade humana de fazer avaliação de preferências e comportamentos, assim como as reações frente a situações inusitadas, em um processo de seleção.

3. Que recomendações você daria a profissionais de RH que acabam de assumir a responsabilidade pelo processo de atração e seleção de candidatos?

As recomendações estão centradas nas seguintes categorias: conhecimento da cultura organizacional, treinamento dos profissionais contratantes, investimento em tecnologias para acelerar o processo, atualização quanto ao mercado de trabalho, comunicação e habilidades humanas.

O conhecimento da cultura organizacional foi considerado fundamental pelos líderes para que consigam selecionar candidatos que possam vir a ter aderência à forma de pensar deles. Utilizar tecnologia para agilizar o processo e contratar as plataformas necessárias que possam gerar economia de tempo, e estar atualizado com as tendências do mercado, foram outras sugestões. O estudo do mercado deve ser feito considerando o segmento em que a empresa se insere, em uma visão ampla.

Quanto às habilidades humanas e de comunicação, os respondentes apontaram para a importância de se colocar no lugar do candidato e pensar que tratamento gostaria de receber. Também sugeriram quebra dos paradigmas clássicos de critérios a serem valorizados, como a formação acadêmica de ponta e o trabalho efetivo da diversidade.

ATRAINDO, SELECIONANDO E RETENDO PESSOAS

Desenvolver a habilidade de construir parcerias foi outro tópico bastante valorizado. Parcerias com os gestores em busca de soluções, parceria com os fornecedores, comunicação fluida com todos os envolvidos no processo, investimento no levantamento de perfis, de modo a evitar retrabalho, foram algumas das sugestões de habilidades comportamentais a serem desenvolvidas com os profissionais que estão iniciando a carreira em recrutamento e seleção.

4. Quais foram os principais desafios que você experienciou na sua carreira que envolveram a retenção de colaboradores?

Os principais desafios consistiram na limitação das competências humanas dos gestores com seus funcionários em diferentes aspectos. Desde líderes que se tornaram seniores ainda jovens e que enfrentaram desafios no equilíbrio de vida familiar e carreira, até outros que, embora tivessem um bom relacionamento com a equipe, enfrentaram um ambiente humano tóxico na empresa e precisaram manter a motivação do seu time mesmo assim. Ainda, gestores que não valorizavam o diálogo com os colaboradores e acreditavam que oferecer promoção era o suficiente para retê-los. Por outro lado, chegando agora ao final da segunda década deste século, os jovens profissionais estão muito menos dispostos a conviver com lideranças desagregadores e valorizam condições que contribuam para sua qualidade de vida, como horário flexível, e esperam trabalhar em empresas mais alinhadas com seu propósito de vida e que lhes permitam realizar seu sentido de vida. Outro desafio é a concorrência externa pelos funcionários mais competentes.

5. Que implicações você percebe com a oferta de tecnologias da nova era digital no processo de retenção de colaboradores?

As principais implicações positivas dizem respeito a aumentar a agilidade e a simplificação dos processos de avaliação e de acesso a indicadores e também substituir trabalho repetitivo e operacional. Facilidade para ler cenários, fazer levantamento de dados com rapidez. A tecnologia facilita realizar pesquisas com rapidez e traçar planos de ação para corrigir problemas. As consequências negativas ocorrem por conta da perda do contato pessoa a pessoa. Com a democratização da informação, as pessoas têm maior facilidade de se manterem atualizadas com relação às oportunidades do mercado, o que gera desafios para a retenção de talentos.

6. Que recomendações você faria para profissionais de RH que acabam de assumir a responsabilidade pelo processo de retenção de colaboradores?

Todas as respostas a todas às questões foram muito ricas, os líderes se esmeraram em oferecer recomendações. Por essa razão, vamos replicar algumas delas.

a) Avaliar a jornada do seu profissional desde sua atração até seu desligamento: De que forma você o apoia a focar na entrega que gera maior valor? De que forma seu processo, como um todo, atrai as pessoas certas e fortalece sua marca empregadora? De que forma essas pessoas trazem competitividade para os negócios?

b) Acredito que a base para o processo de retenção seja o estabelecimento de avaliação de desempenho na companhia, justamente com a pesquisa de clima/engajamento. Com o resultado dessas duas frentes, o profissional terá subsídio suficiente para traçar seu planejamento com relação à retenção.

c) Entender novos ciclos de carreira. Usar dados para *insights* sem perder contato humano. Vender para a organização as vantagens de reter e a hora de deixar ir. Aprofundar-se em benefícios mais modernos e no foco das novas gerações.

d) Antes de definir as ações, é necessário entender a necessidade das pessoas. Até mesmo questionar as razões da retenção.

e) Escutem, escutem, escutem. Seus clientes, equipes, gestores. Olhe para cada colaborador e descubra a pessoa, os desejos, as expectativas e as frustrações. Discuta com a alta direção suas conclusões e propostas. Comece "pequeno", mas com ações visíveis a todos. Envolva gestores, jovens e pessoal mais antigo da empresa em ações que valorizem, com ensinamento mútuo, exemplos inspiradores, identifique mentores que cuidarão de seus colegas. Identifique quem está infeliz e entenda se há reversão. Envolva todos em ações que comecem simples mas inclusivas.

f) Entenda a cultura da empresa – não somente a que está na parede, mas principalmente a que permeia os relacionamentos.

g) Mapeie como está a companhia na engrenagem "gente". Avalie se há alinhamento cultural, se há escuta ativa dos gestores, se há linguagem adequada para os colaboradores.

GESTÃO DO FATOR HUMANO

h) Peça *feedback* e atualize seu projeto de ações de retenção. Circule nos ambientes e não tenha uma bancada fixa! Você estará onde as coisas acontecem. E saberá impactar a felicidade de todos e, consequentemente, os resultados da empresa.

i) Foque nas relações entre líder e equipe, em valores que a empresa passa, em propósito, em flexibilidade e mobilidade de trabalho (o *flex office*), em diferentes formas de tratar os períodos de férias.

j) Não se iluda, se você atua em um mercado em ascensão, haverá *turnover*. Procure mapear quem você não pode perder. Mapeie e desenvolva sucessores para suas posições-chave. Cuide de sua liderança para que seja cada vez mais inspiradora, acolha as pessoas, não as afaste.

Interpretação dos resultados

Em suma, as respostas dos líderes que participaram da pesquisa mostram interconexão entre os processos de atração, seleção e retenção assentada em alguns eixos.

Um eixo diz respeito à mudança de comportamento dos profissionais talentosos no tempo atual. Esses profissionais desejam trabalhar em empresas alinhadas com seu propósito de vida e que valorizam condições de trabalho em que possam se sentir como pessoas, que têm desejos, anseios, dúvidas, e não como meros recursos da companhia.

Outro eixo é o outro lado da moeda: o despreparo das lideranças dentro das empresas para lidarem com essa nova realidade, isto é, disponibilizarem-se a tratar os colaboradores como pessoas e não como recursos.

Um terceiro eixo trata especificamente do profissional de RH. Dificuldades para atraírem profissionais talentosos em um mercado competitivo, principalmente quando as condições de contratação não são competitivas e, ao mesmo tempo, a empresa não pode oferecer condições de trabalho que contribuam para a qualidade de vida. A importância de uma mudança de postura, procurando engajar-se como parceiro dos demais gestores e ajudá-los na promoção do engajamento dos colaboradores.

Outro eixo consiste na forma como percebem a tecnologia. Útil para diminuir o tempo de processo de contratação e para gerar resultados de pesquisa com maior rapidez, possibilitando intervenções ágeis para solucionar problemas. Porém, as habilidades humanas são imprescindíveis para a seleção do profissional adequado e para a promoção do engajamento e a retenção de talentos.

O profissional de recursos humanos parece perceber-se como um equilibrista, tendo que ser capaz de competir por talentos no mercado, nem sempre com as melhores ofertas, ajudar os gestores a mudarem seu *mindset* para lidar com a nova realidade do novo colaborador nesta era pós-informacional e digital e, ao mesmo tempo, contribuir com a empresa com políticas e práticas alternativas para atender aos anseios dos colaboradores.

MINICASO

Com 20 anos de tradição e mais de 40 milhões de clientes, a Dotz é o programa de fidelidade líder do varejo nacional e a pioneira em programa de coalizão no Brasil.

A moeda Dotz, que faz a vida do brasileiro render mais, está presente em 12 praças, 690 cidades e permite que o consumidor ganhe Dotz em diversos lugares, com uma ampla rede de parceiros físicos e on-line, e, depois, troque-os por produtos, passagens aéreas e muitas outras coisas. Por segundo, são distribuídos cerca de DZ 900 (novecentos Dotz), gerando mais de 10 mil trocas por dia.

É rigorosamente exigido da Dotz e de várias outras empresas do setor de serviços terem pessoas qualificadas, afinal, como não possuem máquinas, dependem exclusivamente das pessoas para viabilizarem seus objetivos estratégicos.

Nesse contexto, o principal desafio dos profissionais de Gente e Gestão é garantir que a empresa tenha o talento certo, engajado e com bom desempenho. Há alguns anos, a Dotz definiu o seu propósito: "A sua moeda que faz a vida render mais". E, consequentemente, também definiu a sua cultura: "Sonho grande, fome de dono, gente que entrega resultados, curtimos a jornada com paixão e valorizamos a nossa gente". Portanto, possui clara consciência dos comportamentos esperados de seus dotzeiros, como são chamados seus colaboradores.

Entretanto, algo parecia estar faltando. A Dotz precisava de algo que pudesse lhe apoiar na atração de talentos, no incentivo ao desenvolvimento e melhor *performance*, bem como na retenção de seus dotzeiros. Então, desenvolveu seu Employee Value Proposition (EVP), intitulado como Programa Render Mais, que visa implementar um conjunto de ações baseadas tanto em seu propósito quanto em sua cultura para alavancar a geração de valor para seus dotzeiros. Esse programa foi constituído de quatro alavancas de valor: **ambiente leve e feliz** – compartilhar, integrar e incluir as pessoas com respeito e confiança; **filosofia de meritocracia** – reconhecer quem faz a diferença, fortalecendo o protagonismo e a determinação; **desenvolvimento** – enrobustecer a qualificação das pessoas e incentivar oportunidades de crescimento; **método** – incentivar e materializar a contribuição de cada um com foco e disciplina. Cada uma representa a forma com que a empresa pretende fazer a vida de seus colaboradores render mais.

Depois disso, a Dotz definiu dezenas de ações e práticas que visam incorporar tais conceitos no dia a dia do seu time. A seguir, no Quadro 6.2, são apresentados alguns exemplos.

Quadro 6.2 Ações e práticas oferecidas aos dotzeiros

Alavancas de valor	Práticas	Ações
Ambiente leve e feliz	Jornada flexível	■ *Home office*. ■ *Short day* (1 dia/semana para sair mais cedo). ■ Horário flexível (autonomia para decidir sobre a hora de entrada).
	Integração	■ Celebração de datas comemorativas. ■ Ações solidárias.
	Benefícios exclusivos (visam incentivar, de forma única, o colaborador a experienciar o papel de cliente e, com isso, ampliar a consciência de seu trabalho na geração de valor para os parceiros e consumidores).	■ Ganhar Dz por indicação de candidato a vagas da empresa. ■ Ganhar Dz e ter direito a *day off* no aniversário. ■ Ganhar Dz adicionais pela compra nos parceiros da Dotz. ■ Ganhar Dz quando realiza alguma troca. ■ Mecânica base (ganho de Dz mensalmente por consumir nos canais de parcerias da Dotz). ■ Ganhar Dz por indicar algum potencial parceiro para a plataforma da Dotz.
Desenvolvimento	Gestão de desempenho	■ Ganhar Dz quando multiplica conhecimento para os colegas de trabalho. ■ 2 horas *off* semanais para ampliar seu conhecimento (idiomas, técnico etc.).
Filosofia de meritocracia	Reconhecimento	■ Elegibilidade aos *stock options*. ■ PLR. ■ Mérito anual condicionado à *performance*.
Método	Inovação	■ Programas 1MM Dz (para fomentar o empreendedorismo por meio de criação de *startup*).
	Incentivos	■ Programas de incentivo de curto prazo (ganha Dz quem bate 90% das metas mensais e possui plano de ação atualizado).

Fonte: elaborado pelos autores.

GESTÃO DO FATOR HUMANO

Fazendo uso de um dos produtos comercializados pela sua unidade de negócio de incentivos, utilizou suas próprias plataformas para incentivar seus dozteiros a adotar os comportamentos esperados e, como recompensa, serem premiados com a moeda Dz, permitindo o acúmulo de moeda e ampliando o poder de compra de seus colaboradores por meio dos canais de troca.

Essa solução rendeu à empresa formas mais criativas e abrangentes de incentivar seus colaboradores a viverem o propósito da empresa, permitiu maior transparência com relação ao que é esperado de cada dotzeiro e, com isso, contribuiu para a atração e a retenção de talentos.

EXERCÍCIO DE HABILIDADE

1. Analise a solução encontrada pela Dotz para melhorar sua atratividade e a retenção de talentos. Que aprendizados você teve com a leitura desse minicaso?

Recompensando e avaliando pessoas

Darcy Mitiko Mori Hanashiro

Antonio Moreira de Carvalho Neto

Fábio Sant'Anna

OBJETIVO DO CAPÍTULO

Vivemos um contexto díspar na gestão de empresas brasileiras. De um lado, sobrevive um grande número de organizações tradicionais, com estruturas mais hierarquizadas. De outro, modelos de gestão sintonizados com a revolução 4.0 estão cada vez mais presentes na realidade organizacional, com estruturas mais fluidas, mais flexíveis, reinventando-se para enfrentar o desafio constante da transformação digital. Times multidisciplinares, como *squads* e modelos *agile*, estão saindo das funções específicas de TI, ganhando espaço nas *startups* e lentamente caminhando para outras áreas de negócio, influenciando, e até mesmo provocando, mudanças em empresas tradicionais.

Os empregados são remunerados da mesma forma nesses diferentes modelos de trabalho? Sem dúvida, o sistema de recompensas, composto dos salários diretos, bônus e benefícios, como resultado do trabalho, sofre implicações das estruturas e modelos organizacionais.

Assim, este capítulo tem como objetivo abordar diferentes modelos de recompensas, desde os mais tradicionais, amplamente usados pelas organizações brasileiras, até abordagens de remuneração alinhadas com as demandas da era digital. Busca-se também abordar a avaliação do desempenho e sua relação com as recompensas, como um elo da parceria indivíduo-organização na geração de resultados. As recompensas não financeiras serão igualmente foco de atenção.

A RECOMPENSA ENTRE DOIS MUNDOS:
O TRADICIONAL E O VIRTUAL

Estamos vivendo em um mundo em que o aumento exponencial das inovações tecnológicas criou uma realidade virtual na qual cada vez mais negócios se baseiam. Novos negócios, ancorados em plataformas digitais, na inteligência artificial, na realidade aumentada, na manufatura aditiva (impressão 3-D), na biologia sintética, na Internet das Coisas, convivem com estruturas tradicionais de negócios que, embora impactadas por essas novas tecnologias e mesmo já fazendo uso intensivo delas, ainda não foram profundamente transformadas.

Os setores de serviços e comércio já estão em completa transformação. Com novos serviços e empresas comerciais surgindo a todo momento nas plataformas digitais, aqueles tradicionalmente estruturados foram muito atingidos, mais fortemente que a indústria. São exemplos os casos do setor de hotelaria, que vem sofrendo enorme impacto com o sucesso de plataformas digitais como o Airbnb; dos serviços de transporte com o sucesso do Uber e de outros aplicativos; dos bancos tradicionais com o surgimento dos bancos virtuais.

Os negócios tradicionais, na indústria principalmente, foram atingidos, mas ainda conservam muitas características históricas do passado. Quanto tempo essa convivência vai durar até que prevaleça o que parece ser uma inexorável caminhada na direção de um mundo virtual ninguém sabe. A indústria de carnes já testa a carne artificial, que, ao chegar ao mercado, provavelmente em menos de dez anos, vai substituir toda a atual cadeia logística do agronegócio. Já foram realizados testes com resultados positivos para a construção de prédios em menos da metade do tempo que gastamos hoje; assim, o impacto no setor da construção civil será gigantesco.

Paralelamente, o Estado tem enorme dificuldade de regular o impacto dessas transformações no mercado de trabalho e na economia, pela própria natureza espetacularmente abrangente e disseminada delas. O trabalho tende a ser mais flexível em termos de jornadas, contratos e compensação. A legislação trabalhista tende igualmente a ser mais flexível. Em vários outros países, embora em graus muito diferenciados, ocorre o mesmo fenômeno.

Para compreender esses dois mundos, precisamos entender primeiramente o modelo tradicional de remuneração, que evoluiu de um início baseado essencialmente no salário-base e no cargo fixo para uma remuneração por um sistema de compensação mais variável, que se adapta melhor às transformações tecnológicas que discutimos acima.

O modelo tradicional de remuneração tem sua origem em uma administração focada no proprietário, que dominou a primeira metade do século XX.[1] Dessa ótica, os ganhos provenientes do sucesso do negócio eram revertidos totalmente ao empregador. A gestão foi se profissionalizando, saindo do âmbito do fundador da empresa e de sua família para os executivos profissionais. Com isso, o grupo de executivos participantes desse ganho foi se ampliando. Porém, abaixo desse nível executivo, os planos de incentivo (exceto as comissões de vendas) eram raros. Essa situação veio mudando gradual e firmemente nas últimas duas décadas.

---

1 RISHER, H. *Aligning pay and results.* Nova York: Amacon, 1999.

Em modelos de remuneração posteriores, desde os anos 1980, os incentivos são componentes integrais do sistema, refletindo a ideia de que os empregados podem – e devem, pois é isso que se espera deles – contribuir para o sucesso do negócio. Os planos de incentivos são designados a todos os níveis de cargos e funções.[2] Com isso, exige-se uma nova ótica de mensuração do desempenho. Faz-se imprescindível que a mensuração passe a fazer parte de uma rotina, em todos os níveis da organização, e que seja um elemento integral do processo mais amplo de gestão de desempenho. Assim, os incentivos desempenham um papel de alinhamento entre os interesses financeiros dos empregados e as medidas que são relacionadas ao sucesso da organização.[3] Embora as medidas financeiras ainda prevaleçam como indicador dominante, outras, não financeiras – como habilidades e competências –, são também essenciais na conexão entre recompensas e desempenho. A avaliação de desempenho está relacionada com as recompensas, como veremos no decorrer deste capítulo. Trata-se do desempenho atrelado a metas, em geral quantificáveis e conectadas aos objetivos de negócio.

Na literatura considerada nos Estados Unidos, o termo **incentivo** é usado para os pagamentos adicionais ao salário-base, atrelados à consecução de metas. Essa concepção de incentivo é geralmente conhecida no Brasil como remuneração variável, com algumas especificidades.

Na verdade, os incentivos não deixam de ser práticas antigas. O que aparece como novo é seu uso como uma ferramenta de gestão flexível, que necessita ser moldada ao contexto e às prioridades de mudanças organizacionais. Além disso, a base para um acréscimo na remuneração deixa de ser somente o passado (aumento por mérito e promoção, por exemplo, consideram o desempenho que já ocorreu) e passa a ser o futuro, este deliberadamente atrelado às metas promotoras de crescimento e vantagem competitiva para a empresa.

VALORIZANDO O ELO ESSENCIAL: RECOMPENSAS E VANTAGEM COMPETITIVA

Em que medida a remuneração pode contribuir com dois tipos de estratégias competitivas genéricas:[4] liderança da empresa no mercado em relação ao custo total ou diferenciação?

A estratégia competitiva para que a empresa lidere no custo total exige uma perseguição vigorosa dos custos,[5] o que significa o menor custo possível com empregados. Em geral, os programas de remuneração variável contribuem para uma redução do custo de mão de obra,[6] à medida que transferem parte dos custos fixos para custos variáveis, além de algumas das estratégias de remuneração variável terem caráter de autossustentação. Ainda, os programas de participação nos resultados, que usam indicadores vinculados à produtividade, redução de acidente no trabalho, taxa de absenteísmo, melhoria de qualidade, atuam diretamente na redução de custo. O uso sistemático desses

---

2   RISHER, 1999.

3   RISHER, 1999.

4   PORTER, M. E. *Estratégia competitiva.* Rio de Janeiro: Campus, 1986.

5   PORTER, 1986.

6   MARTOCCHIO, J. J. *Strategic compensation:* a human resource management approach. New Jersey: Prentice-Hall, 1998.

indicadores tende a estimular comportamentos favoráveis ao alcance das metas e, com isso, contribui para o desenvolvimento de competências organizacionais.

A estratégia competitiva de diferenciação exige empregados que manifestem criatividade, com mente aberta para incorporar novas formas de realizar o trabalho, e que estejam dispostos a correr riscos. Os incentivos individuais, como bônus para recompensar os desempenhos extraordinários, podem ser canalizados para os resultados inovadores. Os incentivos de longo prazo, participação nos resultados e remuneração baseada em equipes, estimulam uma interação entre os empregados e promovem algum grau de autonomia para definir a melhor forma de realizar os objetivos.[7] Essa estratégia de diferenciação está muito mais em sintonia com o momento em que vivemos, com as mudanças extremamente rápidas de bases tecnológicas que requerem "pensar fora da caixa". A inteligência artificial já está substituindo não somente o trabalho não qualificado mas também o trabalho qualificado, e a única habilidade que as máquinas inteligentes não conseguiram imitar é a criatividade, que precisa de autonomia e respeito à diferença, à diversidade, pois é dessa fricção que brotam propostas criativas.

As estratégias de remuneração que vinculam os salários a resultados proporcionam às organizações uma série de vantagens: maior flexibilidade na gestão do custo (fixo e variável) da mão de obra, melhor gerenciamento do desempenho ao explicitar, de forma mais clara, os objetivos da operação do negócio e maior estímulo aos comportamentos requeridos para o sucesso empresarial e mudanças organizacionais demandadas pelo ambiente externo. A remuneração pode, efetivamente, contribuir para elevar a competitividade da organização, uma vez que contribui para o aumento da produtividade, melhoria da qualidade dos produtos, redução de custo, inovação de processos e produtos, flexibilidade organizacional e apoio à mudança organizacional.

SISTEMA ESTRATÉGICO DE RECOMPENSAS

Distintamente da literatura usual, pretende-se abordar a remuneração em uma perspectiva mais ampla, considerando o conceito de recompensas, financeiras e não financeiras. A Figura 7.1 representa os diferentes elementos de um Sistema Estratégico de Recompensas (SER).

A gestão de recompensas, no sentido amplo, ou remuneração, mais especificamente, busca alguns objetivos para garantir sua efetividade como um instrumento de gestão:

- atrair e manter os melhores talentos necessários à organização;
- recompensar o desempenho passado dos funcionários;
- vincular o futuro desempenho dos funcionários às metas da organização;
- facilitar a conexão entre o sucesso dos funcionários e da organização;[8]
- estimular os comportamentos para a realização das metas;
- veicular os valores da organização;
- ser um instrumento de gestão do desempenho, vinculando estratégias à remuneração, com vistas ao desenvolvimento dos funcionários.

---

7   MARTOCCHIO, 1998.

8   SCHUSTER, J. R.; ZINGHEIM, P. K. *The new pay linking employee and organizational performance.* San Francisco: Jossey-Bass, 1996. p. 190.

Figura 7.1 Sistema Estratégico de Recompensas (SER)

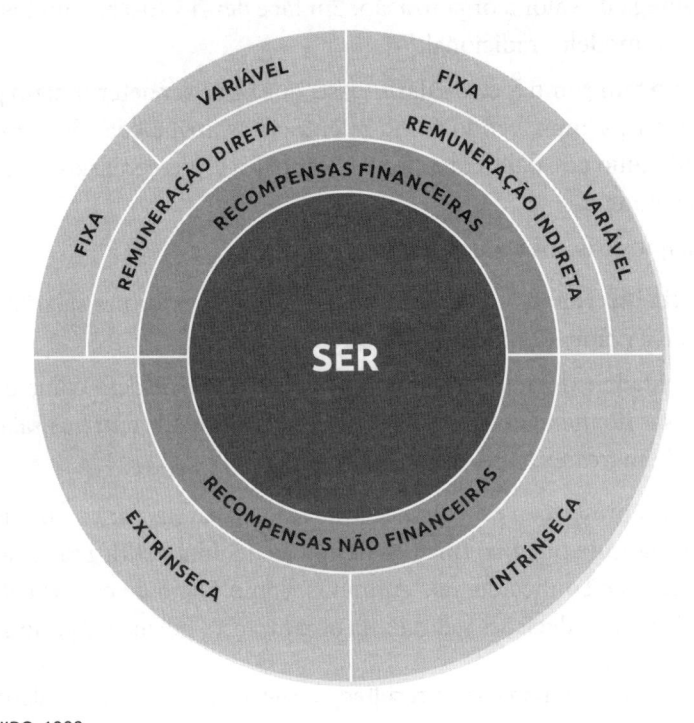

Fonte: HANASHIRO, 1988.

RECOMPENSAS FINANCEIRAS

As recompensas financeiras compõem-se da remuneração direta – o salário-base – e da remuneração indireta – os benefícios. Na modalidade direta, vamos inicialmente abordar o sistema tradicional de remuneração, base para todo tipo de estratégia de remuneração.

Modelo tradicional de salários

O modelo tradicional de salários está baseado em um processo voltado à determinação do salário-base e de uma política salarial para a remuneração direta. É um plano fundamentado no cargo, naquilo que o ocupante faz. Isso significa dizer que, por esse modelo, o que será avaliado e, consequentemente, servirá de referência para a determinação do salário-base são as responsabilidades e outras características de exigência do cargo.

Vamos supor que você seja um analista financeiro. Você batalhou duramente nos últimos anos para fazer um MBA de excelente nível e tem inglês e espanhol fluentes. Além disso, você apresenta características pessoais que sempre foram positivamente reconhecidas pelos chefes e as usa para fazer um trabalho muito diferenciado. A área de RH da empresa onde você trabalha está revendo o "Plano de cargos e salários". Isso significa que o foco da avaliação será o cargo de analista financeiro, destituído de seu ocupante atual. Nesse tipo de plano, não importam as qualificações do profissional, mas sim as exigências do cargo. Então, o fato de você ter muitos atributos não foi levado em consideração nesse tipo de avaliação. É claro que existem outras práticas de RH, como é o caso da avaliação de desempenho, que pode analisar essas dimensões.

> As recompensas financeiras compõem-se da remuneração direta – o salário-base – e da remuneração indireta – os benefícios.

GESTÃO DO FATOR HUMANO

No entanto, o "valor" do seu cargo continua não condicionado às suas qualificações e o que você agrega de valor à organização. Em face dessa situação, muitas críticas são endereçadas ao modelo tradicional.

> **O modelo tradicional de salários tem como foco o salário-base, usando como referência as atribuições do cargo, qualquer que seja o indivíduo que o desempenha.**

Esse modelo tem como foco o salário-base, que pode ser determinado por diferentes metodologias, sempre tendo como referência as atribuições do cargo, qualquer que seja o indivíduo que o desempenha. O plano de cargos e salários é o componente central desse modelo.

Dois princípios básicos o sustentam:

- **consistência interna:** refere-se à noção de justiça da estrutura salarial da empresa com relação à compatibilidade entre cargos e salários;

- **competitividade externa:** corresponde à noção de justiça em comparação às outras empresas do mercado com relação à compatibilidade entre os salários da empresa e os de mercado.

A Figura 7.2 representa o processo de avaliação de cargos para a obtenção da consistência interna, cujo objetivo final é a definição de uma política salarial. O resultado desse processo é conhecido, nas empresas, como Plano de cargos e salários, que servirá de guia para as decisões salariais da organização, no que tange ao salário-base.

Figura 7.2 Componentes e resultado de um plano de cargos e salários

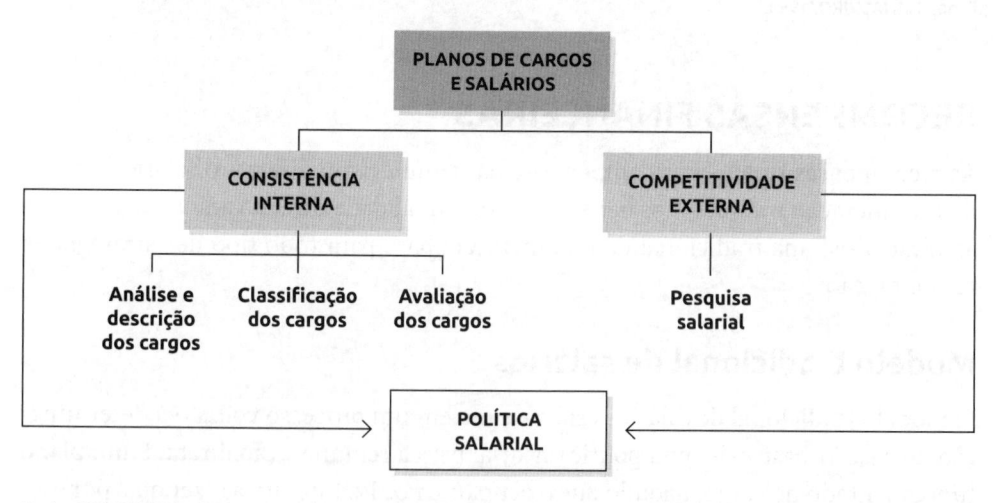

Fonte: HANASHIRO, 1988.

Apresentamos uma visão global sobre a concepção do modelo tradicional de salários, mas com a transformação da área de RH ocorrida em muitas empresas, algumas atividades foram terceirizadas. Uma delas é a elaboração e implantação de políticas de cargos e salários, cada vez mais desempenhada por consultorias especializadas. Caso você tenha interesse em conhecer os passos de um plano de cargos e salários, sugerimos consultar livros especializados nesse assunto.

O sistema tradicional atendeu aos modelos organizacionais de uma época de poucas mudanças. Algumas críticas são endereçadas a esse método, tais como:

- é pouco flexível: praticamente incompatível com o nível de mudança atual das organizações, que se fusionam, adquirem outras, mudam seus sistemas, adotam novas tecnologias ou novos modelos de negócio;

tem crescimento engessado voltando àquelas questões do início do capítulo, você já imaginou estar em uma daquelas situações em que vem contribuindo para melhorar o desempenho da área, tem se dedicado além do normal e lhe dizem que não é possível dar aumento porque está no máximo da faixa? No modelo tradicional, um novo aumento só seria possível se seu cargo fosse reavaliado e atingisse outra faixa salarial. Caso contrário, "sinto muito" seria a resposta do chefe;

■ demonstra uma aparente justiça: o modelo é pouco sensível para retratar as diferenças individuais. Ao não considerá-las, acaba tratando diferentes de forma igual, o que não deixa de ser injusto;

■ tem a impessoalidade como característica: considera o cargo e não o ocupante dele, mas os desafios impostos ao empregado pelas mudanças nas organizações, exigindo dele níveis mais elevados de competência, responsabilidade e criatividade, tornam essencial ter foco de avaliação voltado para a pessoa e o que ela agrega para a organização (ou unidade).

Apesar das críticas, o método quantitativo agrada às empresas, pois lhes permite comparar os cargos com os equivalentes de outras empresas com mais facilidade. Além disso, as multinacionais desejam comparar os salários das filiais de diferentes regiões e países. A internacionalização crescente das empresas tornou essa comparação uma necessidade gerencial relevante para a gestão de pessoas. Esse contexto favoreceu o uso de sistemas quantitativos que permitem uma comparabilidade em larga escala, como é o caso do método Hay.

O sistema de pontuação de cargos e salários pelo método Hay

A consultoria estadunidense Hay Group desenvolveu um método de pontos para calcular salários. Edward N. Hay o criou em 1943 e foi aprimorado-o ao longo dos anos. O método Hay é o sistema de avaliação de cargos mais utilizado em todo o mundo, em organizações do setor privado ou público, para avaliar os cargos profissionais, técnicos, administrativos e gerenciais. Esse sistema consiste em um método quantitativo sofisticado, tendo como referência o guia perfil. Ele conta com os benefícios de primor técnico e a vantagem de um *benchmarking* com milhares de empresas de todos os continentes. É composto de três fatores: conhecimento (*know-how*), solução de problemas e responsabilidade (*accountability*), conforme exibem as Figuras 7.3 e 7.4.

Figura 7.3 Fatores do método Hay

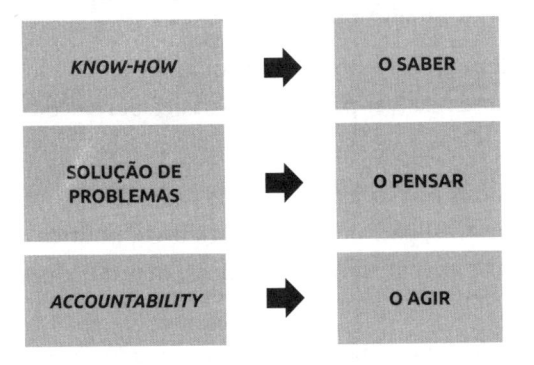

Fonte: elaborada pela autora.

GESTÃO DO FATOR HUMANO

Figura 7.4 Fatores do sistema Hay

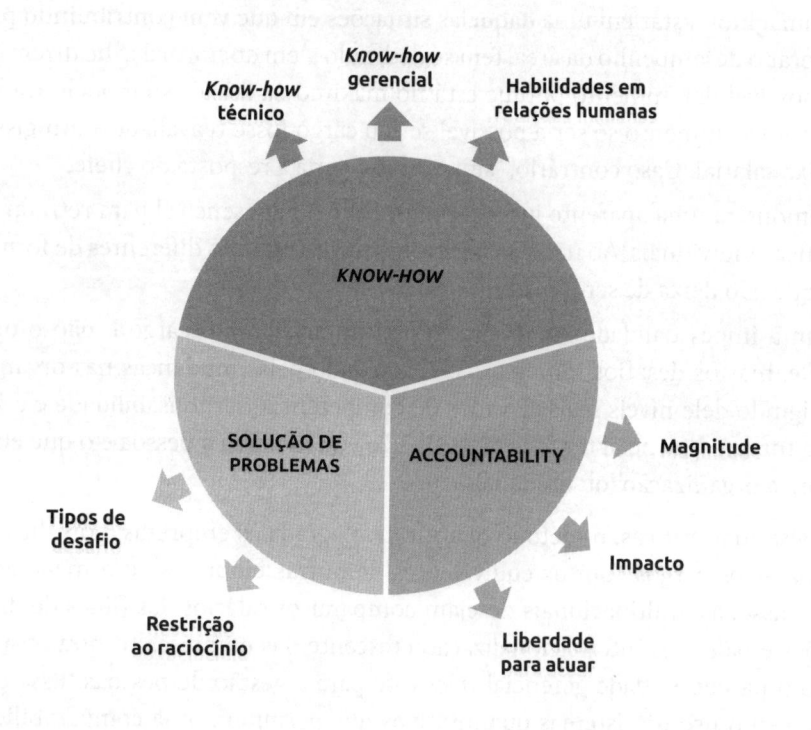

Fonte: HANASHIRO, 1988.

O **know-how** é a soma de todo tipo de conhecimento, habilidade e experiência adquirida necessários para um desempenho aceitável. É composto de três elementos específicos:

- **know-how técnico:** relaciona-se aos aspectos técnicos do cargo, obtidos por meio de um processo formal de aprendizagem, complementado pelo exercício dos cargos e/ou acúmulo de conhecimentos dos aspectos técnicos deles, decorrentes da experiência e da vivência propiciadas pelo exercício de atividades;

- **know-how gerencial:** refere-se ao conhecimento requerido para harmonizar, integrar e administrar atividades e funções, e envolve planejamento, organização, direção e controle de atividades realizadas pela própria pessoa e/ou por outras;

- **habilidades em relações humanas:** trata-se do conjunto de habilidades requeridas para trabalhar eficazmente com outras pessoas, dentro e fora da organização, de forma a produzir os resultados esperados.

A **solução de problemas** corresponde ao uso "automático" do *know-how* requerido para identificar, definir e resolver problemas – "Você pensa com o que você sabe." – e tem duas dimensões:

- **restrições ao raciocínio:** são as limitações impostas ao uso do raciocínio por força das normas, regras, padrões, procedimentos, política e pela própria supervisão. Quanto menor as instruções e políticas, maior é a necessidade de solução de problemas;

- **desafios:** correspondem à complexidade e à variedade das tarefas requeridas, bem como ao grau em que inovação e originalidade são necessárias.

Accountability (traduzido para o português como responsabilidade) refere-se ao grau em que um cargo é responsável por ações e suas consequências:

- **liberdade para atuar:** representada pela autonomia de ação atribuída ao cargo;
- **natureza do impacto:** concernente ao grau em que a posição impacta diretamente os resultados;
- **magnitude:** expressão dos impactos que os cargos exercem individualmente sobre os valores monetários da empresa.

Ainda que pese o fato de o método Hay ser um sistema de pontos baseado em fatores, já significa um avanço em relação a muitos dos métodos usados nas organizações brasileiras.

Remuneração variável baseada em desempenho

Modalidades de remuneração variável

A conexão que vincula o desempenho individual ao resultado das organizações há muito existe como prática para grupos específicos nas empresas. Na categoria operacional, o pagamento por peça é uma prática antiga, lastreada na abordagem taylorista de produção. No outro extremo, temos programas de incentivos para executivos que têm uma longa tradição nas organizações. Em áreas funcionais, como a de vendas, a estratégia de remuneração de pagamento de comissões também já é consagrada. No entanto, fora desses grupos, pouco se valorizava o pagamento de incentivos nas empresas até um tempo não tão remoto. O "pensamento de gestão de proprietário" (*owner-management thinking*),[9] que vigorou até a primeira metade do século XX, reservou as recompensas do sucesso do negócio para os proprietários das empresas. Posteriormente, emergiram modelos de compensação em que os incentivos passam a fazer parte do componente integral, refletindo a crença de que todo empregado pode e deve contribuir para o sucesso do negócio. Esses modelos são referidos como planos de compartilhamento de ganho (*gain-sharing plans*),[10] e os incentivos, então, passaram a ser designados para todos os níveis de cargos e ocupações. Ao buscar respostas às mudanças fundamentais nos negócios, as empresas redescobriram a importância da remuneração variável,[11] que se consolida como uma importante ferramenta de gestão.

A remuneração variável vem ganhando expressiva notoriedade nas empresas brasileiras, principalmente a partir de 1994 com a medida provisória instituída pelo governo que dispõe sobre a participação dos trabalhadores nos lucros e/ou resultados (a PLR) da empresa, posteriormente transformada na Lei n. 10.101, de 19 de dezembro de 2000.[12] A remuneração variável no Brasil, à luz da Participação nos Lucros e Resultados (PLR), terá um tópico específico neste capítulo, pelas consequências micro e macroeconômicas que apresentam para o mercado de trabalho.

---

9   RISHER, 1999.

10   RISHER, 1999.

11   FLANNERY, T. P.; HOFRICHTER, D.; PLATTEN, P. E. *Pessoas, desempenho e salários*. São Paulo: Futura, 1997.

12   BRASIL. *Lei n. 10.101, de 19 de dezembro de 2000*. Dispõe sobre a participação dos trabalhadores nos lucros ou resultados da empresa e dá outras providências. Brasília, DF: Presidência da República, 2000. Disponível em: https://www.camara.leg.br/proposicoesWeb/prop_mostrarintegra? codteor=849105&filename=LegislacaoCitada+-PL+694/2011. Acesso em: 14 nov. 2019.

GESTÃO DO FATOR HUMANO

> **A ideia central da remuneração variável consiste em compartilhar com os empregados os riscos e sucessos do negócio.**

A ideia central da remuneração variável consiste em compartilhar com os empregados os riscos e sucessos do negócio. Logo, o colaborador passa a ser considerado um parceiro da organização que, ao contribuir direta e explicitamente para a realização dos objetivos organizacionais, recebe uma parte do resultado. Assim, a remuneração variável sempre está vinculada a algum tipo de desempenho. Não confunda esse desempenho com os resultados da avaliação de desempenho individual, realizada periodicamente pelas organizações. O desempenho, para o pagamento variável, refere-se ao atingimento de metas previamente definidas em relação a alguns indicadores.

Existem muitos casos de fracasso na adoção de remuneração variável. A chave para seu sucesso é o alinhamento.[13] Não basta uma ligação com as metas organizacionais. A remuneração variável deve estar ajustada também à cultura da organização.[14] Esse ajuste é um processo dinâmico, que deve levar em conta as contínuas mudanças no ambiente externo e interno.

O sucesso da remuneração variável depende de sua aceitação pelos empregados, que necessitam acreditar que o programa é justo e as metas estabelecidas são alcançáveis. Também requer apoio da administração e o envolvimento de todos os níveis da organização.[15] Além disso, para a remuneração por desempenho contribuir efetivamente para o sucesso do negócio, Wiscombe[16] destaca a necessidade de o sistema estar baseado em indicadores mensuráveis e objetivos.

As estratégias de remuneração variável, em crescente popularidade, podem ser categorizadas em individual, grupal ou corporativa, e de curto ou de longo prazo. A adoção de uma dessas estratégias deve ser guiada pelos resultados que se deseja alcançar com a modalidade escolhida. A seguir, algumas dessas estratégias são apresentadas.

Participação nos lucros (*profitsharing*)

A participação nos lucros existe há anos e, talvez, seja um dos planos de incentivo mais comuns em uso para colaboradores situados abaixo do nível gerencial.[17] Está relacionada com o pagamento de uma parcela predeterminada do lucro (segundo um critério contábil definido) a todos os funcionários ou a um grupo deles, na forma de um percentual do salário-base, ou, ainda, pode ser considerada uma parcela fixa. Essa abordagem, de incentivo corporativo, é frequentemente empregada como veículo de flexibilidade na gestão dos custos referentes aos salários, uma vez que o dinheiro investido em salário adicional não é uma obrigação da empresa. Ao contrário, ela só paga quando tem lucro. Essa modalidade é eficaz para aquelas organizações altamente cíclicas quanto aos negócios, cujo salário fixo geralmente está abaixo do mercado, e que desejam ter a flexibilidade de pagar acima do mercado quando têm lucro, sem ter de cortar os salários ou empregados em situações menos favoráveis de negócio.[18] Funciona como um "para-choque amortecedor" para as organizações. No entanto, a difícil vinculação entre resultado da empresa e desempenho individual faz essa estratégia pouco eficaz para impulsionar desempenhos e estimular determinados

> **A participação nos lucros está relacionada com o pagamento de uma parcela predeterminada do lucro (segundo um critério contábil definido) a todos os funcionários ou a um grupo deles.**

---

13 FLANNERY; HOFRICHTER; PLATTEN, 1997.

14 Para você entender por que essa relação é importante, consulte o **Capítulo 2 – Cultura organizacional**.

15 GROSS, S. E.; BACHER, J. P. The new variable pay programs: how some succeed, why some don't. *Compensation & Benefits Review*, v. 25, n. 1, p. 51-56, 1993.

16 WISCOMBE, J. Can pay for performance really work? *Workforce*, p. 28-34, ago. 2001.

17 FLANNERY; HOFRICHTER; PLATTEN, 1997.

18 FLANNERY; HOFRICHTER; PLATTEN, 1997.

RECOMPENSANDO E AVALIANDO PESSOAS

comportamentos. Contudo, o plano de participação nos lucros é considerado mais fácil e simples, e oferece o caminho de menor resistência.[19]

Participação nos resultados (*gainsharing*)

Caracteriza-se como um plano de incentivo em grupo. É uma estratégia de remuneração variável que vem ganhando popularidade, principalmente a partir da década de 1990. Muitas vezes, é confundida com a participação nos lucros, mas ambas são totalmente diferentes. A participação nos resultados refere-se a um pagamento vinculado ao atingimento de metas preestabelecidas e específicas, correspondentes a produtividade, qualidade, redução de custos e outros indicadores. Somente se as metas forem alcançadas o grupo participa de uma parte dos ganhos monetários resultantes. Assim, o ganho é autofinanciado.[20] Em geral, a participação nos resultados requer a elaboração de um programa com indicadores e metas claramente definidos, o monitoramento dos resultados e a comunicação destes para os empregados. Requer cuidado para não tornar complexa demais sua administração e, com isso, perder a eficácia. Assim, a base da participação nos resultados é o futuro, em vez do passado. Shuster e Zingheim[21] sustentam que o envolvimento do empregado no desenho do plano pode variar, a fim de adequá-lo à cultura e aos valores da organização, e que o plano é usado para comunicar aonde a organização quer chegar.

> A participação nos resultados refere-se a um pagamento vinculado ao atingimento de metas preestabelecidas e específicas, correspondentes a produtividade, qualidade, redução de custos e outros indicadores.

Pagamento de Mérito em Parcela Única (*lump-sum award*)

Essa estratégia destina-se principalmente àqueles empregados com alto desempenho e alto salário, posicionados nos níveis finais da faixa salarial.[22] Consiste em pagamentos periódicos, frequentemente anuais, realizados para substituir os aumentos individuais mensais sobre o salário-base. Assim, em vez de o empregado receber um aumento de mérito, que incorpore ao seu salário-base, ele recebe um montante equivalente à soma dos aumentos mensais de mérito de determinado período. Dessa forma, o salário-base fica congelado até uma promoção ou revisão da estrutura salarial. É uma estratégia usada pelo mercado para a retenção de talentos que se encontram ao final da faixa salarial, ou seja, não podem ter aumento e não há vaga para promovê-los.

> *Lump-sum award* destina-se, principalmente, a pagamentos periódicos, frequentemente anuais, realizados para substituir os aumentos individuais mensais sobre o salário-base.

Esse pagamento único geralmente é feito no final do ano junto com a PLR.[23] O cálculo desse pagamento é simples. Considere que um analista pleno com ótimo desempenho e talentoso está no fim de sua faixa salarial e não há vaga, por enquanto, de analista sênior na empresa. Vamos supor que o salário nominal mensal dele é de R$ 4.000,00 e que, com uma suposta promoção, o salário passaria para R$ 4.600,00 (15% de aumento). A diferença de R$ 600,00 deve ser multiplicada por 13 (12 meses e 13º salário) e somada a R$ 200,00 (1/3 de férias), contabilizando um valor de R$ 8.000,00. Esse é o *lump-sum award*. Apesar de ser atrativo, apresenta o inconveniente de não incorporar-se ao salário. É uma estratégia alternativa e pontual. Não é prudente conceder essa gratificação por dois anos seguidos a um mesmo empregado para não caracterizar salário em um eventual processo trabalhista.

---

19   RISHER, 1999.

20   FLANNERY; HOFRICHTER; PLATTEN, 1997.

21   SCHUSTER; ZINGHEIM, 1996.

22   FLANNERY; HOFRICHTER; PLATTEN, 1997.

23   LUMP SUM: alternativa para recompensar talentos que aguardam promoção. *Blog Carreira Muller*. Disponível em: http://Carreira.Com.Br/Lump-Sum-Alternativa-Recompensar-Talentos-Aguardam-Promocao/. Acesso em: 9 nov. 2019.

Bônus

> O bônus é uma modalidade de incentivo individual, pago geralmente no fim do ano, e não se incorpora ao salário-base.

É uma modalidade de incentivo individual, pago geralmente no fim do ano e não incorporado ao salário-base. A vantagem do bônus é propiciar aos empregados, em geral dos altos escalões, um montante de pagamento extra, ao mesmo tempo que mantém o salário-base. A concessão de bônus é uma estratégia comum para o nível gerencial.

Stock options

> *Stock option* consiste no direito de o empregado comprar uma determinada quantidade de ações da empresa por um preço preestabelecido dentro de um período específico.

É uma modalidade de incentivo de longo prazo, em geral, destinada aos executivos. Os incentivos de curto prazo (uma recompensa concedida logo após o desempenho) para os executivos são criticados porque promovem metas de lucros trimestrais, semestrais etc., em detrimento dos objetivos de longo prazo da empresa como um todo. Nesse sentido, muitas empresas estão vinculando as estratégias de pagamento às medidas de desempenho de longo prazo. Uma dessas estratégias é *stock options*.

A modalidade de remuneração variável *stock options* consiste no direito de o empregado comprar uma determinada quantidade de ações da empresa por um preço preestabelecido dentro de um período específico.[24] O ganho é a diferença entre o preço inicial, de quando lhe foi dada a oportunidade de compra, e o valor real de mercado.[25]

A crescente utilização de *stock options* está relacionada com as vantagens que ela oferece. É tida como uma forma de motivação,[26] para estimular o desempenho daqueles que a recebem,[27] pois as pessoas se sentem donas do negócio. A intenção ao disponibilizar as ações é incorporar o funcionário à cultura da organização, aumentar seu envolvimento e, consequentemente, reduzir a rotatividade da mão de obra.[28] Ela também é considerada um recurso para a retenção de pessoas em longo prazo, desde que os resultados sejam positivos,[29] principalmente nas grandes organizações,[30] alinhando os interesses dos acionistas com os da empresa.[31] Outro ponto favorável dessa prática está relacionado ao fato de a empresa não precisar gastar dinheiro para repassar as ações aos executivos.[32] *Stock options* também é um mecanismo que pode garantir o sucesso da empresa em longo prazo.[33]

Na visão dos executivos, essa é uma forma de enriquecimento rápido.[34] Porém, existem desvantagens para todos os envolvidos, pois as ações tanto podem valorizar como desvalorizar em função de influências exógenas não controladas pela empresa

---

24 COLAMOSCA, A.; HAAR, D. The stock options. *Columbia journalism review*, v. 39, n. 1, maio/jun. 2000, p. 52-55.

25 SCHUSTER; ZINGHEIM, 1996; BERGMANN, T. J; SCARPELLO, V. G.; HILLS, F. S. *Compensation decision-making*. 3. ed. [S.l.]: Dryden, 1998.

26 MARTOCCHIO, 1998.

27 SCHUSTER; ZINGHEIM, 1996.

28 DAZZI, C. Programa do Carrefour tem alta adesão. *Gazeta Mercantil*, São Paulo: [s.n.], 31 out. 2000.

29 GOTCHER, R. Stock options are key across the board. *InfoWorld*, Framingham, v. 22, n. 26, p. 120, jun. 2000.

30 BERGMANN, T. J.; SCARPELLO, V. G; HILLS, F. S. *Compensation decision-making*. 3. ed. [S.l.]: Dryden, 1998.

31 TRAINER, C. Compensating employee with none employer stock options. *The tax adviser*, New York, v. 31, n. 7, jul. 2000.

32 TRAINER, 2000.

33 HALL, B. J. What you need to know about stock options. *Harvard Business Review*, Boston, v. 78, n. 2, mar./abr. 2000.

34 HANASHIRO, D. M. M.; MARCONDES, R. C. Sistema estratégico de recompensas para executivos: oportunidades e desafios. *Gestão e Sociedade*, v. 3, n. 5, 2009.

RECOMPENSANDO E AVALIANDO PESSOAS

e do desempenho abaixo das projeções realizadas.[35] Assim, uma situação financeira difícil pode provocar a saída das pessoas.[36]

Embora o plano *stock options* seja uma tendência em ascensão no sistema de compensação dos executivos no Brasil, há críticas em relação à sua eficácia pela falta de evidência convincente de que a concessão dessa modalidade de remuneração melhore o desempenho da empresa.[37] [38]

Remuneração baseada em equipes

Os desafios das mudanças organizacionais têm levado as empresas a usarem os trabalhos em equipes para melhorar o desempenho e ganhar uma vantagem competitiva.[39] No entanto, não é tão natural trabalhar em equipe, de forma que conseguir desempenho dos grupos é desafiador,[40] pois significa deixar de lado alguns hábitos individualistas. Como fazer isso nas empresas, de forma a tornar o trabalho em equipe mais produtivo? Uma resposta organizacional está na criação de estratégias de remuneração alinhadas com esses novos valores de equipe.

> A remuneração baseada em equipes ainda é recente nas empresas, mas deverá crescer.

A remuneração baseada em equipes ainda é recente nas empresas. Porém, prevê-se que deverá crescer, à medida que as organizações estão se tornando mais horizontais e diferentes formas de times têm surgido, como os *squads*. Alguns autores propõem estratégias de remuneração específicas para cada tipo de equipe.[41]

Remuneração variável no Brasil

A Medida Provisória (MP) n. 794, instituída no Brasil em dezembro de 1994, regulamentou a participação nos lucros ou resultados (PLR). Por ter força de lei, tornou obrigatório às empresas negociar com os sindicatos de trabalhadores as metas e a forma de participação, seja nos lucros, seja nos resultados. A MP serviu de grande estímulo à adoção da PLR, pois isentou as empresas de pagamento dos pesados encargos trabalhistas e previdenciários sobre a remuneração concedida a título de participação. Outra vantagem é que o montante de remuneração variável passa a ser considerado despesa operacional, portanto, deduzido do lucro real para efeito do cálculo de imposto de renda das empresas.

> O governo, em 1994, regulamentou a MP com o objetivo de estabelecer um sistema flexível de remuneração aos trabalhadores, a fim de proporcionar maior integração entre capital e trabalho por meio de metas pactuadas entre as partes e incentivar a produtividade das empresas brasileiras.

A MP, como é sabido, é um dispositivo legal que prescreve em 30 dias, fato que implicou sua edição mensal até dezembro de 2000, quando foi promulgada a Lei n. 10.101, de 26 de outubro de 2000,[42] cujos principais artigos são comentados e sintetizados a seguir.

---

35   SCHUSTER; ZINGHEIM; MARTOCCHIO, 1998; HALL, 2000.

36   GOTCHER, 2000.

37   BLASI, J. R.; KRUSE, D.; BERNSTEIN, A. *In the company of owners:* the truth about stock options. New York: Basic Books, 2003.

38   MARCON, R.; GODOI, C. K. Remuneração por stock options e desempenho das empresas: um estudo preliminar com empresas brasileiras. *In*: ENCONTRO ANUAL DA ASSOCIAÇÃO NACIONAL DOS PROGRAMAS DE PÓS-GRADUAÇÃO EM ADMINISTRAÇÃO, 27, 2003, Atibaia. *Anais [...]*. Atibaia, 2003.

39   FLANNERY; HOFRICHTER; PLATTEN, 1997.

40   KATZENBACH, J. R.; SMITH, D. K. *The wisdom of teams.* Boston: Harvard Business Scholl Press, 1993.

41   FLANNERY; HOFRICHTER; PLATTEN, 1997, p. 134.

42   BRASIL, 2000.

Art. 2º Dispõe que a PLR será objeto de negociação entre a empresa e seus sindicatos de empregados, mediante: a) uma comissão escolhida pelas partes, incluindo um representante indicado pelo sindicato da categoria ou b) convenção ou acordo coletivo com o sindicato. O sindicato dos trabalhadores da empresa tem que aceitar o acordo, mesmo que este seja aceito pela comissão. Dos instrumentos decorrentes da negociação devem constar regras claras e objetivas quanto aos índices de produtividade e qualidade ou lucratividade da empresa. Da mesma forma para programas de metas, resultados e prazos, pactuados previamente.

Art. 3º Estabelece que a PLR não substitui ou complementa a remuneração devida ao empregado. Também não constitui base de incidência de qualquer encargo trabalhista e tampouco se aplica o princípio da habitualidade. Além disso, o pagamento de PLR fica vetado a periodicidade inferior a um semestre.

Como se pode observar, não é possível implementar a PLR de forma unilateral pela empresa. Deve sempre resultar de participação tripartite: empresa, empregado e sindicato. Isso significa um avanço importante para aperfeiçoar as relações de trabalho, pois faz as partes interessadas negociarem conjuntamente. Além das consequências microeconômicas (vantagens para empresa e empregado), a PLR tem implicações em âmbito macroeconômico, pois oferece flexibilidade à folha de pagamento.[43] Significa que, em período de crescimento econômico, a folha de pagamento pode aumentar e, em fase de recessão, quando os resultados piorarem, pode sofrer uma redução, em virtude do não pagamento de PLR.

Em 1994, a MP pegou muitas empresas ainda despreparadas para a implantação de programas baseados em metas e indicadores de desempenho. Com isso, houve por parte destas a adoção de práticas de participação nos lucros ou resultados como mero complemento salarial, uma espécie de 14º salário, distribuindo um montante uniforme, sem vínculo com o alcance de metas ou desempenho financeiro da empresa.[44] Você pode observar que esse tipo de prática desvirtua totalmente os princípios pretendidos pelo Poder Executivo, tampouco reflete em melhorias de desempenho individual e organizacional.

Vinte e seis anos depois de iniciada a prática da negociação coletiva da PLR entre empresas e sindicatos no Brasil, pode-se dizer que a maioria das grandes empresas e até mesmo muitas médias empresas adotaram a PLR. Observa-se que as grandes empresas aprenderam a vinculá-la melhor a metas globais de *market share*, de produção, de resultado financeiro, atrelando-a mais aos objetivos organizacionais. No entanto, ainda não conseguiram se desvencilhar da PLR como complemento salarial. Essa MP não sofreu alterações com a Reforma Trabalhista que entrou em vigor em julho de 2017. A reforma dá prevalência à negociação coletiva com os sindicatos sobre a lei.

---

43 ZYLBERSTEJN. H. *Programas de participação nos lucros e resultados: a importância para empresas e empregados.* Disponível em: http://www.usp.br/agen/bols/1998_2001/rede404.htm. Acesso em: 5 fev. 2020.

44 COSTA, S. A. Relação capital e trabalho: uma questão superada? *RAE light,* v. 3, n. 1, p. 4-8, 1996.

A participação nos lucros

O conceito de lucro não está claramente definido na Lei n. 10.101.[45] Martins[46] ressalta que "talvez fosse melhor considerar o lucro líquido, após abatidas todas as despesas do empreendimento".

A participação nos lucros consiste na distribuição de uma parcela do lucro auferido, durante determinado período, aos trabalhadores. Diferentemente da participação nos resultados, não há vínculo direto com metas a serem atingidas pelos funcionários. Como o lucro de uma empresa depende de muitos outros fatores da conjuntura macroeconômica, o fato de os empregados receberem um montante pode não significar esforço adicional por parte deles. Portanto, não fica clara a relação entre desempenho do negócio e do colaborador, motivo pelo qual recomenda-se a participação nos resultados como estratégia mais eficaz de remuneração variável.

> Como o lucro de uma empresa depende de muitos outros fatores da conjuntura macroeconômica, o fato de os empregados receberem um montante pode não significar esforço adicional por parte deles.

A participação nos resultados

A participação nos resultados pressupõe a partilha dos ganhos obtidos pelo atingimento de metas previamente negociadas com os empregados.

O conceito de resultado e a forma de sua apuração também não são explicitados claramente na lei. Portanto, há uma flexibilidade para as empresas definirem critérios e regras mais convenientes e adequados à sua realidade, de acordo com o tipo de atividade e especificidades de negócio.[47] Cabe ressaltar que, por resultado, entende-se a ação decorrente de melhoria do desempenho, como indicadores de qualidade, índices de produtividade, metas e objetivos a serem alcançados. Logo, o resultado refere-se à parte econômica, enquanto lucro é um conceito contábil.

Essa modalidade de participação pode se caracterizar como um efetivo instrumento de gestão, à medida que o trabalhador se torna um parceiro do negócio, acordando com as chefias as metas a serem alcançadas e a forma de distribuição do ganho auferido. O sucesso como instrumento de gestão pressupõe uma cultura de gestão participativa, estrutura organizacional mais flexível, familiaridade em gerir desempenho, comunicação aberta e transparente com os empregados e vínculo com o planejamento estratégico da empresa, seja ele formal, seja informal. Supõe-se que uma empresa com estilo de gestão autocrático e centralizador, não acostumada a dar voz aos empregados, com estruturas organizacionais rígidas, dificilmente terá a credibilidade e o comprometimento necessários para implantar com sucesso a participação nos resultados.

> A participação nos resultados pode se caracterizar como um efetivo instrumento de gestão.

Não há uma metodologia-padrão de implantação dessa modalidade. Cabe a cada empresa desenvolver seu programa, dentro dos preceitos legais, que contemple suas especificidades. O importante é que fique clara a ligação entre esforço (desempenho) e recompensa.

Você pode estar pensando que a participação nos resultados é uma modalidade de remuneração que funciona somente para as grandes empresas que dispõem de sistemas estruturados e sofisticados. Mas o porte, a princípio, não é o fator determinante. A questão é que as empresas maiores tendem a ter processos

---

45   BRASIL, 2000.

46   MARTINS, S. P. *Participação dos empregados nos lucros das empresas.* São Paulo: Malheiros, 1996.

47   COSTA, 1996.

mais formalizados e sistemas de informações mais estruturados, imprescindíveis à gestão da remuneração variável. Acima de tudo, essencial é a convicção da direção da empresa em socializar os ganhos do capital e uma postura flexível de relação de trabalho que promova a discussão e a negociação dos indicadores e metas com os trabalhadores e o sindicato.

Um programa de participação nos resultados parte da escolha criteriosa de indicadores de desempenho, que devem refletir os objetivos estratégicos da empresa. Em geral, os indicadores mais usuais estão vinculados à melhoria de qualidade e ao aumento da produtividade, por exemplo: nível de refugo (matéria-prima desperdiçada por defeitos), absenteísmo, índice de acidentes de trabalho, redução de custo fixo etc. Para cada um desses indicadores são definidas metas específicas a serem alcançadas.

> **Um programa de participação nos resultados parte da escolha criteriosa de indicadores de desempenho, que devem refletir os objetivos estratégicos da empresa.**

As metas podem ser estabelecidas em quatro categorias: individual, equipe, setorial e corporativa. No entanto, a aplicação de cada uma delas requer uma avaliação quanto às práticas organizacionais já existentes que possam dar sustentação às metas vinculadas a essas categorias. Algumas empresas adotam simultaneamente essas categorias e atribuem pesos diferenciados a cada uma delas, para sinalizar aos empregados o que está sendo valorizado e, portanto, de onde vem a maior parte da remuneração variável.

Vale ressaltar, entretanto, que, embora o pressuposto central da participação nos resultados seja o atingimento das metas predeterminadas, a partilha deverá estar condicionada à obtenção de lucro, a fim de preservar a saúde financeira da empresa.[48] A ideia é que a empresa deve auferir um resultado contábil favorável para realizar a distribuição, excetuando-se os programas de participação nos resultados autossustentáveis, tais como aqueles voltados à redução de custo, cujo atingimento da meta implica um ganho direto e imediato.

Como as diversas modalidades de remuneração variável atendem a tipos específicos de negócio,[49] as políticas remuneratórias precisam ser contingenciais aos objetivos estratégicos e adequadas à cultura da empresa, seja a vigente ou aquela desejada para implementar as mudanças organizacionais. O sistema de recompensas representa um "meio particularmente poderoso para influenciar uma cultura organizacional", na medida em que o aspecto substancial da cultura é controlar os comportamentos e atitudes dos membros da organização, como defendem Kerr e Slocum Jr.[50]

A remuneração variável proporcionada pela participação nos lucros ou resultados dos trabalhadores pode ser uma fonte de vantagem competitiva para as empresas à medida que reduz os custos fixos, aumenta a produtividade e melhora a qualidade dos produtos e serviços. Para a obtenção desses resultados, a gestão do desempenho é um fator essencial. No entanto, a relação entre remuneração e desempenho nem sempre é positiva.

---

48   COSTA, 1996.

49   ABOSCH, K. S. Variable pay: do we have the basics in place? *Compensation & Benefits Review*, v. 30, n. 4, jul./ago. 1998.

50   KERR, J.; SLOCUM, J. W. Managing corporate culture through reward system. *Academy of Management Executive*, v. 1, n. 2, p. 99-107, 1987.

GESTÃO DO DESEMPENHO

Avaliação de desempenho

As organizações normalmente aplicam modelos de desempenho individual ou coletivo. No caso individual, a mensuração de resultados é baseada em objetivos de negócio traduzidos na perspectiva de um indivíduo, de um departamento ou da própria empresa e destina-se a avaliar o grau de contribuição daquele colaborador para com estes. Não raro, um critério de avaliação comportamental é incluído com o intuito de medir a forma com que o colaborador atinge os resultados, valendo-se de critérios relativos a valores e/ou competências da organização.

Um dilema comum refere-se ao critério de atribuição de peso às avaliações individuais (resultado e comportamento) e coletivas. Considera-se que nas avaliações coletivas desenvolve-se o senso de equipe entre os colaboradores da mesma área ou de diferentes setores, aumentando as chances de isso repercutir no desempenho global da empresa.

A abordagem híbrida é encontrada em organizações que optam por implementar modelos de avaliação tanto individuais quanto coletivos. Nesse caso, os pesos atribuídos a cada instrumento varia muito. Encontram-se modelos cujos pesos refletem a proporção de 50% para todos os colaboradores, não importa o nível hierárquico. Porém, há modelos que se apresentam na forma gradual, expressos por valores percentualmente decrescentes de metas coletivas à medida que passa de níveis hierárquicos mais seniores para menos seniores. Nesse caso, por exemplo, presidentes e diretores definem pesos com 50% de metas coletivas e 50% de metas individuais; gerentes e coordenadores com pesos de 30% para metas coletivas e 70% para as individuais; e, supervisores, assistentes e operadores com peso de 20% de metas coletivas e 80% de individuais.

As organizações que implementam um modelo híbrido buscam avaliar a contribuição individual de seus colaboradores sem perder a referência dos objetivos da organização, uma vez que a *performance* individual será impactada pelo resultado da empresa como um todo. A metodologia de gestão ágil expõe o dilema, individual *versus* coletivo, anteriormente comentado. Afinal, um dos principais valores da metodologia ágil é dar autonomia aos colaboradores, de modo que eles definam metas audaciosas em *sprints* (como são chamadas as entregas de curtíssimo prazo dos *squads*) e ainda de forma colaborativa. Assim, as metas deveriam ser também coletivas.

No modelo individual, a meta é definida mediante um processo estruturado de desdobramento das metas organizacionais até o nível do indivíduo. Em geral, são estabelecidas até cinco metas, com pesos diferenciados. Essa restrição se justifica, pois, um número muito elevado de metas pode deixar de comunicar o senso de prioridade requerido para que as pessoas compreendam o que é mais relevante e esperado delas.

O processo de alocação ou contratação de metas normalmente se dá mediante um diálogo entre o gestor e o liderado, caracterizado por uma abordagem *top-down* (o gestor define a meta do liderado), *bottom-up* (o liderado sugere suas próprias metas) ou participativa (definição de metas conjuntamente pelo gestor e o liderado). É importante que esse processo ocorra logo no início do período no qual a meta será avaliada (mensal, trimestral ou anual, por exemplo), pois isso confere credibilidade a ele perante as partes envolvidas.

Um processo de acompanhamento é necessário, pois permite ao gestor e aos liderados monitorar se os resultados intermediários apontam para o alcance das metas. Nele, cabe ao gestor estabelecer diálogos individuais e/ou em conjunto com a equipe para analisar as eventuais causas de um desvio frente às metas e orientar seus colaboradores quanto à construção e implementação de planos de ações para garantir o alcance delas. Afinal, se as metas da equipe de um líder vão bem, significa que as metas dele também vão bem, portanto, entende-se como principal responsabilidade de qualquer líder o alcance de suas metas.[51][52]

O instrumento de avaliação individual comumente inclui a perspectiva comportamental, mensurada por meio de competências das organizações em nível individual. Para implementar esse instrumento, as organizações primeiramente identificam as competências em nível organizacional necessárias para assegurar a transformação de suas intenções estratégicas em realidade estratégica. As competências organizacionais são desdobradas para o nível do indivíduo. Algumas vezes, organizações optam por criar competências individuais específicas para áreas funcionais, para grupo de pessoas de uma área funcional ou agrupamento de competências em nível de liderança e de não liderança, conferindo uma expectativa clara de comportamentos requeridos aos colaboradores.

Avaliação de potencial

A gestão do desempenho contempla também a avaliação de potencial, que é uma forma de competência projetada no futuro. Uma das formas de operacionalizar o conceito de potencial para poder mensurá-lo é por meio da metodologia *learning agility* (agilidade de aprendizagem).[53]

A agilidade de aprendizagem é considerada um indicador-chave de alto potencial; expressa a rapidez com que um indivíduo aprende diante de situações altamente complexas e inéditas em sua vida e é composta de cinco dimensões: agilidade com pessoas, agilidade com mudanças, agilidade com resultados, agilidade mental e autoconsciência. A agilidade com pessoas "refere-se a indivíduos que se conhecem bem e podem lidar prontamente com uma diversidade de pessoas e situações difíceis". A agilidade de mudança "refere-se a indivíduos que gostam de experimentar e podem lidar eficazmente com o desconforto de uma mudança rápida". A agilidade com resultados "refere-se a aqueles indivíduos que podem entregar resultados inéditos, inspirando equipes e tendo um impacto significativo". A agilidade mental "refere-se a indivíduos que se sentem confortáveis com a complexidade, examinam cuidadosamente os problemas e fazem novas conexões entre diferentes coisas". A autoconsciência está relacionada ao "ser reflexivo, compreender os pontos fortes e fracos, buscar *feedback* e percepção pessoal".[54]

---

51 FALCONI, V. C.; ISHIKAWA, K. *Qualidade total*: pPadronização de empresas. *In*: SHIKAWA, K. Controle de qualidade total à maneira japonesa. 6. ed. Rio de Janeiro: Campus, 1991.

52 FALCONI, V. C. Gerenciamento da rotina do trabalho do dia a dia. Belo Horizonte: Editora de Desenvolvimento Gerencial, 2002.

53 DE MEUSE, K. P.; DAI, G.; HALLENBECK, G. S.; TANG, K. Y. Global talent management: using learning agility to identifyhigh potentials around the world. *In*: KORN/FERRY, 2009. p. 4. Disponível em: https://www.kornferry.com/content/dam/kornferry/docs/article-migration/Global%20Talent%20Management-%20Using%20Learning%20Agility%20to%20Identify%20High%20Potentials%20Around%20the%20World.pdf. Acesso em: 7 maio 2020.

54 THE organisational X-factor: learning agility. *In*: FOCUS. Disponível em: https://focus.kornferry.com/leadership-and-talent/the-organisational-x-factor-learning-agility/. Acesso em 20 jan. 2020.

Algumas organizações baseiam-se nesses conceitos para aplicar instrumentos que servem para apoiar o gestor na avaliação da agilidade de aprendizagem dos colaboradores em situações altamente complexas e inéditas, nas diversas dimensões.

A avaliação de desempenho (resultado e comportamento) e a de potencial permitem a uma organização ter uma visão abrangente de um colaborador e de como este pode ser considerado para futuros movimentos de carreira. Para mitigar eventuais erros nesses processos de avaliação, são constituídos os chamados comitês de gente, um grupo de líderes (gestores imediatos dos avaliados com o gestor mediato) para discutir, de forma colegiada, os comportamentos e o desempenho de cada avaliado, aprimorando e gerando consenso em relação aos resultados obtidos por meio dos instrumentos de avaliação.

Como resultado desse processo, a organização elabora um conteúdo com recomendações de desenvolvimento para seus colaboradores, no nível individual ou coletivo. Essa prática fundamenta a concepção de um plano de capacitação a ser implementado ao longo do período de forma mais eficiente. Ao mesmo tempo, oferece aos colaboradores a oportunidade de delinear estrategicamente seu crescimento na empresa. Adicionalmente, a gestão do desempenho permite que uma empresa use de forma mais eficaz seus recursos (treinamento, promoção, méritos etc.), do ponto de vista da estratégia dos negócios, na medida em que as prioridades de desenvolvimento dos colaboradores passam a ser definidas com base nos resultados da avaliação.

A gestão do desempenho na era digital

Um modelo que começa a ser difundido nas organizações é o Objectives and Key Results (OKR) – Objetivos e Resultados-Chave, em português –, que traz essa provocação de um ritmo mais ágil, visto que normalmente é implementado com a premissa de ciclos de definição, execução e mensuração dos objetivos por trimestre, em vez dos tradicionais ciclos anuais. Com isso, nota-se que as organizações vivem uma revolução em seus arranjos mais estruturais, como a definição de metas e de orçamento, a prestação de contas aos acionistas, a avaliação de desempenho etc. Consequentemente, a empresa que adota o modelo OKR inevitavelmente tem de se preparar para uma transformação cultural, em que a entrega de resultados e o ritmo ágil são elementos-chave.

A era digital traz, junto com a oferta de novas tecnologias, uma série de ferramentas digitais na forma de plataformas website (site), site *mobile* responsivo (site na versão celular) e aplicativos, que viabilizam o uso desses instrumentos, metodologias e modelos de gestão. Alguns exemplos encontrados no mercado dizem respeito às plataformas para: avaliação de competências e de potencial, definição de metas, desdobramento das metas para diversos níveis organizacionais, mensuração de resultados, consolidação automática dos resultados, *softwares* que auxiliam o colaborador a encontrar as causas de uma meta não alcançada, elaboração de planos de ação, entre outras ferramentas digitais.

Há algumas décadas, era comum ter um vasto volume de formulários impressos para documentar cada etapa do processo de avaliação de desempenho. Como visto, hoje existem inúmeras plataformas e produtos digitais que conferem às organizações maior agilidade, menor custo e alternativas múltiplas de escolha para aplicar o produto digital que melhor se adéqua à realidade da empresa.

ALGUMAS TENDÊNCIAS DE REMUNERAÇÃO EM EMPRESAS BRASILEIRAS

Este tópico tem como objetivo apresentar práticas de remuneração adotadas por empresas brasileiras. Para isso, foi realizada uma pesquisa com profissionais de Recursos Humanos de grandes empresas das áreas de indústria e serviço que operam no Sudeste brasileiro, incluindo *startups*, que confirmaram as tendências a seguir.

Plano de cargos e salários

O sistema de pontuação de cargos e salários pelo método Hay continua em vigor nas empresas. É quase unanimidade para os cargos de níveis tático (funcionários altamente qualificados – com curso superior, MBA –, gerentes e analistas) e estratégico (superintendentes, diretores). Sendo o método estabelecido por pontuação, em percentis de acordo com a média de mercado, a reta da mediana pode ser elevada quando a empresa encara uma nova concorrente e quer reter seus talentos. Somente em casos raros o método Hay é usado para o nível operacional.

A remuneração por competências não vingou, não se consolidou. Esbarrou nos impedimentos da legislação trabalhista anterior à reforma trabalhista, em vigor desde 2017, e que eliminou a necessidade de plano de carreira fixo, possibilitando maior individualização da remuneração.

Ainda assim, as empresas não sentem segurança da Justiça do Trabalho em manter esse entendimento e continuam com planos de carreira para os níveis operacional, administrativo e técnico. Portanto, a maior parte da remuneração é fixa e baseada no cargo. Para esses níveis, a remuneração variável é a PLR.

Participação nos lucros e resultados

A PLR continua sendo paga a todos os empregados. Em casos mais raros, ela é diferenciada para setores distintos da empresa, segundo metas específicas para cada um. Geralmente consiste em um ou mais salários, pagos a todos na empresa, com base em resultados globais de toda a organização e lucratividade (Ebtida = *Earnings before interest, taxes, depreciation and amortization*).

Remuneração variável

Quanto mais alto o cargo, mais o *mix* salarial fixo e variável tende ao variável. Para os níveis tático e principalmente estratégico há bônus por metas individuais alcançadas e *stock options* (ações da empresa que só podem ser resgatadas em longo prazo para evitar ações disruptivas de curto prazo em detrimento da estratégia global da empresa). Há bônus individuais que chegam a seis salários extras.

REMUNERAÇÃO INDIRETA: BENEFÍCIOS

A remuneração direta (salário fixo e variável) mais a remuneração indireta (ou benefícios) compõem o que se chama de remuneração total. Os benefícios consistem, em grande parte, em itens de valor monetário que uma organização proporciona aos empregados juntamente com os salários[55] e costumam ser fator de decisão na aceitação

---

55 CARUTH, D. L.; HANDLOGTEN, G. D. *Managing compensation (and understanding it too):* a handbook for the perplexed. London: Quorum Books, 2001.

RECOMPENSANDO E AVALIANDO PESSOAS

de ofertas de emprego.[56] A remuneração indireta é a mais confusa e complexa área de desenho, implementação e administração de um programa de recompensas, pois há uma variedade de opções e grande quantidade de elementos legais envolvidos.[57] O custo com a remuneração indireta tem crescido rapidamente ao longo das últimas décadas[58] devido à pressão por inclusão de novos componentes para responder às demandas de uma força de trabalho mais diversa, constituindo-se em custo progressivamente significativo para as empresas. Por isso, tratar o pacote inteiro tem sido uma preocupação das empresas, tendo em vista os custos elevados com uma modalidade de remuneração que não está atrelada ao desempenho.

> Os benefícios e serviços são chamados de remuneração indireta porque, normalmente, são concedidos como condição de emprego e não se relacionam diretamente ao desempenho.

Importância dos benefícios

Por que os benefícios são importantes? Qual é seu papel? Por que uma empresa propicia benefícios aos empregados a um custo elevado? Os propósitos do benefício são:[59] ajudar uma empresa a atrair e reter empregados qualificados; agir em conformidade com a legislação trabalhista; ajudar a cumprir a responsabilidade social de uma empresa pelo bem-estar de seus funcionários e de sua família. Embora o pacote de benefícios seja oferecido pelas empresas em consonância com os de seus concorrentes, destaca-se que algumas, ao oferecer vantagens excepcionais, obtêm uma imagem favorável no mercado.[60]

No entanto, em sua forma tradicional, os benefícios não são suficientemente flexíveis. Em geral, são concedidos na forma de um "pacote" que varia de acordo com o nível hierárquico do empregado. A conquista de mais benefícios, então, estaria condicionada à mudança de nível hierárquico ou à mudança de empresa.[61] Essa possibilidade faz sentido em modelos organizacionais hierárquicos. No entanto, em estruturas mais enxutas e ágeis, típicas da era digital, o pacote fechado de benefícios perde seu papel de atrair e reter os melhores talentos.

As pesquisas têm claramente mostrado que os valores percebidos dos benefícios variam largamente de empregado para empregado, segundo características demográficas, como idade, estado civil, número de filhos etc.[62] O fato de muitas pessoas não estarem recebendo os benefícios desejados tem alguma implicação com a efetividade dos programas de benefícios, pois falham em obter um bom retorno do dinheiro que os programas custam.[63]

Flexibilização dos benefícios

Uma forma de lidar com essa situação é dar oportunidade de escolha entre os benefícios voluntários e salário. Isso assegura que os empregados recebam somente aqueles benefícios que eles valorizam e desejam, possibilitando à empresa reduzir

---

56 WOODD JUNIOR, T.; PICARELLI FILHO, V. *Remuneração estratégica: a nova vantagem competitiva*. São Paulo: Atlas, 2004.

57 CARUTH; HANDLOGTEN, 2001.

58 SCHUSTER; ZINGHEIM, 1996.

59 CARUTH; HANDLOGTEN, 2001.

60 WOOD JUNIOR; PICARELLI FILHO, 2004.

61 WOOD JUNIOR; PICARELLI FILHO, 2004.

62 NEALEY, S. M. *Pay and benefit preference. Industrial relations*, Berkeley, v. 3, n. 1, p. 17-28, out. 1963.

63 LAWLER III, E. E. *Pay and organizational development*. Massachusetts: Addison-Wesley, 1981.

desperdícios nos fundos alocados aos benefícios.[64] Além disso, torna claro, para os colaboradores, o quanto as organizações estão despendendo para remunerá-los e assegura que o dinheiro seja gasto somente naqueles benefícios úteis. A gestão do pacote de recompensas requer que os profissionais de RH avaliem constantemente se os gastos com benefícios significam o melhor uso do dinheiro ou esse investimento poderia ser transferido para outros componentes e alcançar melhores resultados.[65]

O nível que uma empresa escolhe para operar a flexibilidade depende de sua avaliação das vantagens e desvantagens relativas. Muitas citam a redução de custo como a principal motivação em relação ao modelo tradicional. Uma questão administrativa envolve a forma de financiamento do plano:[66]

- não contributiva – o empregador paga o custo total;
- contributiva – o custo é compartilhado entre empregador e empregado;
- financiado pelo empregado – o empregado paga o custo total para alguns benefícios, pois há aqueles que são mandatórios por lei.

Existem diversas formas de operacionalizar essa flexibilização. Uma estratégia comum é a oferta de um cardápio de benefícios (*cafeteria approach*). Em um plano típico, a empresa proporciona alguns benefícios básicos, exigidos por força de lei ou por convenção coletiva de trabalho, para todos os empregados. Além desses itens, eles podem escolher de uma ampla variedade de opções as que atendam a suas necessidades e preferências.

Cenários e tendências dos benefícios no Brasil

Como visto anteriormente, a oferta de benefícios como parte do sistema de recompensas é uma prática consagrada. Contudo, nota-se a tendência de flexibilizar os benefícios, dando ao empregado algum grau de liberdade para escolher o pacote de itens que se ajustam as suas necessidades, circunstâncias e estilos de vida. Porém, a oferta de benefícios flexíveis ainda é baixa por alguns fatores: o desafio tecnológico e operacional e a complexidade da legislação, que gera receio nas empresas.[67]

Uma pesquisa realizada com profissionais de RH aponta uma tendência na concessão de benefícios no Brasil, como segue.

- Os tradicionais: planos de saúde, odontológico, reembolso de creches.
- Planos de previdência privada compartilhados (empresa paga o mesmo valor que o empregado) – uma iniciativa em ascensão.
- Adesão ao aplicativo Gympass (mais recente), em que o empregado paga uma quantia pequena para ter acesso a vários planos de academias de ginástica para qualquer tipo de esporte.
- A bolsa de benefícios flexível também não é rara (embora muitas empresas ainda não a adotem, pois sua operacionalização é complexa): cada empregado, dependendo de seu cargo, tem um total de pontos que pode gastar com uma gama de

---

64 GREENE, C. N. The satisfaction-performance controversy. *Business Horizon*, v. 15, p. 31-41, out. 1972.

65 MILKOVICH, G. T.; NEWMAN, J. M. *Compensation management*. Singapore: McGraw-Hill, 1999.

66 MILKOVICH; NEWMAN, 1999.

67 CARUTH; HANDLOGTEN, 2001.

benefícios, que são pontuados. Por exemplo, considerando seu cargo, o colaborador pode gastar 1000 pontos, sendo que o plano médico custa 400 pontos; cursos, viagens, produtos da empresa, creche valem outros tantos pontos etc. Há empresas que criaram suas "moedas" virtuais (em vez de considerar pontos) e elas vão além ao também remunerar os trabalhadores que bateram metas individuais ou deram sugestões de melhorias importantes com essas moedas.

- Horário flexível para todas as áreas, exceto a de operação: desde que esteja presente em um "horário núcleo" (9 às 16h ou 10 às 17h), nas outras duas horas há total flexibilidade de entrada e de saída, podendo variar diariamente.

- Trabalho remoto, em casa, dois dias fixos na semana, com controle de ponto via aplicativo que tira fotos da pessoa no local onde ela está.

A pesquisa mostra que alguns benefícios são específicos para cargos de nível estratégico.

- *Check up* diferenciado para executivos e cônjuges.

- Automóvel: *leasing*, alugado ou doado.

- Pagamento de luvas para cobrir a contratação de um executivo que a empresa quer; pagamento de um bônus, chamado *hiring bond*, que cobre eventuais perdas com previdência privada, PLR, bônus a que o executivo fazia jus na empresa em que trabalhava anteriormente.

- Pagamento de bônus por indicação de executivo que venha a ser contratado.

Uma pesquisa realizada pela Mercer,[68] da qual participaram 601 empresas, com um total de 727400 funcionários e cerca de 8000 cargos, em diferentes setores e regiões do Brasil, revelou os benefícios mais concedidos: assistência médica, assistência odontológica, vale refeição/restaurante e seguro de vida. Há um crescimento na oferta de benefícios ligados à qualidade de vida, tais como: *home office*, horário flexível, auxílio maternidade, massagem, academia, medicina preventiva.

A MetLife[69] realizou um estudo sobre tendências de benefícios no Brasil em 2017, junto a mais de 300 empregadores e 500 funcionários em tempo integral do setor privado. A pesquisa apresenta um cenário de valorização dos benefícios e um papel estratégico na composição do pacote de remuneração.

Do lado da empresa, o resultado do estudo indica que para 93% dos empregadores o benefício é importante para manter os talentos e habilidades de que a empresa precisa; 99% para a satisfação do funcionário com o atual emprego; 91% para atender melhor às diversas necessidades dos funcionários e 89% para ajudar os funcionários a tomarem decisões financeiras melhores.

Já para os empregados, a pesquisa mostra que, quanto mais um funcionário valoriza os benefícios oferecidos por seu empregador, mais engajado e comprometido ele está com seu emprego. Além disso, o valor atribuído pelos funcionários aos benefícios é tão efetivo quanto a satisfação com salário ou mesmo com o fato de ter um líder atencioso.

---

68 ABATH, F. Tendências da gestão de remuneração. *In*: FABIANA ABATH. Disponível em: https://fabianaabath.com.br/tendencias-da-gestao-de-remuneracao. Acesso em: 14 nov. 2019.

69 METLIFE. *Creating a better workplace*, 2018. Disponível em: https://www.metlife.com/employee-benefit-trends/creating-a-better-workplace-brazil. Acesso em: 7 maio 2020.

Ainda na pesquisa realizada pela Metlife, quando perguntado ao funcionário qual opção o empregador poderia usar para retê-lo, o salário ainda é um aspecto importante, mas junto com outras ações. Assim, para profissionais com intenção de mudar de emprego, o salário (61% dos respondentes) e promoções (41%) seriam ações que os fariam manter-se leais à empresa. No entanto, os resultados mostram que 30% deles se motivariam com condições de trabalho flexíveis. Também é interessante observar que esse percentual sobre para 34% entre os jovens e cai para 11% entre os trabalhadores mais velhos.

Conclui-se que a gestão de benefícios tende a ser mais personalizada e flexível e, portanto, mais complexa. A proposta de um pacote único para todos os funcionários perde sua capacidade de atrair e reter os melhores talentos. A personalização dos benefícios se faz cada vez mais importante em razão da crescente diversidade da força de trabalho e das necessidades, que variam ao longo dos diferentes estágios de vida e contextos dos empregados. A flexibilização é um fator essencial para atender a necessidades voltadas ao equilíbrio entre a vida profissional/pessoal, tal como possibilidade de mudar o horário de trabalho conforme necessário e poder trabalhar remotamente.

Em suma, tendências do mercado apontam uma alta em benefícios, pois as empresas estão valorizando a qualidade de vida dos seus funcionários. Isso revela uma preocupação delas em alinhar-se ao perfil das gerações mais recentes, que expressam necessidades, expectativas e estilos de vida muito diferentes das gerações anteriores.

CONSIDERAÇÕES SOBRE O DESENHO DE PROGRAMAS DE RECOMPENSAS FINANCEIRAS

O planejamento de programas, políticas e práticas de remuneração requer a consideração de vários fatores do ambiente organizacional: o desenho organizacional, a cultura da empresa, o setor no qual ela atua, entre outros. Isso significa uma série de decisões a serem tomadas para tornar a remuneração um instrumento eficaz de gestão, como sugerem as considerações a seguir.

Quanto à remuneração fixa

Filosofia da empresa: Quais são os pressupostos essenciais da empresa em relação aos salários e benefícios?

Política salarial: Qual o nível de competitividade que a empresa pode, deseja e necessita ter para tornar-se competitiva? Ela deseja pagar na média do mercado? Acima do mercado? A política será única para todos os níveis? Quais empresas compõem esse mercado?

Sistema de avaliação dos cargos: O sistema de avaliação focará o cargo ou o ocupante? Qual será o método? Quantitativo ou qualitativo? Será diferenciado por nível funcional?

Quanto aos benefícios

Consideração do custo dos benefícios: a área de RH nem sempre mensura todos os benefícios na composição da remuneração total. Embora o cálculo de cada benefício concedido seja uma tarefa complexa, mostra-se muito útil principalmente em uma proposta de benefício flexível.

Consideração das especificidades individuais: em que medida os benefícios atendem a algumas especificidades de grupos demográficas dos empregados a fim de contemplar suas necessidades, preferências, circunstâncias e estilos de vida?

Quanto à remuneração variável

Cinco fatores-chave deveriam ser considerados pelos profissionais de RH e gerentes de linha sobre a remuneração variável.[70]

Incentivos no âmbito individual ou de grupo: considerar a natureza do trabalho. Para atividades interdependentes, em geral, processos em que a mensuração individual se torna difícil, os incentivos grupais mostram-se adequados para estimular os comportamentos cooperativos entre os empregados. No entanto, os planos de incentivos individuais recompensam por superação de metas individuais preestabelecidas.

Nível de risco: uma consideração cuidadosa deve ser dada ao nível de risco que os empregados desejam assumir. Além das diferenças individuais, quanto à propensão a risco, o nível aceito está relacionado à parcela que os incentivos (ou remuneração variável) representam da remuneração total. Além disso, o nível do risco também deveria ser contingente ao controle que os próprios empregados participantes no plano têm sobre metas predeterminadas.

Complementando ou substituindo o salário-base: as empresas concedem os incentivos adicionalmente ao salário-base. Alternativamente, elas podem reduzir o salário-base, colocando parte dele a risco em um plano de incentivo. Naturalmente, é ilegal reduzir os salários, mas o que as empresas podem fazer é congelar o salário-base e só usar planos de incentivo para os acréscimos salariais.

Critério pelo qual o desempenho será avaliado: medidas de desempenho incluem lucro da empresa, vendas, faturamento, unidades produzidas, entre outras. Qualquer que seja o critério, o importante é ter clareza sobre o objetivo que se tem com cada medida de desempenho.

Horizonte de tempo para as metas: em geral, os incentivos destinados às funções em nível operacional tendem a ser baseados em metas de curto prazo, dentro dos limites de controle desses empregados. Por outro lado, os planos de incentivo para os executivos têm uma orientação de longo prazo, pois o efeito do desempenho deles possui uma amplitude maior e se dá ao longo do tempo e não imediatamente.

RECOMPENSAS NÃO FINANCEIRAS

O dinheiro tem sido, centralmente, utilizado, visto e considerado como um instrumento, por excelência, para ativar as ações e os comportamentos dos empregados. Poderia ser uma verdade, se o ser humano fosse entendido meramente como um *homo economicus*. Entretanto, é sabido que, ao contrário dessa abordagem, uma pessoa é um ser complexo e idiossincrático, possuidor de motivação e necessidades que

---

70   MARTOCCHIO, 1998.

GESTÃO DO FATOR HUMANO

> **O homem é um ser complexo e idiossincrático, possuidor de motivação e necessidades que o direcionam para um determinado curso de ação em busca da satisfação de suas necessidades.**

a direcionam para um determinado curso de ação em busca da satisfação de suas necessidades. Conquanto essas necessidades tenham seu caráter universal (todo ser humano sente fome, tem necessidade de segurança, carece de amor etc.), elas podem variar ao longo do tempo, do momento da vida, da interação do indivíduo com seu grupo, por exemplo.

A recompensa não financeira depende menos de uma política formal da organização que de uma atuação direta do gestor. Esse tipo de recompensa pode ser intrínseca[71] (aquela provida pelo próprio indivíduo, ao atender a uma necessidade) e extrínseca (provida por outras pessoas). Espera-se dos gestores sensibilidade para identificar os motivos, as necessidades e as expectativas que regem os comportamentos dos funcionários.

Se o "pagamento não é motivador"[72] e o "dinheiro pode ser um desmotivador", então é preciso haver formas não financeiras de recompensas que atendam às necessidades individuais. Belcher[73] classifica as fontes de recompensas não financeiras em associadas ao trabalho, ao desempenho e à afiliação. A racionalização contínua do trabalho e o crescimento das organizações removeram muitos retornos não financeiros de grande número de cargos, perdendo o trabalho parte substancial de seu significado.[74] Nesse sentido, as recompensas não financeiras associadas ao trabalho são providas pela organização como resultado do desenho do cargo.[75] As recompensas não financeiras associadas ao desempenho são ministradas em relação ao esforço e desempenho individuais e constituem-se em recompensas intrínsecas, ou seja, ligadas ao desempenho do cargo e providas pelo próprio indivíduo.[76] As recompensas não financeiras associadas à afiliação são designadas para manter a organização e são creditadas às pessoas somente pelo fato de elas fazerem parte. Algumas dessas recompensas são apresentadas no Quadro 7.1.

> **A racionalização contínua do trabalho e o crescimento das organizações removeram muitos retornos não financeiros de grande número de cargos, perdendo o trabalho parte substancial de seu significado.**

Quadro 7.1 Fontes de recompensas não financeiras

Associadas ao trabalho	Associadas ao desempenho	Associadas à afiliação
Complexidade do trabalho	Reconhecimento	Relacionamento interpessoal
Importância da função	Autonomia	Símbolo de *status*
Oportunidade para criar	Uso pleno do potencial e capacidade	Programa de treinamento e/ou desenvolvimento
Conhecimento de como o trabalho se insere na tarefa global	Oportunidade de progresso	Administração participativa
Flexibilidade requerida pelo trabalho	Desafio	Trabalho em grupo
Tipo de supervisão	Participação na solução dos problemas	Flexibilidade da organização

Fonte: adaptado de BELCHER, 1974, p. 386-391.

---

71 SCHUSTER; ZINGHEIM, 1996.

72 DEMING, W. E. *Saia da crise*. São Paulo: Futura, 2003.

73 BELCHER, D. W. *Compensation administration*. New Jersey: Prentice-Hall, 1974.

74 HANASHIRO, 1988.

75 BELCHER, 1974.

76 BELCHER, 1974.

RECOMPENSANDO E AVALIANDO PESSOAS

Algumas recompensas não financeiras não geram custo para as empresas. Isso eleva seu valor como estratégia de compensação, pois não só estimulam a motivação imune ao salário, como também não exercem impacto direto na folha de pagamento. Contudo, a gestão delas é complexa, pois exige amplo conhecimento do comportamento dos empregados para alocar as recompensas consideradas relevantes a grupos exclusivos de pessoas.

Uma forma de pensar essas recompensas é como reforçadores de comportamento – social, simbólico, relacionado ao trabalho e financeiro –, enfatizando a necessidade de estabelecer estratégias de reconhecimento não financeiro (exemplos: um "muito obrigado", uma nota escrita de agradecimento), reconhecimento de baixo custo (exemplos: entrada de teatro ou ingresso para algum *show*), recompensas monetárias ou equivalentes (dia de folga; licença remunerada para o desenvolvimento de um projeto pessoal), recompensas focadas no desenvolvimento (visita a clientes no país ou no exterior, cursos de especialização ou pós-graduação) e celebrações com grupos (jantar ou churrasco com a equipe de trabalho).[77]

Nessa mesma linha, Nelson[78] apresenta 1001 formas de recompensar empregados, apontando recompensas formais (programas predeterminados de iniciativa da empresa, que buscam formalmente reconhecer resultados exemplares), informais (são espontâneos e de iniciativa do gestor) e prêmios e celebrações por realizações e atividades específicas (usados para obter resultados específicos em produtividade, vendas e serviço ao consumidor).

Uma consideração importante a ser feita sobre o desenho de programas de recompensas não financeiras é que estas precisam ser reconhecidas e valorizadas pelos empregados para efetivamente serem considerados como recompensas. Não obstante se possa ter algumas delas sistematizadas na empresa, na essência, elas são proporcionadas pelos superiores imediatos e pelo grupo de trabalho. Assim, uma questão a ser respondida é: o que são recompensas não financeiras para o grupo-alvo? Esse é um desafio a ser enfrentado pelos gestores de pessoas em busca de um sistema estratégico de recompensas.

> **As recompensas não financeiras precisam ser reconhecidas e valorizadas pelos empregados para serem efetivamente reconhecidas como recompensas.**

RECOMPENSANDO E GERINDO O DESEMPENHO NA ERA DIGITAL

Recursos humanos em sintonia com a era digital

A prática nos mostra que a era digital está impactando a área de RH, pelos menos nas empresas que já trabalhavam com um modelo de RH evoluído e que enfrentam o desafio da mudança tecnológica sem precedente que estamos experienciando. A literatura nesse tema é insipiente frente ao contexto digital que é realidade em algumas companhias. É intrigante observar a experiência digital na vida pessoal e na profissional.

Você percebe que sua experiência digital pessoal supera a profissional, ou vice-versa? Por que isso acontece?

---

77   WOOD; PICARELLI FILHO, 2004.

78   NELSON, B. *1001 maneiras de premiar seus funcionários.* Rio de Janeiro: Sextante, 2007.

De forma geral, os empregados, em sua vida pessoal, estão se tornando cada vez mais digitais: fazem compras e pagamentos on-line, estão ligados a vários tipos de redes sociais, locomovem-se via aplicativos de transporte e começam a se beneficiar da Internet das Coisas em seus lares. No ambiente de trabalho, essa invasão digital está afetando a forma de realizar o trabalho, particularmente nas empresas que buscam uma cultura de inovação para sobreviver. Essa realidade faz a área de RH assumir um papel diferenciado frente à transformação digital.[79] Uma pesquisa realizada pela Consultoria Deloitte mostra que o RH está sendo pressionado a assumir um papel central em dar suporte às organizações no sentido de "ser" digital, e não apenas de "fazer" digital. Isso significa que o processo começa com a transformação digital no departamento, à medida que seus líderes exploram novas tecnologias, plataformas e formas de trabalho.[80] Os autores do relatório observam que essa mudança ocorre em três principais áreas, descritas a seguir.

Força de trabalho digital: Como podem as empresas conduzir novas práticas de gestão, uma cultura de inovação e compartilhamento e um conjunto de práticas de talento que facilitem uma nova organização baseada em rede?

Local de trabalho digital: Como podem as organizações conceber um ambiente de trabalho que permita produtividade, que utilize ferramentas de comunicação modernas (como Slack, Workplace by Facebook, Microsoft Teams e muitas outras) e que promova o engajamento, o bem-estar e o senso de propósito?

RH digital: Como as empresas podem mudar a própria função de RH para operar de forma digital, usar ferramentas e aplicativos para fornecer soluções e experimentar e inovar continuamente?

Um avanço começa a acontecer no campo do RH digital. Uma tendência que vem ganhando destaque nas organizações ao redor do mundo é o salário sob demanda, popular nos Estados Unidos.[81] A ideia é que o profissional não precise esperar a data protocolar para receber seu salário. Trabalhando um dia que seja, ele já tem o direito de receber uma parte proporcional.[82] Esse fato é "inevitável", palavras de Nicholas Reise,[83] CEO de uma *startup* que desenvolveu um aplicativo de salários sob demanda, já usado por algumas empresas no Brasil, que permite sacar o salário quando o funcionário quiser.[84] Esse aplicativo integra-se ao sistema de RH da empresa, permitindo que o colaborador acompanhe seus ganhos e solicite pagamentos quando quiser,[85] e não apenas nas datas mensais programadas. É uma opção útil para o Brasil, já que 62,7% dos brasileiros estão endividados, conforme dados da Pesquisa de Endividamento e Inadimplência do Consumidor (Peic).[86] Com a opção de salário

---

79 Transformação digital pode ser entendida como a "integração da tecnologia digital em todas as áreas de uma empresa, resultando em mudanças fundamentais na forma como as empresas operam e como elas fornecem valor aos clientes". *In*: BATALHA, F. Transformação digital do RH: guia completo para sua empresa. *Impulse*, 4 nov. 2017. Disponível em: https://impulse.net.br/transformacao-digital-do-rh. Acesso em: 7 maio 2020.

80 VOLINI, E.; OCCEAN, P.; STEPHAN, M.; WALSH, B. Digital HR: platforms, people, and work: 2017. *Global human capital trends*. *In*: DELOITTE. Disponível em: https://www2.deloitte.com/us/en/insights/focus/human-capital-trends/2017/digital-transformation-in-hr.html. Acesso em: 3 jan. 2020.

81 SALÁRIO sob demanda: a nova modalidade de pagamento de salários. *In*: XERPA, 2020. *E-book*.

82 AFINAL, empresas com salários sob demanda retém mais os colaboradores? *In*: RH pra você. Disponível em: https://rhpravoce.com.br/posts/afinal-empresas-com-salarios-sob-demanda-retem-mais-os-colaboradores. Acesso em: 7 jan. 2020.

83 Nicholas Reise é CEO da *startup* Xerpa.

84 KALIL, M. Endividamento dos brasileiros volta a crescer. Exame, 8 maio 2019. Disponível em: https://exame.abril.com.br/blog/etiqueta-financeira/endividamento-dos-brasileiros-volta-a-crescer. Acesso em: 3 jan. 2020.

85 XERPA, 2020.

86 KALIL, 2019.

sob demanda, os colaboradores podem evitar recorrer ao cheque especial ou a outra modalidade de empréstimo de curto prazo e pagar juros elevados.

O modelo de remuneração nas *startups*

As práticas de remuneração nas *startups* é um assunto pouco discutido na literatura. Assim, da mesma forma que o item anterior, este apresenta um foco pragmático.

Uma plataforma on-line de consultas de salários e benefícios[87] de mercado realizou um estudo sobre como as *startups* estão remunerando seus funcionários, em comparação aos modelos usados por grandes multinacionais.

Segundo essa plataforma, o modelo clássico de uma multinacional compõe-se, em geral, de: salário fixo alinhado ao mercado; benefícios; ambiente laboral estável; remuneração variável de até três salários, e sem possibilidade de tornar-se sócio. Já nas *startups*, o pacote de recompensas possui uma mistura diferente: baixo ou nenhum salário fixo; poucos benefícios; ambiente de trabalho movimentado; alta remuneração variável, alinhada às vendas e ao lucro da empresa no período; *equity* em caso de bom desempenho.

Como se pode observar, cada modelo apresenta vantagens e desvantagens, quando analisados sob ótica dos empregados. Quem deseja um salário fixo estável, que não dependa tanto do cenário de negócios, talvez ache preferível trabalhar em uma empresa em que corra menos riscos. No entanto, quem tem no DNA tendência a assumir riscos, e que deseja liberdade para trabalhar em ambiente descontraído e arrojado e sem a pressão do *dress code* corporativo, pode se sentir atraído para trabalhar em *startups*.

Como você viu na pesquisa anterior, a diferença entre trabalhar em uma *startup* e em uma grande empresa vai muito além do salário.[88] As *startups* podem oferecer vantagens para um profissional, para um determinado momento da vida em que ele tem certos interesses e necessidades, tais como flexibilidade, possibilidade de aprender novas habilidades colocando a mão na massa ou mesmo oportunidades de ascensão rápida de carreira.[89] Por usarem a tecnologia digital para crescer e encontrar financiamento, atraem pessoas com esse perfil, e a remuneração vai nessa linha.

Um estudo da Harvard Business Review[90] revelou que, embora o quesito econômico seja importante, os grupos e principalmente a Geração Y valorizam muito compensações não financeiras, que incluem reconhecimento profissional, premiações por desempenho, como compensações em forma de viagens e presentes, além de benefícios ligados à qualidade de vida. E as *startups* podem oferecer diferentes recompensas não financeiras, desde que elas sejam importantes e valorizadas pelos profissionais. Podem proporcionar trabalho reconhecido, diversidade de experiências, sentimento de ser dono, ter ações como benefício, que devem ser pesados pelo estresse e volume de trabalho, incertezas e salários nem sempre competitivos.[91]

---

87 ARRUDA, M. O modelo de remuneração nas startups. *In: Founder & CEO de Show Me The Money*. Disponível em: https://www.smtm.co/blog/o-modelo-de-remuneracao-nas-startups. Acesso em: 3 jan. 2020.

88 CALETTI, L. Startup X empresa grande: quem paga o melhor salário. *Valor Investe*. Disponível em: https://valorinveste.globo.com/objetivo/empreenda-se/noticia/2019/05/09/startup-x-empresa-grande-quem-paga-o-melhor-salario.ghtml. Acesso em: 5 jan. 2020.

89 CALETTI, 2020

90 ESTUDO da Harvard Business Review aponta valorização de recompensas não financeiras por Geração Y e Boomers. *Blog Incentivo*. Disponível em: http://www.blogdoincentivo.com.br/2013/08/14/estudo-da-harvard-business-review-aponta-valorizacao-de-recompensas-nao-financeiras-por-geracao-y-e-boomers/#.XizbtmhKjIV. Acesso em: 5 jan. 2020.

91 PAGEPERSONNEL. Disponível em: https://www.pagepersonnel.com.br/advice/carreira-rofissional/pr%C3%B3ximos-passos-em-sua-carreira/principais-benef%C3%ADcios-e-dificuldades-de. Acesso em: 15 jan. 2020.

Os incentivos na era digital

No contexto brasileiro, temos notado na pauta da Reforma Trabalhista uma abordagem mais flexível no tocante a formas de premiação, permitindo às empresas distribuir prêmios com isenção de encargos, comparado com a rubrica de salário-base. Importante é que essa premiação oferece ao contemplado o aumento de seu poder de compra. Assim, em vez de ofertar-lhe brindes, que nem sempre são de seu agrado, uma modalidade alternativa de premiação oferece uma moeda eletrônica, ponto ou milhas. Isso permite ao premiado a aquisição de um produto ou serviço no mercado quando quiser e conforme seu interesse. Para isso, as empresas do segmento de incentivos constroem plataformas disponibilizadas às empresas parceiras, com amplo catálogo de produtos e de serviços.

Esse modelo de negócio é comumente constituído de duas partes: a de acúmulo de pontos e a de resgate de produtos ou serviços. Para acumular pontos, o usuário precisa cumprir missões acordadas previamente com a empresa, que é quem os distribui. Essas missões representam, portanto, as métricas de um programa de incentivo e uma solução para as empresas que gostariam de incentivar algum usuário que não seja seu próprio funcionário, evitando a geração de passivo trabalhista.

De forma congruente com a agilidade que a nova era digital traz, para viabilizar tais transações de acúmulo, resgate e acompanhamento do cumprimento das missões, as empresas de incentivos oferecem, paralelamente à plataforma de catálogo de produtos e serviços, as plataformas de incentivos em si, que servem para transacionar cada distribuição de pontos de forma confiável, ágil e transparente para todos os envolvidos no programa. A tecnologia de *blockchain* é uma das tecnologias usadas para viabilizar o controle e distribuição de pontos, garantindo a confiabilidade de todo o processo.

A PRÁTICA DA PESQUISA

Um sistema estratégico de recompensas[92]

A literatura acadêmica brasileira sobre remuneração não caminha com a mesma agilidade das práticas adotadas pelas empresas, particularmente as mais inovadoras. Existem alguns livros técnicos e raros artigos científicos empíricos sobre o tema. Nesse sentido, apresentaremos um estudo que tem como objetivo discutir a concepção de um sistema estratégico de recompensas para executivos.

O sistema estratégico de recompensas aqui proposto compõe-se de recompensas financeiras e não financeiras, alinhadas aos objetivos de negócio e à cultura da empresa. Inicialmente, realizamos uma pesquisa exploratória qualitativa por meio de entrevistas em profundidade com dez diretores e gerentes de RH de dez empresas privadas de grande porte, nacionais e multinacionais. As entrevistas focaram três temas principais: as políticas de recompensas das empresas, sua formulação e os aspectos ligados à cultura organizacional. Com base nos resultados dessa pesquisa e na literatura científica, criamos um questionário estruturado e autopreenchível. Posteriormente, realizamos uma pesquisa quantitativa com aplicação do questionário em uma amostra de executivos (diretoria e gerência de primeira linha) de quatro empresas de diferentes ramos de negócio, de grande porte, em que a área de RH atua sob o enfoque estratégico de gestão. De um universo de 383 executivos, obtivemos 112 respostas (29,2%).

---

92 HANASHIRO; MARCONDES, 2009.

RECOMPENSANDO E AVALIANDO PESSOAS

A aplicação da técnica estatística de análise fatorial exploratória[93] revelou oito características principais das políticas e práticas de recompensas:

1. estímulo ao cumprimento de metas;
2. a prática de *stock options*;
3. flexibilidade da política de remuneração;
4. competitividade da política de remuneração;
5. hipótese de recebimento de *stock options*;
6. motivação para trabalhar;
7. base para a remuneração variável;
8. desafio como forma de retenção dos executivos.

Os resultados contestam alguns preceitos de uma política de remuneração estratégica abordados na literatura. Na amostra estudada, a maioria considerava que a política de remuneração não estava voltada para alavancar os resultados da empresa e que a remuneração variável não era claramente percebida como uma forma de estimular a permanência dos executivos. Com base nessas constatações, inferimos que a política de remuneração cumpria parcialmente seu papel de manter as pessoas na organização e de contribuir para a empresa alcançar seus resultados. Esse resultado foi corroborado pelo fato de apenas um terço dos executivos terem o entendimento de que a política de remuneração estimulava um desempenho superior.

Quase 40% dos executivos não tinha muita clareza de que a *stock options* constituísse um diferencial que contribuiria para mantê-los na empresa. No entanto, muitas empresas desenham planos de *stock options* para promover um senso de propriedade e alinhar os interesses de longo prazo entre os executivos e acionistas.[94] É possível que esse achado derive da necessidade de informações mais claras acerca desse programa, questão apontada pelos executivos.

A baixa flexibilidade da política de remuneração para atender às diferenças individuais foi mencionada pelos executivos. Com a entrada crescente no mercado de trabalho de profissionais de geração com diferentes necessidades, interesses e propósitos de vida, esse aspecto da remuneração pode contribuir para menor atratividade e retenção desses profissionais.

Toda política de remuneração tem o pressuposto de ser competitiva. No entanto, quase 35% dos executivos não tinham clareza de que essa política estivesse alinhada aos objetivos do negócio. Menor concordância apareceu quando questionamos se a política de remuneração veiculava a cultura da organização. Os resultados revelaram que havia uma preocupação com o mercado e o ambiente de negócios; porém, menor intensidade foi dada aos recursos internos, como a cultura organizacional, fonte geradora de vantagem competitiva sustentável, como defende Barney.[95]

Quase dois terços dos executivos presumiam que o recebimento (hipotético) de *stock options* poderia ser uma forma de retê-los na empresa. Entretanto, os resultados mostraram que a prática era outra. Os executivos contemplados com *stock options* não reconheciam com tanta convicção esse papel de retenção.

Algumas evidências confirmaram a literatura. Quase metade dos executivos não tinha opinião claramente definida quanto à possibilidade de a política de remuneração incentivar o trabalho em equipe. Porém, metade deles acreditava que a remuneração variável levava em conta o desempenho da equipe de trabalho e não apenas realizações individuais. Pfeffer[96] já alertava sobre problemas com o pagamento baseado no desempenho, o qual abala o trabalho em equipe e estimula o foco no curto prazo. Por outro lado, a pesquisa mostrou que mais de um terço dos executivos entendia que a remuneração variável não estava vinculada ao desempenho pessoal.

O velho adágio de que dinheiro não é tudo e não motiva teve sua comprovação nessa amostra. Para quase 80% dos executivos, a motivação não estava relacionada ao montante de remuneração variável que eles recebiam, e mais de 70% dos respondentes entendiam que as oportunidades de enfrentar novos desafios eram preponderantes para mantê-los na empresa.

---

93 Para conhecer essa técnica, que é bastante utilizada nas pesquisas no domínio da administração, consulte: HAIR, J. F. *et al. Multivariate data analysis.* New Jersey: Prentice-Hall, 1998.

94 MARTOCCHIO, 1998.

95 BARNEY, J. Organizational culture: can it be a source of sustained competitive advantage? *Academy of management review,* v. 11, 1986.

96 PFEFFER, J. Human equation. Boston: Harvard Business School Press, 1998.

GESTÃO DO FATOR HUMANO

Em síntese, as recompensas não financeiras foram reconhecidas como importantes para os executivos. No entanto, a análise da remuneração financeira permitiu concluir que a viabilização de um sistema estratégico de recompensas é um desafio para as empresas, com base na constatação da baixa percepção do seu vínculo com os resultados. De acordo com Fitz-Enz,[97] as práticas eficazes de remuneração são muito idiossincráticas. Forças internas peculiares, e muitas vezes sensíveis, as impulsionam. Nesse sentido, a cultura da empresa pode facilitar ou dificultar a adoção de um sistema estratégico de recompensas.

MINICASO

A Body in Fit antes e depois da aquisição da AfY e os desafios de recompensar e avaliar funcionários

A Body in Fit (ou BiFit como é conhecida) é uma empresa no segmento de moda *fitness* não apenas voltada para frequentadores de academia mas também para o público que valoriza o lazer ao ar livre. A missão da empresa é: *Fazer o usuário se sentir fashion com roupas fitness diferenciadas, de qualidade, design e performance.*

A BiFit atua no mercado desde 2009 e foi criada a partir de uma confecção de roupas esportivas herdada do pai dos sócios atuais: William e Daniel. Assim que assumiram a empresa, os irmãos direcionaram o negócio para roupas de academia e, posteriormente, para *fitness wear*. Seus produtos oferecem conforto (absorção de suor e odor), beleza (estampas diferenciadas) e *performance* (ajuste perfeito durante prática de esporte).

Em 10 anos, com o mercado de moda *fitness* crescendo a taxas elevadas, a empresa introduziu inúmeras inovações nos produtos e expandiu seu raio de atuação, de mercado local passou a ter pontos de venda em vários estados, especialmente em lojas de *shoppings*. Os donos sempre resistiram à venda on-line, pois acreditam que a experiência é única quando se prova uma roupa BiFit, que proporciona conforto e eficiência na prática dos exercícios físicos.

De fato, os consumidores valorizam esse contato direto com vendedores, pois eles fornecem dicas excelentes sobre o funcionamento dos tecidos tecnológicos, os quais muitas vezes o cliente

desconhece. Essas roupas incorporam tecnologias como o *easy-care,* transporte de suor, secagem rápida, antibacteriana, antiodor e tecidos com filtro anti-UV. A maioria das lojas da BiFit fica ao lado de academias famosas e, em geral, elas são suas parceiras. Inclusive, uma estratégia de marketing muito eficaz é "emprestar" por uma hora uma peça para o associado de academias parceiras para que ele experiencie o produto na academia.

Em 2010, a empresa tinha 45 funcionários. A expansão vertiginosa fez o número de funcionários saltar para 250 em 8 anos. A estrutura organizacional é enxuta e há um sistema de remuneração tradicional por pontos para todos os funcionários administrativos e remuneração variável para vendedores de loja, baseada em salários fixo baixo e comissão por volume de vendas. Prevalece um sistema "caseiro" de avaliação de desempenho para eventuais promoções e méritos. A empresa sempre pagou na média do mercado.

Em 2019, após participação em uma feira (Trading Fitness Fair), William voltou com ideias muito revolucionárias e convenceu o irmão a adquirir a *startup* All for You (ou AfY). Essa *startup* tem uma proposta de "fabricar" peças com *design* revolucionário e customizadas que levam em consideração o sexo, idade, altura e peso, raça, tipo de exercício e de lazer, gosto e renda. Tudo isso com uso de inteligência artificial, impressão 3-D e entrega em apenas um dia. O time de *design* das estampas da AfY é formado por grafiteiros, tatuadores, designers plásticos e pintores. A grande

---

97 FITZ-ENZ, J. *Retorno do investimento em capital humano.* São Paulo: Makron Books, 2001.

inovação é que esses desenhos são incorporados aos tecidos básicos, sem requerer um processo tradicional de estamparia: uma fabricação no estilo *just in time*.

A AfY acabou virando um "departamento" da empresa. Ela foi gerenciada como uma *startup* típica, desde a forma de gestão e o ambiente de trabalho descontraído, exigência dos "empreendedores".

Não é preciso dizer que os funcionários da *startup* provocaram uma revolução na BiFit, tanto no setor administrativo como no setor pessoal das lojas. Se até 2019 o salário, o ambiente de trabalho e a forma de trabalho não eram problemas, em 2019 choveram reclamações para o gerente de RH e os donos da empresa. Quem estava satisfeito se tornou rapidamente insatisfeito.

EXERCÍCIOS DE HABILIDADES

1. Faça uma análise do sistema de remuneração antes de 2019. Você considera adequado para esse tipo de empresa? Justifique sua resposta.

2. Após a aquisição da AfY, qual é sua proposta de gestão de recompensas e de avaliação de desempenho para a BiFit conseguir compatibilizar a estrutura tradicional com a da AfY? Detalhe a proposta o máximo que as informações do caso permitir e de acordo com o conteúdo do capítulo.

CAPÍTULO 8

Contexto contemporâneo do trabalho

Cleverson Pereira de Almeida
Andréia de Conto Garbin

OBJETIVO DO CAPÍTULO

Neste capítulo, pretendemos conceituar o trabalho sob o ponto de vista de autores contemporâneos e apresentar sua caracterização no século XXI. Partimos do reconhecimento das profundas mudanças introduzidas sobretudo pelo tripé tecnologia-informatização-globalização nos processos comunicacionais e nos modos de trabalhar. Serão discutidos, também, os riscos de adoecimento e a possibilidade de qualidade de vida no trabalho, em uma perspectiva que envolve compreendê-lo, a fim de transformá-lo.

Como se trata de um capítulo com vocação mais conceitual, sem perder de vista quão importantes são os conceitos e as ideias aqui apresentadas para a indispensável compreensão do trabalho e do trabalhar – e, consequentemente, para uma atuação profissional mais consistente, competente e transformadora, orientada para a centralidade, para o protagonismo dos seres humanos que trabalham –, o leitor encontrará várias citações literais de importantes pensadores sobre as temáticas aqui abordadas. Ainda que algumas delas possam parecer um tanto longas, asseguramos que isto não é incomum em artigos ou capítulos de livro com essa concepção. Neste, em particular, trata-se de uma opção e nosso

> Que proveito tem um homem de todo o esforço e de toda a ansiedade com que trabalha debaixo do sol?
>
> Qohéleth, o Pregador

objetivo é que haja contato direto e fidedigno com trechos dos textos originais desses estudiosos, para que tenha a oportunidade de uma leitura crítica, reflexiva e que assim o leitor participe ativamente de um processo de construção, de autodesenvolvimento. Nossa busca, em suma, é minimizar o risco de vieses opinativos, ainda que, seguramente, os autores do capítulo tenham sua visão, seu entendimento, que também se fazem presentes no conteúdo e na forma da redação levada a efeito, e os quais foram formados a partir de leitura, reflexão, pesquisa e muito diálogo com colegas. Acreditamos, firmemente, em um processo coletivo de produção de conhecimento e em seu aprimoramento, sempre que necessário, sempre que pertinente.

CENÁRIO: "COMO SERÁ O AMANHÃ? RESPONDA QUEM PUDER [E OUSAR]!"[1]

A sociedade do século XXI é a sociedade do desempenho e, ou por isso mesmo, do cansaço e do esgotamento.

Para o filósofo contemporâneo sul-coreano Byung-Chul Han,[2] a sociedade do século XXI é a sociedade do desempenho e, ou por isso mesmo, do cansaço e do esgotamento. Ele afirma que "o cansaço de esgotamento não é um cansaço de potência positiva. Ele nos incapacita de fazer qualquer coisa".[3] Logo, incapacita inclusive para o trabalho, com consequências importantes, de diferentes naturezas, tanto para o indivíduo como para a coletividade. Esse autor acrescenta: "o excesso da elevação do desempenho leva a um infarto da alma. O cansaço da sociedade do desempenho é um cansaço solitário, que atua individualizando e isolando".[4] Portanto, essa individualização e esse isolamento merecem nossa atenção e serão retomados mais à frente neste capítulo.

O sociólogo catalão Josep Maria Blanch Ribas[5] recorre a um neologismo para se referir ao presente século. Para ele, estaríamos vivendo em uma era "flexitecnoglobal", pautada por três grandes eixos, a saber: flexibilização (também no que diz respeito a uma reengenharia no contexto das organizações), comunicação (mais precisamente, intensificação no uso de tecnologias de informação e comunicação) e globalização (em diferentes frentes, como comercial, financeira e tecnológica). Ao pensar especificamente no cenário laboral, no contexto desta era, as implicações, sinteticamente, seriam: individualização das relações laborais e outras formas de remuneração (que não a concepção de salário, em seu sentido mais estrito); tempo cada vez mais acelerado e/ou insuficiente, e fragilização de barreiras entre tempo de/no trabalho e tempo de descanso, de lazer, fora do trabalho; e ampliação de espaços, quiçá com eliminação de fronteiras geográficas para o exercício profissional.

O crescente uso de tecnologia e potenciais implicações: "nada é orgânico, é tudo programado"[6]

Quarta revolução industrial é o termo já usual para se referir ao que se está a vivenciar, cuja origem se dá na segunda década deste século. Segundo Schwab,[7] "na Alemanha, há discussões sobre a 'indústria 4.0', um termo cunhado em 2011 na feira de Hannover para descrever como isso irá revolucionar a organização das cadeias globais de valor". E continua propondo que tal revolução:

> [...] não diz respeito apenas a sistemas e máquinas inteligentes e conectadas. Seu escopo é muito mais amplo. Ondas de novas descobertas ocorrem simultaneamente em áreas que vão desde o sequenciamento genético até a nanotecnologia, das energias renováveis à computação quântica. O que torna a quarta revolução industrial fundamentalmente diferente das anteriores

---

1 Adaptado de trecho da música *O amanhã*. SÉRGIO, J. O amanhã. Intérprete: Aroldo Melodia. *In:* Samba enredo 1978. Rio de Janeiro: AESEG/Top Tape, 1978. LP, faixa 3, lado A.

2 HAN, B. C. *Sociedade do cansaço*. 2. ed. ampl. Trad. Enio Paulo Giachini. Petrópolis, RJ: Vozes, 2017.

3 HAN, 2017, p. 76.

4 HAN, 2017, p. 71.

5 BLANCH RIBAS, J. M. Trabajar en la sociedad informacional. *In:* BLANCH RIBAS, J. M. (coord.). *Teoria de las relaciones laborales*. Desafíos. Barcelona: UOC, 2003b. p.11-197.

6 Trecho da música *Admirável chip novo*. PITTY. *Admirável chip novo*. Rio de Janeiro: Deckdisc/Polysom, 2003. CD, faixa 2.

7 SCHWAB, K. *A quarta revolução industrial*. Trad. Daniel Moreira Miranda. São Paulo: Edipro, 2016.

CONTEXTO CONTEMPORÂNEO DO TRABALHO

é a fusão dessas tecnologias e a interação entre os domínios físicos, digitais e biológicos.[8]

Dois pesquisadores do Massachusetts Institute of Technology (MIT), Estados Unidos, Erik Brynjolfsson e Andrew McAfee, denominaram essa revolução de "segunda era das máquinas", título de livro publicado em 2014. Para eles, nesta segunda era:[9]

> Computadores e outros avanços digitais estão fazendo pela capacidade mental – a habilidade em usar nossos cérebros para entender e moldar nossos ambientes – o que a máquina a vapor e seus descendentes fizeram pela capacidade física, dos músculos. Eles estão permitindo-nos superar facilmente limitações anteriores e levando-nos a novo território. Como exatamente esta transição terminará permanece desconhecido, mas se a nova era das máquinas vai estabelecer uma nova tendência tão dramaticamente/acentuadamente como a máquina de vapor de Watt, ou não, é, de fato, muito relevante. [...] a capacidade mental é pelo menos tão importante para o progresso e o desenvolvimento – dominando nosso ambiente físico e intelectual para que as coisas sejam feitas – como a capacidade física. Assim, um impulso amplo e sem precedentes para capacidade mental deve ser um grande impulso para a humanidade, assim como o impulso anterior para capacidade física tão claramente foi.

> **"Um impulso amplo e sem precedentes para a capacidade mental deve ser um grande impulso para a humanidade [...]."**

Retomando argumentação de Schwab,[10] segundo ele:

> Estamos à beira de uma revolução tecnológica que irá alterar decisivamente o modo que vivemos, trabalhamos e nos relacionamos uns com os outros. Em sua escala, escopo e complexidade, a transformação será distinta de tudo que a humanidade já experimentou antes. Não sabemos ainda como exatamente ela vai se desenrolar, mas uma coisa é certa: a resposta a ela deve ser integrada e abrangente, envolvendo todos os *stakeholders* deste cenário global, dos setores público e privado à academia e sociedade civil.

É indispensável não ignorar que mesmo a segunda revolução industrial (cujo início remonta ao final do século XIX) ainda não foi vivenciada, de modo pleno, por parcela significativa da população mundial (aquela que não tem acesso à eletricidade, ou não o tem com regularidade). No que diz respeito à terceira, há outra parcela substantiva da população mundial que ainda não pode usufrui-la, em sua abrangência e potencialidade, pois não tem acesso à internet ou internet rápida, confiável e com custo suportável, viável.

Estudo de dois professores da Universidade de Oxford, Reino Unido, teve como pergunta-chave: "Quão susceptíveis estão os empregos [as ocupações] à computadorização?" (ou informatização, termo mais comum em língua portuguesa).[11] Frey e

---

8   SCHWAB, 2016, p. 16.

9   BRYNJOLFSSON, E.; MCAFEE, A. *The second machine age*: work, progress, and prosperity in a time of brilliant technologies. Nova York: W. W. Norton & Company, Inc., 2014.

10   SCHWAB, K. *The fourth industrial revolution*: what it means and how to respond. *In*: FOREIGN AFFAIRS, 12 dez. 2015. Disponível em: https://www.foreignaffairs.com/articles/2015-12-12/fourth-industrial-revolution. Acesso em: 20 set. 2019.

11   No original, o termo é *computerisation*, que, segundo os autores, é "a automação do trabalho [das tarefas] por meio de equipamento(s) controlado(s) por computador(es)", em tradução nossa.

Osborne[12] avaliaram 702 ocupações, dentro de uma categorização estadunidense (classificação ocupacional padrão do Departamento de Trabalho dos Estados Unidos) e concluem: "De acordo com nossas estimativas, cerca de 47% do total de empregos nos Estados Unidos está na categoria de alto risco. Nós nos referimos a estes como 'vagas/posições sob risco', isto é, empregos que nós esperamos estarem automatizados em pouco tempo, em uma ou duas décadas".

Sobre o risco de desaparecimento de postos de trabalho, como consequência da crescente informatização, automação e do advento da Inteligência Artificial (IA), assim posicionou-se o historiador israelense Yuval Noah Harari, em entrevista ao *The New York Times*:

> A economia terá de enfrentar disrupções cada vez maiores na força de trabalho por causa da IA. E a longo prazo, nenhum elemento do mercado de trabalho estará 100% seguro da IA e da automação. As pessoas precisarão continuamente se reinventar. Isso poderá levar 50 anos, mas no final nada estará seguro.[13]

Tendo sido feita menção ao termo inteligência artificial, cabe apontar que sua origem remonta a uma proposta de projeto de pesquisa para período de verão no Dartmouth College, exatamente sobre esse tema. A divulgação (em forma de convite) para tal projeto está datada de 31 em agosto de 1955. Ali são apresentados sete aspectos do problema da inteligência artificial que seriam objeto de estudo ao longo de dois meses no verão de 1956: computadores automáticos; como um computador pode ser programado para usar uma linguagem; redes neurais; teoria do tamanho de um cálculo; autoaprimoramento; abstrações; e aleatoriedade e criatividade.[14] Ao final dessa mesma década de 1950, também foi cunhado o termo "aprendizado (ou aprendizagem) de máquina" (*machine learning*) por Arthur L. Samuel, pesquisador da IBM, em artigo cujo título traduzido livremente é "Alguns estudos em aprendizado de máquina usando o jogo de damas".[15] Assim, ainda que o desenvolvimento dessa área ao longo do presente século/milênio esteja a se dar em alta velocidade, não se está a tratar de temática propriamente nova.

Relatório do Fórum Econômico Mundial divulgado em 2018, voltado para o futuro do trabalho, aponta quatro avanços tecnológicos como vetores de mudança, já a partir da segunda década do século XXI, com impactos no mundo dos negócios: internet móvel de alta velocidade onipresente, inteligência artificial, adoção ampla de análise de grandes bases de dados (*big data analytics*) e tecnologia de nuvem. O referido relatório apresenta:[16]

---

12 FREY, C. B.; OSBORNE, M. A. *The future of employment:* how susceptible are jobs to computerisation? *In*: OXFORD MARTIN SCHOOL, 2013. Disponível em: https://www.oxfordmartin.ox.ac.uk/downloads/academic/The_Future_of_Employment.pdf. Acesso em: 14 out. 2019.

13 HARARI, Y. Nenhuma profissão está 100% segura da inteligência artificial. [Entrevista concedida a] David Kaufmann. *The New York Times*, out. 2018. Disponível em: https://noticias.uol.com.br/midiaglobal/nytimes/2018/10/21/nenhuma-profissao-esta-100-segura-da-inteligencia-artificial-diz-yuval-noah-harari.htm?news=true&skin=conteudo/uol. Acesso em: 21 out. 2018.

14 MCCARTHY, J.; MINSKY, M. L.; ROCHESTER, N.; SHANNON, C. E. *A proposal for the Dartmouth summer research project on artificial intelligence*, 1956. Disponível em: http://www.formal.stanford.edu/jmc/history/dartmouth/dartmouth.html. Acesso em: 14 out. 2019.

15 SAMUEL, A. L. *Some studies in machine learning using the game of checkers*, 1959. Disponível em: http://www.cs.virginia.edu/~evans/greatworks/samuel1959.pdf. Acesso em: 14 out. 2019.

16 WORLD ECONOMIC FORUM (WEF). *The future of jobs report 2018*. Disponível em: http://www3.weforum.org/docs/WEF_Future_of_Jobs_2018.pdf. Acesso em: 2 abr. 2020.

CONTEXTO CONTEMPORÂNEO DO TRABALHO

Como as rupturas tecnológicas rapidamente deslocam a fronteira entre as tarefas de trabalho executadas por humanos e aquelas executadas por máquinas e algoritmos, mercados de trabalho globais estão passando por grandes transformações. Estas transformações, se conduzidas com sabedoria, podem levar a uma nova era de bom trabalho, bons empregos e melhora na qualidade de vida para todos, mas se conduzida deficientemente, apresenta o risco de ampliar as lacunas de habilidades/competências, maior desigualdade e polarização mais abrangente.

À medida que a quarta revolução industrial se desenvolve, empresas estão buscando aproveitar tecnologias novas e emergentes para alcançar maiores níveis de eficiência na produção e consumo, expandir para novos mercados e competir com novos produtos para uma base consumidora global constituída crescentemente de nativos digitais. Ainda para aproveitar o potencial transformador da quarta revolução industrial, os líderes organizacionais de todos os setores produtivos e regiões serão cada vez mais chamados a formular uma estratégia abrangente para mão de- obra, pronta para enfrentar os desafios desta nova era acelerada de mudança e inovação.

Assim, é nesta ambientação que se faz imperioso discutir o trabalho e o trabalhar, dados os muitos desafios e as muitas assimetrias com as quais os seres humanos estão se defrontando e com as quais têm de lidar (com clara tendência de intensificação e aceleração), para que sejam protagonistas e usufruam benefícios dessa nova configuração e não sejam coadjuvantes ou meros figurantes e, consequentemente, apenas padeçam suas consequências.

TRABALHO: "SEM TRABALHO EU NÃO SOU NADA, NÃO TENHO DIGNIDADE, NÃO SINTO O MEU VALOR, NÃO TENHO IDENTIDADE"[17]

Nesta seção, serão apresentados conceitos/formulações e contextos ligados à concepção de trabalho, uma vez que é indispensável deixar o mais claro possível do que se está falando, além daquilo que se tem em mente, fruto do senso comum, até porque, ao se discutir sobre "trabalho", as eventuais tentativas de reducionismo ou simplificação vão na contramão da complexidade conceitual, que fica evidente nos estudos e na literatura sobre esse "objeto". Terssac e Maggi[18], por exemplo, oferecem três argumentos para tal embasamento:

> O trabalho é um objeto complexo. Antes de mais nada (a) porque o trabalho não é uma descoberta recente da humanidade: isto implica reencontrar o vínculo entre o discurso sobre o trabalho e a maneira como cada sociedade o descreve, o pensa e o avalia. Além disso (b) o trabalho é um objeto complexo porque é, incontestavelmente, um objeto multidimensional. [...] Enfim, (c) o trabalho é um objeto complexo pois se trata, ao mesmo tempo de uma

---

17 Trecho da música *Música de trabalho.*VILLA-LOBOS, D.; BONFÁ, M.; RUSSO, R. *Música de trabalho.* Intérprete: Legião Urbana. *In:* A tempestade. Rio de Janeiro: EMI, 1996. CD, faixa 3.

18 TERSSAC, G.; MAGGI, B. O trabalho e a abordagem ergonômica. *In:* DANIELLOU, F. (coord.) *A ergonomia em busca de seus princípios:* debates epistemológicos. São Paulo: Edgard Blücher, 2004. p. 79-104.

noção abstrata e de uma variedade de práticas, o que nos impede de adotar um ponto de vista único e normativo: o conceito genérico se desdobra em uma grande variedade de experiências singulares. O trabalho pode ser definido por meio da análise das atividades, mas também através das representações que os homens elaboram e por meio das ideias sobre o trabalho que eles têm.

Fazemos, aqui, uma opção por recorrer a autores contemporâneos latinos, resultante da produção levada a efeito nas últimas décadas por eles e por entender que há maior aproximação "cultural" e sócio-histórica com o contexto brasileiro, ainda que a discussão de fundo seja aplicável a uma abrangência geográfica bem mais ampla.

Convergências e divergências em busca de uma conceituação

Isto posto, como ponto de partida, recorremos a uma diferenciação, ou delimitação, proposta por Gorz:[19]

O que· chamamos "trabalho" é uma invenção da modernidade. A forma sob a qual o conhecemos e praticamos, aquilo que é o cerne de nossa existência, individual e social, foi uma invenção. mais tarde generalizada do industrialismo. O "trabalho", no sentido contemporâneo do termo, não se confunde nem com os afazeres, repetidos dia após dia, necessários à manutenção e à reprodução da vida de cada um; nem com o labor, por mais penoso que seja, que um indivíduo realiza para cumprir uma tarefa da qual ele mesmo e seus próximos serão os destinatários e os beneficiários; nem com o que empreendemos por conta própria, sem medir nosso tempo e esforço, cuja finalidade só interessa a nós mesmos e que ninguém poderia realizar em nosso lugar. Se chamamos a essas atividades "trabalho" – o "trabalho doméstico", o "trabalho do artista", o "trabalho" de autoprodução –, fazemo-lo em um sentido radicalmente diverso do sentido que se empresta à noção de trabalho, fundamento da existência da sociedade, ao mesmo tempo sua essência e sua finalidade última.

Pois a característica mais importante desse trabalho – aquele que "temos", "procuramos", "oferecemos" – é ser uma atividade que se realiza na esfera pública, solicitada, definida e reconhecida útil por outros além de nós e, a este título, remunerada. É pelo trabalho remunerado (mais particularmente, pelo trabalho assalariado) que pertencemos à esfera pública, adquirimos uma existência e uma identidade sociais (isto é, uma "profissão"), inserimo-nos em uma rede de relações e de intercâmbios, onde a outros somos equiparados e sobre os quais vemos conferidos certos direitos, em troca de certos deveres. O trabalho socialmente remunerado e determinado – mesmo para aqueles e aquelas que o procuram, para aqueles que a ele se preparam ou para aqueles a quem falta trabalho – é, de longe, o fator mais importante da socialização. Por isso, a sociedade industrial pode perceber a si mesma como uma "sociedade de trabalhadores", distinta de todas as demais que a precederam.

---

19   GORZ, A. *Metamorfoses do trabalho:* crítica da razão econômica. 2. ed. Trad. Ana Montoia. São Paulo: Annablume, 2007. p. 21.

CONTEXTO CONTEMPORÂNEO DO TRABALHO

Nesse enfoque, fica muito evidente a inserção social do trabalho, na qual as atividades realizadas se dão para outros, em benefício de outros, além dos próprios que as executam. Deve também ser destacado que tal abordagem circunscreve o trabalho aos contextos nos quais há remuneração e, assim, exclui um conjunto amplo de atividades exercidas e passíveis de serem realizadas. Esse nível de distinção entre o que é laboral e o que não é, o que efetivamente tipifica atividades laborais, discernindo-as das que não são (e, no caso do autor Gorz[20], circunscrevendo o conceito de trabalho à contemporaneidade), não constitui unanimidade entre os autores que têm se debruçado sobre essa temática. Lhuilier[21] sintetiza esse ponto com objetividade: "O trabalho é objeto de debate no seio da comunidade científica onde se confrontam concepções diferentes acerca do que este conceito recobre, do lugar do trabalho e suas funções na sociedade e para os sujeitos", aspecto já abordado no início desta seção.

Ao questionamento "Do que se está a falar, quando se fala de trabalho?", Ovejero Bernal[22] diz haver uma resposta "óbvia", qual seja:

> [...]o trabalho é uma construção social dentro de um contexto histórico e de uma cultura muito concretos e que se relaciona com experiências e com um modo de vida das pessoas também concretos, também com um sistema de relações simbólicas desenvolvidas em seu meio e que, em boa parte, determinam as aspirações dessas pessoas e de seu nível de satisfação profissional em diferentes circunstâncias e condições.

Esse autor também faz menção ao cenário abordado na introdução deste capítulo, apontando alguns impactos decorrentes do advento das novas tecnologias, constituindo, em última instância, riscos potenciais para quem trabalha, à luz dos conceitos de trabalho até aqui apresentados:[23]

> [...] flexibilidade do emprego, individualização das condições de trabalho, fragmentação da mão de obra, aumento das diferenças na temporalidade da vida profissional, entre outros. Tudo isso, devido às políticas concretas que estão sendo adotadas, está levando a uma série de consequências socialmente perigosas e absolutamente letais para milhões de trabalhadores, como desemprego, precariedade do emprego, perda dos direitos trabalhistas etc.

Tal conceituação e argumentação evidenciam que o trabalho é concreto, para humanos concretos, em contexto histórico-cultural concreto, com consequências individuais e coletivas bastante concretas, tanto positivas como negativas, diante da reconfiguração pela qual passa o chamado "mundo do trabalho".

Àquela mesma pergunta ("Do que se está a falar [...]?"), Blanch Ribas[24] responde também enfatizando o aspecto humano do trabalho e a natureza de sua singularidade:

> **O trabalho é concreto, para humanos concretos, em contexto histórico-cultural concreto, com consequências individuais e coletivas bastante concretas.**

---

20   GORZ, 2007.

21   LHUILIER, D. Trabalho. *Psicologia & Sociedade*, 25(3), p. 483-492, 2013.

22   OVEJERO BERNAL, A. *Psicologia do trabalho em um mundo globalizado*: como enfrentar o assédio psicológico e o estresse no trabalho. Tra. Juliana dos Santos Padilha. Porto Alegre: Artmed, 2010. p. 33.

23   OVEJERO BERNAL, 2010, p. 34.

24   BLANCH RIBAS, J. M. Trabajar en la modernidad industrial. *In:* BLANCH RIBAS, J. M. (coord.). *Teoria de las relaciones laborales.* Fundamentos. Barcelona: UOC, 2003a. p. 34-35.

Quando falamos de trabalho, referimo-nos a uma atividade humana individual ou coletiva, de caráter social, complexo, dinâmico, mutável e irredutível a uma simples resposta instintiva ao imperativo biológico de sobrevivência material. Distingue-se de qualquer outra prática animal por sua natureza reflexiva, consciente, propositiva, estratégica, instrumental e moral.

Ele propõe, também, um mapa conceitual, que, esquematicamente, revela uma conceituação contemporânea para o trabalho com sua grande riqueza (abrangência e profundidade), que tende a inibir tentativas precipitadas de reducionismo e simplificação, que venham a distorcer tal conceito (e, assim, seriam tentativas indevidas).

Quadro 8.1 Mapa conceitual da versão contemporânea para o conceito de trabalho

Trabalho é toda aplicação humana		
De	conhecimentos	habilidades	e energias
por	indivíduos	grupos	e organizações
de modo	consciente e intencional	sistemático e sustentado	e autônomo ou heterônomo
com	esforço	tempo	e compromisso
em um marco	técnico-econômico	jurídico-político	e sociocultural
mediante / por meio de	materiais	técnicas e instrumentos	e informações
sobre	objetos	pessoas ou organizações	e conhecimentos
para	obter bens	produzir produtos	e prestar serviços
que são	escassos	desejáveis	e valiosos
e gerar	riqueza	utilidade	e sentido
e assim	satisfazer a necessidades	receber compensações	e alcançar objetivos
de caráter	biológico	econômico	e psicossocial

Fonte: RIBAS, 2003a, p. 35.

Em termos de centralidade do trabalho, para cada sujeito e para a coletividade, aquele autor aponta que:

> No âmbito da cosmovisão ocidental moderna, o trabalho é considerado principalmente como fonte de valor, utilidade, riqueza, dignidade, sentido e identidade e como fator de desenvolvimento social, organizacional, familiar e pessoal.[25]

Esse entendimento evidencia que trabalho dissociado de dignidade e de sentido, por exemplo, e sem vínculo com desenvolvimento individual e coletivo, deveria ser uma discussão, no limite, desprovida de sentido.

Mais uma vez, evocando a pergunta-chave desta seção (em outras palavras, o que é o trabalho?), Schwartz[26] apresenta uma contribuição que aponta para o quão complexa pode ser a tarefa de formular uma resposta (argumento que já foi mencionado) e agrega pergunta complementar:

---

25 BLANCH RIBAS, 2003a, p. 33.

26 SCHWARTZ, Y. Conceituando o trabalho, o visível e o invisível. *Trab. Educ. Saúde*, Rio de Janeiro, v. 9, supl.1, p. 20, 2011.

CONTEXTO CONTEMPORÂNEO DO TRABALHO

O 'trabalho' é ao mesmo tempo uma evidência viva e uma noção que escapa a toda definição simples e unívoca. É sem dúvida nesse 'e' que une 'o trabalho' e 'os homens' que repousa provavelmente a fonte desse caráter enigmático, gerador de paradoxos, e que permite a questão: o que está comprometido – do homem – no trabalho?

Ele traz, ainda, que constitui certo reducionismo a tendência presente na "cultura moderna" de restringir o trabalho à configuração do pós-Revolução Industrial, o que literalmente o circunscreve à concepção de "trabalho mercantil", ou seja, requer que haja pagamento de um salário, no sentido mais estrito, logo "[...] a porção de tempo trocada por remuneração. É precisamente isso que permite distinguir 'o trabalho' do 'fora do trabalho' (do 'lazer') ou do 'não trabalho' (desemprego), a esfera socioprofissional e a do privado."[27] Apresenta, então, uma resposta para o que viria a ser o trabalho, nos seguintes termos:[28]

> Uma combinação provisória de atos executados por máquinas, autômatos, sequências de procedimentos, e atos mais ou menos complementares dos primeiros, nunca claramente explicitados e perceptíveis, produzidos por inteligências e corpos humanos. Combinações profundamente instáveis, a recompor permanentemente, em função dos investimentos sobre arquiteturas de trabalho, ferramentais técnicos, renovações de produtos (materiais ou imateriais), o todo enraizado em histórias de empresa, de serviços, de oficinas [...]

E continua, agregando nota adicional sobre a "impossível simplificação do trabalho" e sobre a relação indissociável deste com a vida social, em seu sentido mais amplo, com multiplicidade de movimentos de ida e vinda que, em última análise, evidencia a existência de uma dimensão invisível ou "de penumbra" do trabalho, a qual não é passível de ser padronizada ou "normatizada". Para ele,[29] uma atividade de trabalho:

> [...] jamais é simples, jamais é puro encadeamento de normas, de procedimentos, pensados anteriormente e sem a pessoa que vai trabalhar, porque isso é simplesmente impossível e ao mesmo tempo muito difícil de ser vivido.
>
> Uma atividade de trabalho é sempre o lugar, mais ou menos infinitesimalmente, de reapreciação, de julgamentos sobre os procedimentos, os quadros, os objetos do trabalho, e por aí não cessa de ligar um vaivém entre o micro do trabalho e o macro da vida social cristalizada, incorporada nessas normas. Vaivém que não deixa incólume nenhum dos dois níveis.

O argumento de Schwartz[30] para essa invisibilidade passa pelos "furos das normas, os quais são reenviados aos indivíduos e aos grupos para serem geridos." Estes, como consequência, irão demandar:

Constitui certo reducionismo a tendência presente na "cultura moderna" de restringir o trabalho à configuração do pós-Revolução Industrial, o que literalmente o circunscreve à concepção de trabalho mercantil, ou seja, requer que haja pagamento de um salário, no sentido mais estrito.

---

27 SCHWARTZ, 2011, p. 23.

28 SCHWARTZ, 2011, p. 29.

29 SCHWARTZ, 2011, p. 33.

30 SCHWARTZ, 2011, p. 33.

[...] reconfigurações de maneiras de fazer, dos laços coletivos mais ou menos intensos, das aprendizagens, das redes de transmissão de saber fazer, dos valores do uso de si, da saúde no trabalho e, finalmente, reinterrogam – construindo ou destruindo – o que significa viver em conjunto.

Cabe destacar a ênfase dada à inserção social do trabalho e à sua importância para um viver em coletividade, o que também emergiu de autores anteriormente referenciados.

Para Antunes:[31]

O trabalho pode ser definido como o exercício de uma atividade vital, capaz de plasmar a própria produção e a reprodução da humanidade, uma vez que é o ato responsável pela criação dos bens materiais e simbólicos socialmente necessários para a sobrevivência da sociedade. Esse é primeiro traço central identificado quando se procura compreender o sentido mais profundo da noção de trabalho. Se, por um lado, o trabalho é expressão, em maior ou menor medida, de um ato poiético, o momento da criação, ele tem sido também, ao longo da história, constante expressão de subordinação e alienação.

Nessa abordagem, o trabalho é humano, é vital, condição *sine qua non* para a sobrevivência da sociedade (ou seja, dos seres humanos) e compreende uma dualidade, na qual tanto criação como subordinação e alienação se fazem (ou podem se fazer) presentes. Complementarmente:[32]

É nesse fazer humano que a história se desdobra numa realização complexa e rica, envolvida em avanços e recuos, vitórias e derrotas, caminhos e alternativas. O trabalho, sendo uma invenção exclusivamente humana, um momento fundante na mediação sócio metabólica entre a humanidade e a natureza, converteu-se no ponto de partida para a constituição do ser social: sem o trabalho, a vida cotidiana não poderia ser reproduzida.

Esse sociólogo brasileiro evidencia, mais uma vez, a humanidade do trabalho e seu papel central na vinculação de um ser humano a outros e à natureza. Trata-se de centralidade para a perenidade de vida cotidiana em sociedade.

Tendo sido mencionado o trabalho como "exercício de uma atividade vital" e sua dimensão social, voltamos a Lhuilier,[33] que também assume uma concepção na qual esta abordagem se faz presente. Para ela:

[...] não existe trabalho sem que a atividade se apoie sobre uma mobilização de energia, uma tensão em direção a um objetivo. O esforço está orientado a um objetivo, e a atividade integrada em função deste objetivo está orientada em direção à sua representação. Além disto, a atividade de trabalho tem um

---

31   ANTUNES, R. Trabalho. *In*: CATTANI, A. D.; HOLZMANN, L. (org.) *Dicionário de trabalho e tecnologia*, 2. ed. rev. ampl. Porto Alegre: Zouk, 2011. p. 432-437.

32   ANTUNES, 2011, p. 435.

33   LHUILIER, 2013, p. 483

caráter fundamentalmente social: ela não pode ser somente uma atividade imediata, solitária, respondendo exclusivamente a uma satisfação de desejos individuais. O trabalho é realizado com os outros, para os outros, ele é subordinado a um objetivo coletivo, organizado, coordenado, canalizado, gerido. Assim sendo, ele é objeto de enfrentamentos e de conflitos.

A dualidade, já apontada por Antunes, também emerge na reflexão dessa autora. Ela acrescenta, com relação ao binômio prazer-sofrimento no trabalho, que tal questão está relacionada a "um mau uso de si ou, inversamente, como um uso que satisfaz as exigências de um Eu, de uma identidade". E, ainda, que:[34]

O trabalho é bem a cena onde se prossegue esta busca identitária que impulsiona o sujeito a criar, a manifestar e a fazer reconhecer sua singularidade através de suas práticas.

O prazer no trabalho está ligado à ação, mas não a qualquer ação: liga-se à ação que a pessoa pode reconhecer como sua, que responde a seus valores, a seu ideal, uma ação na qual ela se sinta responsável e autônoma, que responda ao duplo jogo da relação ao trabalho: encontrar sentido nesta ação e extrair dela um duplo reconhecimento, por um lado a seus próprios olhos (em termos de imagem de si) e por outro lado aos olhos dos outros.

Contexto de produção de bens e serviços ou contexto de trabalho

O ambiente no qual o trabalho é realizado pode ser entendido, em sentido estrito, como um Contexto de Produção de Bens e Serviços (CPBS) ou contexto de trabalho específico, no qual regras formais e informais se fazem presentes e o configuram. Para Ferreira,[35] esse CPBS "disponibiliza, sobretudo, recursos materiais, instrumentais, tecnológicos e organizacionais aos trabalhadores que os utilizam para que estes exerçam suas atividades". Em outras palavras, se está falando do:

[...] *lócus* material, organizacional e social onde se opera a atividade de trabalho e as estratégias individual e coletiva de mediação, utilizadas pelos trabalhadores na interação com a realidade de trabalho. Esse contexto articula múltiplas e diversificadas variáveis, compondo uma totalidade integrada e articulada.[36]

A Figura 8.1 apresenta, de modo sintético, uma imagem desse contexto, com suas três dimensões constituintes articuladas, evidenciando os principais aspectos (as principais variáveis) de cada uma delas.

---

34   LHUILIER, 2013, p. 485

35   FERREIRA, M. C. O sujeito forja o ambiente, o ambiente "forja" o sujeito: mediação indivíduo-ambiente em ergonomia da atividade. *In*: FERREIRA, M. C.; DAL ROSSO, S. (org.). *A regulação social do trabalho*. Brasília: Paralelo 15, p. 24, 2003.

36   FERREIRA, M. C.; MENDES, A. M. *Trabalho e riscos de adoecimento*: o caso dos auditores fiscais da Previdência Social brasileira. Brasília: Edições LPA, 2003. p. 41.

GESTÃO DO FATOR HUMANO

Figura 8.1 Dimensões do contexto de produção de bens e serviços

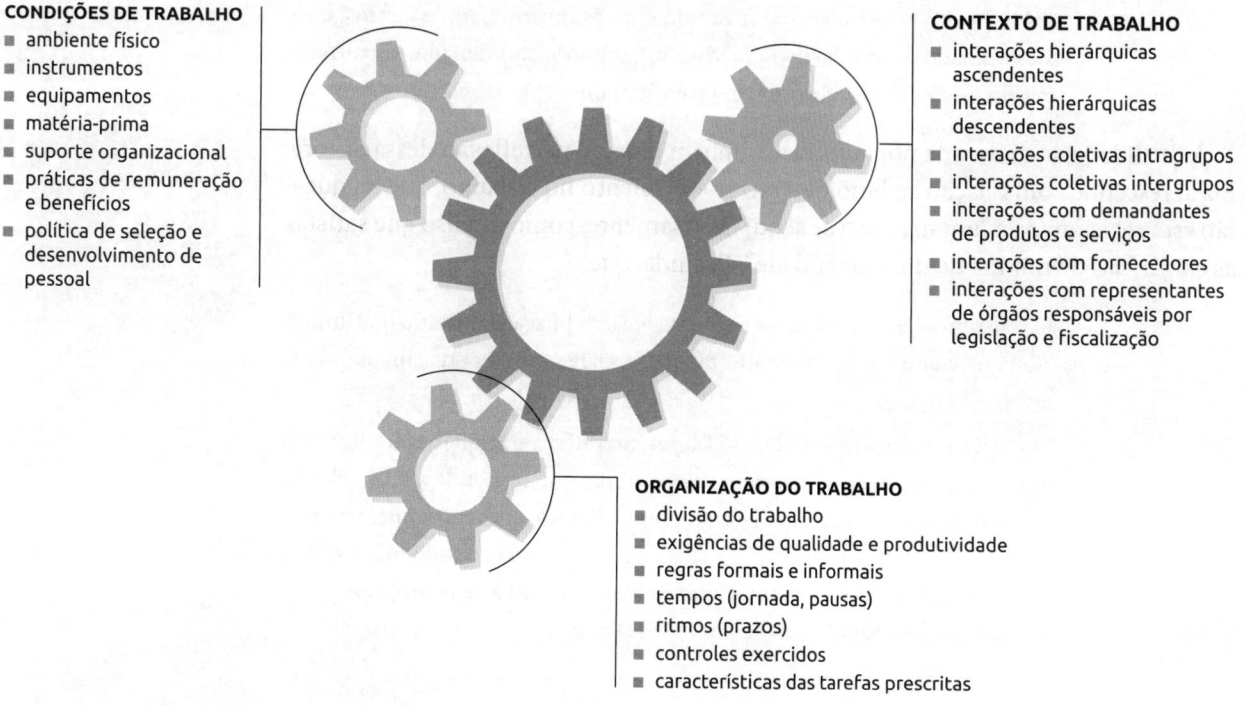

CONDIÇÕES DE TRABALHO
- ambiente físico
- instrumentos
- equipamentos
- matéria-prima
- suporte organizacional
- práticas de remuneração e benefícios
- política de seleção e desenvolvimento de pessoal

CONTEXTO DE TRABALHO
- interações hierárquicas ascendentes
- interações hierárquicas descendentes
- interações coletivas intragrupos
- interações coletivas intergrupos
- interações com demandantes de produtos e serviços
- interações com fornecedores
- interações com representantes de órgãos responsáveis por legislação e fiscalização

ORGANIZAÇÃO DO TRABALHO
- divisão do trabalho
- exigências de qualidade e produtividade
- regras formais e informais
- tempos (jornada, pausas)
- ritmos (prazos)
- controles exercidos
- características das tarefas prescritas

Fonte: ALMEIDA (2007), p. 127.

O psiquiatra e psicanalista francês Christophe Dejours, em entrevista ao jornal português *Público*,[37] em 2010, alertou para uma mudança importante na organização do trabalho, no contexto das empresas, centrada em três instrumentos de gestão: "a introdução de novos métodos de avaliação do trabalho, em particular a avaliação individual do desempenho; a introdução de técnicas ligadas à chamada 'qualidade total'; e o *outsourcing*, que tornou o trabalho mais precário." Dejours advertiu sobre o sofrimento daí decorrente e a gravidade das consequências sobre a saúde mental dos trabalhadores, com episódios depressivos, os quais podem levar (e efetivamente leva- ram) um número significativo deles a atentar contra a própria vida, no próprio local de trabalho ou não. Devido à sua importância, esse tema será retomado.

Em todo e qualquer contexto de trabalho, dadas as exigências das tarefas a serem realizadas/cumpridas (quer sejam formais, quer informais) pelos que trabalham (tan- to individual como coletivamente), é inexorável haver dispêndio físico, cognitivo e afetivo por parte destes, em resposta àquelas exigências. Trata-se do Custo Humano do Trabalho (CHT) e, segundo Ferreira:[38]

> [...] as contradições existentes nos ambientes organizacionais, que obstacu- lizam e desafiam a competência dos trabalhadores, traçam o perfil do CHT, caracterizado por três propriedades: a) é imposto externamente aos traba- lhadores, em face das características do contexto de produção, sob a forma

---

37 DEJOURS, C. Um suicídio no trabalho é uma mensagem brutal. [Entrevista concedida a] Ana Gerschenfeld. *Público*, Lisboa, 1 fev. 2010. Disponível em: https://www.publico.pt/2010/02/01/sociedade/noticia/um-suicidio-no-trabalho-e-uma-mensagem-brutal-1420732. Acesso em: 7 maio 2020.

38 FERREIRA, M. C. Custo humano do trabalho. *In:* CATTANI, A. D.; HOLZMANN, L. (org.) *Dicionário de trabalho e tecnologia.* 2. ed. rev. ampl. Porto Alegre: Zouk, 2011. p. 97.

CONTEXTO CONTEMPORÂNEO DO TRABALHO

de constrangimentos para suas atividades; b) é gerido por meio das estratégias de mediação individual e coletiva (atividades) que visam, principalmente, responder à discrepância entre as tarefas prescritas pelos modelos de gestão e as situações reais de trabalho; c) está na origem da produção de representações mentais de bem-estar e de mal-estar que os trabalhadores constroem com base nos efeitos do CHT.

Logo, o trabalho formal realiza-se em um contexto no qual há, necessariamente, custo humano despendido. Vivências de bem-estar e mal-estar e os riscos de adoecimento daí decorrentes, ou a qualidade de vida daí resultante, serão objeto de discussão um pouco mais à frente neste capítulo.

> **O trabalho formal realiza-se em um contexto de trabalho no qual há, necessariamente, custo humano despendido.**

Resumindo, tentativamente: "não é sobre correr contra o tempo pra ter sempre mais [...]"[39]

A título de síntese desta apresentação sobre "do que se está falando quando se fala do trabalho", no cenário de uma virada de século e de milênio, recorremos a Daniellou e Antunes, por assumirmos que expressam, de modo consolidado e articulado, um entendimento do conjunto de autores com os quais até aqui estamos dialogando.

A ênfase de Daniellou[40] recai sobre dificuldades, quando são consideradas reflexões e produção de conhecimento, que tenham como objetivo fundamental a transformação do trabalho, dando como indispensável primeiramente compreendê-lo (ou compreendê-lo melhor). Para ele, a natureza de tais dificuldades se dá porque:

> Em suas atividades, os homens ou as mulheres, no trabalho, tecem. A trama seriam os fios que os ligam a um processo técnico, a propriedades da matéria, a ferramentas ou a clientes, a políticas econômicas – eventualmente elaboradas em outro continente – a regras formais, ao controle de outras pessoas... No caso da urdidura, ei-la ligada à sua própria história, a seu corpo que aprende e envelhece; a uma multidão de experiências de trabalho e de vida; a diversos grupos sociais que lhes ofereceram saberes, valores, regras com os quais compõem dia após dia; aos próximos também, fontes de energia e de preocupações; a projetos, desejos, angústias, sonhos...
>
> O resultado do trabalho também é duplo. De um lado, são elaboradas produções que, apesar de levarem a marca discreta do operador ou da operadora, certamente serão comercializadas sob outro nome, contribuindo assim para a sobrevida de uma empresa ou de um serviço público. Por outro lado, eis que, ao mesmo tempo, se produzem novos laços, novas experiências, transformações do corpo e dos saberes, disponíveis para ser, por sua vez, tecidos na obra de uma vida.

> **"Em suas atividades, os homens ou as mulheres, no trabalho, tecem."**

Quando se considera a existência dos que trabalham em demasia, excessivamente, quer seja por necessidade econômico-financeira, quer seja por dependência/compulsão, ou seja, sofrem de *workaholism* (são os *workaholics*, ou viciados em trabalho ou

---

39   Trecho da música *Trem bala*. VILELA, A. *Trem bala*. Rio de Janeiro: SLAP/Som Livre, 2017. Single.

40   DANIELLOU, F. Introdução: questões epistemológicas acerca da Ergonomia. *In:* DANIELLOU, F. (Coord.). *A ergonomia em busca de seus princípios:* debates epistemológicos. São Paulo: Edgard Blücher, 2004. p. 2.

em trabalhar, parte dos quais já tendo sido denominados *worklovers,* ou amantes do trabalho, e não necessariamente viciados), a advertência de Antunes,[41] ainda que possa soar como óbvia, é necessária e oportuna:

> É imperioso concluir: a vida humana, em nenhuma medida, pode se resumir ao trabalho. Se assim fosse, ele seria expressão de um aprisionando social, unidimensional, dilacerando o que de mais autêntico tem o trabalho, quando ele é exercício livre, autônomo e emancipado, que é sua dimensão *omnilateral.* Por outro lado, a vida humana é impensável sem o trabalho, no sentido amplo que aqui estamos indicando.

> **"É imperioso concluir: a vida humana, em nenhuma medida, pode se resumir ao trabalho."**

TRABALHAR NO SÉCULO XXI

> **O avanço das tecnologias de informação e comunicação, por exemplo o trabalho on-line e digital, anunciava a felicidade, mas o resultado tem sido a intensificação do trabalho e das formas de precarização.**

Frequentemente, conforme já apresentado neste capítulo, nos deparamos com o discurso das rápidas transformações sociais, das novas formas de organização do trabalho, da introdução de novas tecnologias que influenciam as relações de trabalho e impulsionam as empresas a flexibilizar o modo de produção. Para Antunes,[42] o avanço das tecnologias de informação e comunicação, por exemplo o trabalho on-line *e* digital, anunciava a felicidade, mas o resultado tem sido a intensificação do trabalho e das formas e precarização.

A característica essencial desse novo paradigma tecnológico e organizacional pode ser sintetizada no princípio da flexibilidade, de acordo com Heloani.[43] O autor destaca que essa não se restringe à tecnologia, "mas também [à] flexibilização e integração das subjetividades." Sennet,[44] por sua vez, explica que "a palavra 'flexibilidade' entrou na língua inglesa no século XV. Seu sentido derivou originalmente da simples observação de que, embora a árvore se dobrasse ao vento, seus galhos sempre voltavam à posição normal." Para ele:[45]

> A flexibilidade cria distinções entre superfície e profundidade; aqueles que são objetos menos poderosos da flexibilidade são obrigados a permanecer na superfície. A linha divisória entre superfície e profundidade assinala o processo produtivo, com suas tarefas fáceis de cumprir, mas cuja lógica mais profunda não se pode decifrar.

Na medida em que se implementa o processo de flexibilização, novas exigências são requeridas dos trabalhadores, opera-se a racionalização de custos, desverticalização produtiva, especialização das atividades econômicas, subcontratação, uso de força de trabalho temporária, jornada de trabalho parcial e jornada de trabalho modulada, muitas vezes negociadas com os sindicatos operários.[46]

---

41 ANTUNES, R. Trabalho e seus sentidos. *In:* MENDES, R. (org.) *Dicionário de saúde e segurança do trabalhador:* conceitos, definições, história, cultura. Novo Hamburgo: Proteção Publicações, 2018a. p. 1178-80.

42 ANTUNES, R. *O privilégio da servidão:* o novo proletariado de serviços na era digital. São Paulo: Boitempo, 2018b.

43 HELOANI, J. R. *Gestão e organização no capitalismo globalizado:* história da manipulação psicológica no mundo do trabalho. São Paulo: Atlas, 2007. p. 120.

44 SENNET, R. *A corrosão do caráter:* consequências pessoais do trabalho no novo capitalismo. 4. ed. Trad. Marcos Santarrita. São Paulo: Record, 2000. p. 53.

45 SENNET, 2000, p. 88.

46 ALVES, G. *O novo (e precário) mundo do trabalho.* São Paulo: Boitempo, 2000.

CONTEXTO CONTEMPORÂNEO DO TRABALHO

Para o cientista social Giovanni Alves,[47] a nova morfologia social do trabalho, no contexto do capitalismo global, estabelece um processo de precarização do homem que trabalha em que se reconhecem as seguintes características: dessubjetivação de classe; captura da subjetividade do trabalhador assalariado; e a redução do trabalho vivo. Assim, de modo sucinto, verifica-se que os processos de dessubjetivação de classe provocam a dilaceração dos coletivos de trabalho; a captura da subjetividade atua na manipulação da linguagem e no controle da intersubjetividade; e a redução do trabalho vivo à força de trabalho como mercadoria trata da "redução do tempo de vida a tempo de trabalho estranhado".

Os princípios da administração oriundos do ideário japonês definem um paradigma de intensificação da produção flexível, com séries curtas e diversificação das tarefas, implementação do processo de qualidade total, redução de níveis hierárquicos utilizando-se das formas de subcontratação e de terceirização da força de trabalho.[48]

Para Freyssinet,[49] observa-se a proliferação das chamadas "'formas particulares de emprego', relativas àqueles contratos de trabalho que se afastam da norma". São as experiências de flexibilização do emprego, duração do trabalho e salário.

A flexibilização do emprego fez surgir o trabalho em tempo parcial, contratos temporários, de duração determinada e subsidiados. Referente ao tempo de trabalho, a flexibilização amplia a diversificação dos horários: trabalho noturno, aos fins de semana, feriados. Na França, segundo Freyssinet,[50] foram instituídas modulações no tempo do trabalhador, o qual pode ser chamado com um mínimo de antecedência para trabalhar, aguardando em domicílio para ser convocado por telefone ou, ainda, acumula tempo de trabalho que poderá ser computado na aposentadoria, em licenças ou folgas. Na experiência brasileira, assemelham-se às modulações o banco de horas e o trabalho intermitente.

As noções de precariedade do emprego, para Demazière,[51] referem-se ao crescimento das formas atípicas de emprego. "A partir do momento em que a descontinuidade ocupacional é submetida à lógica gerencial e se traduz em incerteza para o assalariado, pode-se falar em precariedade do emprego."

No entorno da reestruturação produtiva, verifica-se a incorporação dos diferentes modelos de organização do trabalho que elucidam o cenário atual das relações de trabalho no Brasil. Verifica-se que:

> [...] no âmbito do movimento mundial de reestruturação produtiva, a adoção de práticas de gestão 'modernas' – tal como a terceirização disseminada e extensiva mesmo à operação e manutenção de setores industriais de alto risco – tem resultado, por um lado, na precarização das condições de trabalho, na fragilização das ações coletivas e de resistência individual, em

---

47 ALVES, G. *Trabalho e subjetividade:* o espírito do toyotismo na era do capitalismo. São Paulo: Boitempo, 2011. p. 28.

48 HIRATA, H. *Sobre o "modelo" japonês.* Automatização, novas formas de organização e de relações de trabalho. São Paulo: Edusp, 1993.

49 FREYSSINET, J. As trajetórias nacionais rumo à flexibilidade da relação salarial: a experiência europeia. *In:* GUIMARÃES, N. A.; HIRATA, H.; SUGITA, K. (org.). *Trabalho flexível, empregos precários?* Uma comparação Brasil, França, Japão. São Paulo: Edusp, 2009. p. 27.

50 FREYSSINET, 2009.

51 DEMAZIÈRE, D. Diversificação das formas de emprego e fragmentação das normas de emprego: o caso francês. *In:* GUIMARÃES, N. A.; HIRATA, H.; SUGITA, K. (org.). *Trabalho flexível, empregos precários?* Uma comparação Brasil, França, Japão. São Paulo: Edusp, 2009. p. 120.

condições de segurança industrial mais vulneráveis e em sujeição aos agravos à saúde, pelo menos em alguns contextos.[52]

As dimensões da precarização estrutural do trabalho, assim denominada por Antunes,[53] atingem a "classe-que-vive-do-trabalho", isto é, todos aqueles que vendem sua força de trabalho e não possuem os meios de produção.

A tessitura organizacional que atinge a maioria dos trabalhadores em nosso sistema produtivo oferece elementos preocupantes para o desenvolvimento das atividades de trabalho, pois opera a moralização e a naturalização dos problemas, sendo que o sucesso ou fracasso é de responsabilidade exclusiva do indivíduo.

Os jovens operários japoneses que migram em busca de trabalho e dormem em cápsulas de vidro ou, mais recentemente, jovens trabalhadores sem-teto, subempregados ou desempregados que se refugiam nos cybercafés, citados por Antunes,[54] ilustram as formas de precarização. O fenômeno é comum entre os japoneses, e os registros fotográficos desses trabalhadores *salarymen* serviram para provocar questionamentos entre os jovens.

Alves[55] chama de a "quarta idade da máquina" o momento em que se estrutura a matriz informacional, baseada nas redes informáticas, virtuais e interativas. As novas tecnologias de informação e comunicação impulsionam as empresas globais.

A seguir, o Quadro 8.2 exibe a sistematização das mudanças tecnológicas desde a Revolução Industrial, conforme descrito por Alves.

Quadro 8.2 Mudanças tecnológicas desde a Revolução Industrial

Período	Ano – Século	Produção de
Primeira Idade da Máquina	1848 – XVIII	motores a vapor
Segunda Idade da Máquina	1890 – XIX	motores elétricos e de combustão
Terceira Idade da Máquina	1940 – XX	motores eletrônicos e nucleares
Quarta Idade da Máquina	1980 – XX	Máquinas microeletrônicas informacionais e sua integração em rede interativa ou de controle ou ainda "controlativa" (ciberespaço)

Fonte: adaptado de ALVES, 2011, p. 72.

Alves[56] ressalta também que o surgimento das redes informacionais modifica a relação entre o objeto de trabalho e a gestão do trabalho vivo. Tal fenômeno origina um novo espaço de sociabilidade virtual, denominado ciberespaço, onde se operam as formas de controle sobre a subjetividade do trabalhador. Esse mecanismo ocorre no plano subjetivo por meio do modelo das competências profissionais, segundo o qual se propagam as ideias de flexibilidade, polivalência, transferibilidade e

---

52 FRANCO, T.; DRUCK, G. Padrões de industrialização, riscos e meio ambiente. *Ciênc Saúde Coletiva*, 3(2), p. 61-72, 1998. p. 66.

53 ANTUNES, R. Dimensões da precarização estrutural do trabalho. *In*: DRUCK, G., FRANCO, T. (org.). *A perda da razão social do trabalho*: terceirização e precarização. São Paulo: Boitempo, 2007. p. 13-22.

54 ANTUNES, 2018b.

55 ALVES, 2011.

56 ALVES, 2011.

empregabilidade. O ciberespaço, o espaço da rede informacional, estabelece a modalidade de "empresa em rede".[57]

Para o autor:[58]

> [...] a empresa-rede utiliza-se do complexo e subcontratações industriais, constituído por empresas subcontratadas. As inovações tecnológicas das redes informacionais ativam "novas formas de controle do trabalho morto sobre o trabalho vivo, desmontando relações salariais e 'flexibilizando' contratos de trabalho".

Nova(s) morfologia(s) do trabalho: "vocês que fazem parte dessa massa, que passa nos projetos do futuro"[59]

Antunes,[60] em *O privilégio da servidão*, destaca que cresce o proletariado de serviços da era digital, o que também emerge em outras de suas obras. Verifica-se o desenvolvimento do trabalho imaterial sob a tríade da informalidade, terceirização e flexibilidade. O autor refere-se ao "cibertariado", criado por Úrsula Huws, e "infoproletariado", cunhado por ele e Ruy Braga como:

> [...] uma nova condição de assalariamento no setor de serviços, um novo segmento do proletariado da indústria de serviços, sujeito à exploração do seu trabalho, desprovido do controle e da gestão do seu labor e que vem crescendo de maneira exponencial, desde que o capitalismo fez deslanchar a chamada era das mutações tecnológico-informacionais-digitais.

As diversas características da nova morfologia do trabalho sob a perspectiva da dimensão estrutural da precarização do trabalho em escala global, são apresentadas por Antunes,[61] dentre elas:

- cada vez menos homens e mulheres trabalham muito, em ritmo e intensidade; cada vez mais homens e mulheres trabalhadores encontram menos trabalho. Ocorre a ampliação do desemprego estrutural;
- trabalho multifacetado: convivem o trabalho tayloriano-fordista com o flexibilidade-toyotizada; crescente processo de terceirização, o subcontrato e o trabalho temporário e a noção de tempo e de espaço são metamorfoseadas;
- a era da informatização do trabalho, na qual se verifica o intenso uso das máquinas e processo digital, e a crescente informalização do trabalho, dos terceirizados, subcontratados, flexibilizados, trabalhadores em tempo parcial;
- reestruturação produtiva sob o ideário japonês e a acumulação flexível com níveis rebaixados de remuneração da força de trabalho; elevação da produtividade; força de trabalho sobrante, sem experiência sindical e política, e trabalhos desregulamentados;

---

57   CHESNAIS, F. *A mundialização do capital.* São Paulo: Xamã,1996.

58   ALVES, 2011, p. 80-81.

59   Trecho da música *Admirável gado novo.* RAMALHO, Z. *Admirável gado novo. In:* Zé Ramalho 2. Rio de Janeiro: Epic, 1979. CD, reedição 2003, faixa 2.

60   ANTUNES, 2018b, p. 79.

61   ANTUNES, 2007.

- a liofilização organizacional, na qual o trabalho vivo é substituído pelo maquinário tecno-informacional;

- serviços públicos passam por processos de reestruturação subordinando-se à mercadorização;

- trabalho instável torna-se quase virtual;

- o trabalhador torna-se polivalente e multifuncional e ocorre a intensificação dos ritmos, tempos e processos;

- a ampliação do trabalho imaterial em uma sociedade do conhecimento, das marcas, dos símbolos, do invólucro e do supérfluo que expressa as formas contemporâneas de valor;

- expansão dos assalariados médios no setor serviços e as mutações organizacionais, tecnológicas e de gestão neste mesmo setor são afetados pela racionalidade do capital e pela lógica dos mercados;

- novo desenho das formas de representação das forças sociais do trabalho em que se verifica a crise nos sindicatos;

- expansão do trabalho em domicílio, pequenas e médias unidades produtivas que se mesclam com o trabalho reprodutivo doméstico, aumentando as formas de exploração do contingente feminino;

- processo de feminilização do trabalho e níveis de remuneração das mulheres, em média, inferiores àqueles dos homens;

- crescente exclusão dos jovens em idade pós-escolar e idosos e inclusão precoce e criminosa de crianças nas atividades produtivas;

- expansão do trabalho no terceiro setor com predomínio do trabalho voluntário em atividades assistenciais;

- erosão do trabalho contratado e regulamentado, sendo o empreendedorismo e o trabalho voluntário formas ocultas de trabalho assalariado; o cooperativismo revela que as cooperativas patronais destituem direitos e aumentam a precarização; o trabalho atípico tem a duração limitada, ocasional e sazonal;

- desmonte da legislação social e protetora do trabalho com o aniquilamento de direitos conquistados pela classe trabalhadora.

Nesse cenário, surge a empresa-plataforma, conectando consumidores e varejistas. Slee[62] apresenta a acumulação de fortunas, a precarização do trabalho, a erosão de muitas culturas e o consumismo. Verifica-se a precarização pela desregulamentação generalizada das relações de trabalho:

> A raiz da questão é sempre a mesma: a classificação como contratante independente livra a companhia de ter de pagar por direitos trabalhistas e de ter de respeitar os padrões de emprego. O risco é inteiramente empurrado para o subcontratado.

---

62   SLEE, T. *Uberização*: a nova onda de trabalho precarizado. Trad. João Peres. São Paulo: Elefante, 2017. p. 134.

CONTEXTO CONTEMPORÂNEO DO TRABALHO

Ganha força a figura do empreendedor ou dos microempreendedores, "de modo que agora as iniciativas da Economia de Compartilhamento cunharam uma palavra para 'pessoas como empresas'".[63]

Slee[64] cita diversas "empresas de compartilhamento", como a Uber, na qual o motorista não é um empregado e não há contrato de trabalho. Cabe esclarecer que a economia de compartilhamento, de acordo com o autor, é reconhecida originalmente pela cultura da abertura, afastando-se da propriedade privada e introduzindo a concepção do "compartilhável" em uma dada comunidade. Tornou-se uma característica atual das empresas de tecnologia digital, em que se apregoa a tese dos códigos abertos. Essa premissa é aplicada para além da internet, "instituições abertas, governo aberto, acesso aberto".[65] É possível, desde já, reconhecer que as empresas mantêm sob sigilo e domínio aquilo que gera lucro e competitividade.

> Tornou-se uma característica atual das empresas de tecnologia digital, em que se apregoa a tese dos códigos abertos. Essa premissa é aplicada para além da internet, "instituições abertas, governo aberto, acesso aberto".

Em termos sociais, esperava-se que os usuários dos serviços de compartilhamento introduzissem "posturas políticas críticas ao consumismo, especialmente relacionadas com preocupações ambientais contra o individualismo do automóvel, mas tampouco encontraram evidência deste tipo de motivação".[66] Verifica-se que a ideia de uma cultura mais aberta e igualitária é atraente, mas não se sustenta nessas estratégias empresariais.

Devemos destacar que a também denominada "economia colaborativa" ou "economia do bico" (ou o termo, em inglês, *gig economy*), que no Brasil tem assumido o neologismo "uberização", não está restrita a um segmento, muito menos a uma empresa (ou plataforma). Matéria da BBC, por exemplo, indica que o maior contingente de trabalhadores que presentemente atua nesse modelo de negócio é de mulheres (como cuidadoras e com serviços de limpeza).[67]

Retornando à relação de trabalho, outra cientista social, Ludmila Costhek Abílio, em entrevista no ano de 2019,[68] sustenta que a "uberização" leva o trabalhador a ser *just in time*, responder a demandas do mercado e estar disponível para o trabalho. Também ressalta que a informalização tem se expandido sobre o trabalho formal. E afirma que "a uberização também consolida o trabalho como trabalho amador, ou seja, um trabalho que opera e aparece como trabalho, mas que não confere identidade profissional".

A precarização *do* "homem-que-trabalha" e a crise do trabalho vivo, já referidas por Alves,[69] levam às crises da vida pessoal, de sociabilidade e de autorreferência.

Em síntese, as diversas características relativas ao trabalho na atualidade ilustram o processo de transformação do trabalho, cuja lógica assenta-se na volatilidade,

---

63 SLEE, 2017, p. 175.

64 SLEE, 2017.

65 SLEE, 2017, p. 207.

66 SLEE, 2017, p. 92.

67 O PARADOXO do Uber: como o aplicativo libera e aprisiona seus motoristas na 'economia colaborativa'. *BBC*. Disponível em: https://www.bbc.com/portuguese/geral-50412910. Acesso em: 1 abr. 2020.

68 ABÍLIO, L. C. Uberização: a edição da velha ideia do trabalho amador. [Entrevista cedida a] João Vítor Santos. *Instituto Humanitas Unisinos*, 13 ago. 2019. Disponível em: http://ihu.unisinos.br/159-noticias/entevistas/591603-uberizacao-a-edicao-da-velha-ideia-do-trabalho-amador-entrevista-especial-com-ludmila-abilio. Acesso em: 21 out. 2019.

69 ALVES, 2011.

efemeridade e descartabilidade. "É este, portanto, o desenho compósito, heterogêneo e multifacetado que caracteriza a nova conformação da classe trabalhadora."[70]

Desalento, desesperança, desistência: "socorro, eu já não sinto nada"[71]

Verifica-se, no Brasil, de acordo com os dados do IBGE[72] referentes ao ano de 2019, a desesperança em relação ao trabalho. Os dados revelam uma queda na taxa de desocupação de 12,5% para 11,8% nos trimestres de 2019. No entanto, 12,6 milhões ainda buscam trabalho e a melhora na taxa de desemprego refere-se ao aumento do trabalho informal.[73] O número de pessoas subutilizadas chegou a 28,1 milhões no trimestre de maio a julho de 2019, e o conjunto de pessoas desalentadas foi calculado em 4,8 milhões no mesmo período. O rendimento médio real habitual (R$ 2.286,00) caiu 1,0% comparado ao trimestre anterior.

A desesperança referida revela a categoria do desalentado que integra a chamada força de trabalho potencial. Essa condição diz respeito àquele que quer trabalhar, deixa de procurar por não conseguir ocupação adequada, mas está disponível para assumir uma vaga se ela surgir.

> **A população desalentada é aquela que não consegue trabalho adequado porque não tem experiência ou qualificação, ou é muito jovem ou idosa para o mercado de trabalho, ou não encontra oferta no local em que reside.**

Nesse contexto, a população desalentada é aquela que não consegue trabalho adequado porque não tem experiência ou qualificação, ou é muito jovem ou idosa para o mercado de trabalho, ou não encontra oferta no local que reside. Gonzaga e Reis[74] explicam que o efeito desalento ocorre "quando o salário esperado e a probabilidade de conseguir uma vaga são mais baixos, trabalhadores desempregados optam por deixar de procurar emprego, o que provoca uma queda na taxa de participação na força de trabalho".

No cenário atual, verifica-se que um em cada quatro desempregados procura trabalho há pelo menos dois anos.[75] Esse dado representa mais de um quarto (26,2%) dos desempregados que procuram trabalho há, no mínimo, dois anos, o que equivale a 3347 milhões de pessoas nessa condição. Para o IBGE, o desemprego expressa-se pela taxa de desocupação. O aumento dessa taxa revela que cresce o número de pessoas sem trabalho e procurando, entregando currículos.

Diversas pesquisas confirmam o sofrimento decorrente do desemprego. Seligmann-Silva,[76] por exemplo, dedica um capítulo de sua obra à psicopatologia da recessão e do desemprego, no qual se refere a várias pesquisas internacionais sobre o tema. A autora disserta sobre o processo de isolamento social, em que se constata a privação material e os sentimentos de vergonha, desânimo, raiva e revolta. Aborda, também, o

---

70 ANTUNES, 2007, p. 21.

71 Trecho da música *Socorro*. RUIZ, A.; ANTUNES, A. *Socorro*. Intérprete: Arnaldo Antunes. *In:* Um som. São Paulo: BMG, 1998. CD, faixa 6.

72 INSTITUTO BRASILEIRO DE GEOGRAFIA E ESTATÍSTICA (IBGE). Desemprego cai para 11,8%, mas 12,6 milhões ainda buscam trabalho. *Agência IBGE Notícias*, 30 ago. 2019. Disponível em: https://agenciadenoticias.ibge.gov.br/agencia-noticias/2012-agencia-de-noticias/noticias/25314-desemprego-cai-para-11-8-mas-12-6-milhoes-ainda-buscam-trabalho. Acesso em: 2 abr. 2020.

73 SILVEIRA, D.; NAIME, L. Desemprego fica em 11,8% em setembro e atinge 12,5 milhões, diz IBGE. *G1*. Disponível em: https://g1.globo.com/economia/noticia/2019/10/31/desemprego-fica-em-118percent-em-setembro-diz-ibge.ghtml. Acesso em: 6 abr. 2020.

74 GONZAGA, G.; REIS, M. C. Oferta de trabalho e ciclo econômico: os efeitos trabalhador adicional e desalento no Brasil. *Rev. Bras. Econ.*, Rio de Janeiro, v. 65, n. 2, p. 128, jun. 2011.

75 RENAUX, P. 1 em cada 4 desempregados procura trabalho há pelo menos dois anos. *Agência IBGE Notícias*. Disponível em: https://agenciade noticias.ibge.gov.br/agencia-noticias/2012-agencia-de-noticias/noticias/25215-1-em-cada-4-desempregados-procura-trabalho-ha-pelo-menos-dois-anos. Acesso em: 2 nov. 2019

76 SELIGMANN-SILVA, E. *Trabalho e desgaste mental*: o direito de ser dono de si mesmo. São Paulo: Cortez, 2011. p. 418.

CONTEXTO CONTEMPORÂNEO DO TRABALHO

risco de suicídio nas situações de desemprego, frente às perdas e às ameaças vivenciadas. Neste cenário, pontua que:

> Este é o valor da preservação dos pertencimentos – estar desemprega-
> do, mas continuar mantendo comunicação significativa e interação [...]
> A preservação do pertencimento está muito associada à possibilidade de
> preservação da dignidade. Ambas, conjuntamente, em condições de perda
> ou mesmo carência material, se tornam essenciais para evitar uma trajetória
> de desvinculamentos sucessivos.

QUALIDADE DE VIDA, NO TRABALHO? "FICO COM A PUREZA DA RESPOSTA DAS CRIANÇAS..."[77]

Complementarmente a essa pergunta, de caráter introdutório para a discussão sobre
a qualidade de vida no trabalho ser uma realidade possível ou encontrar-se meramente no plano ficcional, Weil[78] agrega outras quatro, partindo da premissa de que o
cenário contemporâneo do trabalho está com fissuras:

> (1) como os locais de trabalho ficaram assim, com fissuras? (2) Quais são
> os impactos mais abrangentes? (3) O contínuo corte de postos de trabalho
> é uma decorrência inevitável da economia moderna, flexível? (4) Há cami-
> nhos para assegurar que trabalhadores sejam tratados de modo justo e res-
> ponsável, dada a pressão contínua para fissurar a empregabilidade?

Em consonância com o que foi tratado neste capítulo, quando da discussão do cenário, Weil argumenta que tais fissuras emergem em função de um efeito combinado
de três "elementos estratégicos":[79]

> [...] o primeiro focado em receitas (um foco tal como de laser na competên-
> cia central), a segunda focada em custos (corte de postos de trabalho), e o fi-
> nal que oferece a cola para que a estratégia completa funcione efetivamente
> (criando e fortalecendo padrões).

Quase duas décadas e meia antes, em texto originalmente publicado em 1990, o
professor francês de gestão Jean-François Chanlat[80] já alertava, com relação a impactos sobre a vida dos seres humanos que trabalham, que uma organização

> [...] não é sempre a boa mãe que ela gostaria de ser. A nostalgia dos operários,
> o desconforto existencial em relação ao trabalho dos executivos, menciona-
> dos com frequência, são ao mesmo tempo o reflexo da formação geralmente
> recebida nas universidades e a imagem que se cultiva na sociedade global.
> Em um mundo essencialmente dominado pela racionalidade instrumen-
> tal e por categorias econômicas rigidamente estabelecidas, os homens e as

---

77   Trecho da música *O que é, o que é?* GONZAGUINHA. *O que é, o que é?*. *In:* Caminhos do coração. Rio de Janeiro: EMI, 1982. LP, faixa 1, lado A.

78   WEIL, D. *The fissured workplace:* why work became so bad for so many and what can be done to improve it. Cambridge, MA: Harvard University Press, 2014. p. 5. (Tradução nossa.)

79   WEIL, 2014, p. 11. (Tradução nossa.)

80   CHANLAT, J-F. Por uma antropologia da condição humana nas organizações. *In:* CHANLAT, J-F (coord.). *O indivíduo na organização:* dimensões esque-cidas. 3. ed. Trad. Ofélia de Lanna Sette Tôrres. São Paulo: Atlas, 2012. p. 25. v. 1.

GESTÃO DO FATOR HUMANO

mulheres que povoam as organizações são considerados, na maioria das vezes, apenas recursos, isto é, como quantidades materiais cujo rendimento deve ser satisfatório do mesmo modo que as ferramentas, os equipamentos e a matéria-prima. Associados ao universo das coisas, as pessoas empregadas nas organizações transformam-se em objetos. Em alguns casos, só acontecimentos extraordinários fazem emergir sua condição humana.

Uma vez que já foram acrescentadas várias perguntas, incluiremos mais algumas ao elenco, formuladas por Clot[81] quando discute se o trabalho teria se tornado um jogo afetivo. Ele apresenta os seguintes questionamentos:

> Será que se pode ter devotamento sem afeto? Implicação sem que os implicados se sintam como alguém que conta para alguma coisa que não diga respeito apenas aos dirigentes? Pode-se sustentar que a empresa não é uma família e, ao mesmo tempo, reassegurar aos empregados que eles são amados, retomando os traços do paternalismo mais tradicional? E isso no mesmo momento em que aquilo que eles amam – seu trabalho e sua história – é maltratado? A 'ligação visceral' com seu trabalho [...] teria se tornado um fardo, um tipo de nova alienação paradoxal, dessa vez para os dirigentes?

Também fazendo referência ao afeto, Bendassoli[82] traz uma contribuição, inspirado pelos escritos de Yves Clot, sobre o sofrimento no trabalho ser decorrente tanto de atividades realizadas como daquelas que não puderam ser ou, ainda, daquelas que foram executadas de forma substitutiva. Nesse sentido, ele argumenta que:

> [...] o desgaste no trabalho está ligado ao que o trabalhador não pôde fazer, e que gostaria, e àquilo que ele é 'obrigado' a fazer, muitas vezes de forma automática. Quando ocorre o impedimento, o bloqueio ou a suspensão da atividade, a energia associada a esta última acumula-se, sendo também este um fator de adoecimento, pois a saúde está ligada à intensidade, à ligação da energia mental e afetiva em objetos externos ao sujeito e novamente por ele reapropriada. Externalização e internalização são dois movimentos fundamentais da movimentação da energia ou do afeto em torno da atividade.

Calgaro e Siqueira[83] alertam para o risco de que, por meio de sedução e fascínio, ou seja, também no plano das emoções, dos sentimentos, haja uma captura psicológica do sujeito pelo contexto de trabalho, podendo resultar perda de identidade e sacrifício voluntário. Argumentam que:

> Como que hipnotizado pelo discurso organizacional, o trabalhador é envolvido amorosamente em uma teia psicológica que, além de torná-lo ansioso por fazer parte de um grupo poderoso – que pode dar sentido à sua vida – faz com que perceba a organização como o local para a realização do desejo. [...] a empresa cria o imaginário de transformação que promete sucesso individual, a partir de sacrifício em nome da organização.

---

81   CLOT, Y. O ofício como operador de saúde. *Cadernos de Psicologia Social do Trabalho*, v. 16, n. especial 1, p. 1-11, 2013. p. 1-2.

82   BENDASSOLI, P. F. Mal-estar no trabalho: do sofrimento ao poder de agir. *Revista Mal-Estar e Subjetividade*, Fortaleza, v. XI, n. 1, p. 87, mar. 2011.

83   CALGARO, J. C. C.; SIQUEIRA, M. V. S. Servidão e sedução: duas faces do gerencialismo contemporâneo. *In:* MENDES, A. M. (org.), *Trabalho e saúde*: o sujeito entre emancipação e servidão. 3ª reimpress. Curitiba: Juruá, 2011. p. 122.

CONTEXTO CONTEMPORÂNEO DO TRABALHO

Um tanto na contramão do(s) afeto(s) e, de certa forma, reverberando a ideia de cooptação dos sujeitos pelo discurso organizacional, Gaulejac[84] aponta para uma tendência de "coisificação" do ser humano no trabalho, presente na gestão contemporânea, pelo menos naquela que se faz pautar por uma visão na qual o ser humano é acessório, reduzido a um recurso, sinônimo de fonte geradora de custo, tornando-se utilizável, manipulável, substituível, dispensável, para que tal custo seja, necessariamente, minimizado. Neste sentido:

> A gestão do pessoal e das relações sociais é substituída pela gestão dos recursos humanos. Os efetivos são considerados como um custo que convém reduzir de todos os modos, uma 'variável de ajustamento', que é preciso flexibilizar ao máximo, a fim de se adaptar às 'exigências do mercado'. Adaptabilidade, flexibilidade, reatividade tornam-se as palavras de ordem de um 'bom' gerenciamento de recursos humanos. [...] Trata-se de fazer sempre mais, sempre melhor, sempre mais rapidamente, com os mesmos meios e até com menos efetivos.

"A gestão do pessoal e das relações sociais é substituída pela gestão dos recursos humanos. Os efetivos são considerados como um custo que convém reduzir de todos os modos [...]"

Esses aspectos relacionados aos riscos do trabalho para a saúde, sobretudo mental, coadunam-se com os alertas feitos por Dejours, mencionados anteriormente, em entrevista ao jornal português *Público* (já referenciada neste texto). No limite, os impactos, especialmente decorrentes de mudanças na organização do trabalho, podem levar indivíduos a atentarem contra a própria vida. Para esse autor:

> [...] em certas situações, quando uma pessoa que não é melancólica é escolhida como alvo de assédio, é possível fabricar, desencadear, uma verdadeira depressão em tudo igual à melancolia. Quando essa pessoa se vai abaixo, tem uma depressão, autodesvaloriza-se, torna-se pessimista, pensa que não vale nada, que merece realmente morrer. o grifo é do autor ou vem do original?

Depois de tantas indagações, tantos questionamentos: "você tem sede de quê? você tem fome de quê?"[85]

A esta altura, a pergunta que intitula esta seção parece constituir uma dúvida, uma insegurança, de fato pertinente, pautada pelo princípio da razoabilidade.

Na prática, não há conceito único ou mesmo consensual sobre Qualidade de Vida no Trabalho (QVT), termo que teria surgido na literatura científica no pós-Segunda Guerra Mundial, na década de 1950, na Inglaterra, o qual tem sido crescentemente difundido desde então, com maior ênfase a partir do final do século passado, também no Brasil. Nas palavras de Lacaz:[86]

> Como incorpora uma imprecisão conceitual, vem dando margem a uma série de práticas nela contidas que ora aproximam-se da qualidade de processo e de produto, ora com esta se confundem. [...] Se sua origem pode

---

84 GAULEJAC, V. de. *Gestão como doença social*: ideologia, poder gerencialista e fragmentação social. 2. ed. Trad. Ivo Storniolo. Aparecida, SP: Ideias & Letras, 2007. p. 41.

85 Trecho da música *Comida*. ANTUNES, A.; FROMER, M.; BRITTO, S. *Comida. In:* Titãs – Acústico MTV. Rio de Janeiro: WEA, 1997. CD, faixa 1.

86 LACAZ, F. A. C. Qualidade de vida no trabalho e saúde/doença. *Ciência e Saúde Coletiva*, v. 5, n. 1, p. 152, 2000.

ser encontrada no longínquo pós-guerra, [...] sua trajetória tem passado por vários enfoques.

A título de ilustração, direcionando o foco para a literatura acadêmica brasileira mais recente, obra publicada em 2015 com o sugestivo *título Qualidade de vida no trabalho: estudos e metodologias brasileiras*[87] condensa cinco abordagens, consideradas as principais, em termos teóricos e metodológicos, com as quais importantes grupos de pesquisadores estão lidando:

1. abordagem biopsicossocial e organizacional;

2. abordagem da ergonomia da atividade aplicada à QVT;

3. abordagem da psicodinâmica do trabalho;

4. abordagem da ergopsicologia; e

5. abordagem das representações sociais aplicada ao trabalho.

Neste capítulo, nossa opção recai sobre um olhar para QVT pautado pela ergonomia da atividade (e que tem caminhado com a psicologia do trabalho e com a administração), pela compreensão de que se trata de uma abordagem que, em sua origem, buscou uma distinção do que se constituía como concepção predominante, mais alinhada com uma visão de natureza, em última instância, assistencialista, na qual a práxis resultante, para alegada promoção de QVT, estava e está baseada em "ações que visam aumentar a resiliência dos trabalhadores, para suportarem, no limite de suas capacidades, as adversidades vivenciadas nos ambientes de trabalho".[88]

O entendimento pode ser que se trata de uma perspectiva ampliada e crítica às eventuais ênfases à prática de hábitos saudáveis (o que, obviamente, não significa dizer que adotar e manter hábitos saudáveis não seja desejável e não resulte em condição de saúde mais favorável) e/ou adoção de medidas esporádicas e limitadas voltadas para, a título de exemplo: relaxamento muscular, "descompressão", busca de autoconhecimento e autocontrole, administração do tempo. Mais uma vez, ainda que possam ser assumidas como positivas e benéficas para os indivíduos que delas venham a participar, tais ações não atuam, não intervêm, a rigor, na origem do que possa estar a provocar a "não-QVT" ou um déficit de QVT.

Para Ferreira e Torres,[89] essa abordagem contra-hegemônica contempla duas perspectivas e as integra:

> (a) sob a ótica das organizações a QVT é um preceito de gestão organizacional que se expressa por um conjunto de normas, diretrizes e práticas no âmbito das condições, da organização e das relações socioprofissionais de trabalho que visa à promoção do bem-estar individual e coletivo, o desenvolvimento pessoal dos trabalhadores e o exercício da cidadania organizacional nos ambientes de trabalho; e (b) sob a ótica dos trabalhadores, ela se

---

87 TAVEIRA, I. M. R.; LIMONGI-FRANÇA, A. C.; FERREIRA, M. C. (org.) *Qualidade de vida no trabalho*: estudos e metodologias brasileiras. Curitiba: CRV, 2015.

88 FERREIRA, M. C. Apresentação. *In*: TAVEIRA, I. M. R.; LIMONGI-FRANÇA, A. C.; FERREIRA, M. C. (org.). *Qualidade de vida no trabalho*: estudos e metodologias brasileiras. Curitiba: CRV, 2015. p. 131-132.

89 FERREIRA, M. C.; TORRES, C. C. Qualidade de Vida no Trabalho (QVT): uma alternativa em ergonomia da atividade para mudança sustentável nas organizações. *In*: TAVEIRA, I. M. R.; LIMONGI-FRANÇA, A. C.; FERREIRA, M. C. (org.). *Qualidade de vida no trabalho*: estudos e metodologias brasileiras. Curitiba: CRV, 2015. p.161.

expressa por meio das representações globais (contexto organizacional) e específicas (situações de trabalho) que estes constroem, indicando o predomínio de experiências de bem-estar no trabalho, de reconhecimento institucional e coletivo, de possibilidade de crescimento profissional e de respeito às características individuais.

Consequentemente, Ferreira[90] esclarece que, em suma, a

> QVT de viés sustentável para os trabalhadores, as organizações e a sociedade, aquela para valer e durar, deve ser centrada no olhar coletivo de todos que, nos contextos de trabalho, geram produtos e serviços. As representações dos trabalhadores devem constituir-se na referência empírica primeira.

Os resultados de pesquisas levadas a efeito, orientadas por tal abordagem, evidenciam uma convergência em torno de dois eixos, os quais são assim descritos por Ferreira:[91]

> 1. Há qualidade de vida no trabalho quando o funcionamento da organização combina gestão humanizada (e.g: gestão participativa, suporte de recursos ergonômicos), ambiente de trabalho saudável (e.g: condições adequadas de trabalho, relações socioprofissionais harmoniosas) e desenvolvimento pessoal e profissional (e.g: capacitação profissional, progressão na carreira).
>
> 2. Há qualidade de vida no trabalho quando o trabalho é fonte de felicidade (e.g: sentimentos de prazer com o trabalho, sentir-se produtivo, reconhecido, útil), e proporciona sentido existencial positivo (e.g.: sentimento de tempo valioso de vida passado no trabalho, de dever cumprido, de voltar feliz para casa).

> **"QVT de viés sustentável para os trabalhadores, as organizações e a sociedade, aquela para valer e durar, deve ser centrada no olhar coletivo de todos que, nos contextos de trabalho, geram produtos e serviços."**

QVT é possível! "amanhã, está toda esperança, por menor que pareça, que existe é pra vicejar"[92]

Com base no até aqui discutido, ainda que nos contextos de trabalho haja contradições, conflitos, assimetrias decorrentes da complexidade inerente ao próprio trabalho e ao trabalhar (o que não é um fenômeno recente, mas sim atualizado e em constante atualização), as vivências de bem-estar e a consequente qualidade de vida no ambiente laboral não constituem necessariamente uma miragem, mas sim uma possibilidade de efetiva concretização, a qual é passível de diagnóstico (ou mapeamento) e, a partir deste, uma intervenção propositiva, orientada para transformação do que se revele estar em situação de criticidade, com riscos de adoecimento para os indivíduos. Assim, as Figuras 8.2 e 8.3 apresentam visões ilustradas, respectivamente, da concepção teórico-metodológica e dimensões analíticas constituintes dessa abordagem, e do fluxo procedimental para uma intervenção prática, desde o diagnóstico do cenário até a formulação de uma política e de um programa de QVT e sua efetiva implantação.

---

90 FERREIRA, M. C. Qualidade de Vida no Trabalho (QVT): enfoque contra-hegemônico. *In*: MENDES, R. (org.) *Dicionário de saúde e segurança do trabalhador*: conceitos, definições, história, cultura. Novo Hamburgo: Proteção Publicações, 2018. p. 958.

91 FERREIRA, 2018, p. 959.

92 Trecho da música *Amanhã*. ARANTES, G. *Amanhã*. *In*: Ronda noturna. Rio de Janeiro: Sigla, 1977. LP, faixa 1, lado B.

GESTÃO DO FATOR HUMANO

246

Figura 8.2 Dimensões analíticas fundamentais e noções teóricas para a avaliação de qualidade de vida no trabalho

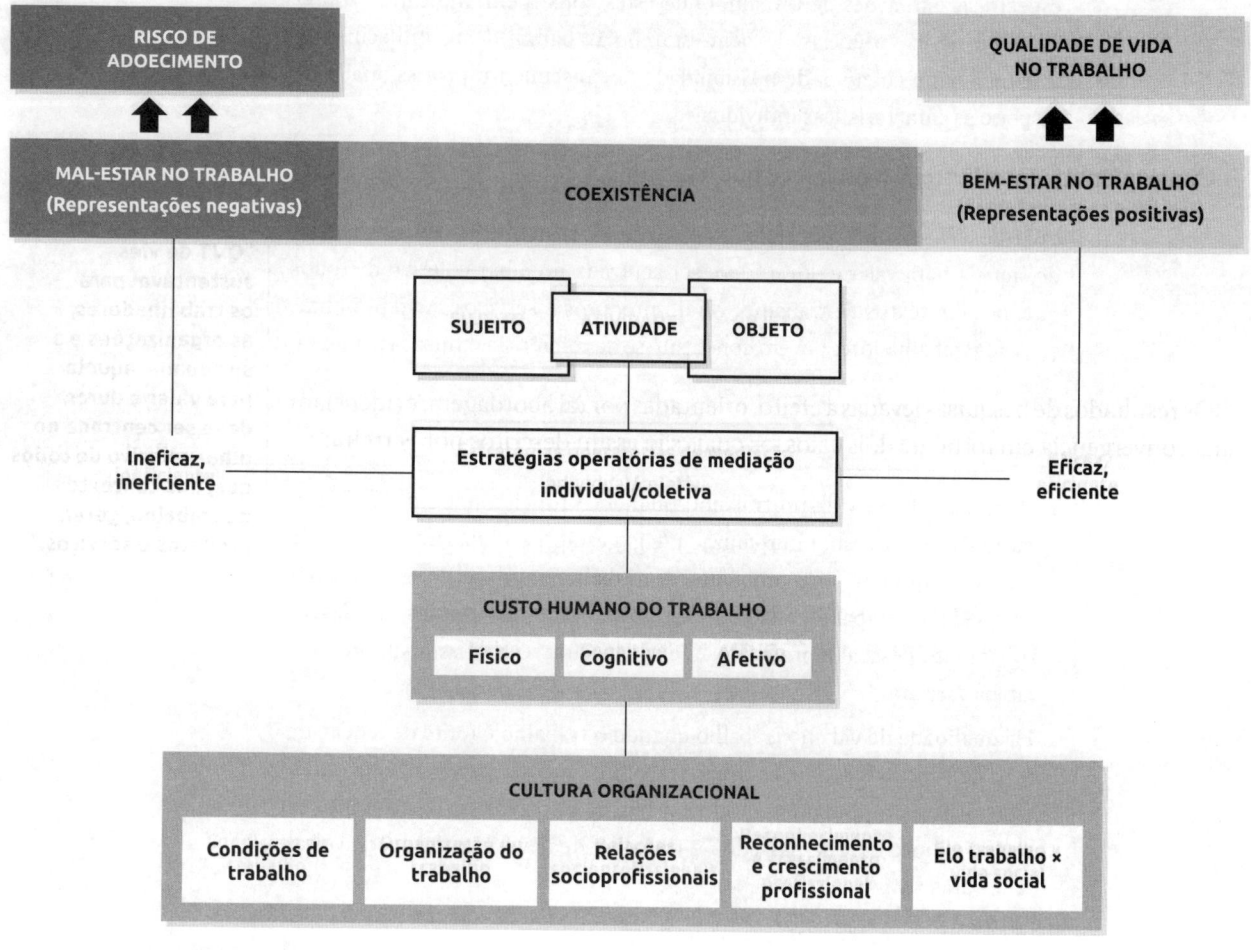

Fonte: adaptado de FERREIRA, 2012, p. 177.

Para concluir esta seção, recorremos a Morin *et al.*,[93] que advogam que o presente século:

> [...] oferece oportunidades únicas para a promoção da saúde no trabalho, ao apontar para novos paradigmas que têm como eixo central o elemento humano e a emergência de novos valores sociais, econômicos, políticos e culturais, com consequências positivas nos modos de organização do trabalho. Espera-se que levem a uma nova consciência coletiva, reposicionando a importância da dignidade humana e da democracia em nossas sociedades.

> **A atenção aos seres humanos em contexto de trabalho, o cuidado com sua saúde, em perspectiva holística, não é onírico nem conflitante com resultados econômico-financeiros, pelo contrário.**

Com esse entendimento, apresentamos, a seguir, alguns exemplos que evidenciam, de modo inequívoco, que a atenção aos seres humanos em contexto de trabalho, o cuidado com sua saúde, em perspectiva holística, não é onírico nem conflitante com resultados econômico-financeiros, pelo contrário.

---

93 MORIN, E. *et al.* Os sentidos do trabalho: implicações pessoais e organizacionais. *In*: SANT'ANNA, A. S.; KILIMNIK, Z. M. (org.). *Qualidade de vida no trabalho*: abordagens e fundamentos. Rio de Janeiro: Elsevier; Belo Horizonte: Fundação Dom Cabral, 2011. p. 292.

CONTEXTO CONTEMPORÂNEO DO TRABALHO

Figura 8.3 Abordagem multimétodo de pesquisa-intervenção em qualidade de vida no trabalho

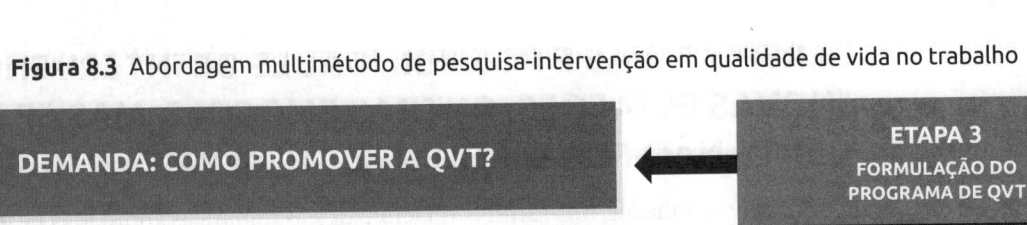

DEMANDA: COMO PROMOVER A QVT?

ETAPA 3
FORMULAÇÃO DO
PROGRAMA DE QVT

ETAPA 1
DIAGNÓSTICO DE QVT

PASSO 1
- Pactuação ética: contrato psicológico
- Alinhamento cognitivo da equipe
- Plano de ação e cronograma

PASSO 2
Diagnóstico
macro-organizacional

Definição do público-alvo

Levantamento do perfil dos participantes e adaptação do Inventário de Avaliação de Qualidade de Vida no Trabalho (IA_QVT)

Sensibilização do público-alvo

Aplicação do IA_QVT

Tratamento dos dados quantitativos e qualitativos

Tratamento dos resultados:
- Elaboração do relatório
- Validação
- Divulgação

PASSO 3
Diagnóstico
micro-organizacional

Recorte da situação-problema com base nos resultados do diagnóstico macroergonômico

Planejamento da coleta de dados

Sensibilização dos participantes

Coleta de dados:
- Análise documental
- Grupo focal
- Entrevistas
- Observações
- Medidas ambientais

Tratamento dos dados

Tratamento dos resultados:
- Elaboração do relatório
- Validação
- Divulgação

PASSO 5
Formulação de
programa de QVT

Definição: projetos, ações, indicadores

Pré-validação: gestores e equipe

Validação com o público-alvo

Divulgação do programa

Formalização do programa

ETAPA 2
FORMULAÇÃO DE UMA
POLÍTICA DE QVT

PASSO 4
Redação da
política de QVT

Fundamentos normativos, conceito, valores

Pré-validação: gestores e equipe

Validação com o público-alvo

Divulgação da política

Formalização da política

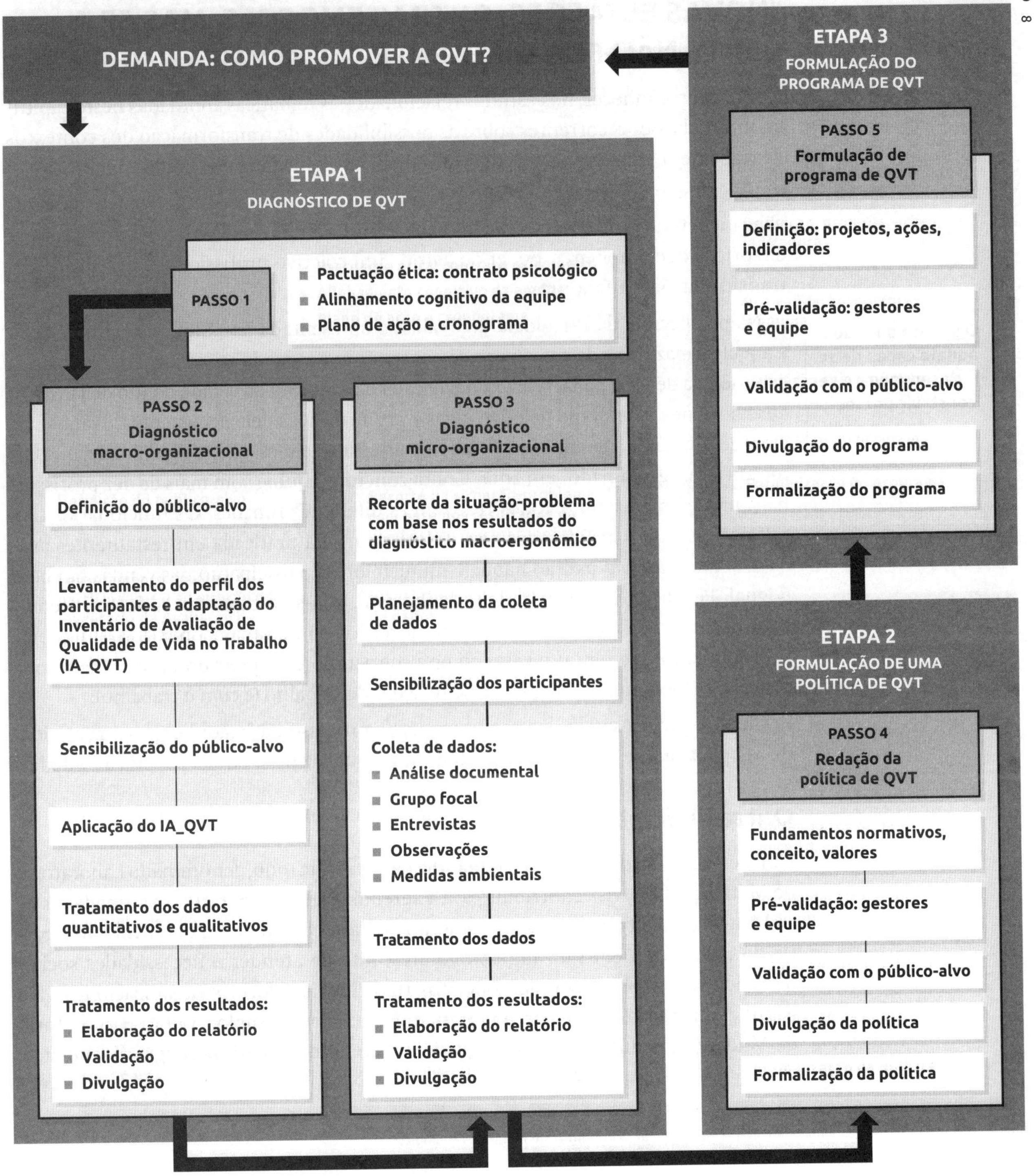

Fonte: adaptada de FERREIRA, 2012, p. 201.

PERSPECTIVAS E POSSIBILIDADES DE INTERVENÇÃO: "NOVAS ESTAÇÕES, OUTRAS EMOÇÕES, MAS SE A GENTE NÃO FOR DIFERENTE, TUDO VAI SER IGUAL"[94]

É possível reconhecer, nos estudos relacionados às temáticas abordadas neste capítulo, interpelações recorrentes sobre as possibilidades de transformação dos contextos de trabalho. Dito nas palavras de Antunes:[95] "há alguma luz no fim do túnel?".

Para Clot:[96] "mudar uma situação de trabalho não pode constituir o objeto da intervenção de uma *expertise* 'externa'". O autor prima pelo uso de instrumentos práticos e teóricos que ampliem o poder de agir de um coletivo profissional e desencadeiem transformações duradouras.

> **O sujeito da ação é aquele capaz de se desenvolver e se construir por meio da atividade.**

Na perspectiva da Psicologia do Trabalho apresentada por Clot, o sujeito da ação é aquele capaz de se desenvolver e se construir por meio da atividade. Por exemplo, a experiência de uma padaria artesanal (e café) na Zona Sul da cidade do Rio de Janeiro[97] aproxima-nos da ação do coletivo e das transformações dela decorrentes. Trata-se de empreendimento sustentado no trabalho artesanal, em escala e de qualidade, que começou a ser "germinado" em 2014. Conta com uma equipe com mais de dez profissionais, não há hierarquia e todos realizam as diferentes funções. Os funcionários têm salários iguais (e considerados bem acima da média praticada em restaurantes avaliados como de bom padrão naquele município) e a participação nas vendas também é igual. Pela ação do coletivo de trabalho estrutura-se a experiência do empreendimento. E não se trata de um conjunto de sócios ou de uma cooperativa. É um empreendimento que tem um casal como proprietário e empregador, porém com uma concepção incomum de negócio e de relações de trabalho (e com o trabalho).

Clot[98] associa a saúde dos profissionais ao processo de "reconhecer-se na atividade". Explica que se trata de "reconhecer-se no que faz de si na sua própria atividade".

Outras iniciativas

Um método inovador, criado na Finlândia na década de 1990, denominado Laboratório de Mudança (LM), visa contribuir para a aprendizagem colaborativa nas atividades de trabalho e para a transformação dessas atividades. O método foi desenvolvido a partir do reconhecimento do imperativo crescente de atender a necessidades sociais de modo inovador, alterando conceitos tradicionais e formas organizacionais. No Brasil, já há relatos da utilização do método.[99-100] Por exemplo: "O LM (Laboratório de Mudança), enquanto metodologia de intervenção formativa, integra diagnóstico,

---

94 Trecho da música *Tudo igual?* BARUK, P. C. *Tudo igual? In:* Álbum Tudo igual? 2013. Single.

95 ANTUNES, 2018b, p. 288.

96 CLOT, Y. *Trabalho e o poder de agir.* Trad. Guilherme João de Freitas Teixeira e Marlene Machado Zica Vianna. Belo Horizonte: Fabrefactum, 2010. p. 117.

97 Veja mais informações sobre o assunto em: https://projetodraft.com/a-padaria-the-slow-bakery-no-rio-e-tambem-a-historia-de-como-cozinhar-a-mudanca-da-propria-vida. Acesso em: 2 nov. 2019.

98 CLOT, 2010, p. 299.

99 QUEROL, M. A. P.; JACKSON FILHO, J. M.; CASSANDRE, M. P. Change laboratory: uma proposta metodológica para pesquisa e desenvolvimento da aprendizagem organizacional. *Administração: Ensino e Pesquisa*, Rio de Janeiro, v. 12, n. 4, p. 609-640, 2011.

100 PANIZA, M. D. R.; CASSANDRE, M. P.; SENGER, C. M. Os conflitos sob a mediação do Laboratório de Mudança: uma aprendizagem expansiva. *Rev. adm. contemp.*, v. 22, n. 2, p. 271-290, abr. 2018.

CONTEXTO CONTEMPORÂNEO DO TRABALHO

aprendizagem, protagonismo dos participantes e criação de soluções como parte de um mesmo processo".[101]

Virkkunen e Newnham[102] apontam que a discussão teórica, que sustenta o método do Laboratório de Mudança, reconhece a sociedade de conhecimento e a era das tecnologias de informação, indicando a mudança conceitual que se deve operar em todos os níveis da organização. Pretende-se alcançar um nível de aprendizagem coletiva que leve a uma reconceituação dos problemas e a um novo entendimento acerca da atividade. Verifica-se que

> Os processos envolvidos no Laboratório de Mudanças incluem a confrontação emocional de problemas, a análise intelectual distanciada e a reconstrução e rememoração coletivas no percurso que levou à situação atual.

O Laboratório de Mudança, de acordo com Virkkunen et al.,[103] objetiva solucionar problemas de coordenação e colaboração interorganizacionais, "criar algo que produz inovações e maior desenvolvimento em uma atividade".

Em outra frente, iniciativa recente da Microsoft Japão, a título de experiência (projeto Work Life Choice Challenge 2019 Summer, em português, Desafio de opção da vida profissional, verão 2019), foi divulgada por diversos veículos de imprensa, como o jornal The Washington Post:[104] semana de trabalho mais curta, com quatro dias. Os resultados, no período, apontaram: aumento de 40% das vendas por funcionário (quando comparadas com igual período do ano anterior); redução de 59% na quantidade de páginas impressas; redução de 23% no consumo de energia elétrica; 94% dos funcionários satisfeitos com tal iniciativa. Já há registro de testes de redução de jornada semanal de trabalho, por vezes sem redução de salário, também por parte de algumas organizações nos Estados Unidos, Nova Zelândia, Alemanha e de estudos no Reino Unido. Na Suécia, o assunto já é tratado com atenção, de forma mais abrangente, há alguns anos.

Outro exemplo merecedor de destaque diz respeito à iniciativa de Laurence Douglas Fink (Larry Fink), presidente do conselho e diretor-executivo da BlackRock, uma gestora de ativos financeiros que atua em mais de cem países, com aproximadamente US$ 6,5 trilhões em sua "carteira" (ou seja, sob sua responsabilidade), o que a torna, muito possivelmente, a maior organização desse ramo no mundo. Em síntese, sua iniciativa consistiu em enviar aos CEOs das empresas clientes da BlackRock (ou seja, aquelas que recebem recursos dessa gestora de fundos, que integram seu portfólio) duas cartas (ao final dos exercícios de 2018 e 2019) mencionando questões muito relevantes para as companhias e, sobretudo, para os seres humanos. Desde 2012, ele já adotava essa prática, mas o conteúdo das duas últimas é que faz uma grande diferença, desde o título/tema tratado: Um senso de propósito, e propósito e lucro,

---

101 COSTA, S. V. et al. Laboratório de mudança: método para compreensão da crise entre universidade pública e sociedade. Saúde Soc., São Paulo, v. 27, n. 3, p. 769-782, 2018.

102 VIRKKUNEN, J.; NEWNHAM, D. S. O laboratório de mudança: uma ferramenta de desenvolvimento colaborativo para o trabalho e a educação. Trad. Pedro Vianna Cava. Belo Horizonte: Fabrefactum, 2015. p. 70. (Série Trabalho e Sociedade)

103 VIRKKUNEN, J. et al. O laboratório de mudança como ferramenta para transformação colaborativa de atividades de trabalho: uma entrevista com Jaakko Virkkunen. Saúde Soc., São Paulo, v. 23, n. 1, p. 340, mar. 2014.

104 THE WASHINGTON POST. No Japão, Microsoft testa semana de trabalho de quatro dias e produtividade aumenta 40%. Folha de S.Paulo. Disponível em: https://www1.folha.uol.com.br/mercado/2019/11/no-japao-microsoft-testa-semana-de-trabalho-de-quatro-dias-e-produtividade-aumenta-40.shtml. Acesso em: 4 nov. 2019.

respectivamente. Para o principal gestor de uma organização que tem responsabilidade de investir um volume de recursos dessa ordem de grandeza, com expectativa de retorno dos donos desses recursos, tratar, por duas vezes consecutivas, de propósito, poderia até dar uma impressão de algo desconectado da realidade corporativa contemporânea.

Na carta de 2018, ele fundamentalmente conclamou os destinatários (também do capital investido) a atentarem para a necessidade um compromisso social, uma atuação que fosse além do óbvio, da perspectiva mais restrita às demandas dos donos dos recursos e das próprias empresas pelas quais respondiam. Textualmente, ele escreve que:

> [...] a sociedade está demandando que as companhias, tanto públicas como privadas, sirvam um propósito social. Para prosperar ao longo do tempo, cada uma deve não apenas resultar performance financeira, mas também evidenciar como faz uma contribuição positiva para a sociedade.[105]

E mais, diz: "As companhias devem beneficiar todos as partes interessadas (*stakeholders*), incluindo acionistas, empregados, clientes e as comunidades nas quais atuam."[106]

No ano de 2019, ele retoma e enfatiza a questão do propósito, desta vez alertando que isto não deveria ser entendido como clichê ou como um bom *slogan*, com potencial efeito publicitário e mercadológico, mas que se trata do que uma companhia:

> [...] faz todos os dias para gerar valor para as partes interessadas. O propósito não é só a busca pelo lucro, mas é a força motriz para conquistá-lo. [...] O lucro é essencial para que uma empresa atenda a todas as partes interessadas de forma eficiente ao longo do tempo – não apenas acionistas, mas também aos funcionários clientes e comunidades.[107]

Constatamos que ele, mais uma vez, enfatiza a questão de atenção e atendimento, sustentável, a todas as partes interessadas e que o caminho para a consequente geração de lucro é o ânimo que leva as pessoas (que integram e fazem as empresas) a buscá-lo.

Claro que a reflexão e a discussão sobre propósito de organizações (qualquer que seja sua natureza) não constituem uma originalidade, muito menos estamos falando de uma proposição essencialmente inovadora e/ou profunda sobre o tema, mas quando um investidor dessa envergadura assim se manifesta, pode estar reconhecendo e atestando (especialmente junto aos seus pares) que existem, de fato, possibilidades mais robustas, mais perenes, para manter a saúde física e emocional tanto de empregados como dos que integram as comunidades em geral, e também a saúde financeira das empresas (ainda que possa soar, para alguns, um discurso piegas e, talvez, incoerente ou *fake*).

---

105 A SENSE of purpose. Larry Fink's 2018 letter to CEOs. *In*: BLACKROCK. Disponível em: https://www.blackrock.com/corporate/investor-relations/2018-larry-fink-ceo-letter. Acesso em: 3 jan. 2020.

106 BLACKROCK, 2018.

107 PROPÓSITO & LUCRO. Carta anual de Larry Fink a CEOs de 2019. *In*: BLACKROCK. Disponível em: https://www.blackrock.com/br/2019-larry-fink-carta-ceo. Acesso em: 3 jan. 2020.

CONTEXTO CONTEMPORÂNEO DO TRABALHO

A prioridade em uma palavra: pessoas

Um termo relativamente recente vai ao encontro das considerações e exemplos anteriores: *healing organization* ou organização que cura. Mais uma vez, devemos evitar qualquer tentação que nos leve a ter uma visão preconceituosa e que distorça a proposta original de Raj Sisodia e Michael Gelb. Nas palavras do primeiro, em uma organização que cura, seus líderes dizem:

> [...] que sua busca é para aliviar o sofrimento e aumentar a alegria, a felicidade, que atendem as necessidades de todos as partes interessadas, incluindo seus empregados, clientes, comunidades e o ambiente. Que procuram continuamente melhorar as vidas de todas as partes interessadas ao mesmo tempo que geram lucro, de modo que possam continuar a crescer e trazer cura para o mundo.[108]

Pelo até aqui exposto e discutido, tais perspectivas e possibilidades estão alinhadas ao capitalismo consciente, tal como proposto por John Mackey e Raj Sisodia[109] (com líderes conscientes, que são orientados a servir, atender ao propósito da organização, a todas as pessoas que o negócio "toca" e ao planeta que é compartilhado por todos), e, por isso, demandam que gestores estejam atentos ao quão imperiosa, na circunscrição das primeiras décadas do século XXI, é uma gestão do trabalho (contemplados os processos e as atividades, caso a caso) que priorize as pessoas (não perdendo de vista, sob nenhuma hipótese, que a gestão também sempre é levada a efeito por seres humanos). Isso significa que se está falando de gestores, ou líderes, cuidadores. Em outras palavras, uma gestão que se realize com pessoas e para pessoas.

A PRÁTICA DA PESQUISA

Qualidade de vida no trabalho: a ótica da restauração corpo-mente e o olhar dos trabalhadores[110]

Estudo exploratório de empresas brasileiras presentes na internet, que ofertavam serviços e/ou atividades voltados para a Qualidade de Vida no Trabalho (QVT), ou que assim estavam caracterizados pelos prestadores, buscou levantar efetivamente qual o "cardápio de serviços" disponibilizado para contratação pelos eventuais interessados (no âmbito corporativo, público ou privado).

Esse levantamento foi levado a efeito com base em uma amostra de conveniência (em função de maior facilidade e rapidez para o acesso aos dados, com uso do site de buscas Google). Foram identificadas 40 empresas, sendo 36 delas no estado de São Paulo, com tal tipo de atuação (oferta de serviços e/ou atividades voltados para QVT).

---

108 THE healing organization: an interview with Raj Sisodia. *Marketing Journal*, 3 nov. 2019. Disponível em: http://www.marketingjournal.org/the-healing-organization-an-interview-with-raj-sisodia. Acesso em: 16 dez. 2019. [Tradução nossa]

109 MACKEY, J.; SISODIA, R. "Conscious capitalism" is not an oxymoron. *Harvard Business Review*, Cambridge, 14 jan. 2013. Disponível em: https://hbr.org/2013/01/cultivating-a-higher-conscious. Acesso em: 6 jan. 2020.

110 FERREIRA, M. C. *et al.* Qualidade de vida no trabalho: a ótica da restauração corpo-mente e o olhar dos trabalhadores. *In*: FERREIRA, M. C. *et al.* (org.). *Dominação e resistência no contexto trabalho-saúde*. São Paulo: Universidade Presbiteriana Mackenzie, 2011. p. 150-182. (Coleção Academack).

GESTÃO DO FATOR HUMANO

O resultado mostrou um conjunto de 85 atividades (ou, mais genericamente, serviços) apresentadas para a melhoria da qualidade de vida no trabalho, as quais foram agrupadas, tematicamente, em dez grupos. Assim o amplo cardápio ficou caracterizado:

Figura 8.4 Cardápio de atividades para melhoria da QVT trabalho

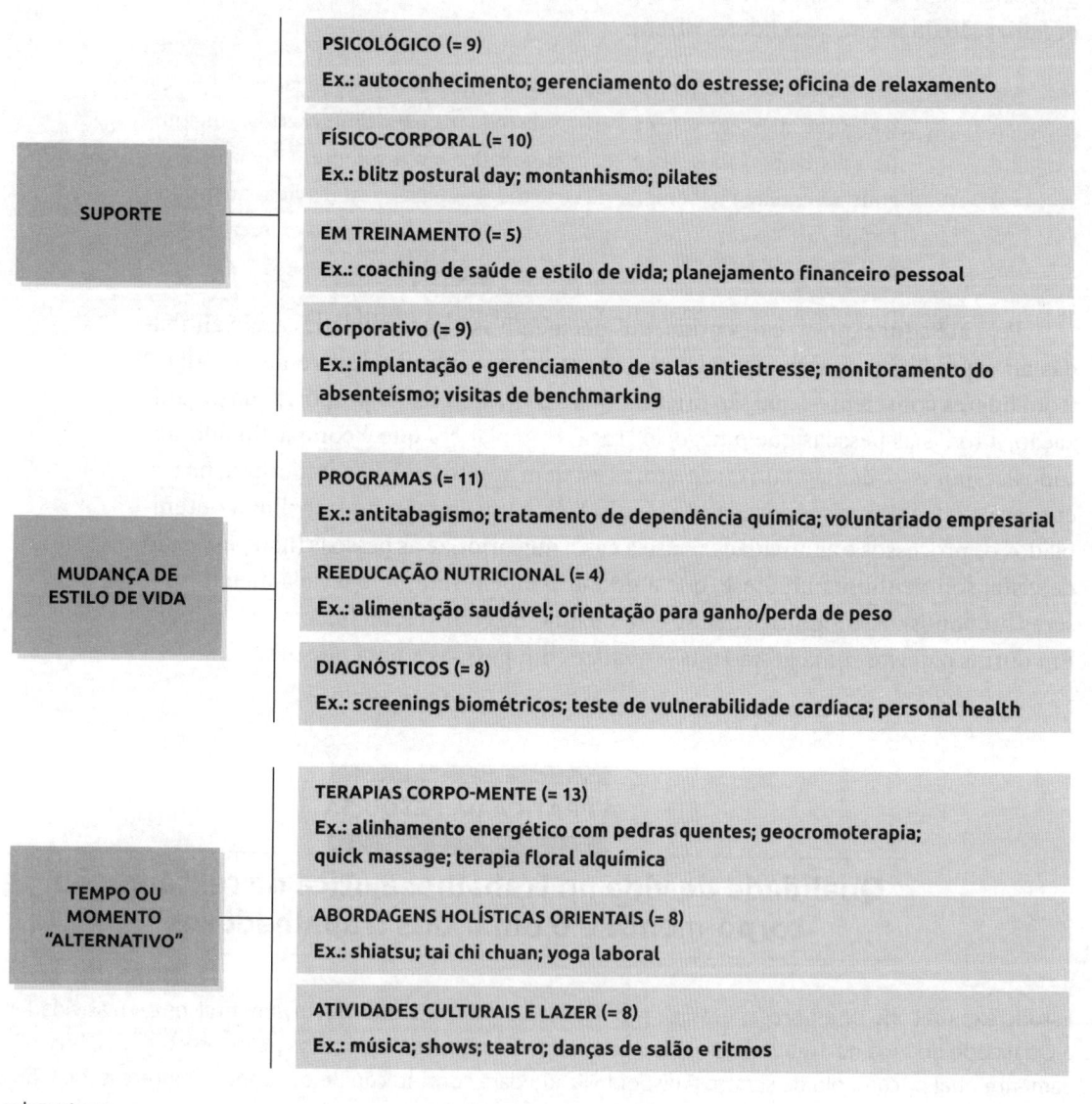

Fonte: elaborada pelos autores.

Tal oferta expressa uma ótica de "restauração corpo-mente", na qual a atenção está direcionada para as consequências negativas da atividade profissional desempenhada em um contexto de trabalho, não ficando tipificado um caráter preventivo, que busque minimizar ou eliminar fontes geradoras de tais consequências negativas. Em suma, não atua nas causas, mas nas consequências.

Algumas das alegações apresentadas pelos prestadores desses serviços são:

■ "[Proporcionar] às corporações desenvolvimento sustentável e melhores resultados financeiros através da promoção de programas, palestras, treinamentos, oficinas e *workshops* para atender a cada necessidade da empresa [...]."

■ "[Desenvolver], por meio da música e do canto coletivo, o espírito de equipe e o compartilhamento, otimiza-se a respiração aliviando as tensões e o *stress*."

CONTEXTO CONTEMPORÂNEO DO TRABALHO

- "[Fornecer] alternativas práticas e rápidas aos colaboradores para um momento de relaxamento, interferindo de forma positiva no desempenho em sua jornada de trabalho. Os efeitos e benefícios são imediatos: alívio do estresse e tensões corporais."

- "[...] ensinar pessoas a perceberem suas impressões intuitivas e confiarem integralmente na inteligência sensorial nos momentos decisivos."

Também não fica evidenciada qualquer conexão explícita entre o que se oferta e as necessidades reais de quem trabalha e, menos ainda, eventual conexão com o que os trabalhadores entendem, assumem e desejam como QVT. Várias pesquisas empíricas, tanto em ambiente público como privado, deixam clara a distinção entre o que se apresenta como "ótica da restauração corpo-mente" e a ótica dos próprios trabalhadores, a qual está ligada a cinco dimensões já apontadas na Figura 8.2. Relembrando:

a) condições de trabalho (exemplo: posto de trabalho, condições físico-ambientais);

b) organização do trabalho (exemplo: possibilidade de executar o trabalho sem sobrecarga de atividades);

c) relações socioprofissionais de trabalho (exemplo: as relações humanas com gestores, colegas da equipe, clientes, usuários, prestadores de serviço);

d) reconhecimento e crescimento profissional (exemplo: promoções, premiações, valorização do trabalho realizado); e

e) elo trabalho-vida social (exemplo: utilidade do trabalho realizado, equilíbrio entre trabalho e vida familiar).

Assim, também ilustram e atestam inequivocamente essa configuração os resultados de pesquisa realizada em um órgão do Poder Judiciário, que foi realizada com o objetivo de subsidiar elaboração e implantação de um programa de QVT, com aprimoramento de ações a ele integradas e consequente monitoramento (longitudinal) da evolução da QVT no referido órgão. Mais de 600 respondentes (número equivalente a aproximadamente 44% do total de servidores) foram perguntados sobre o conceito e a opinião que cada um tinha a respeito de qualidade de vida no trabalho. Com a utilização do *software* Alceste – Analyse Lexicale par Contexte d'un Ensemble de Segment de Texte (ou Análise lexical contextual de um conjunto de segmentos de texto), foram encontrados quatro núcleos temáticos estruturadores do conjunto de dados textuais dos participantes da pesquisa, como apresentados no Quadro 8.3.

Quadro 8.3 Núcleos temáticos estruturadores e exemplos de respostas dadas à pergunta sobre o que é QVT

Núcleo temático estruturador	Verbalizações representativas (exemplos)
Reconhecimento e equidade	"Ser *respeitada* e *reconhecida* tanto pela chefia imediata como pelo órgão como um todo."
	"Uma combinação de esforços por parte dos servidores e o *reconhecimento* dos mesmos, através do seu trabalho, por parte dos gestores/diretores/Presidência, só depois dessa combinação, é que se poderia falar em QVT."
	"É algo gratificante e nos estimula a crescer, a trabalhar, e quando levamos isso pra dentro de casa somos *reconhecidos* por nossos entes familiares."
Relações socioprofissionais harmoniosas e cooperativas	"*Bom relacionamento* entre os colegas, alto astral no trabalho e principalmente *espírito de cooperação.*"
	"Ter prazer em estar com os colegas, os chefes, em *harmonia*, e realizar um bom trabalho com responsabilidade."
	"*Respeito* mútuo entre colegas e chefia."
Condições adequadas de trabalho	"É poder contar com o mínimo de *conforto, móveis* e *instrumentos* de trabalho adequados, além de *recursos materiais* suficientes para desempenhar minhas tarefas com qualidade e perfeição."
	"*Ambiente* adequado, *espaço físico* agradável, amplo, arejado e silencioso e, também, o reconhecimento do seu esforço no exercício de suas atribuições."
	"Trabalhar com bom *suporte* técnico e *operacional, equipamentos, softwares* e *material* de apoio de qualidade, num ambiente agradável e confortável, com rotinas definidas e organizadas de modo evitar retrabalhos."
Crescimento profissional	"Ter um trabalho que te gratifique profissionalmente, com *possibilidades* de *crescimento intelectual* ..."
	"Ter reconhecimento, incentivo e *possibilidade* de *crescimento profissional* e pessoal, além de ter tempo para convívio familiar."
	"Satisfação pessoal e vislumbrar *possibilidade* de *crescimento* e desenvolvimento pessoal e *profissional.*"

Fonte: adaptado de FERREIRA *et al.*, 2011, p. 173.

GESTÃO DO FATOR HUMANO

Essa "fotografia" deixa evidente que a "ótica dos trabalhadores" para QVT não faz qualquer menção a medidas e a serviços tais como os ofertados pelos prestadores de serviço e, por vezes, contratados por organizações, a título de ações, atividades ou programas de QVT. Apontam, sim, para questões de base, para aspectos que podem estar na origem tanto da promoção de saúde e do bem-estar (e da qualidade de vida) como do mal-estar (e dos riscos de adoecimento) em decorrência do trabalho.

Fica, então, demonstrado um distanciamento significativo entre as duas visões, as duas concepções para qualidade de vida no trabalho, sendo que apenas uma delas efetivamente corresponde ao entendimento de quem trabalha (e é uma ótica preventiva). Isso não é fruto de especulação, de "achismo", de senso comum, mas sim decorrente de pesquisas corretamente planejadas, executadas, articuladas, cujos dados foram analisados com recursos apropriados, legítimos, respeitados os princípios metodológicos cabíveis.

Os resultados, devidamente fundamentados, podem e devem ter contribuído para que os gestores tomassem as decisões mais corretas, com o melhor custo-benefício, para que o objetivo estabelecido fosse realmente alcançado, qual seja: implantação de um programa de QVT sério, consistente e alinhado às expectativas e necessidades de quem constitui o público-alvo do programa, ou seja, os sujeitos que ali trabalham.

EXERCÍCIOS DE HABILIDADES

1. Trabalhar na atualidade nos obriga a reconhecer as profundas mudanças introduzidas pela informatização nos processos comunicacionais e, por conseguinte, nos modos de trabalhar. Indique algumas características do trabalho contemporâneo introduzidas pelas tecnologias informacionais e pela crescente automação e seus impactos práticos na vida laboral.

2. O crescente desenvolvimento e uso de recursos tecnológicos e informáticos no mundo do trabalho tende a eliminar muitas funções e postos de trabalho e, na verdade, isto já está acontecendo. Pense na situação das pessoas que perdem seus empregos por essa razão (e, por consequência, de suas famílias) e nos efeitos econômicos para a sociedade (de um contingente desempregado, sem renda regular). Quais seriam possibilidades viáveis para a geração de novos postos de trabalho e a realocação desses profissionais?

3. As transformações do mundo do trabalho podem melhorar a qualidade de vida das pessoas, mas, por outro lado, podem aumentar a desigualdade e a precarização. Pontue aspectos relacionados à díade prazer e sofrimento do trabalho.

4. As empresas de compartilhamento representam um tipo de trabalho informal, que não confere identidade ao trabalhador. Reflita sobre essa afirmação levando em conta o discurso vigente de "empreendedorismo" e de "ser empreendedor" e uma eventual forma contemporânea de flexibilização, intensificação e precarização do trabalho.

5. Sanna Marin, parlamentar finlandesa que se tornou primeira-ministra daquele país, declarou durante um painel de debates no Parlamento:

> Eu acredito que as pessoas merecem passar mais tempo com suas famílias, com as pessoas que elas amam, com seus *hobbies* e com outros aspectos de suas vidas, como o consumo de cultura. Esse pode ser um grande passo para todos nós no que se refere à vida e ao trabalho.[111]

---

111 FERREIRA, Y. Primeira-ministra da Finlândia quer semana útil de 4 dias com até 6 horas de trabalho. *In*: HYPENESS. Disponível em: https://www.hypeness.com.br/2020/01/primeira-ministra-da-finlandia-quer-semana-util-de-4-dias-com-ate-6-horas-de-trabalho. Acesso em: 6 abr. 2020.

CONTEXTO CONTEMPORÂNEO DO TRABALHO

Complementarmente, em estudo da The New Economics Foundation (NEF)[112] encontramos:

> Uma jornada de trabalho mais curta iria transformar o ritmo de nossas vidas, remodelaria nossos hábitos e convenções e alteraria de maneira profunda as culturas dominantes de nossa sociedade ocidental. Ajudaria a promover mais justiça social, bem-estar e, no geral, uma vida melhor, salvaguardando os recursos naturais do planeta e criaria uma economia robusta e certamente, mais próspera.

Você entende que tais afirmações dizem respeito a um "luxo" para trabalhadores em países que já tenham alcançado alto grau de desenvolvimento e de renda por habitante ou podem ser assumidas como também desejáveis e viáveis em países considerados em desenvolvimento, que ainda enfrentam grandes desafios socioeconômicos, especialmente no tocante à grande desigualdade na distribuição de renda? Você teria algo a propor para que um caminho possível fosse trilhado, com vistas a uma efetiva redução de jornada semanal de trabalho sem que o PIB fosse prejudicado de forma significativa em um país em desenvolvimento?

6. Com o crescimento da automatização em processos de cadeias produtivas industriais e do agronegócio, e também em várias atividades desempenhadas profissionalmente por humanos, as quais já estão reduzindo drasticamente a quantidade de pessoas empregadas ou mesmo, no limite, caminhando para a extinção de algumas ocupações, pode ficar caracterizado um dilema: menos pessoas empregadas (logo, com remuneração que viabilize o consumo) responsáveis pela geração de quantidades cada vez maiores de produtos e serviços, que haverão de ser consumidos por quem, se houver um número crescente de desocupados/desempregados sem fonte segura de renda mensal? Estaria caracterizada uma contradição? Caso você concorde, como minimizar seus efeitos? A redução de jornada semanal poderia ser uma medida eficaz? Sugere outra(s)? Caso discorde, o que a proposição feita não levou em conta? Como os que vão sendo excluídos de suas ocupações, em função da extinção de postos de trabalho e/ou de ocupações (profissões), vão ser reintegrados ao mundo do trabalho e ter remuneração, renda que também viabilize consumo de produtos e serviços?

SUGESTÕES DE LEITURAS COMPLEMENTARES E FILMES

Além dos vários livros e artigos que constituíram referência bibliográfica para este capítulo, subsidiando sua redação – e, em nosso entendimento, validando seu conteúdo –, apresentamos, complementarmente, sugestão de livros e filmes que também abordam temáticas aqui tratadas.

Livros

ESCRITOS DE LOUIS DE LE GUILLANT – DA ERGOTERATIPA À PSICOPATOLOGIA DO TRABALHO, de Maria Elizabeth Antunes Lima (organização e apresentação). É um resgate histórico, fundamental para os interessados no binômio saúde-trabalho, pois apresenta textos do psiquiatra francês, escritos nas décadas de 1950 e 1960, em ação colaborativa com outros pesquisadores. Destaque, por ser de grande referência até hoje, é "A neurose das telefonistas", no qual são apresentados primeiros resultados de pesquisa realizada com telefonistas de centrais telefônicas parisienses e algumas mecanógrafas do serviço de vales de correio.

QUANDO TRABALHAR É SER PROTAGONISTA E O PROTAGONISMO DO TRABALHO, de Laerte Idal Sznelwar. Este médico e ergonomista, professor da Escola Politécnica da USP, discute, à luz da ergonomia da atividade e da psicodinâmica do trabalho, a centralidade do trabalho e do trabalhar para cada ser humano. O tema é fruto de três décadas de atuação

---

112 NEW ECONOMICS FOUNDATION (NEF). *21 hours*: Why a shorter working week can help us all to flourish in the 21st century. Disponível em: https://web.archive.org/web/20160209144546/http://b.3cdn.net/nefoundation/f49406d81b9ed9c977_p1m6ibgje.pdf. Acesso em: 20 jan. 2020.

GESTÃO DO FATOR HUMANO

deste pesquisador e, em suas palavras, o ensaio publicado busca "trazer reflexões sobre a possibilidade de se construir ações transformadoras que favoreçam a construção da saúde a realização de si".

RETROTOPIA, de Zygmunt Bauman. O autor defende que a utopia perdeu espaço para o pragmatismo de se perder o emprego e o lugar social – e isso estaria por trás da atual epidemia global de extremismo e nacionalismo exacerbados. A busca pelo futuro utópico foi trocada pela "retropia", a busca no passado pelo que pode nos trazer estabilidade e segurança no futuro, mesmo que ilusoriamente.

TRABALHADORES: UMA ARQUEOLOGIA DA ERA INDUSTRIAL, de Sebastião Salgado. São quase 400 páginas nas quais são exibidas, em preto e branco, fotos de situações de trabalhadores em atividade e/ou em seus contextos de trabalho deste premiadíssimo fotógrafo nascido em Minas Gerais (graduado e pós-graduado em Economia), e um texto introdutório de 13 páginas. As imagens falam!

TRABALHO E SOFRIMENTO PSÍQUICO – HISTÓRIAS QUE CONTAM ESSA HISTÓRIA, de Thatiana Cappellano e Bruno Carramenha. A pesquisa contou com a entrevista de 80 trabalhadores de vários níveis e setores e revela que o sofrimento psíquico no mercado de trabalho independe do nível hierárquico e pesa mais sobre os trabalhadores informais.

Filmes

O CORTE (2005) – Bruno Davert (José Garcia) é um executivo francês que perde seu emprego depois de 15 anos em uma empresa. Dois anos depois, ele continua desempregado, o que o leva ao desespero e ao desequilíbrio emocional. Decidido a recuperar o antigo cargo, ele decide agir por conta própria e de modo "insano", eliminando potenciais concorrentes, para que a vaga pretendida não seja preenchida por outro candidato qualificado.

AMOR SEM ESCALAS (2009) – O protagonista Ryan Bingham (George Clooney) tem um trabalho um tanto inusitado: comunicar aos empregados de determinada empresa, presencialmente, que eles estão demitidos. Isto faz com que viaje constantemente por diferentes cidades e estados norte-americanos para trabalhar. Aparentemente ele aprecia o que faz e como faz. Seu empregador contrata uma jovem profissional, Natalie Keener (Anna Kendrick), que traz uma nova ideia, em busca de minimização de custos e maior "eficiência": comunicar as demissões por videoconferência, o que, no limite, pode colocar em risco seu trabalho ou, pelo menos, seu estilo de vida.

DOIS DIAS E UMA NOITE (2014) – Sandra (Marion Cotillard), casada e com dois filhos, trabalha em um fábrica na Bélgica e fica afastada do trabalho (licença médica) por causa de uma depressão. Em uma sexta-feira é demitida, em função de um processo de flexibilização, usando um processo de votação dos colegas, que poderiam escolher entre receberem um bônus ou mantê-la no grupo. Como na segunda-feira haverá uma nova votação, ela e seu marido (Fabrizio Rongione) têm, então, um fim de semana para buscar reverter os votos de alguns dos que escolheram receber o bônus, para que ela possa permanecer empregada.

EU, DANIEL BLAKE (2017) – Após sofrer um ataque cardíaco e ser desaconselhado pelos médicos a retornar ao trabalho, Daniel Blake (Dave Johns) busca receber os benefícios concedidos pelo governo a todos que estão nessa situação. Entretanto, ele esbarra na extrema burocracia instalada pelo governo, amplificada pelo fato dele ser um analfabeto digital.

GIG – A UBERIZAÇÃO DO TRABALHO (2019) – O trabalho mediado por aplicativos e plataformas digitais cresce no mundo todo. Mas o avanço da chamada 'gig economy', fenômeno também conhecido no Brasil por 'uberização', como mencionado neste capítulo, vem despertando debates sobre a precarização e a intensificação do trabalho numa sociedade cada dia mais conectada.

CAPÍTULO 9

Gestão do fator humano em ambiente multigeracional

Eduardo Estellita de Oliveira Santos

OBJETIVO DO CAPÍTULO

Muitos são os estereótipos geracionais reproduzidos pela mídia, com pouco ou nenhum compromisso com a verdade. Com frequência, diferenças geracionais são apontadas com o único intuito de alimentar preconceitos e justificar animosidades. Buscamos um bode expiatório para os complexos desafios organizacionais e sociais que ainda não sabemos resolver.

Ao longo deste capítulo, vamos nos afastar dessas supostas "listas de supermercado", com características geracionais definitivas, e mergulhar nos fenômenos sociais que modificaram e continuam modificando atitudes, valores e comportamentos de colaboradores de todas as gerações. A proposta é conhecer essas mudanças a fim de agir de forma mais empática, construir com as diferenças, inovar, favorecer a transmissão de conhecimentos e promover a colaboração entre gerações no ambiente de trabalho.

"Os *baby boomers* não sabem usar tecnologia!"

"A geração X é composta de alienados que só se preocupam em ficar ricos!"

"A geração Y é um grupo de mimados hipersensíveis a qualquer crítica!"

"A geração Z não sabe conversar sem o intermédio de uma tela de celular!"

RELAÇÕES DE TRABALHO E GERAÇÕES

Ao longo do capítulo anterior, exploramos diversas mudanças nas relações de trabalho.

Nos últimos 60 anos, a expansão dos setores de serviços e financeiros nos países em desenvolvimento alterou diversos modelos industriais de gestão de pessoas. A partir da década de 1980, o processo de globalização de empresas multinacionais deslocou as atividades de produção para regiões periféricas e impulsionou o consumo em mercados em desenvolvimento altamente populosos, tais como os países chamados de Brics (Brasil, Rússia, Índia, China e África do Sul).[1] Simultaneamente, o processo de conglomeração de diversos setores por meio de fusões, aquisições e reestruturações substituiu gradualmente as relações de trabalho fordistas (ancoradas no emprego de longo prazo, pontuado por promoções com base em senioridade) por relações de trabalho baseadas na lógica da empregabilidade (parcerias de curto prazo, terceirização de atividades, valorização da mobilidade e carreira gerida pelo indivíduo).[2]

Aliados a essas reorganizações, os avanços tecnológicos nas telecomunicações e na gestão da informação deram origem a novas formas de organizar o trabalho: hierarquias horizontais, gerenciamento remoto, *share drives* (colaboração simultânea em arquivos digitais), *home office* (trabalho de casa), *flextime* (flexibilização dos horários de trabalho), *ROWE*[3] (ambiente organizacional que remunera com base nos resultados em vez de horas trabalhadas)[4], gestão ágil de projetos[5] e tantas outras.

> Cada indivíduo, em seu papel de trabalhador e de consumidor, é influenciado e exerce influência sobre a gestão do fator humano nas empresas.

Tendemos a ignorar a velocidade com que essas novas formas de trabalhar estão sendo introduzidas no ambiente de trabalho e como elas afetam a relação que pessoas de diferentes gerações estabelecem com o trabalho e com a empresa. Mais que isso, tendemos a ignorar como cada indivíduo, ora no papel de trabalhador, ora no papel de consumidor, não somente é influenciado mas também exerce influência sobre a gestão do fator humano nas organizações.

Da mesma forma que consumidores negociam com empresas para obterem produtos e serviços adaptados às suas necessidades, colaboradores negociam com empregadores por novas relações de trabalho. Em contrapartida, empresas analisam tanto o contexto socioeconômico e regulatório no qual estão inseridas quanto as dinâmicas de poder entre os segmentos do efetivo que demandam por mudanças e os que demandam pela manutenção do *status quo*. Finalmente, elas respondem a essas demandas, frequentemente impondo contrapartidas. As contrapartidas são, por sua vez, analisadas e renegociadas por consumidores ou colaboradores, que podem utilizar-se de uma posição privilegiada em relação à empresa para advogar em prol do outro, por meio de boicotes, greves, *whistleblowing* (denúncias de práticas antiéticas), baixo engajamento ou recusa em trabalhar para a empresa. A Figura 9.1 ilustra essa interação circular entre empresa e indivíduo.

---

1   MEISTER, J. C.; WILLYERD, K. *The 2020 workplace:* how innovative companies attract, develop, and keep tomorrow's employees today. Nova York: Harper-Collins Publisher, 2010.

2   LIMA, G. S.; CARVALHO NETO, A.; TANURE, B. Executivos jovens e seniores no topo da carreira: conflitos e complementariedades. *Revista Eletrônica de Administração*, Porto Alegre, v. 71, n. 1, p. 63-93, 2012.

3   GO ROWE. Disponível em: https://www.gorowe.com. Acesso em: 14 nov. 2019.

4   RESSLER, C.; THOMPSON, J. *Why work sucks and how to fix it:* the results-only revolution. 2. ed. Nova York: Portfolio, 2010.

5   BECK, K. *et al.* Manifesto para desenvolvimento ágil de *software*. Disponível em: https://agilemanifesto.org/iso/ptbr/manifesto.html. Acesso em: 14 nov. 2019. SCRUM. The Scrum Guide. Disponível em: https://www.scrum.org/resources/scrum-guide. Acesso em: 14 nov. 2019.

Figura 9.1 Interações empresa-indivíduo em um dado contexto social

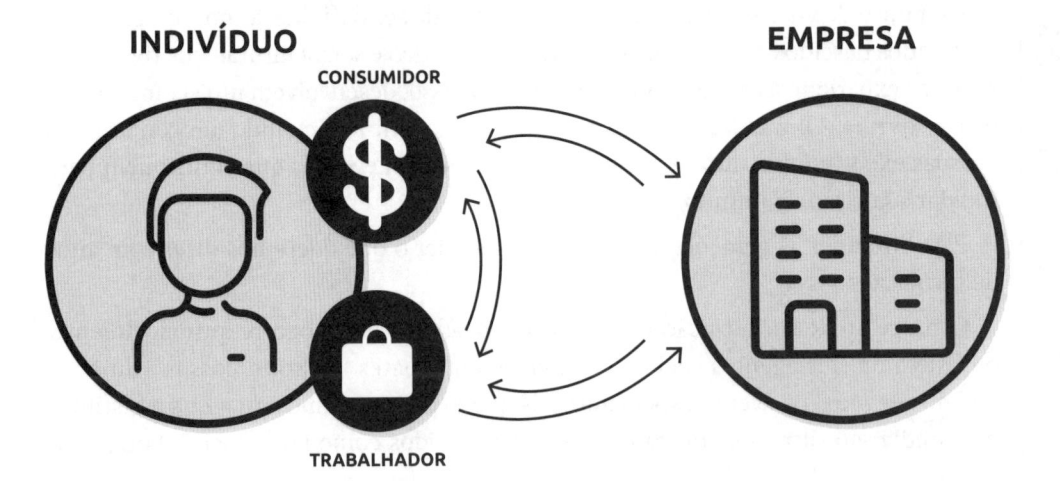

Fonte: elaborada pelo autor.

Independentemente de quem exerce mais pressão nessa negociação em um dado contexto, as mudanças nas relações de trabalho neste curto espaço de tempo contribuíram para a multiplicação de perspectivas diferentes dentro das empresas quanto ao valor, ao sentido do trabalho e aos comportamentos que levam ao sucesso profissional.

Neste capítulo, exploraremos como o conceito de gerações contribui para uma melhor compreensão dessa dinâmica, quais as diferenças geracionais em relação ao trabalho, como colaboradores e gestores lidam com tensões e conflitos geracionais e como a empresa pode promover uma colaboração intergeracional mais efetiva.

O QUE SÃO GERAÇÕES?

Se você perguntar o que são gerações a um grupo diverso de pessoas, provavelmente obterá uma variedade de interpretações diferentes para o termo.

Alguns acreditam que se trata da linhagem de uma família ("Os pais são de uma geração diferente dos filhos."), outros, de um grupo de pessoas que entrou na organização ao mesmo tempo ("Essa é a nova geração de *trainees* da empresa."), que detém uma posição hierárquica compartilhada ("Da nossa atual geração de gerentes, temos muitos com potencial de assumir uma diretoria.") ou ainda que vivenciaram etapas marcantes na vida da empresa ("A geração de fundadores não permaneceu após a compra da empresa pelos investidores do mercado."). Alguns consideram que uma geração se forma a cada intervalo fixo de 20 anos, enquanto outros a conecta às categorias usualmente popularizadas pela mídia e por publicações de negócios (*baby boomers*, geração X, geração Y e geração Z), a partir de intervalos de nascimento específicos.[6]

---

6 URICK, M. J. *The generation myth*: how to improve intergenerational relationships in the workplace. Nova York: Business Expert Press, 2019. p. 26-28.

GESTÃO DO FATOR HUMANO

> **Uma geração é um grupo de indivíduos nascidos em um mesmo contexto histórico e sociocultural, que, por terem tido experiências similares durante seus anos de formação, desenvolvem uma espécie de consciência coletiva.**

> **Socialização é o processo por meio do qual o indivíduo, ao passar pela família, escola, pares e outros agentes sociais, torna-se um ser social.[9]**

> **Progresso tecnológico acelerado, grandes mudanças políticas e econômicas e o contato entre adolescentes com visões de mundo diferentes promovem mudança cultural e ampliam a percepção de defasagem entre as gerações.[11]**

Qual é a sua concepção de geração?

Do ponto de vista sociológico, uma geração pode ser definida como "um grupo de indivíduos nascidos em um mesmo contexto histórico e sociocultural, que tiveram as mesmas experiências formadoras e, em função disso, desenvolvem uma comunalidade que os une".[7] Em outras palavras, gerações se constituem quando um conjunto de pessoas experimenta, durante seus anos de formação, eventos que contribuem para moldar sua visão de mundo.

Para entender as gerações, é essencial apreender o que queremos dizer com anos de formação.

O processo de socialização na infância e na adolescência ocorre, principalmente, por meio de três agentes sociais: família, escola e pares. Durante nossos primeiros 20 anos de vida, os eventos socioculturais que experimentamos ou a que assistimos pela mídia são filtrados, interpretados e transmitidos como fatos sociais,[8] no jantar da família, na sala de aula e nas conversas com os colegas de classe. A absorção desses fatos sociais contribui para nossa visão de mundo e molda nossos comportamentos, linguagem, valores e normas.

Mas qual é a relação com as gerações?

Durkheim afirma que a educação é uma socialização da jovem geração pela geração adulta.[10] Em outras palavras, a família e a escola nada mais são que um mecanismo de conservação da cultura entre gerações.

Em contrapartida, durante a adolescência, a construção conjunta de novos sentidos na interação com pares da mesma geração estimula a contestação de normas e valores transmitidos por pais e professores. Além disso, a introdução de novas tecnologias e mudanças abruptas na política e na economia podem ampliar a percepção de defasagem entre as gerações e a descrença dos mais jovens, diante de um futuro incerto, quanto à adequação da socialização que obtiveram.

Se quisermos explicar diferenças geracionais, precisamos ter uma compreensão aprofundada das experiências compartilhadas que constituíram os anos de formação de cada geração. Os anos de formação desenvolvem e solidificam a consciência coletiva de uma geração, cristalizando comportamentos e atitudes.[12] No entanto, isso não quer dizer que, após a entrada na fase adulta, as características geracionais permaneçam completamente intactas.

Para que eventos sociais alterem as características de uma geração adulta é preciso que eles apliquem força suficiente para quebrar a inércia da visão de mundo já formada. Em outras palavras, é necessário que eles representem uma ruptura em relação ao mundo que antes existia. A quebra da Bolsa de Nova York, a explosão das bombas

---

7   MANNHEIM, K. *Essays on the sociology of knowledge.* London: Routledge & Keegan Paul, 1952.

8   DURKHEIM, E. *As regras do método sociológico.* Petrópolis: Vozes, 2019.

9   DURKHEIM, E. *Educação e sociologia.* Petrópolis: Vozes, 2011.

10   DURKHEIM, 2011, p. 53.

11   CAMPBELL, W. K.; CAMPBELL, S. M.; SIEDOR, L.; TWENGE, J. M. Generational differences are real and useful. *Industrial and Organizational Psychology,* v. 8, n. 3, p. 1-8, 2015.

12   JOSHI, A.; DENCKER, J.; FRANZ, G.; MARTOCCHIO, J. Unpacking Generational identities in organizations. *Academy of Management Review,* v. 35, n. 3, p. 392-414, 2010.

atômicas no Japão, a crise do petróleo, a queda do Muro de Berlim, o atentado às torres gêmeas e a crise econômica de 2008 são alguns exemplos de eventos que alteraram comportamentos de gerações adultas.

Da mesma forma que se investiga a História e os dilemas enfrentados por uma nação a fim de conhecer sua cultura, é preciso investigar os eventos sociais que marcaram uma geração durante os anos de sua formação, a fim de compreender os efeitos que tais eventos causaram, às vezes décadas mais tarde. Ou seja, se culturas nacionais se constituem por experiências compartilhadas no espaço, culturas geracionais se constituem por experiências compartilhadas no tempo.

Como era a relação com seus pais? E com os vizinhos?

Quais assuntos sua família debatia na mesa de jantar?

Quais desenhos animados e brinquedos marcaram sua infância?

Quais eventos da História do Brasil foram ressaltados na escola?

O que você e seus colegas gostavam de fazer? Qual tipo de música gostavam de ouvir?

Quais notícias do meios de comunicação ficaram marcadas na sua mente?

A partir destes elementos, o que você pode inferir sobre a sua geração?

Três maneiras de entender gerações

A perspectiva geracional apresentada na seção anterior corresponde às ideias abordadas pelo sociólogo húngaro Karl Mannheim, em seu *Ensaio sobre o problema das gerações*.[13]

A **perspectiva das forças sociais** considera que gerações "compartilham uma localização nos processos sócio-históricos, que as limitam a um intervalo específico de experiências e oportunidades em potencial, as predispondo a agir de maneira historicamente específica e relevante".[14]

A perspectiva apresentada por Mannheim foi desenvolvida na década de 1920, quando as sociedades europeias e estadunidenses estavam passando por um processo de modernização. Nesse contexto, havia um enfraquecimento dos laços parentais e desafios para a integração na sociedade de jovens adultos.[15] Sua teoria interessa-se pela interação dinâmica entre gerações (o conflito intergeracional) como mecanismo de **mudança social**.

Jovens gerações têm um novo contato com normas culturais e criam sentido com base no contexto único de sua juventude, escolhendo aceitar ou desafiar normas de comportamento apropriado vigentes. Jovens estão na vanguarda das mudanças sociais porque estão mais próximos dos problemas atuais, não partem de velhas suposições e estão dispostos a considerar novas ideias enquanto fazem sentido do mundo.[16]

> **Se culturas nacionais se constituem por experiências compartilhadas no espaço, culturas geracionais se constituem por experiências compartilhadas no tempo.**

> **A** perspectiva das forças sociais **propõe que a interação entre o contexto sócio-histórico e o processo de amadurecimento dos jovens produz uma consciência coletiva, impulsionadora de mudanças sociais.**

---

13   MANNHEIM, 1952.

14   MANNHEIM, 1952, p. 291.

15   MEJA, V.; KETTLER, D. Introduction. *In:* WOLFF, K. H. (ed.). *From Karl Mannheim*. London: Transaction Publishers, 1993. p. 7-26.

16   LYONS, S.; KURON, L. Generational differences in the workplace: a review of the evidence and directions for future research. *Journal of Organizational Behavior*, v. 35, p. S139-S157, 2014.

GESTÃO DO FATOR HUMANO

> **A perspectiva das coortes define uma geração como um grupo de pessoas que nasceu dentro de um intervalo específico de anos de nascimento.**

A **perspectiva das coortes**, desenvolvida pelo demógrafo canadense Norman B. Ryder[17], busca trazer precisão empírica ao conceito ambíguo de gerações. Sua principal preocupação é separar características geracionais de características associadas ao ciclo de vida (idade) e ao período histórico. Sendo assim, essa perspectiva diverge da proposta de Mannheim, de que fenômenos de geração, idade e período histórico são indissociáveis.

Essa abordagem propõe fronteiras claras entre gerações. Para cada geração, adota-se um intervalo específico de anos de nascimento, dentro do qual há semelhanças observáveis que são relativamente fixas e mensuráveis, por meio de médias em variáveis relativas a atitudes e comportamentos.[18]

Pesquisadores que observam diferenças geracionais no ambiente organizacional têm quase exclusivamente adotado a perspectiva das coortes, mensurando diferenças entre médias de variáveis associadas a valores, expectativas, atitudes e comportamentos das coortes.

Um dos principais desafios ao analisar gerações é a quantidade de coortes estudada e a alta variabilidade nos intervalos que definem as gerações. Geralmente, pesquisadores adotam o modelo de cinco gerações, popularizado por consultores organizacionais, no entanto encontramos também estudos comparando de duas a oito coortes, indo do altamente genérico ("jovens e velhos") ao altamente específico ("jovens *boomers*, *boomers* do meio do intervalo e *boomers* tardios").[19] O Quadro 9.1 apresenta as flutuações que se pode encontrar nos intervalos que descrevem as diferentes gerações.[20] As duas últimas colunas mostram os intervalos utilizados por pesquisadoras que são referência no estudo das gerações.

Quadro 9.1 Intervalos geracionais

Geração	Início do intervalo de nascimento	Fim do intervalo de nascimento	Meister e Willyerd (2010)	Twenge (2018)
Tradicionalistas	Entreguerras	Fim da Segunda Guerra Mundial (1945)	-	-
Baby boomers	1946	Início a metade da década de 1960	1946-1964	1946-1964
Geração X	Início a metade da década de 1960	Metade a fim da década de 1970	1965 -1976	1965-1979
Geração Y ou *millennials*	Fim da década de 1970 a início de 1980	Metade a fim da década de 1990	1977-1997	1980-1994
Geração Z ou *iGen*	Metade a fim da década de 1990	Início a metade da década de 2010	1998 - ?	1995-2012

Fonte: Desenvolvido pelo autor com base em URICK, 2019; SMOLA e SUTTON, 2002; MEISTER e WILLYERD, 2010; TWENGE, 2018.

Apesar de essa flutuação nos intervalos que definem as coortes dificultar a comparação entre estudos, muitos pesquisadores argumentam que as fronteiras precisas escolhidas para demarcar gerações não é tão importante, uma vez que, mesmo assim,

---

17   RYDER, N. B. The cohort as a concept in the study of social change. *American Sociological Review*, v. 30, p. 843-861, 1965.

18   RYDER, 1965.

19   LYONS; KURON, 2014.

20   SMOLLA, K. W.; SUTTON, C. Generational differences: revisiting generational work values for the new millennium. *Journal of Organizational Behavior*, v. 23, p. 363-382, 2002.

GESTÃO DO FATOR HUMANO EM AMBIENTE MULTIGERACIONAL

tendências geracionais se revelarão. Geração é um construto social fluido, assim como raça, etnia, gênero e a própria vida (o que justifica os intensos debates em torno do aborto e da eutanásia). Da mesma forma que um indivíduo pode ser identificado como pertencente a diferentes raças em ambientes distintos, fronteiras geracionais podem mudar ao longo do tempo e das circunstâncias.[21-22]

Algumas diferenças geracionais entre coortes são significativas do ponto de vista estatístico, especialmente no que tange a comportamentos, tais como preferências tecnológicas, e atitudes, como tolerância à diversidade, por exemplo.[23] Diferenças em traços de personalidade geracionais tendem a ser pequenas ou moderadas, sugerindo a existência de outras variáveis sociais (raça, etnia, classe social, gênero, religião, categoria profissional, para citar algumas) que promovem distinções entre membros de uma mesma geração.

> Algumas diferenças entre coortes geracionais relativas a comportamentos, atitudes e preferências tecnológicas são expressivas.

A intensa adoção da perspectiva das coortes na pesquisa acadêmica e a constante midiatização de estereótipos geracionais cristalizaram, no consciente coletivo, imagens sobre como cada geração específica se comporta. Independentemente da cientificidade dessas percepções, elas acabam tornando-se uma realidade que precisa ser encarada no ambiente organizacional. O conhecimento sobre as gerações impele indivíduos a adotar ou rejeitar os estereótipos associados a suas gerações e obriga gestores a lidar com conflitos geracionais.

Você se identifica com a forma como a mídia descreve sua geração? Com quais aspectos você concorda? De quais discorda?

Entre os anos de 2008 e 2011, a pesquisadora Aparna Joshi e colegas publicaram uma série de estudos desenvolvendo a **perspectiva da identidade geracional**, que entende gerações como um fenômeno organizacional.

> A perspectiva da identidade geracional apoia-se na identificação da pessoa como pertencente a um grupo geracional na empresa, seja ele a coorte, seja ele o ano de entrada na empresa ou a função.

Identidade geracional é definida como "o conhecimento de um indivíduo de pertencer a um grupo ou papel geracional, associado ao significado e valor emocional que o pertencimento a tal grupo tem para o indivíduo."[24] Tal grupo ou papel geracional pode estar associado à coorte (*baby boomers*, X, Y ou Z), ao período de entrada na empresa (pré-fusão, pós-reestruturação, turma de *trainees* de 2020) ou a uma função organizacional (estagiários, média gerência ou diretoria). Em contextos distintos, um indivíduo pode adotar atitudes e comportamentos específicos a essas diferentes identidades geracionais.

Uma pessoa vai adotar os comportamentos esperados da sua coorte quando estes forem valorizados dentro da empresa. Se, no entanto, a coorte estiver associada a um grupo social com menos *status* ou poder na organização, a pessoa vai desidentificar-se da coorte ou agir de forma a refutar os estereótipos associados a ela.[25] Exemplos desses comportamentos seriam a jovem advogada sócia que começa a usar óculos e prender o cabelo para parecer mais velha para os outros sócios e o ator de cinema de meia-idade que realiza cirurgias plásticas e utiliza a linguagem da geração seguinte

---

21   PILCHER, J. Mannheim's sociology of generations: an undervalued legacy. *British Journal of Sociology*, p. 481-195, 1994.

22   CAMPBELL *et al.*, 2015.

23   TWENGE, J.; CAMPBELL, W. K.; CARTER, N. T. Declines in trust in others and confidence in institutions among American adults and late adolescents, 1972-2012. *Psychological Science*, v. 25, p. 379-399, 2014.

24   JOSHI *et al.*, 2010, p. 393.

25   URICK, 2019.

para continuar a ter papéis em par romântico jovem. Em ambos os casos, a identidade geracional associada à função organizacional é priorizada em detrimento da coorte.

Além disso, a identificação geracional compartilhada dentro da empresa vai resultar em expectativas em relação ao trabalho, expressas como um contrato psicológico com a organização. A violação desse contrato pode levar a reações emocionais negativas, insatisfação, baixo engajamento e intenção de sair do emprego, independentemente das coortes dos colaboradores.[26] Sendo assim, uma empresa com um estilo de gestão que recompensa a experiência e o tempo de serviço (associado aos *baby boomers*), ao anunciar uma demissão em massa, provavelmente sofrerá uma queda mais expressiva no nível de engajamento que uma empresa *startup* com estilo de gestão mais reativo às flutuações das demandas do mercado (associado à geração Y).

> **Campo cultural é um movimento, modo de pensar ou de agir que surge em um momento específico e que pode ter aderentes de diferentes gerações, apesar de centrar-se em um intervalo de idade específico.**

Uma variação da **perspectiva de identidades geracionais** seria entender gerações como um campo cultural. Campo cultural é um movimento, modo de pensar ou de agir que surge em um momento específico da história e que pode ter aderentes de diferentes gerações, apesar de centrar-se em um intervalo de idade específico.[27]

Estereótipos geracionais surgem e são perpetuados porque representam mudanças perceptíveis de pensamento ou comportamento, mas não necessariamente são representativos de todos os membros de uma coorte. Em muitos casos, não representam nem a maioria numérica dos membros da coorte.[28] Por exemplo, o campo cultural dos youtubers e influenciadores de Instagram é frequentemente associado à geração Z. O grau com que um indivíduo, independentemente de sua idade, se reconhece com esse campo aumenta sua identificação com a geração Z.

Essa abordagem permite que nos enxerguemos não como representantes de uma única geração, mas como tendo níveis diferentes de engajamento com diferentes identidades geracionais.[29]

Você se identifica com a sua geração? Se você fosse definir em porcentagens sua identificação com as diferentes coortes geracionais, como elas estariam distribuídas?

IDENTIFICANDO E MEDINDO CARACTERÍSTICAS GERACIONAIS

Vamos supor que estamos no ano de 2017 e queremos investigar, em empresas brasileiras, os valores do trabalho de jovens gerentes da geração Y (de 23 a 37 anos[30]). A pergunta a que queremos responder é se eles são mais motivados por valores intrínsecos (como oportunidade de ser criativo, desenvolver competências ou encontrar desafios interessantes) ou por valores extrínsecos (como ter um alto salário, benefícios interessantes, *status* e respeito). Qual linha de pesquisa você adotaria?

a) Utilizaria um questionário que posiciona o respondente em uma escala de valores do trabalho intrínsecos e extrínsecos. Passaria o questionário para pessoas de diferentes idades e compararia as médias das respostas de diferentes coortes.

---

26   LYONS; KURON, 2014.

27   GILLEARD, C. Cohorts and generations in the study of social change. *Social Theory and Health*, v. 2, p. 106-119, 2004.

28   LYONS; KURON, 2014.

29   GILLEARD, 2004.

30   Intervalo do corte da geração Y proposto por TWENGE (2018).

b) Aplicaria o questionário somente a gerentes da geração Y e compararia os resultados com outra pesquisa que tivesse aplicado o mesmo questionário, há 15 anos, à geração X.

c) Aplicaria o questionário somente a gerentes da geração Y e repetiria o experimento, com o mesmo grupo, 5 e 10 anos mais tarde.

Reflita um pouco sobre qual alternativa você escolheria para a pesquisa. Quais seriam as eventuais vantagens e desvantagens de cada uma delas?

Essa pesquisa está inserida na **perspectiva das coortes**, apresentada na seção anterior. Dentro dessa perspectiva, busca-se separar os efeitos relativos à idade dos respondentes (ou momento de vida), ao período histórico de quando a pesquisa foi realizada e às características geracionais. Os defensores dessa perspectiva acreditam que não conseguir separar esses efeitos pode produzir resultados falsos ou conflitantes, nos quais quaisquer diferenças geracionais sugeridas pudessem ser desmentidas de forma plausível por argumentos relativos ao ciclo de vida dos indivíduos (idade) ou circunstâncias do momento em que os dados foram coletados.[31]

Se você escolher a opção a), estará adotando o método de pesquisa transversal.

Pesquisas transversais são muito comuns porque são uma forma rápida e barata de comparar gerações. Empresas de consultoria e associações profissionais ou setoriais utilizam a pesquisa transversal porque ela permite definir uma grande variedade de critérios de diferenciação geracional e, a partir das diferenças entre as médias geracionais, reportar as mais significativas. Além disso, como muitas dessas organizações têm por hábito realizar várias edições do mesmo estudo (em diferentes anos ou indústrias), elas conseguem detectar novas tendências comportamentais, que podem ser vendidas aos clientes.

Uma das principais desvantagens da pesquisa transversal é que ela tende a produzir resultados conflitantes. Ela funciona como uma foto, congelando o período histórico, e mistura os efeitos associados à idade e à geração dos indivíduos entrevistados. Ao congelar o período histórico, ela pode falsear ou apagar diferenças geracionais por inteiro.

> Pesquisas transversais são muito comuns porque são uma forma rápida e barata de comparar gerações, atuando como uma foto do momento atual.

Por exemplo, sabendo que em 2017 o Brasil estava imerso em uma crise econômica, não seria espantoso descobrir que todas as gerações se orientavam mais para motivações extrínsecas (como nível salarial), com medo de uma eventual perda do emprego. Sendo o segmento estudado mais vulnerável ao desemprego do que pessoas de gerações anteriores,[32] poderíamos concluir que essa geração tem uma orientação a valores extrínsecos maior que sua orientação habitual, enquanto outro estudo realizado em um período de prosperidade econômica poderia apontar eventualmente na direção contrária.

Outra desvantagem da pesquisa transversal é confundir características relativas à idade (que são circunstanciais) com características geracionais (que são mais estáveis). Pessoas entre 23 e 37 anos encontram-se em um momento de vida associado a uma maior busca por equilíbrio entre família e trabalho e estabilidade financeira

---

31   LYONS; KURON, 2014.

32   NERY, P. F.; TENOURY, G. N.; SHIKIDA, C. *Probabilidade de desemprego por faixa etária:* implicações para idade mínima e políticas de emprego. Brasília: Núcleo de Estudos e Pesquisas; Conleg; Senado Federal, 2018. Disponível em: https://www12.senado.leg.br/publicacoes/estudos-legislativos/tipos-de-estudos/textos-para-discussao/td253. Acesso em: 14 nov. 2019.

GESTÃO DO FATOR HUMANO

(com custos associados a casamento, pagamento de dívidas estudantis, compra de imóvel, filhos pequenos, entre outros) e correríamos o risco de novamente superestimar o grau de orientação extrínseca da amostra ao compará-la com gerações mais jovens (com menos gastos) e mais velhas (com maior reserva financeira).

> A apresentação de estudos transversais pela mídia sensacionalista que descrevem os comportamentos "impulsivos" ou "emocionalmente descontrolados" da geração que entra no mercado de trabalho nada mais é do que uma confirmação de efeitos associados à idade (que raramente têm qualquer relação com a geração).

Uma falácia comum associada ao método de pesquisa transversal diz respeito ao comportamento de adolescentes em comparação ao de gerações mais velhas. Frequentemente, ao interpretar dados de pesquisas transversais, a mídia sensacionalista descreve indivíduos da geração que entra no mercado de trabalho como "impulsivos", "impacientes", "pouco empáticos", "sujeitos a flutuações de humor" ou "resistentes a feedback". Recentes pesquisas em neurociência revelaram que, até aproximadamente a idade de 23 anos, o cérebro do jovem é bastante diferente do cérebro do adulto. O córtex pré-frontal, a região responsável pelo controle de impulsos e pela adoção da perspectiva de outras pessoas, ainda se encontra em processo de desenvolvimento durante a juventude.[33] Em suma, essas descrições da mídia podem ser aplicadas a qualquer grupo de jovens adultos, independentemente da geração.

Alguns pesquisadores apontam o método transversal como o mais fraco para identificar diferenças geracionais,[34] uma vez que o mais interessante para entender gerações é precisamente a interação entre momento histórico e coorte. Para interpretar estudos transversais de forma crítica, é importante atentar-se para:

1. o período de coleta dos dados (circunstâncias socioeconômicas);
2. a distribuição etária e os dados demográficos da amostra (gênero, classe social, raça, categoria profissional, entre outros);
3. o ciclo de vida das diferentes coortes no momento da pesquisa, incluindo nível hierárquico e situação familiar.[35]

Se você escolher a opção b), estará adotando o método de pesquisa com atraso de tempo. **Esse método trabalha com grupos de participantes no mesmo intervalo de idade, com pesquisas feitas em anos distintos.**

Considerando-se que o circuito educacional tende a centrar-se em pequenos intervalos etários, muitas pesquisas desse método enviam anualmente um conjunto fixo de perguntas a alunos de Ensino Médio ou universitários no turno integral, a fim de constituir uma base de dados estável. Ao comparar indivíduos de coortes distintas em uma mesma faixa etária, esse método permite fazer comparações mais confiáveis entre elas. A única desvantagem dessa abordagem é que ela não permite identificar mudanças de valores, atitudes e comportamentos de uma geração conforme ela envelhece.

A pesquisa com atraso de tempo aproxima-se da **perspectiva de forças sociais** ao considerar que a maioria das mudanças culturais é fruto de uma combinação indissociável de efeitos do período e de geração.[36] Por exemplo, pessoas de todas as idades estão adotando comportamentos mais narcisistas (efeito do período), em consequência da popularização das redes sociais, da idolatria pela mídia de executivos com

---

33 BLAKEMORE, S. J.; CHOUDHURY, S. Development of the adolescent brain: implications for executive function and social cognition. *Journal of Child Psychology and Psychiatry*, v. 47, n. 3-4, p. 296-312, 2006.

34 TWENGE, J. M. A review of the empirical evidence on generational differences in work attitudes. *Journal of Business Psychology*, v. 25, p. 201-210, 2010.

35 LYONS; KURON, 2014.

36 CAMPBELL *et al.*, 2015.

personalidade narcisista e da lógica da empregabilidade, que demanda dos profissionais uma preocupação constante com a marca pessoal. No entanto, uma mudança cultural na direção de mais comportamentos narcisistas na sociedade afetou mais a geração Y, uma vez que esta nunca conheceu um mundo menos narcisista.[37]

Comparações entre diferentes edições de pesquisas nacionais que realizam a separação dos participantes em grupos etários, tais como o Censo[38] ou a Pesquisa Nacional por Amostra Domiciliar (PNAD),[39] podem ser utilizadas para identificar tendências geracionais. O problema com essas fontes é a pequena quantidade de perguntas sobre valores e comportamentos dos indivíduos nas organizações, objeto principal do estudo de gerações aplicado à administração.

Se você escolher a opção c), estará adotando o método de pesquisa longitudinal. **Esse método acompanha o mesmo grupo de participantes durante anos.**

Ele permite identificar as características geracionais que permanecem estáveis ao longo do tempo, independentemente da idade dos participantes e de mudanças abruptas na sociedade. Além disso, é possível identificar quais características geracionais evoluíram e em qual momento (idade dos participantes e período), assim como relações de causa e efeito entre um valor ou comportamento geracional e suas consequências, anos mais tarde, na vida dos participantes.

Uma versão ainda mais sofisticada seria a pesquisa longitudinal sequencial, na qual se acompanha, por um mesmo intervalo etário, dois ou mais grupos de indivíduos de coortes diferentes, de forma a fazer comparações entre gerações. Em uma pesquisa longitudinal sequencial canadense, dois grupos de estudantes de 18 anos (em 1985 e em 1996) foram questionados sobre valores e crenças relativas ao trabalho. Sete anos mais tarde, os pesquisadores os questionaram uma segunda vez e identificaram tanto diferenças geracionais quanto mudanças nos valores e crenças, no intervalo entre as coletas de dados, em ambas as gerações.[40]

O método de pesquisa longitudinal é útil para orientar pais e professores na educação de crianças e corrigir tendências e hábitos sociais com possíveis efeitos nocivos no futuro.

Você acha que uma pesquisa longitudinal acerca dos efeitos do uso excessivo de celular, durante os primeiros anos de vida, sobre o desenvolvimento socioemocional da criança seria útil para a gestão do fator humano? Como você estruturaria uma pesquisa desse tipo?

As desvantagens da pesquisa longitudinal são que ela é custosa, demanda uma grande dedicação de tempo e energia, tanto dos pesquisadores quanto dos participantes, e exige que se tenha uma ideia muito clara do que se deseja medir antes de começar. Uma pesquisa longitudinal mal definida pode produzir grande quantidade de dados, consumir recursos e não produzir conclusões relevantes para a sociedade. Por essas razões, apesar de fornecerem as melhores evidências para o estudo das gerações, pesquisas desse tipo são muito raras.

---

37   TWENGE, J. M. *Generation me:* why today's young americans are more confident, assertive, entitled – and more miserable than ever before. Nova York: Free Press, 2006.

38   INSTITUTO BRASILEIRO DE GEOGRAFIA E ESTATÍSTICA (IBGE). *Censo 2010.* Disponível em: https://censo2010.ibge.gov.br. Acesso em: 14 nov. 2019.

39   INSTITUTO BRASILEIRO DE GEOGRAFIA E ESTATÍSTICA (IBGE). *Pesquisa Nacional de Amostra por Domicílios:* síntese de indicadores 2015. Disponível em: https://biblioteca.ibge.gov.br/visualizacao/livros/liv98887.pdf. Acesso em: 14 nov. 2019.

40   KRAHN, H. J.; GALAMBOS, N. L. Work values and beliefs of 'Generation X' and 'Generation Y'. *Journal of Youth Studies,* v. 17, n. 1, p. 92-112, 2014.

GESTÃO DO FATOR HUMANO

O Quadro 9.2 resume as características dos três tipos de pesquisa geracional explorados nesta seção. Cada metodologia fornece uma perspectiva única sobre o fenômeno geracional e nenhuma delas consegue sozinha separar os efeitos de período, idade e geração. Por essa razão, é importante tratar essas metodologias como complementares entre si.[41]

Quadro 9.2 Métodos de pesquisa e respectivas variáveis avaliadas

Método de pesquisa	Variável de controle	Variáveis misturadas	Exemplo
Pesquisa transversal	Período	Idade e geração	Passar um questionário para uma população composta por pessoas de diferentes gerações e comparar as médias.
Pesquisa com atraso de tempo	Idade	Período e geração	Entrevistar anualmente estudantes do ensino médio e avaliar variações entre os grupos ao longo do tempo.
Pesquisa longitudinal	Geração	Idade e período	Acompanhar o mesmo grupo de indivíduos de forma a identificar relações de causa-consequência e evoluções nas características geracionais.

Fonte: elaborado pelo autor.

E no Brasil?

Uma parte significativa da pesquisa de gerações é desenvolvida em países anglo-saxões. Diante dessa constatação, duas perguntas surgem à mente.

Por que o Brasil não produz mais estudos geracionais?

O estudo das gerações ainda é um campo bastante incipiente e recente no Brasil. Há um aumento da produção com pesquisas exploratórias de uma única geração, realizadas por empresas de consultoria[42] ou acadêmicos,[43] utilizando o método transversal. Isso ocorre porque no país ainda há carência de dados históricos por agências nacionais de pesquisa, o que implica dificuldade em se realizar pesquisas com atraso de tempo. Adicionalmente, há falta de incentivo ao método longitudinal pelas agências nacionais de fomento à pesquisa, devido ao investimento de tempo necessário para a condução desse tipo de estudo.

A título de comparação, o Departamento de Estatísticas do Trabalho dos Estados Unidos[44] fornece uma grande quantidade de dados históricos e atuais sobre trabalho, que são úteis para o estudo das gerações (por exemplo, com relação ao tempo médio no emprego por grupo etário). Além disso, a Pesquisa Social Global coleta dados de adultos estadunidenses desde 1972, fornecendo insumos para que pesquisadores utilizem o método com atraso de tempo para comparar gerações atuais com as anteriores.[45]

---

41 LYONS; KURON, 2014.

42 HAYS. Geração Y e o mundo do trabalho, 2015. Disponível em: http://governance40.com/wp-content/uploads/2018/12/hays_1352257.pdf. Acesso em: 1 abr. 2020. TRUE Gen: generation Z and its implications for companies. *In:* MCKINSEY&COMPANY, 2018. Disponível em: https://www.mckinsey.com/industries/consumer-packaged-goods/our-insights/true-gen-generation-z-and-its-implications-for-companies. Acesso em: 1 abr. 2020.

43 VELOSO, E. F., SILVA, R.; DUTRA, J. Diferentes gerações e percepções sobre carreiras inteligentes e crescimento profissional nas organizações. *Revista Brasileira de Orientação Profissional*, v. 13, n. 2, p. 197-207, 2012. LIMA; CARVALHO NETO; TANURE, 2012.

44 U.S. BUREAU OF LABOR STATISTICS. Disponível em: www.bls.gov. Acesso em: 14 nov. 2019.

45 TWENGE; CAMPBELL; CARTER, 2014, p. 1914-1921. YANG, Y. Social inequalities in happiness in the United States, 1972-2004: an age-period-cohort analysis. *American Sociological Review*, v. 73, p. 204-226, 2008.

Felizmente, estamos testemunhando no Brasil o surgimento de parcerias entre o setor privado e instituições de ensino para construir bases de dados que, em alguns anos, contribuirão para o desenvolvimento da pesquisa geracional. Um exemplo de iniciativa desse tipo é a pesquisa "As 150 Melhores Empresas para Trabalhar (MEPT)" que surgiu em 1997 por iniciativa da *Revista Você S/A* e, em 2006, associou-se à FIA-USP.[46]

Conclusões de estudos geracionais em outros países têm alguma validade no contexto brasileiro?

Há uma diversidade de características geracionais que são mais relevantes em uma cultura e menos em outras. O fato de que quase todos os estudos geracionais sejam realizados nos Estados Unidos e em outros países desenvolvidos, onde uma parcela maior da população pertence à classe média, pode dar origem a uma descrição elitista das gerações quando importada para o contexto brasileiro. Em um país como o nosso, em que há tamanha desigualdade de recursos, é importante ter em mente o recorte de classe social quando se aborda o tema de gerações.

Em contrapartida, nas últimas décadas, o processo de globalização dos mercados, a internacionalização das empresas, o fluxo de expatriações, o acesso à informação em tempo real de qualquer canto do planeta e a acelerada difusão das tecnologias de comunicação promoveram um relativo grau de convergência cultural no ambiente de trabalho.

Se na vida privada observamos, em diversas culturas do mundo, um reforço dos valores étnicos locais, no ambiente de trabalho valores e comportamentos estão convergindo.[47] Os profissionais de escritório na economia do conhecimento estão produzindo apresentações em PowerPoint, fazendo análises em Excel e em bases de dados, trocando mensagens por WhatsApp, enviando e-mails, batendo metas definidas pela matriz, sendo avaliados, recompensados e punidos da mesma maneira em qualquer país do mundo.

Essa padronização de como o trabalho é realizado na economia globalizada é acompanhada também de uma convergência de comportamentos, atitudes e valores das novas gerações em relação ao trabalho.

Você já reparou quantas das publicações sobre gestão que você lê foram produzidas nos Estados Unidos? Como essa uniformização cultural do que constitui "boa administração" afeta a forma como você interage com colegas no trabalho?

PARA QUE SERVEM AS GERAÇÕES?

Falar em gerações é estereotipar?

Muitas pessoas rejeitam o conceito de gerações, em reação às descrições exageradas difundidas pela mídia. Naturalmente, nenhum de nós se sente confortável quando pessoas fazem generalizações sobre quem somos com base em nosso pertencimento

---

46   COMO participar das pesquisas das melhores empresas para trabalhar – 2019. *Exame,* 2019. Disponível em: https://exame.abril.com.br/especiais/vocesa-as-melhores-empresas-para-trabalhar-2019. Acesso em: 14 nov. 2019.

47   TROMPENAARS, F.; HAMPDEN-TURNER, C. *Riding the waves of culture.* 3. ed. Nova York: McGraw Hill, 2012.

a um grupo social, seja ele país de origem, gênero, raça, orientação sexual, categoria profissional ou geração.

O intuito deste capítulo é trazer dados empíricos (verificados por múltiplas fontes) que suportam uma reflexão informada sobre o impacto de mudanças geracionais para a gestão humana e promovem uma interação respeitosa e responsável nas organizações.

Estereótipo é um conceito com definições que variam do inócuo ao problemático, logo não há uma resposta simples à pergunta sobre gerações e estereótipos. O Quadro 9.3 apresenta essa variedade conceitual, evoluindo da definição mais neutra para a mais negativa.

> Estereótipo é uma crença exagerada associada a uma categoria. Ela é problemática porque é negativa, imprecisa e injusta. Sua função é racionalizar nosso comportamento em relação a essa categoria.[48]

Quadro 9.3 Conceito de estereótipo

Autores/Ano	Conteúdo
LIPPMANN, 1922.	Estruturas de conhecimento que servem como **"imagens" mentais** do grupo em questão
STANGOR, 2009.	Os **traços** que admitimos como **característicos** de grupos sociais ou de indivíduos pertencentes a esses grupos
MOR BARAK, 2005.	Uma imagem mental **padronizada** e **simplificada demais** sobre membros de um grupo
BRIGHAM, 1971.	Uma generalização feita sobre um grupo étnico, em relação a uma de suas características, que é considerada **injusta** por um observador externo
ALLPORT, 1954.	Uma **crença exagerada** associada a uma categoria. Ela é problemática porque ela é **negativa**, **imprecisa** e **injusta**. Sua função é racionalizar nosso comportamento em relação a essa categoria.

Fonte: elaborado pelo autor.

Qualquer estudo que compare grupos sociais, sejam eles de homens, mulheres, grupos étnicos, líderes, assistentes sociais ou advogados, pode ser considerado estereotipagem. Sempre haverá variância entre os membros de um mesmo grupo e, em muitos casos, a variância dentro dos grupos é maior que a variância entre eles. Com gerações, não é diferente.[49] Isso ocorre porque somos constituídos de uma justaposição de identidades sociais e temperamento individual que influencia como nos comportamos no mundo.

Ao mesmo tempo, muitas das definições de estereótipo apresentadas acima sugerem uma crença exagerada, imprecisa e injusta sobre um grupo, isto é, não fundamentada em dados. Nesse sentido, o estudo das gerações não é estereotipar. O objetivo é obter uma compreensão precisa desses grupos sociais, o que, irremediavelmente, conterá aspectos positivos e negativos. Isso se dá tipicamente perguntando aos membros de uma coorte como eles se enxergam, não o que outras gerações dizem sobre eles.[50]

Imagine que você foi selecionado(a) para gerenciar uma equipe em outro país...

---

48 ALLPORT, G. W. *The nature of prejudice.* 25th anniversary edition. Nova York: Ingram Publisher Services, 1979. p.189-204.

49 CAMPBELL *et al.*, 2015.

50 CAMPBELL *et al.*, 2015.

GESTÃO DO FATOR HUMANO EM AMBIENTE MULTIGERACIONAL

Para se preparar, você aprendeu que algumas culturas têm uma orientação à comunicação mais neutra ou mais afetiva no ambiente de trabalho. Uma maneira de medir isso seria perguntar a indivíduos de uma certa cultura se eles expressariam seus sentimentos abertamente no trabalho caso estivessem incomodados com algo.[51] Ao pesquisar a cultura desse país, você descobriu que as pessoas adotam no trabalho um estilo de comunicação muito mais neutro que no Brasil.

De que forma esse conhecimento influenciaria sua maneira de gerir a equipe?

Pelo menos no primeiro contato, você provavelmente prestaria mais atenção a sinais não verbais e respostas indiretas de apoio, aprovação ou descontentamento do que se estivesse no Brasil. Comportar-se dessa maneira demonstraria não somente flexibilidade mas também maturidade profissional e respeito à cultura local.

Se após algumas semanas no país você ainda assumisse que **todos** na equipe se comunicam de forma neutra, estaria estereotipando esses indivíduos únicos. Certamente dentro da equipe você encontrará pessoas com valores, atitudes, temperamentos e estilos de comunicação dos mais diversos.

É essa rigidez de pensamento que devemos evitar ao lidar com indivíduos de diferentes gerações. Conhecer forças sociais e características geracionais produz um indício útil para antecipar possíveis reações e compreender comportamentos observados em um grupo. Contudo, interessar-se pelo indivíduo, em toda a sua complexidade, é sempre a melhor maneira de gerenciar a diversidade.

Implicações para os negócios

O conhecimento das dinâmicas geracionais no ambiente de trabalho contribui para os negócios de três formas distintas.

Planejar ações específicas para grupos geracionais

Diferentes grupos geracionais podem ser, na medida do possível, atraídos, recrutados, gerenciados e desenvolvidos na organização de maneira customizada.[52]

Por exemplo, o **recrutamento social** é uma prática organizacional que alavanca redes sociais e profissionais, on-line e off-line, do candidato e do time de recrutamento para conectar, comunicar, engajar, informar e atrair futuro talento.[53] Dada a maior taxa de utilização de redes sociais pelas jovens gerações para se informar sobre empregos[54] e a dissolução gradual das fronteiras entre trabalho e vida pessoal, o recrutamento social surgiu como alternativa aos métodos tradicionais de recrutamento. Essa abordagem tem sido implementada com grande sucesso tanto em programas de estágio e *trainee* quanto em programas destinados à atração de candidatos diversos.

> Recrutamento social é uma prática organizacional que alavanca redes sociais e profissionais, on-line e off-line, do candidato e do time de recrutamento para conectar, comunicar, engajar, informar e atrair futuros talentos.

O modelo tradicional de recrutamento de jovens é ancorado na entrevista de candidatos em feiras universitárias, anúncios de vagas em repositórios de currículos, recorrendo a consultorias especializadas e comunicação dos valores da empresa no

---

51   TROMPENAARS; HAMPDEN-TURNER, 2012, p. 88.

52   POUGET, J. *Intégrer et manager la génération Y*. Paris: Vuibert, 2010.

53   MEISTER; WILLYERD, 2010, p. 95.

54   PEW RESEARCH. *Generations online in 2009*, 2009. Disponível em: https://www.pewresearch.org/internet/2009/01/28/generations-online-in-2009.
      Acesso em: 14 nov. 2019.

site institucional.[55] Candidatos jovens têm gradativamente privilegiado sites como GlassDoor[56], que contêm médias salariais e avaliações da empresa realizadas por colaboradores e por pessoas que passaram pelo processo seletivo, ao discurso institucional das empresas. Além disso, muitos talentos têm evitado postular vagas que exigem o preenchimento de longos formulários para a constituição de banco de talentos para a empresa, tal como a plataforma Talleo, e recorrido às redes sociais para obter, em primeira mão, informação sobre a empresa e recomendação interna.

Em reação a essa tendência, mais e mais empresas estão expandindo seu alcance por meio de anúncios em redes sociais, como Facebook, LinkedIn, Twitter e Instagram, desenvolvendo métodos de candidatura rápida, como envio do CV em um clique e entrevista em vídeo pelo celular, fortalecendo a marca empregadora com videodepoimentos de colaboradores no YouTube e recompensando colaboradores por recomendações de amigos para vagas em aberto.

Outro exemplo de iniciativa customizada surgiu após uma sessão de *brainstorming* com o objetivo de aumentar o engajamento dos colaboradores da geração Y na Ogilvy Public Relations Worldwide. Instituiu-se o "dia de trazer os pais para o trabalho" e, logo na primeira edição do evento, mais de 30 funcionários trouxeram seus pais para conhecer a empresa.[57] Organizações que encontraram formas de manter os pais engajados na vida dos jovens funcionários conseguiram aumentar os índices de produtividade e satisfação desses colaboradores. Por essa razão, muitas empresas estão distribuindo informação destinada a pais em feiras estudantis, convidando-os para eventos internos e estabelecendo parcerias com universidades privadas para oferecer descontos na mensalidade de todos os familiares dos colaboradores.[58]

Identificar tendências na relação colaborador-empresa e antecipar-se aos concorrentes

Oferecer uma relação de trabalho adaptada às necessidades do colaborador tornou-se um diferencial competitivo na obtenção dos melhores talentos. Para tal, é necessário que a organização realize uma reflexão aprofundada sobre quais relações de trabalho deseja construir e desenvolva estratégias para implementá-las.

De acordo com a perspectiva das forças sociais, jovens gerações tendem a experimentar de forma mais intensa novos fenômenos sociais, por exemplo, a alta incidência de ansiedade e *burn-out* (síndrome de esgotamento) na sociedade contemporânea.[59] A pesquisa estadunidense Monitorando o futuro, de Jean Twenge, identificou um crescimento significativo em índices de solidão, depressão e ansiedade em estudantes do Ensino Médio a partir de 2012, precisamente os primeiros membros da geração Z.[60]

Similarmente, no estudo realizado pelo Workforce Institute com 3000 profissionais da geração Z em 12 países, 34% dos respondentes afirmaram que a ansiedade é a principal barreira para o sucesso profissional. Dívidas pessoais, esgotamento e falta de sistemas de apoio no trabalho foram os principais motivos listados para a

---

55   MEISTER; WILLYERD, 2010.

56   GLASSDOOR. Disponível em: www.glassdoor.com.br. Acesso em: 14 nov. 2019.

57   MEISTER; WILLYERD, 2010, p. 114.

58   MEISTER; WILLYERD, 2010.

59   HAN, B. C. *Sociedade do cansaço*. 2. ed. Petrópolis: Vozes, 2019.

60   TWENGE, 2018.

ansiedade.[61] O elevado custo de vida, do aluguel e de educação nas grandes cidades, atrelado à estagnação dos salários, contribuiu para aumentar consideravelmente a quantidade de jovens que iniciam a vida profissional endividados.[62]

Dentre os critérios utilizados pela geração Z para selecionar o primeiro empregador destacaram-se salário justo (54%), trabalho com sentido (32%) e benefícios como flexibilidade de horário, oportunidades de aprendizagem e cobertura de plano de saúde (30%). Políticas destinadas à promoção da saúde mental também fizeram parte das demandas: 31% deles desejam ter direito a dias de descanso para cuidar do equilíbrio mental.[63]

Em resposta à demanda por salários justos e à ansiedade causada pelas dívidas, diversas empresas ampliaram a porcentagem de salário líquido no pacote total de benefícios dos colaboradores juniores. Outras, como Live Nation, Hewlett-Packard e Staples, desenvolveram programas de coparticipação do empregador no pagamento das dívidas estudantis. Na Live Nation, qualquer funcionário que esteja na organização há mais de 6 meses é elegível.[64]

Reconhecer tendências, por meio da construção de canais de escuta ativa das necessidades das novas gerações, contribui para que organizações desenvolvam programas passíveis de beneficiar todos os colaboradores.

Promover inovação, flexibilidade e perenidade organizacional

O confronto de ideias e perspectivas em um ambiente de trabalho multigeracional contribui para o desenvolvimento de resiliência organizacional perante um mercado global em constante mudança. Nem tudo que é novo é desejável. Nem tudo que é hábito na empresa a sustentará no futuro. O diálogo entre os diferentes grupos geracionais e a negociação quanto aos rumos que a organização deve tomar diante de cenários incertos abrem oportunidades para inovações no setor e melhoram a qualidade das tomadas de decisão.

Mais importante, organizações que não promovem o contato intergeracional colocam sua perenidade em risco, uma vez que a transferência de conhecimentos e o planejamento da sucessão das lideranças são iniciativas indispensáveis para a continuidade das operações.

Em resposta à crise econômica provocada pelo choque petrolífero, diversos setores produtivos franceses (em especial de energia, construção civil e serviços financeiros) congelaram os recrutamentos de jovens colaboradores durante as décadas de 1970 e 1980. Em função disso, a pirâmide etária em várias organizações passou a ser composta, nos anos 2000, de um efetivo de alta diretoria da geração *baby boomers* e de baixa gerência da geração Y. Esse buraco geracional deu origem a um grave problema no período entre 2005 e 2020, quando 40% do efetivo total das empresas desses segmentos (e quase a totalidade do corpo dirigente) estavam com previsão de se

---

61   WORKFORCE INSTITUTE. *Meet Gen Z: the next generation is here: hopeful, anxious, hardworking and searching for inspiration*, 2019. Disponível em: https://workforceinstitute.org/meet-gen-z-optimistic-and-anxious. Acesso em: 14 nov. 2019.

62   SOCIETY FOR HUMAN RESOURCE MANAGEMENT (SHRM). Society for human resource management generational differences: myths and realities. *Workplace Visions*, n. 4, 2007. Disponível em: https://www.shrm.org/hr-today/trends-and-forecasting/labor-market-and-economic-data/Documents/Generational%20differences.pdf. Acesso em: 14 nov. 2019.

63   WORKFORCE INSTITUTE, 2019.

64   LIVE Nation to help employees pay off student loans. *USA Today*, 2017. Disponível em https://www.usatoday.com/story/tech/talkingtech/2017/01/18/live-nation-help-employees-pay-off-student-debt/96690660/. Acesso em: 14 nov. 2019.

aposentar. As empresas perceberam, então, que não tinham líderes preparados para cargos de alta responsabilidade e, em função disso, perderam competitividade diante de concorrentes globais. Algumas dessas organizações acabaram sendo compradas por empresas internacionais.[65]

Perceba como uma decisão errada em relação ao efetivo geracional pode trazer resultados catastróficos no longo prazo. Que outros casos você conhece de empresas que perderam competitividade ou desapareceram em função da má gestão da diversidade geracional?

DIFERENÇAS GERACIONAIS NOS VALORES DO TRABALHO

Valores do trabalho são crenças sobre a relativa importância dada a várias características do trabalho e aos resultados associados a ele.

Valores do trabalho são crenças sobre a relativa importância dada a vários aspectos do trabalho (como salário, autonomia e ambiente organizacional) e aos resultados associados a ele (como prestígio, realização e impacto social).[66] Eles moldam as preferências e decisões que as pessoas tomam em relação a oportunidades profissionais e influenciam diretamente suas atitudes e comportamentos.

O estudo com atraso de tempo Monitorando o futuro, mencionado na seção anterior, é realizado anualmente desde 1976. Comparando amostras de estudantes do Ensino Médio de três coortes (*baby boomers*, geração X e geração Y), o estudo identificou tendências em cinco categorias de valores do trabalho.[67]

- **Valores extrínsecos** centram-se nas consequências ou resultados do trabalho, ou seja, nas recompensas externas e tangíveis, tais como salário, oportunidades de promoção, reconhecimento, *status* e prestígio.

- **Valores intrínsecos** centram-se no processo do trabalho, ou seja, nas recompensas intangíveis, refletidas pelo interesse na atividade realizada, pelas oportunidades para ser criativo, pelo aproveitamento das competências, pela possibilidade de ser autêntico e pelo potencial de aprendizagem.

- **Valores de lazer** referem-se às oportunidades de tempo livre, férias, liberdade de supervisão e equilíbrio entre trabalho e vida pessoal.

- **Valores de altruísmo** referem-se à oportunidade de ajudar outros e ter impacto social no trabalho.

- **Valores sociais** referem-se à qualidade e à quantidade de relações interpessoais no ambiente de trabalho.

Como você acha que esses valores do trabalho evoluíram entre as gerações? Em qual deles houve uma mudança mais significativa?

A principal alteração nos valores do trabalho é relativa à importância acordada em relação aos **valores de lazer**. Ela surge em resposta às mudanças nas relações de trabalho mencionadas no início do capítulo. Em um contexto de intensificação da carga horária de trabalho, da invasão dos computadores portáteis e dos celulares

---

65 POUGET, 2010, p. 45-49.

66 LYONS; KURON, 2014.

67 TWENGE, J. M.; CAMPBELL, S. M.; HOFFMAN, B. J.; LANCE, C. E. Generational differences in work values: leisure and extrinsic values increasing, social and intrinsic values decreasing. *Journal of Management*, v. 36, n. 5, p. 1117-1142, 2010.

de trabalho sobre o espaço familiar, da necessidade de equilibrar os papéis na criação dos filhos por famílias com dupla carreira e da possibilidade de flexibilização de horário e local de trabalho oferecida por algumas empresas não é surpreendente que as novas gerações atribuam uma importância maior à flexibilidade e ao equilíbrio entre trabalho e vida pessoal e os utilizem como importantes critérios na seleção da empresa em que irão trabalhar. Conforme mencionado na seção anterior, a geração Z dará continuidade a essa tendência.[68]

A segunda maior alteração nos valores do trabalho refere-se à importância dada aos **valores extrínsecos**. Gerações que passaram por crises econômicas significativas quando jovens colocam maior ênfase na remuneração. Foi o caso da geração X, que vivenciou a crise do petróleo na adolescência, e da geração Z, que vivenciou a crise mundial de 2008 e brasileira de 2016. Houve um aumento significativo da importância dada ao salário, ao reconhecimento e às oportunidades de promoção pela geração X, e uma ligeira queda na geração sucessiva. Apesar de ter crescido em um período de relativa estabilidade econômica, a geração Y atribui mais importância a valores extrínsecos que os *baby boomers*, especialmente em termos de reconhecimento e salário. A demanda por salários mais altos e maior reconhecimento no ambiente de trabalho, aliada a uma expectativa mais alta de equilíbrio entre trabalho e vida pessoal, ancora-se em uma maior orientação ao individualismo na geração Y[69] e contribui para reforçar a imagem de "mimada" perante as outras gerações. O aumento do custo de vida nas cidades e a inflação de diplomas impõem pressões financeiras significativas sobre a geração Z, que colocará ainda mais ênfase nos valores extrínsecos.

Contrariamente aos estereótipos propagados pela mídia, a geração Y não dá mais **valor ao altruísmo** e ao impacto social da empresa do que as gerações anteriores. Programas que focam responsabilidade corporativa provavelmente atrairão profissionais da geração Y na mesma proporção que atraíram profissionais de outras gerações no passado.

Houve um declínio moderado de consideração dos **valores intrínsecos** pela geração Y. Observou-se um peso maior dado à oportunidade de ser criativo no trabalho, alinhado à importância que esta geração atribui à autoexpressão. Contudo, ela deu menos importância às dimensões de sentido e aprendizagem do que as gerações anteriores.

Por fim, há também um declínio moderado na importância dos **valores sociais** no trabalho. Essa tendência não é surpreendente, uma vez que a tecnologia permite um contato mais recorrente com amigos e família fora da empresa e é consistente com o crescimento dos valores de lazer.

Tendo por base os *baby boomers*, a Figura 9.2 ilustra a evolução dos valores do trabalho pelas gerações X e Y. O gráfico evidencia um distanciamento nítido dos valores do trabalho entre a geração Y e os *baby boomers*.

---

68 WORKFORCE INSTITUTE, 2019.

69 TWENGE, 2006.

GESTÃO DO FATOR HUMANO

Figura 9.2 Evolução dos valores do trabalho (*baby boomers* e geração Y)

> Ocorreu um distanciamento geracional nos valores do trabalho a cada sucessiva geração. Entre *baby boomers* e geração Y, há um aumento da importância atribuída aos valores extrínsecos e de lazer, em detrimento dos valores intrínsecos e sociais.

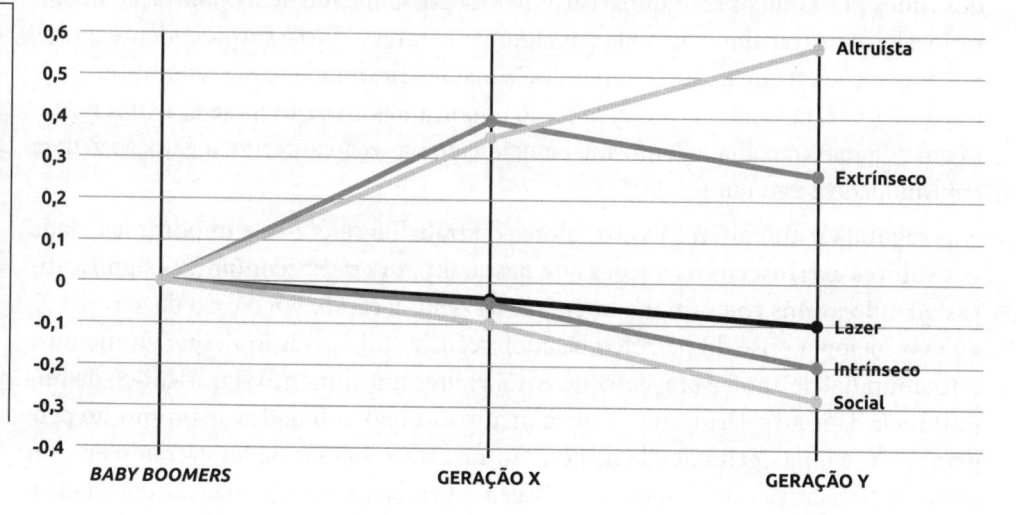

Fonte: TWENGE *et al.*, 2010.

CONFLITOS GERACIONAIS

> Conflitos são interações marcadas por tensão, desentendimento ou confronto entre pessoas, em que há percepção de incompatibilidade de valores ou de objetivos.

Michael Urick e colegas resolveram investigar os desafios do ambiente de trabalho encontrados por profissionais de diferentes faixas etárias. Apesar de não terem mencionado diferenças geracionais de forma explícita nas perguntas, conflitos geracionais foram um tema dominante nas respostas.[70] Conflitos são interações marcadas por tensão, desentendimento ou confronto entre pessoas, em que há percepção de incompatibilidade de valores ou de objetivos.[71]

A partir dos dados obtidos, os pesquisadores puderam identificar sete conflitos geracionais divididos em três categorias.[72]

- **Conflitos de valores:** surgem da percepção de que membros da outra geração valorizam diferentes visões de mundo e do futuro da organização.
  - O **conflito** *status quo* × **inovação** resulta da autopercepção de profissionais mais jovens como pessoas que pensam "fora da caixa" e têm mente mais aberta, enquanto percebem profissionais mais velhos como resistentes à mudança e complacentes. Em contrapartida, profissionais mais velhos percebem-se como pessoas que seguem os procedimentos e respeitam a cultura da empresa, enquanto profissionais mais jovens são vistos como resistentes à hierarquia e às regras e insistentes em realizar mudanças desnecessárias.
  - O **conflito tradicional × progressista** resulta de profissionais mais jovens serem tidos como menos leais, menos espiritualizados e menos respeitosos das tradições por profissionais mais velhos, enquanto estes são vistos como conservadores e menos abertos à diversidade pelos mais jovens.

---

70 URICK, M. J.; HOLENSBE, E. C.; MASTERSON, S. S.; LYONS, S. T. Understanding and managing intergenerational conflict: an examination of influences and strategies. *Work, Aging and Retirement*, v. 3, n. 2, p. 166-185, 2017.

71 THOMAS, K. W. Conflict and conflict management: reflections and update. *Journal of Organizational Behavior*, v. 13, n. 3, p. 265-274, 1992.

72 URICK, 2019, p. 67-78.

GESTÃO DO FATOR HUMANO EM AMBIENTE MULTIGERACIONAL

- **Conflitos comportamentais:** surgem quando o comportamento de uma pessoa na empresa conflita com as expectativas de outra, e isso acaba sendo atribuído ao seu pertencimento a uma geração específica.

  - O **conflito merecido × mimado** resulta da percepção de que os mais jovens são "imediatistas" e se comportam como se esperassem reconhecimento sem terem trabalhado suficientemente para merecê-lo, enquanto os mais velhos se enxergam como merecedores do que obtiveram por meio da devoção ao trabalho e lealdade à empresa. Em contrapartida, os mais jovens percebem os mais velhos como excessivamente investidos no trabalho e negligentes ao equilíbrio entre vida pessoal e trabalho e enxergam-se como pessoas que trabalham de forma mais inteligente.

  - O **conflito entre alta e baixa tecnologia** é um dos principais desafios de equipes multigeracionais, sendo reportado por quase todos os participantes. Profissionais mais jovens se frustram com a perda de eficiência causada pela relutância de profissionais mais velhos em adotar diversas tecnologias, enquanto profissionais mais velhos reclamam que os mais jovens subestimam formas mais tradicionais de fazer o trabalho, sem depender da tecnologia. A coordenação do trabalho pode ser dificultada pela frustração das pessoas ao se sentirem limitadas em relação à maneira que preferem trabalhar, com (ou sem) a tecnologia.

  - O **conflito da habilidade em comunicação** resulta da percepção de inépcia em comunicação de pessoas da outra geração. Profissionais mais velhos sugerem uma deficiência na comunicação de profissionais mais jovens em relação à capacidade de transmitir e interpretar as mensagens de forma eficaz e uma falta de diplomacia nas interações. Por outro lado, profissionais mais jovens apontam para a dificuldade dos mais velhos adaptarem-se ao estilo apropriado nas mídias sociais.

- **Conflitos identitários:** surgem da forma como as pessoas se definem e de como percebem que o outro se define.

  - O **conflito eu × nós** diz respeito à prioridade dada à identidade pessoal ou coletiva. Independentemente do grau de individualismo associado à coorte da qual fazem parte, os profissionais entrevistados apontaram o quanto eles percebem membros de sua geração como pessoas que se importam mais com os outros e com o grupo.

  - Em relação ao **conflito identidade única x identidade múltipla**, profissionais mais jovens percebem profissionais mais velhos como pessoas que se definem fundamentalmente em termos de seu papel de trabalho, enquanto eles próprios se identificam como detentores de uma diversidade de papéis e identidades. Por outro lado, profissionais mais velhos se definem como pessoas com múltiplas identidades fora do trabalho (como atividades de voluntariado e papéis familiares), enquanto percebem profissionais mais jovens como adotantes de múltiplos papéis fora do trabalho que interferem na qualidade da entrega dos resultados.

> **Diferenças geracionais no ambiente de trabalho, reais ou percebidas, podem dar origem a conflitos de valores, comportamentais e identitários.**

GESTÃO DO FATOR HUMANO

O Quadro 9.4 apresenta um resumo dos conflitos geracionais abordados.

Quadro 9.4 Exemplos de conflitos geracionais

Categoria de conflito	Diferenças geracionais percebidas	Definição
Valores	*Status quo versus* inovação	Preservar e seguir diretrizes da empresa *versus* resistir a antigos modelos de negócio e buscar a inovação
	Tradicional *versus* progressista	Valorizar ideais aceitos historicamente *versus* ter uma mente mais aberta sobre valores políticos, crenças religiosas, diversidade, patriotismo, formalidade e maneira de se apresentar (inclui tensões sobre ser discreto ou extrovertido)
Comportamentais	Merecido *versus* mimado	Perceber sua geração como merecedora dos benefícios obtidos *versus* perceber outra geração como esperando receber sem ter realmente merecido (inclui tensões sobre níveis de proatividade e imediatismo)
	Alta tecnologia *versus* baixa tecnologia	Alavancar a tecnologia dentro da empresa *versus* realizar as tarefas de forma mais tradicional (inclui tensões acerca da capacidade para adaptar-se a novas tecnologias)
	Comunicação hábil *versus* comunicação inábil	Perceber sua geração como detentora de excelentes habilidades em comunicação *versus* perceber a outra geração como incapaz de comunicar de forma eficaz (inclui tensões sobre capacidade de ouvir os outros e fazer *networking*)
Identitários	Eu *versus* nós	Focar-se nos interesses pessoais *versus* focar-se nos interesses do time e da empresa
	Identidade única *versus* identidade múltipla	Definir-se por uma multiplicidade de papéis *versus* definir-se por um único papel (trabalho)

Fonte: Adaptado de URICK, 2019.

Com quais destes conflitos você já se deparou? Como você lidou com eles?

Estratégias individuais para lidar com conflitos geracionais

Indivíduos desenvolvem estratégias para lidar com conflitos geracionais. Urick e colegas identificaram seis estratégias distintas, divididas em três categorias.[73]

- **Estratégias orientadas para o resultado:** mostrar para os outros que a pessoa consegue atingir resultados positivos para a organização, departamento ou equipe.

  - A estratégia de **atentar-se ao estilo de comunicação** consiste em conscientemente escolher tom de mensagem, canal de comunicação e linguagem adaptados às preferências da coorte da qual o interlocutor faz parte. A fim de ampliar os resultados obtidos com essa estratégia, pode-se perguntar ao indivíduo de outra geração como prefere se comunicar e ajustar seu estilo de comunicação às preferências do indivíduo, em vez de apoiar-se em estereótipos geracionais.

  - A estratégia de **"performar" proficiência** consiste em referir-se a resultados passados e projetos futuros que o indivíduo acredita serem importantes para colegas de outras gerações. Essa estratégia contribui para o aumento da confiança entre membros de diferentes gerações, para um maior alinhamento de objetivos e atenua o conflito merecido × mimado.

---

73 URICK *et al.*, 2017

GESTÃO DO FATOR HUMANO EM AMBIENTE MULTIGERACIONAL

- **Estratégias orientadas para a imagem:** adotar comportamentos que visam criar ou projetar uma imagem pessoal positiva para colegas da outra geração. Se conduzidas de forma autêntica, tais estratégias podem ser eficazes, uma vez que transmitem uma imagem positiva, independentemente de o público visado aderir ou não aos estereótipos geracionais.

  - ☐ Aplicada mais frequentemente por profissionais jovens, a estratégia de **aumentar a visibilidade pessoal** consiste em apresentar-se como um profissional sério e dedicado, e assegurar-se de que seus esforços sejam percebidos pelos outros. Exemplos dessa estratégia incluem estar no escritório durante os horários habituais (em vez de trabalhar a distância ou adotar horários alternativos), mostrar-se proativo para assumir novos projetos e resolver problemas, vestir-se de maneira considerada apropriada para os profissionais mais velhos e maximizar o contato com pessoas de outras gerações. Essa estratégia contribui para atenuar os conflitos tradicional × progressista, merecido × mimado e alta tecnologia × baixa tecnologia.

  - ☐ A estratégia de **gerenciar a informação para controlar a imagem** consiste em esconder informações para evitar percepções negativas, minimizar a importância da idade ou alavancar diferenças geracionais que se apresentam como uma vantagem para o indivíduo. Exemplos dessa estratégia incluem fingir ser hábil com tecnologia para obter uma promoção ou alterar a aparência física para ajustar-se ao modelo mental que os líderes têm do profissional ideal para o cargo.

- **Estratégias orientadas para o ego:** proteger os interesses e o bem-estar pessoal, em vez de focar nos outros. Essas estratégias não resolvem tensões geracionais.

  - ☐ A estratégia de **proteger necessidades pessoais** consiste em assegurar-se que os desejos e necessidades do indivíduo sejam atendidos. Exemplos dessa estratégia incluem manipular a agenda de uma reunião para evitar a presença de um participante resistente ao projeto que se deseja implementar, conseguir apoio para ideias valendo-se de política interna, utilizar-se da posição hierárquica para avançar interesses pessoais ou departamentais, e queixar-se de conflitos geracionais a colegas para obter conselhos.

  - ☐ Aplicada majoritariamente por profissionais mais velhos, a estratégia de **retirar-se** consiste em interromper interações com profissionais mais jovens, quando elas dão sinal de encaminhar-se ao confronto. Em alguns casos, essa estratégia é o resultado de não se sentir valorizado no ambiente de trabalho.

> Atentar-se ao estilo de comunicação, "performar" proficiência, aumentar a visibilidade pessoal, gerenciar a informação para controlar a imagem, proteger necessidades pessoais e retirar-se são estratégias individuais para lidar com conflitos geracionais.

Quais dessas estratégias você já colocou em prática? Quais você já viu outras pessoas usarem? Quais foram mais eficazes?

Estratégias gerenciais para evitar discriminação geracional

Há três dimensões principais por meio das quais categorizamos, de forma automática, as pessoas ao vê-las: raça, gênero e idade. Apesar de real, as pessoas não percebem o etarismo, isto é, o preconceito ou discriminação etária, porque trata-se de um fenômeno institucionalizado e suas vítimas muitas vezes o aceitam como o estado natural do mundo ou pouco protestam.[74]

---

74   NELSON, T. *Handbook of prejudice, stereotype and discrimination.* Cambridge (MA): MIT Press, 2009. p. 431-440.

Sendo assim, o gestor de equipe em uma organização multigeracional deve estar atento ao etarismo que ele próprio está susceptível de reproduzir e a seus efeitos nos comportamentos de colaboradores de diferentes gerações.

A fim de reduzir vieses inconscientes, sugere-se a utilização do acrônimo BIAS (viés, em inglês) ao tomar decisões relativas ao recrutamento, avaliação de desempenho e promoção de colaboradores diversos.[75] Recomenda-se utilizar essa mesma estratégia diante de colaboradores de diferentes gerações.

- *Blinding* (cegar): remover informações sobre idade, estado civil e etapa da vida que identifiquem a pessoa antes de realizar uma entrevista de emprego ou avaliação de desempenho.

- *Individuating* (individualizar): aumentar o contato com cada membro da equipe para reduzir a dependência aos estereótipos geracionais.

- *Articulating expectations* (alinhar expectativas): deixar claras as expectativas dos membros da equipe e as diretrizes da empresa para que as pessoas possam se desprender dos estereótipos geracionais. É importante ter em mente que diferentes gerações têm, em função de eventos formadores distintos, valores e expectativas variados quanto ao trabalho, logo não se deve supor que o alinhamento ocorrerá automaticamente.

- *Substituting* (substituir): faça uma substituição mental para avaliar se o julgamento e tratamento dados ao colaborador de uma geração seriam os mesmos caso esse colaborador pertencesse a outra geração.

Transferência de conhecimentos e colaboração intergeracional

Um dos momentos mais sensíveis na história de uma organização ocorre quando as lideranças mais velhas se aposentam e precisam planejar sua sucessão.

Diversos estudos setoriais[76] indicam que a maioria das empresas não possui um plano de sucessão claro. Consequentemente, ao assumir posições no topo das organizações, novas gerações podem se encontrar despreparadas para tomar decisões que levem em conta a identidade cultural da empresa e ter dificuldades para influenciar outros agentes organizacionais a aceitar suas propostas.[77] Para minimizar esses riscos, empresas precisam ter um programa de gestão de conhecimento que transmita aos futuros líderes três tipos de conhecimento.[78]

- **Conhecimento explícito**: orientado à realização de tarefas, ao bom uso das ferramentas tecnológicas, à compreensão dos objetivos organizacionais e ao desenvolvimento de habilidades técnicas.

- **Conhecimento tácito**: orientado ao desenvolvimento de consciência do contexto e da cultura em que a empresa se encontra, explorando estilos de tomada de decisão, política interna e dinâmicas de poder.

---

75 HOCH, S.; KUNREUTHER, H.; GUNTHER, R. *Wharton on making decisions*. Hoboken: John Wiley & Sons, 2004.

76 RESEARCH: CEO succession planning lags badly. *In*: STANFORD GSB, 2010. Disponível em: https://www.gsb.stanford.edu/insights/research-ceo-succession-planning-lags-badly. Acesso em: 14 nov. 2019. THOMASNET survey shows business trending up for manufacturers. *In*: THOMASNET, 2014. Disponível em: https://www.thomasnet.com/pressroom/Industry_Market_Barometer.html#. Acesso em: 14 nov. 2019.

77 SPRINKLE, T.; URICK, M. The generational issues in organizational learning: knowledge management, perspectives on training, and 'low-stakes' development. *The Learning Organization*, v. 25, n. 2, p. 102-112, 2018.

78 NONAKA, I.; TAKEUCHI, H. *The knowledge-creating company*: how japanese companies create the dynamics of innovation. New York: Oxford University Press, 1995.

- **Conhecimento experiencial**: orientado ao julgamento prudente e ético de situações ambíguas e à compreensão do impacto das decisões para a empresa e sociedade como um todo. Também conhecido como sabedoria prática.[79]

Muitos programas de desenvolvimento humano nas organizações contemporâneas atribuem uma atenção desproporcional ao **conhecimento explícito**. Globalização e sucessivas fusões estimularam empresas multinacionais a gradualmente substituir programas informais e individualizados por treinamentos formais padronizados, com instrutores externos e videoaulas. Isso acarreta uma pobre transferência de **conhecimento tácito** e **experiencial**, uma vez que estes exigem uma experiência imersiva e informal.[81]

Além disso, uma organização com conflitos geracionais expressivos não conseguirá realizar uma boa gestão do conhecimento. Profissionais mais seniores ocultarão informação, acreditando que profissionais mais jovens não vão se importar com os costumes e valores da empresa, e profissionais mais jovens perceberão os mais velhos como desinteressados em aprender sobre novas formas de se trabalhar.[82]

Os programas apresentados a seguir visam dirimir esses problemas e oferecer uma transferência mais equilibrada dos três tipos de conhecimento.

> Gestão do conhecimento é a transferência de conhecimento explícito, tácito e experiencial de uma geração para a outra.[80]

Programas de gestão do conhecimento

Programas de *shadowing* consistem no acompanhamento e observação de um colega durante sua rotina diária. Contribuem para a transferência de comportamentos associados ao papel, fornecem uma visão sistêmica da operação, reduzem os custos de treinamento com instrutores e *softwares* e, enquanto ocorrem, o trabalho continua a ser realizado.

Programas de mentoria favorecem a transmissão da cultura organizacional ao mentorado, fornecem informação essencial para avaliar o potencial de futuros líderes e reduzem conflitos geracionais, estimulando participantes a desvencilharem-se de estereótipos e apreciar os aprendizados obtidos durante a interação.[83] Em comparação a outros profissionais, mentorados têm tendência a obter um salário mais elevado, a experimentar mais satisfação no trabalho e a tomar mais decisões levando em conta o contexto e as dinâmicas de poder na empresa.[84]

Programas de mentoria reversa invertem a ordem habitual da transferência de conhecimento. Consistem em colocar jovens profissionais na posição de mentores dos executivos, oferecendo à liderança um novo olhar sobre diversos tópicos de relevância estratégica e cultural. Por um lado, a mentoria reversa aumenta a retenção de profissionais juniores, uma vez que lhes oferece mais visibilidade e reconhecimento, permite que assumam uma posição de liderança na relação e transmite conhecimento sobre a cultura da empresa e o processo decisório da alta liderança. Em contrapartida,

---

79   NONAKA, I.; TAKEUCHI, H. The wise leader. *Harvard Business Review*, v. 89, n. 5, p. 58-67, 2011. Disponível em: https://hbr.org/2011/05/the-big-idea-the-wise-leader. Acesso em: 14 nov. 2019.

80   SPRINKLE; URICK, 2018.

81   SAKS, A. M.; ASHFORTH, B. E. Organizational socialization: making sense of the past and present as a prologue for the future. *Journal of Vocational Behavior*, v. 5, n. 2, p. 234-279, 1997.

82   SPRINKLE; URICK, 2018.

83   SPRINKLE; URICK, 2018.

84   ALLEN *et al.* Career benefits associated with mentoring for protégés: a meta-analysis. *Journal of Applied Psychology*, v. 89, n. 1, p.127-136, 2004.

profissionais mais velhos desenvolvem novas competências digitais, incorporam outras perspectivas, recebem *feedback* sobre comportamentos que levam ao desengajamento de talentos ou clientes jovens e desenvolvem uma maior apreciação pela diversidade.[85-86]

Programa de rotação de cargo fornecem às jovens gerações a oportunidade de experimentar e explorar interesses dentro da empresa, desenvolver competências técnicas em áreas distintas, desenvolver capital político em diferentes departamentos e adquirir uma perspectiva sistêmica da organização.[87] Diante do enxugamento das posições de liderança, programas de rotação de cargo contribuem também para atender a demandas por carreiras dinâmicas, enquanto testam e preparam futuros líderes.

Atividades de baixo risco fornecem às jovens gerações oportunidades de desenvolver competências em um ambiente de baixo estresse, com riscos limitados.[88]

Programas *sandbox* (em inglês, caixa de areia, como em um parque infantil) são projetos nos quais a empresa reserva uma quantidade limitada de recursos para estimular inovações desconectadas da operação principal. Em alguns casos, trata-se de projetos destinados a desenvolver soluções que colocariam o atual modelo de negócio em risco, de forma a antecipar-se a futuros concorrentes. Em outros, são projetos que os próprios colaboradores escolhem, tal qual o programa 20%, do Google[89], no qual um dia por semana é reservado ao desenvolvimento de projetos de interesse pessoal. Em troca do tempo de trabalho e dos recursos disponibilizados, a empresa detém a patente se a inovação tiver potencial comercial.

Diversas invenções revolucionárias surgiram em contexto de baixo risco. O GPS, que utilizamos em diversos aplicativos de celular atualmente, foi inventado por dois físicos que em seu tempo livre ouviam no rádio os sinais do satélite russo Sputnik e decidiram, por diversão, calcular sua trajetória.[90]

Outro exemplo de atividade de baixo risco são **programas de voluntariado**, patrocinados pela empresa, em organizações não governamentais. A empresa beneficia-se porque a experiência fornece oportunidade de crescimento pessoal aos colaboradores, oferece uma visão de mundo externa aos muros da organização e melhora o desempenho no trabalho. Como consequência, o voluntariado desenvolve conhecimento experiencial e acelera a formação de líderes.[91] Se realizada em grupo, a experiência contribui para o desenvolvimento de redes internas, aumento da confiança interpessoal nas equipes e redução de tensões geracionais.

> Programas de *shadowing*, mentoria, mentoria reversa, rotação de cargo e atividades de baixo risco são ferramentas eficazes para a transferência de conhecimentos e a ampliação da colaboração intergeracional.

---

85   JORDAN, J. SORELL, M. Why reverse mentoring works and how to do it right. *Harvard Business Review*, 2019. Disponível em: https://hbr.org/2019/10/why-reverse-mentoring-works-and-how-to-do-it-right. Acesso em: 14 nov. 2019.

86   MEISTER; WILLYERD, 2010.

87   BURMEISTER, M. *From boomers to bloggers*. Fairfax (VA): Synergy Press, 2008.

88   SPRINKLE; URICK, 2018.

89   SCHRAGE, M. Just how valuable is Google's "20% time"? *Harvard Business Review*, 2013. Disponível em: https://hbr.org/2013/08/just-how-valuable-is-googles-2-1. Acesso em: 14 nov. 2019.

90   GUIER, W. H.; WEIFFENBACH, G. C. Genesis of satellite navigation. *Johns Hopkins Applied Technical Digest*, v. 19, n. 1, 1998.

91   RODELL, J. B. Finding meaning through volunteering: why do employees volunteer and what does it mean for their jobs? *Academy of Management Journal*, v. 56, n. 5, p. 1274-1294, 2013.

Estratégias para alavancar a colaboração

Ao longo do capítulo, abordamos diferenças e conflitos geracionais. É pertinente, portanto, ressaltar que o confronto geracional não é o único tipo de interação possível no ambiente de trabalho. Equipes e organizações podem adotar configurações de confronto, coabitação ou colaboração intergeracional.[92]

Algumas equipes vão, de fato, ser marcadas pelo **confronto** e pela existência de silos geracionais, isso é, uma separação quase absoluta entre os grupos geracionais. A divisão da equipe em silos estimula a reprodução de preconceitos e discriminações. Uma vez que essa dinâmica está solidificada, qualquer interação com indivíduos do outro grupo geracional se torna marcada por temor e animosidade, instaurando um ambiente de crise constante na equipe e diminuição da produtividade e da satisfação no trabalho. O desafio para o gestor consiste em instaurar um clima de respeito entre colaboradores de diferentes idades e desfazer os silos geracionais nas atividades formais, antes de qualquer iniciativa informal.

Uma configuração mais usual de relações profissionais intergeracionais é a **coabitação**. Nesse caso, cada grupo geracional funciona de forma independente dentro da mesma equipe. Podem existir tensões e um eventual desconforto em interações informais entre membros dos grupos distintos, porém isso não impede que interajam de forma profissional e compartilhem informação e recursos quando necessário. Não se trata de uma interação que traga danos diretos ao funcionamento da equipe, no entanto, a coabitação inibe a inovação e a descoberta de sinergias, ao mesmo tempo que aumenta o risco de comunicação falha e retrabalho. O desafio para o gestor consiste em estimular o contato informal e a curiosidade pelo outro, melhorando a integração da equipe.

Nas equipes em que ocorre **colaboração,** profissionais de todas as idades misturam-se naturalmente em contextos de trabalho formais e informais. Há uma tendência ao apoio mútuo e uma abertura dos grupos geracionais para aprender uns com os outros. Apesar de rara, essa configuração ocorre com maior frequência em organizações com uma cultura forte, na qual as diferenças de idade são apagadas em prol de uma identificação compartilhada com a empresa ou com a profissão. O desafio para o gestor consiste em identificar as causas da cooperação eficaz, alavancá-las e perenizá-las.

O Quadro 9.5 apresenta uma lista, não exaustiva, de ações para prevenir ou remediar eventuais conflitos geracionais e promover um ambiente de trabalho que valorize e alavanque a colaboração intergeracional.

Pode ser que algumas destas recomendações não façam sentido em sua organização. Pode ser que outras sejam relevantes e fáceis de implementar.

Quais delas são mais urgentes dentro da sua empresa ou equipe?

Como você pode contribuir para que a implementação seja um sucesso?

> Equipes ou empresas adotam configurações de confronto, coabitação ou colaboração intergeracional.

> Uma forma de identificar uma dinâmica de coabitação é observar os grupos que se formam na cantina da empresa, na saída para o almoço ou durante as pausas. São sempre os mesmos grupos de pessoas? Há uma clara separação por idade?

---

92 POUGET, 2010.

GESTÃO DO FATOR HUMANO

Quadro 9.5 Síntese de ações para alavancar a colaboração intergeracional

Tipo de conflito	Ações
Status quo × **inovação** **alta tecnologia** × **baixa tecnologia**	■ Promova momentos de compartilhamento da história, valores e visão da empresa. ■ Reconheça colaboradores que são modelo de valores da empresa e transpõem barreiras geracionais. ■ Encoraje atividades de baixo risco. ■ Busque um equilíbrio geracional em projetos de transformação organizacional. ■ Forneça treinamento e suporte a todos os profissionais durante mudanças tecnológicas.
Tradicional × **progressista**	■ Questione regras obsoletas e acompanhe melhores práticas no mercado. ■ Explique os motivos por trás das regras e as consequências para o colaborador e para a empresa da não adesão a elas. ■ Leve em conta o entrosamento e eficiência das equipes ao definir políticas de flexibilização do trabalho. ■ Alinhe interesses individuais, departamentais e organizacionais. ■ Responsabilize e remunere por resultado.
Merecido × **mimado**	■ Alinhe expectativas sobre evolução na carreira desde o recrutamento. ■ Torne transparentes as competências e realizações necessárias para cada função, assim como os critérios de avaliação do desempenho. ■ Promova rotações de cargo e movimentações horizontais.
Comunicação hábil × **comunicação inábil**	■ Forneça treinamentos de boas práticas de comunicação on-line e off-line. ■ Estimule binômios intergeracionais para tarefas rotineiras (exemplo: visita ao cliente). ■ Desenvolva programas de *shadowing*, mentoria e mentoria reversa. ■ Ofereça *workshops* em comunicação e gestão de conflito para as equipes. ■ Ofereça *coaching* individual para pessoas com comunicação disfuncional. ■ Promova espaços de diálogo e atividades informais de *networking* interno. ■ Estabeleça acordos nas equipes sobre como a informação será compartilhada e quais canais serão utilizados.
Eu × nós **identidade única** × **identidade múltipla**	■ Alinhe estratégia, objetivos e sistemas de recompensas entre departamentos. ■ Crie forças tarefas interdepartamentais que fortaleçam a unidade organizacional e resolvam problemas reais da empresa. ■ Construa relações de aprendizagem mútua, como mentoria cruzada. ■ Forneça evidências de que a empresa está engajada na carreira e no desenvolvimento pessoal dos colaboradores. ■ Desenvolva políticas que humanizem a relação de trabalho (exemplo: folga para cuidar da saúde mental, diretrizes para limitar demandas fora do expediente). ■ Assegure-se que todos os colaboradores sintam-se confortáveis para revelarem talentos e identidades de fora do trabalho. ■ Celebre múltiplas identidades com eventos, políticas e benefícios customizados. ■ Organize programas de voluntariado em grupo. ■ Convide a família dos colaboradores para eventos na empresa.

Fonte: elaborado pelo autor

GESTÃO DO FATOR HUMANO EM AMBIENTE MULTIGERACIONAL

A PRÁTICA DA PESQUISA

Medos, tensões e preconceitos geracionais entre executivos jovens e seniores[93]

Objetivo

A pesquisa teve por objetivo analisar a percepção de executivos jovens e seniores brasileiros sobre as formas de lidar com os impactos das mudanças no ambiente de trabalho. Nesse sentido, essas percepções foram estudadas em relação a: empregabilidade, remuneração variável, perspectiva de carreira, equilíbrio entre vida pessoal e profissional e preconceitos intergeracionais.

Aspectos metodológicos

Utilizou-se o método misto quantitativo-qualitativo. Na fase quantitativa, foram selecionadas de maneira aleatória 344 grandes empresas figurando no anuário das "500 maiores e melhores" empresas da revista *Exame*, e enviados 1200 questionários, por e-mail, a executivos nos três níveis mais altos das organizações (presidentes, vice-presidentes ou diretores e seus subordinados diretos), obtendo-se 959 respostas de 492 executivos jovens (abaixo de 41 anos) e de 467 executivos seniores (acima de 41 anos).

Dado que a pesquisa foi realizada nos anos de 2005 e 2006, podemos considerar que, mesmo sem ter sido uma intenção declarada pelos pesquisadores, há uma clara divisão geracional entre os grupos. Os executivos seniores (nascidos antes de 1965) correspondem à geração *baby boomers*, enquanto os executivos jovens correspondem à geração X.

O questionário continha 30 perguntas em escala Likert, relativas a duas grandes dimensões de satisfação:

- Fatores pessoais: satisfação com hábitos alimentares, saúde e convivência com amigos;
- Fatores relativos à empresa: satisfação com carga de trabalho, nível de cobrança por resultados, benefícios e remuneração.

Na fase qualitativa, foram entrevistados 263 executivos em 10 grandes empresas por meio de roteiros semiestruturados, sendo 96 entrevistas individuais e o resto por meio de grupos de foco, com uma média de 12 participantes por grupo. O objetivo dessa etapa consistia em compreender os conflitos e complementaridades entre os dois grupos de executivos.

Resultados da pesquisa

Primeiro, identificou-se um rejuvenescimento dos executivos: 53% dos cargos de terceiro nível, 44% dos cargos de vice-presidência e diretoria e 25% dos cargos de presidência são ocupados por executivos jovens.

Esse movimento de jovens chegando mais cedo ao topo da carreira seria impensável a algum tempo atrás e amplia temores e tensões geracionais de ambos os lados: o executivo sênior sente-se ameaçado pelo jovem e teme não conseguir recolocação no mercado em caso de perda do emprego, enquanto o executivo jovem se sente pressionado pelo aumento de demandas e expectativas elevadas em relação às suas capacidades. Essa tensão geracional é intensificada por uma maior competição pelos altos cargos, em função de sucessivas fusões e reestruturações, que aumentaram o efetivo das empresas ao mesmo tempo em que enxugaram os cargos gerenciais.

Esse rejuvenescimento dos executivos é reflexo de uma mudança significativa nas relações de trabalho no Brasil. Substitui-se a lógica fordista da senioridade (com oferta de emprego de longo prazo e promoções por tempo de trabalho) pela lógica da empregabilidade (com foco na carreira autogerida).

Nesse contexto, a pesquisa confirmou que o jovem executivo prioriza a aquisição de competências reconhecidas pelo mercado e seus interesses de curto prazo em detrimento dos interesses de médio e longo prazo da organização. A lógica da empregabilidade aumenta a mobilidade de jovens executivos no mercado e amplia a sensação de medo dos seniores de serem substituídos por alguém mais jovem, mais disposto a sacrificar a vida pessoal em relação à profissional e mais propenso a receber uma remuneração inferior.

---

93   LIMA; CARVALHO NETO; TANURE, 2012.

GESTÃO DO FATOR HUMANO

Em relação à satisfação no trabalho, a pesquisa revelou que quanto mais jovem o executivo, menos satisfeito ele está, em todas as sete dimensões avaliadas. A carga de trabalho excessiva e a pressão adicional exercida por ferramentas móveis de TI contribuem para o desequilíbrio entre trabalho e vida pessoal. O executivo está on-line 24 horas por dia, não importando onde esteja.

Ambos os grupos reclamaram do alto nível de estresse e da influência negativa do trabalho na relação com a família, porém os executivos seniores relatam lidar melhor com a ansiedade no trabalho e suas próprias limitações, ancorados por uma longa história profissional. Apesar de 81% dos executivos serem casados e terem dois filhos, em função de características geracionais e do ciclo de vida em que se encontram, respondentes seniores e jovens têm experiências distintas.

O executivo sênior, em função da sua geração, é, em muitos casos, o único provedor da família, o que aumenta o vínculo com a empresa. Para o executivo jovem é cada vez mais frequente a participação do cônjuge nas despesas familiares, o que abre a oportunidade para movimentações de carreira e influencia a dissociação entre os interesses pessoais e os da organização. Em contrapartida, o fato de ter filhos pequenos aumenta o nível de cobrança por parte da família do executivo jovem por um melhor equilíbrio entre trabalho e vida pessoal e uma parentalidade mais ativa: 87% dos jovens têm filhos com menos de 10 anos, enquanto somente 40% dos seniores encontram-se nessa situação.

Conclusões

A pesquisa explorou como executivos seniores e jovens lidam com as mudanças nas relações de trabalho e identificou um processo de rejuvenescimento nos cargos executivos, que resultou em expectativas de carreira aceleradas por parte dos jovens executivos. Às pressões da atividade profissional e às inseguranças oriundas de intensas reestruturações no mercado de trabalho somam-se tensões relativas às diferenças de valores e comportamentos geracionais, que, por sua vez, dão origem a preconceitos. Executivos seniores consideram-se mais leais que os mais jovens. Em contrapartida, executivos jovens os enxergam como mais resistentes às mudanças e arraigados a práticas de gestão que consideram ultrapassadas.

Executivos mais jovens tendem a priorizar interesses pessoais imediatos e a enxergar a carreira na empresa como uma parceria temporária. Por outro lado, ressentem-se da falta de políticas empresariais para a retenção de seus talentos e da remuneração defasada, diante do desejo de constituir um patrimônio.

O executivo jovem está mais insatisfeito que o sênior e relata:

1. estar mais estressado no trabalho;
2. sentir mais ansiedade para bater as metas impostas;
3. sentir mais insegurança quanto à sua competência para dar conta de tantas demandas; e
4. sofrer maior cobrança familiar, especialmente em função dos filhos pequenos.

A maior experiência de vida e uma construção identitária mais voltada para o papel de provedor da família parecem fazer com que executivos seniores relativizem mais a necessidade por equilíbrio entre trabalho e vida pessoal.

Essa pesquisa teve um nível de abrangência e profundidade inédito no Brasil e contribuiu para uma melhor compreensão tanto de dinâmicas geracionais no contexto nacional quanto dos desafios encontrados por esses executivos na busca por equilíbrio entre trabalho e vida pessoal.

EXERCÍCIOS DE HABILIDADES

1. Quais diferenças em valores do trabalho entre os *baby boomers* e geração X no Brasil a pesquisa apresentou?
2. Quais categorias de conflitos geracionais abordadas no capítulo podem ser encontradas?
3. Se você fosse o presidente de uma das empresas da pesquisa, como faria para aumentar a satisfação no trabalho e reduzir tensões geracionais?

GESTÃO DO FATOR HUMANO EM AMBIENTE MULTIGERACIONAL

MINICASO

Recrutamento de colaboradores com mais de 60 anos na Wine

A Wine[94] é uma empresa brasileira atuando em e-comércio de vinhos, um setor composto usualmente de equipes majoritariamente jovens. Desde a sua fundação em 2008, a Wine atua como importador e distribuidor on-line. Em 2019, a empresa abriu um processo de seleção destinado a profissionais com mais de 60 anos.

Entrevistamos Roberto Schumann, Diretor de Gente na Wine, para conhecer melhor a iniciativa e entender como a empresa se preparou para integrar os novos colaboradores.

Eduardo Estellita (EE): O que é a Wine?

Roberto Schumann (RS): A gente começou como e-comércio de vinho em uma época em que o e-comércio ainda era muito novo no Brasil. O nosso CEO teve a ideia de quebrar o alto da cadeia de distribuição e começar a importar o vinho diretamente do país de origem e distribuí-lo no e-comércio, com o objetivo de desmistificar e tornar o vinho algo mais democrático. Em 2010, a empresa fundou o clube de assinantes, entregando mensalmente na casa do sócio uma experiência do vinho mais completa, com curadoria de produtos selecionados.

Desde então, abrimos outra loja virtual oferecendo uma gama de vinhos com um preço médio mais baixo, a Vinho Fácil, um departamento *business-to-business* que atende supermercados, restaurantes, hotéis e delicatéssen, e um departamento de eventos, que atende a festas, casamentos e formaturas. Além do clube de assinantes, que representa aproximadamente 50% do nosso negócio, começamos a desbravar o ambiente *off-line*. Recentemente abrimos a primeira loja-conceito, em Belo Horizonte, com o intuito de entregar uma experiência mais física para o cliente e estabelecer múltiplos canais de contato.

Atualmente temos 140 mil sócios e uma equipe de 350 funcionários, divididos entre dois escritórios e um centro de distribuição. Por mais que a Wine seja uma empresa de tecnologia, temos um modelo de negócios com diversos canais de distribuição. A venda ocorre no ambiente digital, mas depois tem todo um *back-office* operacional que precisa fazer a distribuição acontecer. Isso contribui para que naturalmente tenhamos uma diversidade de perfis de colaborador.

EE: O que os motivou a recrutar profissionais com mais de 60 anos?

RS: Centrais de relacionamento geralmente são compostas de pessoas muito jovens, mas nosso clube de assinantes é diverso. Por que não ter uma central de relacionamento que represente nosso universo de clientes? Além disso, a Wine é uma empresa essencialmente diversa, e a gente queria fortalecer esse nosso DNA. Temos um programa de estágio bem estabelecido e fomos premiados no Espírito Santo pela atratividade para menores aprendizes. Como nós já tínhamos profissionais de 40 a 50 anos, resolvemos fazer diferente. Uma vez que o trabalho em central de relacionamento é menos exigente fisicamente, resolvemos testar com o público 60+ e estimular o conflito positivo entre os extremos geracionais.

EE: Atualmente, vocês estão contratando profissionais com mais de 60 anos para trabalhar na Central de Relacionamento [*call center*]. Esses profissionais estarão alocados em equipes separadas ou mistas? Eles terão contato com estagiários e menores aprendizes?

RS: Eles vão estar em contato. Nossa Central de Relacionamento tem uma dinâmica bem interessante. Não é aquela central em que o profissional não pode nem sair do posto. Se houver um problema com o modo de pagamento do cliente, a pessoa se levanta e vai no Departamento Financeiro resolver. Essa pessoa vai estar junto com o time e vai ter os mesmos desafios, problemas e oportunidades de quem está lá hoje.

---

94 WINE. Disponível em: www.wine.com.br. Acesso em: 14 nov. 2019.

Óbvio que vamos "envelopar" como um programa, com seleção de candidatos com base no critério de idade, mas não queremos que seja um programa para colocar uma camisa diferente na pessoa e falar: "Olha lá o grupo de 60 anos.". Fizemos isso inicialmente com os estagiários e hoje você não consegue saber quem é estagiário e quem não é.

Minha responsabilidade na Área de Gente é acompanhar se o desempenho está bom e o que o programa trouxe de conflito positivo e negativo. Vamos participar nos bastidores, mas no dia a dia não queremos diferenciá-los em nada.

EE: Quantas vagas estão disponíveis e quantos CVs vocês já receberam?

RS: A gente recebeu 150 CVs. Não temos um número específico de vagas. Queremos tanto que seja integrado ao negócio que não estou criando vagas adicionais para essa posição. À medida que tivermos *turnover*, vamos avaliar e, se fizer sentido, apresentar a opção ao gestor e trazer um profissional desse banco de talentos. A princípio, começamos com vagas na Central de Relacionamento e estamos pensando em expandir para outras áreas. No centro de distribuição, há uma parte da operação que é mais bruta, que exige mais capacidade física, e outra parte mais singela, que exige um zelo manual, como montar uma caixa.

EE: Quais são as competências que você busca especificamente para esses primeiros cargos?

RS: Ter a formação, dominar pacote Office e a informática, mas o principal é conseguir se comunicar, se relacionar, porque vai se relacionar com os sócios do clube ao longo do dia.

EE: Quais características que apareceram nos CVs e nas entrevistas dos candidatos são difíceis de encontrar no mercado ou foram surpreendentes?

RS: O que queremos também é alguém que esteja conectado com o que está acontecendo [no mundo]. A gente recebeu currículo de mãe e de pai de funcionário "Tá louco! Eu quero trabalhar na Wine ontem!" São pessoas que estão superconectadas e ouvem o filho falando da empresa. O principal é que seja alguém ligado nesse movimento novo [do mundo digital] e que queira estar em contato com o pessoal mais jovem.

Meu medo quando comecei o processo era encontrar candidatos com um ar de "Eu vou ensinar aos colegas mais novos", mas foi totalmente o contrário. O perfil que encontramos é o de pessoas que obviamente trazem uma bagagem, mas também um desejo de aprender e trocar. Se trouxermos pessoas que queiram trocar, o programa vai funcionar bem. Empresas mais tradicionais, que já têm um percentual de profissionais mais velhos, enfrentam esse confronto de gerações e estão tentando entender como melhorar a interação entre *trainees* e executivos mais velhos. É uma dinâmica preestabelecida. Quando você traz alguém e identifica nessa pessoa uma disponibilidade para a troca, funciona.

Dentro dos 150 CVs, tem o de gente que precisa trabalhar, porque a aposentadoria não dá. Se a gente puder casar a oferta de vaga com a necessidade de alguém que precisa e quer trabalhar, será o melhor dos mundos.

EE: Como vocês estão se preparando para receber esses novos colaboradores? Vocês fizeram mudanças ou adaptações nas equipes, nos sistemas ou no arranjo físico?

RS: A Central já é um ambiente preparado e acessível, então não tem nenhuma mudança física a ser feita. Já fazemos uma integração para apresentar a companhia para todos os novos colaboradores e vamos intensificar um pouco o treinamento das ferramentas da Central de Relacionamento. É óbvio que teremos um olhar especial na integração dos profissionais mais velhos, mas queremos fazer a integração deles junto com a do jovem que está entrando. Nesses primeiros treinamentos, vamos entender qual é a aderência ao que a gente preparou de treinamento do sistema de informática. Não necessariamente esse profissional precisa ficar no *front-office* do sistema. Vamos entender tudo isso quando começarmos a operar. Como se trata de um sistema bastante intuitivo, estou confiante que não vai ser um problema.

EE: Conte um pouco mais sobre o programa de integração dos novos colaboradores e como vocês estimulam a colaboração entre novos e antigos colaboradores.

RS: O programa ocorre de uma a duas vezes por mês. Tem uma parte que é formal, sobre a cultura e valores da empresa e sobre o vinho. É importante conhecer o negócio do vinho, independentemente de a pessoa beber ou não. Depois, eles passam um dia no centro de distribuição para conhecer a operação e fazer entregas, e um dia acompanhando um atendente experiente *[shadowing]* na Central de Relacionamento. Em seguida, eles são apresentados aos gestores das diferentes áreas da empresa: O que cada um faz? Quais são as metas e projetos? E concluímos com um *tour* na empresa, apresentando-os para todos na companhia. Depois disso, eles vão para as suas áreas e recebem mais informações específicas sobre o trabalho que vão realizar. Nós acompanhamos a jornada desse colaborador por 90 dias, juntamente com o gestor, para ver se ele está indo bem e como foi a integração dentro da área.

Para vagas na Central de Relacionamento, o programa "carrapato", com um atendente experiente *[shadowing]* dura uma semana. Em seguida, o colaborador novo faz uma rotação entre as diferentes células da central (ligações ativas, ligações passivas e e-mail/chat on-line) e avaliamos em qual delas ele se adapta melhor.

EE: Quais desafios vocês esperam encontrar no relacionamento intergeracional?

RS: Acho que não teremos problemas, porque estamos sendo muito criteriosos na seleção. Acho que vai ter um conflito positivo de gerações, que é o que queremos fomentar. Por mais que sejamos uma empresa jovem, o próprio líder jovem não sabe lidar com seu funcionário jovem. Ontem, a remuneração era mais importante, hoje são o propósito e o equilíbrio. Quando você traz uma pessoa de outra geração, com outros conceitos, acho que isso gera um conflito "do bem".

EE: Quais são os indicadores que vocês definiram para avaliar se essa primeira iniciativa

de contratação de profissionais com mais de 60 anos está funcionando bem?

RS: Pensamos em três blocos de indicadores. O mais importante é saber se a pessoa gostou, se adaptou e não quer sair, então o *turnover* é o principal indicador. Se conseguirmos vincular isso à *performance* individual, melhor. Na Central de Relacionamento isso é muito fácil. Temos dados da *performance* de cada um e podemos avaliar se ela é melhor ou pior e qual é o nível que queremos. Pode ser uma *performance* muito melhor, igual ou um pouco pior que a média, porém com um ganho intangível em paralelo. Por fim, escolhemos a Central de Relacionamento porque é a única área da empresa em que fazemos uma pesquisa de clima mensal. Como é uma área que tem uma certa rotatividade, a segunda com mais gente na companhia e o *front* da empresa, não dá para ter um surto em uma semana e esperar a pesquisa seis meses depois para avaliar o que está acontecendo. Temos de ser muito rápidos. Ou seja, nessas pesquisas de clima, a gente vai conseguir capturar qualquer ruído positivo ou negativo.

Os principais indicadores são *performance* individual, melhoria no clima e *turnover*. Precisamos mostrar uma boa proposta de valor para o profissional querer ficar. Por isso não estamos tentando pegar pessoas que só precisem trabalhar. Queremos pessoas que precisem trabalhar, entendam o modelo e queiram participar do negócio.

EE: Qual é a vantagem competitiva que vocês já têm e que pode ser potencializada pela integração de colaboradores com mais de 60 anos?

RS: Nosso sócio do clube é muito engajado na empresa. A gente viu isso com a abertura da loja em BH. Tem um carinho do sócio que é muito legal. Quando você traz a diversidade e a representatividade para a Central de Relacionamento, que é o principal canal de contato com eles hoje, só fortalece esse relacionamento próximo que a gente tem com o cliente, mesmo sendo uma empresa on-line.

EXERCÍCIOS DE HABILIDADES

1. Como a Wine vai utilizar a tecnologia para avaliar os profissionais com mais de 60 anos? Dê exemplos.

2. Você acha que o programa de integração de novos colaboradores da Wine realiza uma transferência do conhecimento eficaz? Justifique sua resposta.

3. Que sugestões você daria ao Roberto para promover o que ele chamou de conflito intergeracional positivo?

Gestão do fator humano em ambiente multicultural

CAPÍTULO 10

Maria Luisa Mendes Teixeira
Cleide Nakashima

OBJETIVO DO CAPÍTULO

Você possivelmente já conviveu com pessoas de outros países em seu ambiente de trabalho ou já ouviu experiências desse tipo de colegas. Como é possível contribuir para que, em um ambiente multicultural, haja harmonia e produtividade? A resposta a essa questão é o propósito deste capítulo. Para tanto, algumas etapas foram seguidas. Primeiro, esclarecer o que é um ambiente multicultural. Afinal, ouvimos no dia a dia as palavras "multicultural", "intercultura" e até "transcultural". Mas será que querem dizer a mesma coisa, ou não? Quais as diferenças e similaridades entre elas? Você aprenderá que os termos "multicultural" e "intercultural" não têm o mesmo significado e que, portanto, um ambiente multicultural é diferente de um ambiente intercultural. Verá, também, que não há ambiente transcultural, mas que a abordagem transcultural o ajudará a compreender o ambiente multicultural e o intercultural. Em uma segunda etapa, apresentaremos três tipos de orientação que as empresas adotam para fazer a gestão de sua multinacionalidade: etnocêntrica, policêntrica e geocêntrica. Em seguida, traremos algumas abordagens que possibilitam analisar características de diferentes culturas, categorias de expatriados, fatores que influenciam a adaptação e modelos que tentam explicar como a adaptação acontece. Por último, faremos uma síntese de como cada aspecto abordado pode ajudar você a construir, na sua equipe ou na empresa em que trabalha, um ambiente multicultural saudável e produtivo.

AMBIENTE MULTICULTURAL, INTERCULTURAL E TRANSCULTURAL: SIMILARIDADES E DIFERENÇAS

Possivelmente você já ouviu esses termos e talvez, até hoje, não tenham ficado claras quais as similaridades e diferenças entre eles. Neste capítulo, será abordado o fator humano no ambiente multicultural, portanto, faz-se necessário esclarecer em que consiste cada um desses ambientes.

O termo **multicultural** indica a existência de várias culturas que convivem entre si, mas preservam sua singularidade. Já o termo **intercultural** indica a convivência entre culturas diferentes, mas, neste caso, há busca por uma integração a tal ponto que as diferenças entre as culturas sejam superadas.[1] Já a palavra **transcultural**, devido ao prefixo **trans**, original do latim, significa "além de".[2] Kluckhohn e Strodtbeck[3] defendiam que todas as culturas, para se desenvolverem, enfrentaram os mesmos problemas; por essa razão, as diferentes culturas acabaram por desenvolver categorias de formas de agir e pensar similares (abordagem transcultural).

Enquanto na abordagem multicultural cada cultura marca suas peculiaridades e as expressa de forma objetiva e, na intercultural, há busca pela integração, analisar a convivência entre culturas na perspectiva transcultural significa procurar identificar como nessas culturas as pessoas agem de acordo com categorias. Por exemplo: no desenvolvimento de todas as culturas foi preciso formar crença sobre a natureza do ser humano, considerando se é uma natureza boa, má, mista, e se é mutável ou imutável.

> Há um número limitado de problemas comuns de convivência entre as pessoas de diferentes culturas e a solução para esses problemas varia dentro de uma amplitude limitada de soluções.

De acordo com Kluckhohn e Strodtbeck,[4] há um número limitado de problemas comuns de convivência entre as pessoas de diferentes culturas e a solução para eles não é aleatória, variando dentro de uma amplitude limitada de soluções. Essas alternativas de solução estão presentes em todas as sociedades o tempo todo, mas as escolhas variam de uma para a outra. O mesmo vale no caso de crenças relativas à natureza humana: todas as sociedades sabem que podem ser avaliadas como boa, má ou mista, mas cada uma tem sua preferência. Em determinada sociedade, a maioria das pessoas pode preferir considerar que a natureza humana é boa; em outra, que ela é má e que é melhor não confiar nas pessoas.

Kluckhohn e Strodtbeck,[5] além do problema de definir em qual tipo de natureza humana uma sociedade deve acreditar, indicaram mais quatro tipos de problemas básicos que toda a sociedade enfrenta.

- **Valorização do tempo**: algumas sociedades preferem orientar-se pelo passado. São mais tradicionais, procuram resolver os problemas presentes e futuros com base nas soluções que deram certo no passado. Já outras preferem viver intensamente o tempo presente e resolver os problemas à medida que surgem. E um terceiro tipo de cultura é aquela das sociedades que preferem orientar-se para o futuro, isto é, organizam sua vida sempre pensando no futuro.

---

1 INTERCULTURALIDADE. Conceito, o que é, significado. *In*: CONCEITOS. Disponível em: https://conceitos.com/interculturalidade. Acesso em: 31 jan. 2020.

2 TRANSCULTURAL. *In*: DICIO. Disponível em: https://www.dicio.com.br/transcultural. Acesso em: 10 fev. 2020.

3 KLUCKHOHN, F. R.; STRODTBECK, F. L. *Variations in value orientations*. Evanston, IL: Row, Peterson, 1961.

4 KLUCKHOHN; STRODTBECK, 1961.

5 KLUCKHOHN; STRODTBECK, 1961.

GESTÃO DO FATOR HUMANO EM AMBIENTE MULTICULTURAL

- **Relação com a natureza:** para resolver o problema da relação com a natureza, três tipos de solução são possíveis – dominar a natureza, submeter-se a ela ou viver em uma relação de harmonia. Todas as sociedades têm as mesmas alternativas à disposição, porém podem preferir soluções diferentes. Uma pode, ao longo do desenvolvimento de sua cultura, ter aprendido a dominar a natureza; outras, como as sociedades agrícolas, podem ter aprendido a submeter-se a ela; e há aquelas que podem ter aprendido a tirar proveito da natureza, mas em uma relação de harmonia, como no caso de sociedades que praticam a agricultura sustentável, respeitando as matas nativas.

- **Relações entre as pessoas:** que tipo de relação entre pessoas é preferida por uma sociedade? Hierárquica, em que a desigualdade social é valorizada de acordo com riquezas materiais, títulos, posição social? Igualitária? De acordo com o mérito de cada um? As opções são as mesmas para todas as sociedades, mas cada uma desenvolve sua preferência ao longo do tempo, e integra a forma escolhida à sua cultura.

- **Motivação para agir:** algumas sociedades preferem privilegiar a autoexpressão, outras valorizam o autodesenvolvimento ou a realização e o alcance de objetivos.

Além das categorias propostas por Kluckhohn e Strodtbeck,[6] podemos dizer que, com o advento das migrações, as sociedades também precisaram decidir qual o tipo de convivência com estrangeiros a ser adotado: multicultural ou a intercultural. A convivência multicultural valoriza as características de cada cultura; já a intercultural contempla a integração.

A abordagem transcultural, ao propor categorias de análise, ajuda os gestores a lidar com o problema da convivência entre pessoas de diferentes culturas dentro das organizações, independentemente de a preferência ser por entender o ambiente como multicultural ou intercultural. O gestor pode lançar mão das diferentes categorias transculturais para analisar e compreender os diversos comportamentos de colaboradores de diferentes culturas.

> O gestor pode lançar mão das diferentes categorias transculturais para analisar e compreender os diversos comportamentos de colaboradores de diferentes culturas.

A GESTÃO DA MULTINACIONALIDADE NAS ORGANIZAÇÕES E SUAS ORIENTAÇÕES

É comum ouvir que uma empresa multinacional é aquela que opera em vários países. No entanto, já nos 1960, Perlmutter[7] defendia que as empresas multinacionais poderiam ter seu grau de multinacionalidade identificado com base na forma de pensar com relação a povos estrangeiros, e não apenas considerando por quantos países estavam distribuídas suas operações.

Em linha com esse autor, Teixeira, Paz, Araujo e Machado[8] defendem que uma companhia que opera em único país também pode ter seu grau de multinacionalidade avaliado de acordo com a nacionalidade de seus colaboradores e a forma como age na relação com estrangeiros.

> Uma companhia que opera em único país também pode ter seu grau de multinacionalidade avaliado de acordo com a nacionalidade de seus colaboradores e a forma como age na relação com estrangeiros.

---

6   KLUCKHOHN; STRODTBECK, 1961.

7   PERLMUTTER, H. The tortuous evolution of multinational enterprises. *Columbia Journal of World Business*, v. 1, p. 9-18, 1969.

8   TEIXEIRA, M. L. T.; PAZ, M. G. T.; ARAUJO, B. V. B; ARAUJO, M. M. Expatriates: the multinationality of multinational and national firms. *In*: NEIVA, E. R.; TORRES, C. V.; MENDONÇA, H. (ed.) *Organizational psychology and evidence-based management.* São Paulo: Springer, 2017.

De acordo com Perlmutter,[9] três orientações podem ser identificadas nos executivos na relação com estrangeiros: etnocêntrica, policêntrica e geocêntrica. Na orientação etnocêntrica, acredita-se na superioridade de uma cultura sobre outras e o que é valido para a cultura "superior" é válido para todas as outras.[10] As atitudes com relação a estrangeiros são de superioridade, considerando os demais povos como pouco competentes, pouco confiáveis e "cidadãos de segunda classe".

Nas empresas com orientação etnocêntrica, os cargos que correspondem a posições-chave são preenchidos com pessoas do país de origem da empresa e onde geralmente está localizada a matriz. As subsidiárias obedecem às normas da matriz.

A orientação etnocêntrica não é encontrada apenas em multinacionais, ela também é verificável em empresas nacionais quando estas não aceitam que estrangeiros assumam cargos-chave ou impõem a eles formas de agir próprias da cultura nacional.

A orientação etnocêntrica ainda se encontra em empresas nacionais com filiais espalhadas por diferentes regiões, especialmente quando o país possui diferenças de cultura regional, como o Brasil. Nesse caso, a forma de gerenciar as filiais é imposta pela cultura predominante na região em que se localiza a sede. Às vezes, as diferenças culturais também sofrem forte influência do clima. Climas mais quentes podem ter gerado o hábito da sesta após o almoço, hábito este que pode ser de difícil aceitação pelos executivos da matriz se esta se localiza em local de clima frio dentro do mesmo país.

Na orientação policêntrica, acredita-se que as culturas são diferentes, difíceis de conviver entre si e que o melhor, no caso de empresas multinacionais com subsidiárias espalhadas em diversos países, é que cada subsidiária seja governada de acordo com a cultura do país em que se insere. O importante é que sejam lucrativas. Nesse caso, verifica-se a liberdade de agir de acordo com o local em que a sede e as filiais se encontram.

Diferentemente da orientação etnocêntrica e da policêntrica, na orientação geocêntrica acredita-se que a convivência entre pessoas de culturas diferentes não só não é difícil como também é importante para os resultados da empresa por possibilitar olhares diferentes sobre os problemas a serem resolvidos. Na orientação geocêntrica, o que importa é a competência dos indivíduos e não o país ou a cultura regional de origem.

> **Cada empresa, nacional ou multinacional, possui um perfil de multinacionalidade de acordo com a forma como lida com colaboradores estrangeiros.**

Cada empresa, nacional ou multinacional, possui um perfil de multinacionalidade de acordo com a forma como lida com colaboradores estrangeiros. Embora possa haver predominância de uma orientação na gestão da multinacionalidade, mais etnocêntrica, policêntrica ou geocêntrica, também podem existir elementos das três orientações dentro da mesma empresa, principalmente de acordo com a especificidade das áreas. Na área financeira, verifica-se uma tendência mais etnocêntrica, enquanto na de marketing, mais policêntrica e na de R&D, mais geocêntrica.[11]

O avanço tecnológico, a interconectividade, a importância de novos mercados consumidores pressionam as empresas para uma orientação pluralística, reunindo os três tipos de gestão da multinacionalidade: etnocêntrica, policêntrica e geocêntrica.

---

9   PERLMUTTER, 1969

10   SINKOVICS, R.; HOLZMÜLLER; H. Ethnocentrism: a key determinant in international corporate strategy formulation? *In*: EIBA INTERNATIONAL CONFERENCE, 20, 1994, Varsóvia. *Proceedings* [...]. Varsóvia, 1994.

11   TEIXEIRA *et al.*, 2017.

Nessa abordagem, gera-se uma valorização dos executivos das subsidiárias ou das filiais que se situam dentro de um mesmo país, como forma de compartilhar conhecimento e experiências.[12]

ELEMENTOS CULTURAIS E DIFERENÇAS ENTRE CULTURAS

Para que possamos entender a gestão do fator humano em ambiente cultural é preciso conhecer os diversos tipos de valor cultural predominantes em diferentes países.

As culturas podem ser analisadas, principalmente, de acordo com dois tipos de elemento cultural: valores culturais e axiomas sociais.

Valores culturais

Os valores culturais têm sido considerados o centro da cultura.[13] Entre as diferentes abordagens para estudá-los, destaca-se a de Hofstede[14] como a mais conhecida, a qual compreende cinco dimensões.

a) **Distância do poder:** esta dimensão diz respeito à valorização das diferenças sociais. As pessoas que se percebem com menos poder aceitam o poder com naturalidade e esperam que ele seja distribuído desigualmente na sociedade em que vivem. Em uma sociedade em que a distância do poder é valorizada, as pessoas anseiam por títulos, recursos materiais e outros elementos que as distingam entre si.

b) **Evitar a incerteza:** esta dimensão traduz como uma sociedade enfrenta a imprevisibilidade do futuro. Sociedades que buscam resolver esse problema tentando controlar o futuro têm maior aversão ao desconhecido, ao risco e à ambiguidade. São mais orientadas para a estabilidade e procuram controlar o desconhecido e o futuro defendendo normas de comportamento rígidas. São mais avessas à novidade.

c) **Individualismo × coletivismo:** esta dimensão refere-se a quanto a sociedade valoriza a autonomia dos indivíduos ou o compromisso e a lealdade com o grupo. Diz respeito à prevalência dos interesses do indivíduo sobre o do grupo (individualismo) ou dos interesses do grupo sobre o do indivíduo (coletivismo). Os individualistas prezam o atendimento das suas necessidades, enquanto os coletivistas consideram os interesses do grupo mais importantes do que os seus.

d) **Masculinidade × feminilidade:** sociedades mais masculinas são mais orientadas para a conquista de objetivos, para a competição, para o sucesso e as recompensas materiais. Sociedades mais femininas são mais orientadas para o cuidado com o outro, para a cooperação, a preocupação com a qualidade de vida e o bem-estar social.

e) **Orientação de longo prazo x orientação de curto prazo:** esta dimensão refere-se a como as sociedades lidam com o passado, presente e futuro. As sociedades orientadas para o longo prazo tendem a ser mais práticas e estratégicas para lidar com o futuro. Valorizam a poupança e medidas que contribuam para enfrentar o

---

12 TEIXEIRA *et al.*, 2017.

13 HOFSTEDE, G. *Culture's consequences*: comparing values, behaviors, institutions and organization across nations. Thousand Oaks: Sage, 2001. Disponível em: https://www.hofstede-insights.com/product/compare-countries. Acesso em: 10 fev. 2020.

14 HOFSTEDE, 2001.

futuro, como investimentos em educação, por exemplo. As sociedades orientadas para o curto prazo enaltecem o que aprenderam no passado para viver o presente e enfrentar o futuro. Valorizam a tradição, as obrigações sociais, o *status* social. Para elas, é mais importante viver o presente do que investir no futuro.

A análise das culturas, tendo como critério os valores culturais, é feita comparativamente entre culturas nacionais. Se quiser conhecer a comparação entre culturas nacionais empregando a abordagem dos valores culturais, sugerimos que acesse o site de Hofstede.[15]

Mais recentemente foi introduzida uma sexta dimensão,[16] denominada indulgência *versus* restrição. As sociedades indulgentes orientam-se pela busca da gratificação de seus desejos, valorizam aproveitar a vida, divertir-se, enquanto as sociedades restritivas tendem a restringir seus desejos e regulam o comportamento por meio de normas de controle social.

É importante destacar que a tendência de uma sociedade para se orientar por este ou aquele valor cultural não significa que todos os seus cidadãos estejam propícios a mesma coisa. A tendência cultural precisa ser entendida dentro do seu limite: uma tendência do coletivo, não significando necessariamente uma tendência de comportamento individual. Se, por um lado, conhecer os valores culturais do país de origem dos colaboradores pode ajudar na gestão do fator humano em ambiente multicultural, por outro, esse conhecimento não deve extrapolar o limite da hipótese sobre o comportamento individual.

> **A tendência de uma sociedade para se orientar por este ou aquele valor cultural não significa que todos os seus cidadãos estejam propícios a mesma coisa.**

Axiomas sociais

Outro constructo de natureza cultural que tem sido estudado nos últimos anos e se mostrado melhor preditor do comportamento humano do que os valores culturais, por serem estes mais abstratos, são os axiomas sociais.[17]

> **Axiomas sociais são crenças generalizadas sobre pessoas, grupos sociais, instituições sociais, o ambiente físico, o mundo espiritual, eventos e fenômenos no mundo social.**

Axiomas sociais são crenças generalizadas sobre pessoas, grupos sociais, instituições sociais, o ambiente físico, o mundo espiritual, eventos e fenômenos no mundo social. Essas crenças são caracterizadas por relacionarem duas entidades em uma sentença descritiva.[18] No nível individual, os axiomas compõem uma estrutura de cinco dimensões.

a) **Cinismo social:** descrença perante a vida, pessoas e instituições, pessimismo perante os eventos. Exemplo: as pessoas criam obstáculos para evitar que os outros tenham sucesso.

b) **Complexidade social:** refere-se à crença quanto à variabilidade do comportamento frente às situações, considerando a multiplicidade de influências que determinam os resultados sociais. Exemplo: geralmente há mais de uma boa maneira para lidar com uma situação.

c) **Recompensa pelo esforço:** crença de que o empenho, com persistencia, é capaz de superar as adversidades. Exemplo: a adversidade pode ser vencida pelo esforço.

---

15 HOFSTEDE INSIGHTS. Disponível em: https://www.hofstede-insights.com/product/compare-countries. Acesso em: 10 fev. 2020.

16 HOFSTEDE, G.; HOFSTEDE, G. J.; MINKOV, M. *Culture and organizations*: software of the mind. 3. ed. Nova York: McGraw-Hill, 2010.

17 HUI, C. M.; HUI, N. H. The mileage from social axioms: learning from the past and looking forward. *In*: LEUNG, K.; BOND, M. H. (ed.). *Psychological aspects of social axiom*. Nova York: Springer, 2008.

18 LEUNG, K. *et al*. Developing and evaluating the social axioms survey in eleven countries: its relationship with the five-factor model of personality. *Journal of Cross-Cultural Psychology*, v. 45, p. 123-150, 2011.

d) Religiosidade: crença na existência de um ser supremo e no efeito positivo da prática religiosa na vida das pessoas. Exemplo: crer em uma religião ajuda a compreender o sentido da vida.

e) Controle do destino: indica o quanto a pessoa acredita que o destino pode, ou não, ser alterado e controlado. Exemplo: o destino determina o sucesso da pessoa na vida.

Tanto os valores culturais quanto os axiomas sociais podem ser úteis para compreender comportamentos de colaboradores oriundos de países diferentes, possibilitando aos gestores abrir discussões e outros mecanismos em que as pessoas consigam entender que os comportamentos podem ser diferentes de acordo com a cultura em que cada um cresceu e se desenvolveu.

Padrões Culturais Avaliativos (PCAs)

Alguns autores argumentam que os valores culturais apresentam limitações para a compreensão das diferenças culturais quando os contextos apresentam características culturais parecidas.[19] Embora não se refiram a axiomas sociais, podemos pensar que a dificuldade para compreender as diferenças entre culturais que apresentem proximidade quanto aos axiomas sociais seja a mesma que ocorre para valores culturais.

Por exemplo, veja a comparação entre valores culturais de Bangladesh e Angola (Figura 10.1). Você poderá perceber que, em relação à distância do poder, individualismo e controle da incerteza, a cultura dos dois países apresenta valores muito parecidos. Pode-se dizer, então, que dois colaboradores oriundos desses países não vão apresentar dificuldades para trabalhar juntos considerando esses aspectos? Não é possível fazer essa afirmação. Mas é possível prever que, quanto ao valor masculinidade, orientação de longo prazo e indulgência, poderá haver dificuldades de adaptação, uma vez que os dois profissionais apresentam pontuações muito diferentes para esses valores.

Figura 10.1 Valores culturais de Angola *versus* Bangladesh

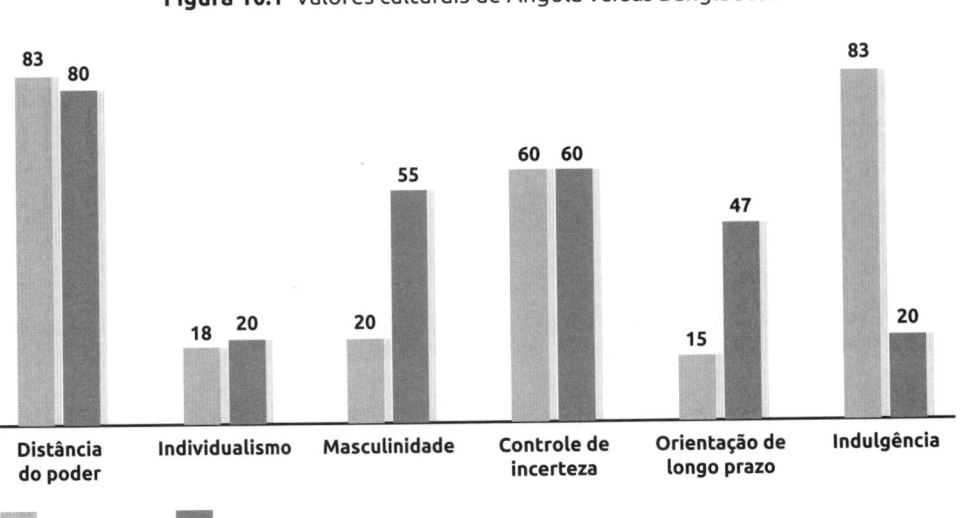

Fonte: HOFSTEDE, 2020.

---

19 BRUECK, F.; KAINZBAUER, A. *The cultural standards method*: a qualitative approach in cross-cultural management research. European management research: trends and challenges. Working paper center for international studies. Vienna: Vienna University of Economics and Business Administration, 2002.

Os padrões culturais apresentam-se como um mecanismo que pode ajudar a compreender as diferenças culturais mesmo quando as culturas são muito parecidas – não só entre culturas de países mas também dentro de um mesmo país.

Thomas[20] define padrões culturais avaliativos como:

> [...] guias de orientação que auxiliam na obtenção de conhecimento sobre os sistemas de orientação de outras culturas e servem para explicar comportamentos inesperados ou não-familiares por parte do parceiro de interação e que provêm um ponto de referência a partir do qual se pode tomar consciência do próprio sistema de orientação cultural, formando uma base para a reflexão.

Thomas[21] acredita que a diferença entre padrões culturais avaliativos pode provocar incidentes críticos, gerando implicações para a gestão. Dunkel e Meierewert[22] entendem que as diferenças de padrões culturais avaliativos podem provocar conflitos, impactando a gestão de times multiculturais.

A diferença de padrões culturais entre chineses e alemães demonstram a necessidade de treinamento intercultural para a compreensão das diferenças entre os colaboradores. Diferenças quanto a padrões culturais avaliativos com relação a tempo impactam a gestão em contextos multiculturais.[23] Alemães e tchecos apresentam distintos padrões cultuais avaliativos com relação a planejamento (Schroll-Machl; Nový)[24]. No Brasil, um estudo revelou diferentes padrões culturais avaliativos entre maranhenses e mineiros.[25]

Thomas[26] considera que os padrões culturais avaliativos podem ser definidos por algumas características:

- percepções, pensamentos, valores e ações considerados normais, típicos e obrigatórios pela maioria dos membros de uma cultura;
- eles regulam, controlam e avaliam o comportamento próprio e de outros.

Os padrões culturais avaliativos exercem algumas funções e podem gerar consequências. Iwamoto[27] apresenta as seguinte funções e consequências dos padrões culturais:

---

20 THOMAS, A. Kultur und Kulturstandards. *In:* THOMAS, A.; KINAST, E.; SCHROLL-MACHL, S. (ed.). *Handbuch Interkulturelle Kommunikation und Kooperation*, Band 1. Grundlagen und Praxisfelder. Göttingen: Vandenhoeck & Ruprecht, 2005. p. 30.

21 THOMAS, 2005, p.19-31.

22 DUNKEL, A.; MEIEREWERT, S. Culture Standards and their impact on teamwork: an empirical analysis of austrian, german, hungarian and spanish culture differences. *Journal for East European Management Studies*, v. 2, n. 1, p. 147-174, 2004.

23 FINK, G.; MEIEREWERT, S. Issues of time in international, intercultural management: east and central Europe from the perspective of austrian managers. *Journal for East European Management Studies*, v. 9, n. 1, p. 61-84, 2004.

24 SCHROLL-MACHL, S.; NOVÝ, I. *Perfekt geplant und genial improvisiert:* erfolg in der deutsch-tschechischen Zusammenarbeit. München und Mering: Rainer Hampp Verlag, 2008.

25 IWAMOTO, H. M. *Padrões culturais avaliativos de mineiros e maranhenses e suas implicações para a gestão: um estudo entre empregadores e empregados em Palmas-TO.* 2013. Dissertação (Mestrado em Administração de Empresas) – Programa de Pós-Graduação em Administração de Empresas, Universidade Presbiteriana Mackenzie, São Paulo, 2013.

26 THOMAS, 2005, p. 25.

27 IWAMOTO, 2013.

GESTÃO DO FATOR HUMANO EM AMBIENTE MULTICULTURAL

- representam características centrais de significado e sistema de orientação dos membros de um grupo, cultura ou nação;
- regulam uma ampla gama de percepção, pensamento, julgamento e ação;
- regulam o comportamento interpessoal, representando as regras de interação social dos indivíduos envolvidos;
- o comportamento resultante não necessariamente é baseado em uma discussão explícita de normas, mas em uma adaptação a opiniões prevalentes e circunstâncias emergentes;
- desvios do padrão são sancionados dependendo do nível de obrigação proporcionado pelos PCAs dentro do grupo; a observância do padrão é recompensada;
- as sanções e recompensas efetivas resultantes, na maioria de natureza social, podem resultar na exclusão do indivíduo, por um lado, ou na proteção de sua personalidade, identidade social e posição contra influências massivas, por outro;
- fundamentalmente, os PCAs têm função integrativa e coordenativa, produzindo ordem e previsibilidade dentro de um grupo ou cultura.

Os padrões avaliativos são aprendidos ao longo do processo de socialização e internalizados de tal modo que os indivíduos não têm consciência do próprio sistema de orientação. Só tomamos consciência de nossos padrões culturais quando entramos em contato com pessoas de outras culturas, que agem diferente de nós a ponto de nos chocarem.

Iwamoto[28] com base em Fink,[29] indica a existência de algumas categorias mais comuns de padrões culturais:

- padrões/estilos de comunicação;
- comportamento em relação ao tempo;
- adoção e obediência a regras;
- lealdade *versus* orientação para desempenho;
- estilos de gestão de conflito;
- transferência de conhecimento e integração;
- separação entre vida privada e negócios.

Para facilitar a compreensão do que são padrões culturais avaliativos de uma forma concreta, podemos dizer que eles se expressam em reações frente ao comportamento dos outros. Por exemplo, um padrão de comunicação. Imagine que em uma cultura as pessoas falam alto, como se estivessem brigando e, em outra, falam baixinho e de maneira calma. A pessoa que fala alto fica irritada quando a outra fala, dizendo que não consegue ouvi-la, e esta, por sua vez, reclama da primeira por falar em tom muito elevado. Cada uma usa o padrão da sua cultura para avaliar o comportamento da outra.

> Os padrões avaliativos são aprendidos ao longo do processo de socialização e internalizados de tal modo que os indivíduos não têm consciência do próprio sistema de orientação.

> Esses padrões (culturais avaliativos) se expressam em reações frente ao comportamento dos outros.

---

28 IWAMOTO, 2013.

29 FINK. *Categories of cultural standards*. Artigo não publicado, enviado pelo autor à IWAMOTO, H. M. em 25 abr. 2012.

OS DIFERENTES TIPOS DE EXPATRIADOS E IMPLICAÇÕES PARA A GESTÃO

Conhecer os diferentes tipos de expatriados é importante para a gestão do fator humano nas organizações, porque eles podem assumir posturas diferentes, demandando ações dos gestores para obter um ambiente de trabalho de compreensão e produtividade.

Expatriados organizacionais

O termo **expatriado** surgiu no século XVII para denominar aqueles que deixavam o seu país para tentar a vida em outro lugar, ou que eram exilados.[30] Origina-se do latim (*ex-patria*) e serve para designar todos os indivíduos que residem em um país diferente do seu país de origem.[31] Isso significa que todo expatriado é um emigrante, porque saiu do país em que nasceu, e um imigrante, porque entrou em outro país para morar.

> Apesar de todos aqueles que mudaram do seu país de origem serem expatriados, isto é, *ex-patria*, recebem nomes diferentes de acordo com sua especificidade.

Apesar de todos aqueles que mudaram do seu país de origem serem expatriados, isto é, *ex-patria*, recebem nomes diferentes de acordo com sua especificidade. Por exemplo: expatriados organizacionais, expatriados voluntários, impatriados, imigrantes qualificados e refugiados.

No mundo dos negócios, as primeiras preocupações com a gestão de expatriados surgiram com a Segunda Guerra Mundial, e o termo **expatriado** era empregado para indicar o gestor que era enviado da sede da corporação para suas sucursais. Nessa época, partia-se do princípio de que um profissional que fosse competente nos EUA também o seria em qualquer país de destino,[32] em uma clara perspectiva etnocêntrica.

Com o passar do tempo, o termo começou a ser utilizado não apenas para gestores que eram enviados para dirigir e gerenciar negócios em outros países mas também para designar outros profissionais de diferentes especialidades, que visavam atender a outros propósitos além do controle das operações, como a transferência de conhecimento, por exemplo.

O conceito de expatriado no âmbito dos negócios e na perspectiva etnocêntrica diz respeito ao gestor ou profissional que é transferido pela sede, da qual recebe suporte, para trabalhar em uma subsidiária estrangeira. Esse profissional é denominado "expatriado organizacional".

O período de expatriação varia de seis meses[33] a cinco anos[34] ou de acordo com o tempo que for necessário para alcançar os objetivos propostos para a missão.[35]

O expatriado organizacional chega à filial de destino, de certa forma, empoderado, uma vez que vai com o suporte da matriz para realizar um determinado trabalho, alcançar

---

30 MCNULTY, Y.; BREWSTER, C. The concept of business expatrites. *In*: MCNULTY, Y.; SELMER, J. (ed.). *Research Hadbook of Expatriates*. London: Edward Elgar, 2017.

31 GONZÁLEZ, J. M. R.; OLIVEIRA, J. A. Os efeitos da expatriação sobre a identidade: estudo de caso. Cadernos *EBAPE.BR – Escola Brasileira de Administração Pública e de Empresas da Fundação Getúlio Vargas*, n. 9, v. 4, p. 1122-1135, 2011.

32 TSENG, H-C.; CHOU, L-Y.; YU, K-H. Current research paradigms in expatriate(s) research: a bibliometric approach. *The International Journal of Organizational Innovation*, n. 2, v. 3, p. 19-44, 2010.

33 AYCAN, Z.; KANUNGO, R. Current issues and future challenges in expatriate management. *In*: AYCAN, Z. (ed.). *Expatriates management*: theory and research. Greenwich: JAI Press, 1997. p. 245-260.

34 THARENOU, P. Researching expatriate types: the quest for rigorous methodological approaches: Researching expatriate types. *Human Resource Management Journal*, n. 25, v. 2, p. 149-165, 2015.

35 HARRISON, D.; SHAFFER, M.; BHASKAR-SHRINIVAS, P. Going places: roads more and less traveled in research on expatriate experiences. *Research in Personel and Human Resources Management*, n. 23, p. 199-247, 2004.

GESTÃO DO FATOR HUMANO EM AMBIENTE MULTICULTURAL

determinados objetivos e/ou controlar a operação. Esses fatos demandam dos gestores investimento na manutenção de um ambiente de compreensão e produtividade.

O custo da expatriação tem sido muito alto e nem sempre gera os resultados esperados. Parte dos expatriados organizacionais retorna antes do tempo, devido a problemas de adaptação. O custo da expatriação não se restringe apenas ao salário, abrange gastos com o apoio para a transferência do colaborador e de sua família.[36] As empresas têm se utilizado de vários mecanismos para garantir a adaptação do expatriado, mas ainda há muito o que aprender. Por essa razão, vários estudos têm sido desenvolvidos para compreender os fatores que influenciam a adaptação, como veremos em item específico neste capítulo.

> **O custo da expatriação tem sido muito alto e nem sempre gera os resultados esperados.**

Com o passar dos anos, a perspectiva etnocêntrica perdeu força (embora ainda seja bastante utilizada) à medida que se tomou conhecimento da influência dos valores culturais dos países na gestão. As empresas globais precisam estar preparadas para gerenciar em meio à diversidade cultural na qual consumidores, parceiros e empregados estão imersos, e compreender suas expectativas. O sucesso da gestão dos negócios dependerá, entre outros fatores, das interações com os *stakeholders* das diversas culturas e do respeito a essas diferenças.[37]

Para aprender a lidar com a diversidade cultural, atender aos interesses dos consumidores de diferentes países, trabalhar com colaboradores de diferentes culturas e compreender a complexidade cultural, as empresas lançaram mão de alternativas, entre elas a impatriação.

Impatriados

Os impatriados são executivos ou profissionais transferidos das subsidiárias para trabalhar na sede da multinacional, da qual recebem apoio. Os impatriados contribuem com conhecimento do contexto local, facilitando a adaptação de estratégias globais.[38] Essa opção tem se tornado mais eficaz do que apenas utilizar a alternativa dos expatriados organizacionais.[39] Mas a impatriação também tem seus desafios.

> **Os impatriados são executivos ou profissionais que são transferidos das subsidiárias para trabalhar na sede da multinacional.**

A transferência do conhecimento depende de dois fatores: o interesse dos impatriados em compartilhar seu conhecimento com os colegas da sede e a vontade destes em adquiri-lo, por exemplo, em termos das preferências dos consumidores do país da subsidiária e sua cultura.[40]

A inserção do impatriado no contexto sociocultural da sede constitui-se emum desafio. Diferentemente da situação dos expatriados, que são transferidos para as subsidiárias, os impatriados não têm o mesmo poder de influência ao chegar à matriz. Com experiências e formação cultural distintas, podem interpretar os fatos de diferentes formas dos integrantes da sede,[41] o que pode resultar em conflitos.

---

36 MCNULTY, Y. M.; THARENOU, P. Expatriate return on investment: a definition and antecedents. *International Studies of Management & Organization*, n. 34, v. 3, p. 68-95, 2004.

37 HOFSTEDE, 2001.

38 HARVEY, W. S. British and Indian scientists moving to the United States. *Work and Occupations*, n. 38, v. 1, p. 68-100, 2011.

39 HARZING, A. W.; PUDELKO, M.; REICHE, S. The bridging role of expatriates and inpatriates in knowledge transfer in multinational corporations. *Human Resource Management*, v. 55, n. 4, p. 679-695, jul./ago. 2016.

40 REICHE, B. S. Knowledge transfer in multinationals: the role of inpatriates boundary spanning. *Human Resource Management*, n. 50, v. 3, p. 365-389, 2011.

41 REICHE, 2011.

A literatura tem variado quanto ao tempo de duração dessa migração. Alguns autores consideram que a realocação dos impatriados na sede pode ser permanente, ou semipermanente, quando a intenção é enriquecer a matriz com conhecimento e *expertise* das subsidiárias, no entanto, impatriação temporária é predominante. Esta parece ser mais útil às multinacionais, pois agiliza a transferência de conhecimento das subsidiárias para a sede, como também da sede para a subsidiária da origem do impatriado e para outras, à medida que os impatriados são realocados em novas posições.[42]

Expatriados voluntários

Outra classe de expatriados é a dos voluntários. Tanto os impatriados quanto os expatriados voluntários têm contribuído para a gestão geocêntrica. A orientação geocêntrica propõe que o melhor profissional seja contratado independentemente da sua nacionalidade.[43]

Na última década do século XX, outro tipo de expatriado começou a chamar a atenção dos estudiosos: aquele que se propunha a ter uma experiência em outro país por iniciativa própria. Essas pessoas são denominadas expatriadas voluntárias e têm, entre as suas motivações, conhecer novos lugares ou melhorar sua qualidade de vida ao retornar ao país de origem.[44]

Alguns autores apontam que, devido ao individualismo, não conformismo, autodirecionamento, proatividade e disposição para uma maior mobilidade, os expatriados voluntários podem oferecer dificuldade para serem gerenciados. Por outro lado, tendem a apresentar maior facilidade de adaptação à cultura do país de destino, talvez por terem investido na preparação para viver no lugar escolhido, característica que atrai o interesse das empresas.[45]

> Os expatriados voluntários não formam um grupo único, às vezes são confundidos com imigrantes qualificados.

Os expatriados voluntários não formam um grupo único, às vezes são confundidos com imigrantes qualificados.[46] Apresentam algumas características específicas:

a) escolhem o país para onde querem migrar de acordo com seus interesses de desenvolvimento de carreira;

b) pretendem ter um emprego regular no país de destino;

c) têm intenção de retornar ao país de origem;

d) são pessoas com elevada qualificação profissional, o que facilita a obtenção de emprego no país de destino.

Os expatriados podem ser classificados como voluntários quando atendem a todas essas características simultaneamente.[47]

---

42 REICHE, B. S.; HARZING, A.-W.; KRAIMER, M. L. The role of international assignees social capital in creating inter-unit intellectual capital: a cross--level model. *Journal of International Business Studies*, n. 40, v. 3, p. 509-526, 2009.

43 REICHE; HARZING; KAIMER, 2009.

44 CERDIN, J.; SELMER, J. Who is a self-initiated expatriate? Towards conceptual clarity of a common notion. *The International Journal of Human Resource Management*, p. 1281-1301, 2014.

45 DOHERTY, N. Understanding the self-initiated expatriates: a review and directions for future research. *International Journal of Management Reviews*, n. 15, p. 447-469, 2013.

46 DOHERTY, 2013.

47 CERDIN; SELMER, 2014.

Imigrantes qualificados

Segundo Araújo, Teixeira e Malini,[48] a diferença entre o expatriado voluntário e o imigrante não é clara na literatura, uma vez que possuem várias características em comum, como o anseio de melhorar de vida. Porém, uma revisão da literatura[49] indica que a principal diferença é que os imigrantes qualificados pretendem se instalar no país de destino por um longo período de vida ou até morar definitivamente nele.

Cerdin, Abdeljalil-Diné e Brewster[50] propuseram uma tipologia de quatro categorias de imigrantes qualificados com base em duas dimensões: **a)** o que percebem perder no país de origem; **b)** o que percebem ganhar no país de destino.

a) *Felicitous migration*: elevadas perdas no país de origem e elevados ganhos no país de destino.

b) *Dream migration*: baixas perdas no país de origem e elevados ganhos no país de destino.

c) *Chance migration*: baixas perdas no país de origem e baixos ganhos no país de destino.

d) *Desperate migration*: elevadas perdas no país de origem e baixos ganhos no país de destino.

Todos os grupos, com exceção do *chance migration*, percebem-se compelidos a abandonar seu país por diferentes razões, sendo que o *desperate migration* não tem alternativa para sobreviver a não ser abandonar o país. O *chance migration* não é propriamente um grupo que se sinta compelido a sair do país, mas frente a uma oportunidade que aparece, aproveita a chance. O *dream migration* admira um país diferente do seu e sonha em migrar para lá. O *felicitous migration* vê-se compelido a migrar para melhorar suas condições de vida, percebe que terá elevadas perdas, mas também elevados ganhos no país de destino.

O grupo *dream migration* é o que se mostrou na pesquisa realizada com maior disposição de integrar-se à cultura do país de destino, seguido dos grupos *felicitous migration* e *chance migration*, também com elevada disposição para integrar-se.[51] O *desperate migration* foi o que se mostrou com menor disponibilidade para integração. A disposição para integração foi moderada pelas expectativas em relação aos ganhos no país de destino e suporte da organização em que se empregaram. Quanto maior for o suporte organizacional e o *gap* positivo entre as expectativas de ganho e as percebidas, maior a disposição para integração. Identificar esses tipos de imigrantes, escutando as histórias que têm para contar sobre perdas e ganhos com a expatriação, pode contribuir para que os gestores façam escolhas mais adequadas de imigrantes qualificados para preencher vagas de trabalho qualificado.[52]

---

48 ARAUJO, B. F. V. B.; TEIXEIRA, M. L. M.; MALINI, E. Estrageirismo e complexo de Gulliver: brasileiros na percepção de expatriados. *Organização e Sociedade*, n. 20, v. 66, p. 461-478, 2013.

49 THARENOU, 2015.

50 CERDIN, J. L., ABDELJALIL-DINÉ, M.; BREWSTER, C. Qualified immigrants' success: exploring the motivation to migrate and to adjust. *Journal of International Business Studies*, n. 45, v. 2, p. 151-168, 2014.

51 CERDIN; ABDELJALIL-DINÉ; BREWSTER, 2014.

52 CERDIN; ABDELJALIL-DINÉ; BREWSTER, 2014.

Imigrantes não qualificados e refugiados

Embora o item anterior tenha tratado especificamente de imigrantes qualificados, não podemos esquecer a existência dos não qualificados e dos refugiados. O grupo de imigrantes não qualificados pode não ser refugiado, mas, frente a uma chance, busca melhor qualidade de vida em outro país (*chance group*). Já os refugiados tanto podem ser qualificados como não qualificados e podem ser entendidos como pertencentes ao grupo *desperate migration,* pois se veem obrigados a abandonar seu país de origem.

> Imigrantes não qualificados podem não ser refugiados, mas, frente a uma chance, buscam melhor qualidade de vida em outro país (*chance group*). Já os refugiados tanto podem ser qualificados como não qualificados.

O Brasil tem sido um país receptor de imigrantes desde o final do século XIX. Mais recentemente, tem sido também abrigo para refugiados de diferentes países.

Segundo dados divulgados pelo Comitê Nacional para os Refugiados,[53] ao final de 2018, o Brasil contava 11231 refugiados em seu território. Desse total, 36% eram sírios, 15% congoleses e 9% angolanos.

O ano de 2018 foi o de maior número de refugiados em consequência do aumento da chegada de venezuelanos que se viram obrigados a sair do seu país devido à crise política e econômica. Além dos venezuelanos, os haitianos, cubanos, chineses e bengaleses foram os povos que constituíram os maiores grupos de refugiados recebidos naquele ano. Os estados que receberam a maior quantidade de solicitação de abrigo em 2019 foram Roraima, Amazonas e São Paulo.[54]

A Agência da ONU Para Refugiados (Acnur) realizou uma pesquisa com uma amostra de 500 refugiados, e publicou o resultado no Resumo executivo do perfil socioeconômico dos refugiados no Brasil.[55] Essa amostra contemplou o Distrito Federal e os estados de São Paulo, Rio de Janeiro, Paraná, Rio Grande do Sul, Santa Catarina, Minas Gerais e Amazonas – onde se encontram 94% dos refugiados sob a proteção do governo brasileiro. Um dos resultados da pesquisa trata do nível de escolaridade. Das 482 pessoas que responderam à pergunta sobre escolaridade, apenas três eram analfabetas; 13 tinham Ensino Fundamental incompleto, 242 tinham Ensino Médio completo, 151 o Ensino Superior completo e 20 eram pós-graduadas.[56]

> A orientação geocêntrica tende a aumentar a participação de expatriados voluntários e imigrantes qualificados no perfil da multinacionalidade.

A integração de expatriados voluntários e imigrantes qualificados na internacionalização das atividades das corporações, considerando a competência como requisito prioritário para a contratação, mostra que a orientação geocêntrica tende a aumentar sua participação no perfil da multinacionalidade.

Fatores que influenciam a adaptação dos expatriados à cultura do país de destino

Tendo em vista a importância da adaptação dos expatriados à cultura do país de destino, para que haja nas empresas um ambiente multicultural produtivo, vários estudos têm sido desenvolvidos com o objetivo de identificar os fatores que influenciam essa adaptação. Para facilitar a leitura e a compreensão desses fatores, eles foram agrupados

---

53   COMITÊ NACIONAL PARA OS REFUGIADOS (CONARE). Disponível em: https://www.acnur.org/portugues/dados-sobre-refugio/dados-sobre-refugio-no-brasil. Acesso em: 10 fev. 2020.

54   AGÊNCIA DA ONU PARA REFUGIADOS (UNHCR/ACNUR). Dados sobre refúgio no Brasil. *In*: ACNUR. Disponível em: https://www.acnur.org/portugues/dados-sobre-refugio/dados-sobre-refugio-no-brasil. Acesso em: 3 fev. 2020.

55   ACNUR. *Resumo executivo do perfil socioeconômico dos refugiados no Brasil.* Disponível em: https://www.acnur.org/portugues/wp-content/uploads/2019/05/Resumo-Executivo-Versa%CC%83o-Online.pdf. Acesso em: 6 abr. 2020.

56   ACNUR, 2020.

em duas categorias: **a)** fatores relativos aos indivíduos; **b)** fatores organizacionais. Os fatores individuais são aqueles que a organização não tem com influenciar com relação à adaptação; os organizacionais, ao contrário, constituem-se como campo de ação propício para a atuação dos gestores. Porém, os fatores individuais são importantes, pois podem contribuir para uma melhor seleção de quem enviar ao exterior ou de quem contratar, tratando-se de expatriados voluntários ou imigrantes qualificados.

> Fatores individuais são aqueles que a organização não tem com influenciar com relação à adaptação; os organizacionais, ao contrário, constituem-se como campo de ação propício para a atuação dos gestores.

Fatores individuais

a) Traços de personalidade e flexibilidade cultural

Estudos têm mostrado que pessoas com traços de personalidade de extroversão, amabilidade e abertura apresentam maior facilidade de ajustarem-se a novas culturas.[57] Esses traços tornam o profissional mais apto a desenvolver interações com indivíduos da cultura de destino, mostrar empatia e aprender a interagir segundo os novos padrões de comportamento. Esses três traços, em conjunto, também têm sido reconhecidos por alguns autores como "inteligência cultural".[58]

b) Experiência prévia no exterior

O processo de desenvolvimento da adaptação transcultural manifesta-se sob a forma de uma curva de aprendizagem.[59] À medida que os indivíduos acumulam experiências de expatriação, sua habilidade em se ajustarem à cultura de destino torna-se maior.[60] No entanto, é preciso levar em consideração o intervalo de tempo entre uma experiência e a outra, e a similaridade entre as culturas com as quais os indivíduos tiveram oportunidade de conviver. Quanto menor o intervalo de tempo e maior a similaridade entre as culturas, mais chance de sucesso haverá de adaptação à nova cultura.[61]

c) Estratégias de *coping*

Coping é o processo de ajustes contínuos que indivíduos fazem para se adaptar.[62] A adaptação a uma nova cultura demanda flexibilidade cognitiva, afetiva e comportamental. Indivíduos com mais facilidade para empregar estratégias de *coping* também tendem a ter maior facilidade de adaptação a novas culturas.

d) Atitudes relativas à aculturação

Alguns indivíduos adotam uma atitude com relação à nova cultura e seguem o lema "Em Roma, aja como os romanos.". Essa atitude facilita o desenvolvimento de habilidades dramatúrgicas que reduzem os pontos de atrito entre o expatriado e as pessoas com quem interage no ambiente de destino.[63] Outra atitude diz respeito à

---

57 REMHOF, S.; GUNKEL, M.; SCHLAEGEL, C. Goodbye Germany! The influence of personality and cognitive factors on the intention to work abroad. *The International Journal of Human Resource Management*, n. 25, v. 16, p. 2319-2343, 2014.

58 OTT, D. L.; MICHAILOVA, S. Cultural Intelligence: a review and new research avenues. *International Journal of Management Reviews*, 2016.

59 JOKINEN, T.; BREWSTER, C.; SUUTARI, V. Career capital during international work experiences: contrasting self-initiated expatriate experiences and assigned expatriation. *The International Journal of Human Resource Management*, n. 19, v. 6, p. 979-998, 2008.

60 RAMASWAMI, A.; CARTER, N. M.; DREHER, G. F. Expatriation and career success: a human capital perspective. *Human Relations*, n. 69, v. 10, p. 1959--1987, 2016.

61 JUN, S.; GENTRY, J. W. An exploratory investigation of the relative importance of cultural similarity and personal fit in the selection and performance of expatriates. *Journal of World Business*, n. 40, v. 1, p. 1-8, 2005.

62 LAZARUS, R. S.; FOLKMAN, S. *Stress, appraisal, and coping*. Nova York: Springer, 1984.

63 CALIGIURI, P.; BAYTALSKAYA, N.; LAZAROVA, M. B. Cultural humility and low ethnocentrism as facilitators of expatriate performance. *Journal of Global Mobility*, n. 4, v. 1, p. 4-17, 2016.

interação com pessoas locais. Enquanto alguns expatriados buscam contato com habitantes da cultura de destino, outros entendem que tais interações devem ser evitadas, o que afeta negativamente a adaptação.[64]

Fatores de nível organizacional

a) Treinamento transcultural

As interações entre o expatriado e os indivíduos que residem no ambiente de destino são passíveis de choques culturais, especialmente caso haja alta distância entre os padrões sociais e de trabalho dos países envolvidos na expatriação.[65] Para diminuir a chance de haver mal-entendidos entre os profissionais que chegam ao país e os profissionais locais, treinamentos para os expatriados, a respeito de como agir na cultura de destino, e para os locais, sobre a forma de agir aceita na cultura do país de quem está chegando, facilitam o relacionamento entre esses indivíduos.[66]

b) Suporte organizacional logístico e social

A expatriação é um processo que envolve altos níveis de tensão e incerteza para o expatriado. O suporte logístico e social oferecido a ele reduz o estresse anterior à ida ao exterior e afeta positivamente a adaptação transcultural do indivíduo em expatriação.[67] Embora tal suporte também seja oferecido após a chegada ao exterior, a assistência anterior à ida para o país de destino lida com o imaginário do expatriado, o que gera maior ansiedade e estresse e torna o suporte pré-expatriação ainda mais relevante, especialmente no caso de primeira designação ao exterior.[68]

Seja os expatriados enviados pela sede às subsidiárias ou pelas subsidiárias à sede, ou que tenham se aventurado por conta própria temporariamente para viver novas experiências, ou ainda para fazer um *upgrade* na carreira, e mesmo os que tenham decidido emigrar definitivamente para outro país para melhorar a qualidade de vida aproveitando suas capacidades profissionais, todos passam por um período de adaptação que é crucial tanto para os indivíduos quanto para as empresas. No próximo tópico, abordaremos diferentes modelos de adaptação de expatriados existentes na literatura, considerando seus prós e contras para aplicação nas organizações.

Adaptação entre brasileiros e outros povos

A distância entre as culturas dos países tem sido tratada na literatura como um fator dificultador da adaptação dos expatriados. Isso implica supor que expatriados oriundos de países latino-americanos tenham mais facilidade de adaptação no Brasil, por exemplo, do que os oriundos dos Estados Unidos e de países da Europa. No entanto, isso não é o que revelam estudos dedicados à adaptação de latino-americanos à cultura brasileira nem à convivência com brasileiros.

---

64 AYCAN, Z. Expatriate adjustment as a multifaceted phenomenon: individual and organizational level predictors. *International Journal of Human Resource Management*, n. 8, v. 4, p. 434-456, 1997.

65 JUN; GENTRY, 2005.

66 SUUTARI, V.; BURCH, D. The role of on-site training and support in expatriation: existing and necessary host-company practices. *Career Development International*, n. 6, v. 6, p. 298-311, 2001.

67 KAWAI, N.; STRANGE, R. Perceived organizational support and expatriate performance: understanding a mediated model. *The International Journal of Human Resource Management*, n. 25, v. 17, p. 2438-2462, 2014.

68 ANDRESEN, M.; BERGDOLT, F.; MARGENFELD, J.; DICKMANN, M. Adressing international mobility confusion-developing definitions and differentiations for self-initiated and assigned expatriates as well as migrants. *The International Journal of Human Resource Management*, 25(16), p. 2295-2318, 2014.

GESTÃO DO FATOR HUMANO EM AMBIENTE MULTICULTURAL

Expatriados de países desenvolvidos da Europa e estadunidenses têm relatado que os brasileiros demandam excessiva demonstração afetiva, enquanto expatriados oriundos da América Latina têm relatado que os brasileiros tendem a tratá-los com arrogância,[69] o mesmo acontecendo no relacionamento com sul-americanos.[70]

Uma das possíveis explicações para essa diferença de tratamento dos brasileiros com relação a expatriados de países desenvolvidos do Hemisfério Norte e latino--americanos pode estar no processo de colonização pelo qual o Brasil passou. Esse processo teria deixado marcas no imaginário dos brasileiros de valorização do que vem do estrangeiro, porém não de qualquer estrangeiro, mas daquele que tem sua origem na Europa e nos Estados Unidos.[71]

Irigaray e Vergara[72] mencionam que os brasileiros continuam reproduzindo hábitos coloniais na relação com estrangeiros, podendo chegar ao nível da subserviência e à desvalorização da identidade nacional. A essa observação, Mott e Teixeira[73] acrescentam que esse comportamento ocorre com relação a povos europeus e norte-americanos apenas.

A valorização de povos desenvolvidos da Europa teria suas raízes no Período Colonial, em que os brasileiros que desejavam se formar no nível superior iam para países como a França. Some-se a esse fato a dependência de Portugal em relação à Inglaterra, por conta de endividamento, resultando no embarque direto de produtos de portos brasileiros para este último país. A valorização de estadunidenses pode ser atribuída ao papel que os Estados Unidos desempenharam na industrialização brasileira em meados do século XX.

Em que pese a valorização de europeus ocidentais e estadunidenses, nem por isso a adaptação é fácil. Falta de compromisso com prazo e com a entrega de informações, encontros marcados e acordos estabelecidos são algumas das reclamações, por exemplo, de alemães em relação a brasileiros.[74]

> Expatriados de países desenvolvidos da Europa e norte-americanos têm relatado que os brasileiros demandam excessiva demonstração afetiva, enquanto expatriados oriundos da América Latina têm relatado que os brasileiros tendem a tratá-los com arrogância.

Modelos de adaptação de expatriados

Os modelos de adaptação de expatriados servem para explicar quais mecanismos eles usam para se adaptar à cultura de destino. Existem vários modelos e de cada um podemos tirar alguma aprendizagem para a gestão em ambiente multicultural.

O modelo mais tradicional é o de Black, Mendehall, Oddu.[75] De acordo com esses autores, a adaptação se dá em três frentes: **a)** adaptação ao trabalho; **b)** adaptação interacional, que consiste na interação com pessoas fora do ambiente de trabalho; **c)**

---

69   FELIX, B.; TEIXEIRA, M. L. M.; BALASSIANO, M. Who adapts better to Brazil: expatriates from developed or Latin American countries? Revisiting cultural distance. *International Journal of Cross-cultural Management*, v. 19, p. 74-71, 2019.

70   MOTT, M. M.; TEIXEIRA, M. L. M. T. Is foreignism an obstacle for interculturality between brazilians and others latin american? *Portuguese Science Review*, n. 27, v. 1, 2019.

71   MOTT; TEIXEIRA, 2019.

72   IRIGARAY, H. A.; VERGARA, S. C. Expatriados no Brasil: diferentes nacionalidades, diferentes percepções. *Revista Eletrônica de Gestão Organizacional – Gestão.Org.*, n. 8, p. 49-60, 2010.

73   MOTT; TEIXEIRA, 2019.

74   NAKASHIMA, C. *Padrões culturais avaliativos*: um estudo sobre adaptação cultural de expatriados alemães no Brasil. 2013. Dissertação (Mestrado em Administração de Empresas) – Programa de Pós-Graduação em Administração de Empresas, Universidade Presbiteriana Mackenzie, São Paulo, 2013.

75   BLACK, J. S.; MENDEHALL, M.; ODDOU, G. Toward a comprehensive model of international adjustment: an integration of multiple theoretical perspectives. *Academy of Management Review*, n.16, v. 2, p. 291-317, 1991.

adaptação geral, que é relativa à adaptação das pessoas às condições de vida do país hospedeiro.

A adaptação se dá por meio do ajustamento subjetivo ou objetivo. O ajustamento subjetivo diz respeito ao grau de conforto psicológico que o indivíduo sente ao desempenhar seus papéis na cultura de destino. O ajustamento objetivo é relativo ao quanto a pessoa é capaz de desempenhar papéis na nova cultura.[76]

Outro modelo indica que a adaptação do expatriado ocorre em três dimensões: cognições, sentimentos e comportamentos,[77] o que significa que, para avaliar o quanto o expatriado está adaptado, seria necessário conhecer como ele percebe a cultura hospedeira, seus sentimentos e observar a compatibilidade de seus comportamentos com a nova cultura.

Lineberry[78] sugere que se utilize o modelo de duas dimensões de estratégias de aculturação e atitudes propostas por Berry.[79]

Aculturação corresponde aos fenômenos que ocorrem quando pessoas de culturas diferentes estabelecem contato. Nesse momento, as pessoas ou grupos podem se preocupar em manter sua própria cultura ou procurar manter esse contato com a nova cultura, buscando engajamento.[80]

Ao entrar em contato com uma nova cultura, as pessoas usam estratégias diferentes de acordo com o grupo no qual se inserem: cultura dominante ou não dominante. Quando os indivíduos estão imersos na cultura não dominante e preferem preservar sua cultura, a estratégia adotada é da "separação" e do privilégio do contato com as pessoas de sua própria cultura. Quando preferem interagir e aceitar valores e normas da nova cultura, a "assimilação" é a estratégia adotada. Quando ambos os grupos têm interesse em manter sua cultura, mas, ao mesmo tempo, interagem um com o outro e participam de suas atividades, com seus valores e normas, "integração" é a estratégia de aculturação. Se ambos os grupos têm pouco interesse na manutenção cultural e pouco interesse ou possibilidade em relacionar-se com os outros, fica definida a estratégia de "marginalização".[81]

Alguns estudos buscaram discutir a adaptação de expatriados considerando aspectos da cultura de destino.[82] A similaridade cultural[83] pode ser um dos fatores que contribuem para facilitar a adaptação, assim como as atitudes dos locais para com expatriados.[84]

Araujo, Teixeira e Malini[85] trouxeram o fenômeno do estrangeirismo e do complexo de Gulliver para explicar como os brasileiros se relacionavam com expatriados

---

76   BLACK, J. S. Work role transitions: a study of American expatriate managers in Japan. *Journal of International Business Studies*, n. 19, v. 2, p. 277-294, 1988.

77   HASLBERGER, A.; BREWSTER, C.; HIPPLER, T. The dimensions of expatriate adjustment. *Human Resource Management*, n. 52, v. 3, p. 333-351, 2013.

78   LINEBERRY, M. *Expatriates acculturation strategies*: going beyond "How adjusted are you?" to "How do you adjust?". 2012. Dissertação (Ph.D. Psocologia) – University of South Florida, Tampa, 2012. Disponível em: http://scholarcommons.usf.edu/etd/4128. Acesso em: 12 fev. 2020.

79   BERRY, J. W. Immigration, acculturation, and adaption. *Applied Psyhology: An International Review*, n. 46, v. 1, p. 5-68, 1997.

80   BERRY, 1997.

81   BERRY, 1997.

82   VON BORELL, A. B. F.; TEIXEIRA, M. L. M.; CRUZ, P. B.; MALINI, E. Understanding the adaptation of organisational and self-initiated expatriates in the context of Brazilian culture. *The International Journal of Human Resource Management*, n. 25, v. 18, p. 2489-2509, 2014.

83   VARMA, A.; PICHLER, S.; BUDHWAR, P. The relationship between expatriate job level and host country national categorization: an investigation in the UK. *International Journal of Human Resource Management*, n. 22, v. 1, p. 103-120, 2011.

84   ARMAN, G.; AYCAN, Z. Host country nationals' attitudes toward expatriates: development of a measure. *The International Journal of Human Resource Management*, n. 24, v. 15, 2013.

85   ARAUJO; TEIXEIRA; MALINI, 2013.

americanos, europeus e de outros países da América Latina. O estrangeirismo consiste em uma dimensão da cultura brasileira, bipolar, em que um polo representa a disposição para apoiar o estrangeiro e o outro, o comportamento arrogante, em uma relação compensatória, que pode ser compreendida à luz do complexo de Gulliver. Os comportamentos de superioridade ou de inferioridade apareceram associados à nacionalidade e à aparência física do expatriado. Embora o estrangeirismo seja um fenômeno tipicamente brasileiro, o estudo realizado sugere que a relação entre nacionais locais e expatriados precisa ser examinada à luz do processo histórico de construção da relação dos locais com estrangeiros.

Contribuições para a gestão do fator humano em ambiente multicultural

De acordo com os modelos de adaptação de expatriados apresentados, é possível perceber que podemos ver a adaptação por vários ângulos, possibilitando não só compreendê-la mas também buscar brechas para a melhoria da gestão do fator humano em ambiente multicultural, com o propósito de minimizar conflitos e promover um ambiente saudável e produtivo.

Ao se partir da ideia de multiculturalidade, assume-se uma posição de respeito às diferentes culturas que porventura possam estar representadas no ambiente de trabalho, deixando os colaboradores livres para caminhar em uma direção intercultural, mas respeitando seu próprio tempo. Isso não quer dizer que não se possam desenvolver estratégias dentro da empresa para estimular a interculturalidade. Mas, como vimos neste capítulo, a interculturalidade implica que se alcance uma integração a ponto de as diferenças culturais serem superadas.

Superar diferenças culturais só é possível com o tempo e depende da orientação da empresa para com estrangeiros (etnocêntrica, policêntrica, geocêntrica ou pluralista), do tipo de expatriado, das características da cultura de origem e da cultura hospedeira, das estratégias que os expatriados preferem adotar para conviver com pessoas de outras culturas, do próprio processo de adaptação e da atitude dos membros da cultura local com relação aos diferentes povos estrangeiros.

Em uma empresa na qual predomine a orientação etnocêntrica será mais difícil a construção de um ambiente multicultural, uma vez que o princípio que rege essa orientação é que a melhor forma de pensar e agir é a da cultura dominante, e todos devem se comportar dentro daqueles parâmetros. Nessa situação, o respeito às diferentes culturas é menos estimulado.

Com a globalização e o avanço tecnológico, a tendência é que as empresas guiem-se por uma visão pluralista, em que todas as orientações convivem. Mas é importante conhecer as tendências de orientação dentro de uma empresa, inclusive porque podem variar de acordo com as áreas. Na literatura científica, há evidências de que as áreas tecnológicas, por exemplo, tendem a uma visão geocêntrica, as de marketing, a uma visão policêntrica, e as de finanças, a uma orientação etnocêntrica.

Outro aspecto importante na construção de um ambiente multicultural é conhecer a que categoria cada expatriado pertence. Expatriados organizacionais, aqueles que são enviados pela matriz às subsidiárias, talvez tenham menos disponibilidade para respeitar diferenças culturais, principalmente se tiverem função gerencial ou de direção, pois uma de suas tarefas é conseguir que as subsidiárias atinjam os objetivos estipulados pela matriz, da forma como a direção da matriz deseja.

Os expatriados voluntários, por geralmente serem capacitados profissionalmente e capazes de tomar decisões de acordo com suas preferências e propósitos de vida, talvez tenham menor disponibilidade para serem gerenciados, o que não quer dizer que tenham maior dificuldade para respeitar a cultura alheia.

Quanto aos imigrantes, qualificados ou não, sua relação com a nova cultura depende do motivo de estarem naquele país, se foi uma escolha ou não. Pessoas que precisam sair do seu país para sobreviver, por questões como guerra ou mesmo por se virem obrigadas a fazê-lo porque há crise e dificuldade para ter condições dignas de moradia e alimentação, tendem a escolher outro país de acordo com a possibilidade de eles as receberem. Emigrar, para essas pessoas, não é uma escolha, mais uma necessidade. E, nesses casos, podem ter menor disponibilidade para aceitar a cultura do país de destino.

Outro ponto a destacar são as estratégias que os expatriados e os locais adotam para conviver com pessoas de outra cultura: separação, assimilação, integração ou marginalização. Se a preferência dos membros de ambos os grupos for pela marginalização, ou se os membros de um dos grupos optarem pela separação, a possibilidade de respeito às culturas de cada um e a construção de um ambiente multicultural saudável e produtivo exigirão muito mais investimento em ações por parte dos gestores.

Quanto ao processo de adaptação, note que, de acordo com Black, Mendehall, Oddu,[86] há três tipos de adaptação: ao trabalho, à interação com pessoas fora do trabalho e às condições de vida, além do fato de que um tipo influencia os outros. Um expatriado que ao chegar ao país tem dificuldade para lidar, por exemplo, com a burocracia local (condições de vida), poderá influenciar na produtividade da equipe e na interação com outras pessoas fora do trabalho.

No Brasil, têm sido comuns relatos de expatriados que encontram dificuldade para contratar serviços simples do dia a dia, como internet, TV a cabo, alugar um apartamento com contrato etc. Essas adversidades afetam as demais adaptações.

Como foi visto nos modelos de adaptação, as pessoas usam a cognição para perceber e aprender a cultura local, têm sentimentos com relação a ela e adotam comportamentos.[87] Mas a cognição é influenciada pelos padrões culturais avaliativos, que estão internalizados, gerando sentimentos. Se a pessoa perceber que o outro, de outra cultura, tem um comportamento inadmissível para ela, por não ser aceito na sua cultura de origem, isso não só vai gerar sentimentos negativos como ainda vai causar atitudes negativas para com o outro, dificultando a adoção de comportamentos compatíveis com a nova cultura.

> **Para trabalhar a construção de um ambiente multicultural é preciso um acompanhamento constante.**

Para trabalhar a construção de um ambiente multicultural é preciso um acompanhamento constante. Como você pode saber se algum padrão cultural avaliativo está interferindo na adaptação? Um dos meios é prestar atenção na ocorrência de incidentes críticos. Alguma discussão ou reclamação do comportamento do outro, por exemplo. *Workshops* sobre convivência multicultural são uma alternativa interessante para discutir possíveis padrões culturais que possam estar interferindo na adaptação, assim como diferentes valores culturais e axiomas sociais.

---

86   BLACK; MENDEHALL; ODDOU, 1991, p. 291-317.

87   BERRY, 1997.

GESTÃO DO FATOR HUMANO EM AMBIENTE MULTICULTURAL

Para gerir pessoas em um ambiente multicultural é necessário dispor de ferramentas que permitam conhecer as características culturais de cada país de onde os expatriados são provenientes. Para tanto, aprender sobre os valores culturais e os axiomas sociais das culturas de origem, bem como a cultura local, consiste em uma etapa crucial. É necessário conhecer para poder compreender. Os valores culturais, axiomas sociais e padrões culturais avaliativos são ferramentas de grande valia.

Conhecer os tipos de expatriado existentes na empresa, assim como sua cultura de origem, os fatores individuais e organizacionais que podem influenciar em sua adaptação, as estratégias empregadas pelos expatriados para conviver com a cultura local e a atitude dos locais com relação aos diferentes povos estrangeiros são fatores que podem contribuir para a melhoria da gestão do fator humano em um ambiente multicultural.

A PRÁTICA DA PESQUISA

Apresentamos, a seguir, o resumo da pesquisa da dissertação de mestrado de Cleide Nakashima, que obteve grau de mestre pela Universidade Presbiteriana Mackenzie em 2013. O trabalho intitulado *Padrões Culturais Avaliativos (PCAs): um estudo sobre a adaptação de expatriados alemães no Brasil*[88] teve como principal objetivo identificar as implicações dos PCAs de brasileiros percebidos por expatriados alemães para sua adaptação geral, interacional e ao trabalho. Além da identificação dos PCAs, foram investigados também o processo, a análise, a associação e o levantamento deles em outros estudos. O termo "Padrões Culturais Avaliativos" foi a denominação utilizada nesse estudo, seguindo os conceitos de *standards* culturais do autor austríaco Alexander Thomas.[89]

O estudo caracterizou-se por uma pesquisa descritiva, pois a pretensão era descrever os PCAs. Utilizou-se o método qualitativo e fez-se o levantamento de incidentes críticos[90] por meio da entrevista narrativa,[91] considerando os exemplos reais relatados pelos sujeitos. As entrevistas passaram pelo processo de transcrição e tradução (algumas foram conduzidas no idioma inglês), e análise de conteúdo pelo método proposto por Maryring.[92]

Participaram da pesquisa nove pessoas de origem alemã que estavam no território brasileiro em regime de expatriação organizacional. Para acessar os entrevistados, utilizou-se a técnica de bola de neve,[93] pois alguns participantes fizeram a indicação de outros da sua rede de contatos que atendiam ao perfil.

Após todo o processo de preparação dos dados obtidos nas entrevistas, categorização e análise, o estudo identificou dez PCAs:

1. falta de cumprimento de promessas acordadas (não cumprir o prometido, honrar compromissos);

2. planejamento não sistemático (formas de condução das atividades diárias, rotinas);

3. informações imprecisas (ausência de exatidão de regras, processos e controles);

4. relacionamento informal e personalizado (postura amigável e facilidade de contato);

5. disponibilidade aparente (abertura com afeto, limites);

6. esperteza (levar vantagem);

---

88 NAKASHIMA, 2013.

89 THOMAS, A. Kultur und kulturstandards. *In*: THOMAS, A.; KINAST, E.; SCHROLL-MACHL, S. (org.). *Handbuch Interkulturelle Kommunikation und Kooperation*. Göttingen, Germany: Vandenhoeck & Ruprecht, 2003/2010. Band 1. p. 19-31.

90 FLANAGAN, J. C. The critical incident technique. *Psychological Bulletin*, n. 4, v. 5, p. 327-358, 1954.

91 BRUECK; KAINZBAUER, 2002.

92 MAYRING, P. Qualitative content analysis. *Forum: Qualitative Social Research*, n. 1, v. 2, 2000.

93 HECKATHORN, D. D. Respondent-driven sampling: a new approach to the study of hidden populations. *Social Problems*, n. 44, p. 174-199, 1997.

GESTÃO DO FATOR HUMANO

7. processos burocratizados (processos desnecessários e lentos);

8. centralização do poder (relações hierárquicas);

9. otimismo (postura humilde); e

10. jeitinho brasileiro (modos distintos de se atingir um objetivo).

Os padrões foram analisados detalhadamente, sendo correlacionados com os processos de adaptação ao trabalho, interacional ou geral. Cada relato de determinada situação vivida foi um dado importante, que resultou frequências para compor o panorama de resultados do estudo.

De forma geral, constatou-se que os alemães, por um determinado tempo, encantaram-se com as diferenças culturais em relação aos costumes brasileiros, porém se decepcionam quando perceberam que os brasileiros têm dificuldade para dizer não, comprometendo-se com prazos que não podiam cumprir. Há uma clareza de que o brasileiro não pode ser visto de forma única e de que existe uma diversidade de perfis, o que abre espaço para se ter uma certa admiração. Essas diferenças são vividas principalmente no âmbito do trabalho, pois os estilos se confrontavam no momento que era necessário cumprir prazos de entrega. Na esfera pessoal (da adaptação interacional e geral), os alemães entrevistados preferiram manter um certo distanciamento, pois, por mais que compreendam a receptividade afetiva e a informalidade dos brasileiros, nesse grupo específico, demonstraram preferir buscar contato com outros expatriados.

O estudo contribuiu para que se confirmasse a relevância do tema e o quanto algumas reflexões ainda são necessárias nos contextos organizacionais, seja na forma como os expatriados são recebidos ou na maneira como preparam as equipes locais para lidarem com uma nova cultura. Os PCAs são importantes e ajudam a ter uma melhor compreensão, embora não sejam os únicos. Como são típicos de determinada cultura e regulam o comportamento, isso nos mostra que fazem parte de todas as pessoas, porém, não de forma homogênea. Além disso, não podem ser caracterizados de forma estereotipada, de acordo com a sua nacionalidade.

MINICASO

Uma empresa multinacional brasileira do segmento da indústria pesada expande suas operações para alguns países estrangeiros. Para tanto, necessita de uma equipe de profissionais locais (brasileiros) para apoiar as operações ao redor do mundo. Abre-se, então, um processo seletivo para a contratação de executivos (que chamaremos de equipe internacional), que obrigatoriamente (além do conhecimento técnico) necessitavam ter o domínio do idioma inglês e a disponibilidade para mudança imediata de país.

Uma das maiores preocupações da companhia era manter sua forte cultura organizacional viva nas operações fora do território nacional. Havia uma ideia fixa e um desejo de que todos os rituais já existentes fossem praticados nas outras localidades. Por esse motivo, todas as primeiras lideranças das operações internacionais espalhadas pelo mundo eram ocupadas por profissionais brasileiros, funcionários antigos, com muitos anos de casa (que, em sua maior parte, não falavam

inglês). Esses líderes seguiam (geralmente com toda a família) para assumir a responsabilidade em determinado país. Chegando lá, tomavam a decisão de formar uma equipe, que quase sempre era formada por brasileiros (em cargos de responsabilidade) e funcionários da cultura local, contratados para as posições mais operacionais.

A equipe internacional recém-contratada teria como responsabilidade apoiar os times de operações já instalados nos países (liderados por funcionários antigos de casa, como já mencionado acima) e, portanto, assumiria o desafio de atender às demandas de acordo com as temáticas e com as necessidades encontradas. Esses países poderiam ser no continente americano, europeu, africano ou asiático.

Para funcionários brasileiros novos e antigos eram dadas informações genéricas sobre os países, pois o mecanismo da integração seria construído somente após a ida do primeiro executivo, que "desbravou" o local e construiu um manual

GESTÃO DO FATOR HUMANO EM AMBIENTE MULTICULTURAL

com alguns detalhes sobre aquela determinada região. Em algumas empresas que têm a cultura de receber profissionais de outros países no Brasil, geralmente a prática é contratar uma empresa de *relocation* para prestar todo o apoio (desde adaptação cultural e busca de imóvel e até escolha de escola para os filhos dos colaboradores).

A equipe internacional, então, inicia seu trabalho, obtendo informações sobre as responsabilidades e os desafios por meio de visitas iniciais a cada região. Uma espécie de consultoria interna, prestando serviços ao redor do mundo.

As atividades nos países da Europa e nos Estados Unidos eram muito tranquilas, afinal a equipe já tinha um conhecimento prévio, com estruturas de negócios internacionais, pois quase todos eram oriundos de organizações globais.

Em determinado momento, os negócios foram se desenvolvendo nos países de origem árabe, ganhando destaque por novos acordos e pela própria aceleração da economia e, com isso, a equipe internacional atuou com mais frequência nessas regiões. Crescimento dos negócios, mais pessoas, mais brasileiros e mais contratações locais. Crescia a interação entre o grupo de brasileiros e o dos árabes locais. Duas culturas distintas trabalhando juntas em uma empresa multinacional brasileira. Ambos não se conheciam. Foram construindo no dia a dia relações (nem sempre felizes), que ensinavam os costumes e os valores de cada um.

Era difícil para os brasileiros (que estavam na liderança) entenderem que em determinada hora do dia os homens paravam suas atividades para fazer uma prece. Era duro entender que era proibido trabalhar às sextas-feiras e obrigatório trabalhar aos domingos. Os contratados locais não entendiam por que eles não podiam almoçar na mesma sala em que os executivos faziam suas refeições. Os brasileiros não suportavam a ideia de não poder beber bebida alcóolica no fim de semana, e, além do mais, não conseguiam encontrar um lugar para comprar coxinha, guaraná e pão de queijo.

Foram vários aprendizados, muitas vivências. Com os executivos, com as esposas dos expatriados, com as equipes de trabalho e com a oportunidade de vivenciar uma cultura diferente. O mundo árabe, assim como todas as outras culturas, tem as suas belezas, segredos e uma essência única.

Em um país onde as mulheres cobrem a cabeça e não podem sequer andar sozinhas na rua, houve a oportunidade de ouvir histórias incríveis. Era difícil compreender que o cargo de motorista era o mais disputado pela população local, até o momento em que um deles explicou que ser motorista era significado de *status* na sociedade, portanto, era uma posição importante.

A comunicação era falha, pois ambos os grupos – de brasileiros e de árabes – estabeleciam contato em inglês, que não era a língua nativa, a individualidade dos brasileiros (reforçada pelo contingente de pessoas) não permitia um olhar compreensivo e flexível para com as situações do trabalho. Os brasileiros se agrupavam e tudo parecia difícil depois de um tempo. Foi aí que o sonho da expatriação se tornara um fardo, diferente do tão sonhado momento de carreira pensado na aceitação da proposta. Foram muitos erros e muitos acertos que levaram tempo para serem estabilizados e que poderiam ter sido conduzidos de outra forma.

EXERCÍCIOS DE HABILIDADES

1. Como deveria ser a preparação para as pessoas que vão para outros países?

2. Quantas histórias foram bem-sucedidas? O que foi feito de diferente?

3. Como a liderança das equipes poderia ter ajudado amenizar tantos problemas?

4. Como as organizações preparam as pessoas para lidar com a diversidade cultural?

Índice remissivo

A

Adoecimento, 81, 221, 233, 242, 245
    risco de, 246, 254
Abordagem simbólica, 43
Abuso de poder, 131
Ação afirmativa, 99, 100, 103
Adaptação, 247, 299, 301, 302, 310, 311
    ao trabalho, 307, 310
    de expatriados, 307-309
    dificuldades de, 297
    entre brasileiros e outros povos, 306-307
    externa, 35
    fatores que influenciam a, 291, 304-306
    geral, 308, 311
    grau de, 167
    modelos de, 307-309
    mútua, 109
Agentes, 6, 36, 57,
    de mudança, 57, 66, 67, 68, 69, 72, 73
    organizacionais, 280
    sociais, 260
Agilidade, 23, 24, 47, 53, 63, 78, 142, 176, 183, 204, 216
Ajustamento objetivo, 308
Ajustamento subjetivo, 308
Ambiência competitiva, 3-22
Ambiente
    aberto, 170
    cultural, 167-168
    de trabalho, 10, 26, 50, 86, 111, 116, 130, 141, 143, 173, 214, 215, 245, 257, 258, 269, 271, 273, 274, 275, 279, 283, 291, 300, 309
    institucional, 63
    intercultural, 291
    multicultural, 291-311
    multigeracional, 257-286
Ambiguidade causal, 15
Ambiguidade, 39, 40, 41, 42, 48, 295
Anos de formação, 260
Ansiedade, 35, 164, 221, 272, 273, 286, 306

Apetite ao risco, 45
Artefatos, 30, 32, 33, 36, 38, 43, 44, 45, 48, 49, 55
Assédio moral, 130-131
Assimilação, 99, 100, 105, 108, 114, 308, 310
Atividade, 66, 89, 98, 103, 164, 201, 226, 228, 229, 230, 231, 242, 244, 246, 248, 249, 252, 274, 282, 286
Ativos estratégicos, 15, 16
Ator social, 128, 132, 144
Atração, 93, 109, 168, 180, 182, 183, 184, 185-186, 271
Atuação socialmente responsável, 18
Autodesenvolvimento, 20, 221, 293
Autonomia, 21, 51, 54, 127, 128, 129, 130, 132, 133, 134, 137, 143, 170, 171, 180, 190, 195, 203, 212, 295
Autorrespeito, 126, 127, 128
Avaliação
    comportamental, 159, 203
    de desempenho, 176, 180, 183, 189,191, 196, 203-204, 205, 218, 280
    de potencial, 176, 204-205
    psicológica, 160
Aversão ao risco, 45
Axiomas sociais, 295, 296-297, 310, 311

B

Baby Boomers, 257, 259, 262, 263, 264, 273, 274, 275, 276, 285, 286
Barreiras hierárquicas, 47
Barreiras para mulheres, 114-115
bem estar, 4, 81, 119, 122, 135, 147, 180, 182, 207, 214, 233, 244, 245, 246, 279
Benefício(s), 207, 208, 210
Big data, 23, 47, 54, 78, 224
Bônus, 22, 269, 187, 190, 198, 206, 209
Brics, 258

C

Campo cultural, 264
Capacitação, 21, 22, 54, 175, 180, 205
Capital humano, 13, 16

Capital social, 16
Carreira, 22, 50, 101, 108, 114, 115, 116, 135, 144, 152, 153, 174, 176, 177, 178, 205, 206, 215, 258, 275, 282, 285-286, 302, 306
Cegueira cultural, 28
Centralidade do trabalho, 228, 255
Change management, 64, 73
Chatbots, 8
Cinismo social, 296
Coabitação, 283
Cocriação, 18, 68
Colaboração intergeracional, 259, 280-281, 282, 283, 284
Coletivismo, 295
Coletivo, 248
    aprendizado, 16
    consciente, 263
    desempenho, 203
    fenômeno, 70, 125
    versus individual, 203
Companhias digitais, 9
Competitividade, 3, 5, 10-12, 13, 22, 87, 122, 137, 139, 166, 174, 192, 274
Complexidade Social, 15, 16, 296
Complexo de Gulliver, 308, 309
Compreensão das Diferenças, 99, 100-101, 108, 297, 298
Comprometimento, 38, 73, 112, 135, 171, 172, 173, 201
Comunicação
    digna, 143
    ética, 143
    instantânea, 10
    interna, 167, 178, 179
Condições de trabalho, 184, 210, 227, 232, 235, 246, 253
Conflitos
    entre subculturas, 40
    geracionais, 278
    intelectuais, 28
    intergrupais, 86
Conhecimento
    experiencial, 281, 282
    explícito, 280, 281

tácito, 15, 280, 281
Consciência coletiva, 246, 260, 261
Consenso, 39, 40, 41, 42, 43, 205
Consistência, 40, 43
    interna, 192
Consultoria, 154, 158, 176, 180, 265, 313
Consumidor, 10, 17-18, 121, 123, 180,
    181, 213, 258, 259
Contexto de trabalho, 130, 231-233,
    242, 246, 252
Contraculturas, 31
Contradições, 41, 42, 232, 245
Contratação, 8, 64, 93, 102, 107, 114,
    136, 138, 146, 152, 155, 156, 157, 161,
    168, 184, 203, 209, 251304, 312
Controle do destino, 297
Conversações, 73, 74, 75
Conversas, 74, 174, 179, 260
Convivência, 85, 87, 103, 118, 188, 285,
    292, 293, 294, 306, 310
Coortes, perspectiva dos, 262, 263
Cor ou raça, 87, 88
Criatividade, 5, 10, 16, 20, 76, 78, 86,
    113, 114, 190, 193, 224
Critério de avaliação, 160, 203
Cultura
    algo que a organização é, 31
    algo que a organização tem, 31
    centrada no cliente, 46
    de destino, 305, 306, 307, 308
    hospedeira, 308
    inclusiva, 113
    organizacional, 9, 15, 16, 22, 25-55,
        167, 168, 180, 202, 216, 217, 246,
        281, 312
Currículo, 152, 153, 154, 156, 157, 158-
    159, 240, 271
Custo humano do trabalho – CHT,
    232, 246
Custo da expatriação, 301

D

Demanda intensiva, 157
Desempenho, 68, 74, 82, 86, 102, 121,
    122, 134, 140, 161, 170, 176, 180,
    187, 189, 190, 191, 195-199, 200,
    201, 202, 203
Desemprego, 18, 19, 20, 27, 88, 227,
    229, 237, 240, 241, 265
Destruição dos silos, 46-47
Devolutiva, 158, 160, 165, 166
Diferenças culturais, 104, 105, 106,
    294, 297, 298, 309, 312
Dignidade
    adquirida, 126, 127
    das organizações, 128, 132-133
    de mérito, 128
    do self, 126
    humana, 57, 127, 132, 246

inata, 127, 128, 132
nas organizações, 128, 129-131
no ambiente do trabalho, 130
no trabalho, 130
organizacional, 117, 126, 128, 132,
    133, 134, 136, 137, 142-143, 144
social, 127
sociopolítica, 128
Dimensões de diversidade, 102
Dinâmica de grupo, 163
Dinheiro, prêmio em, 170
Direitos humanos, 127
Discriminação, 85, 99, 100, 105, 107,
    115, 129, 130, 131, 138, 145, 146,
    279, 284
Discriminação e justiça, 105, 107
Discriminação geracional, 279-285
Disputas intelectuais, 27, 28
Disputas teórico-metodológicas, 28-30
Distância do poder, 295, 297
Diversidade, 10, 17, 18, 85-116, 155, 169,
    170, 190, 204, 210, 215, 263, 269,
    271, 274, 276, 277, 282, 301, 312

E

Economia do bico, 239
Economia informacional, 6
Educação superior, 88
Efeitos de período, 268
Elementos culturais, 26
Employer branding, 169
Empregabilidade, 142, 237, 241, 258,
    267, 285
Emprego, 4, 8, 12, 18, 19, 20, 26, 96,
    99, 101, 116, 131, 136, 137, 153, 162,
    169, 180, 207, 210, 227, 235, 240,
    258, 264, 265, 280, 285, 302
Engajamento de colaboradores, 173
Entrevista de desligamento, 174
Entrevista por competência, 161-163
Envelhecimento, 87, 89, 90, 92
Era digital, 25, 45, 46, 47, 53, 59, 85,
    87, 98, 109, 110, 113, 116, 117, 137,
    142, 144, 151, 167, 170, 174, 176, 179,
    180, 187, 205, 213-215, 216, 237
Era industrial, 4, 5, 121
Era informacional, 5-6, 7, 19
Era pós-industrial, 4-5
Era pós-informacional, 7, 9, 10, 13, 14,
    18, 19, 24, 184
Espaço físico, 45, 253
Estereótipo, 270
Estética, 48, 49
Estética organizacional, 43-45
Estrangeirismo, 308, 309
Estratégias
    para evitar discriminação
        geracional, 279

para lidar com conflitos
    geracionais, 278
Estratégias de coping, 305
Estrategistas, 66, 67, 70, 71, 72, 73, 75,
    76, 78
Estrutura organizacional, 5, 63, 65,
    201, 218
Etarismo, 279, 280
Ethos, instituto, 91, 92, 93, 117, 124
Etic e emic, 29
Ética
    deontológica, 119, 120, 132, 134,
        143, 144
    teleológica altruística, 119
    teleológica egoística, 119, 120, 124,
        144
Expatriados organizacionais, 300-301
Expatriados voluntários, 302
Experiência estética, 43, 44

F

Família, 129, 134, 137, 188, 207, 242,
    260, 261, 265, 275, 286
Feedback, 6, 116, 165, 176, 179, 204,
    266, 282
Feminilidade, 295
Filantropia, 121, 123
Fintechs, 23, 24, 60
Flexibilidade cultural, 305
Flexibilização, 210, 222, 234,
    do emprego, 235
    dos benefícios, 207-208
    dos contratos de trabalho, 19
    do trabalho, 136
Foco e amplitude, 29
Fonte de dignidade, 130
Fontes de vantagem competitiva, 4,
    12, 13, 14-15
Forças sociais, perspectiva das, 261
Formas culturais: rituais, histórias,
    jargões, humor, arranjos físicos, 37
Foto-elicitação, 48
Futuro do trabalho, 224

G

Generalizável versus específico, 28, 29
Geração X, 10, 257, 259, 262, 265, 274,
    275, 285, 286
Geração Y, 10, 215, 257, 259, 262, 264,
    265, 267, 268, 272, 273, 274, 275, 276
Geração Z, 10, 257, 259, 262, 264, 272,
    273, 275
Gestão ambiental, 140, 141
Gestão da diversidade, 99, 101-110
    112, 113, 274
Gestão do conhecimento, 15, 281-282
Gestão do trabalho, 236, 251
Gig economy, 239, 256

H

Habilidades técnicas, 159, 280
Heterogeneidade social, 36
Humanidade, 57, 223, 225, 230

I

IBGE, 87, 88, 90, 240
Identidade geracional, perspectiva da, 263
Identificação geracional, 264
Idoso, 92
Imigrantes qualificados, 300, 302, 303, 304, 305, 310
Imitabilidade imperfeita, 14
Impacto social, 134, 137, 142, 274, 275
Impatriados, 301-302
Impressão 3-D, 7, 8, 11, 19, 78, 188, 218
Incerteza, 5, 179, 235, 295, 297, 306
Inclusão, 85, 86, 103, 104, 108, 110, 111, 112, 113, 114, 116, 155, 169, 207, 238
Individualismo, 239, 275, 277, 295, 297, 302
Indulgência, 296, 297
Indústria 4.0, 142
Informatização, 221, 223, 224, 237, 254
Inovação, 5, 6, 9, 10 13, 15, 20, 22, 45, 47, 53, 79, 86, 113, 116, 190, 194, 214, 225, 273, 278, 284
Instrumentalidade, 48, 49
Integração e aprendizagem, 105, 106-107, 109
Integração interna, 35
Inteligência artificial, 7, 8, 12, 23, 47, 53, 54, 59, 78, 154, 188, 190, 218, 224
Internet das Coisas, 7, 8, 53, 59, 188, 214
Intervalos geracionais, 262

J

Jornada de experiência, 181
Jornada flexível, 136, 170
Justiça, 74, 87, 105, 107, 176, 192, 193, 206, 233

L

Learning agility, 204
Lei de Cotas, 88, 93, 102
Lente da estética, 43-45
Lente simbólica, 43
Letting happen, 65, 75
Liderança, 36, 46, 55, 67, 72, 75, 82, 106, 160, 160, 167-168, 171, 173, 174, 177, 184, 189, 204, 281, 282, 313
Linguagem, 33, 38, 39, 69, 71, 74, 142, 173, 224, 235, 260, 278
Lucro, 67, 102, 123, 134, 139, 196, 199, 201, 211, 215, 239, 249, 250

M

Mainstream, 23, 97, 105, 111, 113
Mal-estar, 233, 246, 254
Manifestações culturais, 30, 37, 38, 39, 40, 41, 42, 43, 44, 48, 55
Masculinidade, 295, 197
Meio ambiente, 18, 117, 124, 133, 139, 142, 142
Mentoria reversa, 281, 282, 284
Mercado de trabalho, 3, 10, 19, 88, 90, 91, 93, 106, 138, 155, 182, 188, 195, 217, 224, 240, 256, 266, 286
Mérito, 22, 108, 126, 127, 128, 185, 189, 197, 293
Meritocracia, 170, 185
Metáfora(s), 31, 32, 40, 41, 64
Metas, 32, 74, 105, 140, 168, 170, 173, 185, 189, 190, 196, 198, 200, 201, 202, 204, 205, 209, 211, 217, 269, 286
Método científico, 29
Método de pesquisa, 47, 265, 266, 267, 268
Método Hay, 193-195, 206
Microcultura, 36, 37, 41
Millennials, 10, 262
Modelo de três fases, 64, 73
Modelos de negócio, 9, 13, 16, 19, 23, 87, 110, 114, 166, 192, 278
Modelos organizacionais, 187, 192, 207
Moral, 99, 118, 119, 121, 124, 127, 130, 131
Motivação, 5, 22, 93, 156, 160, 168, 178, 183, 198, 208, 211, 212, 213, 217, 239, 293
Mudança
contínua, 57, 66, 66, 76, 78, 79
episódica, 57, 66, 67, 73, 75, 76
evolucionária, 66
nas organizações, 64
organizacional, 67, 80, 190
social, 125, 261
Mudanças demográficas, 10, 106
Multifuncional, 238
Multinacionalidade, 291, 293-295

N

Narrativas, 39, 80
Negação, 99-100, 108
Negros, 85, 87, 88, 89, 90, 92, 101, 102, 109, 110, 116
Nível de profundidade, 28, 30, 32
Novas tecnologias, 7, 10, 11, 23, 87, 151, 188, 192, 205, 214, 227, 234, 260, 278

O

Objetividade *versus* subjetividade, 28, 29

Ontologia, 58, 75
Organização do trabalho, 232, 234, 243, 246, 253
Organizações dignas, 126, 133
Organizar, 60, 61, 68, 77, 79, 164, 258
Organizational becoming, 60
Orientação etnocêntrica, 294, 309
Orientação geocêntrica, 294, 302, 304
Orientação policêntrica, 294
Owned processes, 75

P

Padrões culturais avaliativos, 297-299, 310, 311
País de destino, 300, 302, 303, 304, 306, 310
Paradigma da diversidade, 107, 109
Parceria, 53, 124, 144, 155, 187, 286
Participação nos lucros, 196, 197, 201
Participação nos lucros e resultados, PLR, 195, 199, 200, 206
Participação nos resultados, 189, 190, 197, 201-202
Perfil
de multinacionalidade, 294
demográfico, 87, 91, 173
Perspectiva de diferenciação, 40-41
Perspectiva de fragmentação, 41-42
Perspectiva de integração, 39, 40, 42, 48, 106, 107
Perspectivas de diversidade, 104, 105
Pesquisa com atraso de tempo, 266, 268
Pesquisa de clima, 171, 183, 289
Pesquisa de engajamento, 171, 173
Pesquisa longitudinal, 267, 268
Pesquisa longitudinal sequencial, 267
Pesquisa qualitativa, 49, 80, 114, 182
Pesquisa transversal, 265, 266, 268
Pessoas com Deficiência (PcD), 85, 89, 91, 93, 102, 103, 109, 110, 114
Plataformas digitais, 7, 175, 176, 188, 256
Políticas públicas, 93
Pontos cegos, 40, 41, 42
Práticas de balanceamento do tempo, 134-137
Práticas dignas, 133, 134
Práticas formais: Forma de pagamento, Estrutura hierárquica, 37
Práticas informais: Normas, 37
Práticas inovadoras, 170
Prazer-sofrimento, 231
Precariedade, 227, 235
Precarização, 19, 234, 235, 236, 237, 238, 239, 254, 256

Preconceito, 136, 279

Prêmios, 213, 216

Processo de socialização, 36, 260, 299

Produtividade do tempo, 17

Promoção, 22, 99, 168, 183, 189, 197, 205, 274, 279, 280,

Proposição de valor, 169

Propósito de vida, 134, 137, 143, 183, 184

Prouni, 93

Q

Qualidade de vida no trabalho (QVT), 10, 19, 221, 241, 243, 244, 245, 246, 247, 251, 252, 254

R

Recompensa(s), 119, 177, 186, 198, 201, 212, 264, 296

Recompensas financeiras, 190, 191, 216

Recompensas não financeiras, 187, 212, 213, 215, 218

Recompensa pelo esforço, 296

Reconhecimento, 17, 23, 28, 105, 121, 126, 135, 172, 176, 177, 178, 180, 185, 212, 215, 221, 231, 245, 248, 253, 275, 277, 281

Recrutamento, 102, 105, 153, 155, 156, 183, 280, 284, 287-289

Recrutamento social, 271

Recursos Humanos, departamento de, 9

Recursos raros, 14, 15

Recursos valiosos, 14, 15

Redes sociais, 10, 17, 143, 158, 165, 179, 180, 214, 266, 271, 272

Refugiados, 110, 300, 304

Relações de trabalho, 73, 79, 118, 143, 168, 170, 200, 234, 235, 238, 248, 272, 285

relações de trabalho fordistas, 258

Relações humanas, 70, 194, 253

Relações socioprofissionais, 244, 245, 253

Religiosidade, 297

Remuneração, 96, 129, 169, 171, 177, 187, 188, 190, 191, 195, 200, 207, 209, 210, 216, 222, 227, 229, 232, 238, 255, 286

Remuneração variável, 189, 195, 196, 197, 198, 199, 201, 202, 206, 211, 215, 217, 218, 285

Reputação, 10, 16, 122, 143, 179

Resistência, 69, 70, 71, 72, 73, 74, 197, 235, 251

Resource Based View, 14

Responsabilidade Social, 99, 114, 117, 118, 120, 121, 122, 123, 124, 125, 132, 133, 134, 139, 142, 144, 152, 207

Responsabilidade Social Corporativa, 120, 121, 122, 123, 133, 142

Retenção de talentos, 10, 86, 169, 184, 186, 197

Revolução da comunicação, 10-12

Revolução industrial, 142, 222, 223, 225, 229, 236

Revolução tecnológica, 223

Risco(s), 9, 17, 45-46, 62, 120, 211, 221, 224, 225, 238, 241, 242, 246, 266, 273, 282, 284

Robôs, 8, 9, 19

Role playing, 165

Rotação de cargo, 282

S

Salário(s), 152, 188, 189, 191, 192, 197, 206, 210, 211, 214, 229, 249, 264, 273, 274, 281, 301

Sandbox, 282

Satisfação no trabalho, 281, 283, 286

Saúde, 69, 73, 81, 92, 130, 135, 202, 228, 232, 234, 236, 243, 244, 246, 249, 250, 252, 254, 273, 285

Seleção, 10, 92, 116, 151, 154, 155, 156, 157, 158, 163, 165, 182, 184, 275, 288, 305

Sentido de vida, 129, 132, 183

Shadowing, 281, 182, 184, 289

Simbolismo, 31, 43, 48, 49

Símbolos, 38, 39, 43, 48, 238

Socialização, 36, 226, 260, 299

Squads, 46, 53, 108, 187, 199, 203

Stakeholders, 3, 15, 17, 18, 114, 122, 124, 132, 134, 169, 223, 250, 301

Startup(s), 34, 47, 54,170, 185, 214, 215, 218, 219, 264

Stock options, 185, 198, 199, 206, 217

Subculturas, 31, 36, 39, 40, 41

Suicídio, 241

Suporte organizacional, 232, 303, 306

T

Talentos, 10, 21, 50, 93, 108, 113, 153, 166, 167, 174, 184, 186, 197, 207, 209, 272, 284, 286

Tecnologia, 3, 5, 7, 13, 16, 21, 31, 38, 41, 47, 53, 59, 66, 68, 87, 108, 114, 115, 116, 137, 142, 154, 159, 173, 182, 214, 221, 222-225, 239, 275, 277, 278, 279, 284

Tecnologia da informação (TI), 13, 21, 108, 114, 116, 142, 182

Tecnologias de informação e comunicação (TICs), 10, 11, 23, 222, 234, 236

Tecnologias digitais, 7, 23

Teletrabalho, 11, 135, 136, 170

Temas de conteúdo: Declarados, Inferidos, 37

Teoria dos *Stakeholders*, 122, 124

Testes técnicos, 160

Times, 5, 53, 65, 97, 108, 187, 199, 298

Tomada de decisão, 51, 86, 111, 114, 129, 158, 160, 173, 280

Trabalhador(es), 18-21, 38, 90, 92, 128, 129, 133, 137, 140, 195, 199, 201, 202, 210, 227, 231, 232, 234, 236, 240, 244, 245, 253, 258, 259

Trabalho decente, 129

Trabalho flexível, 136, 235

Transformação digital, 28, 41, 47, 52, 53, 73, 75, 79, 112, 113, 180, 187, 214

Treinamento transcultural, 306

Triagem, 154, 157, 158

Turnover, 174, 177, 181, 184, 288, 289

U

Uberização, 239, 256

V

Valor intrínseco, 126, 127

Valores compartilhados, 34

Valores culturais, 44, 48, 295, 296, 297, 301, 310

Valores de altruísmo, 274

Valores de lazer, 274

Valores declarados, 30, 32, 33, 34-35, 36, 38

Valores do trabalho, 264, 274, 275, 276, 286

Valores extrínsecos, 274

Valores intrínsecos, 274

Valores sociais, 274

Vantagem competitiva, 4, 6, 8, 9, 12, 13, 14-15, 16, 21-23, 45, 87, 89, 102, 104, 113, 189, 199, 202, 217, 289

Vantagem competitiva sustentável, 12, 13, 14, 16, 20, 21, 217

Vida Pessoal, 115, 133, 134, 136, 137, 180, 213, 239, 271, 274, 275, 277, 285, 286

Violação da dignidade, 126, 130, 137, 138, 143, 144, 145

Voluntariado, 252, 277, 282, 284

W

World Economic Forum (WEF), 113, 224

Referências

[S.A.] A sense of purpose. Larry Fink's 2018 letter to CEOs. *In*: BLACKROCK. Disponível em: https://www.blackrock.com/corporate/investor-relations/2018-larry-fink-ceo-letter. Acesso em: 3 jan. 2020.

[S.A.] Acesso a dados dá vantagem competitiva a gigantes da tecnologia, diz FTC. *Folha de S.Paulo*, São Paulo, 18 out. 2019. Disponível em: www1.folha.uol.com.br/tec/2019/10/acesso-a-dados-da-vantagem-competitiva-a-gigantes-da-tecnologia-diz-ftc.shtml. Acesso em: 20 mar. 2020.

[S.A.] Afinal, empresas com salários sob demanda retêm mais os colaboradores? *In*: *RH pra você*. Disponível em: https://rhpravoce.com.br/posts/afinal-empresas-com-salarios-sob-demanda-retem-mais-os-colaboradores. Acesso em: 7 jan. 2020.

[S.A.] Apple lança serviço de streaming por R$ 9,90. *Veja*, São Paulo, 1 nov. 2019. Disponível em: https://veja.abril.com.br/tecnologia/apple-lanca-servico-de-streaming-por-r-990. Acesso em: 29 dez. 2019.

[S.A.] As 10 principais reações de executivos demitidos. *In*: *Blog Stato*. São Paulo, 5 jul. 2019. Disponível em: https://blog.statobr.com/2019/07/05/as-10-principais-reacoes-de-executivos-demitidos. Acesso em: 1 abr. 2020.

[S.A.] As melhores do dinheiro 2019. De papel passado. *ISTOÉ Dinheiro*. Disponível em: https://www.istoedinheiro.com.br/de-papel-passado. Acesso em: 2 jan. 2020.

[S.A.] Ausência de negros na tecnologia. *In*: BEM TV. Disponível em: https://www.bemtv.org.br/negros-na-tecnologia-ausencia-de. Acesso em: 5 jan. 2020.

[S.A.] Carro autônomo do Google já pode transportar pessoas. *Exame*, São Paulo, 3 jul. 2019. Disponível em: https://exame.abril.com.br/tecnologia/carro-autonomo-do-google-ja-pode-transportar-pessoas. Acesso em: 29 dez. 2019.

[S.A.] Como participar das pesquisas das melhores empresas para trabalhar – 2019. *Exame, São Paulo*, 2019. Disponível em: https://exame.abril.com.br/especiais/vocesa-as-melhores-empresas-para-trabalhar-2019. Acesso em: 14 nov. 2019.

[S.A.] Demonstrações financeiras de 31 de dezembro de 2018 e relatório do auditor independente sobre as demonstrações financeiras individuais e consolidadas. *In*: SUZANO PAPEL E CELULOSE S.A. Disponível em: http://ri.suzano.com.br/ptb/7366/666830.pdf. Acesso em: 2 jan. 2020.

[S.A]. Diversity is the bridge on which we can cross the skills gap. *In:* WORLD ECONOMIC FORUM. Disponível em: https://www.weforum.org/agenda/2020/01diversity-tech-skills-gap-4ir-digitalrevolution. Acesso em: 17 jan. 2020.

[S.A.] Estudo da Harvard Business Review aponta valorização de recompensas não financeiras por Geração Y e Boomers. *Blog Incentivo*. Disponível em: http://www.blogdoincentivo.com.br/2013/08/14/estudo-da-harvard-business-review-aponta-valorizacao-de-recompensas-nao-financeiras-por-geracao-y-e-boomers/#.XizbtmhKjlV. Acesso em: 5 jan. 2020.

[S.A.] Fusões e aquisições no Brasil. *In*: PWC, abr. 2019. Disponível em: https://www.pwc.com.br/pt/estudos/servicos/assessoria-tributaria-societaria/fusoes-aquisicoes/2019/fusoes-e-aquisicoes-no-brasil-abril-2019.html. Acesso em: 3 jan. 2020.

[S.A.]. Itaú compra startup mineira Zup por R$ 575 milhões. *In:* STARTSE. Disponível em: https://www.startse.com/noticia/startups/70416/itau-adquire-zup. Acesso em: 30 mar. 2020.

[S.A.] Live nation to help employees pay off student loans. *USA Today*, 2017. Disponível em https://www.usatoday.com/story/tech/talkingtech/2017/01/18/live-nation-help-employees-pay-off-student-debt/96690660. Acesso em: 14 nov. 2019.

[S.A.] Lump sum: alternativa para recompensar talentos que aguardam promoção. *Blog Carreira Muller*. Disponível em: http://carreira.com.br/lump-sum-alternativa-recompensar-talentos-aguardam-promocao. Acesso em: 9 nov. 2019.

[S.A.] Manager diversity in the digital área. *In*: IMS. Disponível em: https://imslux.lu/eng/news/178_managing-diversity-in-the-digital-era. Acesso em: 10 jan. 2020.

[S.A.] O impacto da transformação digital no RH da Suzano Papel e Celulose. *In*: MTI TECNOLOGIA. Disponível em: http://www.mtitecnologia.com.br/o-impacto-da-transformacao-digital-no-rh-da-suzano-papel-e-celulose/. Acesso em: 2 jan. 2020.

[S.A.] O paradoxo do Uber: como o aplicativo libera e aprisiona seus motoristas na 'economia colaborativa'. *BBC*. Disponível em: https://www.bbc.com/portuguese/geral-50412910. Acesso em: 1 abr. 2020.

[S.A.] O que é *big data*. *In*: *CanalTech*. Disponível em: https://canaltech.com.br/big-data/o-que-e-big-data. Acesso em: 20 mar. 2020.

[S.A.] *Para 47% do público, fintechs superam bancos tradicionais. In:* MEIO&MENSAGEM. Disponível em: https://www.meioemensagem.com.br/home/marketing/2019/12/13/para-47-do-publico-fintechs-superam-bancos-tradicionais.html. Acesso em: 30 mar. 2020.

[S.A.] Research: CEO succession planning lags badly. *In: Stanford GSB*, 2010. Disponível em: https://www.gsb.stanford.edu/insights/research-ceo-succession-planning-lags-badly. Acesso em: 14 nov. 2019.

[S.A.] Reset. Transform. Sustain. *In*: MCKINSEY & COMPANY. Disponível em: https://www.mckinsey.com/business-functions/rts/how-we-help-clients. Acesso em: 29 dez. 2019.

[S.A.] RH agora quer dizer robôs e humanos em empresa da Finlândia. *Valor Econômico*, 27 jul. 2018. Disponível em: https://valor.globo.com/carreira/recursos-humanos/noticia/2018/07/27/rh-agora-quer-dizer-robos-e-humanos-em-empresa-da-finlandia.ghtml. Acesso em: 20 mar. 2020.

[S.A.] Salário sob demanda: a nova modalidade de pagamento de salários. *In:* XERPA, 2020. *E-book*.

[S.A.] Squads: o modelo de organização que vem tomando conta das startups. *In: DigitalHouse*. Disponível em: https://br.digitalhouse.com/noticias/o-que-e-squads-como-funciona. Acesso em: 30 jul. 2019.

[S.A.] Suzano adota inteligência artificial para monitoramento de fábrica *In: ComputerWorld*. Disponível em: https://computerworld.com.br/2019/09/04/suzano-adota-inteligencia-artificial-para-monitoramento-de-fabrica. Acesso em: 2 jan. 2020.

[S.A.] Suzano firma parceria com a AgTech Garage, maior hub de inovação do Agronegócio na América Latina. *In*: ABERJE. Disponível em: http://www.aberje.com.br/suzano-firma-parceria-com-a-agtech-garage-maior-hub-de-inovacao-do-agronegocio-na-america-latina. Acesso em: 4 jan. 2020.

[S.A.] The healing organization: an interview with Raj Sisodia. *Marketing Journal,* nov. 2019. [Tradução nossa]. Disponível em: http://www.marketingjournal.org/the-healing-organization-an-interview-with-raj-sisodia. Acesso em: 16 dez. 2019.

[S.A.] True gen: generation Z and its implications for companies. *In*: MCKINSEY&COMPANY, 2018. Disponível em: https://www.mckinsey.com/industries/consumer-packaged-goods/our-insights/true-gen-generation-z-and-its-implications-for-companies. Acesso em: 1 abr. 2020.

[S.A.] Unhealthy work-life balance harms family life and productivity levels. *In*: AON. Disponível em: https://www.aon.com/unitedkingdom/employee-benefits/news/articles/unhealthy-work-balance-harms-family-life.jsp. Acesso em: 30 mar. 2020.

REFERÊNCIAS

[S.A.] Which companies earned a spot on Corporate Knights' index of the world's most sustainable corporations? *In: 2020 Global 100 ranking*. Disponível em: https://www.corporateknights.com/reports/2020-global-100/2020-global-100-ranking-15795648/. Acesso em: 9 fev. 2020.

ABATH, F. Tendências da gestão de remuneração. *In*: FABIANA ABATH. Disponível em: https://fabiana abath.com.br/tendencias-da-gestao-de-remuneracao. Acesso em: 14 nov. 2019.

ABBAGNANO, N. *Dicionário de filosofia*. São Paulo: Martins Fontes, 2003.

ABÍLIO, L. C. Uberização: a edição da velha ideia do trabalho amador. [Entrevista cedida a] João Vítor Santos. *Instituto Humanitas Unisinos*, 13 ago. 2019. Disponível em: http://ihu.unisinos.br/159-noticias/entevistas/591603-uberizacao-a-edicao-da-velha-ideia-do-trabalho-amador-entrevista-especial-com-ludmila-abilio. Acesso em: 21 out. 2019.

ABOSCH, K. S. Variable pay: do we have the basics in place? *Compensation & Benefits Review*, v. 30, n. 4, jul./ago. 1998.

ACNUR. *Resumo executivo do perfil socioeconômico dos refugiados no Brasil*. Disponível em: https://www.acnur.org/portugues/wp-content/uploads/2019/05/Resumo-Executivo-Versa%CC%83o-Online.pdf. Acesso em: 6 abr. 2020.

AGÊNCIA DA ONU PARA REFUGIADOS (UNHCR/ACNUR). *Dados sobre refúgio no Brasil. In*: ACNUR. Disponível em: https://www.acnur.org/portugues/dados-sobre-refugio/dados-sobre-refugio-no-brasil. Acesso em: 3 fev. 2020.

AGINA, W.; AHLBACK, K.; DE SMET, A.; LACKEY, G.; LURIE, M.; MURARKA, M.; HANDSCOMB, C. The five trade marks of agile organizations. *In*: MCKINSEY & COMPANY. Disponível em: https://www.mckinsey.com/business-functions/organization/our-insights/the-five-trademarks-of-agile-organizations. Acesso em: 29 dez. 2019.

AGUIAR, A. L. S. *Assédio moral nas organizações: estudo de caso dos empregados demitidos e em litígio judicial trabalhista no Estado da Bahia*. 2003. Dissertação (Mestrado em Administração Estratégica) – Unifacs, Salvador, 2003.

AKYOL, E. M.; GÜLER, M. E. Role of competencies in employee selection function: a fuzzy analytical hierarchy process approach. *Ege Academic Review*, v. 17, n. 2, p. 201-214, 2017.

ALESSI, J. Adria confirma 106 demissões, mas anuncia "pacote de benefícios". *ABC Repórter*, São Caetano do Sul, 11 jun. 2019. Disponível em: https://abcreporter.com.br/2019/06/11/adria-confirma-106-demissoes-mas-anuncia-pacote-de-beneficios. Acesso em: 9 fev. 2020.

ALLEN *et al*. Career benefits associated with mentoring for protégés: a meta-analysis. *Journal of Applied Psychology*, v. 89, n. 1, p. 127-136, 2004.

ALLPORT, G. *The nature of prejudice*. Boston: Addison-Wesley, 1954.

ALLPORT, G. W. *The nature of prejudice*. 25th anniversary edition. Nova York: Ingram Publisher Services, 1979. p.189-204.

ALMEIDA, C. P. *Custo humano, estratégias de mediação e cidadania:* atendimento presencial ao público em agências da Previdência Social. 2007. Tese (Doutorado em Psicologia Social, do Trabalho e das Organizações) – Instituto de Psicologia, Universidade de Brasília, Brasília, 2007.

ALVES, G. *O novo (e precário) mundo do trabalho*. São Paulo: Boitempo, 2000.

ALVES, G. *Trabalho e subjetividade:* o espírito do toyotismo na era do capitalismo. São Paulo: Boitempo, 2011.

ALVES, R. M. F.; SILVA, F. N. R.; MOTA, D. P.; MYSMAR, D.; ALVES, S. M. F. Seleção de pessoas por meio de algoritmos genéticos. *Rev. Adm. UFSM*, Santa Maria, v. 10, n. 2, p. 307-317, abr./jun. 2017.

ALVESON, M.; SVENINGSSON, S. *Changing organizational culture*. New York: Routledge, 2008.

ALVESSON, M. *Understanding organizational culture*. Thousand Oaks: Sage Publishing, 2002.

AMARO, M. As impressoras 3D vão mudar o mundo e esses setores já estão se adaptando. *Você S/A*, São Paulo, 31 jan. 2019. Disponível em: https://exame.abril.com.br/carreira/as-impressoras-3d-vao-mudar-o-mundo-e-esses-setores-ja-estao-se-adaptando. Acesso em: 20 mar. 2020.

AMORIM, N. C.; ARAÚJO, R. C. S. Desenvolvimento de projetos de empreendedorismo financeiro. Estudo de caso: Fintechs e suas ações. *Revista Gestão, Inovação e Negócios*, v. 5, n. 1, p. 80-104, 2019.

ANDRESEN, M.; BERGDOLT, F.; MARGENFELD, J.; DICKMANN, M. Adressing international mobility confusion-developing definitions and differentiations for self-initiated and assigned expatriates as well as migrants. *The International Journal of Human Resource Management*, 25(16), p. 2.295-2.318, 2014.

ANDRIOPOULOS, C.; LEWIS, M. W. Managing innovation paradoxes: ambidexterity lessons from leading product design companies. *Long Range Planning*, v. 43, n. 1, p. 104-122, 2010.

ANTUNES, A. *Os sentidos do trabalho*. São Paulo: Boitempo, 1999.

ANTUNES, R. Dimensões da precarização estrutural do trabalho. *In*: DRUCK, G., FRANCO, T. (org.). *A perda da razão social do trabalho*: terceirização e precarização. São Paulo: Boitempo, 2007. p. 13-22.

ANTUNES, R. *O privilégio da servidão*: o novo proletariado de serviços na era digital. São Paulo: Boitempo, 2018b.

ANTUNES, R. Trabalho e seus sentidos. *In*: MENDES, R. (org.) *Dicionário de saúde e segurança do trabalhador*: conceitos, definições, história, cultura. Novo Hamburgo: Proteção Publicações, 2018a. p. 1178-1180.

ANTUNES, R. Trabalho. *In*: CATTANI, A. D.; HOLZMANN, L. (org.) *Dicionário de trabalho e tecnologia*, 2. ed. rev. ampl. Porto Alegre: Zouk, 2011. p. 432-437.

AOYAMA, Y.; CASTELLS, M. An empirical assessment of the informational society: employment and occupational structures of G-7 countries, 1920-2000. *International labour review*, v. 141, n. 1-2, p. 123--159, 2002.

ARAGANDONA, A. The *stakeholder* theory of the common good. *Journal of business ethics*, v. 17, n. 9, 1998.

ARAUJO, B. F. V. B.; TEIXEIRA, M. L. M.; MALINI, E. Estrageirismo e complexo de Gulliver: brasileiros na percepção de expatriados. *Organização e Sociedade*, n. 20, v. 66, p. 461-478, 2013.

ARGENTI, P. A. *Comunicação empresarial:* a construção da identidade, imagem e reputação. Rio de Janeiro: Elsevier, 2006.

ARISTÓTELES. *Ética a Nicômaco*. São Paulo: Edipro, 2014.

ARMAN, G.; AYCAN, Z. Host country nationals' attitudes toward expatriates: development of a measure. *The International Journal of Human Resource Management*, n. 24, v. 15, 2013.

ARMENAKIS, A. A.; BEDEIAN, A. G. Organizational change: a review of theory and research in the 1990s. *Journal of Management*, v. 25, n. 3, p. 293-315, 1999.

ARRUDA, M. O modelo de remuneração nas startups. *In: Founder & CEO de Show Me The Money*. Disponível em: https://www.smtm.co/blog/o-modelo-de-remuneracao-nas-startups. Acesso em: 3 jan. 2020.

ASHMED, P. K.; MACHOLD. The quality and ethicsconnection: toward virtuous organizacions. *Total Quality Management*, v. 15, n. 4, p. 527-545, 2004.

ATHOS, R. T.; PASCALE, A. G. *As artes gerenciais japonesas*. Petrópolis: Record, 1982.

AYCAN, Z. Expatriate adjustment as a multifaceted phenomenon: individual and organizational level predictors. *International Journal of Human Resource Management*, n. 8, v. 4, p. 434-456, 1997.

AYCAN, Z.; KANUNGO, R. Current issues and future challenges in expatriate management. *In*: AYCAN, Z. (ed.). *Expatriates management*: theory and research. Greenwich: JAI Press, 1997. p. 245-260.

BARCHI, W. Suzano derruba as paredes dos escritórios. *In*: CISCO. Disponível em: https://www.cisco.com/c/m/pt_br/cases/suzano.html. Acesso em: 31 mar. 2020.

BARIFOUSE, R. Metade dos brasileiros já sofreu assédio no trabalho, aponta pesquisa. *BBC News Brasil*, 15 jun. 2015. Disponível em: https://www.bbc.com/portuguese/noticias/2015/06/150610_assedio_trabalho_pesquisa_rb. Acesso em: 31 mar. 2020.

BARNEY, J. B. Firm resources and sustained competitive advantage. *Journal of Management*. Greenwich, v. 7, n. 1, p. 99-120, 1991.

BARNEY, J. Organizational culture: can it be a source of sustained competitive advantage? *Academy of Management Review*, v. 11, 1986.

BATALHA, F. Transformação digital do RH: guia completo para sua empresa. *Impulse*, 4 nov. 2017. Disponível em: https://impulse.net.br/transformacao-digital-do-rh. Acesso em: 7 maio 2020.

BECK, K.; BEEDLE, M.; BENNEKUM, A. V.; COCKBURN, A. *et al*. Manifesto para desenvolvimento ágil de *software*. Disponível em: https://agilemanifesto.org/iso/ptbr/manifesto.html. Acesso em: 14 nov. 2019.

BELCHER, D. W. *Compensation administration*. New Jersey: Prentice-Hall, 1974.

BELL, D. *The coming of post-industrial society*: a venture in social forecasting. New York: Basic Books, 1973.

BENDASSOLI, P. F. Mal-estar no trabalho: do sofrimento ao poder de agir. *Revista Mal-Estar e Subjetividade*, Fortaleza, v. XI, n. 1, p. 65-99, mar. 2011.

BERG, P.; FROST, A. Dignity at work for low wage, low skill service workers. *Relations Industrielles/ Industrial Relations*, v. 60, n. 4, p. 657-682, 2005.

BERGER, P.; LUCKMANN, T. *A construção social da realidade*. Rio de Janeiro: Vozes, 2002.

BERGMANN, T. J.; SCARPELLO, V. G; HILLS, F. S. *Compensation decision-making*. 3. ed. [*S.l.*]: Dryden, 1998.

BERRY, J. W. Immigration, acculturation, and adaption. *Applied Psyhology: An International Review*, n. 46, v. 1, p. 5-68, 1997.

BLACK, J. S. Work role transitions: a study of American expatriate managers in Japan. *Journal of International Business Studies*, n. 19, v. 2, p. 277-294, 1988.

BLACK, J. S.; MENDEHALL, M.; ODDOU, G. Toward a comprehensive model of international adjustment: an integration of multiple theoretical perspectives. *Academy of Management Review*, n. 16, v. 2, p. 291-317, 1991.

BLAKEMORE, S. J.; CHOUDHURY, S. Development of the adolescent brain: implications for executive function and social cognition. *Journal of Child Psychology and Psychiatry*, v. 47, n. 3-4, p. 296-312, 2006.

BLANCH RIBAS, J. M. Trabajar en la modernidad industrial. *In*: BLANCH RIBAS, J. M. (coord.). *Teoria de las relaciones laborales*. Fundamentos. Barcelona: UOC, 2003a.

BLANCH RIBAS, J. M. Trabajar en la sociedad informacional. *In*: BLANCH RIBAS, J. M. (coord.). *Teoria de las relaciones laborales*. Desafíos. Barcelona: UOC, 2003b.

BLASI, J. R.; KRUSE, D.; BERNSTEIN, A. *In the company of owners:* the truth about stock options. New York: Basic Books, 2003.

BORGES, M. Full-stack em ciência de dados? *In*: DTI DIGITAL CRAFTERS, 14 dez. 2018. Disponível em: https://dtidigital.com.br/blog/full-stack-em-ciencia-de-dados. Acesso em: 20 mar. 2020.

BORIN, F.; FIENO, P.; SAMPAIO, B. Diversidade: inclusão ou estratégia? *Harvard Business Review Brasil*, 10 out. 2015. Disponível em: https://hbrbr.uol.com.br/diversidade-inclusao-ou-estrategia. Acesso em: 13 jan. 2020.

BOTHA, A.; BUSSIN, M.; SWARDT, L. de. Na employer brand predictive model for talent attraction and retention. *SA Journal of Human Resource Management/SA Tydskrif vir Menslikehulpbronbestuur*, 9(1), p. 4, 2011. Disponível em: http://dx.doi.org/10.4102/sajhrm.v9il.388. Acesso em: 2 fev. 2020.

BOWEN, Howard R. *Reponsabilidades sociais dos homens de negócios*. Rio de Janeiro: Civilização Brasileira, 1957.

BRANDÃO, J. B. *Gestão estratégica de recursos humanos*. Coleção Gestão de Pessoas. São Paulo: FGV, 2013.

BRASIL. *Lei n. 10.101, de 19 de dezembro de 2000*. Dispõe sobre a participação dos trabalhadores nos lucros ou resultados da empresa e dá outras providências. Brasília: Presidência da República, 2000. Disponível em: https://www.camara.leg.br/proposicoesWeb/prop_mostrarintegra?codteor=849105 &filename=LegislacaoCitada+-PL+694/2011. Acesso em: 14 nov. 2019.

BRASIL. *Lei n. 12.288, de 20 de julho de 2010*. Institui o Estatuto da Igualdade Racial; altera as Leis n. 7.716, de 5 de janeiro de 1989; n. 9.029, de 13 de abril de 1995; n. 7.347, de 24 de julho de 1985; e n. 10.778, de 24 de novembro de 2003. Brasília: Presidência da República, 2010. Disponível em: http://www.planalto.gov.br/ccivil_03/_Ato2007-2010/2010/Lei/L12288.htm. Acesso em: 1 abr. 2020.

BRASIL. *Lei n. 12.711, de 29 de agosto de 2012*. Dispõe sobre o ingresso nas universidades federais e nas instituições federais de ensino técnico de nível médio e dá outras providências. Brasília: Presidência da República, 2012. Disponível em: http://www.planalto.gov.br/ccivil_03/_ato2011-2014/2012/lei/l12711. htm. Acesso em: 6 abr. 2020.

BRASIL; MINISTÉRIO DA EDUCAÇÃO. PROUNI: apresentação. Disponível em: http://portal.mec. gov.br/ProUni. Acesso em: 31 jan. 2020.

BRASIL; PRESIDÊNCIA DA REPÚBLICA. Disponível em: http://www.planalto.gov.br/ccivil_03/_ ato2015-2018/2018/lei/L13709.htm. Acesso em: 20 mar. 2020.

BREWSTER, S. Uber starts self-driving car pick-ups in Pittsburg. *In: TechCrunch*, 14 set. 2016. Disponível em: https://techcrunch.com/2016/09/14/1386711/. Acesso em: 20 mar. 2020.

BRIGHAM, J. C. Ethnic stereotypes. *Psychological Bulletin*, 76(1), p. 15–38, 1971.

BRIMHALL, K. C.; LIZANO, E. L.; MOR BARAK, M. E. The mediating role of inclusion: A longitudinal study of the effects of leader–member exchange and diversity climate on job satisfaction and intention to leave among child welfare workers. *Children and Youth Services Review*, v. 40, p. 79-88, 2014.

BRODIE, D. Protecting dignity in the workplace: the vitality of mutual trust and confidence. *Industrial Law Journal*, v. 33, n. 4, p. 349-354, 2004.

BROWELL, S. *Staff retention in a week*. Great Britain: Hodder & Stoughton, 2003, p. 5.

BRUECK, F.; KAINZBAUER, A. *The cultural standards method*: a qualitative approach in cross-cultural management research. European management research: trends and challenges. Working paper center for international studies. Vienna: Vienna University of Economics and Business Administration, 2002.

BRYNJOLFSSON, E.; MCAFEE, A. *The second machine age: work, progress, and prosperity in a time of brilliant technologies*. Nova York: W. W. Norton & Company, 2014.

BUENO, R. Como fidelizar clientes na era do Big Data. *Harvard Business Review*, 9 set. 2016. Disponível em: https://hbrbr.uol.com.br/como-fidelizar-clientes-na-era-do-big-data. Acesso em: 20 mar. 2020.

BURMEISTER, M. *From boomers to bloggers*. Fairfax : Synergy Press, 2008.

BURNES, B. Complexity theories and organizational change. *International Journal of Management Reviews,* v. 7, n. 2, p. 73-90, 2005.

BURNS, J. M. Leadership. *Harper & Row,* New York, p. 20, 1978.

BYRNE, D. *The attraction paradigm.* New York: Academic Press, 1971.

CACCIAMALI, M. C. Princípios e direitos fundamentais no trabalho na América Latina. *São Paulo em Perspectiva,* v. 16, n. 2, p. 64-75, 2002.

CALDAS, M. P. *Demissão:* causas, efeitos, e alternativas para a empresa e indivíduo. São Paulo: Atlas, 2000.

CALETTI, L. Startup X empresa grande: quem paga o melhor salário. *Valor Investe.* Disponível em: https://valorinveste.globo.com/objetivo/empreenda-se/noticia/2019/05/09/startup-x-empresa-grande-quem-paga-o-melhor-salario.ghtml. Acesso em: 5 jan. 2020.

CALGARO, J. C. C.; SIQUEIRA, M. V. S. Servidão e sedução: duas faces do gerencialismo contemporâneo. *In*: MENDES, A. M. (org.). *Trabalho e saúde:* o sujeito entre emancipação e servidão. 3ª reimpress. Curitiba: Juruá, 2011. p. 115-128.

CALIGIURI, P.; BAYTALSKAYA, N.; LAZAROVA, M. B. Cultural humility and low ethnocentrism as facilitators of expatriate performance. *Journal of Global Mobility,* n. 4, v. 1, p. 4-17, 2016.

CAMARANO, A. A. Empregabilidade do trabalhador mais velho e reforma da previdência. *Mercado de trabalho,* n. 61, out. 2016.

CAMPBELL, W. K.; CAMPBELL, S. M.; SIEDOR, L.; TWENGE, J. M. Generational differences are real and useful. *Industrial and Organizational Psychology,* v. 8, n. 3, p. 1-8, 2015.

CAPGEMINI. *The digital talent gap: are companies doing enought?,* 2017. Disponível em: https://www.capgemini.com/wp-content/uploads/2017/10/report_the-digital-talent-gap_final.pdf. Acesso em: 17 jan. 2020.

CARDOSO, A.; HANASHIRO, D. M. M. Percepção masculina sobre as barreiras das mulheres executivas. *Pretexto,* v. 19, n. 1, p. 73-89, 2018.

CARRIJO, F. A. *A dignidade em audiência de conciliação*: um estudo com consumidores, conciliadores e representantes de empresas de telefonia. 2017. Tese (Dissertação de Mestrado em Administração) – Programa de Pós-Graduação em Administração de Empresas, Universidade Presbiteriana Mackenzie, São Paulo, 2017.

CARROLL, A. B. A three-dimensional conceptual model of corporate performance. *Academy of Management Review,* v. 4, n. 4, p. 497-505, 1979.

CARROLL, A. B. Corporate social responsability. *Business and Society,* v. 38, n. 3, 1999.

CARROLL, A. B. Corporate social responsibility. *Organizational Dynamics,* v. 44, n. 2, p. 87-96, 2015.

CARUTH, D. L.; HANDLOGTEN, G. D. *Managing compensation (and understanding it too)*: a handbook for the perplexed. London: Quorum Books, 2001.

CARVALHO, L. WhatsApp: história, dicas e tudo que você precisa saber sobre o app. *In*: *Olhar Digital,* 20 dez. 2018. Disponível em: https://olhardigital.com.br/noticia/whatsapp-historia-dicas-e-tudo-que-voce-precisa-saber-sobre-o-app/80779. Acesso em: 20 mar. 2020.

CASTELLS, M. *A sociedade em rede*. A Era da Informação: a economia, sociedade e cultura. São Paulo: Paz e Terra, 1999.

CASTELLS, M. *The rise of the network society*. The Information Age: economy, society and culture. Chichester: Wiley-Blackwell, 2010.

CERDIN, J. L., ABDELJALIL-DINÉ, M.; BREWSTER, C. Qualified immigrants' success: exploring the motivation to migrate and to adjust. *Journal of International Business Studies*, n. 45, v. 2, p. 151-168, 2014.

CERDIN, J.; SELMER, J. Who is a self-initiated expatriate? Towards conceptual clarity of a common notion. *The International Journal of Human Resource Management*, p. 1281-1301, 2014.

CERRETTO, C.; DOMENICO, S. M. R. de. Mudança e teoria ator-rede: humanos e não humanos em controvérsias na implementação de um centro de serviços compartilhados. *Cadernos EBAPE.BR*, v. 14, n. 1, p.83-115, jan./mar. 2016.

CHAIM, D. F.; MARTINELLI, C. R. Redes sociais on-line e seleção de pessoas: LinkedIn e ServQual. *Revista de Tecnologia Aplicada*, São Paulo: Faculdade Campo Limpo Paulista, v. 1, n. 3, p. 30-42, set./dez. 2012.

CHANLAT, J-F. Por uma antropologia da condição humana nas organizações. *In*: CHANLAT, J-F (coord.). *O indivíduo na organização*: dimensões esquecidas. 3. ed. Trad. Ofélia de Lanna Sette Tôrres. São Paulo: Atlas, 2012. p. 21-45. v. 1.

CHARBEL, J. C. J.; GORDONO, F. S.; OLIVEIRA, J. H. C.; MARTINES, J. C.; BATTISTELLE, R. A. G. Diversity management. *Equality, Diversity and Inclusion: An International Journal*, v. 30, n. 1, p. 58-74, 2011.

CHESNAIS, F. *A mundialização do capital*. São Paulo: Xamã, 1996.

CHIA, R. Ontology: organization as 'world-making'. *In*: WESTWOOD, R.; CLEGG, S. D. *Debating organization*: point/counterpoint in organization theory. Oxford: Blackwell, 2003.

CHIA, R. Reflections: in praise of silent transformation – allowing change through 'letting happen'. *Journal of Change Management*, v. 14, n. 1, p. 8-27, 2014.

CHRISTOPHER, R.; DEREK, E. Changing jobs, changing people: developing employee selection processes. *Radical Change Settings EBS Review*, n. 22, p. 59-70, 2007.

CIUHUREANU, A.; FUCIU, M.; GORSKI, H. Identification of the labour market trends from the perspective of the competences and the skills requested as well as the recruitment sources used by the employeers from the "centre" development region. *Annais of the University of Petrosani Economics*, v. 14, n. 1, p. 19-30, 2014.

CLOT, Y. O ofício como operador de saúde. *Cadernos de Psicologia Social do Trabalho*, v. 16, n. especial 1, p. 1-11, 2013.

CLOT, Y. *Trabalho e o poder de agir*. Trad. Guilherme João de Freitas Teixeira e Marlene Machado Zica Vianna. Belo Horizonte: Fabrefactum, 2010.

COLAMOSCA, A.; HAAR, D. The stock options. *Columbia Journalism Review*, New York, v. 39, n. 1, maio/jun. 2000.

COLLIS, D. J. A resource-based analysis of global competition: the case of the bearings industry. *Strategic Management Journal*, v. 12, verão 1991.

COMITÊ NACIONAL PARA OS REFUGIADOS (CONARE). Disponível em: https://www.acnur.org/portugues/dados-sobre-refugio/dados-sobre-refugio-no-brasil. Acesso em: 10 fev. 2020.

CONSELHO FEDERAL DE PSICOLOGIA (CFP). *Resolução n. 9, de 25 de abril de 2018*. Estabelece diretrizes para a realização de Avaliação Psicológica no exercício profissional da psicóloga e do psicólogo, regulamenta o Sistema de Avaliação de Testes Psicológicos. Brasília: CFP, 2018. Disponível em: http://satepsi.cfp.org.br/docs/Resolu%C3%A7%C3%A3o-CFP-n%C2%BA-09-2018-com-anexo.pdf. Acesso em: 3 fev. 2020.

COSENTINO, T. Espero que a gente não tenha de explicar por que é tarde tratar de diversidade nas empresas. [Entrevista cedida a] Felipe Laurence. *O Estado de S.Paulo*, São Paulo, 24 nov. 2019.

REFERÊNCIAS

COSTA, C. C. S. Recrutamento e seleção por competências: dificuldades e benefícios. *In*: XI CONGRESSO NACIONAL DE EXCELENCIA EM GESTÃO, 11, 2015. *Anais* [...]. Rio de Janeiro: Firjan, 2015.

COSTA, S. A. Relação capital e trabalho: uma questão superada? *RAE light*, v. 3, n. 1, 1996.

COSTA, S. V. *et al.* Laboratório de mudança: método para compreensão da crise entre universidade pública e sociedade. *Saúde Soc.*, São Paulo, v. 27, n. 3, p. 769-782, 2018.

COX JR., T. A comment on the language of diversity. *Organization*, v. 1, n. 1, 1994.

COX JR., T. *Cultural diversity in organizations.* San Francisco: Berrett-Koehler, 1993.

COX JR., T. The complexity of diversity: challenges and directions for future research. *In*: JACKSON, S. E.; RUDERMAN, M. N. *Diversity in workteams.* Washington: American Psychological Association, 2002.

COX JR., T.; BLAKE, S. Managing cultural diversity: implications for organizational competitiveness. *Academy of Management Executive*, v. 5, n. 3, 1991.

CRESWELL, J. W. *Projeto de pesquisa*: métodos qualitativo, quantitativo e misto. 3. ed. Porto Alegre: Artmed, 2010.

CSIKSZENTMIHALYI, M. *Gestão qualificada:* a conexão entre felicidade e negócio. Porto Alegre: Bookman, 2004.

CUCHE, D. *A noção de cultura nas ciências sociais.* Bauru: Edusp, 1999.

CUMMINGS, S.; BRIDGMAN, T.; BROWN, K. G. Unfreezing change as three steps: rethinking Kurt Lewin´s legacy for change management. *Human Relations*, v. 69, n. 1, p. 33-60, 2016.

D'AVENI, R. A. Manual de impressão 3-D. *Harvard Business Review*, 6 set. 2018. Disponível em: https://hbrbr.uol.com.br/manual-de-impressao-3d. Acesso em: 20 mar. 2020.

DADFAR, H.; GUSTAVSSON, P. Competition by effective management of cultural diversity. *International studies of management & organization*, v. 22, p. 81-92, 1992.

DANEELS, E. The dynamics of product innovation and firm competences. *Strategic Management Journal*, v. 23, n. 12, p. 1095-1121, 2002.

DANIELLOU, F. Introdução: questões epistemológicas acerca da Ergonomia. *In*: DANIELLOU, F. (coord.). *A ergonomia em busca de seus princípios:* debates epistemológicos. São Paulo: Edgard Blücher, 2004. p. 1-18.

DASS, P.; PARKER, B. Strategies for managing human resource diversity: from resistance to learning. *The academy of management executive*, v. 13, n. 2, p. 68-80, maio 1999.

DAVIES, A. The world's first self-driving semi-truck hits the road. *Wired*, 5 maio 2015. Disponível em: https://www.wired.com/2015/05/worlds-first-self-driving-semi-truck-hits-road. Acesso em: 20 mar. 2020.

DAVIS, K. Can business afford ignore its social responsibilities? *California Management Review*, v. 2, n. 3, p. 70, 1960.

DAZZI, C. Programa do Carrefour tem alta adesão. *Gazeta Mercantil*, São Paulo: 31 out. 2000.

DE MEUSE, K. P.; DAI, G.; HALLENBECK, G. S.; TANG, K. Y. Global talent management: using learning agility to identifyhigh potentials around the world. *In*: KORN/FERRY, 2009. p. 4. Disponível em: https://www.kornferry.com/content/dam/kornferry/docs/article-migration/Global%20Talent%20Management-%20Using%20Learning%20Agility%20to%20Identify%20High%20Potentials%20Around%20the%20World.pdf. Acesso em: 7 maio 2020.

DEAL, T.; KENNEDY, A. *Corporate culture.* Massachusetts: Addison-Wesley, 1982.

DEJOURS, C. *Um suicídio no trabalho é uma mensagem brutal.* [Entrevista concedida a] Ana Gerschenfeld. Público, Lisboa, 1 fev. 2010. Disponível em: https://www.publico.pt/2010/02/01/sociedade/noticia/um-suicidio-no-trabalho-e-uma-mensagem-brutal-1420732. Acesso em: 7 maio 2020.

DEMAZIÈRE, D. Diversificação das formas de emprego e fragmentação das normas de emprego: o caso francês. *In*: GUIMARÃES, N. A.; HIRATA, H.; SUGITA, K. (org.). *Trabalho flexível, empregos precários?* Uma comparação Brasil, França, Japão. São Paulo: Edusp, 2009

DEMING, W. E. *Saia da crise*. São Paulo: Futura, 2003.

DEWAR, C.; KELLER, S. The irrational side of change management. *In*: MCKINSEY & COMPANY. Disponível em: https://www.mckinsey.com/business-functions/organization/our-insights/the-irrational-side-of-change-management. Acesso em: 29 dez. 2019.

DOHERTY, N. Understanding the self-initiated expatriates: a review and directions for future research. *International Journal of Management Reviews*, n. 15, p. 447-469, 2013.

DONALDSON, T.; PRESTON, L. E. The *stakeholder* theory of the corporation: concepts, evidences. *The Academy of Management Review*, v. 20, n. 1, 1995.

DRUCKER, Peter F. Converting social problems into business opportunities: the new meaning of corporate social responsibility. *California Management Review*, v. 26, 1984.

DUNKEL, A.; MEIEREWERT, S. Culture Standards and their impact on teamwork: an empirical analysis of austrian, german, hungarian and spanish culture differences. *Journal for East European Management Studies*, v. 2, n. 1, p. 147-174, 2004.

DURKHEIM, E. *As regras do método sociológico*. Petrópolis: Vozes, 2019.

DURKHEIM, E. *Educação e sociologia*. Petrópolis: Vozes, 2011.

ELY, R.; THOMAS, D. A. Cultural diversity at work: the effects of diversity perspectives on work group processes and outcomes. *Administrative Science Quarterly*, n. 46, p. 229-273, 2001.

ENCONTRO ANUAL DA ASSOCIAÇÃO NACIONAL DOS PROGRAMAS DE PÓS-GRADUAÇÃO EM ADMINISTRAÇÃO, 27, 2003, Atibaia. *Anais [...]*. Atibaia, 2003.

ESSLER, C.; THOMPSON, J. *Why work sucks and how to fix it*: the results-only revolution. 2. ed. Nova York: Portfolio, 2010.

FALCONI, V. C. *Gerenciamento da rotina do trabalho do dia a dia*. Belo Horizonte: Editora de Desenvolvimento Gerencial, 2002.

FALCONI, V. C.; ISHIKAWA, K. Qualidade total: Padronização de empresas. *In*: SHIKAWA, K. *Controle de qualidade total à maneira japonesa*. 6. ed. Rio de Janeiro: Campus, 1991.

FEDATO, C. Sustentabilidade na cadeia de valor. *In*: INSTITUTO ETHOS. Disponível em: https://www.ethos.org.br/cedoc/sustentabilidade-na-cadeia-de-valor/. Acesso em: 30 jan. 2020.

FELDMAN, M. S. Organizational routines as a source of continuous change. *Organization Science*, v. 11, n. 6, p. 611-629, nov./dez. 2000.

FELIX, B.; TEIXEIRA, M. L. M.; BALASSIANO, M. Who adapts better to Brazil: expatriates from developed or Latin American countries? Revisiting cultural distance. *International Journal of Cross-cultural Management*, v. 19, p. 74-71, 2019.

FERDMAN, B. F.; DEANE, B. R. The practice of inclusion in diverse organizations. *In*: FERDMAN, B. F.; DEANE, B. R. *Diversity at work: the practice of inclusion*. San Francisco: Jossey-Bass, 2014. p. 5.

FERDMAN, B. M. Cultural identity and diversity in organizations: bridging the gap between group differences and individual uniqueness. *In*: CHEMERS, M. M.; OSKAMP, S.; COSTANZO, M. A. *Diversity in organizations*. Thousand Oaks: Sage Publications, 1995.

FERDMAN, B. M.; DEANE, B. R. *Diversity at work*: the practice of inclusion. San Francisco: John Wiley & Sons, 2014. p. 5.

FERREIRA, M. C. Apresentação. *In*: TAVEIRA, I. M. R.; LIMONGI-FRANÇA, A. C.; FERREIRA, M. C. (org.). *Qualidade de vida no trabalho*: estudos e metodologias brasileiras. Curitiba: CRV, 2015. p. 131-132.

REFERÊNCIAS

FERREIRA, M. C. Custo humano do trabalho. *In*: CATTANI, A. D.; HOLZMANN, L. (org.) *Dicionário de trabalho e tecnologia*. 2. ed. rev. ampl. Porto Alegre: Zouk, 2011. p. 97-100.

FERREIRA, M. C. *et al*. Qualidade de vida no trabalho: a ótica da restauração corpo-mente e o olhar dos trabalhadores. *In*: FERREIRA, M. C. *et al*. (org.). *Dominação e resistência no contexto trabalho-saúde*. São Paulo: Universidade Presbiteriana Mackenzie, 2011. p. 159-182. (Coleção Academack).

FERREIRA, M. C. O sujeito forja o ambiente, o ambiente "forja" o sujeito: mediação indivíduo-ambiente em ergonomia da atividade. *In*: FERREIRA, M. C.; DAL ROSSO, S. (org.) *A regulação social do trabalho*. Brasília: Paralelo 15, 2003. p. 21-46.

FERREIRA, M. C. Qualidade de Vida no Trabalho (QVT): enfoque contra-hegemônico. *In*: MENDES, R. (org.) *Dicionário de saúde e segurança do trabalhador*: conceitos, definições, história, cultura. Novo Hamburgo: Proteção Publicações, 2018. p. 958-959.

FERREIRA, M. C. *Qualidade de vida no trabalho: uma abordagem centrada no olhar dos trabalhadores*. 2. ed. rev. ampl. Brasília: Paralelo 15, 2012.

FERREIRA, M. C.; MENDES, A. M. *Trabalho e riscos de adoecimento*: o caso dos auditores fiscais da Previdência Social brasileira. Brasília: Edições LPA, 2003.

FERREIRA, M. C.; TORRES, C. C. Qualidade de vida no trabalho (QVT): uma alternativa em ergonomia da atividade para mudança sustentável nas organizações. *In*: TAVEIRA, I. M. R.; LIMONGI-FRANÇA, A. C.; FERREIRA, M. C. (org.) *Qualidade de vida no trabalho*: estudos e metodologias brasileiras. Curitiba: CRV, 2015. p. 159-169.

FIESP-CIESP. *Responsabilidade social empresarial*: panorama e perspectivas na indústria paulista. São Paulo, 2003. Disponível em: https://www.ethos.org.br/wp-content/uploads/2012/12/2Pesquisa-2003-Parte-2.pdf. Acesso em: 31 mar. 2020.

FINK, G. *Categories of cultural standards*. Artigo não publicado enviado pelo autor à IWAMOTO, H. M. em 25 abr. 2012.

FINK, G.; MEIEREWERT, S. Issues of time in international, intercultural management: East and Central Europe from the perspective of austrian managers. *Journal for East European Management Studies*, v. 9, n. 1, p. 61-84, 2004.

FITZ-ENZ, J. *Retorno do investimento em capital humano*. São Paulo: Makron Books, 2001.

FLANAGAN, J. C. The critical incident technique. *Psychological Bulletin*, n. 4, v. 5, p. 327-358, 1954.

FLANNERY, T. P.; HOFRICHTER, D.; PLATTEN, P. E. *Pessoas, desempenho e salários*. São Paulo: Futura, 1997.

FLEURY, M. T. L. Gerenciando a diversidade cultural: experiências de empresas brasileiras. *RAE – Revista de Administração de Empresas*, v. 40, n. 3, 2000.

FONTES, E. *Segurança da informação*: o usuário faz a diferença. São Paulo: Saraiva, 2012.

FORÇA AÉREA BRASILEIRA. Tudo que você precisa saber sobre reabastecimento em voo, 8 jul. 2016. Disponível em: http://www.forcaaereablog.aer.mil.br/index.php?option=com_content&view=article&id=243:tudo-que-voce-precisa-saber-sobre-reabastecimento-em-voo&catid=23:operacional-e-rotina&Itemid=129. Acesso em: 4 maio 2020.

FORD, J. D.; FORD, L. W. Stop blaming resistance to change and start using it. *Organizational Dynamics*, v. 39, n. 1, p. 24-36, 2010.

FORD, J. D.; FORD, L. W. The role of conversations in producing intentional change in organizations. *Academy of Management Review*, v. 20, n. 3, p. 541-570, 1995.

FORD, J. D.; FORD, L. W.; D'AMELIO, A. Resistance to change: the rest of the story. *Academy of Management Review*, v. 33, n. 2, p. 326-377, abr. 2008.

FORD, J. D.; FORD, L. W.; MCNAMARA, R. T. Resistance and the background conversations of change. *Journal of Organizational Change Management*, v. 15, n. 2, p. 105-121, 2002.

FRANCO, T.; DRUCK, G. Padrões de industrialização, riscos e meio ambiente. *Ciênc. Saúde Coletiva*, 3(2), p. 61-72, 1998.

FREDRICK, W. C. From CSR1 to CSR2. *Business and Society*, Chicago, v. 33, n. 2, 1994.

FREI BETO. Desafios para a construção de uma nova ética na sustentabilidade dos negócios. *In*: CONFERÊNCIA NACIONAL 2004 – EMPRESAS E RESPONSABILIDADE SOCIAL. 2004. São Paulo: Instituto Ethos, 2004. Disponível em: http://www.ethos.org.br. Acesso em: 1 abr. 2020.

FREITAS, M. E. Assédio moral e assédio sexual: faces do poder perverso nas organizações. *RAE-Revista de Administração de Empresas)*, São Paulo, v. 41, n. 2, p. 8-19, abr./jun. 2001.

FREY, C. B.; OSBORNE, M. A. The future of employment: how susceptible are jobs to computerization? *Technological Forecasting and Social Change*, v. 14, p. 254-280, jan. 2017.

FREY, C. B.; OSBORNE, M. A. *The future of employment:* how susceptible are jobs to computerisation? *In*: OXFORD MARTIN SCHOOL, 2013. Disponível em: https://www.oxfordmartin.ox.ac.uk/downloads/academic/The_Future_of_Employment.pdf. Acesso em: 14 out. 2019.

FREYRE, G. *Casa-grande e senzala*. 23. ed. Rio de Janeiro: J. Olimpio, 1984.

FREYSSINET, J. As trajetórias nacionais rumo à flexibilidade da relação salarial: a experiência europeia. *In*: GUIMARÃES, N. A.; HIRATA, H.; SUGITA, K. (org.). *Trabalho flexível, empregos precários?* Uma comparação Brasil, França, Japão. São Paulo: Edusp, 2009. p. 25-48.

FRIEDMAN, M. *Capitalism and freedom*. Chicago: University of Chicago Press, 2009.

FUNDAÇÃO CAPES. *História e missão*, 17 jun. 2008. Disponível em: http://www.capes.gov.br/historia-e-missao. Acesso em: 19 jan. 2020.

GAGLIARDI, P. Explorando o lado estético da vida organizacional. *In*: CLEGG, S. R.; HARDY, C.; NORD, W. R. *Handbook de estudos organizacionais*. São Paulo: Atlas, 2001. v. 2.

GALLUP. *State of the global workplace*. Disponível em: https://www.gallup.com/workplace/238079/state-global-workplace-2017.aspx. Acesso em: 5 jan. 2020.

GAULEJAC, V. de. *Gestão como doença social:* ideologia, poder gerencialista e fragmentação social. 2. ed. Trad, Ivo Storniolo. Aparecida: Ideias & Letras, 2007.

GEERTZ, C. *A interpretação das culturas*. Rio de Janeiro: Guanabara Koogan, 1989.

GEERTZ, C. *The interpretation of cultures*. Nova York: Basic Books, 1973. p. 57.

GERSHENFELD, N.; KRIKORIAN, R.; COHEN, D. The internet of things. *Scientific American*, p. 76-81, 2004.

GHEMAWAT, P. Sustainable advantage. *Harvard Business Review*, Boston, v. 64, n. 5, set./out. 1986.

GIB, J. (ed.). *Generic skills in vocational education and training:* research readings. Adelaide: National Centre for Vocational Education Research, 2004. p. 188.

GILBERT, J. A.; STEAD, B. A.; IVANCEVICH, J. M. Diversity management: a new organizational paradigm. *Journal of business ethics*, v. 21, n. 1, ago. 1999.

GILLEARD, C. Cohorts and generations in the study of social change. *Social Theory and Health*, v. 2, p. 106-119, 2004.

GLASSDOOR. Disponível em: www.glassdoor.com.br. Acesso em: 14 nov. 2019.

GLINA, D. M. R.; SOBOLL, L. A. Intervenções em assédio moral no trabalho: uma revisão da literatura. *Revista Brasileira de Saúde Ocupacional*, v. 37, n. 126, p. 269-283, 2012.

GO ROWE. Disponível em: https://www.gorowe.com. Acesso em: 14 nov. 2019.

GODOY, A. S. Estudo de caso qualitativo. *In*: SILVA, A. B. da.; GODOI, C. K.; BANDEIRA-DE-MELLO, R. *Pesquisa qualitativa em estudos organizacionais:* paradigmas, estratégias e métodos. São Paulo: Saraiva, 2006. p. 115-146.

GOLDHABER, G. M. *Organizational communication*. 5. ed. Iowa: Dubuque, 1990.

GÓMEZ-MEJÍA, L. R.; BALKIN, D. B.; CARDY, R. L. *Managing human resources*. New Jersey: Prentice--Hall, 1998.

GONZAGA, G.; REIS, M. C. Oferta de trabalho e ciclo econômico: os efeitos trabalhador adicional e desalento no Brasil. *Rev. Bras. Econ.*, Rio de Janeiro, v. 65, n. 2, p. 127-148, jun. 2011.

GONZALEZ, J. A.; DENISI, A. S. Cross-level effects of demography and diversity climate on organizational attachment and firm effectiveness. *Journal of Organizational Behavior*, v. 30, p. 40, 2009.

GONZÁLEZ, J. M. R.; OLIVEIRA, J. A. Os efeitos da expatriação sobre a identidade: estudo de caso. *Cadernos EBAPE.BR – Escola Brasileira de Administração Pública e de Empresas da Fundação Getúlio Vargas*, n. 9. v. 4, p. 1122-1135, 2011.

GORAN, J.; SRINIVASAN, R.; LABERGE, L. Culture for a digital age. *McKinsey Quarterly*, jul. 2017.

GORZ, A. *Metamorfoses do trabalho:* crítica da razão econômica. 2. ed. Trad. Ana Montoia. São Paulo: Annablume, 2007.

GOTCHER, R. Stock options are key across the board. *InfoWorld*, Framingham, v. 22, n. 26, jun. 2000.

GRAGNOLATI, M.; JORGENSEN, O. L.; ROCHA, R.; FRUTERO, A. *Envelhecendo em um Brasil mais velho*. Washington: Banco Mundial, 2011.

GRANT, R. M. The resource-based theory of competitive advantage: implications for strategy formulation. *California Management Review*, v. 33, n. 3, 1991.

GRAY, C. L. Being there. *Financial Executive*, v. 15, n. 4, 1999.

GREENE, C. N. The satisfaction-performance controversy. *Business Horizon*, v. 15, p. 31-41, out. 1972.

GREENWOOD II, R.; HININGS, C. R. Understanding radical organizational change: bringing together the old and the new institutionalism. *Academy of Management Review*, v. 21, n. 4, 1996.

GRIPA, M. Chineses constroem o 1º prédio com impressora 3-D. *In: Olhar Digital*, 20 jan. 2015. Disponível em: https://olhardigital.com.br/noticia/chineses-constroem-o-1-predio-com-impressora-3d/46345. Acesso em: 20 mar. 2020.

GROSS, S. E.; BACHER, J. P. The new variable pay programs: how some succeed, why some don't. *Compensation & Benefits Review*, v. 25, n. 1, p. 51-56, 1993.

GUIER, W. H.; WEIFFENBACH, G. C. Genesis of satellite navigation. *Johns Hopkins Applied Technical Digest*, v. 19, n. 1, 1998.

HAIR, J. F. *et al. Multivariate data analysis*. New Jersey: Prentice-Hall, 1998.

HALL, B. J. What you need to know about stock options. *Harvard Business Review*, Boston, v. 78, n. 2, mar./abr. 2000.

HALL, D. T. Promoting work/family balance: an organization-change approach. *Organizational Dynamics*, v. 18, n. 3, 1990.

HALL, S. Ethnicity: identity and differences. *Radical America*, v. 23, n. 4, p. 9-20, 1991.

HAN, B. C. *Sociedade do cansaço*. 2. ed. ampl. Trad. Enio Paulo Giachini. Petrópolis: Vozes, 2017.

HAN, B. C. *Sociedade do cansaço*. 2. ed. Petrópolis: Vozes, 2019.

HANASHIRO, D. M. M. *Contribuições a um sistema integrado de compensação de executivos:* estudo exploratório sobre recompensas não financeiras. 1988. Tese (Dissertação de Mestrado) – Universidade Federal do Rio Grande do Sul, Porto Alegre, 1988.

HANASHIRO, D. M. M.; MARCONDES, R. C. Sistema estratégico de recompensas para executivos: oportunidades e desafios. *Gestão e Sociedade*, v. 3, n. 5, 2009.

HANASHIRO, D. M. M.; TEIXEIRA, M. L. M.; ZACCARELLI, L. M. *Gestão do fator humano*: uma visão baseada em *stakeholders*. 2. ed. São Paulo: Saraiva, 2008.

HANASHIRO, D. M. M.; TEIXEIRA, M. L. M.; ZEBINATO, N. Os papéis desempenhados pelos profissionais de recursos humanos contribuem para a vantagem competitiva? *In*: ENCONTRO NACIONAL ASSOCIAÇÃO NACIONAL DOS PROGRAMAS DE PÓS-GRADUAÇÃO EM ADMINISTRAÇÃO (ENANPAD), 25, Campinas, set. 2001. *Anais* [...]. Rio de Janeiro: Anpad, 2001.

HARARI, Y. Nenhuma profissão está 100% segura da inteligência artificial. [Entrevista concedida a] David Kaufmann. *The New York Times*, out. 2018. Disponível em: https://noticias.uol.com.br/midia global/nytimes/2018/10/21/nenhuma-profissao-esta-100-segura-da-inteligencia-artificial-diz-yuval-noah-harari.htm?news=true&skin=conteudo/uol. Acesso em: 21 out. 2018.

HARMAN, W.; HORMAN, J. *O trabalho criativo.* São Paulo: Cultrix, 1997.

HARPER, D. Visual sociology: expanding sociological vision. *American Sociologist*, v. 19, n. 1, p. 54-70, 1988.

HARRISON, D. A.; KLEIN, K. J. What's the difference? Diversity constructs as separation, variety, or disparity in organizations. *Academy of management review*, v. 32, n. 4, p. 1199-1228, 2007.

HARRISON, D.; SHAFFER, M.; BHASKAR-SHRINIVAS, P. Going places: roads more and less traveled in research on expatriate experiences. *Research in Personel and Human Resources Management*, n. 23, p. 199-247, 2004.

HARVEY, W. S. British and Indian scientists moving to the United States. *Work and Occupations,* n. 38, v. 1, p. 68-100, 2011.

HARZING, A. W.; PUDELKO, M.; REICHE, S. The bridging role of expatriates and inpatriates in knowledge transfer in multinational corporations. *Human Resource Management*, v. 55, n. 4, p. 679-695, jul./ago. 2016.

HASLBERGER, A.; BREWSTER, C.; HIPPLER, T. The dimensions of expatriate adjustment. *Human Resource Management*, n. 52, v. 3, p. 333-351, 2013.

HAYS. *Geração Y e o mundo do trabalho*, 2015. Disponível em: http://governance40.com/wp-content/uploads/2018/12/hays_1352257.pdf. Acesso em: 1 abr. 2020.

HECKATHORN, D. D. Respondent-driven sampling: a new approach to the study of hidden populations. *Social Problems*, n. 44, p. 174-199, 1997.

HELOANI, J. R. *Gestão e organização no capitalismo globalizado:* história da manipulação psicológica no mundo do trabalho. São Paulo: Atlas, 2007.

HEPPLE, B. Igualdade e capacitação para o trabalho decente. *Int'l Lab. Rev.*, 140, 5, 2001.

HIRATA, H. *Sobre o "modelo" japonês.* Automatização, novas formas de organização e de relações de trabalho. São Paulo: Edusp, 1993.

HIRIGOYEN, M.-F. *Assédio moral*: a violência perversa no cotidiano. Rio de Janeiro: Bertrand Brasil, 2002a.

HIRIGOYEN, M.-F. *Mal-estar no trabalho*: redefinindo o assédio moral. Rio de Janeiro: Bertrand Brasil, 2002b.

REFERÊNCIAS

HOBMAN, E. V.; BORDIA, P.; GALLOIS, C. Perceived dissimilarity and work group involvement. The moderating effects of group openness to diversity. *Group & Organization Management*, n. 29, 2004.

HOCH, S.; KUNREUTHER, H.; GUNTHER, R. *Wharton on making decisions*. Hoboken: John Wiley & Sons, 2004.

HODGKISS, P. A moral vision: human dignity in the eyes of the founders of sociology. *The Sociological Review*, v. 61, n. 3, p. 417-439, 2013.

HODSON, R.; ROSCIGNO, V. J. Organizational success and worker dignity: complementary or contradictory? *The American Journal of Sociology*, v. 110, n. 3, p. 672-708, 2004.

HOFSTEDE INSIGHTS. Disponível em: https://www.hofstede-insights.com/product/compare-countries. Acesso em: 10 fev. 2020.

HOFSTEDE, G. *Culture's consequences*: comparing values, behaviors, institutions and organization across nations. Thousand Oaks: Sage, 2001. Disponível em: https://www.hofstede-insights.com/product/compare-countries. Acesso em: 10 fev. 2020.

HOFSTEDE, G.; HOFSTEDE, G. J.; MINKOV, M. *Culture and organizations:* software of the mind. 3. ed. Nova York: McGraw-Hill, 2010.

HOLVINO, E. H.; FERDMAN, B. M.; MERRIL-SANDS, D. Creating and sustaining diversity and inclusion in organizations: strategies and approaches. *In*: STOCKDALE, M. S.; CROSBY, F. J. (ed.). *The psychology and management of workplace diversity*. Nova Jersey: Blackwell Publishing Limited, 2004.

HUI, C. M.; HUI, N. H. The mileage from social axioms: learning from the past and looking forward. *In*: LEUNG, K.; BOND, M. H. (ed.). *Psychological aspects of social axiom*. Nova York: Springer, 2008.

HUTZ, C. S.; BANDEIRA, D. R.; TRENTINI, C. M.; KRUG, J. S. (org.). *Psicodiagnóstico:* avaliação psicológica. Porto Alegre: Artmed, 2016.

INSTITUTO BRASILEIRO DE GEOGRAFIA E ESTATÍSTICA (IBGE). *Censo 2010*. Disponível em: https://censo2010.ibge.gov.br. Acesso em: 14 nov. 2019.

INSTITUTO BRASILEIRO DE GEOGRAFIA E ESTATÍSTICA (IBGE). Conheça o Brasil – população: pessoas com deficiência. *In*: IBGE EDUCA. Disponível em: https://educa.ibge.gov.br/jovens/conheca-o-brasil/populacao/20551-pessoas-com-deficiencia.html#:~:targetText=De%20acordo%20com%20o%20Censo,ou%20possuir%20defici%C3%AAncia%20mental%20%2F%20intelectual. Acesso em: 24 nov. 2019.

INSTITUTO BRASILEIRO DE GEOGRAFIA E ESTATÍSTICA (IBGE). Desemprego cai para 11,8%, mas 12,6 milhões ainda buscam trabalho. *Agência IBGE Notícias*, 30 ago. 2019. Disponível em: https://agenciadenoticias.ibge.gov.br/agencia-noticias/2012-agencia-de-noticias/noticias/25314-desemprego-cai-para-11-8-mas-12-6-milhoes-ainda-buscam-trabalho. Acesso em: 2 abr. 2020.

INSTITUTO BRASILEIRO DE GEOGRAFIA E ESTATÍSTICA (IBGE). *Desigualdades sociais por cor ou raça no Brasil*, 2019. Disponível em: https://biblioteca.ibge.gov.br/visualizacao/livros/liv101681_informativo.pdf. Acesso em: 2 jan. 2020.

INSTITUTO BRASILEIRO DE GEOGRAFIA E ESTATÍSTICA (IBGE). *Pesquisa Nacional de Amostra por Domicílios*: síntese de indicadores 2015. Disponível em: https://biblioteca.ibge.gov.br/visualizacao/livros/liv98887.pdf. Acesso em: 14 nov. 2019.

INSTITUTO BRASILEIRO DE GEOGRAFIA E ESTATÍSTICA (IBGE). *Pesquisa Nacional por Amostra de Domicílios* (PNAD) 2013. Disponível em: https://biblioteca.ibge.gov.br/visualizacao/livros/liv94414.pdf. Acesso em: 31 jan. 2020.

INSTITUTO BRASILEIRO DE GEOGRAFIA E ESTATÍSTICA (IBGE). *Pesquisa Nacional por Amostra de Domicílios Contínua* (PNAD). Contínua: mercado de trabalho brasileiro, 1º trimestre de 2019.

Disponível em: https://agenciadenoticias.ibge.gov.br/media/com_mediaibge/arquivos/8ff41004968a d36306430c82eece3173.pdf. Acesso em: 30 jan. 2020.

INSTITUTO BRASILEIRO DE GEOGRAFIA E ESTATÍSTICA (IBGE). *População residente, por situação do domicílio e sexo, segundo os grupos de religião – Brasil, 2010*. Disponível em: https://biblioteca.ibge. gov.br/visualizacao/periodicos/93/cd_2010_caracteristicas_populacao_domicilios.pdf. Acesso em: 1 abr. 2020.

INSTITUTO BRASILEIRO DE GEOGRAFIA E ESTATÍSTICA (IBGE). Pretos ou pardos estão mais escolarizados, mas desigualdade em relação aos brancos permanece. *Agência IBGE Notícias*. Disponível em: https://agenciadenoticias.ibge.gov.br/agencia-sala-de-imprensa/2013-agencia-de-noticias/releases/ 25989-pretos-ou-pardos-estao-mais-escolarizados-mas-desigualdade-em-relacao-aos-brancos-permanece. Acesso em: 13 nov. 2019.

INSTITUTO BRASILEIRO DE GEOGRAFIA E ESTATÍSTICA (IBGE). Quantidade de homens e mulheres. *In*: IBGE EDUCA, 2018. Disponível em: https://educa.ibge.gov.br/jovens/conheca-o-brasil/ populacao/18320-quantidade-de-homens-e-mulheres.html. Acesso em: 31 jan. 2020.

INSTITUTO DE PESQUISA ECONÔMICA APLICADA (IPEA). *Retrato das desigualdades de gênero e raça – 1995 a 2015*. Disponível em:http://www.ipea.gov.br/portal/images/stories/PDFs/170306_retrato_ das_desigualdades_de_genero_raca.pdf. Acesso em: 24 nov. 2019.

INSTITUTO ETHOS. *Perfil social, racial e de gênero das 500 maiores empresas do Brasil e suas ações afirmativas*. São Paulo: Instituto Ethos; Banco Interamericano de Desenvolvimento, 2016.

INTERCULTURALIDADE. Conceito, o que é, significado. *In*: *Conceitos*. Disponível em: https:// conceitos.com/interculturalidade. Acesso em: 31 jan. 2020.

INTERNATIONAL LABOUR ORGANIZATION (ILO). *Decent work. ILO*, 2020. Disponível em: https://www.ilo.org/global/topics/decent-work. Acesso em: 1 abr. 2020.

INTERNET das coisas. *In*: Wikipédia: the free encyclopedia. Disponível em: https://pt.wikipedia.org/ wiki/Internet_das_coisas. Acesso em: 29 dez. 2019.

IRIGARAY, H. A.; VERGARA, S. C. Expatriados no Brasil: diferentes nacionalidades, diferentes percepções. *Revista Eletrônica de Gestão Organizacional – Gestão.Org.*, n. 8, p. 49-60, 2010.

ITACARAMBI, P. *Sustentabilidade como estratégia global para empresas. In*: CONFERÊNCIA NACIONAL 2004 – EMPRESAS E RESPONSABILIDADE SOCIAL, 2004, São Paulo. *Anais [...]*. São Paulo: Instituto Ethos, 2004. Disponível em: http://www.ethos.org.br. Acesso em: 1 abr. 2020.

IVANCEVICH, J. M.; GILBERT, J. A. Diversity management. *Public Personnel Management*, v. 29, n. 1, p. 75-92, 2000.

IWAMOTO, H. M. *Padrões culturais avaliativos de mineiros e maranhenses e suas implicações para a gestão: um estudo entre empregadores e empregados em Palmas-TO*. 2013. Dissertação (Mestrado em Administração de Empresas) – Programa de Pós-Graduação em Administração de Empresas, Universidade Presbiteriana Mackenzie, São Paulo, 2013.

JACKSON, S. E., JOSHI, A.; ERHARDT, N. L. Recent research on team and organizational diversity: swot analysis and implications. *Journal of Management*, v. 29, p. 801-830, 2003.

JACOBSON, N. A taxonomy of dignity: a grounded theory study. *BMC International Health and Human Rights*, v. 9, n. 3, p. 1-14, 2009.

JACOBSON, N. Dignity and health: a review. *Social Science & Medicine*, v. 64, p. 292-302, 2007.

JAYNE, M. E. A.; DIPBOYE, R. L. Leveraging diversity to improve business performance: research findings and recommendations for organizations. *Human Resource Management*, v. 43, n. 4, p. 409--424, 2004.

JOKINEN, T.; BREWSTER, C.; SUUTARI, V. Career capital during international work experiences: contrasting self-initiated expatriate experiences and assigned expatriation. *The International Journal of Human Resource Management*, n. 19, v. 6, p. 979-998, 2008.

JONES, S. L.; VAN DE VEN, A. H. The changing nature of change resistance: an examination of the moderating impact of time. *The Journal of Applied Behavioral Science*, v. 52, n. 4, p. 482-506, jan. 2016.

JORDAN, J. SORELL, M. Why reverse mentoring works and how to do it right. *Harvard Business Review*, 2019. Disponível em: https://hbr.org/2019/10/why-reverse-mentoring-works-and-how-to-do-it-right. Acesso em: 14 nov. 2019.

JOSHI, A.; DENCKER, J.; FRANZ, G.; MARTOCCHIO, J. Unpacking Generational identities in organizations. *Academy of Management Review,* v. 35, n. 3, p. 392-414, 2010.

JOURNAL OF CHANGE MANAGEMENT. Disponível em: https://www.tandfonline.com/loi/rjcm20. Acesso em: 29 dez. 2019.

JOURNAL OF ORGANIZATIONAL CHANGE MANAGEMENT. Disponível em: https://www.emerald grouppublishing.com/jocm.htm. Acesso em: 20 dez. 2019.

JUN, S.; GENTRY, J. W. An exploratory investigation of the relative importance of cultural similarity and personal fit in the selection and performance of expatriates. *Journal of World Business*, n. 40, v. 1, p. 1-8, 2005.

KALIL, M. Endividamento dos brasileiros volta a crescer. *Exame*, 8 maio 2019. Disponível em: https:// exame.abril.com.br/blog/etiqueta-financeira/endividamento-dos-brasileiros-volta-a-crescer. Acesso em: 3 jan. 2020.

KANTER, R. M. *When the giants learn to dance*. New York: Prentice-Hall, 1987.

KATZENBACH, J. R.; SMITH, D. K. *The wisdom of teams*. Boston: Harvard Business Scholl Press, 1993.

KAVADIAS, S., LADAS, K.; LOCH, C. The transformative business model. *Harvard Business Review*, p. 90-98, out. 2016.

KAWAI, N.; STRANGE, R. Perceived organizational support and expatriate performance: understanding a mediated model. *The International Journal of Human Resource Management*, n. 25, v. 17, p. 2438-2462, 2014.

KELLY, E.; DOBBIN, F. How affirmative actions became diversity management. *American Behavioral Scientist*, v. 41, n. 7, p. 973, 1998.

KERGOAT, D. Divisão sexual do trabalho e relações sociais de sexo. *In*: HIRATA, H.; LABORIE, F.; LE DOARÉ, F.; SENOTIER, D. (org.). *Dicionário crítico do feminismo*. São Paulo: Unesp, 2009.

KERR, J.; SLOCUM, J. W. Managing corporate culture through reward systems. *Academy of Management Executive*, v. 19, n. 4, p. 130-138, 2005.

KERR, J.; SLOCUM, J. W. Managing corporate culture through reward system. *Academy of Management Executive*, v. 1, n. 2, p. 99-107, 1987.

KHORASANI, S. T.; ALMASIFARD, M. Evolution of management theory within 20 century: a systemic overview of paradigm shifts in management. *International Review of Management and Marketing*, v. 7, n. 3, p. 134-137, 2017.

KING, B. G., FELIN, T.; WHETTEN, D. A. Perspective: finding the organization in organizational theory: a meta-theory of the organization as a social actor. *Organization Science*, v. 21, n. 1, p. 290-305, 2010.

KING, N. Using templates in the thematic analyses of text. *In*: CASSELL, C.; SYMON, G. (ed.). *Essential guide to qualitative methods in organizational research*. London: Sage, 2004. p. 256-270.

KLUCKHOHN, F. R.; STRODTBECK, F. L. *Variations in value orientations*. Evanston, IL: Row, Peterson, 1961.

KNIGHT, M.; WONG, N. The organisational X-factor: learning agility. *In*: FOCUS. Disponível em: https://focus.kornferry.com/leadership-and-talent/the-organisational-x-factor-learning-agility. Acesso em 20 jan.2020.

KNIGHT, R. 7 practical ways to reduce bias in your hiring process. *Harvard Business Review*, 12 jun. 2017. Disponível em: https://hbr.org/2017/06/7-practical-ways-to-reduce-bias-in-your-hiring-process. Acesso em: 5 fev. 2020.

KOCHAN, T. A.; LITWIN, A. S. The future of human capital: an employment relations perspective. *In*: BURTON-JONES, A.; SPENDER, J. C. (ed.). *The Oxford handbook of human capital.* New York: Oxford University Press, 2012. p. 647-670.

KOEHN, D.; LEUNG, A. Dignity in western versus in chinese cultures: theoretical overview and practical illustrations. *Business & Society Review*, v. 113, n. 4, p. 477-504, 2008.

KÖLEN, T. Diversity management: a critical review and agenda for the future. *Journal of Management Inquiry*, 2019.

KORNFERRY. *The organisational x-factor: learning agility.* Disponível em: https://focus.kornferry.com/leadership-and-talent/the-organisational-x-factor-learning-agility/. Acesso em: 6 maio 2020.

KRAHN, H. J.; GALAMBOS, N. L. Work values and beliefs of 'Generation X' and 'Generation Y'. *Journal of Youth Studies*, v. 17, n. 1, p. 92-112, 2014.

KRISHNASWAMY, S. Sources of sustainable competitive advantage: a study & industry outlook. *St. Theresa Journal of Humanities and Social Sciences*, v. 3, n. 1, 2017.

LAABS, J. They want more support-inside and outside of work. *Workforce*, Costa Mesa, v. 77, n. 11, p. 54-56, nov. 1998.

LACAZ, F. A. C. Qualidade de vida no trabalho e saúde/doença. *Ciência e Saúde Coletiva*, v. 5, n. 1, p. 151--161, 2000.

LANGLEY, A.; TSOUKAS, H. Introducing "perspectives on process organization studies". *In*: HERNES, T.; MAITLIS, S. *Process, sensemaking, & organizing.* Oxford: Oxford University Press, 2010. p. 1-26.

LAWLER III, E. E. *Pay and organizational development.* Massachusetts: Addison-Wesley, 1981.

LAZARUS, R. S.; FOLKMAN, S. *Stress, appraisal, and coping.* Nova York: Springer, 1984.

LEANA, C. R.; BUREN III, H. J. V. Organizational social capital and employment practices. Academy of Management. *The Academy of Management Review,* Mississippi, v. 24, n. 3, 1999.

LEÃO, N.; CANDIDO, M. R.; CAMPOS, L. A.; FERES JR., J. *Relatório das desigualdades de raça, gênero e classe (GEMAA)*, n. 1, p. 1-21, 2017.

LEITE, J. G. C. Millennials priorizam qualidade de vida no trabalho, diz estudo. *Consumidor Moderno*, 27 abr. 2019. Disponível em: https://www.consumidormoderno.com.br/2019/04/27/millennials-priorizam-qualidade-trabalho. Acesso em: 20 mar. 2020.

LEUNG, K. *et al.* Developing and evaluating the social axioms survey in eleven countries: its relationship with the five-factor model of personality. *Journal of Cross-Cultural Psychology*, v. 45, p. 123-150, 2011.

LEVINSON, J. C. *Marketing de guerrilha:* táticas e armas para obter grandes lucros com pequenas e médias empresas. Rio de Janeiro: Best Seller, 2010.

LEWIS, M. W. Exploring paradox: toward a more comprehensive guide. *Academy of Management Review*, v. 25, n. 4, p. 760-776, 2000.

LHUILIER, D. Trabalho. *Psicologia & Sociedade*, 25(3), p. 483-492, 2013.

LIMA, G. S.; CARVALHO NETO, A.; TANURE, B. Executivos jovens e seniores no topo da carreira: conflitos e complementariedades. *Revista Eletrônica de Administração*, Porto Alegre, v. 71, n. 1, p. 63-93, 2012.

LINEBERRY, M. *Expatriates acculturation strategies*: going beyond "How adjusted are you?" to "How do you adjust?". 2012. Dissertação (Ph.D. Psocologia) – University of South Florida, Tampa, 2012. Disponível em: http://scholarcommons.usf.edu/etd/4128. Acesso em: 12 fev. 2020.

LIPPMANN, W. *Opinião pública*. Petrópolis: Vozes, 2017. Publicação original: LIPPMANN, W. *Public opinion*. New York: Harcourt Brace, 1922.

LODEN, M.; ROSENER, J. B. *Workforce America!*. Nova York: McGraw-Hill, 1991.

LUND, D. B. Organizational culture and job satisfaction. *Journal of Business & Industrial Marketing*, v. 18, n. 3, p. 220, 2003.

LUSARCZYK, B. Industry 4.0. Are we ready? *Polish Journal of Management Studies*, v. 17, p. 232-248, 2018.

LYONS, S.; KURON, L. Generational differences in the workplace: a review of the evidence and directions for future research. *Journal of Organizational Behavior*, v. 35, p. S139-S157, 2014.

MACIEL, A. G.; CARRARO, N. C.; DE SOUZA, M. A. B.; SANCHES, A. C. Análise do teletrabalho no Brasil. *Revista Gestão Empresarial*, v. 1, p. 20-33, 2017.

MACKAY, R. B.; CHIA, R. Choice, chance, and unintended consequences in strategic change: a process understanding of the rise and fall of North Co Automotive. *Academy of Management Journal*, v. 56, n. 1, p. 208-230, 2013.

MACKEY, J.; SISODIA, R. "Conscious capitalism" is not an oxymoron. *Harvard Business Review*, Cambridge, 14 jan. 2013. Disponível em: https://hbr.org/2013/01/cultivating-a-higher-conscious. Acesso em: 6 jan. 2020.

MAIMON, D. Eco-estratégia nas empresas brasileiras. Realidade ou discurso? *Revista de Administração de Empresas*, São Paulo, v. 34, n. 4, p. 121, 1994.

MANNHEIM, K. *Essays on the sociology of knowledge*. London: Routledge & Keegan Paul, 1952.

MANZONI, J.-F.; ENDERS, A.; NARASIMHAN, A.; MALNIGHT, T. W.; BÜCHEL, B.; CHALLAGALLA, G.; BUCHE, I. Transformation journeys: the reasons why and the art of how. *In*: IMD – *Research and Knowledge*. Disponível em: https://www.imd.org/research-knowledge/articles/transformation--co-creating-successful-journeys/. Acesso em: 29 dez. 2019.

MARCHESAN, R. Reforma exige mais tempo para se aposentar, mas terei emprego aos 60 anos? *UOL*, out. 2019. Disponível em: https://economia.uol.com.br/empregos-e-carreiras/noticias/redacao/2019/10/24/emprego-pessoas-mais-velhas-60-anos-reforma-previdencia.htm. Acesso em: 2 jan. 2020.

MARCON, R.; GODOI, C. K. Remuneração por stock options e desempenho das empresas: um estudo preliminar com empresas brasileiras. *In*: ENCONTRO ANUAL DA ASSOCIAÇÃO NACIONAL DOS PROGRAMAS DE PÓS-GRADUAÇÃO EM ADMINISTRAÇÃO, 27, 2003, Atibaia. *Anais [...]*. Atibaia, 2003.

MARRAS, J. P. *Administração de recursos humanos*: do operacional ao estratégico. 15. ed. São Paulo: Saraiva, 2016.

MARTIN, J. *Organizational culture*: mapping the terrain. Thousand Oaks, CA: Sage Publications, 2002.

MARTIN, J.; FROST, P. Jogos de guerra da cultura organizacional: a luta pelo domínio intelectual. *In*: CLEGG, S. R.; HARDY, C.; NORD, W. R. *Handbook de estudos organizacionais*. São Paulo: Atlas, 2001. v. 2.

MARTINS, S. P. *Participação dos empregados nos lucros das empresas*. São Paulo: Malheiros, 1996.

MARTOCCHIO, J. J. *Strategic compensation*: a human resource management approach. New Jersey: Prentice-Hall, 1998.

MASCARENHAS, A. O.; VASCONCELOS, F. C.; VASCONCELOS, I. F. G. Impactos da tecnologia na gestão de pessoas – um estudo de caso. *RAC*, v. 9, n. 1, p. 125-147, jan./mar. 2005.

MATOS, J. *Construção da resistência à mudança organizacional na relação entre agentes.* 2016. Dissertação (Mestrado em Administração de Empresas) – Centro de Ciências Sociais Aplicadas, Universidade Presbiteriana Mackenzie, São Paulo, 2016.

MATTSON, D. J.; CLARK, S. G. Human dignity in concept and practice. *Policy Sciences*, v. 44, n. 4, p. 303-319, 2011.

MAYRING, P. Qualitative content analysis. *Forum: Qualitative Social Research*, n. 1, v. 2, 2000.

MCCARTHY, J. What is AI? Basic questions. *In*: PROFESSOR JOHN MCCARTY. Disponível em: http://jmc.stanford.edu/artificial-intelligence/what-is-ai. Acesso em: 20 mar. 2020.

MCCARTHY, J.; MINSKY, M. L.; ROCHESTER, N.; SHANNON, C. E. *A proposal for the Dartmouth summer research project on artificial intelligence*, 1956. Disponível em: http://www.formal.stanford.edu/jmc/history/dartmouth/dartmouth.html. Acesso em: 14 out. 2019.

MCGRATH, J. E.; BERDAHL, J. L.; ARROW, H. Traits, expectations, culture, and clout: the dynamics of diversity in work groups. *In*: JACKSON, S. E.; RUDERMAN, M. N. *Diversity in work teams*: research paradigms for a changing workplace. Washington: American Psychological Association, 2002. p. 23.

MCKAY, J.; MARSHALL, P.; GRAINGER, N.; HIRSHHEIM, R. Change implementers' resistance: considering power and resistance in IT implementation projects. *In*: AUSTRALASIAN CONFERENCE ON INFORMATION SYSTEMS, 23., 2012, Geenlong. *Proceedings [...]*. Geenlong: Deakin University, 2012. p.1-12.

MCKENNA, R. *Relationship marketing*: successful strategies for the age of the customer. Boston: Addison-Wesley Publishing Company, 1991.

MCNULTY, Y. M.; THARENOU, P. Expatriate return on investment: a definition and antecedents. *International Studies of Management & Organization*, n. 34, v. 3, p. 68-95, 2004.

MCNULTY, Y.; BREWSTER, C. The concept of business expatrites. *In*: MCNULTY, Y.; SELMER, J. (ed.). *Research handbook of expatriates*. London: Edward Elgar, 2017a.

MCPHERSON, M.; SMITH-LOVIIN, L.; COOK, J. M. Birds of a feather: homophily in social networks. *Annual Review of Sociology*, n. 27, p. 415-444, 2001.

MECHELEN, R. V. Work/life programs as management programs. *The Public Manager: The New Bureaucrat*, v. 27, n. 1, 1998.

MEDEIROS, L. C. M. *Meio ambiente e a empresa*: o mapeamento dos *stakeholders* relevantes na gestão ambiental das indústrias fluminenses no início do século XXI. 2003. Dissertação (Mestrado em Administração Pública) – Escola Brasileira de Administração Pública, Fundação Getulio Vergas, Rio de Janeiro, 2003.

MEGGINSON, D.; CLUTTERBUCK, D. *Mentoring in action:* a practical guide for managers. UK: Pearson, 1995.

MEISTER, J. C.; WILLYERD, K. *The 2020 workplace:* how innovative companies attract, develop, and keep tomorrow's employees today. Nova York: Harper-Collins Publisher, 2010.

MEJA, V.; KETTLER, D. Introduction. *In*: WOLFF, K. H. (ed.). *From Karl Mannheim*. London: Transaction Publishers, 1993.

MERRIAM, S. B. *Qualitative research in practice*. Examples for discussion and analysis. San Francisco: Jossey-Bass, 2002.

METLIFE. *Creating a better workplace*, 2018. Disponível em: https://www.metlife.com/employee-benefit-trends/creating-a-better-workplace-brazil/. Acesso em: 7 maio 2020.

MEYER, J. P.; HERSCOVITCH, L. Commitment in the workplace: towards a general model. *Human Resource Management Review*, v. 11, p. 299-326, 2001.

MILKOVICH, G. T.; NEWMAN, J. M. *Compensation management*. Singapore: McGraw-Hill, 1999.

MILLER, F. A. Strategic culture change: the door to achieving high performance and inclusion. *Public personnel management*, v. 27, n. 2, p. 151-160, 1998.

MINDSET. *In*: *Longman dictionary of contemporary English*. Disponível em: https://www.ldoceonline. com. Acesso em: 1 abr. 2020.

MIND-SETS matter in transformations: a conversation with Jon Garcia. *In*: MCKINSEY & COMPANY. Disponível em: https://www.mckinsey.com/business-functions/rts/our-insights/mind-sets-matter-in-transformations-a-conversation-with-jon-garcia. Acesso em: 29 dez. 2019.

MIRSHAWKA, V. *Economia criativa:* fontes de novos empregos. São Paulo: DVS, 2016.

MIZAZAKI, A. H. V.; HANASHIRO, D. M. M.; IPIRANGA, A. S. R. Perspectivas de cultura organizacional e artefatos físicos: um estudo em escola de equitação por meio da foto-elicitação. *REAd (Revista Eletrônica de Administração)*, v. 24, n. 3, p. 46-76, 2018.

MOR BARAK, M. E. Inclusion is the key to diversity management, but what is inclusion? *Human Service Organizations: Management, Leadership and Governance*, v. 39, p. 83-88, 2015.

MOR BARAK, M. E. *Managing diversity towards a globally inclusive workplace*. Thousand Oaks: Sage, 2005.

MOR BARAK, M. E.; CHERIN, D. A. A tool to expand organizational understanding of workforce diversity. *Administration in Social Work*, v. 22, n. 1, p. 47-64, 1998

MOR BARAK, M. E.; LIZANO, E. L.; KIM, A.; DUAN, L.; HSIAO, H. Y.; RHEE, M. K.; BRIMHALL, K. C. The promise of diversity management for climate of inclusion: a state-of-the-art review and meta-analysis. *Human Service Organizations: Management, Leadership and Governance*, v. 4, p. 305-333, 2016.

MORAES, G. B. *Dano moral nas relações de trabalho*. São Paulo: LTR, 2003.

MORIN, E. Os sentidos do trabalho. *RAE (Revista de Administração de Empresas)*, v. 41, n. 3, p. 8-19, 2001.

MORIN, E. *et al.* Os sentidos do trabalho: implicações pessoais e organizacionais. *In*: SANT'ANNA, A. S.; KILIMNIK, Z. M. (org.). *Qualidade de vida no trabalho:* abordagens e fundamentos. Rio de Janeiro: Elsevier; Belo Horizonte: Fundação Dom Cabral, 2011.

MOTT, M. M; TEIXEIRA, M. L. M. T. Is foreignism an obstacle for interculturality between brazilians and others latin american? *Portuguese Science Review*, n. 27, v. 1, 2019.

MOWDAY, R.; PORTER, L.; STEERS, R. Employee organization linkages: the psychology of commitment, absenteeism and turnover. *Academic Press*, New York, p. 264, 1982.

MUDAR. *In:* ORIGEM DA PALAVRA. Disponível em: https://origemdapalavra.com.br/palavras/mudar. Acesso em: 29 dez. 2019.

MÜLLER, L. Amazon já tem mais de 100 mil robôs autônomos em seus galpões [vídeo]. *In*: TECMUNDO, 14 jun. 2018. Disponível em: https://www.tecmundo.com.br/mercado/131327-amazon-tem-100-mil-robos-autonomos-galpoes-video.htm. Acesso em: 30 mar. 2020.

MURPHY, P. E.; LACZNIAK, G. R. Marketing ethics: a review with implications for managers, educators and researchers. *In*: EBIS, B. M.; ROERING, , K. J. (ed.). *Review of marketing*. Chicago: American Marketing Association, 1981. p. 251-266.

NADEZDA, P. *The aspect of mobility in the career paths of hotel managers of one hotel chain in Helsinki*. Helsinque: Haaga-Helia University of Applied Sciences, 2011. p. 4. Disponível em: https://www.theseus. fi/bitstream/handle/10024/32712/Pinigina_Nadezda.pdf?sequence=1&isAllowed=y. Acesso em: 1 abr. 2020.

NADLER, D. A. The effects of feedback on task group behavior: a review of the experimental research. *Organizational Behavior and Human Performance*, v. 23, p. 309-338, 1979.

NAHM, A. Y.; VONDEREMBSE, M. A. Theory development: an industrial/post-industrial perspective on manufacturing. *International Journal of Production Research*, v. 40, n. 9, p. 2067-2095, 2002.

NAKASHIMA, C. *Padrões culturais avaliativos:* um estudo sobre adaptação cultural de expatriados alemães no Brasil. 2013. Dissertação (Mestrado em Administração de Empresas) – Programa de Pós--Graduação em Administração de Empresas, Universidade Presbiteriana Mackenzie, São Paulo, 2013.

NEALEY, S. M. Pay and benefit preference. *Industrial Relations*, Berkeley, v. 3, n. 1, p. 17-28, out. 1963.

NEERUGATTI, V.; REDDY, R. M. An introduction, reference models, applications, open challenges in internet of things. *International Journal of Modern Sciences and Engineering Technology*, v. 4, n. 3, p. 8-15, 2017.

NEIVA, E. R.; PAZ, M. G. T. Um panorama das pesquisas e publicações sobre mudança organizacional no Brasil. *Revista Psicologia Organizações e Trabalho*, v. 15, n. 3, p. 271-285, 2015.

NELSON, B. *1001 maneiras de premiar seus funcionários*. Rio de Janeiro: Sextante, 2007.

NELSON, T. *Handbook of prejudice, stereotype and discrimination*. Cambridge (MA): MIT Press, 2009. p. 431-440.

NERY, P. F.; TENOURY, G. N.; SHIKIDA, C. *Probabilidade de desemprego por faixa etária:* implicações para idade mínima e políticas de emprego. Brasília: Núcleo de Estudos e Pesquisas; Conleg; Senado Federal, 2018. Disponível em: https://www12.senado.leg.br/publicacoes/estudos-legislativos/tipos-de-estudos/textos-para-discussao/td253. Acesso em: 14 nov. 2019.

NETO, S. A. L. O novo consumidor. *GV Executivo*, v. 7, n. 6, p. 50-53, 2008.

NEW ECONOMICS FOUNDATION (NEF). *21 hours:* why a shorter working week can help us all to flourish in the 21st century. Disponível em: https://web.archive.org/web/20160209144546/http://b.3cdn.net/nefoundation/f49406d81b9ed9c977_p1m6ibgje.pdf. Acesso em: 20 jan. 2020.

NEY, T. Três meses antes do lançamento, disco do Oasis vaza na internet. *Folha de S.Paulo*, 9 abr. 2002. Disponível em: https://www1.folha.uol.com.br/folha/ilustrada/ult90u22871.shtml. Acesso em: 20 mar. 2020.

NISHII, L. H. The benefits of climate for inclusion for gender-diverse groups. *Academy of Management Journal*, v. 56, n. 6, p. 1754-1774, 2013.

NKOMO, S. M. Identities and the complexity of diversity. *In*: JACKSON, S. E.; RUDERMAN, M. N. *Diversity in work teams*. Washington: American Psychological Association, 2002. p. 337.

NONAKA, I.; TAKEUCHI, H. *The knowledge-creating company:* how japanese companies create the dynamics of innovation. New York: Oxford University Press, 1995.

NONAKA, I.; TAKEUCHI, H. The wise leader. *Harvard Business Review*, v. 89, n. 5, p. 58-67, 2011. Disponível em: https://hbr.org/2011/05/the-big-idea-the-wise-leader. Acesso em: 14 nov. 2019.

NORDENFELT, L. Dignity and the care of the elderly. *Medicine, Health Care and Philosophy*, v. 6, p. 103--110, 2003.

NORDENFELT, L. The varieties of dignity. *Health Care Analysis*, v. 12, p. 69-81, 2004.

NYLÉN, D.; HOLMSTRÖM, J. Digital innovation strategy: a framework for diagnosing and improving digital product and service innovation. *Business Horizons*, v. 58, p. 57-67, 2015.

O'MARA, J. Managing diversity. *In*: TRACEY, W. R. *Human resources management & development handbook*. Nova York: Amacon, 1994.

ÖBERSEDER, M.; SCHLEGELMILCH, B. B.; MURPHY, P. E.; GRUBER, V. Consumers' perceptions of corporate social responsibility: scale development and validation. *Journal of Business Ethics*, v. 124, n. 1, p. 101-115, 2014.

ODOM, C. L. New-Hire retention woes drive change in health insurer's employee-selection process. *Global Business & Organizational Excellence*, v. 32, n. 6, p. 27-35, set./out. 2013.

OLIVEIRA, J. A. P. Análise da situação da gestão ambiental nas indústrias do estado do Rio de Janeiro. *In*: ENANPAD, 2003, Rio de Janeiro. *Anais [...]*. Rio de Janeiro: Anpad, 2003.

ORGANIZAÇÃO INTERNACIONAL DO TRABALHO (OIT). Disponível em https://nacoesunidas.org/agencia/oit/. Acesso em: 1 abr. 2020.

ORGANIZAÇÃO PARA A COOPERAÇÃO E DESENVOLVIMENTO ECONÔMICO (OCDE). *Rumo a um desenvolvimento sustentável*: indicadores ambientais. Trad. Ana Maria S. F. Teles. Salvador: OCDE, v. 9, 2002. (Série Cadernos de Referência Ambiental).

ORLIKOWSKI, W. J. Improvising organizational transformation over time: a situated change perspective. *Information Systems Research*, v. 7, n. 1, p. 63-92, mar. 1996.

OTT, D. L.; MICHAILOVA, S. Cultural Intelligence: a review and new research avenues. *International Journal of Management Reviews*, 2016.

OUCHI, W. G. *Teoria Z*. São Paulo: EFEB, 1982.

OVEJERO BERNAL, A. *Psicologia do trabalho em um mundo globalizado:* como enfrentar o assédio psicológico e o estresse no trabalho. Trad. Juliana dos Santos Padilha. Porto Alegre: Artmed, 2010.

PAGEPERSONNEL. Disponível em: https://www.pagepersonnel.com.br/advice/carreira-rofissional/pr%C3%B3ximos-passos-em-sua-carreira/principais-benef%C3%ADcios-e-dificuldades-de. Acesso em: 15 jan. 2020.

PANIZA, M. D. R.; CASSANDRE, M. P.; SENGER, C. M. Os conflitos sob a mediação do Laboratório de Mudança: uma aprendizagem expansiva. *Rev. Adm. Contemp.*, v. 22, n. 2, p. 271-290, abr. 2018.

PAULINO, M. L. S. Dimensão estratégica do recrutamento e seleção de pessoal. *Revista Unicuritiba*, Curitiba, 2010.

PELLED, L. H.; LEDFORD JR., G.; MOHRMAN, S. A. Demographic dissimilarity and workplace inclusion. *Journal of Management Studies*, v. 36, n. 7, p. 1014, 1999.

PÉPIN, N. Cultura de empresa. Nascimento, alcance e limites de um conceito. *Mosaico – Revista de Ciências Sociais*, v. 1, n. 1, p. 267-293, 1998.

PERLMUTTER, H. The tortuous evolution of multinational enterprises. *Columbia Journal of World Business*, v. 1, p. 9-18, 1969.

PETER, T. J.; WATERMAN JR., R. H. *Vencendo a crise*. São Paulo: Harper & Row do Brasil, 1982.

PETTIGREW, A. M. On studying organizational cultures. *Administrative Science Quarterly*. v. 24, n. 4, p. 570-581, dez. 1979.

PEW RESEARCH. *Generations online in 2009*, 2009. Disponível em: https://www.pewresearch.org/internet/2009/01/28/generations-online-in-2009/. Acesso em: 14 nov. 2019.

PEZZOTTI, R. Apple é a marca mais valiosa do mundo pelo 7º ano; Disney desbanca Facebook. *In*: *Uol Economia*, 17 out. 2019. Disponível em: https://economia.uol.com.br/noticias/redacao/2019/10/17/apple-google-e-amazon-sao-as-marcas-mais-valiosas-do-planeta-diz-estudo.htm. Acesso em: 20 mar. 2020.

PFEFFER, J. *Human equation*. Boston: Harvard Business School Press, 1998.

PFEFFER, J. Organizational demography. *In*: STAW, B.; CUMMINGS, L. (ed.), *Research in organizational behavior*. Greenwich: JAI Press, 1983. p. 299-357.

PILCHER, J. Mannheim's sociology of generations: an undervalued legacy. *British Journal of Sociology*, p. 481-195, 1994.

POLLON, V. C. Z. *Relação entre dignidade organizacional e responsabilidade social corporativa na percepção de empregados*. 2018. Tese (Dissertação de Mestrado em Administração) – Universidade

Presbiteriana Mackenzie, São Paulo, 2018. Disponível em: http://tede.mackenzie.br/jspui/handle/tede/3821. Acesso em: 6 fev. 2020.

POLLON, V. C. Z. *et al.* Responsabilidade social corporativa: uma revisão. *In*: ENANPAD, XLIII, 2019, São Paulo. *Anais [...]*. São Paulo: Anpad, 2019. Disponível em: https://app.publicacoes.even3.com.br/preprint/responsabilidade-social-corporativa-uma-revisao-106927. Acesso em: 4 fev. 2020.

POPCORN, F. *O relatório Popcorn.* Rio de Janeiro: Campus, 1993.

PORTER, M. E. *Competitive strategy.* New York: The Free Press, 1980.

PORTER, M. E. *Estratégia competitiva.* Rio de Janeiro: Campus, 1986.

POUGET, J. *Intégrer et manager la génération Y.* Paris: Vuibert, 2010.

PRADO, J. IA do Google aprende sozinha a jogar xadrez e vence campeão mundial. *In*: *Tecnoblog*, 7 dez. 2017. Disponível em: https://tecnoblog.net/229517/alphazero-xadrez-ia-google. Acesso em: 29 dez. 2019.

PRAHALAD, C. K.; HAMEL, G. The core competence of the corporation. *Harvard Business Review*, Boston, v. 68, n. 3, 1990.

PRATA JR., R. *Alteração da hierarquia dos valores humanos*: um estudo com executivos em situação de desemprego que sofreram violação da dignidade no ato da demissão. 2018. Tese (Dissertação de Mestrado em Administração) – Universidade Presbiteriana Mackenzie, São Paulo, 2018.

PRATA JR., R. CEO da Stato Consulting. Comunicação verbal em 6 fev. 2020.

PRETO, C. R. S. *Laudo psicológico.* Curitiba: Juruá, 2016.

PRICEWATERHOUSE COOPERS; EAESP-FGV. O futuro no trabalho: impactos e desafios para as organizações no Brasil, 2014. Disponível em: https://www.pwc.com.br/pt/publicacoes/servicos/assets/consultoria-negocios/futuro-trabalho-14e.pdf. Acesso em: 10 fev. 2020.

PRIGOGINE, I. Beyond being and becoming. *New Perspectives Quarterly*, 19 jan. 2014. Disponível em http://www.digitalnpq.org/archive/2004_fall/01_prigogine.html. Acesso em: 31 mar. 2020

PROPÓSITO & LUCRO. Carta anual de Larry Fink a CEOs de 2019. *In*: *BlackRock*. Disponível em: https://www.blackrock.com/br/2019-larry-fink-carta-ceo. Acesso em: 3 jan. 2020.

PWC. *15ª Pesquisa de líderes empresariais brasileiros*, 2018. p. 25. Disponível em: https://www.pwc.com.br/pt/estudos/preocupacoes-ceos/ceo-survey/15-pesquisa-lideres-brasileiros-19.pdf. Acesso em: 31 mar. 2020.

PWC. *Global consumer insights survey 2019*, p. 22. Disponível em: https://www.pwc.com.br/pt/estudos/setores-atividades/varejo/2019/con-insight-19-mobile.pdf. Acesso em: 5 fev. 2020.

PWC. *Workforce of the future:* the competing forces shaping 2030, 2018. Disponível em: https://www.pwc.com/gx/en/services/people-organisation/publications/workforce-of-the-future.html. Acesso em: 5 fev. 2020.

QIN, J.; MUENJOHN, N.; CHLETRI, P. A review of diversity conceptualization: variety, trends, and a framework. *Human Resource Development Review*, v. 13, n. 2, p. 133-157, 2014.

QUEROL, M. A. P.; JACKSON FILHO, J. M.; CASSANDRE, M. P. Change laboratory: uma proposta metodológica para pesquisa e desenvolvimento da aprendizagem organizacional. *Administração: Ensino e Pesquisa*, Rio de Janeiro, v. 12, n. 4, p. 609-640, 2011.

RAFAELI, A.; VILNAI-YAVETZ, I. Emotion as a connection of physical artifacts and organizations. *Organization Science*, v. 15, n. 6, p. 671-686, 2004.

RAMASWAMI, A.; CARTER, N. M.; DREHER, G. F. Expatriation and career success: a human capital perspective. *Human Relations*, n. 69, v. 10, p. 1959-1987, 2016.

REFERÊNCIAS

REED, R.; DEFILLIPPI, R. J. Casual ambiguity, barriers to imitation, and sustainable competitive advantage. *The Academy of Management Review*, v. 15, n. 1, jan. 1990.

REICHE, B. S. Knowledge transfer in multinationals: the role of inpatriates boundary spanning. *Human Resource Management*, n. 50, v. 3, p. 365-389, 2011.

REICHE, B. S.; HARZING, A.-W.; KRAIMER, M. L. The role of international assignees social capital in creating inter-unit intellectual capital: a cross-level model. *Journal of International Business Studies*, n. 40, v. 3, p. 509-526, 2009.

REICHERS, A. E.; SCHNEIDER, B. Climate and culture: an evolution of constructs. *In*: SCHNEIDER, B. (ed.). *Organizational climate and culture*. San Francisco: JosseyBass Publishers.ho., 1990. p. 1-39.

REMHOF, S.; GUNKEL, M.; SCHLAEGEL, C. Goodbye Germany! The influence of personality and cognitive factors on the intention to work abroad. *The International Journal of Human Resource Management*, n. 25, v. 16, p. 2319-2343, 2014.

RENAUX, P. 1 em cada 4 desempregados procura trabalho há pelo menos dois anos. *Agência IBGE Notícias*. Disponível em: https://agenciadenoticias.ibge.gov.br/agencia-noticias/2012-agencia-de-noticias/noticias/25215-1-em-cada-4-desempregados-procura-trabalho-ha-pelo-menos-dois-anos. Acesso em: 2 nov. 2019.

RESSLER, C.; THOMPSON, J. *Why work sucks and how to fix it*: the results-only revolution. 2. ed. Nova York: Portfolio, 2010.

REUTERS. Missão seleciona mais de mil candidatos para morar em Marte. *G1, Ciência e saúde*, 2 jan. 2014. Disponível em: http://g1.globo.com/ciencia-e-saude/noticia/2014/01/missao-seleciona-mais-de-mil-candidatos-para-morar-em-marte.html. Acesso em: 29 dez. 2019.

REVISTA PESQUISA FAPESP. São Paulo: Fapesp, 279. ed., p. 94-97, 2019.

RIBAS, A. L.; SALIM, C. R. *Gestão de pessoas para concurso*. São Paulo: Alumnus/Leya, 2013.

RIESSMAN, C. K. *Narrative analysis*. Newbury Park: Sage, 1993.

RIORDAN, C. M.; WAYNE, J. H. A review and examination of demographic similarity measures used to assess relational demography within groups. *Organizational Research Methods*, n. 11, 2008.

RISHER, H. *Aligning pay and results*. Nova York: Amacon, 1999.

ROBERSON, Q. M. Disentangling the meaning of diversity and inclusion in organization. *Groups & organizations management*, v. 31, n. 2, 2006.

ROBERSON, Q. M.; HOLMS, O.; PERRY, J. L. *Transforming research on diversity and firm performance: a dynamic capabilities perspective*. [Electronic version]. Disponível em: http://scholarship.sha.cornell.edu/articles/963. Acesso em: 30 jan. 2020.

RODDICK, A. *Meu jeito de fazer negócios*. Rio de Janeiro: Campus, 2002.

RODELL, J. B. Finding meaning through volunteering: why do employees volunteer and what does it mean for their jobs? *Academy of Management Journal*, v. 56, n. 5, p. 1274-1294, 2013.

RODRIGUES, M. *Assédio moral e a estabilidade dos valores do trabalho*. São Paulo: Universidade Presbiteriana Mackenzie, 2005.

ROMANELLI, E.; TUSHMAN, M. L. Organizational transformation as punctuated equilibrium: an empirical test. *Academy of Management Journal*, v. 37, n. 5, p. 1141-1166, 1994.

ROMANI, B.; WOLF, G. Google diz ter chegado a feito histórico com computador quântico. *In*: *Link. Estadão*, São Paulo, 23 set. 2019. Disponível em: https://link.estadao.com.br/noticias/geral,10-mil-anos-em-3-minutos-google-chegou-a-marca-historica-com-computador-quantico-diz-jornal,70003021493. Acesso em: 29 dez. 2019.

ROSS, G. A. *Relaciones tóxicas*: acoso, malos tratos y mobbing. Pamplona: Ediciones Enate, 2013.

RUZIC, F. Mobinets: post-information society reality with wireless/mobile e-technologies. *Communications of the IBIMA*, v. 3, p. 169-180, 2008.

RYDER, N. B. The cohort as a concept in the study of social change. *American Sociological Review*, v. 30, p. 843-861, 1965.

SAKS, A. M.; ASHFORTH, B. E. Organizational socialization: making sense of the past and present as a prologue for the future. *Journal of Vocational Behavior*, v. 5, n. 2, p. 234-279, 1997.

SAMBAMURTHY, V.; BHARADWAJ, A.; GROVER, V. Shaping agility through digital options: reconceptualizing the role of information technology in contemporary firms. *MIS Quarterly*, p. 237-263, 2003.

SAMPSON, A. *O homem da companhia*. São Paulo: Companhia das Letras, 1996.

SAMUEL, A. L. *Some studies in machine learning using the game of checkers*, 1959. Disponível em: http://www.cs.virginia.edu/~evans/greatworks/samuel1959.pdf. Acesso em: 14 out. 2019.

SANCHES, C. S. Gestão ambiental proativa. *Revista de Administração de Empresas*, São Paulo, v. 40, n. 1, p. 77, jan./mar. 2000.

SANT'ANNA, F. S. *Trajetórias de carreira de negros*: um estudo sobre os aspectos favoráveis e desfavoráveis percebidos por executivos negros. 2013. Tese (Mestrado em Administração de Empresas) – Universidade Presbiteriana Mackenzie, São Paulo, 2013.

SARLET, I. W. *A eficácia dos direitos fundamentais na Constituição de 1988*. Uma teoria geral dos direitos fundamentais na perspectiva constitucional. Porto Alegre: Livraria do Advogado, 2012.

SCHEIN, E. H. *Guia de sobrevivência da cultura organizacional*. Rio de Janeiro: José Olympio, 1999.

SCHEIN, E. H. *Organizational culture and leadership*. San Francisco: Jossey-Bass, 1992.

SCHEIN, E. H. What is culture? *In*: PROST, P.; MOORE, L.; LOUIS, M.; LUNDBERG, C.; MARTIN, J. (ed.). *Reframing organizational culture*. Newbury Park: Sage, 1991. p. 247-248.

SCHRAGE, M. Just how valuable is Google's "20% time"? *Harvard Business Review*, 2013. Disponível em: https://hbr.org/2013/08/just-how-valuable-is-googles-2-1. Acesso em: 14 nov. 2019.

SCHROLL-MACHL, S.; NOVÝ, I. *Perfekt geplant und genial improvisiert*: erfolg in der deutsch-tschechischen Zusammenarbeit. München und Mering: Rainer Hampp Verlag, 2008.

SCHUSTER, J. R.; ZINGHEIM, P. K. *The new pay linking employee and organizational performance*. San Francisco: Jossey-Bass, 1996.

SCHWAB, K. *A quarta revolução industrial*. Trad. Daniel Moreira Miranda. São Paulo: Edipro, 2016.

SCHWAB, K. The fourth industrial revolution: what it means and how to respond. *In*: FOREIGN AFFAIRS, 12 dez. 2015. Disponível em: https://www.foreignaffairs.com/articles/2015-12-12/fourth-industrial-revolution. Acesso em: 20 set. 2019.

SCHWARTZ, Y. Conceituando o trabalho, o visível e o invisível. *Trab. Educ. Saúde*, Rio de Janeiro, v. 9, supl.1, p. 19-45, 2011.

SCRUM. *The Scrum Guide*. Disponível em: https://www.scrum.org/resources/scrum-guide. Acesso em: 14 nov. 2019.

SEIXAS, R. Pare o mundo que eu quero descer. *In*: LETRAS DE MÚSICAS.FM. Disponível em: http://www.letrasdemusicas.fm/raul-seixas/pare-o-mundo-que-eu-quero-descer. Acesso em: 29 dez. 2019.

SELIGMANN-SILVA, E. *Trabalho e desgaste mental:* o direito de ser dono de si mesmo. São Paulo: Cortez, 2011.

SEMESP. *Curso de especialização* lato sensu *no Brasil*, 2019. Disponível em: https://www.semesp.org.br/pesquisas/pesquisa-especializacao-de-nivel-superior. Acesso em: 2 jan. 2020.

SENNET, R. *A corrosão do caráter:* consequências pessoais do trabalho no novo capitalismo. 4. ed. Trad. Marcos Santarrita. São Paulo: Record, 2000.

SHORE, L. M.; RANDEL, A. E.; CHUNG, B. G.; DEAN, M. A.; HOLCOMBE EHRHART, K.; SINGH, G. Inclusion and diversity in work groups: a review and model for future research. *Journal of Management,* v. 37, p. 1262-1289, 2011.

SHORE, L. N.; CLEVELAND, J. N.; SANCHEZ, D. Inclusive workplaces: a review and model. *Human Resource Management Review*, v. 28, 2018.

SILVA, C. C. Google tem mais empregados terceirizados do que efetivos. *In*: TECMUNDO, 29 maio 2019. Disponível em: https://www.tecmundo.com.br/mercado/141916-google-tem-empregados-terceirizados-efetivos.htm. Acesso em: 29 dez. 2019.

SILVA, V. H. Netflix ultrapassa Disney e se torna empresa de mídia mais valiosa do mundo. *In: TecnoBlog.* Disponível em: https://tecnoblog.net/244796/netflix-disney-valor-mercado. Acesso em: 29 dez. 2019.

SILVEIRA, D.; NAIME, L. Desemprego fica em 11,8% em setembro e atinge 12,5 milhões, diz IBGE. *G1.* Disponível em: https://g1.globo.com/economia/noticia/2019/10/31/desemprego-fica-em-118percent-em-setembro-diz-ibge.ghtml. Acesso em: 6 abr. 2020.

SINKOVICS, R.; HOLZMÜLLER; H. Ethnocentrism: a key determinant in international corporate strategy formulation? *In*: EIBA INTERNATIONAL CONFERENCE, 20, 1994, Varsóvia. *Proceedings [...]*. Varsóvia, 1994.

SLEE, T. *Uberização:* a nova onda de trabalho precarizado. Trad. João Peres. São Paulo: Elefante, 2017.

SMIRCICH, L. Concepts of culture and organizational analysis. *Administrative Science Quarterly*, v. 28, n. 3, p. 339-358, 1983.

SMOLLA, K. W.; SUTTON, C. Generational differences: revisiting generational work values for the new millennium. *Journal of Organizational Behavior*, v. 23, p. 363-382, 2002.

SOBOLL, L. A. Assédio moral. *In*: CATTANI, A. D.; HOLZMANN, L. (org.). *Dicionário de trabalho e tecnologia*. Porto Alegre: Zouk, 2011.

SOCIETY FOR HUMAN RESOURCE MANAGEMENT (SHRM). Society for human resource management generational differences: myths and realities. *Workplace Visions*, n. 4, 2007. Disponível em: https://www.shrm.org/hr-today/trends-and-forecasting/labor-market-and-economic-data/Documents/Generational%20differences.pdf. Acesso em: 14 nov. 2019.

SONENSHEIN, S. We're changing: or are we? Untangling the role of progressive, regressive, and stability narratives during strategic change implementation. *Academy of Management Journal*, v. 53, n. 3, p. 477-512, 2010.

SOROSINI, M.; CARDOSO, L. Millennials: entenda a geração que mudou a forma de consumir. *O Globo*, 17 set. 2018. Disponível em: https://oglobo.globo.com/economia/millennials-entenda-geracao-que-mudou-forma-de-consumir-23073519. Acesso em: 20 mar. 2020.

SOUZA, D. A.; PAIXÃO, C. R.; SOUZA, E. A. Benefícios e dificuldades encontradas no processo de seleção de pessoas: uma análise do modelo de seleção por competências, sob a ótica de profissionais da área de gestão de pessoas. *Gestão & Regionalidade*, v. 27, n. 80, maio/ago. 2011.

SOUZA, R. S.; NASCIMENTO, L. F. M. Fatores condicionantes das estratégias ambientais nas empresas: estudo de quatro casos. *In*: ENANPAD, 28, 2004, Curitiba. *Anais [...]*. Curitiba: Anpad, 2004.

SPRINKLE, T.; URICK, M. The generational issues in organizational learning: knowledge management, perspectives on training, and 'low-stakes' development. *The Learning Organization*, v. 25, n. 2, p. 102-112, 2018.

STABLEIN, R. Dados em estudos organizacionais. *In*: CLEGG, S. R.; HARDY, C.; NORD, W. R. *Handbook de estudos organizacionais*, São Paulo: Atlas, 2011. p. 63-92. v. 2.

STALK JR. G. Time: the next source of competitive advantage. *Harvard Business Review*, v. 66, n. 4, 1988.

STANGOR, C. The study of stereotyping, prejudice, and discrimination within social psychology: a quick history of theory and research. *In*: NELSON, T. D. (ed.) *Handbook of prejudice, stereotyping and discrimination*. New York: Psychology Press, 2009. p. 1-23.

STRATI, A. *Organização e estética*. Trad. Pedro Maia Soares. Rio de Janeiro: FGV, 2007.

SUUTARI, V.; BURCH, D. The role of on-site training and support in expatriation: existing and necessary host-company practices. *Career Development International*, n. 6, v. 6, p. 298-311, 2001.

TADAIESLI, M. Suzano Papel e Celulose cria ambiente digital para funcionários. *In: Celulose Online*. Disponível em: https://www.celuloseonline.com.br/suzano-papel-e-celulose-cria-ambiente-digital-para-funcionarios/. Acesso em: 2 jan. 2020.

TADD, W.; VANLAERE, L.; GASTMANS, C. Clarifying the concept of human dignity in the care of the elderly: a dialogue between empirical and philosophical approaches. *Ethical Perspectives*, v. 17, n. 1, p. 253-281, 2010.

TAMAYO, A.; GONDIM, M. G. C. Escala de valores organizacionais. *Revista de Administração*, 31(2), p. 62-72, 1996.

TARKI, A.; WEISS, J. Pare de mentir sobre o cargo para os candidatos. *Harvard Business Review*, 16 jul. 2019. Disponível em: https://hbrbr.uol.com.br/pare-de-mentir-sobre-a-funcao-para-os-candidatos. Acesso em: 1 abr. 2020.

TAURION, C. *Big data*. Rio de Janeiro: Brasport, 2013.

TAVEIRA, I. M. R.; LIMONGI-FRANÇA, A. C.; FERREIRA, M. C. (org.) *Qualidade de vida no trabalho:* estudos e metodologias brasileiras. Curitiba: CRV, 2015.

TEIXEIRA, M. L. A relação entre dignidade organizacional, ética, responsabilidade social. *Relatório Bolsa Produtividade*. São Paulo: Capes, 2019.

TEIXEIRA, M. L. M. Organizational dignity theory: a proposal. *In*: SEMINÁRIOS EM ADMINISTRAÇÃO (SemeAd), 19, 2016, São Paulo. *Anais [...]*. São Paulo: FEA/USP, 2016.

TEIXEIRA, M. L. M. *Orientação para marketing social*: um estudo de valores e atitudes dos executivos. 1995. Tese (Tese de Doutorado em Marketing) – Faculdade de Economia, Administração, Contabilidade e Atuária, Universidade de São Paulo, São Paulo, 1995.

TEIXEIRA, M. L. M.; ZACCARELLI, L. M. *Gestão do fator humano*: uma visão baseada em *stakeholders*. São Paulo: Saraiva, 2007. p. 79.

TEIXEIRA, M. L. T.; PAZ, M. G. T.; ARAUJO, B. V. B.; ARAUJO, M. M. Expatriates: the multinationality of multinational and national firms. *In*: NEIVA, E. R.; TORRES, C. V.; MENDONÇA, H. (ed.) *Organizational psychology and evidence-based management*. São Paulo: Springer, 2017.

TEIXEIRA, R. M.; MORATO, L. A. N. Agroindústrias e o desenvolvimento sustentável: o foco na gestão ambiental. *In*: ENANPAD, 28, 2004, Curitiba. *Anais [...]*. Curitiba: Anpad, 2004.

TERSSAC, G.; MAGGI, B. O trabalho e a abordagem ergonômica. *In*: DANIELLOU, F. (coord.) *A ergonomia em busca de seus princípios:* debates epistemológicos. São Paulo: Edgard Blücher, 2004. p. 79-104.

TESTA, L. Perspectivas para o employer branding em 2019. *Employer Branding*, 25 nov. 2018. Disponível em: https://employerbranding.com.br/perspectivas-para-o-employer-branding-em-2019. Acesso em: 4 maio 2020.

THARENOU, P. Researching expatriate types: the quest for rigorous methodological approaches: researching expatriate types. *Human Resource Management Journal*, n. 25, v. 2, p. 149-165, 2015.

REFERÊNCIAS

347

THE WASHINGTON POST. No Japão, Microsoft testa semana de trabalho de quatro dias e produtividade aumenta 40%. *In: Folha de S.Paulo*. Trad. Luiz Roberto Mendes Golçalves. Disponível em: https://www1.folha.uol.com.br/mercado/2019/11/no-japao-microsoft-testa-semana-de-trabalho-de-quatro-dias-e-produtividade-aumenta-40.shtml. Acesso em: 4 nov. 2019.

THOMAS JR., R. R. A diversidade e as organizações do futuro. *In*: HESSELBLEIN, F.; GOLDSMITH, M.; BECKHARD, R. *A organização do futuro*. São Paulo: Futura, 2000.

THOMAS JR., R. R. From affirmative action to affirming diversity. *Harvard Business Review*, p. 107-117, 1990.

THOMAS JR., R. R. Gestão da diversidade: utilizando os talentos da nova força de trabalho. *In*: COHEN, A. R. *MBA curso prático*: administração, lições dos especialistas das melhores escolas de negócios – práticas e estratégias para liderar organizações para o sucesso. Rio de Janeiro: Campus, 1999.

THOMAS JR., R. R. *Redefining diversity*. Nova York: Amacom, 1996.

THOMAS, A. Kultur und kulturstandards. *In*: THOMAS, A.; KINAST, E.; SCHROLL-MACHL, S. *Handbuch Interkulturelle Kommunikation und Kooperation*. Göttingen: Vandenhoeck & Ruprecht, 2003/2010. Band I, p. 19-31.

THOMAS, A. Kultur und kulturstandards. *In*: THOMAS, A.; KINAST, E.; SCHROLL-MACHL, S. (ed.). *Handbuch Interkulturelle Kommunikation und Kooperation*. Band I. Grundlagen und Praxisfelder.

THOMAS, B.; LUCAS, K. Development and validation of the workplace dignity scale. *Group & Organization Management*, v. 44, n. 1, p. 72-111, 2019.

THOMAS, D. A.; ELY, R. J. Making differences matter: a new paradigm for managing diversity. *Harvard Business Review*, set./out. 1996.

THOMAS, K. W. Conflict and conflict management: reflections and update. *Journal of Organizational Behavior*, v. 13, n. 3, p. 265-274, 1992.

THOMASNET survey shows business trending up for manufacturers. *In*: THOMASNET, 2014. Disponível em: https://www.thomasnet.com/pressroom/Industry_Market_Barometer.html#. Acesso em: 14 nov. 2019.

TRAINER, C. Compensating employee with none employer stock options. *The tax adviser*, New York, v. 31, n. 7, jul. 2000.

TRANSCULTURAL. *In: Dicio*. Disponível em: https://www.dicio.com.br/transcultural. Acesso em: 10 fev. 2020.

TRIANDIS, H. C. A theoretical framework for the study of diversity. *In*: JACKSON, S. E.; RUDERMAN, M. N. *Diversity in workteams*. Washington: American Psychological Association, 2002.

TRICE, H. M.; BEYER, J. M. *The culture of work organizations*. Englewood Cliffs: Prentice Hall, 1993.

TROMPENAARS, F.; HAMPDEN-TURNER, C. *Riding the waves of culture*. 3. ed. Nova York: McGraw Hill, 2012.

TSENG, H-C.; CHOU, L-Y.; YU, K-H. Current research paradigms in expatriate(s) research: a bibliometric approach. *The International Journal of Organizational Innovation*, n. 2, v. 3, p. 19-44, 2010.

TSOUKAS, H.; CHIA, R. On organizational becoming: rethinking organizational change. *Organizational Science*, v. 13, n. 5, p. 567-582, set./out. 2002.

TUSHMAN, M. L.; ROMANELLI, E. Organizational evolution: a metamorphosis model of convergence and reorientation. *In*: CUMMINGS, L. L.; STAW, B. M. (ed.). *Research in organizational behavior*. v. 7. Greenwich: JAI Press, 1985. p. 171-222.

TUSSI, A. C. A.; HANASHIRO, D. M. M. Aspects of the organizational culture that facilitate or hinder innovation: the study of an internet startup in Brazil. *In*: 11th INTERNATIONAL CONFERENCE ON INNOVATION AND MANAGEMENT, 2014, 11, Vaasa, Finlândia. *Proceedings* [...]. Vaasa: University of Vaasa, 2014.

TWENGE, J. M. A review of the empirical evidence on generational differences in work attitudes. *Journal of Business Psychology*, v. 25, p. 201-210, 2010.

TWENGE, J. M. *Generation me:* why today's young americans are more confident, assertive, entitled – and more miserable than ever before. Nova York: Free Press, 2006.

TWENGE, J. M. *iGen*. Nova York: Atria Books, 2017.

TWENGE, J. M. *iGen*: por que as crianças superconectadas de hoje estão crescendo menos rebeldes, mais tolerantes, menos felizes e completamente despreparadas para a idade adulta. São Paulo: Versos, 2018.

TWENGE, J. M.; CAMPBELL, S. M.; HOFFMAN, B. J.; LANCE, C. E. Generational differences in work values: leisure and extrinsic values increasing, social and intrinsic values decreasing. *Journal of Management*, v. 36, n. 5, p. 1117-1142, 2010.

TWENGE, J.; CAMPBELL, W. K.; CARTER, N. T. Declines in trust in others and confidence in institutions among American adults and late adolescents, 1972-2012. *Psychological Science*, v. 25, p. 1914-1921, 2014.

TWENGE, J. M.; CARTER, N. T.; CAMPBELL, W. K. Time period, generational, and age differences in tolerance for controversial beliefs and lifestyles in the U.S., 1972-2012. *Social Forces*, v. 94, n. 1, p. 379--399, 2015.

U.S. BUREAU OF LABOR STATISTICS. Disponível em: www.bls.gov. Acesso em: 14 nov. 2019.

UK GOVERNMENT. *UK Government response to European Commission Green Paper on corporate social responsibility*, 2011. https://assets.publishing.service.gov.uk/government/uploads/system/uploads/attachment_data/file/32274/11-1097-uk-government-response-eu-corporate-governance-framework.pdf. Acesso em: 4 fev. 2020.

URICK, M. J. *The generation myth:* how to improve intergenerational relationships in the workplace. Nova York: Business Expert Press, 2019.

URICK, M. J.; HOLENSBE, E. C.; MASTERSON, S. S.; LYONS, S. T. Understanding and managing intergenerational conflict: an examination of influences and strategies. *Work, Aging and Retirement*, v. 3, n. 2, p. 166-185, 2017.

VALENTE, J. Governo anuncia plano nacional de "Internet das Coisas". *Agência Brasil*, Brasília, 26 jun. 2019. Disponível em: http://agenciabrasil.ebc.com.br/geral/noticia/2019-06/governo-anuncia-plano-nacional-de-internet-das-coisas. Acesso em: 20 mar. 2020.

VAN DE VEN, A. H.; POOLE, M. S. Alternative approaches for studying organizational change. *Organization Studies*, v. 26, n. 9, p. 1377-1404, 2005.

VAN KNIPPENBERG, D.; DE DREU; C. K. W.; HOMAN, A. C. Work group diversity and group performance: an integrative model and research agenda. *Journal of Applied Psychology*, n. 89, p. 1008, 2004.

VARMA, A.; PICHLER, S.; BUDHWAR, P. The relationship between expatriate job level and host country national categorization: an investigation in the UK. *International Journal of Human Resource Management*, n. 22, v. 1, p. 103-120, 2011.

VASCONCELOS FILHO, F. E. Dignidade não humana: os animais como sujeitos de direito no Brasil. *In: Jus*, 2019. Disponível em: https://jus.com.br/artigos/74127/dignidade-nao-humana-os-animais-como-sujeitos-de-direito-no-brasil. Acesso em: 24 jan. 2020.

VELOSO, E. F.; SILVA, R.; DUTRA, J. Diferentes gerações e percepções sobre carreiras inteligentes e crescimento profissional nas organizações. *Revista Brasileira de Orientação Profissional*, v. 13, n. 2, p. 197-207, 2012.

VINCOLA, A. Cultural change is the work/life solution. *Workforce*, Costa Mesa, v. 77, n. 10, p. 70-73, out. 1998.

VIRKKUNEN, J. *et al.* O laboratório de mudança como ferramenta para transformação colaborativa de atividades de trabalho: uma entrevista com Jaakko Virkkunen. *Saúde Soc.,* São Paulo, v. 23, n. 1, p. 336--344, mar. 2014.

VIRKKUNEN, J.; NEWNHAM, D. S. *O laboratório de mudança:* uma ferramenta de desenvolvimento colaborativo para o trabalho e a educação. Trad. Pedro Vianna Cava. Belo Horizonte: Fabrefactum, 2015. (Série Trabalho e Sociedade).

VOLINI, E.; OCCEAN, P.; STEPHAN, M.; WALSH, B. Digital HR: platforms, people, and work: 2017. *Global human capital trends. In*: DELOITTE. Disponível em: https://www2.deloitte.com/us/en/insights/focus/human-capital-trends/2017/digital-transformation-in-hr.html. Acesso em: 3 jan. 2020.

VON BORELL, A. B. F.; TEIXEIRA, M. L. M.; CRUZ, P. B.; MALINI, E. Understanding the adaptation of organisational and self-initiated expatriates in the context of Brazilian culture. *The International Journal of Human Resource Management*, n. 25, v. 18, p. 2489-2509, 2014.

VOSGERAU, D. S. R.; ROMANOWSKI, J. P. Estudos de revisão: implicações conceituais e metodológicas. *Revista Diálogos na Educação,* Curitiba, v. 14, n. 41, p. 165-189, jan./abr. 2014.

WAKEFIELD, J. Foxconn replaces '60,000 factory workers with robots'. *BBC News*, 25 maio 2016. Disponível em: https://www.bbc.com/news/technology-36376966. Acesso em: 20 mar. 2020.

WARTICK, S. L.; COCHRAN, P. L. The evolution of the corporate social performance model. *Academy of Management Review,* v. 10, n. 4, p. 758-769, 1985.

WEICK, K. E.; QUINN, R. E. Organizational change and development. *Annual Review of Psychology,* v. 50, p. 361-386, 1999.

WEIL, D. *The fissured workplace:* why work became so bad for so many and what can be done to improve it. Cambridge: Harvard University Press, 2014.

WILDEN, R. M.; GUDERGAN, S.; LINGS, I. N. Employer branding: strategic implications for staff recruitment. *Journal of Marketing Management,* 26(1), p. 56-73, 2006.

WILE, R. A venture capital firm just named an algorithm to its board of directors. Here's what IT actually does. *Business Insider*, 2014. Disponível em: https://www.businessinsider.com/vital-named-to-board-2014-5. Acesso em: 20 mar. 2020.

WILLIAMS, K. Y.; O'REILLY, C. A. Demography and diversity in organizations: a review of 40 years of research. *Research in Organizational Behavior Business,* v. 20, p. 77-140, 1998.

WINE. Disponível em: https://www.wine.com.br. Acesso em: 14 nov. 2019.

WISCOMBE, J. Can pay for performance really work? *Workforce,* p. 28-34, ago. 2001.

WOOD JR., T.; PAULA, A. P. P. *Pop-management*: a literatura popular de gestão no Brasil. São Paulo: Eaesp/FGV/NPP, 2002. Disponível em: https://pesquisa-eaesp.fgv.br/sites/gvpesquisa.fgv.br/files/publicacoes/P00219_1.pdf. Acesso em: 31 mar. 2020.

WOOD, D. J. Corporate social performance revisited. *Academy of Management Review,* v. 16, n. 4, p. 691--718, 1991.

WOODD JR., T.; PICARELLI FILHO, V. *Remuneração estratégica*: a nova vantagem competitiva. São Paulo: Atlas, 2004.

WORKFORCE INSTITUTE. *Meet Gen Z*: the next generation is here: hopeful, anxious, hardworking and searching for inspiration, 2019. Disponível em: https://workforceinstitute.org/meet-gen-z-optimistic-and-anxious. Acesso em: 14 nov. 2019.

WORLD BANK. *World Development Report 2019:* the changing nature of work. Washington: World Bank, 2019. Disponível em: http://documents.worldbank.org/curated/en/816281518818814423/pdf/2019-WDR-Report.pdf. Acesso em: 20 mar. 2020.

WORLD ECONOMIC FORUM (WEF). *The future of jobs Report 2018*. Disponível em: http://www3.weforum.org/docs/WEF_Future_of_Jobs_2018.pdf.

YANG, Y. Social inequalities in happiness in the United States, 1972-2004: an age-period-cohort analysis. *American Sociological Review*, v. 73, p. 204-226, 2008.

YARROW, K. *Decoding the new consumer mind:* how and why we shop and buy. Hoboken: Jossey-Bass, 2014.

YIN, R. *Estudo de caso:* procedimentos e métodos. Porto Alegre: Bookman, 2001.

ZARIFIAN, P. *Objetivo competência*. São Paulo: Atlas, 2001.

ZHANG, B.; WARDROP, R.; RAU, R.; GRAY, M. Moving mainstream: benchmarking the European alternative finance market. *The Journal of Financial Perspectives*, v. 3, p. 60-73, 2015.

ZYLBERSTEJN. H. *Programas de participação nos lucros e resultados*: a importância para empresas e empregados. Disponível em: http://www.usp.br/agen/bols/1998_2001/rede404.htm. Acesso em: 5 fev. 2020.

MÚSICAS

ANTUNES, A.; FROMER, M.; BRITTO, S. *Comida*. Intérprete: Titãs. I*n:* Jesus não tem dentes no país dos banguelas. Rio de Janeiro: WEA, 1987. LP, faixa 2, lado A.

ARANTES, G. *Amanhã. In:* Ronda noturna. Rio de Janeiro: Sigla, 1977. LP, faixa 1, lado B.

BARUK, P. C. *Tudo igual? In:* Álbum tudo igual? 2013. Single.

GONZAGUINHA. *O que é, o que é?. In:* Caminhos do coração. Rio de Janeiro: EMI, 1982. LP, faixa 1, lado A.

PITTY. *Admirável chip novo*. Rio de Janeiro: Deckdisc/Polysom, 2003. CD, faixa 2.

RAMALHO, Z. *Admirável gado novo. In:* Zé Ramalho 2. Rio de Janeiro: Epic, 1979. CD, reedição 2003, faixa 2.

RUIZ, A.; ANTUNES, A. *Socorro*. Intérprete: Arnaldo Antunes. *In:* Um som. São Paulo: BMG, 1998. CD, faixa 6.

SÉRGIO, J. *O amanhã*. Intérprete: Aroldo Melodia. *In:* Samba enredo 1978. Rio de Janeiro: AESEG/Top Tape, 1978. LP, faixa 3, lado A.

VILELA, A. *Trem bala*. Rio de Janeiro: SLAP/Som Livre, 2017. Single.

VILLA-LOBOS, D.; BONFÁ, M.; RUSSO, R. *Música de trabalho*. Intérprete: Legião Urbana. *In:* A tempestade. Rio de Janeiro: EMI, 1996. CD, faixa 3.